エルンスト・カッシーラーの哲学と政治

——文化の形成と〈啓蒙〉の行方——

馬原潤二著

風行社

A・Kに

凡　例

一　カッシーラーの著作および論文の引用は、出版されたものについては、フェリックス・マイナー社から刊行されたハンブルク版全集 *Gesammelte Werke Hamburger Ausgabe*（全二六巻）からおこなった。また、出版されていない草稿や講演原稿などは、同社から刊行中の遺稿集 *Nachgelassene Manuskripte und Texte*（全一八巻）およびドナルド・フィリップ・ヴィリーンが編集した遺稿集 *Symbol, Myth, and Culture. Essays and Lectures of Ernst Cassirer 1935-1945*, Yale University Press 1979.（邦訳『象徴・神話・文化』神野慧一郎・薗田坦・中才敏郎・米沢穂積訳、ミネルヴァ書房、一九八五年）からおこなった。

二　カッシーラーの著作や論文については、註釈において初出時に全タイトルを表記したほかは、すべて略記号を用いて記してある。略記号については、巻末の略記号一覧（*xxiv*頁）を参照されたい。

三　本文および引用文中に登場する著書名および紙誌名は原則として『　』で、論文名および講演原稿名は「　」で示した。また欧文の著述には原題および出版年を付した。

四　引用文について、すでに邦訳のある欧文については、これまでの邦訳を参考にした。この場を借りて翻訳者に感謝申し上げたい。なお、引用に際しては、文意のとりにくいものを除いて、可能なかぎり既存の邦訳の文章をそのまま用いることにした。ただし、一部の人名地名や用語の表記などを適宜あらためている場合があり、必ずしも邦訳にしたがっていない箇所もある。

五　引用文中の括弧による補足は、特に断りのない場合は、すべて引用者による。

六　引用文中の強調については、邦訳のない欧文については、訳出に際して、特に強調表現を施さなかった。ただし、邦訳のある欧文については、邦訳の表現を適宜参考にした。邦訳の表現をそのまま用いていることもある。

目次

緒論　エルンスト・カッシーラーと政治

エルンスト・カッシーラー Ernst Alfrad Cassirer（1874-1945）といえば、半世紀以上も前に亡くなったユダヤ系ドイツ人思想家であるが、[1]その令名は今なおさまざまな意味で広く知られているといえよう。[2]新カント学派、ことにマールブルク学派の代表的思想家、シンボル形式の哲学という独自の哲学的パースペクティヴをうちたてた哲学者、いわゆるヴァールブルク・サークルの重要な協力者、ルネッサンス、啓蒙主義、そして近代ヨーロッパにおける認識理論の歩みに関する一級の研究書をものした精神史家、相対性理論や量子力学の認識論的意義を論じた科学哲学者、ライプニッツ哲学著作集（*Leibniz: Philosophische Werke*, 1904, 1905, 1915）ならびにいわゆるカッシーラー版カント全集（*Immanuel Kants Werke*, 1912-1922）の編纂者、そして、当代随一のゲーテ解釈者にして研究者……おもいつくままあげてみても、カッシーラーという名前から連想される相はきわめて多岐にわたっている。実際、哲学をはじめ、哲学史、科学史、文学、美学、数学、化学、物理学、生物学、言語学、宗教学、民俗学、神話学など、この碩学がその才能を遺憾なく発揮した学問領域はまさしく枚挙に暇がない。そして、その成果として残されたものといえば、刊行された著作だけでも、その数実に一二五、頁数にして一一三八〇頁という膨大な分量に及んでいる。[3]カッシーラーという人物は、その意味において、二〇世紀最大の――そして、おそらくは最後の「アンシクロペディスト」（百科全書的知識人）と称するにふさわしい知的巨人だったのであり、その問題関心の幅広さ、該博という言葉が陳腐におもわれるほど桁外れな知識量、そしてそれらの知識をひとつの世界観へとまとめあげる手腕のたしかさにおいて、同時代の他のヨーロッパの知識人をはるかに凌駕する存在であった。

しかしながら、博覧強記という言葉は、こと思想家にとっては、決して一義的な褒め言葉ではない。歴史上の多くの事例が物語っているように、そのあまりに壮大な問題設定ゆえに議論の全体像が見渡せなくなってしまった言説は数多いし、より厳密で包括的な論証を追求して学際的な議論をくりひろげるあまり、かえって正確な理解をみずから遠ざけてしまった言説もまた、決してその数少なしとはしない。たとえば、すべての知を体系化しようと試みたドイツの哲学者ゴットフリート・ヴィルヘルム・ライプニッツ Gottfried Wilhelm Leibniz（1646-1716）の「普遍学」（scientia generalis）などはその典型であるといえようが、現代思想のなかでこれに類するものを探索するとなると、カッシーラーのシンボル形式の哲学などは、間違いなくそのもっとも有力な候補のひとつにあげられよう。ライプニッツと同様、さまざまな学問的知見の基礎のうえに構築されたその思想的宇宙の桁外れなまでのスケールの大きさ、そしてそのために動員された学識の膨大さ、そのいずれもが、そこにこめられた思想的メッセージの安易な理解をあたかも峻拒するかのごとく屹立している。こうしてその規模が拡大すればするほど、カッシーラーの思想的宇宙は、自身の主張の核心部分をますます学際的な論証の背後に埋没させてしまい、結果として、その包括的な理解をみずから阻害するというきわめてアイロニカルな事態を招来することになってしまったのである。

そう考えてみるならば、カッシーラーの学統を引き継ぐ有力な後継者が――戦後ドイツの代表的な哲学者の一人であるハンス・ブルーメンベルク Hans Blumenberg（1920-1996）のようなごくわずかな例外を除いて――まったくといってよいほど存在せず、その思想への本格的な研究がほとんどなされてこなかったということもまた、おのずから首肯されよう。カッシーラーの思想は、その同時代人たちのあいだでさえ、すでにその全体像が見通しがたいものとされていた。のみならず、その著作がナチスによって非ドイツ的で反ナチ的であるという理由で焚書にされたこと、また、カッシーラー本人が「ナチ体制の勃興に伴いドイツを去らねばならなかったことや、第二次世界大戦中の諸条件のせいで……自分の基本的著作を知ってもらえない場所に常にいた」(4)という事情も手伝って、後世の人々にとっては、なおさら近づきがたいものになってしまっていたのである。事実、カッシーラー亡きあとのドイツにあっては、「（ポッパーらの主張した）批判的合理主義（kritischer Rationalismus）と（フランクフルト学派の提唱する）批判理論（kritische Theorie）が学術界の外でも目についた哲学的信仰闘争をくりひろげているその一方で、カッシーラー学派なるものは成立しなかった」(5)し、その著作の売上げが「異例の成功」(6)をおさめていたアメリカにおいても、「数による成果は、そもそも彼が期待されていたところでのより深い影響と結びついているようにはおもわれなかった」[7]。その結果、「カッシーラーは名前ばかりが有名な哲学者になってしまい、その著作は長年にわたっておろそかにされる」[8]羽目に陥ってしまったのである。

本書はそのような人物の言説を政治思想の側面からとりあげて検討しようとするものであるが、この作業はその第一歩から容易ならざる困難に直面することになる。というのも、カッシーラーの思想を疎かにする傾向は、ほかならぬこの政治思想の領域においてもっとも顕著であったといえるからだ。第二次世界大戦後の政治思想のコンテクストにおいて、カッシーラーの思想は、そもそも議論の俎上にのせられる機会をえることすらままならなかった。というより、その存在はもっぱら無視されていたにひとしいといっても決して過言ではあるまい。ごく稀にその名前が呼びあげられることがあっても、エルンスト・カッシーラーという響きには、いつもどこか後ろむきでネガティヴなニュアンスばかりがつきまとっていた。時代の潮流から外れた新カント学派の知的後継者、アクチュアルな新機軸を打ち出せない「退屈な著述家」[9]（langweiliger Autor）、「およそ非政治的観念論なるもの」[10]に執心するドイツ・マンダーリン、乗り越えられるべきブルジョワ市民精神の代弁者、そして、一九二九年のいわゆるダヴォス討論の場で気鋭の哲学者マルティン・ハイデガー Martin Heidegger（1889-1976）によって完膚なきまでに打ちのめされた敗北者……二〇世紀後半の政治思想をリードした思想家や研究者にとって、カッシーラーが背負っているのは、あくまでも終わりつつある過去だったのであり、少なくともこれからを見据えた現代ではないようにおもわれた。そればかりか、その名前は、注目に値しない過去の遺物の代名詞にほかならないものとさえみなされていたのである。なかでも辛辣だったのは、第二次世界大戦後に政治哲学の復権を高唱した政治学者レオ・シュトラウス Leo Strauss（1899-1973）――カッシーラーに師事して博士論文「Fr.・H・ヤコービの哲学教説における認識問題」（„Das Erkenntnisproblem in der philosophische Lehre Fr. H. Jacobis", 1921）を作成したこの人物の感情的な侮蔑の念すら感じさせる批判であろう。その著書『政治哲学とは何か』（*What is political philosophy?*, 1959）のなかで、シュトラウスはかつての指導教授についてこう言い放っている。

> カッシーラーは既存のアカデミックな態度を代表していた。彼は傑出した教授ではあったが、哲学者ではなかった。博学ではあったが、およそ情熱といったものを持ち合わせてはいなかった。彼は明晰な著述家であったが、彼の明解さと温和さは、諸々の問題に対する彼の感受性と釣りあっているとは断じていえなかった。ヘルマン・コーヘンの門弟たる彼は、ほかならぬ倫理そのものを核としているコーヘンの哲学的体系を、シンボル形式の哲学などという倫理が音も立てずに消え去ってしまっている代物へと矮小化してしまったのである。[11]

シュトラウスにとって、カッシーラーの「要領をえない[12]」思想とは、つまるところ「アカデミズム哲学におけるこの非凡な代表者の敗北と空虚さ[13]」を証するもの以外の何ものでもなかった。そこにはアカデミズムの無味乾燥な知識こそあれ、「今・ここ」を生きるための知恵のようなものなど完全に欠落してしまっているというほかなかったのである。そのような見地からすると、カッシーラーの思想は、政治について思索するうえで欠かすことのできない倫理的なパースペクティヴばかりでなく、現実の政治的状況に対する問題意識やセンシティヴな感覚さえも決定的に欠いているという点で、まったくもって救いがたいとしかいいようのないものであった。そして、そうである以上、そのような思想には、政治思想的なファクターの入りこむ余地などほとんど残されていないと断ぜざるをえなかったのだ。二〇世紀前半の二つの世界大戦を経験したという事実は、カッシーラーの言説や思想形成には、何ひとつそれとわかる痕跡を残していないのではないか。しかも、この困難に満ちた時代をユダヤ系ドイツ人という過酷な立場で立ち会わざるをえなかったにもかかわらず、カッシーラーという男の視野には、政治的なものなどまったく入っていなかったといわざるをえないのではないだろうか。――シュトラウスをはじめ、多くの人たちによってかけられたこうした嫌疑は、時が下るにつれて、和らぐどころかむしろひとつの通説として語られるようになっていく。そして、その通説は、いつしかカッシーラーの哲学を否定的に評価するステレオタイプな決まり文句として用いられるようになってしまった。現代のカッシーラー研究の第一人者であるジョン・マイケル・クロイスは、その様子を嘆息交じりにこう述べている。

カッシーラーは倫理や政治哲学の諸問題に関心を払っていないとたびたび批判されてきた。ヘルムート・クーンは問うている。「驚きといえばそうだが、シンボル形式の枠組みのいったいどこに倫理や政治哲学のための余地があるというのか。カッシーラーにとって生とは、生きられた生（vita acta）としての内容しか持っていないのであって、生きられるべき生（vita agenda）としての内容など存在しないのだ」。より最近の論説でナータン・ローテンシュトライヒは無遠慮にこう言い放っている。「カッシーラーは決して独自の倫理的理論を発展させてこなかった」。……このような見解は最近の彼の思想についての論説のなかにも見受けられる。たとえば、ハインツ・ペッツオルトなどは、「倫理の基本問題がカッシーラーのシンボル形式の理論によっていかに解決されうるのかを見渡すことは実に困難である」といってはばからないありさまだ。(14)

時代遅れ、非政治的、倫理的規範の欠落した思想……カッシーラーという名前とともに想起されるこうした数々の否定的なイメージによって、この哲学者の言説はいよいよ政治思想のコンテクストから遠ざけられるようになってしまった。そして、そうなればそうなるほど、エルンスト・カッシーラーという名前は、これらのネガティヴなイメージと一体化した一種の記号として扱われるようになり、それじたい通説どころか広く自明のこと、あたかも所与の前提であるかのようにみなされるようになってしまったのである。カッシーラーの思想はこうして本格的な学問的省察の機会さえ与えられることのないまま、通念という非学問的なやり方で一方的に記号化されてしまい、かかる通念が無批判に語られるようになった結果、再評価のためのきっかけをつかむことすら難しいところにまで追いこまれてしまった。カッシーラーの名前とその思想は、こういうしだいでその歿後半世紀以上を経た今日においてなお、政治思想のコンテクストにおいて、登場する機会すら与えられないもの、あるいはその必要さえもないものとみなされるようになってしまったのである。

もっとも、こと戦後ドイツにかぎっていえば、カッシーラー哲学の再評価が遅々としてすまなかった原因のひとつには、この哲学者をめぐる政治的事情があったことを勘案しておく必要があろう。かつてカッシーラーをユダヤ系であるがゆえに排斥し追放したドイツ国民にとって、後になってこの人物を政治的側面から再評価するということは、多かれ少なかれ、自分自身の非人道的なふるまいの一端をおのれの手で暴露するということを意味していた。それゆえ、このような不都合で不愉快な問題には、できることなら触れずにすませてしまいたいとする暗黙の了解のような雰囲気がドイツ全体を覆っていたのである。[15] ホロコーストというユダヤ人への犯罪行為に対する戦後ドイツ人の道徳的な後ろめたさと、「過ぎ去ろうとしない過去」（ノルテ）に対する責任を回避したいと願う彼らの自己防衛的な心情は、カッシーラーの哲学についてふりかえってみせることはおろか、その名前を持ち出すことさえもためらわせた。かつてこの哲学者が奉職し、学長（Rektor）職をもつとめたハンブルク大学――ナチス時代の責任とむきあうことにかけては比較的ポジティヴな姿勢をみせていたこの大学でさえ、カッシーラーの業績を記念する式典を執りおこなうには、この人物の歿後実に四〇年という決して短くはない歳月を必要としている。そして、この「遅きに失した敬意」[16] でさえ、無条件に誉めねばならぬ「肯定《ポジティヴ》・タブー」[17] のごとき様相を呈していて、バーバラ・フォーゲルによれば、どことなく歯切れの悪いよそよそしい空気に終始していたという。カッシーラーという人物の取り扱いは、こうしてドイツの大学による第三帝国の歴史化（Historisierung）という過去の行為に対する客観的な自己反省のための一種の試金石にされてしまい、この試練から目をそむけようとする雰囲気が作りだしたかかる精巧な沈黙のもとでは、その思想への反省や正当な評価など、望むべくもなかったのである。[18]

とはいうものの、ヴァルター・ベンヤミン Walter Benjamin（1892-1940）のように、カッシーラーと同じくユダヤ系であるがゆえに国を追われ、自殺という彼以上に悲惨な最期をとげた人物の思想が戦後ドイツで大々的にもてはやされたことを想起するならば、カッシーラーに対する政治思想の側からの総じて否定的な評価の背景には、以上のようないわば周辺的な事情とはまったく別の要因——それこそ非政治的との印象を与えかねない思想をものした書き手の側の問題を指摘しておくのでなければなるまい。何となれば、カッシーラーの思想を政治思想の側面から問い直すのを困難にしているのは、ほかならぬカッシーラーその人であるからだ。その文献目録を一瞥すればわかるように、カッシーラーが書きつらねた膨大な数にのぼる著作、論文、書評、講演原稿には、そもそもアクチュアルな政治的問題について言及しているものはおろか、政治思想あるいは政治哲学とでも呼べそうな内容を取り扱っているものなど、皆無にひとしいといっても決して過言ではない。もちろん、なかには例外的にアクチャルな政治的問題について論じようとした著述、たとえば、全体主義国家に対する知的批判を企図した『国家の神話』のような著述もあるにはあるが、ほんのときおりみかけられるにすぎないそれらの叙述も明晰な表現を著しく欠いていて、いかにも曖昧でわかりにくい。そう考えてみるならば、哲学や精神史に関するアカデミックな議論に没頭し、政治的なテーマについて言及することを意図的に回避しているかのようにみえるそうした記述の仕方が、読み手の側の関心を幻滅させ、苛立ちを誘ってきたであろうことは想像に難くあるまい。カッシーラーの政治的態度を考察しようとした数少ない論者たちのあいだでさえ、このような気分を払拭するのは決して容易なことではなかった。実際、そのうちのひとりは、「カッシーラーを政治思想史の対象として考察することは無理があるのではないか」[19]とみずからに問いかけるところから、その作業を開始せざるをえなかったのである。

のみならず、その知的キャリア、文体、あるいは人となりから思い浮かべられるこの人物のイメージもまた、カッシーラーの思想を政治的なものと結びつけて理解するうえでの助けになってくれそうにない。ユダヤ系であったこと、そしてそれゆえにドイツからの亡命を余儀なくされたという事実を除けば、カッシーラーの研究者としての歩みはドイツの大学教授の典型的なそれであり、一見したところ、この人物が生涯にわたって私淑しつづけた哲学者イマヌエル・カント Immanuel Kant（1724-1804）の静謐な学究生活にどこかよく似ていた。また、この大学教授によって語られた言葉の一つひとつは、同時代の他のドイツ人思想家、たとえば、カール・シュミット Carl Schmitt（1888-1985）やヘルマン・ヘラー Hermann Heller（1891-1933）のそれのようにポレミカルで党派的な性格に彩られていたとは到底いえないし、その哲学的言説にしても、マックス・シェーラー Max Scheler（1874-1928）やハイデガーのそれのようにセンセーショナルでエキセントリックなエートスに満ち満ちていたとは決していいがたい。美術史家のフリッツ・ザクスル Fritz Saxl（1890-1948）をして「古典的」（klassisch）といわしめたカッシーラーの文体は、むしろどちらかといえば淡白、さらにいえば没個性的で、これらの人たちのように時代の緊張感を肌で感じさせるような張りつめた文体とはちょうど好対照をなしているとさえいえそうなものになっていた。その語り口は早い時期からすでに「不安な時代には疑わしい[20]」と批判の的になっていた――テオドール・アドルノ Theodor W. Adorno（1903-1969）などは「まったくとぼけている[21]」と口をきわめて非難していた――が、その文体のみならず、普段からの立ち居ふるまいや発言の仕方においてもまた、カッシーラーはおよそ政治的というにはほど遠い人物であったという。「哲学におけるモーツァルト主義者[22]」とか「無表情の名文の大家[23]」、あるいは「世界市民的楽観主義」者といった皮肉まじりの人物評にもあるように、この哲学者はきわめて口数の少ない融和的な性格の持ち主であったし、いかなる状況のもとでも品位ある態度と学問的な冷静さを見失うことがなかった。そして、その態度は、反ユダヤ主義者のような明らかな論敵に相対するに際しても決して変わることがなかったのである。[24]――まさにカッシーラーが生涯にわたって愛唱していた「嘲わず、悲しまず、怒りもせず、つとめて理解する」(non ridere, non lugere, negne detestari, sed intelligere)[25]のモットーのとおりに。

しかし、ここであきらめたり投げだしたりしてはならない。以上のような情報をもとにして、エルンスト・カッシーラーを没社会的な人物と決めつけ、その哲学的言説を非政治的な性質のものでしかないと断じてしまうとするならば、そのような判断はいかにも安易で拙速であるというほかない。われわれはむしろ、そうした皮相的な印象にとどまることなく、この人物のもつきわめて複雑な相にまで迫って考察し検討しようとするのでなければならないのであって、かかる一面的なイメージの先にみられるであろうその実像に肉迫しようとするのでなければならないのだ。そして、実際に目を凝らしてその思想的軌跡を追いかけてみるならば、われわれはカッシーラーという人物とその哲学的言説のうちに、これまで語られてきたのとはまったく異なった相貌がみられるということを認めないわけにはいかなくなってこよう。のみならず、カッシーラーが右のようなスリリングな思想家たちと同じ時代の空気を吸っていたということ、また、立場こそ違え、彼らと同じく現代という時代の行方を憂え、ドイツ国家の現状に強烈な危機意識を抱いていたということをも認めようとするのでなければならなくなってこよう。シェーラーやハイデガーがいわゆる「時代の子」であったとするならば、カッシーラーもまた、まちがいなく「時代の子」であった。その「時代の子」が自身の思索に注ぎ込んだパトスは、決して現実のコンテクストから隔絶した非規範的で非政治的な性質のものばかりではなかったし、その生涯もまた、カントのように没政治的でルーティーンな毎日のくりかえしに終始していたわけでは決してなかったのである。

それは、人生の実りをかかえて我が家へ帰ったあとで、平和のなかで死ぬことを許された単なる学者や研究者の姿ではありません。そうではなく戦士と英雄の姿なのです。その武器は、死がその者から武器を解いたときでも、刃こぼれもせず欠けてもおらず、彼の精神のなかの生きるための戦いにおいて、終始変わりなく強く、鋭く、純粋であり続けたのです。[26]

いわゆる「一九一四年の理念」への確信的な反逆者、ヴァイマール共和政の精神的弁護人、ナチズムおよびナチス・ドイツに対する知的抵抗者、「文化理想主義の偉大な代表者」(ザフランスキー)[27]、「啓蒙の偉大な自由主義的伝統とヨーロッパ的ヒューマニズムの優れた遺産相続者」(ブルデュー)[28]……カッシーラーの思想的立場にまつわる情報をさしあたりこのように呈示してみるだけでも、われわれはこの人物が、現実の政治的状況と没交渉であったどころか、つねに何らかのかたちで政治的なものにコミットしていたということを容易に読み取りうるといえるのではないだろうか。この哲学者と現実の政治的世界とのあいだの距離は、表面的な印象が与えるほど隔絶していたわけでは決してなかった。それどころか、いついかなるときであれ、カッシーラーは一介の思想家として、自分自身の思想的矜持のまま発言し行動するよう強いられていたのであり、その彼の発する言葉の一つひとつは、本人の好むと好まざるとにかかわらず、にわかに解きがたいほど密接にアクチュアルな政治的状況に結びついていたのである。そして、このことは、ほかならぬカッシーラーその人の自覚するところでもあった。その晩年、アメリカのイェール大学を退職する際(一九四四年)のパーティーの席でおこなったスピーチのなかで、カッシーラーはこれまでの自分自身の知的キャリアを、時流に翻弄されつづけた「オデュッセイの遍歴」にたとえてこう述べている。「長い学究生活をふりかえってみると、私はそれを長期にわたるオデュッセイとみなすのでなければなりません。まさしく息をつく間もない遍歴(pilgrimage)のようなものです。それこそ、私を、ある大学から他の大学へ、ある国から他の国へ、そして、とうとう地球の反対側にまで駆り立ててきました。このオデュッセイはさまざまな経験——人間的な危険や知性の危機にみちあふれたものだったのです[29]」。

事実、その「学究生活」こそは、哲学者カッシーラーの運命を決定づける作用点になっていた。というのも、カント批判哲学の思惟形式に現代的表現を与えることによって独自の思想的世界を作り上げようとしていた時点で、「今・ここ」におけるカッシーラーの担うべき思想的な立ち位置はすでに決定的に規定されていたといえるからだ。ドイツ啓蒙主義の完成者カントの精神を現代において引き継ぐということは、煎じつめれば、現代における啓蒙主義思想のさらなる可能性を探求する立場に立つということを意味していた。しかも、啓蒙主義のパースペクティヴによって支えられた理性的思考の限界が誰の目にも明らかになり、反対に非合理的な思潮とそれにもとづく政治体制が次々と台頭した二〇世紀前半の時代的状況にあっては、このような見地から発言することじたいが、すでに一定の党派的あるいは政治的な意味あいを帯びずにはおれなかったのである。とりわけ当時のドイツのようにさまざまな政治的イデオロギーが党派的抗争にあけくれ、政局がきわめて不安定化していた国において、カッシーラーの思想的信条は彼自身に「平和のなかで死ぬこと」を決して許そうとはしなかった。そして、ドイツ国民の心情が国民社会主義 Nationalsozialismus（いわゆるナチズム）のような極端なイデオロギーへと傾斜すればするほど、啓蒙の理念の可能性を模索するように迫る圧力は、いよいよ呵責のないものとなってこのユダヤ系ドイツ人の双肩に押しかかるようになっていったのだ。逆風吹き荒れるこの政治的危機の状況のさなかにあって、啓蒙の理念はなおも可能なのか。また、その可能性なるものが残されているとするならば、それはいったいどのようなかたちで可能なのであろうか。——時代の大波にせきたてられつつも、カッシーラーはつねにこれらの問いにむかいあうよう迫られていたのであって、その意味では、この哲学者の思想的言説とは、現実の政治的局面をつねに背後に感じつつ、なおも啓蒙の理念のアクチュアリティーを執拗に追い求めようとするものになっていたのである。

そう考えてみるならば、われわれはこのカッシーラーという人物の存在と言説を、少なくともそのまま放っておくわけにはいかないということになってこよう。啓蒙の理念の可能性を追求するという課題が、政治思想のコンテクストにおいて、今なお看過しえないテーマのひとつになっている以上、今いちどかの「オデュッセイの遍歴」をふりかえって検討するということは、何もカッシーラーの遺産目録を作成するということばかりを目的としているわけではないし、ましてや過去の記憶をただ単に博物的な趣味のもとに回収して羅列するということを意図しているわけでは決してない。一瞥したところ、政治思想とはストレートに結びつかないようにおもわれるこの哲学者の理論的研究や精神史的研究もまた、実のところ、その啓蒙をめぐる議論をつうじて政治にかかわる思索へとしっかりと結びついている。のみならず、その議論は、独自の哲学的パースペクティヴのもとに新たな世界理解のあり方を提示する作業をとおして、後述するように、カッシーラーなりの政治観を思い描くところへとむかっていくであろうし、そこからさらに政治のあるべき姿について考えるためのモティーフを提示するところにまで突きすすんでいくことになるであろう。そればかりか、われわれはその歩みのなかで、啓蒙主義者たることを標榜しつつも、ネオ・マキャヴェリアンたることをも告白してやまないカッシーラーの姿をも認めることになるであろう。[30] 啓蒙主義者とマキャヴェリアンとしての立場を両立させるというのはいささか奇怪におもわれるかもしれないが、哲学者カッシーラーがその生涯において書き綴った夥しい数にわたる論述は、こうして独自のスタンスをとりながらも現代につながる問題について語ろうとするものになっているのだ。そのような認識に立つかぎり、「今・ここ」においてカッシーラーの思想を議論の俎上にあげるということは、とりもなおさず現代の思想的課題に目をむけるということを意味しているといっても決して過言ではあるまい。ごく最近まで非政治的で現実逃避のアナクロニズムと酷評され、無用の存在との烙印を押されてきたカッシーラーの思想的営みを、あえて政治思想のコンテクストにおいて取り上げ、今日あらためてその思想的意義を問い直す意味はここにある。[31] そして、本書は、先の「嘲わず、悲しまず、呪いもせず、つとめて理解する」精神をみずからのものとすることによって、これまでエルンスト・カッシーラーという人物にまとわりついてきた誤解や無知を取り払い、政治思想の領域で必要以上に貶められてきたこのユダヤ系ドイツ人の再審請求を準備するための第一歩たることを願って書かれた。

以上のような問題意識のもとに議論をすすめるために、本書では、従来の議論のようにカッシーラーの残した膨大な数にのぼるドキュメントのなかに散見される政治的な記述にのみ注目するのではなく、むしろその思索の全体像を理解するところからはじめることにしたいとおもう。シュトラウスをはじめかつての批評家の多くは、主としてカッシーラーの精神史的研究において語られてきたかかる記述の不十分さを指弾することによって、カッシーラーの哲学的な取り組みの全体を非政治的でみどころのないものと断じてきたが、そのような性急なやり方は、きわめて乱暴であるといわざるをえないし、何より不適切であるというのでなければなるまい。あるひとりの思想家について検討しようとするに際して、われわれはそもそもひとつの言説をつかまえてその言説の主の思想全体を否応なしに裁断してしまうかのような一方的なやり方を厳に慎むべきであるというのでなければならないであろう。カッシーラーのように理論哲学において大きな足跡を残してきた人物の政治的思惟の軌跡をたどろうとするのであるならば、われわれはむしろその哲学者としての発言に目を配るところから出発するのでなければならないのであって、まずはその思想の内在的な理解を目指そうとするのでなければならない。そして、そうすることによって、一見したところ、政治思想とは何ら関係ないかのようにおもわれる言葉の一つひとつのうちに政治的な意味あいが含まれているのかどうかを吟味しようとするのでなければならないのだ。このような作業をとおしてはじめて、われわれはカッシーラーの思想に包含されている政治的モティーフをその全体像において把握することができるようになるであろうし、それじたい精彩を欠くと指弾されつづけてきたカッシーラーの政治的示唆とおぼしき言説の一つひとつのもつ思想的意味を、これまでとはまた違った視野からあらためて問いなおすことができるようになるであろう。[32] このような理由から、本書では、以下の議論を第一部と第二部に分かち、第一部において、まずはカッシーラーの哲学者としての相に注目し、この人物がシンボル形式の哲学をはじめとする独自の理論哲学を打ち立てていく様子を確認することにしたいとおもう。そのうえで第二部において、この人物の精神史家としての相に注目し、第一部において示唆された政治的なモティーフがここでより具体的な表現のもとに語られていくようになる様子をみていくことにしよう。そして、最後にこれらの議論のうえに提示されるカッシーラーの政治思想の概要を確認したうえで、その思想的意義について整理することにしたい。

〔註〕

（1）正式にはエルンスト・アルフレート・カッシーラー（Ernst Alfred Cassirer）。さしあたりこの人物のプロフィールを簡単に紹介しておきたい。カッシーラーは西プロイセンの中心都市ブレースラウ（現在のポーランド領ヴロツワフ）において、一八七四年七月二八日にユダヤ系ドイツ人材木商の三男として生まれた。はじめの二子が早世したために、エルンストは母親の愛情を一身に受けて成長したという。九歳にしてシェークスピアの全集を読破するほどの早熟の知性の持ち主で、ベルリンを皮切りに、ライプツィヒ、ハイデルベルク、ミュンヒェン、マールブルクの各大学で文学、法学、歴史学、哲学を学んだ。ベルリン大学でゲオルク・ジンメルのカント講義に接したことがきっかけになってカント哲学に関心を抱き、マールブルク大学教授で新カント学派の中心人物として活躍していたヘルマン・コーヘンに師事、コーヘンのもとで哲学者としてのキャリアをスタートさせた。一九〇二年に従姉妹のトーニ・ボンディと結婚し、二男一女をもうける。一九〇六年から一九一九年までベルリン大学の私講師。一九一九年、四〇代なかばにしてようやくハンブルク大学の人文学部哲学科正教授に就職し、この新設大学の声望を高めた。その主著『シンボル形式の哲学』はこの時期の作品で、ハンブルクにおける生活は、カッシーラーにとっては、その生涯においてもっとも安定した幸せな時期であった。一九二八年には、マックス・シェーラーの後任としてフランクフルト大学からの招請を受けたが固辞。一九二九年には、ハンブルク大学の学長に就任した。一九三三年一月三〇日にヒトラー内閣が成立すると、その翌々月には一切の公職を自発的に辞任してドイツからスイス、オーストリアへと脱出して亡命の旅路につくことになる。その後、ほんの少しだけハンブルクに戻ったが、すぐにイギリスのオックスフォードに移った。一九三五年には、かつての教え子の尽力でスウェーデンのイェーテボリ大学に招請され、イェーテボリ大学の員外教授に就任。一九三九年にはスウェーデン国籍を取得して亡命生活に小康を得るが、同年九月一日の第二次世界大戦の勃発によってそれも長続きしなかった。一九四一年、イエール大学からの招聘を機に、大戦中アメリカ行きの最後の船となった貨物船レマーレン号でアメリカに逃れ、さらにコロンビア大学でも教鞭をとることになる。カッシーラー本人はこのアメリカ滞在を一時的なものと考え、大学との契約が切れたあかつきにはスウェーデンに戻る計画を立てていたが、ヨーロッパの戦況が帰国を許さず、奇しくもローズベルト大統領急逝の翌日、一九四五年四月一三日にコロンビア大学構内で学生と談笑中に心臓発作をおこして不帰の客となった。享年七〇歳。

　なお、カッシーラーの伝記については以下の三つの著作および論文を主に参照した。

Dimitry Gawronsky, "His life and His Work", in *The Philosophy of Ernst Cassirer*, Paul Arther Schilpp (ed), Evanston, 1949.

Toni Cassirer, *Mein Leben mit Ernst Cassirer*, Felix Meiner Verlag, 2003.

Heinz Paetzold, *Ernst Cassirer. Von Marburg nach New York*, Darmstadt, 1995.

John Michael Krois, „Ernst Cassirer 1874-1945. Eine Kurzbiographie", in *Nachgelassene Manuskripte und Texte*, Bd. 18, John Michael Krois (Hrsg), Felix Meiner Verlag, 2009, S. XXI-XLIV.

（2）日本でも、カッシーラーはリアルタイムで広く知られた存在であった。その名は九鬼周造（一八八八―一九四一）の講義ノートにもすでにみられるし、三木清（一八九七―一九四五）の思想形成に大きく影響するなど、大正から昭和初期の日本におけるカッシーラー受容は――当時、新カント学派の言説が最先端の思想としてもてはやされていたこともあって――かなりの程度すすんでいたといえる。ハイデガーとのダヴォス討論（一九二九年）の様子は、その年のうちに、『思想』第九〇号でカッシーラーのハンブルク時代の教え子である由良哲次（一八九七―一九七九）によって紹介されていたし、その著作の翻訳もまた、比較的早い時期からはじめられていた。たとえば、一九四一年にはすでにカッシーラーの主著『シンボル形式の哲学』の抄訳が、英訳に先立つこと実に一二年も前に心理学者であった矢田部達郎（一八九三―一九五八）によってなされている。戦後になると、カッシーラーの著述の翻訳は飛躍的なテンポですすみ、現在ではその主だったものはほとんど邦訳で入手できるまでになった。しかし、管見するところ、カッシーラーに関する研究書は、日本ではまだ一冊もない。このあたりの事実が、日本におけるカッシーラー受容の現状を如実に物語っているといえよう。

（3）Donald Phillip Verene, Preface to *Symbol, Myth, and Culture. Essays and Lectures of Ernst Cassirer 1935-1945*, Donald Phillip Verene (ed), Yale University Press, 1979, p. 7.　エルンスト・カッシーラー『象徴・神話・文化』ドナルド・フィリップ・ヴィ

リーン編、神野慧一郎・薗田坦・中才敏郎・米沢穂積訳、ミネルヴァ書房、一九八五年、一四頁。ちなみに、ヴィリーンによれば、この頁数はプロイセン・アカデミー版の『カント全集』（*Immanuel Kant: Gesammelte Schriften Akademie Ausgabe*）とほぼ同じ分量だという。ただし、カッシーラーの著述の数は、書評やコメンタールなどを加えるかどうかによって多少前後する場合がある。

（4）Verene, Preface, p. 7. 邦訳一四頁。

（5）John Michael Krois, „Cassirer: Aufklärung und Geschichte", in *Ernst Cassirers Werk und Wirkung. Kultur und Philosophie*, Dorothea Frede, Reinold Schmücker（Hrsg）, Darmstadt, 1997, S. 124. Vgl. Hermann Lübbe, *Cassirer und Mythen des 20. Jahrhunderts: Festvortrag anläßlich der Tagung "Symbolische Formen" gehalten am 20. 10. 1974 in Hamburg*, Veröffentlichung der Joachim Jungius Gesellschaft der Wissenschaften Nr. 23, Göttingen, 1975.

（6）Peter Paret, „Ernst Cassirer und neuere Richtungen der Kulturphilosophie in der Vereinigten Staaten", in *Cassirer-Forschungen* Bd.1, Enno Rudolph/ Bernd-Olaf Küppers（Hrsg）, Felix Meiner Verlag, 1995, S. 37.

（7）Ebd.

（8）Ernst Wolfgang Orth, „Zugänge zu Ernst Cassirer", in *Über Ernst Cassirers Philosophie der symbolischen Formen*, Hans-Jürg Braun（Hrsg）, Frankfurt am Main, 1988, S. 7.

（9）Brigit Recki, „Kultur ohne Moral? Warum Ernst Cassirer trotz Einsicht in den Primat der praktischen Vernunft keine Ethik schreiben konnte", in *Ernst Cassirers Werk und Wirkung. Kultur und Philosophie*, S. 58.

（10）Peter Gay, "The Social History of Ideas. Ernst Cassirer and After", in *The Critical Spirit*, Kurt H. Wolff / Barrington Moore(ed), Boston, 1967, p. 119.

（11）Leo Strauss, "Kurt Riezler", in *What is political philosophy?*, The University of Chicago Press, 1959, p. 246. ちなみに、ハンナ・アーレントの最初の夫で思想家のギュンター・アンデルスGünther Anders（1902-1992）（本名シュテルン）もまた、ハンブルクのカッシーラーのもとで一時期学んでいる。なお、アンデルスの父親で心理学者のヴィルヘルム・シュテルンWilhelm Stern（1871-1938）は、カッシーラーのハンブルク大学での同僚であった。

（12）Leo Strauss, Review of *The Myth of the State*, in *Social Research*. 14/1, 1947, p. 128.

（13）Leo Strauss, *The rebirth of classical political rationalism*, The University of Chicago Press, 1989, p. 28. レオ・シュトラウス『古

典的政治的合理主義の再生』、石崎嘉彦監訳、ナカニシヤ出版、一九九六年、七一頁。

(14) John Michael Krois, *Cassirer, Symbolic Forms and History*, Yale University Press, 1987, p. 9.

(15) カッシーラーはヴァイマール期から政治的なヒューマニストと見なされていた人物であり、その意味においては、戦後ドイツにおいてヒューマニズムの思想を提唱することによってドイツ国内で高い評価を獲得したカール・ヤスパース Karl Theodor Jaspers (1883-1969) とは好対照をなしているといえよう。カッシーラーはヤスパースと違って亡命知識人だったため、戦後ドイツでは、祖国からの「逃亡」知識人について表立って論じる雰囲気などほとんど生じなかったのである。なお、一口にヒューマニズムといっても、カッシーラーとヤスパースのヒューマニズムの内実は、その哲学的見地の違いもあって、かなりの程度で異なっているといえる。この両者の見解のちがいについては、今後の検討課題としたい。

(16) Barbara Vogel, „Philosoph und liberaler Demokrat. Ernst Cassirer und Hamburger Universität von 1919 bis 1933", in *Ernst Cassirers Werk und Wirkung. Kultur und Philosophie*, S. 189. カッシーラーは一九一九年に設立間もないハンブルク大学に正教授として赴任して以来、亡命のために自発的に休職を願い出た一九三三年まで、この大学の文字どおりの看板教授であった。フリッツ・ザクスルによれば、「新大学は、当時国際的な名声を博していた人物を選んだわけだが、彼の名声たるや、旧来の大学が彼に与えていた認識などはるかに飛び越えてしまうほどのものであった。まさしくカッシーラーは、産声をあげたばかりの芸術学科に一種独特の威厳を与えたのである。うち続く戦争の歳月に失望した者たち、いまや真理と知識に渇いた者たちで、彼の講義の席を列ねる学生たちの数は増すばかりであった」(フリッツ・ザクスル『シンボルの遺産』、松枝到・栗野康和訳、せりか書房、一九八〇年、一六七頁)という。なお、ハンブルク大学は、一九四五年以降、いわゆる「第三帝国」時代の自身の行動を歴史認識化することにかけては比較的肯定的かつ積極的な態度を示した大学ではあったが、それでもこうした取り組みは一筋縄ではいかなかったようである。ハンブルク大学のこの煮え切らない態度に、カッシーラーの未亡人トーニ・カッシーラーは怒りをあらわにして、その心情をある手紙のなかで、「カッシーラーが自由の人として、自由の国でその生涯を終えたのはハンブルク大学の功績ではない。私は(ナチスの反ユダヤ主義政策のために結果として免職となった)彼を擁護して(ハンブルク市当局に)抗議した意見などなかったことを覚えている」(T. Cassirer, a. a. O., S. 189)と述べている。結局、ハンブルク大学が「偏狭の時代」(Die enge Zeit)と題するシンポジウムをおこなってナチ期の自己確認と自己反省の試みを公式におこなったのは一九九一年のことであった。カッシーラーの没後、実に半世紀も後のことであった。

(17) 脇圭平『知識人と政治――ドイツ・1914~1933――』、岩波新書、一九七三年、二頁。

(18) それどころか、意図的なカッシーラー回避は、思想家カッシーラーについての歪曲された情報の流布を許してしまう。戦後ドイツがこの哲学者にとった態度とは、その意味では、結果として「亡命者へのさらなる恥辱」(Vogel, a. a. O., S. 188) をもたらしてしまっていたといってよい。たとえば、カッシーラー生誕百周年（一九七四年七月二八日）に際して、クラウス・エーラーはヴェルト紙に記念論説を発表しているが、そこでの「一九三三年に、哲学者エルンスト・カッシーラーがハンブルク大学を去って国外に出てしまったとき、まさにこの出来事が、のちの研究者によって、彼の思想の国境を越えた偉大な影響の歴史の注目するべきはじまりとして叙述されるということを、誰も、むろん彼自身も、気づいてはいなかった」(Klaus Oehler, „Der Mensch ist ein Zoon symbolicon. Zur 100. Geburtstag des Philosophen Ernst Cassirer", in *Die Welt*, 26. Juli 1974) という言い回しは、かかる風潮をきわめてシンボリックに示しているといえよう。こうした記述は、カッシーラーが亡命せざるをえなかった理由を棚に挙げて、表面的にその業績のみを引き立てようとしていたという点で、カッシーラーが何ものかという事実を故意にかき消そうとする意図を感じさせるものになっている。カッシーラーの姿はこうした論評の積み重ねのなかで、しだいに歪められてしまうことになってしまったのだ。Vgl. Vogel, a. a. O., S. 187f.

(19) 小野紀明『現象学と政治　二十世紀ドイツ精神史研究』、行人社、一九九四年、七九頁。

(20) Krois, „Cassirer: Aufklärung und Geschichte", S. 125. Vgl. Recki, a. a. O., S. 59.

(21) Theodor W. Adorno, Brief an Max Horkheimer vom 13. Mai 1935, in *Max Horkheimer, Gesammelte Schriften*, Bd. 15, Frankfurt am Main, 1995, S. 350. なお、ローレンツ・イェーガーによると、カッシーラーと同じくドイツからイギリスに亡命していたアドルノには、「オックスフォード大学のエルンスト・カッシーラーのもとで助手になれるのではないかという希望」(ローレンツ・イェーガー『アドルノ　政治的伝記』、大貫敦子・三島憲一訳、岩波書店、二〇〇七年、一四五頁) があったという。イェーガーによれば、アドルノはこのことが原因で同じく亡命していた同僚ホルクハイマーから「嫉妬にあふれた批判」(同上書、一四五頁) を受けている。アドルノのカッシーラーに対する辛辣な言葉の裏には以上のような事情があったのであり、この点についてはは留意する必要があろう。

(22) Siegfried Marck, *Grosse Menschen unserer Zeit: Portraits aus drei Kulturkreisen*, A Hein Verlag, 1954, S. 166.

(23) 林達夫・久野収『思想のドラマトゥルギー』、平凡社、一九七四年、一〇四頁。久野は同じところでさらにこう説明している。「哲学者というのは、一般に、表情が文章に出ることに無関心であり、むしろ意識的に嫌いますね。文章で大事なのは何よりも内容であるということになり、表情もなく、抑揚もなく、重大な――と本人が考える――内容を墨黒々に書き綴る」。久野によれば、カッシーラーとは、まさしくそのような哲学者の代表格であったという。

(24) ユダヤ系ドイツ人であったカッシーラーは、生涯にわたって反ユダヤ主義に直面せねばならなかったにもかかわらず、人種を理由にした悪意ある扱いに対しては、決して激高したりヒステリックな反応を示そうとしたりはしなかったという。自身もユダヤ系オーストリア人であった妻トーニは、夫のこのような態度について驚きとともにこう証言している。「私は、彼がどうやっていつも客観的であり続け、同僚のうちでも政治的には非常に反動だった者の身にさえなれるのか、とよく驚嘆したものだった。人々はエルンストに対してだけは失礼な態度をとらなかった。エルンストの方も――彼の本性に適しく――相異なる意見がさほど明らかな敵意や悪意を帯びていない限り、いつも両方の側面を見ようとした」(T. Cassirer, a. a. O., S. 133. トーニ・カッシーラー「カッシーラーとワールブルク文庫――カッシーラー夫人の回想　2――」、岩尾真知子訳、『みすず』第三四七号所収、みすず書房、一九九〇年、三一頁)。また、公開されている記録のなかでは激烈な世界観の対決がなされたかのように書かれているハイデガーとのダヴォス討論も、実際にはカッシーラーのきわめて紳士的な態度もあって、「すばらしい同僚意識」のなかで議論がすすめられたという。「ハイデガー自身、エリザベート・ブロッホマン宛の手紙でカッシーラーとの出会いを個人的に得るところがあったと評価しているのだが、何か拘束するような雰囲気があったために対立が明確に表に出なかったことを残念がって、『カッシーラーは議論において極度に気品があり、愛想がよすぎるほどであった。そこで私のほうもほとんど抵抗を感じず、このことのために問題に不可欠の鋭い表現を与えることができなかった』と言う」(Rüdiger Safranski, *Ein Meister aus Deutschland. Heidegger und seine Zeit*, Fischer Taschenbuch Verlag, 2009, S. 204. リュディガー・ザフランスキー『ハイデッガー』、山本尤訳、法政大学出版局、一九九六年、二七九頁)。

(25) Ernst Cassirer, *Die Philosophie der Aufklärung*, in *Gesammelte Werke Hamburger Ausgabe*, Bd. 15, Felix Meiner Verlag, 2003, S. XIV. エルンスト・カッシーラー『啓蒙主義の哲学』上巻、中野好之訳、ちくま学芸文庫、二〇〇三年、一八頁。このモットーはバルーフ・デ・スピノザの言葉で、『政治論』(*Tractacus politicus*, 1677) の一節から取ったもの。政治学という「この学問分野に属することがらを、われわれが数学の問題を扱うときにいつもそうするように、とらわれない心をもって探求するため、私は人間の行動を、嘲わず、悲しまず、呪いもせず、つとめて理解するように心がけた。そこで私は人間的感情、例えば愛、憎しみ、怒り、妬み、誇り、同情、そのほかの心の動揺を、人間本性の悪徳としてではなく、ちょうど暑さ、寒さ、嵐その他類似のものが空気の本性に属するように、人間本性そのものに属する特質として、考察したのである」(バルーフ・デ・スピノザ『政治論』、高桑純夫他訳、『世界の大思想9　スピノザ』所収、河出書房新社、一九六六年、三二五頁)。スピノザのこのような態度は、カッシーラーのそれにもそのままあてはまる。カッシーラーはこのモットーを本書のみならずいたるところで用いている。

(26) Ernst Cassirer, „Nachruf auf Aby Warburg", in *Gesammelte Werke Hamburger Ausgabe*, Bd. 17, Felix Meiner Verlag, 2004, S. 374. エルンスト・カッシーラー「アビ・M・ヴァールブルク博士埋葬にあたっての辞」、檜枝陽一郎訳、『ヴァールブルク学派　文化科学の革新』（松枝到編、平凡社、一九九八年）所収、九七頁。なお、この言葉じたいは、盟友アビ・ヴァールブルクの埋葬の際に、カッシーラーがヴァールブルクのことを述べたものであるが、同じくユダヤ系ドイツ人哲学者として、神話や象徴を通して人間文化の真相に迫ろうとしていたカッシーラー自身の姿を投影した言葉になっているともいえよう。なお、ここでいう「武器」については第六章の議論を参照されたい。

(27) Safranski, a. a. O., S. 202. 邦訳、二七五頁。

(28) ピエール・ブルデュー『ハイデッガーの政治的存在論』、桑田禮彰訳、藤原書店、二〇〇〇年、七六頁。

(29) Charles W. Hendel, "Ernst Cassirer", in *The Philosophy of Ernst Cassirer*, p. 56.

(30) ネオ・マキャヴェリアンというと、現代の政治思想のコンテクストにおいては、ジョン・ポーコックの『マキャヴェリアン・モーメント――フィレンツェの政治思想と大西洋圏の共和主義の伝統』（*The Machiavellian Moment. Florentine Political Thought and the Atlantic Republican Tradition*, 1975）において紹介されている一七世紀のイングランドの共和主義者ジェームス・ハリントン James Harrington (1611-1677) らの言説が思い浮かべられるかもしれないが、本書ではその文脈とは異なった意味でこの言葉を理解している。詳細については、第六章の議論を参照されたい。

(31) その点では、最近のドイツにおける研究動向が大いに助けになろう。カッシーラー研究は、戦後ドイツにおいては、しばらくは低調であったが、一九八〇年代後半にアメリカから逆輸入するかたちで取り組まれるようになり、一九九〇年代になると「カッシーラー・ルネッサンス」と呼ばれるほどの活況を呈するようになった。一九九三年には、ハンブルクのフェリックス・マイナー社が研究誌『カッシーラー研究』（*Cassirer-Forschungen*）（二〇一一年八月現在、一四巻まで刊行）の刊行を開始し、一九九五年からは、同社からさらにカッシーラーの未刊行の著述をまとめた『カッシーラー遺稿集』（全一八巻の予定。二〇一一年八月現在、うち一一巻を刊行）、一九九八年からはカッシーラーの既刊の著述を集めた『カッシーラー全集』（全二六巻、二〇〇九年完結）が次々と刊行され、ドイツではカッシーラー研究の環境が飛躍的な勢いで整えられている。なお、『遺稿集』および『全集』のラインナップについては、本書の「カッシーラーの著述一覧」（*xxvi*―*xlviii*頁）を参照されたい。Vgl. Hans Jörg Sandkühler, „Republikanismus im Exil: oder Bürgerrecht für den Philosophen Ernst Cassirer in Deutschland", in *Einheit des Geistes*.

Probreme ihrer Grundlegung in der Philosophie Ernst Cassirers, Martina Plümacher/ Volker Schmümann (Hrsg), Frankfurt am Main, 1996, S. 15.

(32) そのため、本書では、章以下の内容を便宜的に数字で区切るにとどめ、節にあたる部分にあえて見出しをつけなかった。カッシーラーの「オデュッセイの遍歴」はそれじたいがひとつの大きな物語であり、順を追ってすすむことによってその思想的展開の軌跡がうかがえるようになっている。読み進めるにあたって不便となり恐縮だが、意図あってのことであり、諒とされたい。

第一部　シンボル形式の哲学の政治的地平——モデルネの構造転換

カッシーラーの確信するところによると、およそ哲学というものは、「決してそれだけ切り離して成立しうるものではなく、むしろ他の諸科学の研究をとおしておのずと生まれるのでなければならない」[1]はずのきわめて裾野の広い知的営みであった。それはつまり、個別科学に対するあくなき関心とそこから獲得される深い学識のうえにはじめて成り立っているのであって、そのようなプロセスを経て編み出されたものであればこそ、人間の知の全体を包括することができるし、そのすすむべき方途を指し示せるようになるというのでなければならないものだったのである。カッシーラーはそのため、自身の哲学的思索を展開するにあたって、およそ哲学とは関係のないようにおもわれるさまざまな知的分野にまで幅広く関心をよせ[2]、そこから獲得した知見をふんだんにちりばめるかたちをとりながら議論を構成するところへとむかっていく。そして、そのようなかたちで雑多な知識をひとつの哲学的パースペクティヴへと鍛え上げるという独特なスタイルをとることによって、この哲学者は他に類をみないきわめてユニークで独創的な哲学的世界を紡ぎだしていくことになる。のみならず、カント哲学への関心を嚆矢とするそのプロセスは、哲学の理論的考察からしだいに政治に対する関心を深めていくことによって、ついにはこの議論の主を独自の政治思想的なモティーフを描き出すところへと誘っていくことになるであろう。以下、第一部では、そのプロセスの概要を、カッシーラーの哲学者としての相に注目することによって考察してみることにしたい。そのために、まず第一章において、カッシーラーの主著『シンボル形式の哲学』の成立過程とその思想的特徴を概観し、そのうえでこの哲学者が二〇世紀の啓蒙主義者として自己規定するに至ったプロセスをみていくことにする。さらに第二章では、カッシーラーがシンボル形式のパースペクティヴのもと、モデルネという時代をどのような性格をしたものとして理解していたのかを考察するとともに、この時代に内在している思想的問題点を指摘する様子を確認することにしたい。そのうえで、第三章においては、カッシーラーがドイツからの亡命ののち、シンボル形式の哲学を文化哲学として深化させていくなかで規範的議論を展開していくプロセスを検討し、そこに示唆されている規範的モティーフならびに政治思想的モティーフの内実を解明していくことにしよう。

〔註〕

（1）T. Cassirer, a. a. O., S. 135. 邦訳三二頁。カッシーラーはこの見解をくりかえし表明している。たとえば、一九二九年のハンブルク大学学長就任記念講演「哲学的な真理概念の諸形式と形式変遷」（Formen und Formenwandel des philosophische Wahrheitsbegriffes）によると、「哲学はその発展のすべての段階において、くりかえし新たにそれ自身について、その正しさの基礎と真理の基礎について、その内的な可能性について問うことによってのみ『存在』している」（Ernst Cassirer, „Formen und Formenwandel des philosophische Wahrheitsbegriffes", in *Gesammelte Werke Hamburger Ausgabe*, Bd. 17, Felix Meiner Verlag, 2004, S. 342）のであり、そうである以上、現実の法則性を明らかにしていく専門諸科学の発展とつねに並走しながら自身を規定していくはずの知的営為であった。といっても、真理を機能の次元において容認する「機能的真理概念」（funktionaler Wahrheitsbegriff）の見地に立つこの哲学者にとって、哲学とは、デカルトのいう「諸科学の松明の担い手」（ebd. S. 358）でなければ実証主義者らのいう「草刈り人夫の落ち穂拾い」（ebd.）でもなかった。それは諸科学のあいだの闘争のうちに、すなわち現実の多様性のうちにある思想的モティーフを看取するものになっているのであって、その意味では、個別的なものへと没頭することによってかえって世界の全体性を理念的に明らかにするものになっていたのである。「われわれは、ヘラクレイトスの言葉のとおり、真の調和とは弓のそれや音階のそれのように対立して作用する調和であるという考えのもと、（専門諸科学のあいだでくりひろげられる）闘争を成り立たせ貫徹するのでなければならない」（ebd. S. 359）のであり、哲学とはこの軌道のうえにあって、「対立して作用する調和」を見定めるところにその使命があったのだ。こうした基本見解は後述のシンボル形式の哲学や、文化哲学のコンテクストにおいて姿をあらわすことになる。

（2）もともとカッシーラーはその学問上の好奇心ばかりでなく、そのほかの「まったく馴染みのない領域への関心」も非常に強かったという。たとえば、自身はまったくスポーツをしないにもかかわらず、「ずっとスポーツ・ニュースに顕著な関心を抱いていた」（ebd. S. 130）し、ドイツ革命後のハイパーインフレを経験してからは金融相場や株式相場の推移にも並々ならぬ関心を寄せていた。トーニ・カッシーラーは自分の夫のこのようなメンタリティを、カジノでルーレットやトランプ遊びに興じることをことのほか好んだのと同じ心理、すなわち「ゲーム衝動」（Spieltrieb）に通じるものがあると指摘している。

第一章　思惟形式の革新——シンボル形式の哲学と〈啓蒙〉の精神

一

エルンスト・カッシーラーは、一八七四年七月二八日、ドイツ帝国プロイセン邦はシュレージェンの中心都市ブレースラウ（現ポーランド領ヴロツワフ）に生まれた。カッシーラー家はもともとこの地方からベルリンに進出して多方面にわたって活躍したユダヤ系の大家族であったが[1]、カッシーラー本人の回想によれば、彼自身の哲学や文学に対する関心は、材木業によって経済的成功を収めた父エドゥアルト・カッシーラー Eduard Cassirer（1843-1916）の影響ではなく、もっぱら母方の祖父ジークフリート・カッシーラー Siegfried Cassirer（1812-1897）の影響によるものであったという[2]。一八九二年、カッシーラーは当地のヨーハンネス・ギムナージウムを首席で卒業すると、ベルリン大学に入学、父の勧めもあって当初は法律学を学んだ。その後、ライプツィヒ、ハイデルベルク、ミュンヒェンの大学に転じるうちに、文学、歴史、哲学を学ぶようになり、一八九四年にベルリン大学でゲオルク・ジンメル Georg Simmel（1858-1918）の講義に接したことがきっかけになってカント哲学への関心を深めるようになっていく。そして、一八九六年にはジンメルのすすめでマールブルク大学に移り、当時のカント研究の第一人者であり新カント学派

(Neukantianismus)[3]の知的指導者でもあったヘルマン・コーヘン Hermann Cohen (1842-1918)[4]の教えを受けるようになった。その驚異的な記憶力でコーヘンを驚かせ、またたく間にこの大学街の有名人となった若き哲学徒カッシーラーは、一八九九年に論文「デカルトによる数学的・自然科学的認識の批判」(„Descartes' Kritik der mathematischen und naturwissenschaftlichen Erkenntnis") によって学位を取得し、さらに一九〇二年には、『ライプニッツの体系の学的基礎』(*Leibniz' System in seinen wissenschaftlichen Grundlagen*, 1902) を上梓してドイツの論壇にデビュー、「オデュッセイの遍歴」はいよいよその第一歩を踏み出すことになった。

カッシーラーはこの間に従姉妹のトーニ・ボンディと結婚(一九〇一年)し、ほどなくベルリン大学で教授資格を取得するとともに、哲学者ヴィルヘルム・ディルタイ Wilhelm Dilthey (1833-1911) の推挽で同大学の私講師 (Privatdoze) のポストをえているが[5]、ここでは「オデュッセイの遍歴」のスタートが二〇世紀という「新しい時代」(Neuzeit) の幕開けに重なっていたということに注意しておきたい。二〇代半ばの青年が哲学者としてのキャリアをスタートさせ、自身の思想形成をはかろうとしていたちょうどそのとき、現実の世界はこれまでにない急激な変化を経験しつつあった。産業化の昂進、鉄道や電信の出現による世界的ネットワークの急拡大、都市住民の爆発的な増大にともなう社会構造の変化、帝国主義的競争の激化、そして軍拡による勢力均衡の崩壊……時代の変革は、そこに生きる人々を置き去りにして前へ前へとのめりこもうとしているかのような趣すらあった。そして、かかる時代の変革は、そこに生きる人々に対して、精神的な意味においてもまた、ドラスティックな変革を迫るいわば一種の圧力のようなものとして作用していたのである。社会構造の劇的な変化は、実際、そのバックボーンをなす諸々の価値観をも急速に色あせたものにしつつあったし、確実に過去のものにしてしまおうとしていた。社会の産業化によっていわゆる「社会問題」がさまざまな局面で深刻化するようになると、一九世紀のブルジョワ市民社会において自明視されてきた「モデルネ」(近代) のパースペクティヴ――非合理的な固陋からの脱却が個人を解放するという考え方、自然科学が人間を進歩させ幸福にするという楽観的な見通し、そして、そのような見通しの保証人たる合理的な理性に対する素朴な信頼は、必ずしもすんなりと受け入れられなくなってしまっていたのである。その様子を、ドイツの歴史家ゴーロ・マン Golo Mann（1909-1994）はいささか文学的な表現でこう述べている。

個人は自己を展開し、その見解を変え、成熟し、凋落するとはいえ、活動する限り一人の自我としてとどまる。だが、国民は歴史の歩みのなかで、きわめて深刻な変遷を重ねてゆき、遂には他民族と見まちがうようにもなりうる。一国民に割り当てられた土地、言語、一定の追憶、性癖、志向は依然同一でも、生活様式――労働、欲望とその充足、信仰、憎しみ、悩み、夢、生活欲――は完全に別個のものとなる。新しいものは古いものより強くなり、これを押しのけて、すっかりその跡に居直る。こうして歴史は断絶する。われわれは太古から今日に至るまで、歴史は同一の素材から生まれ、一人の主人公または一つの意義あるいは運命を持つものであるかのように取り扱うが、実際にはもはやそのようなものではない。……ここで（一九世紀の終わりごろから）数十年のうちに――誤りがちな回顧趣味からいうと、あどけない幸福な数十年のようにおもわれるが――爆発に比較できるような内的発展が進められた。人口は増大し、大都市が発生し、社会層は入れ替わり、農業は縮小し、国民は対外貿易に依存するようになった。さらにそれにともなうもろもろの結果は、政治、党組織、法的、軍事的諸機構の分野でも、また、精神、文化、信仰あるいは不信仰の領域でも、はかり知れないものがあった(6)。

この歴史の「断絶」がカッシーラーの「オデュッセイの遍歴」に与えたインパクトは、決して看過しうるものではない。時代はこの一哲学徒にモデルネの諸価値を引き受けつつも批判的に再検討するというのっぴきならない課題を突きつけることになってしまった。しかも、ドイツのように国家の統一と社会の産業化に後れをとった国においては、変革のテンポがそのぶん急となり、過去との「断絶」があらゆる分野で強く意識されるようになっただけに、ことはより切実さを増していたのである。といっても、個人が「活動する限り一人の自我としてとどまる」ものである以上、その思想的態度や思考様式を時代の潮流にあわせて一変させることは、言葉でいうほど簡単なことではない。その点、一九世紀的な教養教育のもとで人格形成したうえで二〇世紀をむかえたカッシーラーのような人物にとってはなおさら、みずからの依って立つ精神的エートスをトータルに否定して「すべての価値を変換する」ことは難しいというのでなければならなかった。事実、この問題に対するカッシーラーのポジションは実に微妙で、カント哲学に深く傾倒するその思想的見地からすれば、フリードリヒ・ニーチェ Friedrich Nietzsche (1844-1900) 流のモデルネ批判に対しては終始批判的であらざるをえなかった。また、世代的な側面からみても、ハイデガーやエルンスト・ユンガー Ernst Jünger (1895-1998) といった彼よりも若い世代の人たちのように、モデルネの限界を大きく飛び越えたところに新たな思想的境地をひらいてみせようとするむきに対しては――論理のうえでは好感をおぼえつつも――気分(Gesinnung) のうえではどこか違和感があるというのでなければならなかった。かといって、一九世紀にすでに哲学者としてのキャリアを築いてきた人たち、たとえば、コーヘンや現象学の創始者エトムント・フッサール Edmund Gustav Albrecht Husserl (1859-1938) のように、信仰にも似た固い確信をもちうるほどモデルネの価値観に信頼を寄せていたかというと、それはそれで違うといわざるをえなかったのである。

そう考えてみるならば、若きカッシーラーは、その精神的位相において、文字どおりひとつの岐路に立つところから自身の思想形成をはかることを余儀なくされていたといえよう。モデルネの合理的な人間像や進歩的な歴史観を自明のものとみなしうるほどナイーヴだったわけではないが、だからといって、そのすべてを懐疑の底に突き落として徹底的に批判するほどの不信感を抱いていたわけでもないという意味において、その思想的見地は二〇世紀的でもあれば一九世紀的でもあった。ということは、逆にいえば、二〇世紀的でもなければ一九世紀的でもなかったわけだが、それだけモデルネという言葉に対するカッシーラーの態度には、いつもどこかアンビヴァレントなニュアンスがつきまとっていた。事実、この人物がその「オデュッセイの遍歴」のなかで試みようとしたことは、モデルネの精神的世界へと撤退してしまうことでもなければ、そこから逃避してしまうことでもなかったのである。押しとどめられない時代の流れを前にして立ちすくむことも許されなくなったそのとき、哲学者カッシーラーはこのアポリアに対して自身の思想的見解を提示するところへとむかっていくようになる。そして、一九一九年にハンブルク大学の人文学部哲学科正教授（Ordinarius）の職をえて、ベルリンでの一〇年あまりにわたる私講師生活に終止符を打つと、いよいよその思想的構想を『シンボル形式の哲学』という著作へと結実させ広く江湖に問うことになるであろう。カッシーラーはここで人間とは何かという哲学の根本問題を念頭におきつつ、シンボル形式のパースペクティヴという独自の哲学的世界観を提起することによって、モデルネの是非という思想的課題に対する自身のポジションを明らかにしていくことになったのだ。

それでは、カッシーラーの「オデュッセイの遍歴」は、『シンボル形式の哲学』においてどのような哲学的パースペクティヴを展開し、どのような仕方でこの困難な事態にたちむかっていこうとしていたのか。また、その歩みには、いったいどのような政治思想的な性質が包含されているといえるのであろうか。以下、本章では、カッシーラーの哲学を政治思想のコンテクストにおいて考察し検討するための第一歩として、これらの問いかけに応答するところから議論をはじめることにしたい。そして、そのために、シンボル形式のパースペクティヴというカッシーラー独自の世界理解の方法論の成立過程とその内容を概観していくことにしよう。その際に、カッシーラーが新カント学派の一員としてその知的キャリアをスタートさせつつも、シンボル形式の哲学を構想するに至る思想的プロセスを確認するところを議論の出発点とし（二）、『シンボル形式の哲学』において展開されたこの哲学者の思想的世界像をごく手短にスケッチしてみることにする（三）。ついで、シンボル形式のパースペクティヴのもとに一八世紀の啓蒙主義思想を読み解こうとした精神史的研究の書『啓蒙主義の哲学』から、カッシーラーが二〇世紀における啓蒙主義思想のあり方を提示してみせるに至った流れをみてみることにしたい（四）。そのうえで、かかるカッシーラーの哲学的試みの思想的特徴について、最後にごく簡単に確認することにしよう（五）。

二

ドイツ皇帝ヴィルヘルム二世 Wilhelm I. von Preußen のいわゆる「世界政策」（Weltpolitik）が本格化し、社会学者マックス・ヴェーバー Max Weber（1864-1920）をはじめとする多くの碩学たちがその是非を論じあっていたちょうどそのころ、カッシーラーの「オデュッセイの遍歴」は指導教授ヘルマン・コーヘンの圧倒的な影響のもとにはじまった。非凡な才能ですぐさま頭角をあらわしたカッシーラーは、そのキャリアの最初の数年間のうちにコーヘンのカント解釈にそった哲学的言説を相次いで発表し、ほどなく新カント学派、なかでもコーヘンを精神的指導者とするマールブルク学派（Marburger Schule）を代表する哲学者のひとりとみなされるようになっていく。そして、その令名は、最初の「記念碑的業績[7]」となった著作『近代の哲学と科学における認識問題』（*Das Erkenntnisproblem in der Philosophie und Wissenschaft der neueren Zeit,* Bd. 1, 1906; Bd. 2, 1907; Bd. 3, 1920; Bd. 4, 1957）の第一巻の成功によって、ドイツ一国のみならずヨーロッパ全体にまで広く知れわたるようになった。「ドイツ帝国のオデュッセイ」はこうしてコーヘンの「秘蔵っ子弟子[8]」として将来を嘱望されるようになったが、その知的関心はしだいにコーヘンのカント解釈の枠内にとどまらないところにまで拡大し、やがてマールブルク学派の思想圏域を大きく逸脱する方向へとすすんでいくことになる。そして、皮肉なことに、コーヘンの衣鉢を受け継ぐ思想的後継者としての評価が定まりつつあった一九一〇年代になると、カッシーラーの哲学的スタンスは、いよいよ新カント学派の思想的パースペクティヴによっては説明がつかないところにまで行き着くことになるであろう。以下、そのプロセスをごく簡単にみていくことにしよう。

まず、その前提として、新カント学派とよばれる哲学的セクトについて、さしあたりごく簡単に整理しておきたい。周知のとおり、新カント学派はオットー・リープマン Otto Liebmann（1840-1912）の「カントに還れ」（Zurück zu Kant!）[9] という呼びかけに端を発する哲学的セクトであり、そもそもは一九世紀中葉の実証主義的思考に反対する立場から出たカント哲学復興運動であった。自然科学が爆発的な勢いで発展し、科学的認識を唯一確実な「学」（Wissenschaft）とする実証主義的風潮が高揚するようになると、哲学をもっぱら科学的な知のもとに基礎づけようとする動きが活発化したが、リープマンやフリードリヒ・アルベルト・ランゲ Friedrich Albert Lange（1828-1875）[10] らはこうした動きに反発し、哲学の自律性を確保するための言説を確立することの必要性を説くようになった。そこで彼らによって議論を導くライト・モティーフたるべきものとして持ち出されたのが、批判的思考のもとに自然科学の基礎づけを遂行しようとしていたカントの批判哲学だったのである。実証主義者たちとは反対に、既存の諸科学の認識論的基礎を今いちどカント哲学の超越論的な視座のもとに問い直すことによって、彼らは没価値的で「理想を失った実証主義、超越を失った歴史主義、絶対を拒否した相対主義、規範を忘却した心理主義……から脱却せん[11]」とし——とりわけランゲがそうであったように——かかる機械論的な唯物論の延長線上にあるマルクス主義の社会理論をも退けようとしていた。そのために、この哲学的運動は、考察の範囲を自然科学のみならず歴史学や文化科学にまで暫時拡大し、ふたたび理想主義的（idealistisch）なパースペクティヴのもとに世界を理解するための思想的方途を確立するところへとむかっていこうとするようになった。そして、そのような作業をとおして、実証主義のような非観念的で無規範的な言説が陥るであろう陥穽を克服し、哲学に今いちど諸学の基礎をなすものとしてのポジションを確保してみせようとしていたのである。

カント解釈や問題関心の相違から、新カント学派はおもに西南ドイツ学派（Süddeutsche Schule またはバーデン学派 Badischer Schule）とマールブルク学派へと分化したが、その潮流は一九世紀末にはヨーロッパ講壇哲学を席巻するまでに成長した。前者がヴィルヘルム・ヴィンデルバント Wilhelm Windelband（1848-1915）やハインリッヒ・リッケルト Heinrich Rickert（1863-1936）らを中心として文化科学の基礎付けを企図する「価値哲学」（Wertphilosophie）を展開していたとするならば[12]、ランゲの学弟で後者の中心人物たるコーヘンやパウル・ナートルプ Paul Natorp（1854-1924）らの関心は、もっぱら自然科学的認識をカント哲学のもとに基礎付けるところにむけられていたといってよい[13]。その初期の著作『カントの経験の論理』（*Kants Theorie der Erfahrung*, 1871）のなかで、コーヘンはカントの『純粋理性批判』（*Kritik der reinen Vernunft*, 1781, 1787）における存在と当為あるいは内容と形式といった認識理論の二元論的思考を深化させ、形式が内容を構成するとするカントの超越論的構成主義のロジックをカント以上に徹底させようとしている[14]。それによると、人間の認識は事物を直観する感性、とりわけ純粋直観の次元からしてすでに数学的関係性を能動的に生じる「産出する形式」（erzeugende Form）になっているのであって、そのうえで概念を形成する悟性（Verstand）が現実の世界を力学的原則によって構成しているのだという。そう考えてみるならば、「純粋直観の方法は数学の方法を意味し、（悟性的な）思惟の方法は力学の方法を意味している[15]」ということになるであろうし、現実の世界は人間の思惟（Denken）のはたらきによってはじめて可能になるというのでなければならなくなってこよう。コーヘンはこのことからさらに、思惟が存在そのものであると主張し、その哲学的主著のひとつである『純粋認識の理論』（*Logik des reinen Erkenntnis*, 1902）において「産出（Erzeugung）それじたいが所産（Erzeugnis）である[16]」と喝破した（いわゆる「根源の原理（Logik des Ursprungs）」）[17]。「思惟が根源（Ursprung）のなかに存在を発見するのでないとするならば、この存在は思惟がそれに与えうる基礎のほかには、何らのそして如何なる基礎をも持ちえないのである[18]」と主張することによって、思惟という方法をすべての根源とみなすこの方法的観念論は、こうして人間の認識を感覚的次元においてすでに合理的性質によって貫かれたものとみなし、実証主義以上に極端な合理的人間像を描きだすことになる。そして、そのうえで「およそ哲学たるものはすべて、諸々の科学の事実に依って立つものにほかならない」[19]と主張することによって、新カント学派のなかでももっとも主知主義的な色彩の濃厚な哲学的パースペクティヴを展開することになったのだ。

こうして人間の経験のロジックについて語ったコーヘンは、さらに人間の当為のロジック、より具体的にいえば、「哲学がそのまま同時に政治社会論であるという、とうに失われてしまったその使命を哲学に取り戻そうとするきわめて重大な試み」[20]へとむかっていくことになる。コーヘンのみるところ、人間の当為は――人間の存在が純粋直観を根源としていたのと同じシェーマで――純粋意志を根源とし、その純粋意志なるものは行為という他者との関係性において自覚されうるはずのものであった。それゆえ、人間の倫理的性質は、その著作『純粋意志の倫理』(*Ethik des reinen Willens*, 1904) において、個人のうちにではなく集団＝国家のうちに見出されるのでなければならないとされていたのである。つまり、人間は「ソキエタス」(societas) なる全体に属するかぎりにおいて倫理的主体たりうるのであって[21]、国家こそが「人間を手段としてではなく目的として扱え」と説くカント倫理学の定言命法を実現させるための「ソキエタス」たるのでなければならないというわけだ。ここでいう国家なるものは、したがって、かかる目的を達成するための歴史的媒体たる場合にのみ有用であるにすぎず、あくまでも人間の手段化に抗してカントのいう「目的の国」を打ち立てることを究極の使命とするのでなければならないということになる。そこで「われわれの時代のヨブ」[22]コーヘンが説いたのが、理想主義的な意味における社会主義――人間を手段へと貶めてやまない現下の資本主義体制を倫理的に矯正するための社会主義の必要性であった。といっても、「ドイツ社会主義の真正かつ現実の創始者」[23]カントの定言命法のうちに語られている真の意味における社会主義は、マルクス主義者らのいうそれと違って、決して歴史的必然でもなければ既存の政治体制を革命によって打倒しようとするものでもない[24]。ここでいう社会主義とは、あくまでも純粋意志によって要請されているものでしかないのであって、コーヘンによれば、既存の国家を漸進的な社会改良の担い手として活用しようするところに特筆すべき思想的特徴があった。それはつまり、資本制下の国家とプロレタリア階級とを両立不可能なものとしてしまうマルクス主義の二元論的な発想を克服し、この両者を和解させることによって、より現実的な社会変革の端緒を見出そうとする社会民主主義的理念を表明するものになっていたのである[25]。

カッシーラーの「オデュッセイの遍歴」は実にこのような主張を展開した人物——そのポレミカルな言動ゆえにドイツの保守的なアカデミズムのみならずマルクス主義者からも公然と忌避され敵視された人物に教えを請うところからはじまったわけだが、この弟子は自分の指導教授の学説のすべてをそっくりそのまま引き継いでいたわけでは決してない。実際、カッシーラーはコーヘンの高唱した理想主義的な社会主義にはまるっきり共鳴できなかったし[26]、エードゥアルト・ベルンシュタインEduard Bernstein (1850-1932) がこの考え方をバックボーンとして提唱したいわゆる「修正主義」(Revisionismus) の理念にも与しようとはしなかった[27]。また、同じユダヤ系ドイツ人でありながら、カッシーラーはコーヘンとちがって自身の出自についてはそれほど神経質ではなかったし、そもそもコーヘンのように「態度からして現代の哲学者というよりはむしろはるかに旧約時代の預言者のタイプに属していた」[28]人間ではなかった。カッシーラーの妻トーニの証言によれば、自身が論敵とみなした人びとに対しては情け容赦なく罵詈雑言を浴びせかけ、マールブルク学派という哲学的セクトを作り上げてその知的指導者としての役割を演ずるほどエネルギッシュに活動したコーヘンとは対照的に、カッシーラーはひとり書斎にこもって研究に勤しむことを好んだばかりでなく、ことをポレミカルな論争にもちこむことをつとめて回避しようとする傾向さえあったという。にもかかわらず、カッシーラーはコーヘンのことを「完全な教師」(magister perfectionis)、「哲学の体現者[29]」とまでたたえて非常に尊敬し、その方法的観念論の学説を積極的に学びとろうとしていた。この若き哲学徒にとって、そのキャリアの最初の関心事は、まず第一に、こうしてコーヘンのカント解釈を引き継ぎつつ、その議論をさらに深化させるところにむけられていたのである。[30]

その成果は、たとえば、先にあげた『近代の哲学と科学における認識問題』の最初の二巻のうちにもっとも端的にあらわれているといえよう。表題のとおり、この著作は、ルネッサンス以降の哲学と科学のコンテクストにおいて、認識理論がどのようなかたちで発展を遂げてきたのかを歴史的に鳥瞰しようとするものであり、その作業をとおして哲学がひとつの体系をなしていくプロセスを描き出そうとする試みであった。そして、その試みは、側面的には、先にみた「根源の原理」――対象を構成する純粋意識を流動的な生成と捉え、すべての存在が思惟という根源から産出されつつある、いや、思惟そのものであるとするコーヘン哲学の核心をなすテーゼの論理的正当性をヨーロッパ精神史のコンテクストにおいて弁証しようとするものになっていたのである。[31] カッシーラーはこの課題に応答するために、ニコラウス・クザーヌス Nicolaus Cusanus（1401-1464）の神学的認識論にはじまり、ルネッサンス思想、大陸合理論、イギリス経験主義、そしてカントの批判哲学をへて現代にいたるモデルネの知的歩みを、人間の思惟がみずから対象を産出して合理化し客観化していくひとつの運動――コーヘンのいう「経験」（Erfahrung）とは、まさにこのような運動のことであったが――として描き出し、所与の概念がいかに後世の課題となって引き継がれていったのかを次々と紹介するという体裁をとっている。カッシーラーのこの認識批判の問題史は、マールブルク学派の哲学的パースペクティヴを歴史のフィールドにおいて表現してみせたものとして、ナートルプの『プラトンのイデア論』（*Platos Ideenlehre*, 1903）とならんで高い評価をえたが、ここで展開された議論のそのような性質は、そのまま「マールブルク学派のカッシーラー」の思想的位相を如実に示すものになっているといっても決して過言ではあるまい。この時期のカッシーラーにとっての哲学とは、もっぱらコーヘンのカント解釈によって与えられたシェーマの枠内にとどまるものだったのである。

『認識問題』が認識批判の歴史的考察であったとするならば、この時期のもうひとつの代表作である『実体概念と機能概念――認識批判の基本的諸問題の研究』(*Substanzbegriff und Funktionsbegriff. Untersuchungen über die Grundfragen der Erkenntniskritik*, 1910) において、「マールブルク学派のカッシーラー」は認識批判の理論的考察を遂行しようとしている。一九一〇年に上梓された本書は、認識理論における「機能(関数)概念」(Funktionsbegriff) の「実体概念」(Substanzbegriff) に対する優位性を弁証しようとするものであり、機能主義的な世界理解を推奨しようとしているという意味においては、マールブルク学派のパースペクティヴをさらに深化させようとする思想的意図を負っているといってよい。それによると、まず、ここでいう実体概念とは、概念一般を空間的実体と同一視する見方、世界認識を固有の孤立した定在の集合体とみなす考え方のことであり[32]、アリストテレス Aristoteles (B.C384-B.C322) の「概念実在論」(Begriffrealismus)、スコラ哲学の「概念論」(Konzeptualismus)、そして一九世紀の哲学者ジョン・スチュアート・ミル John Stuart Mill (1806-1873) の「類概念」(Gattungsbegriff) などがその具体的な事例としてあげられる考え方であった。この考え方は歴史上数多くのヴァリエーションをなしながら、認識理論の有力なパースペクティヴとして西洋思想に根を張ってきたが、カッシーラーによれば、個々の認識の対象をこうして素朴にも絶対的実体として把握するというのは、実際にはかなりリスクの大きいやり方であるというのでなければならなかった[33]。というのも、このような世界理解のパースペクティヴは、畢竟「抽象的原理の直接的な物化という陥穽」(Gefahr der unmittelbaren Verdinglichung der abstrakten Prinzipien)[34] を免れることができないからだ。ひとたびこのような陥穽に陥ってしまえば、「普遍」(Allgemeinheit) という言葉に意味をもたせるために、われわれは現実の多様なあらわれを最低限の共通の属性にまで捨象してしまい、世界を無理からにも何らかの二元論あるいは一元論からなるものとして想定するのでなければならなくなってしまうであろう(抽象的普遍 abstrakte Allgemainheit)[35]。かかる普遍的抽象化は、結局のところ、現実の豊かなあらわれを平板化し貧困化して理解するところへと行き着くことになり、あるがままの世界を体系的に捉えようとするにはまったく都合が悪い。そこでは「現実を概念的に理解することが現実に固有の基本的内実を消し去ることと同じになる」という事態が避けられないし、さらにいえば、「事実についてのわれわれの知識を確固たるものにし拡大するように見えるものが、むしろ逆にわれわれを『事実』そのものの真の核からますます遠ざけてしまう[36]」いうアイロニカルな結末を生じてしまうことになるのである。

実体的な世界理解のやり方をこうして批判したうえで、『実体概念と機能概念』の議論は、次いで機能的なものの捉え方としての機能概念の必要性を説くところへとむかっている。カッシーラーによれば、機能概念とは、端的にいえば、概念一般の性質をもっぱら他の概念との関係性において規定しようとする考え方のことであった。そうした見地に立つならば、概念はもはやそれだけで孤立してみずからの存在なり意味内容なりを主張するものとはみなされなくなる。およそ人間の認識の対象たりうるものは、むしろ全体的な意味連関のうちでのみ、ということは、全体におけるひとつの関数＝機能（Funktion）という側面から捉えられるときにのみ、その独自の意味を受けとるものとされるようになるのである。かかる機能的なパースペクティヴは、たとえば、数学のうちにそのもっとも洗練された表現を見出すことができよう。数学においては、「系列a、b、c、……の諸要素を結び合わせるものは、諸要素と事実として混同されるような新しいひとつの要素ではなく、いずれの項に即してそれが表示されるにしても自己同一性を保つ進行の規則（Gesetz der Zuordnung）[37]」にほかならない。そうである以上、「厳格な意味での幾何学的認識は、個別の対象が孤立した対象として与えられるところにではなく、これらの対象の〈全体性〉（Allheit）の構成的産出を可能にする手続きが与えられるところにのみ、存在する[38]」ということになるのである。つまり、個々の認識対象よりもそれらの意味連関のほうが存在論的には先行しているのであって、この意味連関こそが対象を認識するためのいわばもっとも基本的な前提条件になっているというわけだ。かかるパースペクティヴがコーヘンのように思惟即存在とする方法的観念論のシェーマに別のアングルから表現を与えようとするものになっているということはいうまでもないが、ここではむしろカッシーラーの関心がその先——こうした発想が特殊なものを普遍の名のもとに蹂躙することなく、現実の世界を体系的に理解するための手がかりとなっているところにむけられていることに注意しておきたい[39]。この哲学者はいう。

なんらかの具体的内容が、他の同種の内容とともにさまざまな系列連関のなかに置かれ、そのかぎりで「概念的に」（begrifflich）捉えられ形作られるや否や、その特殊性と直観性とを喪失するにちがいないことは、自明なことではない。むしろその逆が実相なのである。この形式化が発展すればするほど、またこの個別が入り込む関連の範囲が広がれば広がるほど、それだけ個別の固有性もまたいっそう鋭く際立ってくるのである。関係の新しい〈観点〉（Gesichtspunkt）のそれぞれは、同時に個別の新しい側面を、その新しい特殊な性質を浮き彫りにする——そして概念とは、この種の観点以外のものではない。したがってここで論理学は、具体的科学そのものの見解と再び一致する。じっさい、すべての真正の自然科学的概念がその実り豊かさを示すのは、それが「事実」（Tatsachen）のこれまで知られていなかった新しい領域への道を示すという、まさにそのことにおいてである。それは、直観の特殊の素材を見棄ててついには完全に視界から取り逃がすのではなく、さらに追跡するならば直観の多様のなかの新しい特殊性をわれわれに教示するであろう方向をつねに指し示しているのである[40]。

このような視座からすれば、普遍という言葉は、もはや「〈特殊の関連と秩序付けそのもの〉を可能にし表示するということ以外の機能も意義も持たない[41]」ということになってこよう。ここでいう普遍的な知の発展とは、したがって、実体概念におけるそれのように、特殊なものをひとしなみに排除し画一化することによって実現されうるかのごときものではない。それはむしろ、特殊なものの「固有性」を積極的に開示していく作業をとおしてのみ推進されうるのであって、特殊と普遍を対立的にとらえるのではなく、逆に「一貫して相互に支えあっている」[42]もの、すなわち一種の相関関係にあるとみなすところからスタートすることによってはじめて可能となるはずのものなのだ。そう考えることによって、カッシーラーは普遍という概念を——いわゆる「眼に見える普遍」[43]によって科学を基礎づけようとし、特殊のうちに普遍的なものを看取しようとしていたヨーハン・ヴォルフガング・フォン・ゲーテ Johann Wolfgang von Goethe（1749-1832）の「具体的科学」を明らかに意識しつつ——「〈すべての〉種の特殊態を含み、ある規則にのっとって特殊なものを展開する〈全体概念（Gesammtbegriff）〉に帰属する」[44]ものとして定義している（具体的普遍 konkrete Allgemeinheit）[45]。そして、このようにして世界の多様なあらわれを体系的構造のなかで無理なく読み取るための思想的モティーフを手にすることによって、議論は期せずして、思惟が一方的に、しかも、もっぱら合理的なパースペクティヴのもとに個々の現実を構成するというマールブルク学派の主知主義的なシェーマの一面性を明らかにするところへとむかっていくことになるのだ。もっとも、『実体概念と機能概念』それじたいは数学的、科学的思惟構造の形成のプロセスについての考察を目的とするものであり、その問題関心もあくまでこうした思惟構造のあり方の拡張という次元にとどまっていたが、本書の議論を精神科学の全般にまであてはめて考えようとするとき、カッシーラーはよりはっきりとマールブルク学派の主知主義的な思惟形式の限界を乗り越えて、新しい思惟形式を構築するところへと舵を切っていくことになるであろう。意識のうえではともかく、この哲学者はこうしてマールブルク学派の一員として活動しつつも、その思想的限界を指摘し飛び越えるための思想的モティーフを自然とその内面に胚胎するようになっていったのである。

そのカッシーラーにマールブルク学派からの離反を意識させるきっかけとなったのは、それこそ「長い一九世紀」（ホブズボーム）に終止符を打って「戦争と革命の世紀」（レーニン）たる二〇世紀の幕開けを告げる烽火となった第一次世界大戦であった。詳細については第四章に述べるとして、戦争によってモデルネの合理主義的な世界観の限界を思い知らされたこの哲学者は、ことここに至ってはっきりと「一般的な認識理論が従来のような考え方に留まり従来の枠にとどまっているのでは、精神諸科学の方法論的基礎付けには不十分だということ」[46]を悟り、情動や神話のような非合理的なものをも包含した世界理解のあり方を模索するところへとむかっていく。[47]そして、そのための里程標として、『自由と形式——ドイツ精神史研究』(*Freiheit und Form. Studien zur deutschen Geistesgeschichte*, 1916)と『カントの生涯と学説』(*Kants Leben und Lehre*, 1918)という二つの哲学史研究をものして、具体的普遍のモティーフをさらに発展させるための足がかりを得ようとしている。時代に即した思惟形式のあり方を探るために、カッシーラーはまず前者において、ゲーテがかつて人間の合理的認識の前段階のうちにすでに現実を「形態化」(Gestaltung)する「生産的想像力」(produktive Einbildungskraft)の存在を認めようとしていたことに注目し、[48]かかる形態学的な発想のうちに、合理主義的で理性主義的なパースペクティヴとは異なった世界理解のための方途が示唆されていると考えていた。そのうえで、さらに後者において、『判断力批判』(*Kritik der Urteilskraft*, 1790)のカントが美学や生物学のような具体的領域から判断力という「生産的想像力」に類する人間の認識能力の一般的性質を看取しようとしている点を強調し、そこに『純粋理性批判』や『実践理性批判』(*Kritik der praktischen Vernunft*, 1787)にみられない世界理解のための哲学的モメントが見出しうるものとしていた。そう主張することによって、カッシーラーはカント哲学を、理性や悟性にくわえて感性や判断力のように必ずしも合理的とはいえない思惟形式をも包含する「精神全体の学」として理解し、人間の認識を普遍と特殊の相互作用のうえに成り立つものするところにまでいいおよぶ学説になっているとみなしていたのである。彼はいう。

　自然が悟性にとって、明瞭な概観しうる統一へ初めて纏まるのは、われわれが自然を併存する諸形式の固定した存在として把握するのではなく、自然をそのたえざる生成において探求するときだけである。……『判断力批判』は、「形式的合目的性の原理」においてこの思想に対する普遍的批判的基礎づけを与えることによって、この思想に新しい広がりと深さとを与える。そこで示されるのは、われわれは各々の特殊な多様性を、われわれの思惟のうちでみずから「特殊化する」原理から生じると考える限りでのみ、これを理解するということ、また、われわれの認識能力の立場からなされた、そのような多様な判定は、その構造を（悟性的な認識のもとで）理解し透明ならしめるための、不可欠の手段をなすということである。(49)

このような言葉のうちに、われわれはカントをも具体的普遍のモティーフの使徒のひとりとして数え上げようとするカッシーラーの姿を、そしてそれゆえにコーヘンをはじめマールブルク学派のカント解釈から、ゆるやかにではあるがしかし確実に遠ざかりつつあるカッシーラーの姿を認めることができよう。『判断力批判』の意義を最大限に強調するカッシーラーのカント解釈は、新カント学派によってもたらされた一九世紀のカント・ルネッサンスにおけるそれを大幅に刷新するものになっていたが、かかる「刷新」はもっぱら悟性認識の聖典『純粋理性批判』（の特に前半部分）を思想的福音とするマールブルク学派的なカント解釈からの離反以外の何ものでもなかった。(50) そして、その離反は、コーヘンの哲学的世界のもとにカント哲学を理解してきたカッシーラーが、ゲーテのような文学者の思索をとおして、カント哲学をあらためて「直接的に作用する生命力」(51) として受け取ったということを告げるものになっていたのである。精神史のコンテクストにおいて、『実体概念と機能概念』における自身の内的発展の思想的妥当性をこのようなかたちで確認することによって、「オデュッセイの遍歴」はいよいよマールブルク学派の枠組みを脱して時代の岐路を自身の足で歩みだすに至った。第一次世界大戦の長期化によって一九世紀的なエートスが完全に追憶の対象たる「昨日の世界」（ツヴァイク）とみなされるようになり、さらにはこの戦争の趨勢がほぼ決した一九一八年四月四日にコーヘンがベルリンで死去すると、その歩みは加速度的に新しい展開をみせはじめるようになっていく。そして、大戦終結後まもなくベルリンを去りハンブルクへと移って新たな学究生活をスタートさせたちょうどそのとき、マールブルク学派のホープとみなされていたこの哲学者は、とうとうコーヘン的な世界理解とはかけ離れたところから新たな世界理解のための構想を提示することになるであろう。節を改めて、次にその構想――シンボル形式の哲学の世界についてみていくことにしよう。

三

『シンボル形式の哲学』（第一巻「言語」、第二巻「神話的思考」、第三巻「認識の現象学」、*Philosophie der symbolischen Formen*, Bd. 1, Die Sprache, 1923; Bd. 2, Das mythische Denken, 1925; Bd. 3, Phänomenologie der Erkenntnis, 1929）は、カッシーラー独自の哲学的パースペクティヴをはじめて本格的に提示した全三巻からなる大著であり、ドイツ哲学史におけるこの哲学者の令聞を決定づけた金字塔的著作でもあった。ドミトリー・ガヴロンスキーによれば、カッシーラーがこの著作の最初に構想をえたのは一九一七年、たまたまベルリンの市電に乗っているときのことであったというから、(52)第三巻「認識の現象学」を上梓して本書が一応の完結をみた一九二九年までに費やされた月日は実に一〇年あまり。本書の成立には、「ハンブルクのオデュッセイ」の一九二〇年代の研究活動の文字どおりほぼすべてが注ぎ込まれていたといっても決して過言ではない。しかも、その続編として、さらに第四巻の執筆を計画し、実際にそのためのスケッチを相当数準備していたことからもわかるように、この著作に対するその打ち込みのほどはまさしく尋常ではなかった。(53)それだけに、全三巻一二〇〇頁を優に超えるこの大著の内容をあますところなく紹介し、その議論の一つひとつの妥当性を哲学的見地から厳密なかたちで問い直すということは容易なことではない。そのため、以下では、『シンボル形式の哲学』の大枠を規定している思想的課題を確認するとともに、シンボル形式のパースペクティヴのアウトラインをごく簡単に考察するにとどめ、本書に示されたこのユダヤ系知識人の思想的世界の基本的枠組みの概略をみていくことにしよう。

すでに『実体概念と機能概念』において具体的普遍のロジックを確認し、ゲーテやカントの言説から想像力の重要性を看取していたカッシーラーにとって、『シンボル形式の哲学』とは、これらの哲学的モティーフにより精錬された表現を与えることによって新たな世界理解のパースペクティヴを提示してみせようとするきわめて野心的な試みであった。それはつまり、人間文化の全体を論理的にカバーしつつも、現実の多様性を損なうことのない思惟形式の可能性を探求しようとするものだったのであり、彼自身の表現によれば、「単に世界の科学的認識の一般的諸前提を探求するだけでなく、世界を『了解』(Verstehen) するさまざまな基本形式を相互に画定し、そのそれぞれをできるだけ明確にその固有の傾向と固有の精神的形式とにおいて捉え[54]」ようとするものになっていたのである。そのような見地からすると、コーヘンのように「論理的統一という要求[55]」に固執して人間をもっぱら合理的な相のもとに描き出すかのごときやり方は、人間の生の多様なあらわれをありのままに描き出すにはいかにも不十分であり、もはや支持しがたいというほかない。かといって、反対に人間の非合理的な側面ばかりを注目するとなると――本書では、その代表的事例として、生の哲学 (Lebensphilosophie) の代表的な思想家であるアンリ・ベルクソン Henri Bergson (1859-1941) の名前がくりかえしあげられているが[56]――今度は現実を客観的に理解するための道、「普遍性への帰路[57]」が閉ざされてしまうことになる。とするならば、ここで検討されるべき新しい世界理解のパースペクティヴは、かかる「方法的ディレンマからの脱出路[58]」を確保する必要があるというのでなければならないし、合理か非合理かといった従来のオルタナーティヴ的な思考の枠組みそのものを克服するためのいわば第三の道を用意するのでなければならないということになってこよう。そのための理路として、カッシーラーがさしあたって注目したのが、カントの「コペルニクス的転回」であった。

いまでもなく、「コペルニクス的転回」(kopernikanische Wendung) とは、「対象が認識を規定するのではなく、認識が対象を規定する」とするカント哲学の認識理論上のテーゼのことを指している。そのような主張を支えとして、カントは形式がアプリオリに内容を規定するとする超越論的構成主義のシェーマを打ち立てていったわけだが、かかるテーゼからすれば、人間の「精神の真の根本的機能はすべて、単に模写するだけではなく、根源的に像 (Bild) を形成する力を内蔵するという決定的な特徴を認識と共有している」[59]ということになる。人間はその「内に精神の自立的なエネルギーを蓄えており、このエネルギーによって、ただ存在するだけの現象がある特定の『意味』、ある独自の理念的内容を受けとることになる」[60]のであって、そうである以上、現実の世界とは、即自的に存在するものが認識にはたらきかけることによって成立するのではなく、むしろ逆に精神の自己開示のプロセスをとおして構成されていくということになるのである。先にみたように、コーヘンはこのような考え方をさらに合理主義的側面から純化することによって方法的観念論というきわめて主知主義的なパースペクティヴを導き出していったわけだが、カッシーラーの『シンボル形式の哲学』は、カント批判哲学のこのテーゼの精神を基本的には踏襲しつつも、その内容をマールブルク学派の解釈とはまったく異なった実存的な性質のものとして理解しようとするところへとむかっていくことになる。ただ、このカント主義者によれば、そのためにはまずコペルニクス的転回のテーゼそのものを、カントが実際に『純粋理性批判』の超越論的感性論のくだりで想定していた範囲以上に拡大して適用するというのでなければならなかった。カッシーラーはいう。

（カントの）批判哲学の第一の本質的見解によれば、対象はすでにできあがり固定されたかたちで、つまり、そのあるがままの即自態において意識に「与えられる」ものではなく、表象の対象に対する関係は意識の自発的な作用を前提にしている。つまり、対象とは綜合的統一によってはじめて構成されるものであり、――対象とは意識に単純に捺しつけられ、刻みつけられてできる捺し型などではなく、意識の基本装置、直観と純粋思考の諸条件の力を借りて果たされる形成作用の所産だ、ということになる。「シンボル形式の哲学」は批判主義のこの根本思想、カントの「コペルニクス的転回」の拠って立つこの原理を採りあげ、さらに拡大しようとするものにほかならない。それは、対象意識のカテゴリーを単に理論的 - 知的領域にだけもとめるのではなく、およそ多様な印象の混沌（Chaos）から一つの宇宙（Kosmos）が、つまりある特徴をもった類型的な一つの「世界像」（Weltbild）が形成されるところではすべて、こうしたカテゴリーがはたらいているにちがいないという考えから出発するのである。[61]

『純粋理性批判』のカントはコペルニクス的転回によって提示される対象を「論理的 - 知的領域」に限定し、悟性形式という「それ自身純粋に論理的に規定された対象」[62]のみをとりあげようとしていたが、カッシーラーからすれば、このような範囲の設定はあまりに狭すぎるというのでなければならなかった。だいたい人間精神の自発的な活動は何も悟性形式に尽きてしまっているわけではないし、悟性による数学的、自然科学的な認識だけが現実のすべてを汲み尽くしているわけでは決してない。そうである以上、「コペルニクス的転回は、単に論理的な判断機能だけに関するものではなく、精神の形態化作用のあらゆる方向とあらゆる原理に同等の根拠と権利をもって関わりをもつ」[63]ものであってこそ、よりいっそう豊かな意味を獲得しうるということになるのではないか。そして、言語、神話、宗教、芸術のような人間の文化的事象の全体を、外界から単に意識に押しつけられた「捺し型」（geprägte Form）ではなく、精神のかかる形態化作用によって産出されたものとみなすならば、そのときはじめて人間文化を有機的全体として分析し解明するための手がかりが浮かび上がってくるといえるのではないだろうか。――このような問題意識のもと、カッシーラーは「言語、芸術、神話、宗教のうちにみられる特殊な表現や語法を把握し、一般的なかたちでまとめて規定するような……いわば文法とでもいうべきものを手に入れる」[64]ところへと議論の照準をあわせていくことになる。カッシーラーその人の表現によれば、それはつまり、「理性の批判」(Kritik der Vernunft)を「文化の批判」(Kritik der Kultur)にまで拡大してみせるということを意味しているはずのものであった。見方をかえてみると、それはカント的構成主義のパースペクティヴを悟性から判断力という「感性的なものそれ自身の能動的活動」[65]において再構成しようとする試みになっていたのである。

もっとも、このようにして人間文化全般を体系的に分析し説明するためには、広く感性をも包含した人間精神の自発的な形態化作用が、さらにいえば、「世界の形態化というよりはむしろ世界への形態化、つまりある客観的な意味連関、ある客観的な直観的全体像への形態化」[66]がどのようにして生じているのかを解明する必要がある。しかも、合理か非合理かを問わず、人間の文化的事象のすべてをカバーしようとするものである以上、この課題は論理的世界（普遍）へと逃避することはもちろん、非論理的領域（特殊）へと埋没してしまうこともまた許されていないというのでなければなるまい。われわれはここで「認識諸機能の具体的な多種多様性を支配している一つの規則、そうした多様性を廃棄したり破壊したりすることなしに、それらをある統一的な行為、ある自己完結的な精神的活動へととりまとめている、一つの規則」[67]を探求しようとするのでなければならないのであって、それこそ本書の思想的試みのまさしく中点をなす課題になっているといっても決して過言ではないものになっているのだ。ところで、そのような課題の必要性は、カッシーラーによれば、物理学者アルベルト・アインシュタイン Albert Einstein (1879-1955) の相対性理論が認識理論にもたらしたインパクトからもすでに示唆されるはずのものであり[68]、一九二一年に上梓した『アインシュタインの相対性理論に寄せて――認識理論的考察』(*Zur Einstein'schen Relativitätstheorie: Erkenntnistheoretische*

Betrachtungen, 1921）——『実体概念と機能概念』の続編をなし、『シンボル形式の哲学』の事実上の序章となったこのアインシュタイン論の最終章において、実際にすでに表明されていたはずのものであった。カッシーラーはここで次のように述べている。

> 真に〈普遍的な〉認識批判として登場するのは、この多様なるものを、つまり世界認識（Welterkenntnis）と世界了解（Weltverständnis）の形式の豊かさと形態の多様性とを平準化してひとつの抽象的統一に押し込めることではなくて、それをあるがままに存立せしめることである。……世界像を〈素朴実存論が想定するような世界像の〉この一面性から解放することは——認識論をはるかに越える——体系的哲学の課題である。その課題とは、それを適用することによって系統的に文節化された現実性の概念が与えられ——それによって主観と客観とが、自我と世界とが分離され、ある決まった形態で相互に対置させられる——シンボル形式の〈全体〉（人間の文化的事象の全体）を把握し、その全体性の中に各個別を、そのきまった位置に割り振ることである。いまこの課題がすでに解かれたものと考えると、そこにはじめて、論理的、倫理的、審美的、宗教的世界了解の一般形式はもとより、その特殊な概念形式と認識形式のおのおのの権利が保障され、その境界が設定されるであろう。[69]

もちろん、そのためには、「精神のそれぞれの基本形式のうちに認められるものではあっても、そのいずれにおいてもまったく同じかたちで再現してくることのないようなある契機を明示し、把握することに成功する[70]」のでなければならない。個々の文化的事象の独自性を損なうことなく、それでいて、それらの現象全体を通底している機能的パースペクティヴ——それこそ、アインシュタイン論のなかではじめて本格的に登場するようになった「シンボル」（Symbol）の概念であった。[71]『シンボル形式の哲学』のなかで、カッシーラーはこの言葉を物理学者ハインリッヒ・へルツ Heinrich Hertz（1857-1894）の『力学の諸原理』（*Die Prinzipen der Mechanik*, 1894）から採ったものとし[72]、また、別のところでは、美学者フリードリッヒ・フィッシャー Friedrich Theodor Vischer（1807-1887）の「シンボル論」(„Das Symbol", 1887）をルーツにしているとも述べているが[73]、いずれにせよ、ここでいうシンボルという言葉には、かなり独特な意味あいがこめられている。カッシーラーによると、つまるところ、それは人と人とのあいだに共通の意味了解を可能にさせる一種の人為的な媒介機能として理解されるべき概念であった。サインやシグナルが外界からの物理的刺激に対する動物的反応の次元にとどまるのに対して、シンボルは人間的な意味の世界を構成するという点で、文字どおり「個人から個人への架け橋」（Die Brücke von Individuum zu Individuum）[74]としての機能的役割を果たすものとされていたのだ。このようなロジックからすれば、人間精神の自発的な形態化作用とは、現象を有意味化＝シンボル化する能力たるシンボル的思考にほかならないということになってこよう。現実のあらゆる局面において、「感性的なものは、知覚の世界と並ぶ、また知覚の世界を越えた独自の自由な『像（Bild）＝世界（Welt）』を成立せしめるというこれら諸領域の内在的過程の真の媒体としてあらわれてくる[75]」のであって、この媒体こそが人間の認識の根幹をなすものになっているのである。

その際、かかるシンボル的思考が現実の個々の局面においてつくりあげる具体的な「像＝世界」こそが、カッシーラーのいう「シンボル形式」（symbolische Form）にほかならない。言語、神話、宗教、芸術、科学……およそ人間の生を取り巻く文化的なカテゴリーは、その各々が固有の意味を有する存在である以上、すべてこのシンボル形式とみなされることになる。それらはみな、人間が自身の文化的な営みのなかで築き上げてきた世界理解のための構成的なモメントになっているのであって、カオスという無定形の「流れゆく印象[76]」からひとつの像を作り上げるという意味においては、神話のような非合理的なものと科学のような合理的なもののあいだに本質的な差異など存在しないのである。もっとも、この両者に差異があるとするならば、それはあくまでもシンボル形式としての「性質」（Qualität）

にではなく、それぞれの具体的な意味内容のあり方、カッシーラーその人の表現によれば、それぞれのシンボル形式の「様相」（Modalität）に求められるのでなければならない[77]。そして、「単純なひとつの位置としての点がつねに空間の『うち』にのみある、つまり論理的にいえば、あらゆる位置決定の一体系を前提にしてのみ可能であるのと同様[78]」に、シンボル形式の様相は、その一つひとつが人間の文化的営みという体系のコンテクストのうちにのみ存在し、それによって各々のありようが決定的に規定されているのだ。したがって、個々のシンボル形式の具体的なあらわれは、たとえば、個々の言語が文化の違いによってそれぞれ異なる様相をもっているように、この体系のあり方によって大きく異なるものとしてあらわれることになる。ここでいうシンボル形式とは、その意味では、機能的な側面から人間の同一性を証するものであるとともに、人間の実存的な差異に決定的かつ固定的な証明を与えるものにもなっているというのでなければなるまい。それこそ、カッシーラーによれば、人間の生を多様ならしめるとともに、統一されたものとして理解するためのアルファにしてオメガたるべきものだったのである。

かかる哲学的パースペクティヴの一般的性質を弁証するために、カッシーラーはさしあたり、シンボル形式のより具体的な生成のプロセスに注目し、『シンボル形式の哲学』の第一巻において、まず「世界全体についての最初の意識的反省[79]」をおこなうためのツールたる「言語」（Sprache）に焦点をあてて考察している。そして、同書の第二巻において、言語と同じく人間精神の自発的な「形態化作用の根源的な一様式[80]」になっている「神話的思考」（mythische Denken）の性質を分析し——美術史家アビ・ヴァールブルク Aby Warburg（1866-1929）の蔵書を公開したヴァールブルク文化史学図書館（Kulturwissenschaftliche Bibliothek Warburg）[81]の膨大な数にわたる資料からえられたさまざまな文化的事例を列挙することによって——時間と空間を直観する形式としての神話がいかにして人間的世界を形成していったのかを巧みに活写している[82]。そのような作業をとおして、カッシーラーは言語や神話を貫く一般的機能をあたかもレントゲン写真を撮るかのように透かしてみせようとし、諸々の文化的事象の構造をさらに構造化する高次の構造の論理構制を示唆しようとしていたのであって、このような説明の仕方は、クロイスの指摘にもあるように、「シンボル的なものの実例をあげ、思考実験によってその実例をわかりやすいようにしかつ追体験できる[83]」ようにするものになっていたといえよう。また、現実のありのままの姿からシンボル形式のパースペクティヴを浮かび上がらせようとするそのやり方は、明らかにかつてコーヘンが目の敵にしていた哲学的主張の方法論――「事象そのものへ」（Zu den Sachen selbst !）というモットーを中核とするフッサールの現象学（Phänomenologie）に接近するものになっていたといっても決して過言ではあるまい。事実、フッサールの高弟シェーラーをして「哲学におけるもっとも明瞭な変節の証拠[84]」といわしめ、のちにフランスの現象学者モーリス・メルロ＝ポンティ Maurice Merleau-Ponty（1908-1961）に「現象学的な、それどころか実在論的でさえある分析[85]」とまでいわしめた『シンボル形式の哲学』のこのような哲学的アプローチは、もはやマールブルク学派のそれとは、方法論の次元においても相容れないものになってしまっていたのだ。

カッシーラーのこのような思想的スタンスは、『シンボル形式の哲学』の第三巻「認識の現象学」（Phänomenologie der Erkenntnis）において、よりはっきりとした表現をとって立ちあらわれることになる。五〇〇頁を優にうわまわるこの長大な論考のなかで、カッシーラーは以上の議論の成果を踏まえ、シンボル的思考の論理的な基礎付けの問題、すなわち「知覚し直観し認識する意識の構造への問い[86]」に取り組むところへとむかっていく。[87]そして、そのために、まず、人間精神の自発的な形態化作用としてのシンボル的思考の発展のプロセスを三つの段階に区分して説明しているが、そこで示された見解は、コーヘン的な世界理解のあり方にはっきりと否を突きつけるものになっていた。それによると、人間のシンボル的思考は、まず「表情」（Ausdruck）という神話的思考のような主客未分化のもっとも原初的な表出方法から出発し、日常言語の発展とともに主客を分節化して主体の登場を促す「表示」（Darstellung）の領域へとステップアップするはずのものであった。[88]そして、その表示機能から生じた「記号」（Zeichen）がしだいに「脱素材化」

(Entstoffichung)[89]して抽象化することによって、記号を現実の存在と同一視するこれまでの素朴な「自然的世界概念」が瓦解し、現実を論理的に把握するための概念的「意味」(Bedeutung)が発生することになるのであって[90]、この一連のプロセスにおいては、形式(主体)が内容(現実)を一方的に規定するとするマールブルク学派の基本的な見解を堅持することそれじたいが不可能であるというほかなかったのである。たとえば、記号が実在的素材からしだいに分離されて抽象化された機能的概念とみなされるようになっていくプロセスをみればわかるように、シンボル形式の様相=意味内容は、形式を産出する人間精神(主体)と経験世界(現実)との相互関係のもとに発展しているのであって、もっぱら論理的スパンとしての形式によって画定されうるかのようなものでは決してない。なるほど個々のシンボル形式は人間精神の自発的な形態化作用の産物ではあるが、それらの一つひとつは一定の意味内容を規定しつつも、その意味内容が逆に人間のシンボル的思考を刺激するといった具合に、弁証法的な発展分化(Ausdifferenzierung)をへて展開している。[91]人間が世界を形態化し客観化していくプロセスとは、このことからもわかるように、シンボル形式のヘーゲル的な意味における現象学になっているのであって、さながらコーダなき変奏曲であるかのような様相を呈しているのである。そう考えてみるならば、カッシーラーのいうシンボル形式とは、カント的なカテゴリーのようなアプリオリな概念ではなく、むしろ歴史的にアポステリオリに習得されるもの、可変的で可塑的な性格をしたものとして規定されるのでなければならなくなってこよう。[92]それはただ単に形成されたままの状態にとどまる「所産としての形式」(forma formata)たるわけでは決してない。むしろ、たえまなく「生成する形式」(forma formans)[93]になっているのであって、人間の生の舞台においてはじめて自由に開示されうるというその性質からして、文字どおり歴史的な存在になっているのである。

もっとも、こうした歴史主義的な視座からすると、『シンボル形式の哲学』の議論はいっそう現象学的なパースペクティヴに傾いているかのようにおもわれるかもしれないが、カッシーラーはここでただちにシンボル的思考の観念論的基礎に関する考察を付け加えることによって、明らかに現象学の世界理解とも一線を引こうとしている[94]。カッシーラーのみるところ、およそシンボル的なもの＝人間的意味たるものは、そもそも「文化とともにはじめて成り立つのではなく、すでに知覚（Wahrnehmung）のなかに組み込まれている[95]」のであって、シンボル的思考の自由な発展もまた、かかる超越論的な基礎のうえに成り立つとみなされるのでなければならなかった。意味が知覚に組み込まれているということは、人間の世界認識が「つねに特定の様式の形成作用によってどこまでも支配され、それによって隈なく貫かれ、具体的な明確さをそなえ、生き生きとした多様性をそなえているある知覚世界[96]」になっているということからも明らかであるといえよう。いついかなるときであれ、人間がそのようなかたちで形式を付与しながら世界理解をはかろうとするものである以上、当然その形式には、当初から「原理的に超直観的な内実[97]」が含まれていると考えられるのでなければならないのだ[98]。だいたい「われわれが〈意味〉を捉えるのは、〈直観〉へ遡行的に関係することによってでしかありえないし、——われわれに直観的なものが〈与えられる〉のは、意味へ〈眼を向ける〉ことによってでしかありえない[99]」のであって、人間は直観という感覚的で原初的な認識においてすでに対象に意味を与えようとする動きをみせている。このことからもわかるように、人間の知覚体験は「『感性的』体験でありながら同時に特定の非—直観的『意味』を含んでいる[100]」のであり、その「意味」はすでに知覚、さらにいえば「いわゆる体—魂（Lieb-Seele）関係に組み込まれている[101]」というべきものになっているのである。それゆえ、シンボル的な意味とは、「内在であると同時に超越でもある[102]」というのでなければならないし、「端的に『現前している』（präsent）だけではなく、同時に『表出的（＝再現前的）』（repräsentativ）でもある[103]」ものとして規定されるのでなければならないのだ。カッシーラーはここからシンボル的な意味をあらかじめ身体にセッティングされているものとみなし、人間の身体それじたいを意味理解や意思疎通のための根源的形式にほかならないものとして位置づけることになる。メルロ＝ポンティがのちに『知覚の現象学』（*Phénoménologie de la Perception*, 1945）のなかで提唱することになる「私の身体は表情が現れる場である、というよりも表情の現実そのものである」[104]という有名なテーゼを先取りするかのようなこの哲学的モティーフを、カッシーラー自身はゲシュタルト心理学の用語を援用して「シンボルの含蓄」(symbolische Prägnanz)と呼んでいだ[105]。彼はいう。

ここで問題になっているのは、まず単なる〈知覚的〉(perzeptiv)な所与があって、それにあとからなんらかの〈統覚的〉(apperzeptiv)な作用が接ぎ木され、この作用によってそれが解釈されたり判断されたり変形されたりするといった事態ではない。むしろ、この知覚そのものが、それ自身の内在的な構造によってある種の精神的な「文節」(Artikulation)を手に入れるのである。――知覚は、それじたい構造化されたものであるからこそ、ある特定の意味構造に所属することにもなるのである。そのまったき現実性のうちにある知覚、つまりその全体性と生動性のうちにある知覚は、同時に意味の「うち」にも生きているのだ。知覚は、あとになってはじめてこの意味の領野に受け容れられるのではなく、いわばはじめからこの領野に生み落とされているように思われる。〈含蓄〉という表現も、ここにいま与えられている個別的な知覚現象がある特徴的な意味の全体に理念的に折り合わされ関係づけられているというこの事態を名指そうとしているのである。……単なる〈与件〉、つまり単に与えられたものを与えているがままに映し出しさえすればよいといったような意識的知覚などあるものではなく、むしろ、すべての知覚はある特定の「指向性格」(Richtungscharakter)をもっており、それによっておのれの〈ここ〉と〈今〉とを越えたところを指示するのである[106]。

以上の議論において、カッシーラーが『シンボル形式の哲学』において企図した「文化の批判」の思想的特徴はその概要が明らかになったといえよう。端的にいって、本書の思想課題は、カントのコペルニクス的転回のアウトラインを基本的に引き継ぎつつも、それにさらに現代的表現を与えることによって、現実のありのままの姿を損なうことなく、しかもその全体を体系的な視野のもとに見渡しうる哲学的パースペクティヴを構築しようとするところにあった。カッシーラーはそこでマールブルク学派と同じくカント哲学を出発点としつつも、感性的な次元で世界を直観するシンボル的思考のモティーフに着目することによって、神話や宗教のような非合理的なものをも包含する世界理解のシェーマを打ち立てようとしていたのである。このようなパースペクティヴに定位することによって、「ハンブルクのオデュッセイ」はいよいよ悟性（超越論的主体）が一方的に世界＝意味を産出するとみなすマールブルク学派の主知主義的な構成主義の考え方を退け、世界＝意味を認識主体とそれをとりまく現実の相互作用のもとに構成されるものとして描き出すことになった。そして、その際に現象学的な方法論に接近しつつも、シンボルという概念を人間の認識の機能的な統一原理として提示し、シンボル形式の形成と分化という水平線にシンボルの含蓄という垂直線を織り交ぜることによって、現象学とも異なった地点に世界＝意味了解のシェーマを確立するところへと議論を導いていくことになったのだ。こうして体系的思惟と歴史的思惟を両立させる「歴史的アプリオリ」（野家啓一）ともいうべきモティーフを確立することによって[107]、カント的な構成主義のシェーマはここにシンボル形式のパースペクティヴへと読み替えられていくことになった。カール・オットー・アーペルも指摘しているように、それはつまり、カントの超越論的哲学を認識批判から意味批判へと「変換する」（transformieren）[108]ことによって、特殊か普遍か、あるいは合理か不合理か、といったオルタナーティヴを迫る思考様式のあり方そのものを乗り越えようとするものになっていたのである。

四

先述のとおり、『シンボル形式の哲学』は刊行された「言語」、「神話的思考」、「認識の現象学」の全三巻で完結をみた著作ではない。第三巻の序論で表明しているように、カッシーラーは比較的早い時期からその続編として『〈生〉と〈精神〉――現代哲学批判のために』(*Leben und Geist — Zur Kritik der Philosophie der Gegenwart*)の出版を計画し、シンボル形式のパースペクティヴと「現代哲学との批判的対決」[109]をおこなおうとしていたが、この続編は、結局のところ、上梓されなかった。もっとも、ハイデガーによる『シンボル形式の哲学』第二巻の批評に応えるかたちで構想されたこの幻の第四巻は、不完全ながら大部の草稿が残されており、そこには人間の直接的な生とシンボル的思考との関係や、現象学や生の哲学に対するこの哲学者なりの見解などが明示されていて、哲学的には興味深い議論が多々提起されている。カッシーラーはこうして『シンボル形式の哲学』の出版後もシンボル形式のパースペクティヴを論理的に深化させようとし、そのための思想的試みとして、ほかにも「哲学の体系におけるシンボルの問題とその位置付け」(„Das Symbolproblem und seine Stellung im System der Philosophie", 1927)や「神話的空間、美的空間、理論的空間」(„Mythischer, ästetischer und theoretischer Raum", 1930)などを発表しており、その数は文字どおり枚挙に暇がないといっても決して過言ではない。『シンボル形式の哲学』のプロジェクトはこうしてその刊行後もさらなる発展を遂げていくことになったが、その側面はさておくとして、本書はいったいどのようなかたちで政治思想的なものにコミットしうるのであろうか。その関心が人間的意味の世界の仕組みを包括的に描き出すところにある以上、そこにはあるべき政治の姿に関する見解が、不完全にではあるにせよ、包含されているのではないか。また、そうだとしたら、それはどのような仕方で見出されうるのであろうか。

一見したところ、これらの問いかけに歯切れのよい返答を期待することは、現時点ではいささかむずかしいようにおもわれる。というのも、『シンボル形式の哲学』はそれじたい純粋な学問的関心によって貫かれた研究書であり、そもそも何らかの政治的な意図をもって書かれた著作ではないからだ。実際、ヴァイマール共和政のいわゆる相対的安定期にその大部分が作成されたこの哲学的著作には、具体的な政治思想の構想と呼べそうな議論を展開している箇所などほとんど見受けられない。というより、政治的な話題にそのまま結びつきそうな記述など、全体にわたってほぼ皆無にひとしいといっても決して過言ではあるまい。しかしだからといって、かつてのカッシーラー批判がそうであったように、このことが本書の政治的メッセージの欠落を十全に証明するものになっているかといえば、必ずしもそうとはかぎらないというのでなければならないであろう。政治的なものについてダイレクトに論じている箇所が見受けられないからといって、その言説を反射的に非政治的と決めつけてしまうとするならば、そのような判断はあまりにも性急で皮相な見方であるといわざるをえない。本書の哲学的論議の行間には、政治的なものや規範的なものについてのカッシーラーの見解の原型にあたるものがすでに十分に織り込まれているし、シンボル形式のパースペクティヴには、この哲学者の政治的思考を根本から規定するライト・モティーフ――「二〇世紀の啓蒙主義」（Aufklärung des 20. Jahrhundertes）のモティーフが、さりげなくではあるがしっかりと打ち出されている。このことからもわかるように、『シンボル形式の哲学』という著作は、それじたい「オデュッセイの遍歴」の今後の政治的な方向性を規定する内容を、いわば大文字で描き出そうとするものになっているのだ。

かかる思想的志向は、『シンボル形式の哲学』がそもそもドイツ啓蒙主義の完成者カントの哲学的モティーフを継承せんとするものであり、それにアクチュアルな表現を与えようとするものであったことを想起するならば、おのずと首肯されよう。カントのコペルニクス的転回のシェーマを現代において論理的側面から更新してみせるということは、ただ単に啓蒙主義の理念を思惟形式の次元においてのみ問い直すということを意味していたばかりではない。それはとりもなおさず、カッシーラーその人の標榜する政治的信条のもっとも基本的な枠組みを規定するということをも意味していたのである。といっても、マールブルク学派の思惟形式を乗り越えてカント哲学にふたたび立ち戻るということ、あるいは、啓蒙主義の理念を二〇世紀において継承するということは、むろん過去の思想的成果の単なる原状回復にとどまりうるものだったわけではなかったし、ましてやそれに満足しうるものだったわけでは決してない。その意味では、「カントに復帰するということは……カントを理解するということは、カントを超越するということである」[110]というバーデン学派の大立者ヴィンデルバントの有名なモットーは、啓蒙主義の理念に対するカッシーラーのまなざしについてもそのままあてはまっているといえよう。ライプニッツの「現在は過去を担い、将来を孕む」(Le present est charge du passe et gros de l'avenir)[111]というマキシムをいたるところで好んで引用していたカッシーラーにとって、過去をふりかえるということは、つねに将来を見据えるとともに現代を批判的に検討するということにそのまま結びついているというのでなければならなかったのである。『シンボル形式の哲学』第四巻のための手記のなかで、カッシーラーはこう述べている。

歴史的時間というものは、その本質からいって、倫理的な意味あいをふくんだ時間である。すなわち「純粋な将来」(reine Zukunft)の時間なのだ。／つまり、すべての「できごと」(Geschehen)は、そう、ある程度は将来の次元へと昇華されていくものなのである。——／過去もまた、いつであれ、将来の観点から新しく見出され、新しくかたちづくられ、新しく生み出されるのでなければならぬ。——／およそ将来の思想というものは、すべて歴史的な過去と同様に歴史的な現在をもすっかり作り変えてしまう。——まさにそれだけが真の意味での「ルネッサンス」なのである。——将来の精神（観点）からの過去の再生。[112]

過去の思想的営みが将来の地平をもたらし、新しい思想的冒険が逆にこれまでの知的営為に新たな光をあてるとするならば、『シンボル形式の哲学』とは、啓蒙主義の思想を土台としつつ、その理念にさらなる可能性を開示してみせようとするものになっていたといえよう。とすると、カッシーラーがこの著作のなかで意図していた思想的「ルネッサンス」とは、いったいどのようなものだったのか。かかる「ルネッサンス」は啓蒙主義の理念にいかなる「新たな始まり」を用意し、この理念をどのようなかたちで二〇世紀の思想的コンテクストに投げ入れようとしていたのであろうか。このあたりの事情を考察するためには、『シンボル形式の哲学』を実質的に完成させたあと（一九二七年以降）に出版されたカッシーラーの手になる一連の精神史的叙述に注目する必要がある。一九二〇年代後半から三〇年代前半かけて、カッシーラーは『ルネッサンス哲学における個と宇宙』（*Individuum und Kosmos in der Philosophie der Renaissance*, 1927）[113]、『イングランドにおけるプラトン・ルネッサンスとケンブリッジ学派』（*Die Platonische Renaissance in England und die Schule von Cambridge*, 1932）、あるいは論文「ジャン・ジャック・ルソー問題」（„Das Problem Jean-Jacques Rousseau", 1932）など、ハンブルク時代の代表作とされる精神史研究を矢継ぎ早に発表し[114]、シンボル形式のパースペクティヴのもとにヨーロッパのモデルネの精神史を再構成することによって、文字どおり「将来の精神」から「過去の再生」をなしとげようとしていた。そして、その名も『啓蒙主義の哲学』（*Die Philosophie der Aufklärung*, 1932）と題する著作において、この哲学者は啓蒙主義の理念を独自の観点から描き出そうとしている。以下、その様子をみていくことにしよう。

　一九三二年に上梓された『啓蒙主義の哲学』は、そのタイトルのとおり、一八世紀ヨーロッパの啓蒙主義哲学を考察の対象とした精神史研究であるが、そこには明らかに当時の思想的営みを過去の遺物以上のものとして取り扱おうとする意図がこめられていた。実際、カッシーラーのこの意図なるものは、啓蒙主義に対するその独特のアプローチの仕方からも容易にうかがい知ることができよう。この哲学者によれば、啓蒙主義の哲学にまとわりついた根強い偏見を排してより自由な視座からその思想的核心に迫るには、さしあたって啓蒙主義に対する従来の見方をドラスティックに変更するところから出発するのでなければならなかった。そして、そのためには、ヴォルテール Voltaire

(1694-1778) やドゥニ・ディドロ Denis Diderot (1713-1784) のような啓蒙主義の知的指導者らの学説を単に年代記風に列挙するかのごとき記述方法を、意識的に退けようとつとめるのでなければならなかったのである。『啓蒙主義の哲学』はそのため、啓蒙主義の哲学の「個々の教説の単なる総和[115]」にのみ注目して、その思想的意義をもっぱら「この哲学によって加工され教義として定式化されようとした単なる学説内容[116]」から導出するのではなく、「啓蒙主義哲学を内側から形成した造形力を明らかにするような哲学史の叙述方法[117]」を採っている。より具体的にいえば、それはつまり、自然、歴史、社会、宗教、芸術など、世界のさまざまな局面について啓蒙主義の哲学が自身の見解を生成していくプロセスを追跡し、それらを貫く「基本的な考え方を決定付けたところのその本質的な力[118]」を見究めようとするものになっていたといってよい。そのような見通しのもと、カッシーラーはこれまで「きわめて雑多な思想要素の折衷的混合物」とされてきた啓蒙主義の哲学を「実は厳格な一貫性と緊密な構成を持つ少数の大きい基礎的な思想原理によって支配されている[119]」営みとして明示しようとしていた[120]。ここでいう啓蒙主義の哲学とは、ヨーロッパ精神史における過去のエピソードとしてではなく、あくまでも生き生きとした思惟形式のひとつとして理解されるべきものとされていたのである。

もっとも、カッシーラーによれば、そもそも啓蒙主義の哲学とは、このようなかたちで把握されるときにのみ、その「真の生産的な意義[121]」を確認しうるものであった。「啓蒙主義の哲学のもつもっとも特徴的な魅力とその固有の体系的価値とは、それを推進させた……思惟のエネルギーのなかに、そして啓蒙主義の哲学によって個々の問題のすべてに吹き込まれた思惟の情熱のうちにこそ存在する[122]」はずのものだったのである。そもそも一八世紀の啓蒙主義の哲学は、内容の面からいえば、決定的に「それに先立つ諸世紀に依存していた[123]」のであって、それほど新奇で独創的なものを提起しえたわけではなかった。ところが、その過去の思想的遺産を「整理し選別して発展精製せしめ[124]」、それらに新しい地平、新しい意味を与えて「哲学思想の真に新しく独自の形式を生み出した[125]」ところにこそ、この哲学の

「新たな始まり」たるゆえんがあったのだ。だとするならば、「啓蒙主義哲学の性格と特徴的規定がもっとも豊富にしかも明瞭にあらわれるのは、それが個々の教説や公理定理などに確定された姿においてではなく、むしろそれが思想を生み出していく過程に、すなわち疑いつつ求め、破壊しつつ構築するその努力[126]」にあるというのでなければならないであろうし、われわれがこの哲学を評価する際には、その「努力」を最大限に注視する必要があるということになってこよう。啓蒙主義の哲学の是非を判断するための尺度は、したがって、その内容的側面――かの「知ったかぶりの自負」やオプティミスティックな進歩信仰にのみあるわけでは決してない。それはむしろ「哲学的思想を取り上げる仕方[127]」に見出されるべきなのであって、実にそのような意味において、啓蒙主義の哲学は、ひとつの思惟形式として、すなわち歴史の一段階としていわば実体的に捉えられるばかりでなく、「絶えず動き続け不断に波動する[128]」その機能的な側面において理解されるべきであり評価されるべきものになっているというのでなければならなかったのである[129]。

では、このような視座のもとに語られる啓蒙主義の哲学とは、具体的にはどのようなはたらきをするものなのか。カッシーラーによると、一八世紀の啓蒙主義の哲学は、一五世紀のルネッサンス、一六世紀の宗教改革、一七世紀のデカルト哲学に次いで登場した西洋思想の一潮流であり、先述のとおり、内容のうえでは、これらの過去の遺産に決定的に依存する存在であった。なかんずく「理性」(Vernunft) の力によって「みずからの行動を認識して精神的な自己点検をおこない、知的予見を立てることこそが、思考一般の固有な意義であり本来的な課題である[130]」と信じていた点では、この哲学はまぎれもなく一七世紀の形而上学的世界観の衣鉢を引き継ごうとするものになっていたのである。ところが、啓蒙主義の哲学が展開した「世界と人間に関する理説[131]」は、そうした問題意識の一致にもかかわらず、実際には一七世紀のそれとは似ても似つかぬ内容のものになっていたのであって、この哲学者のみるところ、まさにこの点にこそわれわれは注目するのでなければならないのだという。それによると、ルネ・デカルト René Descartes

（1596-1650）やニコラ・ド・マルブランシュ Nicolas de Malebranche（1638-1715）らの教説がそうであったように、一七世紀の形而上学的思考においては、「真の『哲学的』知識なるものは、思考が最高の存在、直観的に把握された最高の確実性から出発しつつ、この確実性の光明をあらゆる派生的存在にまで拡大することが成功した暁に、はじめて獲得される」[132]ものとされていた。そのような見地からすれば、現実のすべてはかかる「最高の確実性（Grundgewißheit）」から体系的に完結した連鎖として「演繹」（Ableitung）されるかぎりにおいて正しく認識されうるものとなるが、啓蒙主義の哲学はもはやこうした「体系の精神」（esprit de systéme）[133]を共有しようとはしなかった。それどころか、このような主知主義的なパースペクティヴを排除し克服することこそが、その主要な思想的目標のひとつになっていたのである。カッシーラーはいう。

もはや啓蒙主義は「体系の精神」の権能と有効性を信じてはいなかった。啓蒙主義はこれを哲学的理性の強みではなくて、むしろその束縛であり障害であると見てとった。だが、啓蒙主義はこの「体系の精神」を断念しそれを意識的に退けはしたけれども、決して「体系的な精神」（esprit systématique）を捨て去ったわけではない。むしろ啓蒙主義は新しい、もっと効果的なやりかたでこの精神を発揮し強化しようと試みる。哲学を固定的な教説の体系の枠組に押しこめたり、それを永遠に変化しない或る決まった公理もしくはそれから演繹された結論と結びつけたりするかわりに、啓蒙主義はもっと自由に振舞おうとする。そして、みずからの内在的なこの活動のなかで現実の根本形式を、すなわちすべての自然的および精神的な事象がもつ形式を顕現させようとする。この基本的立場にしたがうならば、もはや哲学は思惟の単なる特殊な一分野として自然科学あるいは法学や国家学と並ぶ、あるいはそれらに君臨するものではなく、むしろこれらの特殊的学問を育成し発展させ根拠づける、もっとも包括的な媒体にほかならない。哲学はもはや自然科学、歴史、法学、政治学等々から分離されえない。哲学はこれらすべての個別的学問をいわば生気づける精気であり、これによってはじめて個々の学問は、みずからの存在と機能を保証されるであろう。哲学はもはや精神の孤立した抽象的な実体ではない。哲学は全体としての精神をその純粋な機能の面において、すなわちその探求と設問の方法、その純粋な認識手続きの独自な方式において表示するものにほかならないのである。[134]

この課題に対応するために、啓蒙主義の哲学は、前世紀から引き継いだ理性という能力に注目し、そこに一種の「種差」(differentia specifica)[135]を付け加えようとしていた。一七世紀の「体系の精神」において、「一切の経験に先立ってわれわれに事物の絶対的な本性を開示する」[136]ためのいわば演繹的な「本有観念」(eingeborener Ideen)とみなされていたこの人間的能力は、啓蒙主義の「体系的な精神」においては、もはやそのようなものとはみなされていない。それは超越的世界の高みからいきなり真理について語るのではなく、むしろ反対に現実の事象への考察をとおして、世界を支配する原理なり法則なりを画定するものとして用いられるようになる。つまり、現象を「所与のもの」(datum)、その法則性を探求するべき「目的物」(quaesitum)とみなすことによって、現象に先行するアプリオリな原理が現実の世界を一方的に規定するというシェーマそのものを反転させ、現実のありのままの姿をさまざまな角度から分析し、そこから「現象の内的連関および内在的結合の形式」[137]を体系的視座のもとに構成しようとするものになっているのである。そう考えることによって、啓蒙主義の哲学は、理性を一七世紀の哲学と同じく「真理を発見しそれを確定する過程を導く精神的な根源力」[138]とみなしつつも、それをもはや一七世紀的な用法を大きく逸脱したもの、カッシーラー自身の表現によれば――「現象の豊饒性に身をゆだね、絶えず新しくみずからを現象に測定しなおすのでなければならない」[139]もの、事実認識の進展に応じて徐々に自己展開していく歴史的存在として描きなおそうとしていたのだ。そう考えてみるならば、このような手続きのもとに導出された原理や法則はすべて論理的に相対的な妥当性しか持ちえないということになるであろうし、「理性がいったん到達したかにみえる目標はすべてそのまま新しい出発点になる(140)」というのでなければならなくなってこよう。理性にこのようなかたちで「種差」を付け加えることによって、啓蒙主義の哲学は哲学という知的営みを、「現実の根本問題を、すなわちすべての自然的および精神的な事象がもつ形式を顕現させ(141)」る作業をとおして諸々の「個別的学問」諸科学を基礎づけるための「もっとも包括的な媒体」として位置づけるに至ったのである。

といっても、このような発想のもとに語られる哲学には、いまだ一七世紀の「体系の精神」と同じく、現実の多様なあらわれを平板化（Nivellierung）して考えようとする誘惑の余地が多分に残されている。何となれば、「個別から普遍へ(142)」というシェーマのもと、複合的なものから単純なものを、表層の多様性からその根本に横たわる同一性を導き出すというパースペクティヴには、「人間意識の生き生きとした豊かな内容を根底から否認し去り、それを単なる仮面、単なる仮想とみなそうとする(143)」考え方へと飛躍するモメントがそれとなくではあるが確実に入りこんでいるからだ。実際、エティエンヌ・ボノ・ド・コンディヤック Etienne Bonnot de Condillac（1715-1780）やクロード・エルヴェシウス Claude Adrien Helvetius（1715-1771）のような思想家たちがそうであったように、かかる同一律志向のパースペクティヴは、現実のすべてを抽象的原理にもとづいて量的概念に還元しようする機械論的で唯物論的な言説を形成していくことになったし、現実の知的コンテクストにおいて、それじたいきわめて強力かつ広汎な影響を及ぼすことになったのである。そして、そのような考え方が、「一八世紀全体を性格づけ規定するひとつの特定の方法論(144)」となって、啓蒙主義の哲学の思想的特徴の一側面をなしていたことは間違いない。『啓蒙主義の哲学』も認めているように、啓蒙主義の哲学がかかるパースペクティヴへとおのれからはまりこむものになっていたことは、それはそれで紛れもない事実であるというのでなければならなかったのだ。

ところが、カッシーラーによれば、啓蒙主義の哲学はそのような思想的限界に拘泥しているだけのものだったわけでは決してなかった。こうした同一律のパースペクティヴに対する反論は、ほかならぬこの哲学の内部において、ライプニッツの「連続性の原理」(Prinzip der Kontinuität)[145]とともに、現実の事物を「変化のなか、絶えざる規定の変動のなかではじめてみずからを表現するような連関、したがって統一性と相並んでそれとまったく同様に多様性を原理的かつ本質的に要請するような連関[146]」のもとにあるものと理解することによっておこなわれていたのである。のみならず、すべての事実を原因と結果の総括のうえに成り立つとするライプニッツの「充足理由の原理」(Prinzip des zureichenden Grundes)[147]のもと、啓蒙主義の哲学は「空間的並列と時間的継続」をもひとつの連関とみなし、全体性という言葉を単なる構成要素の総和ではなく、それらの要素の有機的な結びつきをなすものとして描き出そうとしていた。そのような発想からすると、現実の個々の事象は、機械論的な世界理解のロジックのいうように単に数量へと還元されうるかのごときものではなく、「生成のなかの存在」、すなわち他とのかかわりのなかでつねに変化しつつ持続している動的なものとみなされることになる。そして、そこから、「個別的なるものの平準化、均等化、画一化」ではなく、「すべての個別的なエネルギーの最高度の発揮のみが、われわれを存在の真理へ、現実世界の最高の調和と内的充実へと導く[148]」と考えることによって、個別を普遍に服従させようとする従来の考え方を打破して、その発展を両者の相互関係によるものとして規定しなおすところにまで議論をおしすすめていくことになったのだ。のみならず、分析的思考の陥穽からの自己解放をこのようなかたちで成し遂げることによって、啓蒙主義の哲学は、ドグマ的な合理主義的思考の枠組みがほとんどかえりみようとしてこなかった、あるいは、公然と攻撃しもっぱら排除の対象としてきた「非ドグマ的性質……『感性』や『情念』への同情ある理解[149]」を示すとともに、それらの性質をも人間の自己形成という啓蒙の目標にとっての必要不可欠なファクターとする思想的パースペクティヴを用意することになったのである[150]——。

このようにしてみるならば、『啓蒙主義の哲学』の企図する思想的「ルネッサンス」なるものの内実は、もはや明らかになったといえよう。啓蒙主義の哲学をあくまでも思惟形式のひとつとみなし、その思想的意義を機能的な側面から分析する作業をとおして、カッシーラーはこの一八世紀の哲学的試みを「ふつうに性格規定されているよりも、はるかに主知主義的ではないもの」として理解するための方途を確立してみせようとしていた。のみならず、そう主張することによって、啓蒙主義の哲学の「機械論的・唯物論的な説明を好み、人類進歩を素朴に信じていたとされる点も、あらかたその後の時代の批評の歪みから生まれてきたものである[151]」ということを暗に示してみせようとしていたのだ。啓蒙主義の哲学はここで、理性を合理と非合理の双方に開かれた形式開示の力として描き出すものとされていたばかりではない。それはデカルトがかつて「魂の攪乱」(perturbationes animi)と呼んだ非合理的な情念(Leidenschaften)をも「全体としての精神的はたらきをはじめて成立させてその運動を維持する生きた刺激にして本来的な推進力[152]」として理解するものとして規定されていたのであって、その意味では、主知主義的なパースペクティヴという従来のイメージとは相容れない内容を有するものとされるようになっていったのである。また、哲学の使命を人間の文化的諸形式の包括的かつ漸次的な探究にあるとすることによって、人間的な「有限な精神の置かれた視点[153]」を神のような無限なものへと解消する——別言すれば、完全に啓蒙されたものとしてしまう——のではなく、むしろその有限性ゆえに豊かな独自性を保持しつづけるものとするモティーフを打ちたてようとしていたという点で、それはヘーゲルのいう「反省哲学」(Reflexionsphilosophie)——世界に対して反省という消極的な対処しかなしえないかのような思想的営みとする見方とはまったく正反対の性質を有するものとして理解されることになった。『啓蒙主義の哲学』はこうして啓蒙主義の哲学をシンボル形式のパースペクティヴのもとに読み直して再構成することによって、この思潮に「新たな始まり」をもたらすとともに、それを「今・ここ」におけるアクチュアルな思想的課題のひとつとして復権させようとしていたのだ[154]。

もっとも、このような主張が、啓蒙主義の哲学をシンボル形式の哲学と結びつけようとする思想的意図のもとに語られていることは容易に想像がつこう。カッシーラーはここで、この一八世紀の哲学的試みを自家の哲学的パースペクティヴのもとに再構成してみせることによって、両者の問題関心の近さを強調するとともに、前者を後者の思想的先駆をなすものとして位置づけようとしていた。ということは、裏をかえせば、シンボル形式の哲学を啓蒙主義の理念の知的後継者たるべきもの、しかも、その思想的地平をさらに更新するものとして理解するということを意味しているが、まさしくそのような枠づけをとおして、この哲学者は『シンボル形式の哲学』をはじめとする自身の思想的取り組みが現代における啓蒙主義の可能性を探求するものになっているということ、すなわち二〇世紀の啓蒙主義を志向するものであるということを明らかにしようとしていたのだ。カッシーラーその人がのちに「思想的遺言[155]」とまで呼んだ『啓蒙主義の哲学』は、そう考えてみるならば、啓蒙主義の哲学をシンボル形式のパースペクティヴによって「今・ここ」における生きた思惟形式として再構成する一方で、かかるパースペクティヴの精神史的系譜を検証するという二重の思想的意図をになっていたといえよう。他方、この「遺言」がカッシーラーその人の思想的信仰告白の書であり、その哲学的営みの負うべき理念を確認するものになっている以上、そこにはやはり、何かしら政治的な意味あいがこめられているというのでなければなるまい。啓蒙主義の哲学の理念を批判的に再構成しつつ継承するということは、とりもなおさずこの哲学の内包する政治思想的なモティーフをも同様にかかえこむということを意味していた。のみならず、両大戦間期のドイツ、さらにいえば、啓蒙主義の理念を精神的バックボーンとするヴァイマール共和政下のドイツにおいて、啓蒙主義の哲学の積極的な意義について論じるということは、それじたいどうしても政治的かつ党派的な性質を帯びざるをえなかったし、このことは実際にカッシーラー本人の自覚するところでもあったのである。『啓蒙主義の哲学』の冒頭、この哲学者はこう述べている。

> 哲学的過去に立ち戻ることは、同時に必ずや哲学的自己省察と自己反省という行為でなければならない。われ

> われの現代がこのような自己点検を遂行し、啓蒙主義が作り上げた明るい鏡にみずからを映し出してみるべき必要性は、従来にもまして痛感されねばならないと私は確信する。今日われわれが「進歩」の結果とみなしている多くのものも、おそらくこの鏡のなかでは光輝を失ってしまうであろうし、われわれが誇りに思う多くの成果もここでは醜い歪んだかたちを呈するであろう。われわれがこの像の歪みを一途に鏡面の曇りのせいにして原因をほかに見出そうとしないならば、それは性急な判断であり由々しい自己欺瞞であろう。カントが「啓蒙のモットー」と呼んだ「敢えて賢明なれ」(Sapere aude!) の言葉は、この時代に対するわれわれ自身の歴史的関係についても同じく妥当する。われわれはいたずらにこの時代を軽蔑したり尊大に見下したりすることなく、勇を鼓してふたたび啓蒙主義と優劣を競うべく、それとの内面的対立を志さなければならない。理性と科学を「人間の最高の力」とみなして尊んだこの世紀は、今日のわれわれ自身にとっても、過去の失われた遺物であってはならない。われわれはこの時代をそのあるがままの姿でみるばかりでなく、この形状を生み出し形成した根元的な力をもう一度発揮させる工夫を見出さねばならない――[156]。

この言葉の一つひとつからもうかがえるように、シンボル形式の哲学の政治的な方向性を根本から規定しようとする『啓蒙主義の哲学』の試みは、それじたい当時のドイツの危機的状況に対するカッシーラーの懸念と危機意識を色濃く反映するものになっていたといえる。いわゆる大統領内閣 (Präsidialkabinett) の乱立によって共和政の統治システムがすでに事実上の破綻状態にあった一九三二年一一月――ナチス政権成立のわずか二か月前というこのタイミングで世に問われた本書の議論は、ただ単に啓蒙主義の哲学の現代における意義と可能性を問いただすというアカデミックな関心にのみ導かれていたわけでは決してなかった。それはむろん「嘲わず、悲しまず、呪いもせず、つとめて理解する」という精神を堅持しつつも、ナチスのファナティカルな人種イデオロギーへと急速に傾斜していく当時のドイツ世論に対して警鐘を乱打するとともに、広くドイツ国民に対して啓蒙主義の哲学の遺産相続人たることの自覚を促すという明確な政治的目的をもっていたのである。第五章で詳述するように、その点では、『啓蒙主義の哲学』の取り組みは、精神史研究をとおしてヴァイマール共和政を擁護するという当時のカッシーラーの知的関心をそのまま反映していたといえるが、何よりこの哲学者の思想的営為を政治的なものに結びつけるための結節点としての役割を果たしているという意味においては、看過しえない重要な意味と役割を帯びた取り組みになっていたといっても決して過言ではあるまい。精神史研究をとおしての間接的な表明であったとはいえ、こうしてシンボル形式の哲学の政治思想的ないわば立ち位置を画定することによって、カッシーラーはここでさらに啓蒙主義の哲学を「生み出し形成した根元的な力をもう一度発揮させる」ための方策を政治や社会のコンテクストにおいて検討するという思想的課題をも背負いこむことになった。「オデュッセイの遍歴」はこのようなかたちで啓蒙主義の哲学に「ルネッサンス」をもたらす作業をとおして自身の将来の課題を受け取っていたのであって、それによってシンボル形式の哲学に「新たな始まり」をもたらすところにまで議論をおしすすめようとしていたのだ。

五

以上において、われわれはエルンスト・カッシーラーがマールブルク学派の哲学者として出発し、大著『シンボル形式の哲学』の刊行を経て二〇世紀の啓蒙主義者として自己表明するに至る知的軌跡の一端を考察してきた。ふりかえるに、その軌跡は時代の流れと密接にかかわりあうかたちで、より正確にいえば、時代の流れに押し出されるかたちで展開されていたといえよう。第一次世界大戦の衝撃からモデルネの思惟形式を再検討し、ナチズムの台頭と共和政の危機にのぞんで二〇世紀の啓蒙主義という思想的信条を表明するに至ったことからもわかるように、この岐路に立つ哲学者の思想形成の背後には、つねにドイツ政治の劇的な転換点がひかえていた。といっても、カッシーラーがシンボル形式の哲学を構築し、自身を啓蒙主義の哲学の知的後継者と位置づけるようになったのは、すでにみたように、もちろんこの人物の思索の内的発展の成果であり、現実の政治がその直接的なモメントだったわけではない。ただ、そうであるにせよ、当時の政治的状況が、全体としてみた場合、この「オデュッセイの遍歴」にとっての看過しえない作用点になっていたことはやはり否定しがたい。その意味においては、亡命以前のカッシーラーの思想的営みもまた、まぎれもなく時代のエートスの産物だったのであり、当時の政治的なコンテクストから切り離しえないものになっていたとしても決して過言ではあるまい。それでは、かかる思想的営みは、全体的にどのような特徴をもっているといえるのであろうか。以下、この点について、『シンボル形式の哲学』に対する二つの批評を手がかりとしてごく簡単に確認することにしよう。

まず、『シンボル形式の哲学』の第二巻「神話的思考」の議論について、公法学者にして法実証主義者として名高いハンス・ケルゼン Hans Kelsen（1881-1973）が、その著書『因果律と応報律』（*Vergeltung und Kausalität*, 1941）のなかで、新カント学派的な見地から批評している。ケルゼンのようにコーヘンのカント解釈にしたがって規範と事実を峻別する見方からすれば、神話に「われ」＝人間の主体性のルーツを求めようとするカッシーラーの実存論的な発想には、方法論上の無理があるというのでなければならなかった。ケルゼンによれば、『シンボル形式の哲学』は未開人を自己感情の欠落した存在であると同時に呪術的世界観の担い手でもあるものとしているが、それでは主体性よりも先に世界観が存在していることになり、論理的にみて明らかに矛盾しているという。この矛盾に対して、カッシーラーは呪術的世界観における自我を本来的な意味における自我と異なると想定することによって、この矛盾を「外見上のものに過ぎない」としていたが、ケルゼンはそうした見解を「見込みのないもの」と手厳しく批判している。「呪術的世界観には昂揚された自我感情（das gesteigerte Selbstgefühl）が表明されているようにみえるが、他方でそれはいまだ本来の自己に到達していないことをも示唆している」[157]とするカッシーラーの考え方は、結局のところ、「いまだ本来の自己に到達していないはずの未開人の意識が、どうして『昂揚した自我感情』……に到達しうるのであろうか」[158]という疑問に応えるものになってはいない。『シンボル形式の哲学』が掲げるそのような主張は、この国法学者のみるところ、むしろ矛盾の存在を顕在化するばかりで、問題の根本的な解決というにはほど遠いというほかなかったのである。ケルゼンはさらにいう。

カッシーラーはここで「昂揚された自我感情」がプレ・アニミズム期の呪術的世界観において表明されているように「みえる」と述べているが、そこで人間が自己の意志によって支配されているとすれば、「昂揚された自我感情」はそこに実際に存在しているに相違ない。しかし「未だ本来の自己に到達していない」ようなものがどうして「昂揚された自己感情」でありうるのかは不思議というほかない。……カッシーラーは、未開人が有していると信じている「願望の全能」（Allmacht des Wunsches）は「真の活動の自由」ではない、なぜなら「真の活動の自由」とは「特定の客観的な活動の限界を承認していること」を前提にしているものだからだといい、自我が自己自身にこの限界を設定することによって初めて真の自己に到達しうるという。これは問題を心理の次元から倫理の次元に不当にずらしたものである。問題は「真の」活動の自由とは何かではなく、（正当か否かは別にして）未開人がどう信じているかにある。未開人が自我に発する意志の力を無限定のものと信じているという想定と、自我意識の欠如という事実とが両立可能かという点こそが今の論点である。そしてそれには「両立不可能」と答えるほかない[159]。

また、新カント学派とは対極に位置する実存論的あるいは現象学的な立場からは、有名なところでは、一九二八年にハイデガーが同じく『シンボル形式の哲学』の第二巻「神話的思考」の論評を『ドイツ文芸新聞』(*Deutsche Literaturzeitung*) 紙上に発表している。ハイデガーはここで、カッシーラーの神話的思考に関する研究が新カント学派の思惟形式の圏内を超え出たところで行われていることを評価しつつも、神話的思惟のように思惟形式の根源をなす「精神の根源的階層」(geistige Urschicht) を体系的に解明するという意味では、まだまだ不十分で底が浅いといわざるをえないと指摘している。そして、神話的思惟について、より実り豊かな哲学的成果をえるためには、議論をその存在論的基礎にまで遡行するのでなければならないし、もしそのようなアプローチが採られるとするならば、「神話的存在了解の解釈は、カッシーラーの描写によって与えられる印象よりも、ずっと錯綜しており底知れないものである、ということがすくなくとも明らかにされることになるであろう[160]」と述べている。一九二九年のダヴォスにおけるカッシーラーとの有名な討論においても、ハイデガーは同様の指摘をくりかえしているが、その主張の要諦は、「カッシーラーにおける『起点』(terminus a quo) はまったく問題とされるべき (problematisch) である[161]」という言葉のうちに端的に示されているといえよう。ハイデガーによれば、カント的構成主義という観念論的な次元にとどまるかぎり、カッシーラーの議論は、存在とは何かという哲学の本来の「目標点」(terminus ad quem) たるべき「現存在の形而上学の問題構成」をあっさりと素通りしてしまうがゆえに、哲学的考察と呼ぶには、どうしても隔靴掻痒の感を免れることができないというほかなかったのである。ハイデガーはその主著『存在と時間』(*Sein und Zeit*, 1927) のなかでも次のように述べている。

近ごろE・カッシーラーは、神話的現存在を哲学的な学的解釈の主題にした。『シンボル形式の哲学』第二部〈神話的思考〉一九二五年、参照。この根本的探求によって、民俗学的研究にはいっそう包括的な手引きが意のままになるようになる。哲学的な問題性の側からみれば、はたしてこのような学的基礎の諸基礎が十分見通しのきくものであるかどうか、とりわけ、はたしてカントの『純粋理性批判』の建築術とその体系的内実とが、そもそもそうした課題にとって可能的な構図を提供しうるかどうか、あるいは、はたしてここでは、新しい、いっそう根源的な発端を置くことが必要ではないかという問いは、依然として残る。[162]

以上において明らかになったように、ケルゼンにせよ、ハイデガーにせよ、両者ともに『シンボル形式の哲学』の取り組みに一定の評価を与えつつも、最終的にはそれぞれの思想的見地から批判的な評価を下している。ケルゼンのように新カント学派的な視座からすれば逸脱とおもわれていたカッシーラーの思想的試みは、ハイデガーのような現象学的見地から独自の存在論を展開していた人物にとっては、いささか踏み込み不足といわざるをえないものだったわけだが、もっとも、このような微妙な評価こそ、シンボル形式の哲学の思想的位相を如実にあらわしているといえよう。カッシーラーが目指した思想的方向は、いうなれば、新カント学派のような主知主義的なパースペクティヴと、現象学のような実存主義的なパースペクティヴのちょうど中間に位置していた。そして、その意味において、シンボル形式の哲学は、先にみたように、モデルネの合理的世界観とそれを超克しようとする世界観のあいだに思惟形式の第三の道を切りひらこうとするものになっていたのである。ちょうどこのころ用いられはじめたシンボルの概念を採用することによって、この岐路に立つ哲学者は、体系か歴史か、あるいは合理か非合理かといった従来の思想的オルタナーティヴを克服しようとし、この危うくも苦悩に満ちた取り組みの彼方にモデルネの理念を再生させようとしていた。いいかえれば、シンボルという歴史的アプリオリの概念をもってモデルネの思惟形式を根本的に変革することによって、かえってその精神的可能性を問い直そうとしていたのであり、この思想的試みはそのうえで、人間とは何かという哲学の根本的な問いに「新たな始まり」をもたらそうとしていたのだ。そのような思想的位相のもと、シンボル形式の哲学は――カントの批判哲学がそうであったように――人間文化を論理的に把握する哲学のための「基礎づけ」（Grundlegung）あるいは「予備学」（Propädeutik）(163) たらんとし、モデルネのライト・モティーフのひとつたる啓蒙主義の理念を現代において読み替えようとしていたのである。

もっとも、思想史的な見方からすれば、カッシーラーのこのような取り組みは、カント解釈の変更をとおしてカント哲学に現代的表現を与えようとするものであったといえる。より具体的にいえば、それはコーヘンのリゴリスティックな数理論的見地にもとづくカント解釈をはなれ、感性のはたらきを重要視するゲーテ的な視座のもとにカント哲学を理解するというカッシーラーその人のカント解釈の転回によって成し遂げられたものであった。こうして『純粋理性批判』から『判断力批判』へ、悟性から判断力へと視点をシフトすることによって、この哲学者は自身のすすむべき哲学的方途を見定めるとともに、カント哲学の可能性を現代の思想的コンテクストにおいて探求しようとしていたのである。そう考えてみるならば、カッシーラーによるシンボル形式の哲学の試みとは、端的にいって、分析と綜合という実証科学のパースペクティヴを基調とするモデルネのいわば「主流」をなしてきた合理主義的思考の万能性に異を唱えるものになっていたといえよう。のみならず、これまでどちらかといえばモデルネの「傍流」あつかいされてきたもうひとつの合理主義的思考――具体的普遍のシェーマのもとに世界を理解しようとする、より柔軟で幅広い合理主義的思考の意義を再確認するものになっていたともいえよう。『シンボル形式の哲学』や『啓蒙主義の哲学』において、かかる傍流の源泉となったゲーテの科学論やライプニッツのモナド論にたびたび言及していることからも明らかなように、この哲学者は事物の多元的な存在を容認し、非合理的なものをも現実の一部として包摂して理解する合理主義のあり方に注意をむけ、それをもとにしてモデルネの思惟形式の構造転換をなしとげようとしていた。シンボル形式の哲学による思想的革新とは、その意味において、モデルネを克服することによってモデルネを復権させるという、一見したところ、矛盾ともおぼしき作業をとおして「哲学的思考のための新たな始まりを見出す(164)」ものになっていたのだ。

そう考えてみるならば、カッシーラーが「充足理由の原理」をはじめとするライプニッツの哲学的パースペクティヴを啓蒙主義の哲学の理論的基礎とみなしていること、また、その思想的影響のもとにある人々の言説、たとえば、アレクサンダー・バウムガルテン Alexander Baumgarten（1714-1762）の美学、ゴットホルト・エフライム・レッシング Gotthold Ephraim Lessing（1729-1781）の宗教論、ヨーハン・ゴットフリート・フォン・ヘルダー Johann Gottfried von Herder（1744-1803）の歴史哲学をも啓蒙主義の哲学の有力な一構成要素としている理由もまた、おのずから明らかになってこよう。バウムガルテンやレッシングはともかく、一般に反啓蒙主義者とされるヘルダーの教説をも啓蒙主義のカテゴリーに含めることには大いに異論の余地がありそうだが、ここではその思想史的妥当性の是非についてはさておくとして、カッシーラーがモデルネの「嫡出子」たるはずの啓蒙主義の哲学をも、もうひとつのモデルネのパースペクティヴのもとに理解しうるものとしているところに注目しておきたい。事実、ヘルダーの批判によって理性主義の機械論的な歴史理解の浅薄さが暴露されたことを啓蒙主義の哲学の「真の自己克服」とみなし、さらにはその「もっとも赫々たる勝利とそれの最高の精神的凱歌であった」[165]とまでしていることからもわかるように、カッシーラーは啓蒙主義の哲学の神髄を合理主義一辺倒の偏狭なパースペクティヴの自己克服にあるとみなして決して疑おうとしなかった。啓蒙主義の哲学はそもそも一面的な世界理解から人間を解放するというテーゼを大きな支柱としているが、シンボル形式のパースペクティヴからすれば、それは当然、神話的思考にもとづく世界理解や宗教的ドグマにおける世界観の一面性のみならず、合理主義的な世界像の一面性から人間を解放するという役割をもになっているはずのものだったのである。カッシーラーのいう二〇世紀の啓蒙主義とは、まさにそのようなモデルネの更新された地平のうえに立つものだったのであり、モデルネ的思惟の構造転換というシンボル形式の哲学の試みから導き出されるべき当然の帰結にほかならなかったのだ。

ということは、このような哲学的な試みが、以上の議論のさらに延長線上において、モデルネの政治的なパースペクティヴのあり方をも修正するファクターとして立ちあらわれてくるであろうことは容易に想像がつこう。先述のとおり、カッシーラーは二〇世紀の啓蒙主義を志向することによって政治思想の問題領域へと足を踏み入れることになったわけだが、かかるコミットメントは、実際のところ、モデルネの思惟形式の構造転換という思想的なプロジェクトのうちにおのずと浮かびあがってくるはずのテーマだったのである。シンボル形式の哲学がモデルネの世界理解の方法を根本から問い直そうとするものである以上、そこには半ば必然的に、その世界のあり方を政治や社会の次元において規定する既存のパースペクティヴをも読み替えるよう要求するモメントが包含されていた。そして、そのモメントをさらに発展させて独自のロジックを構築するための思想的方途もまた、シンボル形式のパースペクティヴのうちにすでにそのアウトラインが示唆されているはずのものだったのであり、二〇世紀の啓蒙主義者としての自身の思想的ポジションを確認するという作業はかかるアウトラインをより具体化するための重要な第一歩になっていたのだ。もっとも、その際に示された切羽詰まった時代状況に対する問題意識は、やがて悲痛な危機感となって、このユダヤ系ドイツ人哲学者にさらに踏みこんだ思索を要求することになるであろう。こうして時代の流れはさらに「オデュッセイの遍歴」を政治的なものへと結びつけていくことになったが、それでは、シンボル形式の哲学者カッシーラーは、どのようなかたちでその議論にアプローチし、自家の哲学的パースペクティヴのもと、政治的思考の構造転換をどのようなかたちでなしとげようとしていたのであろうか。この問いかけに応答するために、以下、第二章において、まずはカッシーラーの手になるモデルネ分析をとおして、この哲学者が「今・ここ」の世界を思想的にどのようなものとして理解していたのかを考察することにしたい。そして、そのうえで第三章において、カッシーラーが示唆するに至った政治思想的言説の骨子をみていくことにしよう。

〔註〕

（1）カッシーラー一族はもともとスペインに由来するとおもわれるユダヤ系の家系で、医者、学者、音楽家、画家、商人など多彩な人材が輩出して一九世紀から二〇世紀にかけて「ベルリンの文化的生活を演出し、後にヴァイマール時代に重要な役割を果たした」一族であった。哲学者エルンストの従兄弟にかぎってみても、ベルリン大学教授であった神経学者リヒャルト Richard Cassirer (1868-1925)、指揮者にして音楽理論家のフリッツ Fritz Cassirer (1871-1961)、ともに画廊商にして出版業者でもあったパウル Paul Cassirer (1871-1926) とブルーノ Bruno Cassirer (1872-1941) など、後世にまでその名前が伝わっている人物も数多い。なかでも、ヴァイマール時代に芸術家のパトロンとなったハリー・ケスラー伯 Harry Clemens Ulrich Graf von Kessler (1868-1937) の有名な日記のなかで「革命家」として登場するパウルなどは、ベルリンのモダニズム芸術の主導的存在としてとみに有名であったといえよう。Vgl. Georg Brühl, *Die Cassirers: Streiter für den Impressionismus*, Leipzig, 1991. Vgl. auch Christian Kennert, *Paul Cassirer und sein Kreis: ein Berliner Wegbereiter der Moderne*, Frankfurt am Main, 1996, u. Paetzold, *Cassirer*, S. 15. u. T. Cassirer, a. a. O., S. 22f.

（2）Ebd., S. 90.　ちなみに、材木業者として成功を収めていた父エードゥアルトは大学教育を受けておらず、エルンストにも大学で法律を学ばせるなど実業志向の強い人物だったようだが、哲学者を志す息子の生活資金を工面するなど、経済的側面では協力をおしまなかったという。そもそもエルンストが四〇代半ばまで定職らしい定職に就かず、私講師という無給の立場に甘んじながらも研究生活に没頭できたのもこうした恵まれた経済環境があればこそであった。たとえば、エルンストが一九〇二年に四週間の新婚旅行のためにスイスに赴くに際して、エードゥアルトが四〇〇〇ライヒスマルクを与えてくれたとトーニ・カッシーラーは回想しているが (ebd., S. 63)、この金額は当時の労働者の年収をはるかに上まわる額であった。なお、この時期のカッシーラーは、その著作をおもにベルリンの従兄弟ブルーノの経営するブルーノ・カッシーラー出版社から出版している（カッシーラーが編纂したライプニッツ著作集やカント全集もこの出版社から刊行されたもの）。このことからもわかるように、カッシーラーは研究者としては――大学への就職というままならなかった一点をのぞくとするならば――このうえなく恵まれた環境のもとにあったといえよう。

（3）新カント学派は一九世紀中葉から二〇世紀の初頭にかけて一時代を画した講壇哲学の一大党派であり、その勢力範囲は発祥の地ドイツ国内のみならず、イギリス・フランスをはじめ幅広い地域に及んでいた。我が国でも桑木厳翼（一八七四―一九四六）、朝永三十郎（一八七一―一九五一）、左右田喜一郎（一八八一―一九二七）などのいわゆる大正教養主義者や初期の西田幾多郎（一八七〇―一九四五）など、大正から昭和初期にかけて実に多くの哲学者や文学者がこの学派の思想的洗礼を受けており、その影響は看過できないものがある。なお、この学派の思想的試みは、規範的な哲学の復興を掲げることによって、理論哲学のみならず、社会科学の領域をも議論の射程に収めようとするものになっていた。小野紀明の指摘にもあるように、一九世紀末の福祉国家政策のはじまりがこれまでの自由主義思想に刷新を求めるなか、この学派の思想家たちは「個人の主体性と共同性の調和をはかること、この困難な思想的課題についての解答を求めて」（小野前掲書、八四頁）カントの批判哲学へとむかっていこうとしていたのである。Vgl. Helmut Holzhey (Hrsg). *Ethischer Sozialismus. Zur politischen Philosophie des Neukantianismus*, Suhrkamp Verlag, 1994. Vgl. auch Ernst Wolfgang Orth/ Helmut Holzhey (Hrsg). *Neukantianismus: Perspektiven und Probleme*, Würtzburg, 1994.

（4）ユダヤ系ドイツ人哲学者。なお、名前の表記については、ドイツ語の標準的な発音からすると「コーエン」とも読めるが、ユダヤ系の人名は表記のとおりに発音するというドイツ語の慣例にしたがって「コーヘン」と表記することにした。ヘルマン・コーヘンは、一八四二年七月四日、ザクセン＝アンハルトのコースヴィヒにユダヤ系の両親のもとに生まれた。当初はラビになるべくブレースラウのユダヤ神学校に学んだが、のちにブレースラウとベルリンの大学で学ぶうちに哲学に転じ、一八六五年にハレ大学で学位を取得。一八七一年の『カントの経験の理論』がマールブルク大学のランゲに評価され、一八七六年にランゲの後を襲ってマールブルク大学教授となった。以後、独自のカント哲学解釈を展開してマールブルク学派を形成し、その領袖としてドイツ講壇哲学の重きをなした。カッシーラーの他にもスペインの哲学者ホセ・オルテガ・イ・ガセット Jose Ortega y Gasset（1883-1955）をはじめ、多くの思想家がコーヘンの門を叩いているが、コーヘンはその思想的立場の他にも人物的な魅力で多くの思想家を感化したという。なお、マールブルク大学退職後ベルリンのユダヤ教学院（Hochschule für die Wissenschaft der Judentum）で教鞭を執っていたように、コーヘンはユダヤ教神学の大家でもあった。コーヘンの激しい性格は必要以上に多くの論敵を作り、保守的なアカデミズムからの警戒心を買ったが、教授職にあってもなおもキリスト教の洗礼を受けず、ユダヤ人としてのみずからのアイデンティティを貫き通していたこともあって、シュトラウスによれば、「ユダヤ教に忠実でありかつ哲学的に思索するユダヤ人にとってのスター」(Leo Strauss, "Introductory Essay for Hermann Cohen, Religion of Reason out of the Sources of Judaism", in *Studies in Platonic political philosophy*, Chicago, 1983, p. 40) 的存在になっていたという。第一次世界大戦末期の一九一八年四月四日、ベルリンで死去。Vgl. Eggert Winter, *Ethik und Rechtswissenschaft. Eine historisch-systematische Untersuchung zur Ethik-Konzeption des Marburger Neukantianismus im Werke Hermann Cohens*, Duncker und

Humblot, 1980.

（5）カッシーラーの「オデュッセイの遍歴」は、スタートこそ順調にみえたものの、その後の歩みは、こと大学におけるポストに関しては、決して順調とはいいがたかった。ユダヤ系であったこと、コーヘンの弟子であったことなどが災いし、若くして得た名声にもかかわらず、カッシーラーはドイツ・アカデミズムの本流から拒否され、大学への就職すらままならなかったのである。それどころか、カッシーラーは教授資格請求（Habilitation）でさえもたいへんな回り道を余儀なくされた。実際、一九〇一年にベルリン大学で、翌一九〇二年にはシュトラスブルク大学とゲッティンゲン大学で教授資格請求をおこなっているが、いずれも失敗に終わっている。コーヘンはカッシーラーをパウル・ナートルプの後任としてマールブルク大学に迎えようと画策したが、これも結局はうまくいかなかった（Vgl. T. Cassirer, a. a. O., S. 56）。一九〇六年にカッシーラーはベルリン大学でこの資格を得ることになったが、その際の合格論文が『近代の哲学と科学における認識問題』の第一巻であった。ちなみに、ベルリン大学での私講師採用（一九〇六年）も、新カント学派とユダヤ人に反感を持つ教授らによって猛烈に反対されたが、その非凡な才能を認めたヴィルヘルム・ディルタイ Wilhelm Dilthey (1833-1911) ――当時すでにベルリン大学を引退していた――の「私がエルンスト・カッシーラーを拒否したなどと、後になっていわれるのはまっぴらだ」（エルンスト・ヴォルフガング・オルト「カッシーラーとディルタイ――ゲーテの根本現象をめぐって――」嶋田洋一郎訳、『思想』第九〇六号、岩波書店、一九九九年、九八頁）という鶴の一声によってようやく採用が決まるありさまであったという（Cf. Gawronsky, *op. cit.*, pp. 16f.）。カッシーラーはみずからをユダヤ系ドイツ人とみなして交友関係や道徳的信条に人種という概念を差し挟まなかったが、非ユダヤ人にとって彼はやはりドイツ系ユダヤ人でしかなかった。Cf. Davit R. Lipton, *Ernst Cassirer — The Dilemma of Liberal Intellectual in Germany 1914-1933*, University of Toronto Press, 1978, p. 54.

（6）Golo Mann, *Deutsche Geschichte des 19. und 20. Jahrhunderts*, Fischer Verlag, 2003, S. 396. ゴーロ・マン『近代ドイツ史 I』、上原和夫訳、みすず書房、一九七三年、二六八頁。

（7）Paetzold, *Cassirer*, S. 13.

（8）Ebd., S. 131.

（9）Otto Liepmann, *Kant und die Epigonen*, Nabu Press, 2010, S. 45.

（10）ドイツの哲学者（一八二八―一八七五）。ギムナージウム教員、商工会議所書記、ジャーナリストと数々の職業を歴任して、一八七三年にマールブルク大学の教授になった。早くから社会問題や労働問題に取り組み、カント哲学を社会主義的なパースペクティヴにと結びつけて論じた。ただ、ランゲはその弟子コーヘンと違ってヘーゲルの弁証法的なシェーマを評価し、その著書『唯物論の歴史とその現代的意義の批判』(*Geschichte des Materialismus und Kritik seiner Bedeutung in der Gegenwart*, 1866）のなかで、マルクス主義の最終革命の理想を断念し、労働者階級の国家への取り込みによって漸進的な社会改良を推進するという現実的提言をしている。

(11) 高坂正顕『西洋哲学史』創文社、一九七一年、五二〇頁。

(12) この学派の代表者たるリッケルトの「価値哲学」とは、端的にいって、人間の認識の対象を存在ではなく価値であるとするところからスタートしようとするものになっていた。それによると、人間の認識は主語と述語を結びつけるところから生じるものであり、その際に何が知るに値するのかを価値にもとづいて判断しているのだという。この考え方からすれば、存在はとりもなおさず当為にもとづいているということになる。リッケルトはそこで価値の実現としての文化に注目し、しだいに文化の批判的基礎づけを目指す文化の哲学を志向するようになっていくことになる。Vgl. Heinrich Rickert, *Der Gegenstand der Erkenntnis: ein Beitrag zum Problem der philosophischen Transcendenz*, Freiburg, 1892.

(13) コーヘンはまずカントの三大批判書に対応する『カントの経験の理論』(*Kants Theorie der Erfahrung*, 1871)、『カントの倫理学の基礎づけ』(*Kants Begründung der Ethik*, 1877)、『カントの美学の基礎づけ』(*Kants Begründung der Ästhetik*, 1889）によって自身のカント解釈を整理し、そこからさらに自然科学的認識とカント哲学を接合させる自身の哲学を『純粋認識の論理』(*Logik der reinen Erkenntnis*, 1902)、『純粋意志の倫理』(*Ethik des reinen Willens*, 1904)、『純粋感情の美学』(*Ästhetik des reinen Gefühls*, 1912）の三部作において定位しようとしていた。

(14) Hermann Cohen, *Kants Theorie der Erfahrung*, Berlin, 1879, S. 492.

(15) Ebd., S. 743.

(16) Hermann Cohen, *Logik der reinen Erkenntnis*, Berlin, 1902, S. 29.　コーヘンによれば、「純粋なるもの」こそが存在と現実を可能にし、生産するということになる。そう考えることによって、コーヘンは形式を内容の法則にほかならないものとし、すべての実体をまさにここから生じるものと考えていた。

(17) したがって、コーヘンによると、「所与」はすなわち「課題」ということになる。これによって、コーヘンは概念と直観、思惟と感覚の二元論を乗り越えようとしていた。そして、その典型として、存在が非存在に含まれるとする微分法を重視するところへとむかっていくことになったのである。Vgl. ebd., S. 34f.

(18) Cohen, *Logik der reinen Erkenntnis*, S. 36. なお、この原理をマールブルク学派のもう一人の指導者パウル・ナートルプは次のように述べている。「われわれにとって、対象はもっぱら思惟内容すなわち直観内容としてのみ発生し（erstehen）発出し（hervorgehen）、『純粋』で合法的な合法性によって統一的に接合される思惟と直観との、溌剌たる生源から生産される。このような抽象性こそが、われわれに対して存在するもっとも現実的なるものにほかならない。それは現実性をもって確保されている。しかしだからといって、それは決して凝り固まった不動のものと考えられているわけではない。その意味において、対象性は決して『それ自体において』(an sich)存在しているわけでもない。それはただ認識の思量に対してのみ——それ自身が『ある』(sein)のではなく『なる』（werden）ところに、完結したものとは決して考えることのできない認識の思量に対してのみ存在するのである」(Paul Natorp, *Hermann Cohen als Mensch, Lehrer und Forscher: Gedächtnisrede, gehatten in der Aula der Universität Marburg*, 4. Juli 1918, N. G. Elwert, 1918, S. 17. パウル・ナートルプ『人、教師及び学者としてのヘルマン・コーヘン』相原信作訳、岩波書店、一九二八年、二九—三〇頁)。こうして合理的悟性が対象としての世界を一方的に構築するというのであれば、コーヘンにつづくマールブルク学派の哲学者たちの行きつくところが、きわめて主知主義的なパースペクティヴによって支配された人間観であるということは疑いの余地があるまい。事実、第一次世界大戦以前のカッシーラーも含めてこの学派の人々は、かかる観点にもとづいて、人間の認識（Erkenntnis）の構造を数学的思惟のもとに読み解きうると確信していた。そして、そのような認識の発展を近代自然科学の成立に重ね合わせて説明するところに、哲学の使命を見出そうとしていたのである。

(19) Cohen, *Ethik der reinen Willens*, Berlin, 1904, S. 62. なお、ヘルマン・リュッベはこのテーゼについてこう説明している。「理論哲学が科学論として、精密自然科学という『事実』から出発し、それを分析してそのアプリオリな可能性の条件にむかうように、コーヘンは実践哲学についても法と国家という『事実』にむかわせ、そこで政治的倫理的共同生活の基礎的カテゴリーを発見すべきだとする。『……倫理学を法学に関連づけることより、理論的事実との類比をなす当のものが見出される』。『数学と類比をなすものは法学である。それは精神科学の数学、とりわけ倫理学の数学と呼んでしかるべきである』。倫理学は法学から出発すべきだとするこの要請には、『すべての哲学は科学という事実に依拠している』という見解を主要教条としている新カント派の教理体系がなにほどか、かかわっていることはもちろんである。この教条が言っていることは、科学が近代世界をかたちづくる歴史的現実となったのだから、哲学はこの科学という現実をもしかるべく考慮しなければならないということではない。それの言っていることをよりはっきりさせるなら、哲学は自分自身とは異なった科学から出発することによってのみ、自己本来のテーマを見出すのだということである」(Hermann Lübbe, *Politische Philosophie in Deutschland, Studien zu ihrer Geschichte*, Benno

Schwabe & Co., 1963, S. 103. ヘルマン・リュッベ『ドイツ政治哲学史』今井道夫訳、法政大学出版局、一九九八年、一〇〇頁)。

(20) Ebd., S. 84. 邦訳八六頁。

(21) Cohen, *Logik des reinen Willens*, S. 76.

(22) Lübbe. a. a. O., S. 109. 邦訳一〇六頁。

(23) Friedrich Albert Lange, *Geschichte des Materialismus und Kritik seiner Bedeutung in der Gegenwart*, Leipzig, 1902, S. 524.

(24) コーヘンはカントのように人間の共同性の契機を契約に求めようとはせず、あくまでも合理的な悟性形式に導かれるアプリオリな道徳的存在としての人間の性質のうちにのみその共同性を担保しうるモメントがあると考えていた。そして、個人と共同体を成立させる同一の根源的要素を悟性の自律的なはたらきのうちに見出すこのような発想のもと、倫理的な人間性の共同体を国家の最終的形態をなすものとして定位しようとしていたのである。コーヘンによれば、このような構想は、すでにカントの「目的の国」のモティーフによってすでに先取りされていたのであって、同じく社会主義を名乗るものではあっても、マルクス主義の弁証法的な世界観とはおよそ思想的ルーツを異にするというのでなければならなかった。そうである以上、コーヘン的な見方からすれば、唯物論的なパースペクティヴはそもそも受け入れがたいというのでなければならなかったし、逆にマルクス主義的な立場からすれば、社会主義理論を理想主義的な観念へと読み替えるという発想それじたいが非科学的であり、単なる日和見主義的なおしゃべり以外の何ものでもなかったのである。

(25) コーヘンのこうした理想主義的な社会主義の主張は、社会主義の実現を歴史的必然ではなく倫理的要請とみなすことによって、革命ではなく漸進的な社会改良による社会主義理念の実現を説くところへとむかっていくことになる。その意味では、コーヘンの議論は、いうなれば、社会民主主義の思想的ルーツをなすものになっていたといえよう。この「ルーツ」は当時のドイツ社会民主党内で生じた修正主義論争の陰の主役でもあった。

(26) カッシーラー自身はコーヘンらの理想主義的な社会主義に対してなんら好意的な態度を表明していない。なお、マルクス主義に対しては、山口等澍に対して「マルクス主義の流行などといふことは、吾々はもう百年前に卒業した」(讀賣新聞、一九三四年五月二五日、一〇面)と答えたという。もっとも、一〇〇年前(一八三四年)にはいまだマルクス主義は存在していないわけで、このような言い方は正確とはいえないが、マルクス主義に対して終始冷淡な態度をとり続けたこの人物の態度を端的にあらわしているといえよう。

(27) ベルンシュタインと新カント学派との思想的関係については、ハンス・ヨーゼフ・シュタインベルク『社会主義とドイツ社会民主党——第一次世界大戦前のドイツ社会民主党のイデオロギー——』（時永淑・堀川哲訳、御茶の水書房、一九八三年）の第Ⅳ章を参照せよ。

（28）T. Cassirer, a. a. O., S. 93. トーニ・カッシーラー「ヘルマン・コーヘンとE・カッシーラー——カッシーラー婦人の回想1——」岩尾真知子訳、『みすず』三三九号所収、みすず書房、一九八九年、三三頁。トーニ・カッシーラーはコーヘンの印象についてさらにこう語っている。「私には、この巨大な頭蓋と黒縁の眼鏡の奥の突き刺すような眼をもった小柄な男が（哲学者とは）別のカテゴリーに入ることは、初めからはっきりしていた。コーヘンの天才の本質的特徴は、或る程度見識ある者には誰にでも明白であるに違いなかった。しかしコーヘンと一層親密に知りあうようになって数日後に私は、大変驚いたことにはコーヘンが哲学者だとは思えない、とエルンストに打ち明けた。……コーヘンには、嵐のような激しい気質と共に、切迫して重要だと思われる事柄を——自分の意のままになる手段を尽くして——成し遂げさせたいという燃えるような願望とがあった。多くの点と同様この点でもコーヘンはエルンストと正反対であった」(ebd.)。

（29）Ebd., S. 92.

（30）Vgl. Ernst Cassirer, „Kant und die moderne Mathematik", u. „Hermann Cohen und die Erneuerung der Kantischen Philosophie", in *Gesammelte Werke Hamburger Ausgabe*, Bd. 9, Felix Meiner Verlag, 2001.

（31）『認識問題』第一巻の劈頭、このことについてカッシーラーはこう述べている。「精神の歴史とは、われわれが思考的総合によって（歴史的現象という）そうした事実からつくるものにほかならない。しかし、もし科学とその現在の成果に依拠できないとしたら、われわれはこの綜合の内容的根拠そのものをどこに求めたらよいのか。科学にはつねに相対的視点しかないということ、したがって歴史的過程を考察するためのカテゴリーそのものも不安定で変化するということは、もちろん正しい。しかしこの種の相対性は、認識の限界ではなく、認識の本来の生命なのである。いまや、合理的科学の実情を内容的に分析すれば、それがしだいに生成する有り様を辿ることもできるようになるし、その逆も真である。現在の研究の原理と問題にあらかじめ旺盛で実質的な関心を抱かなければ、文化の歴史的『現場』になじむこともないだろう。（原文改行）それゆえ、その展開のどの個別的段階においても哲学につねに新たに課される課題とは、一定の科学的概念と原理の具体的な歴史的総体にそくして、認識一般の普遍的な理論的機能を際立たせることである」(Ernst Cassirer, *Das Erkenntnisproblem in der Philosophie und Wissenschaft der neuern Zeit*, Bd. 1, in *Gesammelte Werke Hamburger Ausgabe*, Felix Meiner Verlag 1999, S. 12f. エルンスト・カッシーラー『認識問題　近代の哲学と科学における』須田朗・宮武昭・村岡晋一訳、みすず書房、二〇一〇年、一三頁)。認識をひとつの生成とする見方はまさしくコーヘンのパースペクティヴそのものであり、しかも、その「論理的機能」を明確にするということは、それじたいまさしくマールブルク学派に共通するテーマであった。

(32) こうした見方について、カッシーラーはこう説明している。「〈概念〉は、感性的現実にたいして異質なものとして対立するのではなく、当のこの現実そのものの一〈部分〉をなす。つまり、現実のなかに直接に含まれているものから抽出されたものなのである。このような見解に立てば、精密数理科学の概念は、もっぱら所与の概括的な整序と分類とに携わる〈記述〉科学の概念とまったく同じ水準にあることになる。われわれが樫や橅や白樺などの全体から、一連の共通した徴標を取り出して木という概念を作るのとまったく同じように、われわれはたとえば、正方形や長方形や菱形や平行四辺形や対称ないし非対称な台形や一般の四辺形において、じっさいに見出されそこで直接直観的に示されうる性質を抽出することによって、平行四辺形という概念を作り上げるのだということになる。概念論のよく知られた原則は、この基礎のうえにおのずと生み出される。比較可能な諸対象の系列のおのおのは、これら諸対象が一致する規定のすべてをそれ自身のうちに含むある最高の類概念を有し、他方、これら最高の類（Gattung）のなかでは、比較される諸要素の〈一部分〉にのみ属しているような性質によって、さまざまな等級の種概念（Artbegriff）が定義される。これまで維持されてきたあるひとつの徴標を断念し、こうして広い対象領域を考察範囲に含めることによって、ひとつの種からより高位の類に昇っていくように、逆に、新しい内容的要素をつぎつぎと付け加えることによって、類の特殊化がなし遂げられる。したがって、ある概念の徴標の個数をその〈内包（Inhalt）〉の量とするならば、高位の概念からより低位の概念に下がれば下がるほど、その量は増加し、こうしてその概念に属すると考えられる種の個数は減少するであろう——他方、より高位の類に昇ることによってこの［下属する種の］個数が増加すれば、それに応じてこの内包の量は減少するであろう。したがって、〈外延（Umfang）〉の拡大には〈内包〉の制限が伴い、こうしてわれわれが達することのできるもっとも普遍的な概念は、つまるところ、もはやなんら特筆すべき特徴や規定性を持たないということになる。このような手続きで作り上げられた『概念ピラミッド』は、その頂上に至って『あるもの』という抽象的な表象、つまり、あらゆる任意の思惟内容がその下にあるいっさいを包括する存在ではあるが、同時に、あらゆる特殊な〈異議〉を完全に欠落させた表象で終わる」(Ernst Cassirer, *Substanzbegriff und Funktionsbegriff. Untersuchungen über die Grundfragen der Erkenntniskritik*, in *Gesammelte Werke Hamburger Ausgabe*, Bd. 6, Felix Meiner Verlag, 2000, S. 3f. エルンスト・カッシーラー『実体概念と関数概念——認識批判の基本的諸問題の研究——』、山本義隆訳、みすず書房、一九七九年、五—六頁。ただし、括弧内翻訳者)。

(33) アリストテレスの論理学によれば、「現存する所与の諸実体に即してしか多様な存在の規定を考えることができず、もともと存在するにちがいない確かな事物的基体に即してのみ、存在一般の論理学的・文法的種がその実存上の手懸りと根拠とを見出すことができるとされる。量や質や空間規定と時間規定は、おのおの独立にあるのではなく、それ自身で存立する絶対的な現実の諸性質に過ぎないのである。とりわけ〈関係〉の範疇は、アリストテレス形而上学の基礎学説によれば、従属的で下位の地位を強いられている。関係は本来の本体概念とちがって非自立的であり、本体概念にたいして、その真の『本性』には抵触しない事後的で外的な変様を加えることしかできない」(ebd., S. 6f. 邦訳九頁) のである。このようなパースペクティヴは、カッシーラーによれば、スコラ的存在論をとおして、J・S・ミルの認識論のような近代の認識理論にまで引き継がれているという。「J・スチュアート・ミルは、あらゆる関連の本来の〈積極的〉存立はもっぱらその関連によって結びつけられる個々の項にのみあり、これらの項は個々ばらばらに分離されてしか与えられていないのであるから、関係の一般的な意義などは問題にならないのだと、断固として強調している。概念は、ある具体的な表象像 (Vorstellungsbild) の部分として以外には〈存在〉せず、このような表象像のすべての徴標を身に帯び、概念が自存的価値と独立した心理学的特性の見せかけを与えられているのは、単に限られた能力しか持たないわれわれの注意がこの像の全体をすみずみまで完全に照らすことができず、ただその抽出されたものに限られざるをえないという事情に負っているというのだ」(ebd., S. 9. 邦訳一一頁)。

(34) Ebd., S. 251. 邦訳二一七頁。

(35) カッシーラーはこのことについてさらにこう述べている。「概念が事物の外延的および内包的多様にたいして行なう〈単純化 (Vereinfachung)〉は、同時にその現実的内実の恒常的な〈貧困化 (Verarmung)〉を意味している。物体の科学、そしてまたその他のすべての自然科学が追求する最終目標は、その概念内容から経験的直観を遠ざけることにある。したがって科学は、『思惟物』(Gedanke) と『事実』(Tatsache) の間の裂目を〈ふさぐ〉どころか、自らこの裂目をはじめに作り出し、それを不断に拡大してきたのである」(ebd., S. 241. 邦訳二五一—二五二頁)。

(36) Ebd., S. 242. 邦訳二五三頁。

(37) Ebd., S. 16. 邦訳一九頁。

(38) Ebd., S. 74. 邦訳八三頁。

(39) そうすることによって、「〈一方〉の側には純粋に普遍的なものが、〈他方〉の側には純粋に特殊なものが来るように、われわれの認識に線を引くことは不可能なことが示される。ただ両契機の関係のみが、普遍的なものを特殊なものに即して実現する機能 [関数] のみが、真の分割の根拠を与えるのである。……自然科学の『個体 (Individuum)』は、美学的考察の個体をも、歴史の主体をなしている論理的人格をも含まないし尽くしてもいない。というのも、自然科学の特殊性というものは、一義的に規定された〈量〉および〈量の関係〉の発見に帰着し、他方、芸術的考察や倫理学的価値判断において対象が獲得する固有の様式と固有の価値とは、科学の視界の外にあるからである。だからといって、さまざまな価値判断の境界設定がそれらの間の二元論的対立を惹き起すわけではない。自然科学の概念は、倫理学と美学の対象を自らの手段によってしては構成しえないにしても、それらを否定したり破壊したりはしない。自然科学の概念は、直観を自覚的に〈ひとつ〉の支配的観点のもとに考察し、それについて単一の規定づけの形式を選び出すにしても、直観を偽造することはない。したがって、それを凌駕する他の考察の仕方は、それと矛盾するのではなく、思惟での〈補全〉(Ergänzung) の関係にあるのだ。それらの他の考察の仕方もまた、分離され孤立した要素としての個別に向かうのではなく、〈統合〉の新しい内容豊富な観点を創り出す。いまではそれは、単なる量秩序 (Größenordnung) とならぶ現実の新しい目的秩序 (Zweckordnung) であり、そこにおいてはじめて、個体はその十全な意味を獲得する。それゆえ、論理学的に語るならば、ここで個別は、さまざまな関連形式のなかに受け入れられ、その形式によって形づくられるのである。『普遍』と『特殊』の〈対立〉は、〈相補的条件 (komplementare Bedingung)〉の発展のなかに解消され、その条件の全体とその結びつきにおいてはじめて、現実の問題を捉えることが可能となるのである」(ebd. S. 253f. 邦訳二六二—二六三頁。ただし、括弧内翻訳者)。

(40) Ebd. S. 244f. 邦訳二五五—二五六頁。

(41) Ebd. S. 244. 邦訳二五五頁。

(42) Ebd.

(43) 柴田翔・高橋義人、対談「世紀末の現代にゲーテを読む」、『思想』第九〇六号所収、岩波書店、一九九九年、七〇頁。ゲーテはニュートン力学のような論理科学一辺倒の科学の在り方に反発し、現実世界の具体性を執拗に追いまわしたうえで形態や色彩に関する研究をものし、この具体的普遍による科学の可能性を模索しようとしていた。詳細については第四章の議論を参照されたい。もっとも、ゲーテの形態学の影響は、ドイツの物理学者で不確定性原理の発見者であるヴェルナー・ハイゼンベルク Werner Karl Heisenberg (1901-1976) をはじめ、フランスの構造主義者クロード・レヴィ＝ストロース Claude Lévi-Strauss (1908-2009) らにも及んでいる。ゲーテの形態学のうちに、ハイゼンベルクはニュートン物理学の枠組みを越えるモティーフを見出し、レヴィ＝ストロースは「具体の科学」、すなわちモデルネの抽象的な科学的思考とはまた別の次元の科学的思考を見出そうとしていた。ハイゼンベルクのゲーテ論については、ヴェルナー・カール・ハイゼンベルク『科学—技術の未来——ゲーテ・

自然・宇宙』（芦津丈夫訳、人文書院、一九九八年）を参考のこと。また、レヴィ＝ストロースの議論については、クロード・レヴィ＝ストロース『野生の思考』（大橋保夫訳、みすず書房、一九七六年）の特に第一章を参照されたい。

（44）*SF*, S. 20.　邦訳二三頁。

（45）具体的普遍という語はヘーゲルが自身の世界観を説明する際にも用いているが、カッシーラーのいうこの言葉はあくまでも特殊のうちに普遍を看取しようという意味あいのものであり、ヘーゲルのように現実において理性が実現していくプロセス云々といった意味あいはこめられていない。カッシーラーによれば、この語はヘーゲルのように目的論的なニュアンスのもとに理解されるべき語ではなかった。

（46）Ernst Cassirer, *Philosophie der symbolischen Formen*, Bd. 1, Die Sprache in *Gesammelte Werke Hamburger Ausgabe*, Bd. 11, Felix Meiner Verlag, 2001, S. VII.　エルンスト・カッシーラー『シンボル形式の哲学　言語』、生松敬三・木田元訳、岩波文庫、一九八九年、九頁。

（47）当時の状況についての詳細は、本書の第四章以下を参照のこと。

（48）詩人ゲーテは感性的な想像力を重視し、特殊なものを特殊なものとして成り立たせる規則の普遍的妥当性を説いたが、その際に自然と芸術をも貫く形式一般のシンボル的なものの存在を強調している。ゲーテの世界観を表す言葉としてよく知られている「内から外への啓示」や「世界と精神の綜合」といったテーゼは、まさしくその点で、カッシーラーのシンボル形式の哲学への道を準備するものになっていた。

（49）Ernst Cassirer, *Kants Leben und Lehre*, in *Gesammelte Werke Hamburger Ausgabe*, Bd. 8, Felix Meiner Verlag, 2001, S. 342f. エルンスト・カッシーラー『カントの生涯と学説』、門脇卓爾・高橋昭二・浜田義文監訳、みすず書房、一九八六年、三七七頁。

（50）Ebd., S. VIIIf.　邦訳五頁。

（51）Ebd., S. IX.　邦訳六頁。

（52）Gawronsky, *op. cit.*, p. 25.

（53）『シンボル形式の哲学』のはしがきで、カッシーラーはこの計画に触れ、つづく第四巻を『〈生〉と〈精神〉――現代哲学批判』というタイトルのもとに発表するつもりであると述べている。しかし、この第四巻は草稿の段階でとどめおかれ、結局は刊行されなかった（ただし、これに類する短い考察として、一九三〇年に「現代哲学における〈精神〉と〈生命〉」(„»Geist« und »Leben« in der Philosophie der Gegemnwart")という論文を発表している）。なお、「シンボル形式の形而上学によせて」という表題が与えられたこの草稿は、現在『カッシーラー遺稿集』の第一巻に収められ刊行されている。Vgl. Ernst Cassirer, *Zur Metaphysik der symbolischen Formen* in *Nachgelassene Manuskripte und Texte*, Bd. 1, Felix Meiner Verlag, 1995.

(54) *PhsF*, Bd. 1, S. VII. 邦訳九頁。なお、カッシーラーは、第三巻の序論でも同様の意向を重ねて表明している。「シンボル形式の哲学は、その視線をもっぱら、そしてまず第一に、純粋に科学的で精密な世界把握に向けるのではなく、世界理解のあらゆる方向へ向けるのである。この哲学は、この世界理解をその多型性において、つまりそのさまざまな現出の総体とその内的差異とにおいて捉えようとする。そして、その際いたるところで、世界を〈理解する〉ということはけっして現実のある所与の構造を単に受け容れ復唱することではなく、そこには精神のある自由な能動性がひそんでいるものだということが明らかになる。およそ真の世界理解でありながら、このように特定のさまざまな基本的方向を、しかも観察のではなく、精神の形成作用の基本的方向を根底に置いていないようなものはないのである」(ebd. Bd. 3, S. 14.　邦訳上巻三九頁)。

(55) Ebd., Bd. 1, S. 14.　邦訳四〇頁。

(56) カッシーラーはこの生の哲学という用語を、一般的な理解を超えて相当広い意味で用いている。ディルタイ、ジンメル、ベルクソンに加えて、カッシーラーはニーチェ、シェーラー、ハイデガーをもこの哲学に分類されるべきとしていた。クロイスによれば、カッシーラーのいう生の哲学とは、観念論的なパースペクティヴを拒絶して否定しようとする思惟形式全般のことを指すタームになっているという。Cf. Krois, *Cassirer*, p. 35.

(57) *PhsF*, Bd. 1, S. 14.　邦訳四〇頁。

(58) Ebd.

(59) Ebd., S. 9.　邦訳二八頁。

(60) Ebd.

(61) Ebd., Bd. 2, S. 35.　邦訳七五頁。

(62) Ebd., Bd. 1, S. 7.　邦訳二九頁。

(63) Ebd., S. 8.　邦訳三一頁。

(64) Ebd., S. 17.　邦訳四四頁。

(65) Ebd.　邦訳四五頁。

(66) Ebd., S. 9.　邦訳三一頁。

(67) Ebd., S. 6. 邦訳二七頁。

(68) 相対性理論とシンボル形式の哲学との思想的関連については、カッシーラーのアインシュタイン論の訳者である山本義隆の解説に詳しい。詳細については、山本義隆「解説――力学的世界像の克服と〈象徴形式の哲学〉」(『アインシュタインの相対性理論』(河出書房新社、一九七六年) 所収) を参照されたい。

(69) Ernst Cassirer, *Zur Einstein'schen Relativitätstheorie. Erkenntnistheoretische Betrachtungen* in *Gesammelte Werke Hamburger Ausgabe*, Bd. 10, Felix Meiner Verlag, 2001, S. 112ff. エルンスト・カッシーラー『アインシュタインの相対性理論』、山本義隆訳、河出書房新社、一六五―一六七頁。

(70) *PhsF*, Bd. 1, S. 14. 邦訳四〇頁。

(71) なお、シンボルという語の論文の表題における初出は、一九二一―二二年の『ヴァールブルク文庫講演集』(*Vorträge der Bibliothek Warburg*) 第一巻に収録された論文「精神諸科学の構築におけるシンボル形式の概念」であった。Vgl. Ernst Cassirer, „Der Begriff der symbolischen Form im Aufbau der Geistesphilosophie", in *Gesammelte Werke Hamburger Ausgabe*, Bd. 16, Felix Meiner Verlag, 2003, S. 75-104.

(72) ヘルツのシンボル論について、カッシーラーはこう説明している。「彼 (ヘルツ) は、われわれの自然認識のもっとも身近でもっとも重要な課題は、われわれに将来を予見する力を与えることだとみなしている、――だが、科学が過去のものから将来のものを導出するのに用いる手続きは、われわれが外的対象についての『内的な虚像ないしシンボル』(innere Scheinbilder oder Symbole) をつくり出すことなのであるが、彼によれば、この虚像ないしシンボルは、それらの像の思考上必然的な系列がつねに模写されるがわの対象の自然必然的な系列の像でもあるといった性質を有している。『集積されたこれまでの経験から、要求されている性質をそなえた像を導き出すことにひとたび成功したならば、ちょうどモデルを使うのと同じように、この像によってわれわれは、外的世界では長いこと時間をかけてはじめて、あるいはわれわれ自身の介入の結果はじめてあらわれてくるような帰結を、短時間で展開することができる。……今話題になっている像とは、事物についてのわれわれの表象である。像と事物とは、先の要求を満足させるような本質的なある合致点を有している。しかし、像が事物とそれ以上になんらかの合致を示すことは、その目的上必ずしも必要ではない。事実われわれは、事物についての表象が、まさしくそうしたただ一つの基本的な関係において以外に、なおなにかほかの関係において事物と合致するかどうかを知りもしないし、またそれを知る手段ももちあわせてはいないのである』」(*PhsF*, Bd. 1, S. 3f. 邦訳二三頁)。カッシーラーによれば、ヘルツの議論はいまだ認識の模写説の残滓を感じさせるものの、「像」（Bild）という言葉に決定的な意味上の転回をなしとげてシンボルという語にこれまでとはまったく異なった役割を与えようとしたという意味においては高く評価されるべきものになっていた。

(73) フィッシャーはヘーゲル美学の流れをくむ一九世紀ドイツの美学者にして文芸学者。カッシーラーによると、フィッシャー自身は、その「シンボル論」のなかで、シンボルという概念を「捕まえて縛っておくことがむずかしい変幻自在のプロテウス」（Ernst Cassirer „Das Symbolproblem und seine Stellung in System der Philosophie", in Bd. 17, Felix Meiner Verlag, 2004, S. 253）と呼んでいたという。ちなみに「精神諸科学の構築におけるシンボル形式の概念」において、カッシーラーはシンボルの概念のルーツを精神的にさらにヘーゲル、シェリング、そしてゲーテやフンボルトまでさかのぼりうると考えていた。

(74) Krois, *Cassirer*, p. 43.　カッシーラーはこうして直接的な感覚的体験のような諸現象における意味了解をもシンボル的なものとすることによって、従来の「シンボル」という用語の用法を大きくはみ出してしまった。その結果、カッシーラーの構想は、既存の見地から多くの批判を招くことになる。たとえば、一九二七年にハレで行われた美学・一般芸術学会に際しての講演「哲学の体系におけるシンボルの問題とその位置付け」についての討論のなかで、オーストリアの哲学者ヴァルター・シュミート＝コヴァルツィク Walter Schmied-Kowarzik（1885-1958）は、カッシーラーのシンボル概念があまりにも広すぎるとして「身体的なものによる心的なものの表現（表情）をもカッシーラー氏はシンボルと呼んでいますが、表情はそもそも精神的運動との本能的な結びつきなのです。シンボルと呼べるのは、表情での道具でも、形象や模像でもなく、記号だけです」（Aussprache über „Das Symbolproblem und seine Stellung in System der Philosophie", in *Symbol Technik Sprache, Aufsätze aus den Jahren 1927-1933*, Ernst Wolfgang Orth/ John Michael Krois (Hrsg), Hamburg, 1985, S. 30.　エルンスト・カッシーラー「『哲学の体系におけるシンボルの問題とその位置付け』についての討論」、『シンボル・技術・言語』、篠木芳夫・高野敏行訳、法政大学出版局、一九九九年、六二頁）と述べている。この点からも、当時の一般的な思潮からすれば、カッシーラーのシンボルの定義がかなり異質な部類に入るとみなされていたことがうかがえよう。

(75) *PhsF*, Bd. 1, S. 18.　邦訳四五頁。

(76) Ebd., S. 41.　邦訳八二頁。

(77) Vgl. ebd., S. 27.　邦訳六〇—六一頁。

(78) Ebd., S. 35.　邦訳七二頁。

(79) Ebd., S. 51.　邦訳九九頁。

(80) Ebd., Bd. 2, S. 30. 邦訳六四頁。

(81) アビ・ヴァールブルクは、ハンブルク在住の在野の美術史家。ピーター・ゲイによれば、「ヴァールブルクに特徴的な厳格な経験主義と学問的構想力は、ドイツ文化を野蛮化しようとする一九二〇年代の粗野な反知性主義や俗悪な神秘主義に対するまさにアンチ・テーゼであった。それは、ヴァイマールの最上のものを代表していたのである。アテネをアレクサンドリアの手から繰り返し何度も取り戻さねばならないというヴァールブルクの有名な信条は、錬金術や占星術との苦闘を演じたルネッサンスを理解するための一美術史家の訓示以上のものであった。彼をよく知る一人は、次のように述べている。『ヴァールブルクは理性の力を信じていた。彼は悪魔的な古代の遺産を知っていたが故に、啓蒙主義者であった。レッシングの『ラオコーン』は、青春時代の彼に大きな影響を与えた。それ故、彼は、一八世紀のドイツの啓蒙主義に深い恩義を感じていたのである』」(Peter Gay, *Weimar Culture, the outsider as insider*, Penguin Books, 1988, p. 35. ピーター・ゲイ『ワイマール文化』、亀嶋庸一訳、みすず書房、一九八七年、三九—四〇頁)。このこともあってか、カッシーラーとヴァールブルクはその思想的関心においてかなり重なりあっており、相互に研究を支援しあう関係にあった。ヴァールブルクは、芸術作品の背後にある造形エネルギーを探求するうちに、自由と必然の対立が大きなモティーフをなしていると確信を抱くようになっていた。そして、一九世紀末にニューメキシコのズニ族の祭祀と芸術の研究に着手した際、シンボル的表現を研究するうちに、宗教や言語そして科学をまったく峻別して考察することはできないという結論に達したが、それこそ、宗教・言語・科学を人間の自発的な精神のエネルギーの形態化(シンボル化)とするカッシーラーのシンボル形式のパースペクティヴの主張するところに結びついていたのである。カッシーラーは、『シンボル形式の哲学』の第二巻を執筆中に、ヴァールブルクが私財を投じて設立したヴァールブルク文化史学図書館(Kulturwissenschaftliche Bibliothek Warburg いわゆるヴァールブルク研究所)をはじめて訪問しているが、同図書館のザクスルによれば、カッシーラーはヴァールブルクと自身の研究テーマとのあまりの近さに驚いて「この蔵書は恐ろしいばかりのものです。私としては、この文庫を全く避けて通るか、あるいはここに幾年にもわたって閉じ篭もるかのどちらかしかないでしょう。ここに包含されている哲学的諸問題には、私の問題と密接につながるものがあります」(ザクスル前掲書、一六八頁)と漏らしたという。カッシーラーはほどなくヴァールブルク研究所に集ったいわゆるヴァールブルク・サークル——ヴァールブルク自身をはじめ、その多くはユダヤ系であった——の有力なメンバーの一人となり、この文庫からえた多くの知見をみずからの哲学的構想のために援用することになった。なお、ヴァールブルクその人については、エルンスト・G・ゴンブリッチ『アビ・ヴァールブルク伝　ある知的生涯』(鈴木杜幾子訳、晶文社、一九八六年)を参照のこと。

ちなみに、ヴァールブルク研究所は、もともとはユダヤ系の銀行家の一族であったヴァールブルクがそのありあまる資産をもとに購入した膨大な書籍を整理した個人的な文庫であり、第一次世界大戦中にハンブルク大学が設立されるとその付属研究所になった。もっとも、この研究所の令名は、独自に講演を催行し刊行物を出すなどして活発な活動をくりひろげて、ヴァイマール期の学術文化の一翼を担ったことによって夙に定まったといえよう。ザクスルやカッシーラーのほかにも美術史家エルヴィーン・パノフスキー Erwin Panofsky（1892-1968）などの多くの知識人がこの研究所に出入りし、数多くの成果を上げている。ナチス政権樹立後ロンドンに移転、現在も同地でロンドン大学付属のウォーバーグ研究所（Warburg institute）としてその活動を続けている。そのほか、ヴァールブルク研究所については、ザクスル前掲書、松枝編前掲書、および山口昌男『本の神話学』（中央公論社、一九七一年）を参照。Vgl. Jürgen Habermas, „Die befreiende Kraft der symbolischen Formgebung. Ernst Cassirers humanistisches Erbe und die Bibliothek Warburg", in *Ernst Cassirers Werk und Wirkung. Kultur und Philosophie.* S. 81. Cf. Gay *op. cit.*, p. 31-35. 邦訳三六—四〇頁。

（82）カッシーラーは神話の機能的役割を人間の認識のあり方を考えるうえできわめて重要視していた。たとえば、『シンボル形式の哲学』の第三巻「認識の現象学」において、第二巻「神話的思考」の成果をまとめてこう説明している。「〈自我〉という現象、つまり生きて行為する〈主体〉という表象にしても、神話形成過程の端緒をなすものではなく、むしろその一定の成果であるにすぎず、その一つの結果でしかない。……神話こそが、こうした表象へはじめて導いていってくれる乗物なのであり、そのおかげではじめて〈主観的現実〉が発見され、その独自性において捉えられることになる精神的媒質なのである。事実、神話は、まさしくそのもっとも根源的な形態化作用、つまりその真に『原初的な』形態化作用をおこないつつあるときには、いわゆる形而上学的な意味での『心的実体』という概念も『物的実体』という概念も知りはしない。神話にとっては、物体的な存在も心的な存在もまだ固定されておらず、ある特有の〈流動性〉を有し、それを保持しつづけている。現実は画然と確定した徴表をそなえた明確な事物のさまざまなクラスに分割されていないし、——さまざまな生命圏のあいだに厳密で固定した境界線が引かれているわけでもない。『外的』知覚の世界に永続的な基体が欠けているように、——それに劣らず、内的知覚の世界にも永続的な主体が欠けている。というのも、この内的知覚の世界にもまた、神話の根本動機、つまり〈変容〉という動機が支配しているからである。神話にみられる形態変容は、『自我』をもまたおのれの圏域に引き入れて、その統一性と単一性を廃棄してしまう。自然の諸形式のあいだの境界と同様、〈われ〉と〈なんじ〉のあいだの境界もまたきわめて流動的である。生命はここではまだ、永続するただ一筋の生成の流れであり、力強い一つの流れであって、これがようやく少しずつ分岐し、別々の波に分かれていくのである。

してみれば、たしかに神話的意識は、おのれの捉えるすべてのものに生命という形式を刻みつけはするのだが、まさしくこんなふうに万物に生命を賦与することは、やはりけっしてはじめから万物に魂を賦与することと同義ではない。というのも、ここではさしあたりはまだ、生命そのものが流動的で曖昧な性格、つまりまったく『プレアミニズム的な』性格を示しているからである」(ebd., Bd. 3, S. 78f. 邦訳上巻一四六—一四七頁)。カッシーラーによれば、神話こそは、人間が表情〈Ausdruck〉をとおして自己を開示していくための決定的なモメントになっているというのでなければならないものであった。

(83) Einleitung von John Michael Krois, in *Symbol Technik Sprache*, S. XV. 『シンボル・技術・言語』、四頁。

(84) Max Scheler, „Erkenntnis und Arbeit", in *Die Wissenformen und die Gesellschaft*, Leipzig, 1926, S. 201.

(85) モーリス・メルロ＝ポンティ『知覚の現象学』第一巻、竹内芳郎・小林貞孝訳、みすず書房、一九六七年、二一六頁。

(86) *PhsF*, Bd. 3, S. 63. 邦訳上巻一二一頁。

(87) カッシーラーのこうした取り組みは、ハイデガーによる『シンボル形式の哲学』第二巻の批評を少なからず意識したものになっていた。ハイデガーはカッシーラーの取り組みの存在論的基礎を明らかにするよう指摘していたのだが、カッシーラーは第三巻の注釈のなかで、ハイデガーの存在論的思考と自身の取り組みを比較してこう述べている。「われわれ自身の考察と課題がハイデガーのそれと区別されるのは、なによりもそれが〈用具的存在者〉(Zuhandenen)というこの段階やその〈空間性〉(Räumlichkeit)の様式にとどまるのではなく、この段階を否認するわけではないにせよ、それを越えたところで問いを立てているということによる。われわれの考察と課題は、用具的存在者の一契機としての空間性から客体的存在者の形式としての空間へいたる道を追求しようとするところにあり、さらには、この道がシンボル的形成作用——『表示作用』(Darstellung)と『意味作用』(Bedeutung)という二重の意味における——の領域のただなかを貫いてどのように進んでいくかを示そうとするところにある」(ebd., S. 168. 邦訳上巻三一二—三一三頁)。

(88) その様子について、カッシーラーはこう説明している。「人間が最初に捉える生は、個別的な主観という個性的な形態と個性的な境界をもった生としてではなく、むしろひとつの全体的な生としてあらわれてくるものである。生は最初、恒常的な自我の特質も、恒常的な物の特質も帯びてはいないし、自己同一的な主観なり不変な客観なりのうちにすぐさま沈殿することもないのである。こんなかたちで沈殿することの起源を、つまりはこのように差異化し分化することの起源を示そうとすれば、われわれは、表情の領域を越えて表示の領域へ、つまり、なににもまして神話の故郷であるような精神の領域を越えて言語の領域へと赴くよう指示されていることに気づく。言語という媒体のうちではじめて、無限に多様で定めなく揺れ動く多彩な表情体験が固定しはじめるのだ。つまり、言語という媒体のうちではじめて、それは〈形態と名前〉とを獲得するのである。神の固有名詞が人格的な神々の形態の起源となり、さらにこれを経てはじめて、つまり人格神の表象を媒介してはじめて、固有の自我、つまり人間の〈自己〉という表象も見出され確保されることになるのである」(ebd., S. 86.　邦訳上巻一五八頁)。

(89) Ebd. S. 382.　邦訳下巻一〇二頁。

(90) カッシーラーは理念的に人間精神による世界の形態化の過程——客観化の過程でもある——を「表情」・「表出(直観)」・「純粋意味(概念)」の三態に分けて詳述している。

(91) この点について、エルンスト・ヴォルフガング・オルトはこう述べている。「カッシーラーは、世界理解のいずれの経験、知識、方法についてもこれを原理的には歴史的に生成しつつある、あるいは生成した文化世界の事態として捉えている。この意味でカッシーラーの哲学は、彼がみずからの哲学をそう呼ぶ以前から、その最初から文化の哲学であった。……このようなカッシーラーの哲学は、すでに言及した知識社会学的—歴史的な事態とかかわることになる。すなわち、経験しうる事柄を、それを経験するという状態から出発して、それが含むすべての意味合いごと——しかも、何らかの特定の経験の在り方、重軽いずれにしろレッテルを貼られてしまった経験の仕方に縛られずに——捉えたいという、人間のうちにそのときどきに実際に生じる、生き生きとした要求と企てにかかわることになる。いくらか大仰な表現をすればこうなる。『経験とそこから生成するものの総体、すなわち、認識の総体——それこそがいつの時代にも真の哲学の意図するところであった。したがって、経験の総体こそが第一のものなのだ』。これをカッシーラー本人の冷静な学問研究の態度に置き直してみると、さまざまな個別科学の領域からのさまざまな認識と研究の諸成果を吸収し、それらの価値を見極め、消化するという姿勢を取り続けるということになる」(Ernst Wolfgang Orth, „Zur Konzertion der Cassirerschen Philosophie der symbolischen Formen. Ein kritischer Kommentar", in *Symbol Technik Sprache*, S. 169.　エルンスト・ヴォルフガング・オルト「シンボル形式というカッシーラーの考え方——批判的覚書」、『シンボル・技術・言語』所収、二四〇頁)。

(92) Vgl. Krois, „Cassirer: Aufklärung und Geschichte", S. 141.

(93) *ZM*, S. 18.

(94) Vgl. *PhsF*, Bd. 3, S. 225.　邦訳上巻三八七—三八八頁。

(95) Krois, „Cassirer: Aufklärung und Geschichte", S. 141.

(96) *PhsF*, Bd. 3, S. 16.　邦訳上巻四二頁。

(97) Ebd., S. 444. 邦訳下巻二〇〇頁。

(98) カッシーラーはこうしてフッサールや生の哲学のように、意味の起源を根源的直観という非観念論的なアプローチから導出しようとするやり方を批判している。カッシーラーによれば、存在の豊かさは必ず客観的なファクターを必要としているのであって、このようなアプローチに頼ってしまうならば、そうした形式の考察は覚束ないというのでなければならなかったのである。つまり、「われわれがまず見いだすのは『裸の』感覚、つまりmateria nuda〔裸の感覚〕としての感覚であり、次いでそこに何らかの形式付与の働きがつけくわわってくるといったふうにはけっしてならないのであって、――むしろ、われわれに捉えることができ近づくことのできるのは、常に特定の様式の形成作用によってどこまでも支配され、それによって隈なく貫かれ、具体的な明確さをそなえ、生き生きとした多型性をそなえている知覚世界にほかならない」(ebd., S. 16. 邦訳上巻四二頁)のである。とはいえ、このような思想的な見地もまた、現象学的な見地にきわめて近しい性質をしているともいえよう。とりわけフッサールが『デカルト的省察』(*Cartesianische Meditationen*, 1931)において提唱した超越論的主観性と現象学的還元の方法や、ここから導き出される間主観性の重要性を説く主張などはカッシーラーが展開している哲学的パースペクティヴにかなり接近している。とはいえ、カッシーラーの言説はカントにならって二元論的な人間理解に立つかぎり、現象学的な見地からは一線を画しているというのでなければならなかった。ただ、カッシーラーとフッサールの関係は、両者が人間の生の世界、すなわち文化や生活世界の思想的構造を説くとともにその重要性を強調しているように、比較して検討するべき内容を多々含んでいる。この点についての分析は別稿を要する。今後の課題としたい。

(99) *PhsF*, S. 443. 邦訳下巻二〇〇頁。

(100) Ebd., S. 231. 邦訳上巻三九五頁。

(101) Krois, „Cassirer: Aufklärung und Geschichte", S. 141.

(102) *PhsF*, Bd. 3, S. 450.

(103) Ebd., S. 151. 邦訳上巻二六三頁。

(104) メルロ＝ポンティ前掲書第二分冊、四七頁。

(105) Prägnanzという語はもともと妊娠する、受胎するという意味の語で、『シンボル形式の哲学』の邦訳においては「受胎」と訳されているが、もともと意味が身体に含まれているという内容から「受胎」という訳語はふさわしくないと考え、「含蓄」という訳語を採った。なお、『シンボル形式の哲学』の第三巻におけるこのような世界形態化の哲学的跡づけという仕事は、カッシーラーの死後、現象学の方面からメルロ＝ポンティによって引き継がれることになる。もっとも、メルロ＝ポンティは、『知覚の現象学』の構想を先取りしていたカッシーラーのシンボル形式理論を評価する一方で、自身の身体統合説をシンボル的含蓄という超越論的なタームから批判的に区分して一線を画そうとしていた。実存を「生きられたもの」と「認識されたもの」によるものとするメルロ＝ポンティにとって、カッシーラーの説は後者に過度に傾いているきらいがあり、その意味において、主知主義的といわざるをえないものだったのである。この点に関しては、メルロ＝ポンティ前掲書および、木田元『メルロ＝ポンティの思想』（岩波書店、一九八四年）の特にⅡおよびⅢを参照。ただし、私の理解するところでは、両者の関係はメルロ＝ポンティが線引きしている以上に近いようにおもわれる。この点についてのより詳細な考察については今後の課題にしたい。

(106) *PhsF.* Bd. 3. S. 231f.　邦訳上巻三九五―三九七頁。また、カッシーラーは、このことについてさらに「ある対象が特定の知覚体験のうちに『表示される』という事実、――つまり、ここで今与えられているものとしての知覚体験のうちで、今与えられてもいなければ現前もしていない事物が『目に見える』ようになるという事実は、どれほど多数の個別的な感覚印象をたがいに融け合わせることによっても、――あるいは、論理的思考つまり論理的推理や推論という方法で直接与えられているものを越え出ることによっても――、少しも理解されるようにはならない。……表象の対象に対する関係は、惹き起こされたものの惹き起こすものに対する関係でもなければ、模像の原型に対する関係でもない。むしろその関係は、表示手段の表示される内容に対する関係、また記号のそこで表現される意味に対する関係に似ている。ある感性的なものがある意味をふくみ、それを意識に直接表示するような関係を『シンボル〔による意味〕の含蓄』の関係と呼ぶとすれば、この含蓄という事態は、単なる再生的過程にも間接的な知的過程にも還元されえない。つまり、結局のところこうした事態は、それなくしてはわれわれにとって〈客観〉も〈主観〉も、〈対象〉の統一も〈自己〉の統一も成り立たないようなある自立的かつ自律的な規定が認められねばならないのである」(ebd. S. 271f.　邦訳上巻四五六―四五七頁。ただし括弧内翻訳者）とも述べている。カッシーラー本人は、『シンボル形式の哲学』のなかでは、このような人間の性質を、失語症の症状によって例証しているが、後にアメリカで刊行した『人間についてのエセー』のなかでは、この考え方をより砕いて説明しようとしている。カッシーラーは同書でヘレン・ケラーやローラ・ブリッジマン Laura Bridgman (1829-1889) が盲で聾かつ唖でありながら、はなはだ高い段階の精神発達や知的教養へと到達したことを「シンボルの含蓄」の最適の実例としてあげている。とはいえ、『シンボル形式の哲学』は、全般的にこうした事例的考察から人間のシンボル的思考の仕組みを看取するという方法をとっており、その哲学的な基礎付けという点からすると、論理的にいささか不十分で弱いというのでなければなるまい。このことは後述するように、当時からすでにハイデガーらによって指摘されており、カッシーラー本人の自覚するところでもあった。

(107) Heinz Paetzold, „Die symbolische Ordnung der Kultur: Ernst Cassirers Beitrag zu einer Theorie der Kurturwissenschaft", in *Ernst Cassirers Werk und Wirkung. Kultur und Philosiophie*, S. 169.

(108) Karl Otto Apel, *Transformation der Philosophie*, Bd. 2, Frankfurt am Main, 1973, S. 188f.

(109) *PhsF*, Bd. 3, S. XI.　邦訳上巻一三頁。カッシーラーは当初、第三巻の最終章にこの「対決」を置こうとしていたが、内容上の統一を考慮して別の機会にまわすことにしたと述べている。

(110) もともとは西南ドイツ学派の哲学者ヴィンデルバントの言葉。Wilhelm Windelband, *Präludien: Aufsätze und Reden zur Philosophie und ihre Geschichte*, Bd. 1, J. C. M. Mohr, 1921, S. IV.

(111) Gottfried Wilhelm Leibniz, "Nouveaux Essais sur l'eutendement humain, par l'auteur du système de l'harmonie Préétablie", in *Opera philosophica quae extant latina gallica germanica omnia*, Johann Eduard Erdmann (Hrsg), Berlin, 1840, S. 197.

(112) *ZM*, S. 229.

(113) カッシーラーは思想史上、このルネッサンスという時代を無視できない時期とみなして重要視していた。ドイツではヘーゲル以来、ルネッサンスをその文化的な華やかさとは対照的に思想的にあまりみるべきものがないとして軽視する傾向が強く、その思想史的側面については当時ほとんど注目されていなかった。ところが、カッシーラーは文化的発展には必ず思想的な革新が見出されるという確信から、逆にこの時代こそが真に創造的な時代になっているというのでなければならないと主張していたのである。そのような考え方からすると、ルネッサンスとは、古典古代への単なる回帰ではなく、人間や世界についてのシンボル的秩序のダイナミックな更新期としての性格を色濃くもっているはずの思想的モメントであった。ルネッサンスにおける文芸復興は、あらゆる人間的営みにおける発想の革新を促していたばかりでない。それは実にモデルネを構成するイデーの雛形のほぼすべてを準備するものになっているというのでなければならなかったのだ。ジャンバッティスタ・ヴィーコ Gianbattista Vico (1668-1744) による歴史意識の発見、ガリレイの自然科学と芸術における卓越した業績、ピコの占星術批判とヨハネス・ケプラー Johannes Kepler (1577-1630) による天体軌道の楕円運動の発見……これらの学術的成果によって、「人間はもはや万物〔宇宙〕の部分としてではなく、その眼、その鏡として現れる。しかも諸事物の像を外から写し取る鏡ではなく、むしろ自らのうちにそれを形成し産出する鏡として現れてくるのだ」(Ernst Cassirer, *Individuum und Kosmos in der Philosophie der Renaissance* in *Gesammelte Werke Hamburger Ausgabe*, Bd. 14, Felix Meiner Verlag, S. 107.　エルンスト・カッシーラー『個と宇宙——ルネッサンス精神史』、薗田坦訳、名古屋大学出版会、一九九一年、一一四頁。ただし括弧内翻訳者)。カッシーラーにとって、このルネッサンスこそがモデルネにとってのいわば「通過儀礼」にあたるものになっていたのである。Vgl. Paetzold, „Die symbolische Ordnung der Kultur", S. 166.

また、カッシーラーは当時としては大変先駆的にもルネッサンスの文化人たちを哲学者としてあつかい、中世的世界観に引導を渡したモデルネの哲学を数学者デカルトではなく枢機卿クザーヌスをもってはじまると考えていた。実際、カッシーラーは「ルネッサンスからカントまでの近代哲学」と銘打った講座を第一次世界大戦以前（一九〇七年）から亡命の前年（一九三二年）まで実に一〇回にわたっておこなっている。Krois, „Cassirer : Aufklärung und Geschichte", S. 134.

(114) カッシーラーはこれらの著作において、モデルネの思想的系譜を一種の人文主義的な理念の歩みという点で一致しているものとして描き出そうとしていた。そこでまず『個と宇宙』における人文主義思想の勃興を考察し、そのうえで『啓蒙主義の哲学』においてその理念が開花していく様子を描き出しているが、この哲学者によれば、両者は一七世紀イングランドのケンブリッジ学派によって結びつけられているはずのものであった。『イングランドにおけるプラトン・ルネッサンスとケンブリッジ学派』の冒頭、カッシーラーはこう述べている。「（以下の考察において）ケンブリッジ学派の思想的営為を、過去に遡っては、イタリア・イギリス＝ルネッサンスの哲学的な運動全体と結びつけ、未来にむかっては、一八世紀の精神史総体と結びつける縦糸を示すつもりである。このようにとらえたときに初めて、今日のわれわれにはなじめないばかりか、奇妙でさえあった彼らの思想的営為が決してたんなる文献的な骨董品などではなく、近代精神の生成過程における不可欠な要因、必要欠くべからざる前段階であったことが明らかになる」(Ernst Cassirer, *Die Platonische Renaissance in England und die Schule von Cambridge*, in *Gesammelte Werke Hamburgher Ausgabe* Bd. 14, S. 227.　エルンスト・カッシーラー『英国のプラトン・ルネッサンス』三井礼子訳、工作社、一九九三年、二八頁)。

(115) *PhdA*, S. XIII.　邦訳上巻一六頁。

(116) Ebd., S. X.　邦訳上巻一二頁。

(117) Ebd.　邦訳上巻一一頁。

(118) Ebd., S. XIV.　邦訳上巻一七頁。

(119) Ebd.

(120) その意味では、この著作は当初のタイトル案『啓蒙主義時代の理念史』(*Ideengeschichte der Aufklärungszeit*) の方がより本来の内容に近かったといえよう。カッシーラーの以上の見解からすれば、啓蒙主義とは実にこのような歴史記述においてのみ十全に説明しうるものだったのである。

(121) *PhdA*. S. XII. 邦訳上巻一四頁。
(122) Ebd. S. IX. 邦訳上巻一〇頁。
(123) Ebd. S. X. 邦訳上巻一二頁。
(124) Ebd. S. XI. 邦訳上巻一二頁。
(125) Ebd. S. X. 邦訳上巻一二頁。
(126) Ebd. S. XIII. 邦訳上巻一六頁。
(127) Ebd. S. XIV. 邦訳上巻一八頁。したがって、カッシーラーは啓蒙主義の学説内容そのものについては、必ずしも積極的な評価を与えようとしていたわけではない。むしろ意識的に一定の留保を設け、距離を置こうとしているかのような観すらあった。この点では、カッシーラーは啓蒙主義の理念の必要性を説きつつも、単純に一八世紀の啓蒙主義者たち——ヴォルテールやヴォルフ、メンデルスゾーンらの延長線上を走っていたわけではなかったし、無条件に彼らの弁護人を引き受けようとしていたわけではなかったといってよい。なるほどカッシーラーは彼らの知的努力を高く評価し敬意をあらわしているが、オプティミスティックな進歩信仰や普遍的構成の理性概念といったその教義の内容に全面的に共感を覚えていたとはいいがたい。この点、カッシーラーはあくまでも二〇世紀から啓蒙主義を眺めていたのであり、この種の主張が時代的な制約を免れていないということを認めないわけにはいかなかったのである。
(128) Ebd. S. XIII. 邦訳上巻一六頁。
(129) カッシーラーによれば、従来の啓蒙主義批判は、この哲学の教義内容にのみ着目し、それへの批判をもって啓蒙主義哲学全体の無価値を宣告してきたが、このような批判の在り方は一面的に過ぎるというのでなければならなかった。カッシーラーは、啓蒙主義哲学の真価を吟味し、正面から対決を挑もうとするならば、その前提として、この哲学の別の側面に議論の軸を設定し、その性質を明らかにする必要があろうとしていたのである。このような前提にしたがうならば、啓蒙主義は偏った批判によってみずからの哲学的意義が正当に評価されていないとの異議申立てをする権利を持っているということになろう。というのも、啓蒙主義はこれまでその教説によってのみ判断され批判されてしまい、その本来の意義がほぼ見過ごされてきたからだ。実際にカッシーラーは、啓蒙主義哲学をその学説ではなく思惟形式のあり方から注目してみせることによって、従来の啓蒙主義観そのものに根本的な再考を迫っていたのである。それゆえに、『啓蒙主義の哲学』は思想家一人ひとりの学説を次々と吟味していった『認識問題』の記述のスタイルとはまったく異なるスタイルをとることになった。この両者の記述上の相違の背後にある思想的な連関については、今後の研究課題としたい。

(130) *PhdA*, S. 3.　邦訳上巻二三頁。
(131) Ebd., S. 5.　邦訳上巻二七頁。
(132) Ebd.
(133) Ebd., S. 7.　邦訳上巻三〇頁。
(134) Ebd., S. XI.　邦訳上巻一二—一三頁。
(135) Ebd., S. 5.　邦訳上巻二六頁。
(136) Ebd., S. 12.　邦訳上巻三七頁。
(137) Ebd., S. 8.　邦訳上巻三一頁。
(138) Ebd., S. 12.　邦訳上巻三八頁。
(139) Ebd., S. 8.　邦訳上巻三一頁。
(140) Ebd., S. 22.　邦訳上巻五二頁。
(141) Ebd.
(142) Ebd., S. 21.　邦訳上巻五一頁。
(143) Ebd., S. 26.　邦訳上巻五七頁。
(144) Ebd., S. 28.　邦訳上巻六〇頁。
(145) Ebd., S. 30.　邦訳上巻六四頁。
(146) Ebd.
(147) 「充足理由の原理」とは、ライプニッツの唱えた原理で、十分な理由なくして事実はありえないし、真の判断は成立しないとする考え方のことを指す。つまり、推論の真理を保証する矛盾律に対して、事実の真理を保証する原理として提唱された。カッシーラーはこの原理から、ライプニッツが個々の総和としての世界ではなく、ひとつの全体における個々の連関を世界理解のための基本的原理に据えようとしていたとし、この原理こそがエルヴェシウス的な現実の平板化に抗しうるものとみなしていた。

Vgl. Gottlieb Wilhelm Leibniz, *Monadologie*, Suhrkamp Verlag, 1998, S. 27.

(148) *PhdA*, S. 34.　邦訳上巻六九頁。

(149) Stuart Hughes, *Consciousness and society: the reorientation of European social thought, 1890-1930*, New York, 1958, p. 27.　スチュアート・ヒューズ『意識と社会』生松敬三・荒川幾男訳、みすず書房、一九七〇年、二〇頁。

(150) *PhdA*, S. 36.　邦訳七三頁。このような啓蒙主義観は、必ずしも異論がないとはいえないかもしれないが、ここではその思想史上の妥当性のぜひはともかく、啓蒙主義の哲学が分析の論理学から「個別性」の論理学へ、さらにいえば「同一性の原理から無限性と連続性と調和の原理へ」の道を開いた思惟形式と位置づけられているところに注意しておきたい。

(151) Hughes, *op. cit.*, p. 27.　邦訳二〇頁。

(152) *PhdA*, S. 370.　邦訳下巻二四八頁。

(153) *PhsF*, Bd. 1, S. 68.　邦訳一二四頁。

(154) もっとも、カッシーラーがここでデカルトの心身二元論に対立するかたちでライプニッツのモナド論を重視していることからもわかるように、見方をかえれば、このようなパースペクティヴは、心身を相互的なものとすることによって——ということは、合理と非合理を相互的なものとすることによって——人間本性としての人間性という言葉を精神ばかりでなく身体の方向からも位置付けようとする思想的試みになっていたともいえよう。カッシーラーは『シンボル形式の哲学』の第一巻第一部の前半部分においても、シンボル的認識をデカルト批判とライプニッツ評価のうえに説明しており、こうした身体性重視への言及とおぼしき発想は、のちのメルロ＝ポンティの身体論へと結びつく可能性があるだけにきわめて興味深い。この点については、別稿を設けてさらに検討することにしたい。

(155) Hermann Noack, „Ernst Cassirer. Zur Würdigung seines Werkes anläßlich der 80. Wiederkeher seines Geburtstags am 28. Juli 1954“, in *Zeitschrift für philosophische Forschung*, Bd. VIII, 1954, S. 451.

(156) *PhdA*, S. XVf.　邦訳上巻一九—二〇頁。

(157) Hans Kelsen, *Vergeltung und Kausalität*, Hermann Böhlaus, 1982, S. 338. ハンス・ケルゼン「応報律と因果律」、長尾龍一訳、『神と国家——イデオロギー批判論集』(『ケルゼン選集』第七巻) 所収、木鐸社、一九七七年、一八八頁。

(158) Ebd., S. 340. 邦訳一九〇頁。

(159) Ebd., S. 339. 邦訳一八九—一九〇頁。もっとも、カッシーラーにいわせれば、ケルゼンのこのような見解は、問題を主観化してしまっているということになってこよう。後述するように、カッシーラーは自由という言葉を対象からの距離をとった思考のなかから生じるものとして位置づけ、この言葉を技術的思考と結びつけて理解している。つまり、ここでの議論は自由という言葉を機能的な意味において定位しようとするものになっていたのであり、そのような見方からすれば、ケルゼンの批判は問題を「不当にずらしたもの」というほかなかったのである。

(160) Martin Heidegger, „Ernst Cassirer: Philisophie der symbolischen Formen. 2. Teil: Das mythische Denken, Berlin, 1925", in *Gesamtausgabe*, Bd. 2, Vittorio Klostermann, 1998, S. 269.

(161) エルンスト・カッシーラー、マルティン・ハイデガー「カッシーラー対ハイデガー——ダヴォス討論　一九二九年」、岩尾龍太郎訳、『みすず』第三三六号所収、一九八八年、二七頁。カッシーラーとハイデガーの関係については、論点がきわめて多岐にわたることから別稿を要する。したがって、本書では意図的にほとんど取り上げていない。この両者をめぐる問題についての考察は今後の課題としたい。

(162) Martin Heidegger, „Sein und Zeit", in *Jahrbuch für Philosophie und phänomenologische Forschung*, Edmund Husserl (Hrsg), Halle, 1927, S. 51.　マルティン・ハイデガー『存在と時間』原佑・渡辺二郎訳、『世界の名著62　ハイデガー』所収、中央公論社、一九七一年、一三三頁。

(163) *ZM*, S. 53.

(164) Krios, „Cassirer: Aufklärung und Geschichte", S. 141.

(165) *PhdA*, S. 244.　邦訳下巻六五頁。

第二章　モデルネの功罪――シンボル形式の両面的価値

一

われわれの拠って立つ「モデルネ」(Neuzeit) の世界とは、いったいどのようなものなのか。また、そこにはどのような思想的な問題点が見出されるのであろうか。――社会や政治のありようを問うにあたって、これらの問いかけがモデルネの進展とともにますます切実な意味あいを帯びるようになっていることは広く認められているところであろう。のみならず、これらの問いかけには、これまでそれこそ数多くの思想家によってさまざまな見解が提示されてきたこともまた、周知の事実であるといえよう。たとえ政治や社会について直接言及しないとしても、モデルネのあり方を批判的に再検討し、その変革を要求しようとするものであるかぎり、たとえば、ジグムント・フロイト Sigmund Freud (1856-1939) の心理学説やワシリー・カンディンスキー Wassily Kandinsky (1866-1944) の絵画理論がそうであったように、それらの言説には多分に政治的な意味あいが含まれていた。そして、その点においては、哲学者エルンスト・カッシーラーの思索もまた、決して例外ではなかったといってよい。『シンボル形式の哲学』によってモデルネの思惟形式に「新たな始まり」をもたらそうとしたカッシーラーは、その成果をさらに「今・ここ」の世界としてのモデルネを分析するところへとむけているが、そこには明らかに現下の政治的状況に対する彼自身の強烈な危機意識が投影されていた。シンボル形式のパースペクティヴのもと、議論はここでモデルネの構造的性質を「技術」(Technik)というライト・モティーフのもとに把握して映し出してみせるとともに、そこからさらに「今・ここ」の世界にはらまれている抜き差しならない問題性を確認するところへとむかっていくことになる。この哲学者によれば、かかる取り組みこそは、政治や社会のあるべき姿について根本的な次元から検討するための準備作業となるはずのものだったのだ。

モデルネについて考察するにあたって技術のありように議論を集中させるというのは、いささか唐突であるかのようにおもわれるかもしれないが、技術がモデルネの主柱をなす合理主義的な精神のもっとも強力な担い手であるということを勘案するならば、このことはそれほど驚くにはあたるまい。カッシーラーによれば、モデルネにおける技術の存在感は、古代や中世の精神的世界における神話的思考や宗教的思考のそれに比肩しうるはずのものであった。神話や宗教がプレ・モデルネの人々の行動様式全般を徹底的に支配していたのと同様、技術はモデルネを生きる人々のほぼすべてを決定的に規定するモメントになっているのであり、その重要性や問題性はどれほど強調しても強調しきれないほど大きいというのでなければならなかったのである。実際、技術が現実的に与えている影響の大きさのほどからすると、むしろその存在を欠くモデルネ分析のほうが、よほど奇怪であるというのでなければならないであろう。カッシーラーの言を俟つまでもなく、技術は今や人間の日常生活のみならず、その思考様式をも非常に根深いところにまで立ち入って規定している。技術は「プラグマティックな」思想潮流、すなわち「『理論』と『実践』の伝統的関係を転倒させようと企て、理論的『真理』そのものを『有用であること』(Nutzen)の単なる特殊ケースに過ぎない」と断ずる「現代の認識理論の潮流」[1]の温床となったばかりではない。その影響は技術的な知に反抗しようとするエートスにも、「自分ではこれに対してもっとも強力に防戦しているつもりでも、まさにそのときにこそ、その影響をもっとも強く受けている」[2]とおもわせるところにまで及んでいるのだ。とするならば、「技術の分野から生じた諸問題が、抽象的な『哲学的』諸研究のうちにも入り込んできて、これに新たな目標と方向を指し示していることは間違いない」[3]というべきであろうし、思想的なコンテクストにおいてもまた、技術の存在はもはや等閑視しえないものになっているというほかあるまい。モデルネという時代の行方を思想的に読み解いて「今・ここ」のあり方を問い直そうとするに際して、技術の存在は、ことほどさように看過しえない――というより回避できない――問題になっているというのでなければならなかったのである。カッシーラーはいう。

人間の文化の個々の領域の重要性をはかる尺度が、まず第一にその領域の実際的な有効性（Wirksamkeit）に求められるとしたら、すなわち、その領域の価値が直接的成果の大きさに応じて決められるとしたら、現代文化の構築という点では、この尺度ではかれば、技術が第一位を獲得することはほとんど疑いようがない。この「技術の優位」（Primat der Technik）が、非難され、賞賛され、称揚され、あるいは弾劾されようと、技術の優位という純粋な事実は疑いようがないように思われる。現代文化を形成する諸力の全エネルギーは、ますますこの一点に集中しつつあるのである。技術に対するもっとも強力な反対勢力でさえ――内容やその目指すものからみて、技術からもっとも遠く隔たっている精神的能力でさえ――技術と結びつき、まさにこうして結びつくことで知らず知らずのうちに技術に屈服することによって、かろうじてみずからの仕事を完遂することができるようにみえる。今日、このような屈服を、現代文化が迎えることになる本当のゴール、したがってまた押しとどめようのない運命とみなす向きは多い[4]。

もっとも、このような見解は、ひとりカッシーラーの抱懐するところのものだったわけではない。それはむしろ、当時の知識人に広く共有されていた見解であった。技術の存在感が急速に高まりつつあった一九世紀末から二〇世紀のはじめにかけて、技術という存在にはらまれている問題性は、ヨーロッパの哲学をはじめあらゆる知的分野においてすでに、焦眉の急を告げる議論の的として大々的に取り扱われるようになっていたのである。ここでドイツにかぎっておもいつくままにあげてみても、カール・マルクス Karl Marx（1818-1883）、フリードリヒ・デッサウアー Friedrich Dessauer（1881-1863）、エミール・ハインリヒ・デュ・ボア・レーモン Emil Heinrich Du Bois-Reymond（1818-1896）、エルンスト・カップ Ernst Kapp（1808-1896）、マックス・ヴェーバー、ゲオルク・ジンメル、ヴァルター・ラーテナウ Walther Rathenau（1867-1922）、オスヴァルト・シュペングラー Oswald Spengler（1880-1936）、フリードリヒ・フォン・ゴットル＝オットリリエンフェルト Friedrich von Gottl-Ottlilienfeld（1868-1958）、ヴェルナー・ゾンバルト Werner Sombart（1863-1941）、ヴァルター・ベンヤミン、そしてマルティン・ハイデガーなど、錚々たる知の巨人たちがこの問題に取り組んでいる。技術に関する彼らの見解はそれぞれで、それこそ百家斉放とでもいうべき様相を呈しているが、[5]技術に関する思想的な取り組みをもとにみずからのモデルネ観を形成するという一点においては、彼らのスタンスはだいたいの一致をみていた。そして、その現状分析からさらに新たな思想的問題をくみとっていく作業をとおして、それぞれの思索を展開していったのであって、そう考えてみるならば、技術こそは現代ドイツ思想の行方を左右する重要なメルクマールのひとつになっていたといっても決して過言ではあるまい。物理的な次元ばかりでなく、精神的な次元においてもまた、技術の存在は看過しえないインパクトを放っていたのであり、それこそ「今・ここ」におけるわれわれのあり方をさまざまな角度から確認し検討するためのライト・モティーフであるかのごとき様相を呈するものになっていたのである。

それでは、「現代文化を形成する諸力の全エネルギー」がますます集中しつつあるこの技術の存在を、カッシーラーはどのようなものとして把握しようとしていたのか。そして、その延長線上に、どのようなモデルネ観を描き出してみせようとしていたのであろうか。また、かかるモデルネ観には、いったいどのような思想的な問題が内在しているといえるのであろうか。以下、本章では、これらの問いかけに応答する作業をとおして、モデルネという「今・ここ」の世界に対するカッシーラーの問題意識の所在を確認するために、『シンボル形式の哲学』以後の「オデュッセイの遍歴」における技術論の概要を考察していくことにしたい。まず、さしあたって、カッシーラーがドイツから亡命する三年前（一九三〇年）に刊行した論文「形式と技術」(„Form und Technik", 1930) に注目し、技術の担っている役割がそこできわめて肯定的に描き出されている様子を確認することによって、シンボル形式のパースペクティヴに映し出されたモデルネのポジティヴな側面についてみていくことにする（二）。ついで、最後の亡命先のアメリカで執筆された全体主義批判の書『国家の神話』(*The Myth of the State*, 1946) の特に第三部の議論に注目し、「形式と技術」とは反対に、技術が人間文化の破壊因子にほかならないものとして規定されていく様子をみていくとともに、モデルネのネガティヴな姿が強く示唆されている点について考察することにしよう（三）。そのうえで、技術に対するこうした相反する評価のうえに浮かび上がってくるモデルネ観を素描することによって、議論はさらにモデルネの構造的問題――シンボル形式の両面的価値という問題について指摘するところへとむかっていくことになるであろう（四）。そして、以上の議論において提示されるカッシーラーのモデルネ観の思想的意義について、最後にごく簡単に検討することにしたい（五）。

二

『シンボル形式の哲学』第三巻刊行の翌年、一九三〇年に上梓された論文「形式と技術」は、カッシーラーが技術について主題的に論じた唯一の言説であり、その点では、長きにわたる「オデュッセイの遍歴」のなかでも異色の存在であった。[6] もっとも、ピアニストにして政治家でもあったレオ・ケステンベルク Leo Kestenberg（1882-1962）編の論集『芸術と技術』（*Kunst und Technik*, 1930）の序論として収録されたこの論文は、当時のドイツの知的エートスからすれば、技術の存在をポジティヴにとらえようとするその内容の面においてまた、異彩を放つものになっていたといってよい。「哲学の国」ドイツにおいて一九世紀末からさかんになった技術をめぐる議論においては、当時すでに、技術の存在を肯定的に捉えようとする第一次世界大戦以前のトレンドがすっかり影を潜めるようになっていた。それどころか、このころになると、技術に対する批判的な態度、ひいてはモデルネに対する攻撃的な論調がますます幅を利かせるようになっていたのである。[7] といっても、カッシーラーはここで、何もアンチ・モデルネ的な思潮に対するポレミカルな反論に主眼を置こうとしていたわけではないし、かといって、技術やモデルネのありようを無条件に肯定し賛美しようとしていたわけでも決してない。カッシーラーその人が明言しているように、その議論の照準は、技術をめぐるこれまでの議論に容喙して屋上屋を架するところにではなく、かかる既存の議論全般に異議を申し立てようとするところにむけられていた。そして、シンボル形式のパースペクティヴという独自の思想的地平のもとに技術の姿を提示してみせることによって、技術をめぐる議論のあり方そのものに「新たな始まり」をもたらそうとしていたのである。それでは、「形式と技術」のカッシーラーはこのような問題意識のもと、どのような技術論を展開しようとしていたのであろうか。以下、その様子をごく簡単に確認するとともに、そこに映し出されるであろうモデルネの姿をみていくことにしよう。

「形式と技術」の議論をはじめるにあたって、カッシーラーは技術をめぐるこれまでの思想的反省の不備と問題点を列挙し、それらに対する強烈な不満を表明している。昨今の技術論を顧みるに、「技術についての本来の認識、すなわち技術の精神的『本質』の洞察」[8] にまで迫る論説が、いったいどれほど見受けられるといえるのであろうか。こうした真に迫った技術論は、「技術に対する最近の擁護のうちにも、技術に対して向けられる攻撃や告発のうちにも、これまでのところほとんど見出すことができない」[9]というのではないだろうか。――この哲学者からすれば、技術を擁護するにせよ、告発するにせよ、これまでの思想的考察は、その大半が技術の「意味や権限、根拠や妥当性」を問うかわりに、せいぜい「技術がどのような価値を持ちうるのか」を問うにとどまっているというのでなければならなかった。そして、そこでは、技術それじたいとは本来関係しないはずの判断基準が技術に対して一方的に押しつけられていると指摘せざるをえなかったのである。技術についてのそのようなまなざしは、技術の妥当性なり有用性なりを、人間の文化的生活に対するプラグマティックな、あるいは倫理的なメリットとデメリットの総和によって判定しているにすぎない。カッシーラーのみるところ、これまでの技術論のほとんどは――モデルネに対する「最初の真の批判者」[10]たるかのジャン・ジャック・ルソー Jean Jacques Rousseau (1712-1778) でさえも――こうして「文化の内実（Kulturgehalt）についての問い」を「文化の成果（Leistung der Kultur）についての問い」[11]にすり替えてしまっているというのでなければならなかった。このことからもわかるように、技術に関するこれまでの議論の多くは、技術の本質を哲学的に探究することなく、いきなりその価値判断へとむかってしまっているところに看過しえないきわめて重大な陥穽があるのであって、そうである以上、まずはこの状況を確認するところから議論をはじめようとするのでなければならなかったのだ。

技術に関する議論がこのようなかたちで表面的な打算の次元にとどまるかぎり、技術の性質やその問題点を正確に理解することなど望むべくもないというほかあるまい。カッシーラーはこのような状態から脱却するために、技術とは何かという技術の「妥当性の根拠」を問うところ、技術の「権利についての問い」(quid juris)[12]にまで立ち返って考えるよう提案している。それによると、そもそも「技術についての真の判断は技術そのもの、つまり技術に内在する法則についての洞察からはじめて獲得することができる」[13]はずのものであった。そして、技術について省察するというのであれば、その価値や妥当性について判断する前に、まずはその本質を見究めようとするところに議論の重心を置いて考える必要があるというのでなければならなかったのである。技術の価値を問うことそれじたいは、なるほど哲学に課せられた重要な使命のひとつではあるが、その一方で、そもそも「哲学の知的良心は、事柄の本質を突きとめる以前に、それをその固有の原理から理解する以前に、判決を下すことを哲学に禁じている[14]」のであって、われわれは片時もこのマキシムを等閑に付してはならないのだ。「技術の哲学」なるものを考えようとするのであるならば、われわれは、まさにかの「文化の内実」と「文化の成果」についての問い、すなわち意味の問題と価値の問題とをつねに峻別するところから議論を開始するよう求められているというのでなければならない。技術の「存在問題や権利問題[15]」は、技術の「固有の原理」を見究めたうえではじめて取り上げられうるのであり、それゆえ、「『存在』(Sein)と『相‐在』(So-Sein)〔様相〕を規定すること、すなわち技術の本質を見抜いてみせることが、技術の価値に関する判断に先行するのでなければならない[16]」のである。

　では、この「技術の本質」なるものは、どのようなかたちで見出されうるというのであろうか。カッシーラーは、技術を思想的に読み解くには、「哲学は——理論的認識や言語や芸術の『可能性の制約』を問うのと同様に——技術的活動や技術的形態化の『可能性の制約』を問うのでなければならない[17]」と述べている。見方をかえれば、それはつまり、技術についての問いを技術の製造物についての問いに転化したり、もっぱら自然科学のコンテクストにおいてのみ理解しようとするかのようなやり方では、議論としてはきわめて不十分であるということを言外に主張しているにひとしい。技術のあり方について問いただそうとするのであるならば、議論はまず、人間の文化的営みにおける技術的活動の形式に注目し、そこにみられる法則性を認識しようとするのでなければならなかった。そして、そうすることによって、技術を人間の精神生活を広く規定する形式の概念、あるいは機能的な法則性として理解するところへとむかっていく必要があるというのでなければならなかったのだ。「技術の世界が解明され、その秘密がさらけ出される発端となるのは、われわれが……形成された形式（forma formata）から形成する形式（forma formans）へ、生成してしまったものから、生成の原理へとさかのぼるときなのである」[18]。かかる「生成に即した（genetische）定義[19]」からすると、技術とは、端的にいって、工学者マックス・フォン・アイト Max von Eyth（1836-1906）がその著書『諸々の活力――技術の領域からの七つの論考』（*Lebendige Kräfte. Sieben Verträge aus dem Gebiete der Technik*, 1905）のなかで述べているとおり、「人間の意欲に物の形式を与える」ためのものとして規定されることになるであろう。カッシーラーはいう。

このような（アイトの）発言から明らかになるのは、技術の基礎と本質に関する現代の思索は、技術を単に「応用自然科学」とみなすということには、したがって技術を、何らかの仕方で自然科学的思考が用いる概念やカテゴリーに結びつけて捉えるということには、もはや満足できないということである。求められているのは、精神生活全体に対する技術の関係、すなわち精神生活の全体性と普遍性に対する技術の関係なのである。だが、この関係は、自然科学の存在の概念ではなくむしろ技術の形式の概念を中核に据え、この概念の根拠と起源、この概念の内容と意味に立ち返って考えることによって、はじめて見出されかつ確認されるのである。というのは、形式の概念においてこそ精神的なものの広がりがはじめて本来のかたちでわれわれに開示され、その範囲と地平とが規定されるからである。技術の制作物という現実的存在から出発するのではなく、むしろ技術的活動の形式から出発して、単なる生産物から生産活動の様態や様式、そのなかで明らかになる法則性をふりかえるならば、それによって、さもなくば技術につきもののようにおもわれる、あの偏狭性と限定性及び断片性が技術から取り除かれることになるであろう。技術は、その産出物において、あるいはそれと関連して、直接的ではないとしても、少なくともその課題と問題構制によって、技術固有の意味と本来の精神的傾向をはじめて規定することのできる、真に包括的な問題圏域に組み込まれるのである。[20]

このような主張からすれば、カッシーラーが技術を人間精神の自発的な形態化作用によって生み出された意味＝シンボル形式とみなしていることはもはや明らかであろう。シンボル形式のパースペクティヴからすると、技術もまた神話や言語と同じく世界理解のひとつの次元であり、「精神的なものの広がり」を開示し、その地平と範囲を画定するための枠組みにほかならないのである。といっても、「外に向かって姿をあらわし、外に身をさらす当のものではなく、現出（Äußerung）そのものの様式と方向、この現出が示すことになる形態化の衝動やその過程にある」[21]ものである以上、技術は人間の文化的営みのなかで特定の形状へと結実するシンボル形式ではない。それはシンボル形式を形成する人間の精神的エネルギーに形式を付与する役割を果たすのであり、その点では身体（シンボル的含蓄）と同じく人間がアプリオリに所有している根本的な形式、いわばシンボル形式のシンボル形式とでも呼べそうなものになっているのだ。かつてヴィルヘルム・フォン・フンボルト Wilhelm von Humboldt（1767-1835）が、その草稿「人間言語の構造の差異と人間の性の精神的発展への影響について」（„Über die Verschiedenheit des menschlichen Sprachbaues und ihren Einfluß auf die geistige Entwicklung des Menschengeschlechts", 1830-1835）のなかで、言語を「現実をわがものとするための手段」（Mittel der Beschreibung der äußeren Wirklichkeit）[22]とし、世界理解のための根源的形式たるものとみなしていたように[23]、カッシーラーにとっては、技術とは、言語が「理解」（Begreifen）した現実を「活動という方法」によって「把握」（Erfassen）するための媒介としてはたらくものにほかならなかった。もう少し具体的にいえば、それは外的現実にシンボル形式を付与する人間精神の一般的能力のことを指しているのであって[24]、その意味においては、文字どおり「世界を形式へと高める行為」であり、「正真正銘の世界創造行為」[25]たるべきものだったのである。

このような視座からすると、技術が人間に与える「真の、より深い成果」とは、単に技術がもたらす物質的財にとどまらない。それはむしろ、「『形式』の獲得」が人間の生活におよぼすインパクトのほど、「すなわち活動の拡張が同時に活動の質的な意味を変え、それによって世界を見る新たな可能性を作り出すという事実にある」[26]というのでなければならないのであって、人間の思考や生活を質的に変化させるという、より精神的な次元にこそあるというのでなければならなくなってこよう。カッシーラーによれば、こうした「意味—転換」の性質は、技術を「呪術」(Magie)と対比させることによって、よりはっきりとさせることができるはずのものであった。つまり、それは呪術や神話のもとに世界を理解してきた人間が、「予言人」(homo divinans)としての段階をみずから越え出て、客観的な「因果性」(Kausalität)にもとづく世界理解を旨とする「工作人」(homo faber)——ベンジャミン・フランクリン Benjamin Franklin (1706-1790) のいう「道具を作る動物」(a tool-making-animal)[27]として登場するようになるプロセス、いいかえれば、人間の意識が混沌とした神話的印象の世界を抜け出して道具の発明と使用を促す技術的思考を獲得するに至るプロセスのうちに読み取りうるものだったのである。以下、その要点を、歴史上このプロセスの中点に位置していたフランシス・ベーコン Francis Bacon (1561-1626) のふたつのマキシムをもとにまとめてみよう。

「自然はこれにしたがうことなくして征服されない」(natura non vincitur nisi parendo)[28]。

技術は人間を「自然」＝法則世界へと服従させることによってはじめて世界を対象化し、文字どおりザッハリッヒな観察への道を切り開いてくれる。カッシーラーによれば、技術はその点で呪術とはまったく性質を異にする存在であった。なるほど、呪術もまた、技術と同様、世界を形態化する人間精神のあらわれであり、「存在の世界」に「意志の世界」を対置して「ただ事物の印象や事物の単なる『所与性』に身を任せこれに服するのではなく、世界を自分から生み出す[29]」という役割を担っている。ところが、神秘的な儀式を執り行うことによって——ということは、つまり自我の願望を現実の世界に一方的に押しつけることによって——世界を自由自在に操縦しうるとする時点で、呪術は技術とは決定的に異なるはたらきをしているのである。呪術的思考においては、「経験可能な現実は依然として現実が置かれている秩序や規則からみられることなく、現実固有の形式を隠蔽する単なる願望の夢のうちにすっかり包み込まれる」[30]が、技術的思考はこうした願望の力のいっさいを否定するところから出発するものになっているといっても決して過言ではあるまい。それはもはや、「魔法をかけるといった手段を駆使して現実を意のままにしようとするのではなく、現実を独立した独自の『構造体』(Gefüge) であると考えている」[31]。つまり、「放置しておく」(stehen zu lassen) とともに「捕捉する」(ergreifen) という二重のプロセスを経て、自我と世界を引き離し、そうすることによって、文字どおり世界を客体化し対象化して理解しようとするものになっているのだ。こうしてはじめて「自我と世界の新たな意味が捉えられ……現実存在固有の、出来事固有の意味が浮かび上がり、現実がコスモスとして、秩序と形式として浮かび上がってくる」[32]ことになるであろう。そして、人間は自身がこの自然の秩序に「ある」(sein) と認識するとき、「現実が置かれている秩序や規則」[33]をとおして、自然という外的世界を利用し「征服」するための第一歩を踏み出すことになるのだ。

「知識と力は合一する」(ipsa scientia potentia est)[34]。

自然の発見と征服とを促すことによって、技術は世界における人間の位置を変えるばかりでなく、その意識にも決定的な「新たな始まり」をもたらす。「形式と技術」によると、この精神的なインパクトは、人間が技術的思考に促されて道具を作成し使用するようになるプロセスのうちに読み取ることができるのだという。まず、道具を作成し使用することによって、人間は「直接与えられる感官の刺激を受けて行動するのではなく、空間的に不在のものや時間的に離れたものに目標を定めるという可能性を基礎付ける」[35]ことを覚え、眼前にないものを「予―見」(Voraus-Sicht) するようになる。[36]また、それをとおして、人間はすべての事象が因果律に支配されているということ、「単にそれだけで存立しているわけではなく、それが他の存在に及ぼす作用によってはじめて本当の意味で現実的なものとなる」[37]

ということを認識するようになるのだ[38]。人間はそこでは「もはや世界をその軌道から外そうとはしないで、自然の鉄則にしたがっている。しかしだからといって、この法則それじたいは、人間をいわば牢獄の壁で包囲しているわけではない」のである。その際、人間は神話的な世界理解を脱して「自然の法則を利用することによって新しい自由を獲得し、この自由を確かめる[39]」のであって、このことからもわかるように、技術的な知の蓄積は人間が道具を自由に利用して世界を構成する主体的な担い手としての自己意識を確立するよう促し、自身の生の可能性を自由に切りひらいていくための強力な指標になっているのだ。それはつまり、人間に「自分自身の本質をみる見方しだいに築き上げていく[40]」ことを教え、人間による「新しい世界支配」を促す決定的な「力」(potentia) として作用している。「人間は何事かを経験したり教授したりするときは、いつでも創造的になっている。これは人間本性の内奥の特性である。それどころか、これこそ人間の本性そのものであるといっても言い過ぎではない[41]」というゲーテのマキシムは、実にかかる「力」のうえに立つものにほかならないのだ。

このような見地からすれば、技術を人間の「根源的本質および根源的自己感情からの人間の疎外 (Entfremdung)[42]」とする技術批判は、端的にいって、的はずれな議論を展開しているというのでなければならなくなってこよう。周知のように、技術を人間と有機的自然との結びつきを断ち切るもの、人間の生を自然法則に一方的に隷属させるものとする見方は[43]、技術の存在感が増すにつれて、さまざまなヴァリエーションをとって登場してきたが、カッシーラーのみるところ、そのような見方はそもそもその問題の取り上げ方からしてすでに支持しがたいというほかなかった。たとえば、ジンメルのように、生の哲学の立場から、技術を人間の根源的生の衰退の元凶、人間の陶冶（主体の文化）と相容れない「現代文化の悲劇[44]」の元凶と断じて痛烈に批判するかのようなやり方は、議論にかなりの飛躍と決めつけがあると指摘せざるをえないものだったのである。技術がシンボル形式のひとつであり、人間精神の自発的な形態化作用の産物である以上、その役割の是非は人間の生などという曖昧な概念によってではなく、「この点でも文化発展全般を支配するより一般的な規範にしたがって[45]」決定されるのでなければならない[46]。つまり、技術のあり方の是非を問うということは、文化を形成する人間精神のあり方をトータルに問い直すということ、すなわち「人間そのものへの問い、人間の意味と『使命』に関する問い[47]」にむかいあうということにストレートに結びついているのであって、ジンメルが想定していたのとはまったく別の次元の問題になっているというのでなければならないのだ。「したがって、技術は、少なくとも技術に対して起こされた訴えを、誤った法廷で審理させないということだけは要求できる。……技術に適用される法則は、精神的な形式世界全体から取り出されるのであって、単なる生命の領域からではないのである[48]」。

以上の議論からもうかがえるように、技術はそれじたい技術批判が高唱するかのようなもの――人間を自然から隔離して両者の結びつきを断ち切ってしまうかのような類のものでは決してない。それはむしろ、人間に外的世界を客観的形式として提示してみせるモメントになっているのであり、そのようなはたらきをとおして、人間の内的世界を変革し、人間と自然の関係を「新たな意味で相互に規定[49]」するものになっているのだ。その点では、技術は、かつてフリードリヒ・フォン・シラー Friedrich von Schiller（1759-1805）のいう芸術が「人間になる」ための道とされていたのと同様[50]、人間の内なる自然を開示することによって、人間を人間たらしめるものになっているのである。その際、技術はなるほど「自然を頼みとしない新たな秩序、自然と意識的に対立した状態で見出されることも珍しくないような新たな秩序を打ち立て[51]」ようとするものになっているとはいえるかもしれない。しかしながら、マルクスが「有機体的な限界からの解放[52]」と呼んだこうした事態もまた、仔細に検討するならば、自然と人間の関係を規定し直して人間の「自己―認識」に「新たな始まり」をもたらすものとして作用していることに気づかされよう。それどころか、先述のとおり、技術は「現実的なもの」のなかから「可能的なもの」を見出し、前者を後者へと改変する能力を人間に付与することによって、自然法則という「必然的なものの領域のまっただなかにいて、必然的なものを見る見方を変えずに自由な可能性の圏域を発見する」[53]よう人間に教えているのである。このことからもわかるように、技術は人間に自然法則に服従するよう求めるばかりでなく、「浅はかで衝動的な幸福の欲望」を断念したうえで目標を設定する「禁欲の法則」を要求することによって、一見したところ、人間の自発性を打ち砕くかのようにしてあらわれるようにおもわれるかもしれないが、長いスパンでみれば、かかる要求もまた、実際には人間の生のさらなる充実と深化を促す原動力になっているのだ。[54]そう考えてみるならば、技術とは、人間と自然との関係に「新たな始まり」をもたらすことによって、人間の活動の余地をさらに拡大してみせるもの、カッシーラー自身の表現によれば、人間の文化的な自己解放のために欠かすことのできない「乗り物」になっているといえよう。その効用を否定して呪術的世界観のもとにとどまろうとするのでもないかぎり、技術は人間にとって自由のいわば保証人とでもいうべき存在になっているのである。

それでは、技術が人間に付与する自由とは、いったいどういうものなのか。それはただ単に人間に活動の余地を広げるという次元のものにとどまっているのであろうか。あるいは、何らかの倫理的内容を含むものになっているのであろうか。ルソー以来、この問いかけに対してはたびたびネガティヴな見解が示されてきたし、それらの見解に対しては、「形式と技術」のカッシーラーもまた、必ずしも否定的ではない。ラーテナウのいうように、[55]「技術の鏡で捉えた時代の姿」が「一方に労働のまったくの無味乾燥と機械化そして過酷な苦役、他方にとめどもない権力意志と支配意志、抑制し難い野心と馬鹿げた商品渇望」[56]を生じているということは、この哲学者にとってもまた、覆い隠しようのない事実であるというほかなかった。技術の約束する自由によって、人間が自身の欲望を際限なく肥大化させて「欲望のための欲望」を拡大再生産し続ける「ダナイスの桶」[57]のごとき世界を作り上げるようになり、かかる放埒な欲望を正当化する快楽主義の倫理的マキシムが人間の思考や行動を規定するようになってしまっていることは、よほどの強弁でもしないかぎり否定しようのない周知の事実であるというのでなければならなかったのである。もっとも、こうした批判的見解は、その矛先が「帰結や影響力といった技術の外面的現象の範囲にとどまるかぎり、ひっこめられる余地はまったくない」[58]としても、カッシーラーのみるところ、その責任のすべてが技術に帰せられるのかということになるといささか話が変わってくるという。それによると、ラーテナウのいう「現代技術文化の欠陥と疾患」なるものは、「この文化そのものからではなく、むしろ一定の経済形態や経済秩序と文化の結合」のうちにそのルーツが求められるはずのものであった。そうである以上、「技術の精神」それじたいが現代の「『技術文化』の重苦しい内部疾患」[59]の必然的要因になっているとする見方は、結局のところ、退けられるのでなければならないとされていたのである。[60]それどころか、カッシーラーはこのような見方とはむしろ逆に、技術のうちに現代人の目を人間性へとむけさせるべき「隠れた倫理的意義」[61]が、消極的な意味にとどまっているにせよ、存在していると主張していた。そして、技術が人間にもたらす自由のうちにもまた、みるべき倫理的価値が包含されていることを認めようとしていたのだ。カッシーラーはいう。

技術は自分から、また自己の圏域から直接的倫理的価値を作り出すことはできないにしても、そうであればあるだけ、倫理的価値と技術固有の方向や心術とのあいだには、疎外や矛盾対立は存在しないのである。というのは、技術は「奉仕の思想」の支配下にあり、最終的には全体は一人のために、一人は全体のためにはたらくという労働の連帯性という思想の支配下にあるからである。技術は真に自由な意志共同体が成立する前であっても、技術的労働に従事しているすべての人々のあいだに、ある種の運命共同体を作り出している。したがって、当然のことながら、「従順さを介しての自由」(Freiheit durch Dienstbarkeit) という思想は、技術的労働と技術的文化の暗黙の意味であるということができるのである。この思想は、本当に結果を生み出すためのものであるならば、みずからの暗黙の意味をますます明示的な意味に変える必要があるし、技術的創作活動のなかで起こることは、その基本的方向からこれを認識するなり理解するなりして、精神的・倫理的意識へと高める必要があることはいうまでもない。それへ高められてゆく程度に応じて、はじめて技術は単に自然の猛威の征服者としてばかりでなく、人類そのもののうちにある混沌とした諸力の征服者であることが明らかになるであろう。今日よく非難される技術の欠陥と弱点は、つまるところすべて、技術がこれまでのところみずからのこの最高の使命を果たしていないということ、それどころか、どうやらほとんどまだこの使命を認識していないということに起因しているのである。[62]

技術はその性質上、何らかの「目標の成就に参加することができるし、また、参加するべきであるとしても、目標をみずから立てることはできない」[63]のであって、決して自己目的化されることはない。そのかわりに、技術は人間の活動の余地を広げるとともに、各人に「協働」(Mitarbeit) を促し「労働の連帯性」(Solidarität der Arbeit) を醸成することによって、人間の活動に倫理的なモメントを付与しようとするものになっているのだ。カッシーラーはまさにこの点に――連帯をとおしての自由というシェーマのうちに、技術による自由の倫理的モメントを見出そうとしていた。そして、そのモメントが人間の「精神的・倫理的意識」を刺激するはたらきをしているということこそが、各人の人格形成と道徳意識の深化を促進するうえでの看過しえない力になっていると考えていたのである。このようにしてみれば、技術はそれじたい積極的に倫理的価値を社会全体に構築するほどのアクティヴな能力をもちえないとはいえ、現実の形式を明らかにして人間に新たな可能性としての活動の余地を切り拓いてみせるという本来の使命へと立ちかえるよう軌道修正するための規範的言説に出会うことによって、[64]その倫理的なモティーフを活かしうる可能性を蔵した存在になっているといえよう。そして、「そのときはじめて、『技術』と『形式』との真の関係が築かれ、形式を形成するもっとも深みのある技術の力が実証されることになるであろう」[65]し、「技術はともかくやっと指揮官ではなく奉仕者となることができる」[66]であろう。技術による人間の自己解放とは、その意味においては、倫理的性格を人間の生にもたらすものになっているとともに、それじたいつねにかかる倫理的性格を呼び起こすきっかけになっているはずのものになっているのである。

それでは、「技術」と「形式」とを結びつける倫理的言説とは、いったいどういうものなのか。また、技術はそこで「奉仕者」としてさらに具体的に何ほどのことをなしうるというのであろうか。技術に内在する倫理的モティーフを実際の倫理的行動へとつなげるための「労働意欲なり労働に対する本当の心術なりを育てるという目標」[67]とは、どのようなシェーマのもとに実践されうるものになっているのであろうか。「形式と技術」はこれらの課題を提起するところでその議論を閉じており、その具体的な方策についてはほとんど何も語っていない。そこにこの技術論のある種のナイーヴさや不十分さを指摘することはたやすいが、ここではカッシーラーが技術の存在を希望と期待の念をもって描き出そうとしているところ、何より技術をかかる希望と期待の源泉にほかならないものとして描き出そうとしているところに注目しておきたい。技術を取り巻く現実がこうした希望や期待を実感させるような理想的状況からほど遠いということを自覚しつつも、この哲学者は技術を人間精神の自発的な形態化作用の根本に位置する根源的形式のひとつとして規定することによって、人間をいつであれ、かかる将来への希望と期待に開かれている存在として描き出そうとしていた。のみならず、その延長線上で、技術を支柱とするモデルネをも——もちろん、多くの問題をはらむものにはなっているが——人間に明るい将来への見通しを語りうる道半ばのプロジェクトたるものとし、人間文化の倫理的側面になおも「新たな始まり」をもたらす可能性を十分に秘めているものとして理解しようとしていたのだ。カッシーラーによれば、モデルネの理念は実にそのような意味において、もっと肯定的に評価されてよいはずのものであった。そして、そのようなパースペクティヴのもと、モデルネの前途にさらなる望みをつなぎ、その必要性を訴えようとしていたのである。

三

「形式と技術」のカッシーラーは、現代の技術文化の病的状況にもかかわらず、技術の存在そのものに対しては肯定的な理解を示そうとしていたし、どこか淡い期待のようなものを抱いていた。ところが、技術に対するこうした期待の念は、一九三三年一月三〇日を境にして急速にゆらぎはじめる。この日、ライヒ大統領パウル・フォン・ヒンデンブルク Paul von Hindenburg（1847-1934）が国民社会主義ドイツ労働者党（ＮＳＤＡＰ、いわゆるナチス）の指導者アードルフ・ヒトラー Adolf Hitler（1889-1945）をライヒ宰相に任命したことは、この点では、途轍もなく重たい決定的な意味をもっていた。そして、その後の成り行き――ナチス支配の浸透によるドイツの全体主義国家化、他国への侵略と第二次世界大戦の開戦、そしてユダヤ人の大量虐殺を目の当たりにするに及んで、このユダヤ系ドイツ人はいよいよ技術がはらむネガティヴで危険な性格を看過しえなくなってしまったのである。ドイツを早々に脱出し、その後半生をナチス・ドイツに対する知的対決に捧げたカッシーラーが亡命の途上でものした全体主義批判の書『国家の神話』においては、こうして「形式と技術」のオプティミスティックなエートスはすっかり影を潜め、以下に述べるように、かわりに技術とモデルネに対する否定的でペシミスティックなトーンが全体の論調を支配することになる。技術はここでもはや人間の文化的解放の旗手として描き出されることはない。それはむしろ人間文化の破壊者とされるであろうし、そのうえに立つモデルネもまた、人類にあらゆる災いをもたらすパンドラの箱のごときものとして語られることになるであろう。それでは、かかる厳しい政治的現実に直面することによって、カッシーラーは技術やモデルネのうちにどのような問題を見出すようになっていたのであろうか。以下、『国家の神話』を中心とする全体主義国家分析をとおして、その問題性について考察していくことにしよう。

『国家の神話』において、カッシーラーはさしあたり全体主義国家を技術の知と対照をなすもの——「工作人」としての人間をふたたび「予言人」へと逆戻りさせようとするかのごときものとして描き出そうとしている。ナチス・ドイツの姿を注視してみたとき、何よりこの哲学者の目を引いたのは、そのきわめて非合理的で野蛮な性格であった。アーリア人至上主義と反ユダヤ主義のような狂信的な政治信条といい、「指導者」(Führer) 原理に貫かれたその強権的な政治手段といい、ナチスによるいわゆる「第三帝国」は、一見したところ、「技術の世紀」たる二〇世紀に登場したとはおもえないほど、前近代的な要素に満ち溢れているようにおもわれた。カッシーラーはそこで、ナチスのイデオローグたるアルフレート・ローゼンベルク Alfred Rosenberg (1883-1946) の著作『二〇世紀の神話』(*Der Mythus des zwanzigsten Jahrhunderts*, 1930) を念頭におきつつ、現今の全体主義国家を神話的存在、国民社会主義（いわゆるナチズム）のイデオロギーを政治的神話 (political myth) にほかならないものとして規定しようとしている。そして、二〇世紀の政治的神話という「ある意味では、精神的および社会的生活に関する従来の一切の観念を逆転さすようにみえた、この新しい現象[68]」が、現代の政治的地平に突如としてあらわれ、合理的思考に対するつかの間の激しい闘争ののちに決定的な勝利を収めるに至ったと考えていた。[69] この地平において、「現代の人間は、その知的生活の発展のなかで学びとった一切のものを忘れ去ったかにみえ、彼は人間文化の最初の未開の段階へひき戻されようとしている。ここにおいて、合理的・科学的思惟は、あからさまにその挫折を告白し、もっとも危険な自分の敵にたいして屈服している[70]」のである。

そう考えることによって、カッシーラーは、ドイツにおけるこの「あからさまな、しかも荘重な神話の即位[71]」の直接の原因を第一次世界大戦後の政治的で経済的な混乱によるものとしてこと足れりとする皮相な、しかし当時としてはきわめて一般的であった議論に対して根本的な疑義をさしはさんでいる。ドイツ国民の矜持を踏みにじったヴェルサイユ体制に対する不満、世界恐慌による倒産と失業者の爆発的な増加、そしてそれに伴う生活苦、にもかかわらず有効な手段を何ひとつ講じられない共和国政府に対する苛立ち、反共和政派による暴力とテロリズムの日常化……ヴァイマール共和政末期のカオス的状況は、たしかに政治的神話を培うには、これ以上にないというほど理想的な土壌を提供するものになっていた。とするならば、ドイツ社会の極度の不安定化が、一九三三年一月三〇日のナチスの政権獲得という破局のはじまりの合図となったことは、ほぼまちがいないといっても差し支えあるまい。しかしだからといって、このような困難な状況がそのまま政治的神話の跳梁跋扈を許し、破局の引き金を引く決定的なモメントになっていたかとなると、議論はまた別であるというべきであろう。ナチスの台頭が意味するものをより深い次元で理解しようとするのであるならば、議論はかかる非合理な神話的思考の出現を必然ならしめた条件の真相にまで肉薄するのでなければならない。全体主義国家について考察しようとするものは、その成立を可能にした政治的、社会的条件を下支えする心理的、思想的淵源にまでさかのぼって検討するのでなければならないのであって、カッシーラーによれば、とりわけナチス・ドイツの場合は、他の全体主義的な政治体制以上にこのような考察が切実に求められているというのでなければならなかったのだ(72)。

そのような視点のもと、『国家の神話』のカッシーラーは、全体主義国家ドイツの姿を単なる政治的問題としてではなく、より包括的な人間的問題として考究しようとしている。事実、このことは、議論の冒頭、神話的思惟形式の説明にかなりの分量を費やすとともに、全体主義国家の特徴について説明するに際して、文化人類学者ブロニスラフ・マリノフスキ Bronislaw Kasper Malinowski (1884-1942) の学説を引き合いに出して考えようとしていることからもうかがい知られよう。カッシーラーはここでマリノフスキの『信仰と道徳の基礎』(*The Foundations of Faith and Morals*, 1936) によりながら、「人間が異常な、危険な状況に直面しなければならないときに、神話はそのまったき支配力をもつにいたる(73)」と述べ、「正規の手段」による対処が困難な立場に追い込まれた際の現代人の絶望感、すなわち自分自身の思考原理に対する不信と破綻こそが政治的神話を可能ならしめたと考えている。あらゆる手段を尽くしても危機的な状況が何ら改善の兆しすらみせないとき、そして、それらの手段の有為性が深い懐疑へと突き落とされるとき、人間はもはや自身の能力を信じようとはしなくなるであろうし、信じられなくなってしまうであろう。「このような状況に対処するあらゆる合理的手段は使い果たされたようにおもわれた。あらゆる手段は投げ出されなければならなかった。それらは無駄で役立たないと宣言されたのである」[74]。その結果、神話的思考という「われわれの通常の推論や論証の仕方の全面的な否定と逆転のうちに成り立つもの」[75]が日常的な思惟形式や理性的な思考方法にとってかわることになる。合理的な思惟形式はこうして非合理な神話的世界の前に屈服し溶解してしまうことになるのだ。

カッシーラーはいう。

永年の間トロブリアンド諸島の原住民のなかで生活し、その神話的表象や呪術的儀式を徹底的に分析したマリノフスキは、くりかえし、この点を主張した。彼が指摘しているように、原始社会においてさえ、呪術の使用は特殊な活動分野に限られている。比較的単純な技術的手段で処理しうるような場合には、すべて呪術に頼らないのである。それは、ただ人間の生来の能力ではまったく手に負えないようにみえる課題に直面する場合にのみ、現れてくる。……何ら特別の異常な努力や、特別の勇気とか忍耐を要さないような仕事の場合には、すべて呪術や神話がまったく見られない。しかし、もし企図されたことが危険で、その結果が不確かな場合には、つねに、高度に発達した呪術や、これに関連して神話があらわれるのである。この原始社会における呪術や神話の役割について述べられていることは、人間の政治的生活の高度に発達した段階にたいしても、そのまま妥当する。(原文改行)絶望的な状況においては、人間はつねに絶望的な手段に訴えるであろう。――そして現代の政治的神話は、まさにそうした絶望的手段であった。理性がわれわれを見捨てた場合には、つねに残されているのは最終手段（ultima ratio）、すなわち奇蹟的な、神秘的なものの力である。[76]

この「絶望的」な状況において、人間はふたたび神秘的儀式をとおして自己の願望を現実に押し付けようとする呪術的思考の虜となって、困難な現実を何とかしのごうとするようになる。フランスのイスラーム研究家エドモン・ドゥテ Edmond Doutte（1867-1926）のいうように、人々はその際、おのれの集団的願望を人格化して「具体的、可塑的、個性的な形態」をもつ神々やデーモンを作り出し、それに自分の運命を委ねるようになっていくのだ。政治のコンテクストにおいては、この「人格化された集団的願望」（le désir collectif personifié）[77]は、人々を導く強力な指導者を求める叫びとなるであろう。そして、そこに登場する指導者は、自身の思考原理への不信感から、自分で思考し判断するかわりに他者に依存しようとする心理に陥った人々によって熱狂的に受け入れられるであろうし、もっと具体的にいえば、「現代の指導または独裁の観念」[78]こそが危機的状況を打開するための「最終手段」とみなされるようになってこよう。実際に「民族およびライヒの危機」からの脱却を約束したナチスの指導者らがドイツ国民の熱狂的な支持を獲得したように、人々は「自由に対する感覚そのものを抑圧し、破壊するが、同時にまた、人々を一切の個人的責任から解放する」[79]指導者のもとに殺到するのである。この決定的な一歩によって「今・ここ」の日常的な世界が失われ、政治的神話にもとづく神話的世界が姿をあらわす。そこではもはや、法や正義のような社会的絆は雲散霧消し、指導者の神話的な権力と権威のみが唯一の真理として残されることになるのだ。――「総統の意志こそ至高の法なり」[80]（The Leader's will is supreme law）。

これはいったいどういうことなのか。エーリヒ・フロム Erich Seligmann Fromm（1900-1980）の「自由からの逃走」のテーゼをおもわせるこの現象を理解するためのファクターとして、カッシーラーはさしあたって「神話」（Mythos）の存在をあげている。第一章にみたとおり、この哲学者によると、神話とは、人間の原始的な情動に端を発して所与の現実に一定の解釈を与えるものであり[81]、フリードリヒ・フォン・シェリング Friedrich Wilhelm Joseph von Schelling（1775-1854）のようなロマン主義者たちがきわめて重要視していたように、人間の文化的活動の出発点になっているという意味においては、「人間的本性の本質的な部分[82]」を占めているシンボル形式であった。また、神話は、「人間の文化と活動のあらゆる領域、すなわち言語、宗教、詩作そして芸術のうちに……つねに止揚されたモメント (aufgehobene Momente) として現前している[83]」のであって、すでに「止揚」すなわち克服され日常的な影響力を失ってしまっているにもかかわらず、それでも「なお、人間文化のもっとも進歩した段階のうちにも場所を占めている[84]」というのでなければならないものだったのである。「神話は文明における最古のもっとも偉大な力のひとつ[85]」として、人間文化の根底に根を張っている「永続的なエレメント」にほかならないのであって、その空想的で非合理的で矛盾に満ちた内容にもかかわらず、どれだけ抑えつけようとしても決して空無化されない不死身の意味形式になっているのだ。そう考えてみるならば、人間精神が何らかの衝動に駆られて神話的な世界観に回帰していくとしても、また、現代の政治的思惟のうちに神話的なパースペクティヴが今なお命脈を保っているとしても、それはそれでまったく考えられないことではないであろう。人間の精神およびそのうえに立つ人間の文化は、いついかなるときであれ、神話の影響力を免れえないし、その非合理的性質に対してつねにある種の親和性をもっているのである。

とはいうものの、カッシーラーのいうように、「このようなプリミティヴな形式がこともあろうに甦生させられ、現代の政治生活のなかでひとつの決定的な役割を演ずるようになったのは、われわれの確固たる理論的確信とおよそ相容れない事実[86]」であるといわざるをえまい。科学的認識が爆発的な進歩を遂げ、技術による自然の「征服」が日々新たな勝利を収めているにもかかわらず、人間の政治的生活において合理的思惟が完全な敗北を喫しているというのはいったいどういうことなのか。たとえ神話的言説が人間文化の根底で「一種の《社会的呪術》にたいする信仰[87]」となって生き残っているといっても、モデルネのあらゆる思考原理をあたかも一気に転倒させるかのような勢いをもってあらわれた現代の政治的神話の猛威は、神話についてのこのようなごくごく一般的な情報によって説明されうるほど単純なものではない。そもそもドイツ国民のように「文明化された一大民族」が抵抗らしい抵抗を示すことなく、むしろすすんで「未開社会でなら可能で事足りたのと同じような、きわめて単純で初歩的な原理[88]」へと身を委ねてしまったというのは、いかにも不条理で不可解といわざるをえないであろう。カッシーラーのみるところ、ナチスのような現代の政治的神話がその効力を最大限に発揮し、あらゆる抵抗を打ち破って人々のうえに君臨するに至るプロセスを解明するには、単に神話の存在にのみ注目するばかりではいかにも不十分というほかなかった。全体主義国家の実現を可能なものにする条件を探るためには、神話的思考とはまったく別のファクターが介在しているというのでなければならなかったのだ。

そうである以上、ナチズムをいくつかの思想的要素に分解し、その一つひとつを断罪してみたところで、全体主義国家をトータルに理解し批判することには決してならない。全体主義思想の思想的系譜を過去にさかのぼって告発したとしても、そのような取り組みは――たとえば、カール・ポッパー Karl Raimund Popper（1902-1994）の『開かれた社会とその敵』（*The open society and its enemies*, 1945）やルカーチ・ジョルジュ Szegedi Lukács György Bernát（1885-1971）の『理性の破壊』（*Die Zerstörung der Vernunft*, 1954）などが思い浮かべられようが――結局のところ、一面的なものにしかなりえないのだ[89]。『国家の神話』のなかで、カッシーラーはドイツの全体主義化への道を準備したものとして、イギリスの歴史家トーマス・カーライル Thomas Carlyle（1795-1881）の英雄崇拝、フランスの人種理論家アルチュール・ド・ゴビノー Arthur Comte de Gobineau（1816-1882）の人種理論、近代国家の正当性を理念的に弁証したドイツの哲学者ゲオルク・ヴィルヘルム・フリードリヒ・ヘーゲル Georg Wilhelm Friedrich Hegel（1770-1831）の国家崇拝のテーゼをあげているが、これらの言説にナチズム出現の責任を負わせることには一貫して否定的な見解を示している[90]。それによると、これらの類の言説はそもそも歴史上すでに何度もくりかえされてきたし、全体主義のように特殊二〇世紀的なイデオロギーの様態を十全に説明しうるほど目新しいものではなかった。[91] にもかかわらず、それらの言説を全体主義台頭の決定的要因とするならば、そのような主張は結論にあわせて恣意的に情報を操作するという「先決問題要求の虚偽」(petitio principii) を犯しているというのでなければならなかったのである。「古い思想」を強力な政治的武器に変えるためには、それ以上に何ものかが必要であった。それらは、以前とは違った聴衆が理解しうるように調整されなければならなかった。この目的のために、新しい道具——思考の道具のみならず、行動の道具が要求され、新しい技術が発達させられねばならなかった[92]」のである。

この言葉からもわかるように、カッシーラーは「古い思想」よりも「新しい技術」の方に、すなわち思想的な内容というよりもむしろその内容の利用の仕方の方に、政治的神話の勝利を確実とする決定的要因が見出されるのでなければならないとしていた。そして、ほかならぬ技術的思考——現代の科学技術こそが、この「新しい技術」の登場を可能にする決定的なファクターになっていると考えていたのである。といっても、技術と神話がおよそ相容れない性質をしているということを勘案するならば、技術が政治的神話を現代人に強制するためのいわば「アルキメデスの点」になっているとする『国家の神話』の説明は、にわかには受け入れがたいものがあるかもしれない。しかしながら、「現代の政治的《現実主義者》」たるナチスの指導者たちのとった実際の行動様式に注目してみるならば、こうした説明はあながち荒唐無稽な絵空事として片づけてしまってよいかのような類のものとはみなせなくなってこよう。周知のように、ヒトラーや「プロパガンダの天才」としてのその右腕となったパウル・ヨーゼフ・ゲッベルス Paul Joseph Goebbels (1897-1945) をはじめとするナチス指導部は、ドイツ国民の集団願望を組織して政治運動化するための「支配の技術」を駆使することに余念がなかった。彼らはメディアが作り出すイメージを重視し、イメージをフルに活用した効果的なプロパガンダ活動を探求するなど、非合理的な教説を広く流布するために系統的な準備を怠らず、徹底的に効率化された計画を立てていた。「われわれの現代の政治的神話の作者となり、これらの神話を創造した人々は、決して『未開』ではなかった。まさにその反対である。彼らはきわめて有能な、またきわめて冷静な打算家であった[93]。彼らは神秘的な教義を説く「魔術人」(homo magus) であると同時に、合理的計算に長けた「工作人」として行動する。現代の政治的神話とは、実にこのような二〇世紀の「司祭」たちの手になるものだったのであって、その意味において、未曾有のものであり、まったき現代的なものだったのである。

したがって、ここに登場する政治的神話は、シェリングが称揚した本来の意味での神話とはまったく性質を異にしている。後者が人間の自由な想像力の「深みから湧出する生き生きとした豊かな奔流[94]」であり、先述のとおり、人間文化の根底でさまざまなシンボル形式を生成する能産的な文化的形式であったとするならば、前者にはもはやそのような性質は何ひとつ残されていない。それはほの暗い神秘的な力によって練り上げられたものでなければ、いわゆる民族精神のうちに自然と育まれてきたものでもない。「この新しい政治的神話は、ひとりでに生育したものでもないし、また豊かな想像力の野生の果実でもない。それは非常に老練で巧妙な技師によって作り出された人口品にほかならないのである[95]」。そして、この「人口品」は、ある特定の政治的目的を満たすためだけに生成され利用されるべき一種の道具でしかなかったのであって、政治的指導者たちの意向にしたがって設計され作成される道具でしかない。それはつまり、「政治という大いなる実験室のなかで製造される人工的合成物[96]」にほかならず、通常の物質的軍備に勝るとも劣らない強力な精神的武器として政治のコンテクストに投入されることによって、人間の政治生活に「新たな始まり」をもたらすことになったのだ。カッシーラーはいう。

神話は無意識的な社会的行動の産物である、とこれまでつねに説明されてきた。ところが、ここでは、人々はきわめて慎重に、「計画に沿って」行動した。彼らは自分たちの進む道を熟知し、その一歩一歩に注意を怠らなかった。このときから、神話はもはや思いのままに自由に生育することは許されなかった。新しい政治的神話は、溢れ出る想像力の素朴な果実では決してなかった。それは、きわめて巧妙で狡猾な職人たちの手によって作り出された人工品であった。大まかに言って、今やわれわれの目の前に見られるのは、完全に合理的な神話のひとつの新しいタイプ（a new type of a completely rationalized myth）であると言ってよいだろう。二〇世紀は、歴史上先例のない神話的思考の技術を開発したのである。神話はそれ以来、機関銃や飛行機を製造するのと同じ意味で、また同じ方法によって考察され、製造されるものになった。そして、それらは同じ目的のために、つまり対内的および対外的な戦争のために用いられた。このようなことはまさに未曾有のことであり、この事実こそがわれわれの現代の政治生活を一変してしまったのである。(97)

カッシーラーはこうして全体主義国家ドイツを、モデルネの技術的思考と人間精神の根底にくすぶっている神話的思考との「短絡的な融合(98)」によって生じた政治体制にほかならないものとして定義している。英雄崇拝、人種理論、国家崇拝など、ナチスの政治的イデオロギーを内容のうえで先導した神話的言説は、「神話の技術」を獲得することによってはじめて現実政治のコンテクストにおける可能性を獲得した。現代の政治的神話は、技術的な合理性を徹底して追求することによって、不条理で非合理的な世界を寸分の狂いもなく実現させせようとする。一瞥したところ、それはにわかには信じがたい現象であるかのようにおもわれるが、神話というシンボル形式を純粋に技術的思考の製作物にしてしまい、そのうえで神話の新しいタイプを作り上げてしまったという意味においては、すぐれて現代的な現象だったのであり、この哲学者からすれば、それこそ、「人類史上最大のパラドックス(99)」としかいいようのない事実だったのである。(100)

では、この「神話の技術」は、いかにしてその真価を発揮したのか。かの神話的社会は具体的にどのような方法のもとに作り上げられていったのであろうか。その決定的な第一歩として、カッシーラーは日常言語の神話化をあげている。それによると、政治的神話はそもそも論理的あるいは客観的に語られることを拒否するのだという。たとえ疑似科学的であったとしても、決して科学的にはなりえないものであるがゆえに、その内容を国民全体に広く伝播させるようにするためには、それはまず第一に言語そのものから論理的性質を可能な限り除去してしまう必要があった。「神話の技術」はそこで、言語のもつ記述的機能と情緒的機能――前者が客観的に「もろもろの対象もしくは対象の諸関係を記述する(101)」意味論的な機能であるのに対して、後者は人間の感情を表現する呪術的な機能をも持ちあわせているものとされる――のうち、もっぱら後者にのみ力点をおいた言語使用を促進しようとするものになっていたのである。たとえば、日常言語の音節や語尾などを微妙に変化させることによって、「神話の技術」は記述的で論理的な言葉に「深刻な語義変化」をおよぼし(102)、それを「ある効果を引き起こし、ある情動をかき立てることを目的とした呪術的言語として(103)」作りかえていくことになる。くわえて、おびただしい数の新語を次々と鋳造し広く流布させることによって、日常の言語空間そのものをもっぱら神話的な情動をかきたてるための場へと変容させていくことになるのだ。「一単語、あるいは単語のなかの一音節の変化すらも、しばしば、この目的に十分役立った。われわれがこれらの新しい言葉を耳にすれば、それらのうちに、人間の情動の全域――憎悪、怒り、憤怒、驕慢、侮蔑、傲慢あるいは軽蔑を感じとるであろう(104)」。「神話の技術」はこうした「ほんのわずかな、しかも取るに足らないような手段」によって、社会全体を政治的神話のエートスに満たされた世界へと作り変え、それによってドイツ社会を個々人の内面から強制的に「画一化」(Gleichshaltung) するための足がかりをえていたのである。

といっても、このような巧妙な言語操作だけが「神話の技術」のすべてではない。なるほど言語の神話化は人間の思考様式そのものの神話化にダイレクトに結びついているという意味においては、相当な威力を発揮することになるが、人間の日常生活をトータルに神話化してみせるためには、さらに新しい呪術的な儀式を導入するのでなければならないのである。カッシーラーのみるところ、ここでもナチスの指導者たちは卓抜した才能を遺憾なく発揮していた。

政治が人間を集団的規模で組織化しようとするものである以上、政治的行動には何であれ一種の儀礼的な性質が伴うが、「全体主義国家においては、政治的生活と無関係な私的領域はまったく存在しないので、人間生活の全面に、突如おびただしい新たな儀式が氾濫することになる」[105]のだ。そこでは、階級、性別、世代ごとに固有のさまざまな儀式が考案され、それらの儀式は原始社会さながらの粗野で暴力的な規則性と有無もいわせぬ強制力をもって各人に課せられる。その結果、誰ひとりとして――年端もいかない子どもですら――かかる政治的儀式をおこなわずして、街頭を歩いたりあいさつしたりすることすらできない社会が出現することになるのだ。たとえば、公衆の面前で右手をあげてハイル・ヒトラーと唱和するいわゆる「ドイツ式あいさつ」をしなかったものは、それだけであらぬ疑いをかけられてしまうであろう。定められた儀式をおろそかにするということは、単なる怠慢の罪とみなされるばかりではない。それは総統およびライヒの尊厳に対する「大逆罪」(crimen laesae majestatis)[106]以外の何ものでもないのであって、この「大逆罪」に問われた人間は、その存在じたいがこの神話的社会から徹底的に排除されるのでなければならなくなってしまうのである。

こうした新しい儀礼の効果は絶大であった。「同一の儀式をたえず、一斉に、一本調子に遂行することより以上に、容易に、われわれの能動的な力、判断力や批判的な識別能力をすべて眠らせ、そしてわれわれの人格意識や個人的な責任感を取り払ってしまうものはない[107]」。その毒牙にかかった人々は自由な人格を有する主体的な行為者たることをやめ、一定の儀式のもとで同じように感じ、思考し、行為するようになる。そうしたいわば個と人格の喪失によって、各人は最終的に体制に順応する「全体への奉仕者」とされ、民族という「同質的全体、神秘的一体(orpus mysticum)[108]」へと解消されてしまう。そうなってしまえば、畢竟「神秘的一体」としての民族のみが独立した主体とみなされるようになるであろうし、かかる民族の意志はもっぱら政治的神話のもとに神格化されたただ一人の指導者、すなわち総統によってのみ語られるということになるであろう。ドイツはこうしてナチス・イデオロギーが国民を心身ともに強力に支配する「千年王国」(millennium)[109]たるむねが宣告され、この「同質的全体、神秘的一体」への障害をなすユダヤ人に対する「死の戦い——すなわちユダヤ人の完全な殲滅をもってはじめて終息しうるような、生死をかけた闘争[110]」を戦い抜くことが民族の至高の使命として宣言されることになるのである。その際、もはや「特別な一国民と一民族の千年王国[111]」を構成する人々のあいだでこの使命をめぐって疑義が生じることはない。その内面までも神話化されてしまった人々は自身の環境を疑おうとはしないし、そのすべてを当然のこととして受け容れる以外の反応を示しえなくなってしまうであろう。今や「彼らは外部からの力によって動かされ、人形芝居のマリオネットのように行動するばかりであり、「この芝居や、さらに人間の個人的、社会的生活全体のさまざまの糸が、これ以後、政治的指導者たちによってあやつられるのだということを知りさえもしないのだ[112]」。

カッシーラーはまさしくこのような支配の形態のうちに、二〇世紀の政治的神話と古代や中世における抑圧的な政治体制との決定的な差異をみてとろうとしている。ルキウス・アンナエウス・セネカ Lucius Annaeus Seneca (? -65) が、かつて暴君ネロ Nero Claudius Caesar Augustus Germanicus (37-68) の宮廷にあって、意志の自律と賢人の独立のための思想を構想していたように、全体主義以前の政治的抑圧は、人間の内面にまで立ち入って人格的自由の領域を無遠慮に蹂躙するほどの威力を持ちえなかった[113]。ところが、二〇世紀の「神話の技術」は、人間の思考を内面からラディカルに変革し、その行動のいっさいを徹底的にコントロールすることによって、これまでにない政治的勝利を収めるに至ったのである。いうなれば、それはつまり、人間から人間としての資格を奪い去ったうえで人間を支配する体制を作り上げようとするものになっていたのであり、その意味では、まさに支配の可能性を究極的な次元まで探求しようとするものになっていたといえよう。ほかならぬこのような性質において、カッシーラーによると、現代の政治的神話はその反対者たちの想像をはるかに越えるものになっていたという。それゆえ、「ナチズムの反対者たちは、その戦闘がはじまる以前からすでに勝利の見込みを失っていた[114]」。政治的神話の勢力が急速に伸張して状況が危機的なところにまで陥ってしまったちょうどそのとき、すべてはもはや手遅れになってしまっていたというほかなかったのである。彼はいう。

政治生活においては、強制や抑圧の方法はつねに使用されてきた。しかし多くの場合、この方法は、外的な効果を狙うものであった。きわめて凶暴な専制体制ですら、人々にある特定の規律を押しつけることで満足していた。それは人々の感情や判断、さらに思考にまで介入することはなかった。たしかに、巨大な宗教闘争においては、人間は行動のみでなく、その意識をも支配するために、きわめて激しい努力が重ねられた。しかし、この試みは挫折せざるをえなかった。それは、宗教的自由を求める感情を強めるにすぎなかったのである。さて、現代の政治的神話は、まったく異なった仕方で事をはじめた。それはある特定の行動を要求したり、または禁止したりすることからははじめなかった。それは人々の行動を規制し、統制しえんがために、それらの人々を変革しようと企てたのであった。政治的神話は、丁度蛇がその獲物に攻撃を加えるまえに、それを麻痺させるのと同じように行動した。人々は何ら真剣な抵抗をすることなしに、その犠牲者となった。彼らは実際に起こったことを自覚するまえに、すでに征服され、服従させられていた。(115)

以上の内容を踏まえて考えてみるならば、カッシーラーが全体主義国家について検討するに際して「古い思想」よりも「新しい技術」を重視していたことの理由はもはや明らかであろう。この哲学者の確信するところによれば、ナチスの第三帝国は、その思想的側面からすればそれほど目新しい内容を包含していたわけではなかったし、その威力はこうした既存の神話的要素に起因していたわけでは決してなかった。むしろそれらの諸要素を独自のやり方で糾合して政治的神話を作り出し、抵抗らしい抵抗を許すことなく神話的世界を現実のものとした「神話の技術」こそ、全体主義国家の勝利を決定づける原動力だったのであり、この政治体制を人間文化に対する深刻な脅威たらしめた最大のファクターだったのである。「二〇世紀の神話を培う土壌は、ずっと以前から準備されてきていたが、しかし、新しい技術的な手段を巧みに使用しなければ、それは実を結ぶことができなかった[116]」のであって、「神話の技術」の看過しえない危険な性質は、その目標とするところが何であったのかを振り返ってみるならば、すぐさま明らかになってこよう。すでにみたように、「神話の技術」は、全体主義国家の形成をとおして、何も過去の神話的世界に回帰してみせようとするかのごときものだったわけでは決してない。それはただ単に人間精神の退行現象を促すというよりもむしろその徹底的な殲滅を志向していたのであり、かかる神話的な願望を実現するための方法論をファナティカルなまでに追求し発展させようとしていたところにその真の恐ろしさがあるというのでなければならなかったのだ。「神話の技術」の手になる全体主義国家とは、その意味では、まったき「技術の世紀」たる二〇世紀の産物だったのであり、その比類なき破壊力はつまるところ加工された野蛮の産物であった。カッシーラーと同じく、全体主義国家との思想的対決を余儀なくされていたアドルノのいうように、「文明への叛逆としてのファシズムとは、決して単なる原始的なものの再現に留まらず、文明の中で文明によってなされる原始的なものの再生産なのである[117]」。

『国家の神話』のカッシーラーは、こうして技術のうちに「形式と技術」のなかで認めていたのとはまったく正反対の性質を認めざるをえなくなってしまった。もっとも、技術それじたいは価値中立的なものであり、その存在が全体主義国家の出現を必然ならしめたわけではもちろんない。したがって、われわれは少なくとも技術を「誤った法廷」に立たせるわけにはいかない――技術にナチスの台頭と全体主義国家出現の責任のすべてを負わせるわけにはいかないというべきではあろう。とはいうものの、技術の存在が人間文化そのものの存続を危機的状況に貶めてしまう政治体制をはじめて可能にするものになってしまったという事実は、途轍もなく重い。技術が「形式と技術」において表明されていた人間の自己解放のための乗り物としての性格をみずから決定的に否定してしまうものになっているということ、それどころか、逆に人間から人間としての資格を奪うことによって人間文化の行方に大きな影を落とす危険因子になってしまっているということは、ナチス・ドイツの現実をとおして、もはや疑いようのないものになってしまった。その危険な性格は、かつてラーテナウが認めていた以上に深刻かつ強大だったのであり、「形式と技術」が主張していた技術に対する希望と期待によって補いうるかのようなものではもはやなかったのである。技術に対するかかる懐疑のまなざしが、必然的に技術によって支えられたモデルネそのものにまでむけられるであろうことはいうまでもあるまい。カッシーラーにとって、モデルネという時代は、もはや無邪気に称賛しうるかのような類のものではなくなってしまっていた。それはむしろ、人間文化を破局の道へと追い込んでしまいかねないすべての災いの元凶であるかのようにおもわれるようになってしまったのである。

四

一九三〇年に上梓された論文「形式と技術」において、カッシーラーは技術を人間の文化的な自己解放への道を開くものとして理解しようとしていた。ところが、一九四六年に刊行された著作『国家の神話』においては、その技術は逆に人間文化を破局へと追いやる危険因子にほかならないものとみなされるようになってしまった。解放者にして破壊者、モデルネの担い手にして現代の政治的神話の立役者……カッシーラーが技術のうちに見出していたこのヤーヌスの相貌は、シンボル形式という文化的媒体が両義的な意味をもつものであるとともに、両面的な価値を示しうるものになっているということを如実に示しているばかりでなく、人間文化の宿命的な性格の一端をわれわれの眼前に映し出すことになる。そして、シンボル形式のこのような性格は、そのうえでさらにモデルネに内在する構造的問題をも指し示すことになるであろう。それでは、以上の議論のもとにして、カッシーラーはモデルネという現象あるいは時代をどのようなものとして特徴づけようとしていたのであろうか。また、そのモデルネ観は、現代のわれわれにどのような思想的問題を提起するものになっているといえるのであろうか。これらの問題をより明確にするために、ここでは、さしあたって以上において明らかになったシンボル形式のもつアンビヴァレントな性質についてごく簡単に整理するところからはじめることにしよう。

カッシーラーは技術のうちに解放と抑圧という二つの相反する性格がともに内包されているのを認めようとしていたが、シンボル形式のパースペクティヴからすれば、技術にかぎらずおよそシンボル形式と呼ばれるものは、その性質上、もともとこうした相反するモメントをあわせもっているはずのものであった。第一章にみたとおり、シンボル形式とは、人間精神の自発的な形態化エネルギーによって現実のさまざまな局面で作り出される「像＝世界」すなわち人間的意味にほかならない。それこそは人間が現実を把握するための必要不可欠な媒介であり、この媒介をとおしてのみ人間は世界を認識し、それに参画することができるのである。とするならば、シンボル形式とは、人間に不断に活動の余地を与えるものになっているといえようし、その意味では、文字どおり人間の文化的な自己解放のための乗り物になっているといえよう。ところが、現実の局面にかかる人間的な意味を付与するということは、それじたい現実のあらわれを内容上ひとつの枠組みに限定するということ、ひいてはその枠組みを固定化して異なった見方を排除してしまうということをも意味している。のみならず、ひとたび固定化された意味は、人間の自由な想像力をさまざまな場面においてきびしく制限し抑圧する力として作用することにもなるのだ。たとえば、現実の神話的思考が――ルソーが夢想したような牧歌的な「未開人の生活と自然状態」[118]とはまったく正反対に――人間の生活のほぼすべてを伝統的因習のもとにがんじがらめに規定し、そこからの逸脱を決して許さない精神的桎梏をかたちづくるものになってしまっていたように、意味を規定するということは、どのような程度のものであれ、必ず人間の活動を制限し制約するということにむすびついている。意味の担い手でありつづけるかぎり、シンボル形式はそもそもそうしたアンビヴァレントな性質を内包しているのであって、大げさないい方をすれば、いついかなるときであれヤーヌスの相貌をしたものになっているのである。

といっても、生成の側面からみれば、シンボル形式はくりかえし解釈されなおしていくうちにつねにみずからを超え出ていく性質をしているのであり、たえまない発展分化のもとにその内容的側面を深化させようとするものになっている。つまり、シンボル形式は特定の意味内容を画定することによって人間を解放し抑制するというアンビヴァレントな性質をもちつつも、人間に意味解釈のための余地を不断に残しているのであって、解釈という作業をとおしてつねにみずからを作り替えていくものになっているのである。『シンボル形式の哲学』の第二巻で活写されているように、たとえば、人間精神の混沌とした原初状態をはじめて形式化した神話的思考が、しだいに自分自身の法則性に対する懐疑ゆえに「神話的像＝世界からの離脱」をはかり、そこからさらに自身の世界観を否定してやまない宗教的思考を生成するところへと立ち至るといった具合に、シンボル形式は「その進行とともに、おのれのうちからつねに新たな形象……を生み出していく[119]」性質を持っている。そして、そのような弁証法的なプロセスこそが、多種多様なシンボル形式を生み出す下地をなし、人間文化にさらなる「新たな始まり」を切り開いてみせる原動力になっているのである。シンボル形式はそもそもこのようなかたちをとりながら人間文化を発展させるための必要不可欠な役割を果たしているのであって、そのアンビヴァレントな性質は、このことを勘案するならば、必ずしもネガティヴなトーンのもとに把握されるべきものではないということになってこよう。シンボル形式はこうして解放的かつ抑制的であることによってはじめて、人間の文化的営みにおいて、その分に応じた役割を果たすことができるものになっているのである。

とはいえ、技術が現代のわれわれに投げかけている問題は、シンボル形式についてのこうした一般的な説明の範疇に収まりうるかのような次元の話ではないようにおもわれる。実際、その特殊な性質は、ナチス・ドイツという全体主義国家が、右のようなシンボル形式の弁証法的な発展分化のプロセスとは相容れない性質のものになっているということからも容易にうかがい知られよう。いわゆる「第三帝国」の思想と行動は、既存の政治思想や政治体制をトータルに否定し、ナチス的な表現によれば、時代遅れで無責任な政治のあり方そのものをラディカルに克服し、そのうえに新たな秩序を構成しようとするものであるかぎり、少なくとも表面上は、たしかに弁証法的であった。ところが、全体主義国家のこの否定は、単に既存のシンボル形式――より具体的にいえば、西欧的なリベラリズムやデモクラシーの思想を徹底的に排除し、それらの理念をバックボーンとするヴァイマール共和政を打倒するところにとどまりうるものだったわけでは決してない。すでにみたように、人間の内面をも支配しようと企てることによって、ナチス・ドイツは人間の自由な想像力を根底から破壊し尽くしてしまおうとしていたのであって、この点で明らかに他の文化的現象とは一線を画する存在になっていた。つまり、一般的な意味におけるシンボル形式の発展分化における否定が、実際にはさらなる人間文化の発展＝流動化を促すモメントとして作用していたのに対して、全体主義国家によるそれは、既存の政治体制や政治思想を払拭することに飽き足らず、人間のあり方をその内面にまで踏み込んで徹底的に変革することによって、文化という人間の生のコンテクストそのものを根底から掘り崩してしまおうとするものになっていたのである。全体主義国家の登場とは、まさしくそうした意味において前代未聞というのでなければならなかったのであり[120]、カッシーラーにいわせれば、シンボル形式のアンビヴァレントな性質が単に人間の行動を抑制し束縛するのみならず、文化の自壊とでもいうべき悪夢を導出するに至ったきわめて深刻な現象であった。それは明らかに人間文化をこれまでのような弁証法的な発展の軌道から逸れたまったく異質な次元へとリードするモメントとして作用する危険をはらんでいたのである。

そう考えてみるならば、かかる「新たな始まり」のための道をひらいた決定的なモメントとしての技術とは、シンボル形式に内在するヤーヌスの相貌のごとき性質をそれこそ極端なまでに先鋭化するものになっていたといえよう。すでにみたように、技術は呪術のような非合理的な思考を徹底的に排除することによって、人間を神話的世界観から解放し──あまつさえ、倫理的なモメントをも内包したものとして──あらゆる分野において実り多い文化的成果をもたらした。ところが、そうすることによって、技術はかえって新しい種類の神話を可能としてしまい[121]、自身がもたらした成果を皮肉にもみずからの手で一つひとつ摘み取ってしまったばかりでなく、人間の文化的営みを重大な危機的状態に陥れるという看過しえない重大な結果を招来することになってしまったのだ。カッシーラーによれば、まさにこの事実こそ、技術を原動力とするモデルネという時代の特徴を端的に告げているはずのものであった。そして、そうであるがゆえに、この時代をきわめて深刻な問題をはらんでいる危険な時代としてスケッチしようとしていたのである。「技術の世紀」たる二〇世紀において、人間はとうとう自己解放と自己破壊というふたつの相反するモメントが切実かつ切迫した意味を帯びて登場する状況にみずからを置くようになってしまった。この時代になってはじめて、シンボル形式は人間文化そのものを根底から覆して破壊しかねないほどのラディカルな性質を帯びたものとしてわれわれの眼前に立ちあらわれることになったのである。

カッシーラーがそこで技術とならんで警戒していたのが、全体主義国家を招来せしめたもうひとつのモメントとしての神話的思考の存在であった。神話的思考と技術的思考の「融合」が全体主義国家という文明の野蛮を現出させる原因になってしまっている以上、モデルネは神話的思考に対してこれまで以上にセンシティヴになる必要に迫られるようになっているというのでなければならなかったのだ。とはいえ、神話的思考と対峙するということは言葉でいうほど容易なことではない。その性質上、神話的思考は「合理的な論証を受けつけないし、三段論法によって論駁されることもできない[122]」がゆえに神話的なのであって、論理や理屈を飛び越えて人間の情動にダイレクトに訴えかけようとするきわめて厄介な性質をしている。のみならず、先にみたように、神話的思考は人間文化の根底に根を張った「永続的なエレメント」になっており、どれだけ放逐しようとしても決して放逐することのできない存在になっているのである。だとするならば、いついかなるときであれ、われわれは意識的に神話的思考から距離を置いて自由に思考するようつとめるのでなければならないというべきであろうし、また、つねにそのようにすることを求められているのであって、平生からその存在をどれほど警戒してもしすぎるということはないというのでなければなるまい。「静穏で平和な時代、相対的な安定と安全の時期には、ものごとの合理的秩序を維持するのはたやすい」が、それでもわれわれ人間の文化的世界がいつ爆発しても不思議ではない「火山地帯に立っている」というこの現実ばかりはもはや動かしがたいというほかない。そうである以上、どのようなシチュエーションのもとにあろうとも、われわれは「突然の激動と爆発に備えていなければならない」[123]ところに立たされているのであって、すべてはこのことを所与の前提とするのでなければならないのだ。カッシーラーはいう。

われわれの西欧文明の基礎を築いた偉大な思想家、科学者、詩人、さらに芸術家たちは、しばしば、彼らの確立したものが永遠に存続しうるものと信じていた。ツキュディデスが従来の神話的な歴史の扱い方に反対して、新しい歴史の方法を論じたとき、彼は、自分の著作を「永遠の財宝」と述べた。ホラティウスは、その詩を、かぎりない歳月や時代の経過によっても破壊されることのない「青銅よりも恒久なる記念碑」(monumentum aere perennius) と呼んだ。しかしながら、われわれは、人間文化の偉大な傑作を、はるかに謙遜な仕方で眺めなければならないようにおもわれる。それは永久的なものではないし、また論駁の余地のないものではない。われわれの科学や詩や芸術、さらに宗教は、非常な深さにまで達している古い地層のうえの単なる新層にすぎない。われわれは、われわれの文化的世界や社会的秩序を、その根底そのものから揺り動かせる激震があるかもしれないことを、つねに予期していなければならない[124]。

このような見方からすれば、モデルネという時代は、間違いなく危機の時代、それも人間文化の存続がこの「激震」によって大きく揺さぶられるようになった危機の時代になっているというのでなければならなくなってこよう。もっとも、ただ危機の時代になっているというばかりでは必ずしも十分ではあるまい。より正確にいえば、モデルネとは、神話という「古い地層」のうえに技術が際限なく伸張し続けるというその内的構造からして、危機の恒常化した時代、しかも危機のリスクが恒常的に増大しつづける時代になっているのである。人間がこのコンテクストのうえで生活するものであるかぎり、すなわち神話的思考をルーツとするシンボル形式に囲まれて生活し、あらゆる場面で技術的思考を駆使して文化的に活動し続けようとするものであるかぎり、この危機的状況からの脱却を図ることは、根本的にはかなり難しいというほかない。かといって、モデルネそのものを完全に否定して新しいライフスタイルを一から構築するということもまた、理論上の試みとしてはともかく、あまりに非現実的といわざるをえまい。そもそも文化的営みそのものを断念するのでもないかぎり、神話や技術を追放することなどできようはずもないのであって、人間は今や容易に身動きの取れない困難な状況を否応なく引き受けざるをえないところに立たされてしまっているのだ。かかる危機の恒常化した状態は、「もはやなかったこと」にするわけにはいかないところまで進行してしまった。それどころか、技術の進歩とともに危機のリスクが日々高まりつつあるという現実のもと、モデルネは人間に文化の自壊が差し迫っているということをつねに自覚するよう迫るものになってしまっているのである。モデルネは今やあまりに研ぎ澄まされすぎた諸刃の剣になってしまった。それは人間を進歩と破局というふたつの極の危うい均衡のうえに立たせるあまりに不安定な時代になってしまっているのだ[125]。

以上の見解からすると、ヒトラーの登場やナチスの台頭のような事態を特殊ドイツ的な問題とみなすわけにはいかなくなってくる。それどころか、およそモデルネのエートスに満たされたところ――技術が長足の進歩を遂げ、社会の隅々にまで技術的な知の影響が及んでいるようなところでは、「神話の技術」や全体主義的なものは、むしろどこであれ発生しうるというのでなければなるまい。ドイツにおける全体主義国家とは、その実体的側面からすれば、たしかに社会、経済、政治など、この国特有の諸般の事情から生まれてきたものであった。そして、その結果としてもたらされた現実といえば、文字どおり空前のものであり、およそ比較というものが意味をもちえないのではないかとおもわせるほど凄惨で無残な出来事によって彩られていた。にもかかわらず、かかる現実は、その機能的側面からすると、モデルネの抱える問題点をこれ以上になく明瞭に示してみせた政治的事例のひとつにすぎなかったのである。だとするならば、ヒトラーや第三帝国のルーツをもっぱらドイツの歴史や思想といった地域的な要素に限定してしまうことは、結局のところ、木をみて森をみないという偏狭な議論に終始していると指摘せざるをえないばかりか、この問題の奥深いところにまで立ち入って考察することをかえって妨げるものになってしまっているというのでなければならないであろう。カッシーラーのいうように、全体主義国家という現象は、特定の時期や特定の地域にのみ注目することによって知悉しうるほど単純で底の浅い問題ではない。それはむしろモデルネに内在している宿命的な問題にほかならないのであって、そうである以上、歴史のある地点におけるエピソードであるというよりも「今・ここ」におけるきわめて一般的でアクチュアルな問題として理解されるべきものになっているのだ。全体主義的な政治体制やイデオロギーを生じる余地は、かつてのナチス・ドイツほど露骨で大掛かりなものであるかどうかは別として、現代においても——というより、現代であればこそ——多分に残されているのであり、われわれはモデルネのうえに生きるものとして、このことをよくよく認識しておくのでなければならないのである。

そのように考えてみるならば、かかる認識が、モデルネの自己意識に一定の修正を施すよう迫るものになっているであろうことは想像に難くあるまい。全体主義を経た今日、われわれは進歩という言葉をこれまでのように無邪気な意味で理解することをもはや許されなくなってしまった。技術の充実を人間の進歩とみなす古典的な進歩観が「形式と技術」を通奏するライト・モティーフであったとするならば、そのような見方は、『国家の神話』のなかでは、すでにほとんど雲散霧消してしまっている。人間を解放するはずのものが逆に人間を窮地に追いこんでしまっているという事実を知ってしまった以上、カッシーラーにとって、進歩という言葉はもはや一義的な意味を保ちうるものとはみなされなくなってしまった。響きのうえでは美しいこの言葉もまた、以上の議論からすれば、アンビヴァレントな意味あいをもたざるをえないし、きわめて限定的で相対的な意味内容しか持ちえなくなってしまっているのだ。にもかかわらず、進歩を従来どおりの意味で理解しようとし続けるならば、そのような見方は単にナイーヴであるというよりむしろ危険であるといわざるをえないであろう。カッシーラーからすれば、進歩に対するかかる信仰にも似た態度は必ずしも意味のないものではなかったが、そうした言説——その代表例として、『国家の神話』では、実証主義的な「社会的自然科学」をとおして世界を進歩的な相のもとに見通そうとする社会学者オーギュスト・コントAuguste Comte（1798-1857）『実証哲学講義』（*Cours de philosophie positive*, 1830）があげられているが——は、世界の半面を真理とみなして絶対視してしまっているという意味では、もはや「神秘科学」と断じざるをえないものでしかなかったのである。進歩もまた退行のエレメントを内包しているのであって、この両者の緊張関係は互いに相殺され緩和されうるかのような類のものでは決してない。進歩という言葉は、それゆえ正反対の意味内容とつねに背中あわせになっているというのでなければならないものになっているのだ。

のみならず、モデルネを危機の恒常化した時代とする認識によって、「われわれの共同生活の全形態」なかんずく政治のあり方はこれまでにない「深刻な変化を蒙るようになった[126]」。全体主義国家が文化の自壊として登場してからというもの、政治は——どのようなかたちであれ、この現象を意識し続けるかぎり——人間文化全体の行方とその可能性を問うという困難な課題にコミットせざるをえなくなってしまったのである。いわゆるポスト全体主義の時代にあって、政治は文化のこれからに大きな影響を及ぼしうるものとして、きわめて切実な意味をもつようになったばかりでない。それは今や、全体主義国家という非人道的な政治体制の登場を防止するための人間文化のあり方を、たえず検討し実施するということはこれまでにない重要な役回りをも果たすよう求められているのだ。政治が人間文化のあり方そのものにかかわりあいをもつということは、端的にいって、政治がこれまでのような次元――統治機構のようないわゆる公的空間に関するイシューにとどまらず、それ以上の内容のものをも取り扱うということを意味している。誤解を恐れずにいえば、それはつまり、さまざまなレベルの政治的権力が個々人の私的なライフスタイルを細部にわたって規定することによって、各人に自由な文化的担い手としての立場を保証するというきわめて逆説的な課題を担うようになったということを意味しているのである。今日、政治の領域は、各人の自由な自己実現と社会秩序の構築というクラシカルな課題以上の領域をカバーすることを求められるようになってしまっている。それは今や、かかる課題の根底にある文化の存立というより根源的なテーマにまでコミットするよう迫られているのであり、各人の文化的生活を公私の別なく規定するような領域をその射程に収めるのでなければならなくなってしまった。モデルネにおいて政治が運命になったというマキシムは、シンボル形式のパースペクティヴからすれば、実にこのような意味において理解されるべきものだったのである。

そう考えてみるならば、モデルネにおけるシンボル形式のアンビヴァレントな性格の先鋭化という問題は、人間文化の存続そのものにかかわるきわめて重大で深刻な問題を提起するものになっていたといえよう。ナチス・ドイツの現実のうちにすでに、カッシーラーはモデルネがかかえるこうした危機の恒常化という恐るべき側面を感じとっていた。この二〇世紀の啓蒙主義者によれば、いわゆる「第三帝国」の犯罪的性格とは、何も第二次世界大戦やホロコーストのようにナチスが実際に犯した犯罪的行為によってのみ語り尽くされるほど単純なものではなかったし、モデルネのかかえる問題はナチスを根絶するといった小手先の対応によって完治しうるほど表面的な問題ではなかったのである。『国家の神話』において、カッシーラーは、ナチスのような「小集団のものが、その願望や空想的な理念を多くの国民や国家全体のうえに強制しようとする場合、彼らは一時的に成功し、華々しい勝利を収めさえするかもしないが、しかし、これはつねに、はかない勝利にとどまらざるをえない」[127]とし、ナチス・ドイツという政治体制それじたいは自由を希求する人々の力によってそう遠くない将来に打倒されるとみていた。ところが、その一方で、この体制に由来する数々の災いが数世代にわたって広く影響を及ぼし続けると考えていたことからもわかるように[128]、モデルネがもたらした現実は、今後、文化というコンテクストにおいて生を営む人間のあり方を根本的に問い直すという看過しえない問題を投げかけるものになっていると考えていたのだ。モデルネとは、まさしくそのような意味において人類に「新たな始まり」をもたらした時代であった。そして、それは人間文化のさらなる発展と深化を目標としつつも、文化についてのこれまでの考え方に無効を宣告してその克服を迫ろうとするものになっていたという意味において、それじたいきわめて矛盾に満ちた現象でもあったのである。

五

心理学者フロイトは人間の心理を発展（自己肯定）と破滅（自己否定）のふたつの相反する衝動のあいだに引き裂かれているとし、両者のバランスが現代文化の行方を決定すると主張していたが[129]、カッシーラーにいわせれば、文化の行方とは、あくまでも時々のシンボル形式の作用の仕方によってその道すじが徐々に開かれていくはずのものであった。この哲学者はそこで技術の存在に注目し、そのアンビヴァレントな性質が極度に先鋭化していく様子を考察する作業をとおして、「今・ここ」における世界としてのモデルネの姿を映し出してみせようとしていた。そして、全体主義国家というモデルネのいわば「鬼っ子」を人間文化の非常に根深いところにルーツをもつものとみなし、その存在がモデルネの行方について省察するに際して注視するべきもっとも重要なファクターになっていると考えていたのだ。「形式と技術」および『国家の神話』において、カッシーラーはそう主張することによって、現代文化の抱える構造的な問題の存在を明らかにするとともに、好むと好まざるとにかかわらず、この問題にむかいあうことがモデルネの宿命になっていると示唆するところにまで議論をおしすすめていた。では、モデルネの抱えるかかる宿命のうえに、シンボル形式の哲学者カッシーラーはさらに何を語ろうとしていたのであろうか。最後にこの点について、ごく簡単にみていくことにしよう。

モデルネの宿命を見据えるカッシーラーのまなざしは、全体的にみて決して明るくない。というより、むしろ暗いといった方がいいのかもしれない。実際、このことはモデルネの影を直視せざるをえなかった『国家の神話』のような著作を通底しているネガティヴなエートスからも十分にうかがい知ることができよう。すでにみたように、「形式と技術」のカッシーラーが技術に対する信頼とモデルネのさらなる可能性を肯定的に評価しようとしていたとするならば、『国家の神話』のカッシーラーはその信頼と可能性をみずから否定するという苦渋に満ちた判断をくださざるをえないところにまで追い込まれてしまっていた。とりわけ「神話の技術」のロジックを解明した本書の第三部「二〇世紀の神話」においては、期待を裏切られた失望感に加えて、哲学がこの非常事態に即効性のある有力な処方箋を提示しえないことへの苛立ちがないまぜになって、どこかペシミスティックであきらめにも似たトーンが議論を全般的に支配してしまっているといっても決して過言ではない。カッシーラーはことここに至って、全体主義国家という「政治的神話を破壊するのは、哲学の力には余ることである(130)」と表明せざるをえなくなってしまい、その結果、もはやモデルネの明るい見通しを語りうるほど無邪気で楽天的な立場を堅持しえなくなってしまった。それどころか、語りえないことには沈黙せざるをえないとばかりに、本書の結語を——最高神マルドゥクが暗黒の竜を縛りあげるとともに怪物ティアマトを殺し、ティアマトの死体から世界を創造したというバビロニアの天地創造の叙事詩について語ったうえで——次のような言葉で締めくくっている。

人間文化の世界は、このバビロニアの伝説の言葉で叙述することができるであろう。それは暗黒の神話が戦いとられ、征服されるまでは、あらわれることができなった。しかし、神話的怪物は完全には破壊されなかった。それは新しい世界創造のために用いられたが、なお、この世界のうちに生きながらえているのである。神話の威力は、より優れた勢力によって阻止され、服従させられた。こうした勢力、知的・倫理的および芸術的勢力が十分な力を持っているかぎりは、神話は馴らされ、従わされる。しかし、ひとたび、それらの勢力が力を失い始めると、混沌がふたたび到来する。そのとき、神話的思惟がふたたびあらわれ、人間の文化的・社会的生活の全体を支配しはじめる。[131]

モデルネの到達点を前に嘆息するカッシーラーの姿はどこまでも暗い。ことによると、その姿は、同じくモデルネの病的状況を仮借なく暴露したマックス・ホルクハイマー Max Horkheimer (1895-1973) とアドルノの共著『啓蒙の弁証法――哲学的断想』(*Dialektik der Aufklärung: Philosophische Fragmente*, 1947) のそれに比肩しうるものになっているといっても決して過言ではあるまい。「何故に人類は、真に人間的な状態に踏み入っていくかわりに、一種の新しい野蛮状態へと落ち込んでいくのか[132]」という問いを出発点とするこの著作において、ホルクハイマーとアドルノは、周知のように、モデルネの原動力となった啓蒙思想がすでに全体主義国家という「自然への頽落」(Naturverfallenheit) へと至るモメントを胚胎していると鋭く指摘していた。そして、理性による現実の「概念化」が人間を非合理的なカオスから解放すると同時に、世界を暴力的に画一化する枠組みとなってかえって人間を抑圧し「主体の抹殺[133]」に手を染めてしまうとする「啓蒙の弁証法」を、「啓蒙が神話に退化する[134]」ことの何よりの証左とみなし、この「概念化」によって生み出された「支配のための支配」という思考様式、「啓蒙の限界」たる反ユダヤ主義、あるいは人々から情け容赦なく批判精神を奪う「文化産業」(Kulturindustrie) こそが、全体主義国家への道を用意したのだと喝破していたのである。そう考えてみるならば、『啓蒙の弁証法』のこのような主張は、ナチズムの生成をモデルネの構造的問題としてスケッチし、合理的思考のアンビヴァレントな性質を指摘してその「退廃の理論」[135]について赤裸々に語ろうとしていたという点においては、『国家の神話』のそれに大筋で合致しているといえよう。[136]ハインツ・ペッツオルトのいうように、「カッシーラーにせよ、ホルクハイマーとアドルノにせよ、『技術のベール』をともなって政治的に作用する『二〇世紀の神話』の浸透について語っているのである[137]」。

ところが、『啓蒙の弁証法』が「すでに神話が啓蒙である[138]」と主張し、全体主義国家をモデルネの不可避の到達点とするところで、カッシーラーの議論はホルクハイマーやアドルノのそれとは決定的に対立することになる。ホルクハイマーとアドルノはともに啓蒙を「ラディカルになった神話的不安」(die radikal gewordene mythische Angst)[139]とみなし、神話に根ざす合理的な知（理性）を容易に先祖がえりしうるものと理解していたが、カッシーラーからすれば、そうした見方はあまりに皮相的というほかなかった。理性と神話をそのようなかたちで同一視し混同してしまうということは、それぞれの「思惟形式の構造的相違を見失って[140]」しまっているところからして端的にあやまりであり、シンボル形式のパースペクティヴからは到底支持しうるものではなかったのである。なるほど人間の合理的思考は神話的思考にルーツをもってはいるが、その非合理的性質を克服することによってしだいに独自の姿を確立しているのであり、神話と同様のはたらきを示しているかのようにおもわれるとしても――『啓蒙の弁証法』では、自然を「概念化」するところに神話と理性の根本的な一致点があるとされていたが[141]――そのはたらきの意味や性質は、神話のそれと必ずしも一致しているわけではない。というより、そのような表面上の類似の背後には、まったく異なったコンテクストやパースペクティヴが存在しているのであって、そうである以上、この両者を同一の地平にあるとみなすことには相当な無理があると指摘せざるをえないであろう。にもかかわらず、理性と神話を混同し、そこからモデルネの退行現象をあたかも必然的な現象であるかのように描き出すとするならば、それはそれで「読みものとしては面白いものを提供する」[142]かもしれないが、結局は牽強付会な作り話にならざるをえないというのでなければなるまい。しかも、神話であれ理性であれ、およそシンボル形式たるものはいつであれ両義的な性質をしているのであり、そのはたらきは決して一義的にはなりえない。モデルネにせよ技術にせよ、必然的に人間を破局へと至らしめているわけでは決してないのである。それは人間を「解放することもできれば、束縛することもできる。その作用は確定されていないのであり……人間はつねに双方の性質に敏感なのだ。したがって、いついかなる瞬間であれ、人間にとっては、新たな始まりなのである」[143]。

そう考えてみるならば、カッシーラーのモデルネに対する態度は、悲観的な気分に覆われつつも、それでもなお、いくぶんかの期待を含むものになっているといえよう。この哲学者の確信するところによれば、全体主義国家とは、モデルネのなかから必然的に湧いて出てくるものでもなければ、現代人が回避できない運命として甘受するのでなければならないかのような類のものでも決してなかった。それはあくまでも神話的思考と技術的思考の「融合」から生じる政治体制だったのであり、そうである以上、ここでより問題とされるべきは、人間の生の舞台としてのモデルネそのものであるというよりも、むしろそうした「融合」を実現させてしまう人間のふるまいの方であるというのでなければならなかったのである。したがって、われわれは少なくとも、人間の生活空間としてのモデルネを八方ふさがりの状態とみなして悲観するには及ばないし、いつであれ事態を改善するための希望をみずからの掌中に宿しているということができる。もちろん「今・ここ」において、人間文化がきわめて危険な時代を迎えてしまっているということそれじたいには根本的な変化はないが、そうしたのっぴきならない状況においてもなお、われわれはたしかにくりかえし「新たな始まり」を迎えているのであって、そこで自身の活動を選びとるための余地もまた不断に与えられているのである。[144]もちろん、全体主義国家によって実際にもたらされた犠牲や惨禍を忘れることなどできないし、その傷が癒されるには相当の時間を要するであろうが、それでも人間は「これらすべての恐怖と悲惨の只中にあって、少なくとも、ひとつの救い」[145]を見出しうるところに立っているといえるのだ。

もっとも、モデルネの行方が人間のふるまい如何にかかっているのだとするならば、このような見解がさらに人間の行動のあり方を規定する言説の構築へとむかっていくであろうことは、容易に想像がつこう。事実、全体主義国家に直面してモデルネの影を考察する一方で、亡命のカッシーラーは、現代において人間文化をリードするべき規範言説を構築することの必要性を痛感するとともに、文化の行方に適切な指針を与えるべき政治の営みのアウトラインを提示することの重要性を認めていた。そして、二〇世紀の啓蒙主義者としての思想的立場からばかりでなく、唯一神信仰によって人間文化に新たな「倫理的理想」[146]をもたらしたユダヤ教の一信徒としての立場からもまた、これらの問題に積極的にコミットする姿勢をみせようとしていたのだ。[147]そのような問題意識のもと、「オデュッセイの遍歴」はいよいよシンボル形式のパースペクティヴを駆使して、「今・ここ」において求められるべき規範的なものの姿をスケッチするとともに、そのうえでさらに望ましい政治的秩序のモティーフを示唆するところにまで立ち至った議論を展開していくようになるであろう。それでは、モデルネという危機の恒常化した時代において、この哲学者はどのような規範的なロジックの可能性を追求しようとしていたのか。また、かかるロジックを人間文化のコンテクストにおいて実現するために、いったいどのような政治的なパースペクティヴを展開しようとしていたのであろうか。そう問いかけるとき、われわれはすでにカッシーラーによる政治哲学的思惟の再構成の試みの議論に立ち入っている。この試みについて、次章にみていくことにしよう。

〔註〕

（1）Ernst Cassirer, „Form und Techink", in *Gesammelte Werke Hamburger Ausgabe*, Bd. 17, Felix Meiner Verlag, 2004, S. 40. エルンスト・カッシーラー「形式と技術」、『シンボル・技術・言語』（エルンスト・ヴォルフガング・オルト、ジョン・マイケル・

クロイス編、篠木芳夫・高野敏行訳）所収、法政大学出版局、一九九八年、七二頁。

（2）Ebd. S. 140f.　邦訳七二頁。

（3）Ebd. S. 140.

（4）Ebd. S. 139.　邦訳七〇頁。

（5）第一次世界大戦以前のドイツにおいては、技術を人間文化のすぐれた導き手とするきわめて楽観主義的な見解が数多くみられた。ウルリッヒ・ベント、フリードリヒ・デッサウアー、ヴェルナー・ゾンバルトの技術論などはその代表例といえようが、彼らの多くは技術的思惟による合理的な社会創造の可能性について語り、ドイツにおける目覚ましい技術革新の動きを思想的に弁証し正当化してみせようとしていた。Vgl. Werner Sombart, „Technik und Kultur", in *Archiv für Sozialwissenschaft und Sozialpolitik*, Bd. 33, 1941.

（6）後述のとおり、「形式と技術」はもともとレオ・ケステンベルク編の論集『芸術と技術』の序論として書かれた論文であったが、この論集じたいが限定版として予約購読者にしか販売されなかったため、一九八五年にフェリックス・マイナー社から『シンボル・技術・言語』（*Symbol, Technik, Sprache*）という論文集に収録されてふたたび公にされるまで、カッシーラー哲学受容の過程でほとんど見過ごされてしまっていた。しかしながら、この論文は、分量にしてわずか五〇頁ほどの小論ながらも、一般的に精神史研究のコンテクストにおいて説明されることの多いカッシーラーのモデルネ観を理論哲学的な見地から比較的ストレートに論じた数少ない論説として非常にみるべきところが多い。Vgl. John Michael Krois, „Ernst Cassirers Theorie der Technik und ihre Bedeutung für die Sozialphilosophie", in *Phänomenologie Forschungen*, Bd. 15., 1983, S. 68-93. Vgl. auch Ernst Wolfgang Orth, *Von der Erkenntnistheorie Zur Kulturphilosophie, Studien zu Ernst Cassirers Philosophie der symbolischen Formen*, Würzburg, 1996.

（7）ドイツにおいては、技術に対する一九世紀的な過信は、第一次世界大戦の経験によって、今度はあっという間に極端な不信へと転化してしまう。経済学的な観点においては、技術は社会の合理化にともなう失業問題を生じる主要ファクターにほかならないものとされ、思想的な領域においては、人間の自律性を侵すものとして警戒されるべき対象として扱われるようになった。たとえば、有名なところでは、マックス・ヴェーバーは技術の時代としてのモデルネを一種のアポリアにほかならないものとみなしている。この社会学者によれば、モデルネとは形式合理性をもって人間を自由にするとともに、がんじがらめに束縛する「鉄の檻」でしかなかった。つまり、社会の合理的な発展によるいわゆる「脱魔力化」が人間を自律の道へと誘う一方で、形式合理性の増大となって結局は人間の自由を塞いでしまう現象を、モデルネのアポリアと呼んでいたのである。このような合理化の矛盾は、たとえば、ヴェーバーにとって批判の的であったビュロクラシーに端的にあらわれている。政治組織の民主化の理想から生まれたはずの官僚制機構が管理社会を実現させてしまい、かえって民主主義の理念を危うくしてしまうという事態は、ヴェーバーにとってはまさしくモデルネの皮肉だったのであり、このような問題状況に向き合うことこそがヴェーバー社会学の最大の課題のひとつだったのである。Vgl. Max Weber, *Wirtschaft und Gesellschaft. Die Wirtschaft und die gesellschaftlichen Ordnung und Mächte. Nachlaß*,（Teilband,4）in *Max Weber Gesamtausgabe*, Tübingen, 2005.

（8）FT, S. 141.　邦訳七四頁。

（9）Ebd., S. 147.　邦訳八二頁。

（10）Ebd., S. 146.　邦訳八一頁。

（11）Ebd., S. 146.　邦訳八〇頁。

（12）Ebd., S. 141.　邦訳七三頁。

（13）Ebd., S. 147.　邦訳八二頁。

（14）Ebd.

（15）Ebd., S. 142.　邦訳七五頁。

（16）Ebd., S. 147.　邦訳八三頁。

（17）Ebd., S. 142.　邦訳七五頁。

（18）Ebd.　邦訳七六頁。

（19）Ebd., S. 148.　邦訳八三—八四頁。

（20）Ebd., S. 144f.　邦訳七九頁。カッシーラーはこうした見方をプラトン主義的なパースペクティヴにもとづくものとし、アイトのほかにデッサウアーについても次のように述べている。「この普遍的形式がはじめて箴框の本来の真の『存在』を基礎づけるもの、その本質をなすものであって、感覚世界に存在する個別的事物がそうなのではない。プラトン主義のこうした独特の根本的モチーフが、技術の意味と本質についての最近の反省にも有効であることがますます顕著になっているとすれば、これは偶然であろうか。たとえばデッサウアーは次のよう述べている。『力と現実という高次の領域から、技術者と労働者の精神と両腕をとおして、経験と力の途方もない流れがこの世の現実的存在へと降りてくる。精神の流れが混沌とした物質世界に染みわたり、創作者は末端の労働者に至るまですべて実行者として関与しており、すべての者が受け取るものとしても関与している』」(ebd., S. 144.　邦訳七八頁)。

(21) Ebd., S. 147.　邦訳八三—八四頁。

(22) Ebd., S. 149.　邦訳八六頁。

(23) Vgl. ebd. S. 150f.　邦訳八八頁。周知のように、フンボルトは言語を単なる感覚印象の受動的な模写機能とするこれまでの言語哲学の基本的なシェーマを全面的にしりぞけ、むしろ言葉の一つひとつのうちに世界観を作りだそうとする人間精神の積極的な作用のあらわれを見出そうとしていた。『シンボル形式の哲学』の第一巻において、カッシーラーはフンボルトのこうした言語観をライプニッツのモナド論につながるものとみなしてこう説明している。「ライプニッツにとっては、宇宙は各単子(モナド)による反映のうちにのみ与えられ、その単子はどれもある独自の『視点』から現象の総体を提示する。けれども他方では、この遠近法的にみられたもろもろの光景の総体とそれらの光景相互の調和こそ、われわれが諸現象の客観性とか現象界の現実性と呼んでいるものにほかならない、とされる。——それと同様に、フンボルトにとっては、それぞれ個別の言語がそうした独自の世界観となるのであり、これらの世界観の総体こそがはじめて、われわれにとって入手可能な客観性の概念をなしているのである。してみれば、言語は認識可能なものに対しては主観的なものとして対立しながらも、他方では経験的・心理学的主観としての人間に対しては客観的なものとして対峙するということも、理解されよう。というのも、あらゆる言語は人間の普遍的本性の反響だからである。『全人類の主観性がそのままふたたび客観的なものとなる』のである」(*PhsF*, Bd. 1., S. 102.　邦訳一七八—一七九頁)。また、このようにして「言語は作品(エルゴン)ではなく活動(エネルゲイア)である、したがって、その真の定義はつねに発生論的(genetisch)なものでしかありえない」(ebd., S. 104.　邦訳一八一頁)とするフンボルトの理論については、ヴィルヘルム・フォン・フンボルト『言語と精神』(亀山健吉訳、法政大学出版局)を参照されたい。Vgl. auch Wilhelm von Humboldt, „Über die Verschiedenheit des menschlichen Sprachbaues und ihren Einfluß auf die geistige Entwicklung des Menschengeschlechts", in *Gesammelte Schriften*, Bd. 7, Walter du Gruyter & Co., 1968, S. 199.

(24) カッシーラーはフンボルトの見解を視野に入れて、人間を次のようなものとみなしている。「人間の本質規定つまり人間の定義は、二重の方向で展開されている。『理性』は言語に由来し不可分にこれと結びついているという意味で、すなわち理性(ratio)と言語(oratio)、言語と思考は交換可能な概念になるという意味で、人間は『理性的』存在である。しかし同時に、そしてこのことと同様根源的に、人間は道具を製作する技術的存在として……登場する。人間存在のこの二つの側面には、人間が外的現実に抗して自分を維持する力と、この現実の精神的『描像』を人間にはじめて獲得させてくれる力が含まれている。精神による現実の克服は、すべて『把捉』という二重の行為に、つまり言語的・理論的思考による現実の『理解』と、活動という方法による事実の把握に結びついている。それが思想的形式付与と技術的形式付与なのである」（Vgl. FT. S. 150. 邦訳八七頁）。カッシーラーによれば、人間とは、言葉でロゴスをいいあらわす存在（理性的存在）であるのと同様、そのロゴスを形態化する存在たるべきものであった。

(25) Ebd., S. 150. 邦訳八八頁。
(26) Ebd., S. 151. 邦訳八九頁。
(27) Ebd., S. 150. 邦訳八七頁。
(28) Ebd., S. 157. 邦訳九八頁。
(29) Ebd., S. 156. 邦訳九六頁。
(30) Ebd.
(31) Ebd., S. 157. 邦訳九八頁。
(32) Ebd., S. 158. 邦訳九九頁。
(33) Ebd., S. 156. 邦訳九六頁。
(34) フランシス・ベーコン『ノヴム・オルガヌム』、服部栄次郎訳、『世界の大思想8　ベーコン』所収、河出書房新社、一九七三年、二三二頁。
(35) FT. S. 159. 邦訳一〇一頁。
(36) Ebd., S. 163. 邦訳一〇六頁。こうして「道具は、人間にとって対象世界の改造手段となるだけでなく、対象的なものの変化のまさにこうした過程で道具そのものが変化を蒙り、次から次へと変遷していくことになるのである。そしてこの変化によって、人間はみずからの自己―意識の持続的強化と独特の高揚を身をもって体験するのである。いまや神話的・宗教的世界観に対抗して、世界に対する新たな態度と気分の兆しがみえてくる。人間はいまやギリシア神話がプロメテウスという姿で表現している、自分の運命と自分自身の知の大きな転換点にさしかかっているのである。霊や神々の畏敬の念に、偉大な誇りと偉大な自由の意識が向かい合う。神の火が不死なるものの御座からかすめ取られ、人間の領域すなわち人間の住まいのかまどに移し置かれたのである。呪術は人間を願望の世界や夢の世界の中に包み込んでいたが、その世界は消え失せてしまったのだ。人間はきわめて厳粛にきわめて厳しく自分をむかえる新たな現実、それにぶつかれば自分の願望がことごとく砕けてしまうような必然性を具えた、新たな現実に差し向けられていることに気づくのである。だが、この必然性を免れることもできず、もはや世界を人間の願望の方向に向けることもできないとすれば、人間はますます世界を自分の意志によって支配することを覚えることになるのである」（ebd.　邦訳一〇六—一〇七頁）。

(37) Ebd. S. 161.　邦訳一〇三頁。

(38) Ebd. S. 158.　邦訳一〇〇頁。カッシーラーはこのような移行を、道具使用の最初のもっとも単純なはじまりのうちに見出しうるものとしている。「道具は単なる思考によって捉えられた中間項（terminus medius）ではなく、いわば対象の直観によって捉えられた中間項である。道具は、意志の最初の芽生えと目標とのあいだに置かれる。そしてこのように中間に位置することによってはじめて、両者を分離し、しかるべき距離を置くことができるのである。人間が自分の目的を達成するために、ただその手足や身体『器官』だけしか使わないならば、このような距離の設定にはまだ達していない。そこでは人間はなるほど環境にはたらきかける。しかし、このはたらきかけそのものからこのはたらきかけの知までの隔たりは大きいのだ」（ebd. S. 158f.　邦訳一〇〇—一〇一頁）。つまり、道具の使用によって、人間は距離をとって事物を眺めるようになり、客観的で因果的な思考を発達させることができるのである。

(39) Ebd. S. 163.　邦訳一〇七頁。カッシーラーはさらにこう述べている。「たしかめるといったのは、現実のものは——その厳密にして廃棄すべからざる法則性は別として——ただ硬直しただけの存在ではなく、手を加えることができる柔軟な素材であることが見えているからである。その姿は完成したもの、最終的なものではない。それは人間の意欲と行為に果てしない活動の余地を約束しているのである。人間はこのような活動余地のなかで——すなわち一から十まで自分の仕事によって成し遂げられるもの、また自分の仕事によってはじめて可能となるもののなかで——行動することによって、自分の世界、『客体』をみる自分の地平、自分自身の本質をみる見方をしだいに築き上げてゆくのである。むろん人間は、呪術が自分を呼び寄せ自分の前に立てたあの直接的願望実現の魔法の国から、自分が追放されていることに今ではもちろん気づいている。人間にはそれじたい果てしない創造の道が指し示されているのであって、その道は端的に最終的であるような目標も、究極的な安定と憩いの場所ももはや人間に約束しはしない。しかし、そのかわりに今や人間の意識のために、価値や意味の新たな規定が始まっているのである。つまり行為の本来の『意味』は、もはやそれが結果としてもたらすものとか最終的に到達するものとかによって査定されうるのではないのである。行為の意味を決める基準は行為の純粋な形式であり、創造（形態化）する力そのものの様式と方向なのである」（ebd. S.

163f. 邦訳一〇七―一〇八頁)。

(40) Ebd. S. 163. 邦訳一〇七頁。Johann Wolfgang von Goethe, „Paralipometa. Vorarbeiten und Bruchstücke", in *Goethes Werke*, Bd. 133, Sansyusya, S. 323.

(41) FT, S. 162. 邦訳一〇六頁。

(42) Ebd. S. 164. 邦訳一〇八―一〇九頁。カッシーラーはこの言葉をマルクスの議論から引いている。周知のように、マルクスは技術の経済的意義に早くから着目し、『資本論』(*Das Kapital*, 1867, 1885, 1895) において、労働疎外の元凶を資本制下の生産手段の技術革新に求める主張を展開した。そして、かかる技術革新によってマニュファクチュア段階ではまだ保たれていた労働の自己充足や主体性が失われていった過程を克明に描き出し、産業社会の非人間性を告発するところへとむかっていくことになる。マルクスによると、高度に機械化された「大工業は、一人の人間の全身を一生涯一つの細部作業に縛りつけるマニュファクチュア的分業を技術的に廃棄するのであるが、それと同時に、大工業の資本主義的形態はそのような分業をさらにいっそう奇怪なかたちで再生産するのであって、この再生産は、本来の工場では労働者を一つの部分機械の自己意識ある付属物にしてしまうことによって行なわれ、そのほかはどこでも、一部は機械や機械労働のまばらな使用によって、また一部は婦人労働や児童労働や不熟練労働を分業の新しい基礎として取り入れることによって、行われるのである」(Karl Marx, *Das Kapital*, Bd. 1, in *Karl Marx-Friedrich Engels Werke*, Bd. 23, Diez Verlag, 1962, S. 508. カール・マルクス『資本論　経済学批判　Ｉａ』、『マルクス＝エンゲルス全集』第二三巻第一分冊所収、岡崎次郎訳、大月書店、一九六五年、六二一頁)。その結果、マルクスは労働者がかつてのような主体的な労働から疎外されているとしていたのであり、まさにこの事実こそが、マルクスを資本主義批判へと駆り立てる原動力のひとつになっていたのである。ちなみに、カッシーラーは、終生マルクス主義にはほとんど関心も共感も示さなかったが、その知的関心が社会や政治の方向に向かうにつれて、マルクスについての言及が少しずつ多くなっている。アメリカ亡命後の講義録によると、カッシーラーはヘーゲルの国家理論について取り上げた後でマルクスの言説を講義のテーマとして取り上げていたという。Cf. Ernst Cassirer, "Hegel's Theory of the State", in *Symbol, Myth, and Culture. Essays and Lectures of Ernst Cassirer 1935-1945*, Donald Phillip Verene (ed.), Yale University Press, 1979, p. 115.

(43) FT, S. 68. 邦訳一〇九頁。より詳しくいえばこうなろう。「技術的労働は人間のために事実的世界を開拓し築き上げてくれるが、その事実的世界にむかう第一歩は、人間を法則すなわち単なる事実の非常な強制に永久に服従させてしまうもののようにおもわれる。そして、この強制は、人間の自我とか魂のうちに含まれている内面の豊かさにとって、もっとも手ごわい敵なのではないだろうか。技術はすべて精神の所産である、すなわち自分の周辺にある勢力をすべて征服し、これを専制的に抑圧することによってしか支配権を不動のものにすることができないような、あの精神の所産なのである。精神は支配者となるために、自由な魂の世界をただ圧迫するにとどまらず、これを否定し破壊せざるをえないのである」(ebd.)。この点から技術を攻撃する言説として、カッシーラーはここで生の哲学者ルートヴィヒ・クラーゲス Ludwig Klages (1872-1956) の主張をあげている。「現代文化の圏内で技術の力が大きくなればなるほど、哲学が技術に対して唱える苦情や非難は、それだけ激しくかつ容赦のないものとなった。ルートヴィヒ・クラーゲスは、このような基本的見解のもっとも雄弁なそしてもっとも徹底した擁護者のひとりであるが、次にように述べている。『人間以外の生き物はすべて宇宙的生命のリズムに合わせて躍動しているが、一方人間はこのリズムから精神の法則を分離してしまった。自我意識の担い手としての人間にとっては、世界についての予測的思考の優越と見えるものが、形而上学者には、もし彼が十分な奥義を究めていればの話だが、概念という軛のもとへの生命の隷属と見えるのである』」(ebd., S. 164f. 邦訳一〇九―一一〇頁)。Vgl. Ludwig Klages, *Vom Kosmogenischen Eros*, München, 1922, S. 45.

(44) Paetzold, "Die symbolischen Ordnung der Kultur", S. 172. Vgl. Georg Simmel, *Der Begriff und die Tragödie der Kultur in Philosophische Kultur*, Leipzig, 1911, S. 245-277.

(45) FT., S. 170. 邦訳一一七頁。

(46) Ebd., S. 164. 邦訳一〇八頁。カッシーラーによれば、技術が人間の精神的な自発性に基づいて活動し、この活動が同時に人間の自己認識の深化をも意味していると考えるならば、生の名のもとに技術そのものを拒絶してしまうわけにはいかなかった。技術は、現実的なものから可能的なものを構想し、そのうえで現実的なものを発展させようと試みる。こうして人間は必ず何らかの文化的コンテクストにありながら、「人間性の追憶と記憶のしるし」としての技術を駆使して、新たな可能性をみずから探求していくのである。そう考えるならば、たとえば、ジンメルのように、技術を個人の陶冶（主体の文化）と相容れないもの、人間の自発性を打ち砕いてしまう「物象化された文化」(Paetzold, „Die symbolische Ordnung der Kultur", S. 180) の元凶とする見方は、技術へのまなざしがあまりにも浅いということになろう。技術と人間の根源的生を相容れないものであるかのように位置付け、両者を対立させようとする発想など、カッシーラーにいわせれば、単なる「ロマン主義的な後退のプロジェクト」でしかなかったのである。

(47) FT., S. 165. 邦訳一一〇頁。

(48) Ebd., S. 172. 邦訳一二二頁。

(49) Ebd., S. 167.　邦訳一一三頁。
(50) 周知のとおり、シラーは芸術のうちに人間性を生成するためのモメントが見出しうるものとしていた。「シラーが美の領域の基礎に据える遊戯衝動（Spieltrieb）とは、純然たる自然衝動と並立され、その結果、本能の範囲を拡大するだけのものではなく、本能固有の内実に変化を与え、それによって『人間性』の本来の領域をはじめて切り開き、これを獲得するものなのである。『人間は、言葉の十全な意味で人間である場合にはじめて遊戯し、遊戯する場合にはじめてまったき人間です』」(ebd., S. 166.　邦訳一一二頁)。Vgl Friedrich von Schiller, *Über die ästhetische Erziehung des Menschen in einer Reihe von Briefen*, in *Schillers Werke*, Bd. 4, Insel Verlag, 1966, S. 223f.　フリードリヒ・フォン・シラー『人間の美的教育について』、小栗孝則訳、法政大学出版局、二〇〇三年、九七頁。
(51) FT, S. 169.　邦訳一一六頁。
(52) Marx, a. a. O., S. 394.　邦訳四八九頁。
(53) FT, S. 176.　邦訳一二六―一二七頁。
(54) なお、カッシーラーは技術的創作のもつ先を見越す法則と芸術的創作の性質の類似性についても言及している。カッシーラーによれば、ルネッサンスの偉大なる頭脳、すなわちレオン・バッティスタ・アルベティ Leon Battista Alberti (1404-1472) やレオナルド・ダ・ヴィンチ Leonardo da Vinci (1452-1519) のような人物は、双方のモティーフを絶妙に絡み合わせた「普遍人」(uomo universale) であった。とはいえ、技術と芸術を同列において疑わない「技術の浪漫主義者」の存在にもかかわらず、両者はしょせんは別ものであると考えなければならない。芸術的創作における客観的なものが「外的なものによっていわばみずからの透明性を獲得する内的なものの現われ」(ebd., S. 178.　邦訳一三〇頁) であるのに対して、技術的創作はそのような個別的特殊化の性質を持ってはいない。技術的製品は創作者を語ることなく純然たる事物世界に組み入れられる運命にある。さらにいうならば、芸術が表情の世界と純粋な意味作用の世界のあいだの理想的な均衡の状態にあるのに対して、技術は限りなく表情的なものを排して純粋な意味性という領域へと向かうのである。
(55) Ebd., S. 181.　邦訳一三四頁。カッシーラーは、ラーテナウについて現代の病的状況を「鋭くかつ仮借なく暴露した人」と高く評価していた。
(56) Ebd.「ダナイスの桶」とは、汲んでも汲んでも満たされないもの、果しない無駄のたとえ。
(57) Ebd.

（58）Ebd., S. 181.　邦訳一三五頁。
（59）Ebd., S. 181.　邦訳一三四頁。カッシーラーによれば、したがって、現下の状況は単に技術の非をあげつらうよりも、「意志の領域と、人倫的共同体全体が依拠する根本的な心術の領域とを築き上げること」、すなわち現代にふさわしい新しい倫理的言説を構築することをとおして改善されるべきものであった。
（60）Vgl. Friedrich Dessauer, *Philosophie der Technik. Das Problem der Realisierung*, Bonn, 1927, S. 113f.
（61）John Michael Krois, Einleitung von *Symbol, Technik, Sprache*, Hamburg, 1985, S. XXII.　ジョン・マイケル・クロイス「序論」、『シンボル・技術・言語』所収、篠木芳夫・高野敏行訳、法政大学出版局、一九九九年、九頁。
（62）FT, S. 183.　邦訳一三六―一三七頁。もっとも、カッシーラーのこのような言明はいささか不明確で、技術の倫理的性質を説明するには不十分であるようにおもわれる。たとえば、カッシーラーはここで技術を「労働の連帯性」を生じるものとし、そこから「従順さを介しての自由」を抽出しうるとしているが、どうしてそのような流れが生じるのか、また、それがどのような種類の「自由」なのか、さらには、こうした議論のどの点が倫理的になっているのかといった疑問に答えるものにはなっていない。この点についての取り組みは、以上のような技術論を託されたわれわれにとっての課題になっているといえよう。
（63）Ebd., S. 183.　邦訳一三六頁。
（64）Vgl. ebd., S. 164.　邦訳一〇八頁。
（65）Ebd., S. 183.　邦訳一三七頁。
（66）Ebd., S. 182.　邦訳一三六頁。
（67）Ebd., S. 183.　邦訳一三七頁。
（68）Ernst Cassirer, *The Myth of the State* in *Gesammelte Werke Hamburger Ausgabe*, Bd. 25, Felix Meiner Verlag, 2007, p. 3.　エルンスト・カッシーラー『国家の神話』、宮田光雄訳、創文社、一九六〇年、一頁。
（69）ドミトリー・ガヴロンスキーによれば、カッシーラーはドイツ北部のドイツ社会民主党（ＳＰＤ）の牙城であったハンブルクに住んでいたこともあって、彼自身はナチスの街頭活動にじかに接する機会をもつことがほとんどなかったという。とはいえ、「カッシーラーはそれ（ヒトラー内閣成立）以前から、ナチスの運動がとても危険なものであるということに気づいていた。彼はヒトラーやその取り巻き連中の演説に耳を傾けようとせず、ナチの著作や宣伝ビラを決して読もうとはしなかった。けれでも、ナチズムがドイツと世界とに何をもたらすのかということをはっきりと見抜いていたのである。ナチズムの『われわれの指導者に仕えること、それこそが正義だ』という有名なスローガンが掲げられたとき、それを聞いたカッシーラーは『ドイツはもうおしまいだ』ともらした。それゆえ、カッシーラーはナチによって免職されるのを待とうとはしなかったのだ」(Gawronsky, *op. cit.*, p. 28)。実際、ナチス政権によるユダヤ人の公職追放を俟つまでもなく、自発的に一切の公職を辞任していたことからもわかるように、カッシーラーはナチスの危険性については当初からまったく楽観的な考え方をもっていなかった。詳細については次章の一を参照のこと。

(70) Ernst Cassirer, "Judaism and the Modern Political Myth", in *Symbol, Myth, and Culture. Essays and Lectures of Ernst Cassirer 1935-1945*, p. 235. エルンスト・カッシーラー「ユダヤ教と現代の政治的神話」、『象徴・神話・文化』所収、二八四頁。

(71) *Ibid.*, 234. 邦訳二八三頁。

(72) *MS*, P. 277f. 邦訳三六八頁。

(73) *Ibid.*

(74) Ernst Cassirer, "The Technique of Our Modern Political Myth", in *Symbol, Myth, and Culture. Essays and Lectures of Ernst Cassirer 1935-1945*, p. 251. エルンスト・カッシーラー「われわれの現代の政治的神話の技術」、『象徴・神話・文化』所収、三〇三頁。

(75) *Ibid.*

(76) *MS*, p. 279. 邦訳三六九頁。

(77) *Ibid.*, p. 280. 邦訳三七一頁。

(78) *Ibid.*

(79) *Ibid.*, p. 288. 邦訳三八一—三八二頁。

(80) TM, p. 252. 邦訳三〇四頁。

(81)『シンボル形式の哲学』第二巻のなかで、カッシーラーは神話を「(人間精神の) 形態化作用の根源的な一様式として、はじめから感性的—受動的な印象の世界に対しては一線を画している」もの、さらにいえば「芸術や認識と同様に、ある区分の過程で、つまり直接的『現実』、言いかえれば単なる所与からのある分離のなかで生じてくる」(*PhsF*, Bd. 2, S. 30. 邦訳六四頁) ものとして規定している。

(82) TM, p. 246. 邦訳二九七頁。

(83) *Ibid.*

(84) *Ibid.*, p. 245.　邦訳二九六頁。
(85) *MS*, p. 22.　邦訳二五頁。
(86) JM, p. 235.　邦訳二八四頁。
(87) *MS*, p. 281.　邦訳三七二頁。
(88) TM, p. 252.　邦訳三〇四頁。
(89) この点では、カッシーラーの認識は、全体主義分析を歴史叙述に還元して済まそうとするやり方を苦々しく思っていたアーレントのそれに一致している。アーレントはその著書『全体主義の起原』(*The Origins of Totalitarianism*, 1951) のなかでこう述べている。「ここ数年、特に外国では、ナツィ独裁は典型的にドイツ的な、それどころかヘーゲル的な〈国家崇拝〉によって説明されるという馬鹿げた偏見があまりにもしばしばお題目のように唱えられ、そのため歴史家すらも、そのような説とは反対に全体主義の運動は〈国家崇拝〉どころか普通の公民的な心情すらが崩れ去ってしまってからでなければ成立たないということを往々にして見逃してしまっている」(ハンナ・アーレント『全体主義の起原Ⅰ・反ユダヤ主義』大久保和郎訳、みすず書房、一九七二年、八六頁)。なお、管見するところ、アーレントはカッシーラーについて何もコメントを残していないが、活動的な生活を推奨するその主張と人間を「シンボルを操る動物」とするカッシーラーの哲学との異同は、二〇世紀のドイツ政治思想の特徴を考えるうえでもきわめて興味深い。今後の課題として、稿を改めて検討してみることにしたい。
(90) カッシーラーは『国家の神話』において、年代記的な歴史記述によって全体主義を把握しようとする当時の「模範的」な方法に間接的に批判を加え、その不十分さを指摘している。それによると、ヨーロッパ思想の歩みそのものが全体主義構造の成立を促進するとする歴史主義的な主張は、そもそも最初から設定された結論に好都合な部分を歴史から拾い集めて貼り合わせているに過ぎず、端的にいってあやまりというほかなかった。「『第一の哲学』(形而上学) それじたいが全体主義構造の成立を促進するなど、話にうまく通分できるところを勝手に都合よくもってきているにすぎないのである」(Krois, „Cassirer: Aufklärung und Geschichte", S. 128)。実際、カッシーラーのこのような態度は、『国家の神話』の第二部「政治学説史における神話に対する闘争」の議論からもうかがい知ることができる。カッシーラーはここで、全体主義思想の源流として批判が集中していたイデア論の哲学者プラトンをむしろ「哲学を法思想の源泉として理解した最初の人」(*MS*, p. 69.　邦訳八三頁) として積極的に評価し、マキャヴェリに至っては「近代政治哲学を人間の自由の教説、人権の教説へと発展するきっかけを作った」(Krois, „Cassirer: Aufklärung und Geschichte", S. 138) 思想家として思いのほか高く評価している。ナチズムに直結する思想を展開したとして批判されていたロマン主義思想についてもまた、その危険性を認めつつも、そのナチへの思想的な関与を明確に否定していた。そして、英雄崇拝、人種理論、国家崇拝といったナチズムのメンタリティーの先駆的思想家として、カーライル、ゴビノー、ヘーゲルをあげてその思想について検討しているが、全体主義の直接のルーツになったとまでいうのは正しくないとしている。カッシーラーによれば、カーライルの主張した英雄崇拝は、ウィリアム・シェークスピア Willam Shakespeare (1564-1616) の昔からある「それじたい何か悪いことではない」(ebd. S. 126) し、ゴビノーの人種理論についても、自己の血統と祖先への誇りは人間の自然な感情であり、人種差別とはひとつの価値の絶対化による広汎な偏見のひとつに過ぎないというのでなければならなかった。残るヘーゲルの国家崇拝も、「偏狭な地方根性」(*MS*, p. 253. 邦訳三三五頁) の産物であるにすぎず、それは全体主義というよりもむしろ保守主義のコンテクストにおいて理解されるべきものであった。詳細については、本書の第六章を参照されたい。

(91) 現代の政治的神話の目新しさとはその諸要素にあるのではない。カッシーラーのいうように、「現代の政治的神話を、その諸要素に分解しようと試みるならば、われわれは、それがまったく新しい特色を含んでいないことを発見する。ことごとくの要素がすでに十分に知られていた」(*ibid.*, p. 297. 邦訳三〇七頁) のであって、その斬新さは、ナチ支配の実態からも分かるように、この諸要素の機能的な仕組みにあるというのでなければならなかった。つまり、全体主義についての問題とは、諸々のエレメントが機能的にどのように作用しているのかを正確に理解することからはじめるのでなければ、その本質に迫った議論を展開できないというのがカッシーラーの変わらぬ確信だったのである。とするならば、全体主義国家とは、機能概念というパースペクティヴのもとに考察することによってはじめてその特異さがあらわになるものであるということになってこよう。カッシーラーのナチズム分析は、そのようなスタンスに立つものになっているという意味においては、当時としては、きわめて異色の全体主義分析であった。

(92) *Ibid.*, p. 277. 邦訳三六七頁。

(93) *Ibid.*, p. 244. 邦訳二九五頁。

(94) JM, p. 234. 邦訳二八四頁。

(95) *MS*, p. 282. 邦訳三七三―三七四頁。

(96) JM, p. 236. 邦訳二八五頁。

(97) *Ibid.*, p. 253. 邦訳三〇六頁。

(98) Paetzold, „Die symbolische Ordnung der Kultur“, S. 180. ペッツオルト自身は説明していないが、ここでいう「短絡的」とは、

合理的に説明のつかない次元、あるいはそうした思考以前の次元のことを指しているとおもわれる。
(99) JM, p. 236.　邦訳二八五頁。
(100) もっとも、このような規定は、ひとりカッシーラーだけのものではない。たとえば、マックス・ホルクハイマーによる「理性と自然との悪魔的な融合」(Max Horkheimer, *Zur Kritik der instrumentellen Vernunft*, Frankfurt am Main, 1974, S. 94f.) や、ヘルマン・ヘラーの「合理主義的に幻想を奪われたる者の非合理的幻想」(Hermann Heller, „Europa und der Fascismus", in *Gesammelte Schriften*, Bd. 2, Leiden, 1971, S. 484) という見解にもあるように、ナチズム分析においては、このような見方はむしろある程度共有されていたものであったといってよい。ただ、カッシーラーの場合、文化人類学的な考察のもとにこのようなパースペクティヴを打ち立てるに至ったところにその独創性があったといえる。なお、カッシーラーの議論とホルクハイマーのそれとの異同については、本章五の議論を参照のこと。Vgl. auch Heinz Paetzold, *Die Realität der symbolischen Formen. Die Kulturphilosophie Ernst Cassirers im Kontext*, Darmstadt, 1994, S. 111.
(101) JM, p. 253f.　邦訳三〇六頁。
(102) カッシーラーはここで言語の「神話化」の一例として、Siegfriede と Siegerfriede というナチ用語を例示している。「少し前になるが、非常に興味のある小冊子『ナチ・ドイツ語。現代ドイツ慣用語法略解』(*Nazi-Deutsch. A Glossary of Contemporary German Usage*) が出版された。その著者はハインツ・ペヒター、ベルタ・ヘルマン、ヘドヴィヒ・ペヒター、およびカール・O・ペテルである。この著書の中には、ナチ政権によって作り出されたあらゆる新語が綿密に記載されているが、それは厖大なリストである。(ナチによる言語の) 全面的に破壊を免れたのは、ごく僅かの言葉にすぎないように見える。著者たちは、それらの新語を英語に翻訳しようと試みているが、この点については、わたしには成功していないように思われる。彼らは真の翻訳ではなく、ドイツ語の語句を単にまわりくどく表現することができたにすぎなかった。なぜなら、不幸にも、あるいは恐らく幸いにも、これらの言葉を適切な英語に翻訳することは不可能であったからである。それらの言葉を特色付けているのは、その内容とか、客観的な意味ではなく、むしろ、それを取りまき包む情緒的な雰囲気である。こうした雰囲気は感じられるほかはないものであり、それを翻訳することも、一つの精神的風土からまったく違った風土へ移し変えることもできないのである。この点を説明するために、私は思いつくままに選んだ一つの適切な事例で満足しようと思う。私は右の『略解』から、最近のドイツの慣用語法では Siegfriede と Siegerfriede の二語の間には明確な相違があるということを理解する。ドイツ人の耳をもってしても、この相違をつかむことは容易ではなかろう。ふたつの語はまったくよく似た発音をされ、同じことを意味しているように思われる。

Sieg は勝利を意味し、Friede は平和を意味している。この二つの語の組みあわせが、どうしてまったく異なった意味を生み出しうるのであろうか。にもかかわらず、現代のドイツの慣用語法では、二つの語の間には非常な差異があるといわれる。なぜなら、Siegfriede はドイツの勝利による平和であり、これに反して、Siegerfriede はその正反対のことを意味し、連合国側の征服者によって支配される平和を意味するものとして用いられる。他の語についても同様である。こうした言葉を作り出した人々は、政治的宣伝技術に長じた人たちであった。彼らは、もっとも単純な手段によって、激しい政治的熱情をかきたてるというその目的をなしとげたのである」(*MS*. p. 283. 邦訳三七五―三七六頁)。多少補足をすると、そのからくりは、Sieg という単語が単数形か複数形かというところにある。ドイツは民族として一体である以上、単数形 (Sieg) で表現しうるが、連合国側はそのような有機的な統合体の体をなしておらず、複数の寄せ集めとして複数形 (Sieger) で語られているというわけだ。こうして単語の音節一つをもってして、巧みに政治的感情をかきたてたとカッシーラーは分析している。ナチの言語についてはほかに、ヴィクトール・クレンペラー『第三帝国の言語〈ＬＴＩ〉――ある言語学者のノート』(羽田洋・藤平浩之・赤井慧爾・中村元保訳、法政大学出版局、一九七四年)、宮田光雄『ナチス・ドイツの精神構造』(岩波書店、一九九一年) を参照されたい。

(103) *MS*, p. 283. 邦訳三七五頁。
(104) *Ibid*., p. 284. 邦訳三七六頁。
(105) *Ibid*. p. 284. 邦訳三七七頁。
(106) JM, p. 240. 邦訳二九〇頁。
(107) *MS*, p. 285. 邦訳三七七頁。
(108) TM, p. 255. 邦訳三〇八頁。
(109) *Ibid*., p. 238. 邦訳二八八頁。
(110) *Ibid*., p. 239. 邦訳二八九頁。トーニ・カッシーラーの証言によれば、カッシーラーはナチス・ドイツを際限なく戦争し続けざるをえないものと予測していたという。「このシステムは静止した状態を許容しない。ひっきりなしに成果を見せつけなければ、それは存続し得ない」(T. Cassirer, a. a. O., S. 263) とカッシーラーはくりかえし語っていた。この点においても、カッシーラーの主張は『全体主義の起原』におけるアーレントの議論――ナチス・ドイツをつねに「敵」に相対するもの、運動そのものを目的とするニヒリスティックなものとする議論に通じるものがあるといえよう。
(111) TM, p. 259. 邦訳三一三頁。

(112) *MS*, p. 287.　邦訳三七九頁。
(113) *Ibid*.
(114) *Ibid*., p. 236.　邦訳二八五頁。
(115) *Ibid*., p. 286.　邦訳三七九頁。
(116) *Ibid*., p. 277.　邦訳三六七頁。
(117) Thodor W. Adorno, "Freudian Theory and the Pattern of Fascist Propaganda", in *Gesammelte Schriften*, Bd. 8, Frankfurt am Main, 1994, S. 414.
(118) *MS*, p. 285.　邦訳三七八頁。
(119) *PhsF*, Bd. 2, S. 275.　邦訳四三八頁。
(120) Paetzold, „Die symbolische Ordnung der Kultur", S. 181.
(121) ジョン・マイケル・クロイスによれば、技術的思考は「可能ではないもの」の領域を切り詰めていくことによって人間にさらなる可能性の余地を与えたが、それは他方で技術万能の観念――「技術的手段をもってすれば、すべてを作り出すことができるという観念」(Krois, „Cassirer: Aufklärung und Geschichte", S. 129) を生じ、人間から現実と願望とのあいだの垣根をふたたび取り払って呪術的思考へと結びつく素地をみずから作り出してしまっているという。
(122) *MS*, p. 296.　邦訳三九二頁。
(123) TM, p. 246.　邦訳二九八頁。カッシーラーは続けてこう述べている。「人間の政治的・社会的生活が危機に直面するとき、神話はその古き威力を取り戻す。それは、その時節と好機の到来を待って、つねに背後に潜んでいたのである。この時節の到来は、われわれの社会生活の他の諸々の拘束力が何らかの理由でその影響力を失うときである。それはまた、これらの拘束力が神話の魔力にもはや拮抗できなくなるときである」(*ibid*.)。
(124) *MS*, p. 297.　邦訳三九四頁。
(125) TM, p. 265.　邦訳三二〇頁。
(126) *Ibid*., p. 234.　邦訳二八三頁。
(127) *MS*, p. 295.　邦訳三九一頁。カッシーラー自身はこう続けている。「なぜなら、結局のところ、ちょうど物理的世界の論理が存在しているのと同じように、社会的世界の論理が存在し、そこには罰せられずには違背しえない、ある一定の法則が存在しているからである。この領域においてさえも、われわれはベーコンの忠告に従わなければならない。われわれは社会的世界を支配しようと企てるまえに、その法則に服従する方法を学ばなければならない」(*ibid.*)。

(128) T. Cassirer, a. a. O., S. 195.

(129) カッシーラーが「形式と技術」を発表した一九三〇年、フロイトはこのことをその著作『文化の中の居心地悪さ』(Das Unbehagen in der Kultur, 1930) のなかで次のよう述べている。「人間の共同生活は、人間自身の攻撃欲動 (Aggressionstrieb) や自己破壊欲動 (Selbstvernichtungstrieb) によって攪乱されている。人類は、これを自らの文化の発展によって抑制できるのか。どの程度までそれが可能なのか。私には、その成否が人間という種の運命を左右する懸案ではないかと思われる。この点で、まさに現代という時代は、特段の関心をむけられてしかるべき時代といえるのかもしれない。人間は今や、こと自然の諸力の支配に関しては目覚ましい進歩を遂げ、それを援用すれば人類自身が最後のひとりに至るまでたやすく根絶しあえるまえになった。人々にはそれが分かっており、現代人をさいなむ焦慮や不幸、不安の少なからぬ部分は、これが分かっているという事実に起因する。『天上の力』(いわゆるエディプス・コンプレックスにもとづく罪責感から生じた人間を集団に統合するよう駆り立てるエロースの力のこと) のもう一方、永遠のエロースには、ひとつ奮起して意地を見せてくれることを期待しようではないか。だが、その成否や結末はいったい誰に予見できよう」(Sigmund Freud, *Das Unbehagen in der Kultur*, in *Freud-Studienausgabe*, Bd. 9, Fischer Verlag, S. 270. ジグムント・フロイト『文化の中の居心地悪さ』、嶺秀樹・高田珠樹訳『フロイト全集』第二〇巻所収、岩波書店、二〇一一年、一六二頁)。

(130) *MS*, p. 269. 邦訳三九二頁。

(131) *Ibid.*, p. 297f. 邦訳三九四―三九五頁。

(132) Max Horkheimer, Theodor W. Adorno, *Dialektik der Aufklärung, philosophische Fragmente*, Fischer Verlag, 1988, S. 1. マックス・ホルクハイマー、テオドール・W・アドルノ『啓蒙の弁証法』、徳永洵訳、岩波文庫、二〇〇八年、七頁。なお、『啓蒙の弁証法』のごく簡単な説明については、拙論「近代・啓蒙・理性――ホルクハイマー、アドルノ『啓蒙の弁証法』」、『はじめて学ぶ政治学』(岡崎晴輝・木村俊道編、ミネルヴァ書房、二〇〇八年、一八五―一九五頁) を参照されたい。

(133) Horkheimer, Adorno, a. a. O., S. 62. 邦訳一一九頁。ホルクハイマーとアドルノは、この「主体の抹殺」を「人間の自分自身に対する支配」から生じるものと説明している。「なぜなら、支配され、抑圧され、いわゆる自己保存によって解体される実体は、もっぱら自己保存の遂行をその本質的機能としている生命体、つまり、保存されるべき当のものに他ならないからである。全体主義的資本主義の反理性——さまざまな欲求を充足するためのその技術は、対象化され、支配によって限定された形態をとるとき、欲求の充足を不可能にし、人間の根絶へと駆り立てるヒーローの姿において、原型としてはすでに完成されている。文明の歴史は犠牲の内面化の歴史である。換言すれば、諦念の歴史である」(ebd.)。もっとも、カッシーラー的な見地からすれば、このような議論は、文化の形成以前に一種の主体のようなものを前提にしているということ、しかも、文化の形成と独立した主体の存在を想定しているという意味においては、第三章にみるジンメルの文化哲学と同じく神秘主義の言葉をしゃべっているといわざるをえないものになっているといえよう。詳細については、第三章の三の議論を参照のこと。

(134) Ebd., S. 6.　邦訳一五頁。
(135) Paetzold, *Die Realität der symbolischen Formen*. S. 123.
(136) Ebd., S. 124f.
(137) Ebd., S. 136.
(138) Horkheimer, Adorno, a. a. O., S. 6.　邦訳一五頁。
(139) Ebd., S. 22.　邦訳四三頁。
(140) Vgl. Krois, „Cassirer: Aufklärung und Geschichte", S. 129.
(141) Horkheimer, Adorno, a. a. O., S. 22.　邦訳四三頁。
(142) Krois, „Cassirer: Aufklärung und Geschichte", S. 144.
(143) Ebd.
(144) Cf. *MS*, pp. 295f.　邦訳三九一頁。
(145) JM, p. 241.　邦訳二九一頁。
(146) カッシーラーは「ユダヤ教と現代の政治的神話」のなかで、ユダヤ教を「神話的宗教から倫理的宗教へとむかう決定的な歩みを最初になした」(*ibid.*) ものであるがゆえに、神話的思惟によって貫かれているナチズムと決定的に対立するものになっていると考えていた。そして、そうである以上、ユダヤ人を全体主義と敵対せざるをえないものとし、かかる敵対的なあり方を倫理的な義務に適うこととしている。「現代ユダヤ人がこの戦いにおいて防御しなければならなかったのは、彼らの身体的存在やユダヤ民族の存続ばかりではなかった。はるかにそれ以上のものが危険に曝されたのである。われわれはすべての倫理的理想を、すなわちユダヤ教がはじめて存在せしめ、そこから人間文化の全般と全文明民族の生活へと拡がったこれらの倫理的理想を、体現しなければならなかったのである。そしてここでこそ、われわれは堅固な地盤に立つ。これらの理想は破壊されないし、また破壊されえない。それらは、昨今の危機の時代にあってその立場を堅持した。ユダヤ教が現代の政治的神話の威力を破砕するのに貢献したとすれば、それはふたたびその歴史的宗教的使命を完遂したことによって、その義務を果たしたのである」(*ibid.*)。カッシーラーのこのようなユダヤ教理解はおなじくユダヤ系の思想家であるフランツ・ローゼンツヴァイク Franz Rosenzweig (1886-1929) やマルティン・ブーバー Martin Buber (1878-1965) のそれとかなりの部分で異なっており、この哲学者の思想的バックグラウンドを考えるうえでたいへん興味深い。この点についての考察は今後の課題にしたい。

(147) カッシーラーはその手がかりとして、アルベルト・シュヴァイツァー Albert Schweitzer (1875-1965) の主張——「われわれを見守ってくれているはずの夜警」(Ernst Cassirer, „Der Begriff der Philosophie als philosophisches Problem", in *Nachgelassene Manuskripte und Texte*, Bd. 9, Felix Meiner Verlag, 2007, S. 156. エルンスト・カッシーラー「哲学的問題としての哲学の概念」、『象徴・神話・文化』所収、七二頁) たる哲学が「われわれの文化の拠りどころとしている理想のためにわれわれは戦わなければならないとする主張を引き、社会における哲学の役割を再確認することの必要性を説いている。それによれば、哲学に従事するものは、少なくともヘーゲルのいう「ミネルヴァの梟」、すなわち現実に追随してしまうべきではないし、政治的な営みに沈黙する局外者であってはならない。哲学が神話化せず神話の道具となってしまわないようにするためには、哲学は人間性の理想を探求する知的営みとして、人間文化において道徳的なカタルシスをもたらすのでなければならないのだ。とするならば、ここでいう哲学は、現状を分析し将来への理念を提示することによって、文化というダイナミックな運動をつねに一定の緊張状態のもとに置き、その発展を積極的に下支えすることをみずからの課題とするのでなければならないであろう。「哲学は現実の出来事を把握するものだという主張が論駁され、哲学の主張や理想は空しい夢でありユートピアであると嘲笑されたのは何も今が初めてではない。しかし哲学の内なる力、理想を形成する力はこのような嘲笑や懐疑論によっても減衰したり弱化したりはしていない。そして哲学がこの理想形成の偉業を明確に純粋に保持するかぎりにおいてのみ、いま一度それを用いて外界の事物や出来事に影響を及ぼすという望みを抱くことができるのである」(ebd., p. 62. 邦訳七四頁)というカッシーラーの言葉は、実にこのような意味においてアクチュアリティを持っている。その哲学的妥当性はともかくとして、このような考え方もまた、カッシーラーのカント主義者としての性格を如実にあらわす主張になっているといえよう。なお、カッシーラーとシュヴァイツァーの個人的な関係については、妻トーニの回想を参照されたい。Vgl. T. Cassirer, a. a. O., S. 239-243.

第三章　文化哲学の射程——シンボル形式の哲学からシンボル形式の政治へ

一

シンボル形式の哲学によって独自の世界理解のための足がかりをえたカッシーラーは、先述のとおり、そこからさらにモデルネの姿を技術の相のもとに映し出そうとしていたが、その関心は何も「今・ここ」の世界を分析することに尽きてしまっていたわけでは決してない。事実、その関心のほどは、一九三五年一〇月にスウェーデンのイェーテボリ大学でおこなわれた員外教授就任記念講演「哲学的問題としての哲学の概念」(„Der Begriff der Philosophie als Problem der Philosophie", 1935) のなかで語られていることからもはっきりとうかがい知ることができよう。カッシーラーはここで、カントの分類にしたがって、哲学をふたつのタイプ——理論的分析をもとにして世界の本質に迫ろうとする「学術的概念」(Schulbegriff) の哲学と全体としての世界のあり方を問おうとする「世界概念」(conceptus cosmeicus) の哲学とに区分し[1]、これまでの自身の哲学的思索がもっぱら前者に偏ってきたことを反省する一方、後者を志向することの必要性を説いている。[2] それによると、かつてカントが『純粋理性批判』における理論的な取り組みを『実践理性批判』における倫理的な取り組みへとシフトさせていったのと同様に、そもそも「人間とは何か」という問いは、「人間とはどうあるべきか」という問いへと発展させていくのでなければならないはずのものであった。そして、そうである以上、批判哲学の衣鉢を継ぐべきシンボル形式の哲学もまた、カントがたどった「哲学的反省の決定的な転回点(3)」を追体験して規範的な問題領域に足を踏み入れることによって、みずからを「学術的概念」の哲学から「世界概念」の哲学へと深化させていこうとするのでなければならなかったのである。カッシーラーの知的関心は、こうして「今・ここ」の世界のあり方を問うところから、そのあるべき姿を追い求めようとするところへとむかっていこうとしていたのであって、その議論はおのずと政治的な問題領域をもカバーする地点へと行き着くものになっていたのだ。

もっとも、このような「転回」は、何もカントの事例を持ち出さなくとも、シンボル形式の哲学の内在的な発展の結果として説明しうるものであったといえる。「人間とは何か」という哲学の根本的な問いに「新たな始まり」を与えようとするところに議論の力点を置いていたシンボル形式の哲学は、人間文化の哲学のための「基礎づけ」あるいは「予備学」としてのその性格上、先に指摘したように、そもそも既存の政治的思惟に対して変革を迫るためのモメントをその当初から包含するものになっていた。そして、その議論の重心を、文化を構成する人間精神の一般的な能力を考察するところから人間の生の舞台としての「文化」（Kultur）のあり方を問い直すところへと移動させることによって、おのずと人間や社会のあるべき姿を問う規範的な問題領域をもその射程に収めようとするものになっていたのである。のみならず、そのようなあるべき姿の見取り図やその実現方法をも問題にするにおよんで、かかる取り組みはさらに政治的なもののあり方をも検討する領域へと足を踏み入れていくことになるはずのものになっていたのだ。イェーテボリでの「転回」の宣言以来、このことを意識的に推進するにあたって、カッシーラーは自身の取り組みを特に「文化哲学」（Kulturphilosophie）と呼ぶようになり、「文化の全体とは何か」という問いにくわえて、「その目的、目標、意味とは何か」という問いに対する自身の見解を積極的に明示するところへとむかっていくようになった。そして、そこで文化のはたすべき役割や使命、そこに住まう人間のあり方、さらにはその現実におけるあらわれの一側面たる政治のあるべき姿にまで立ち至って考察する作業をとおして、シンボル形式のパースペクティヴを「世界概念」の哲学へと読み替えていこうとしていたのである。見方をかえれば、それはつまり、人間についての問いを人間と人間との関係の仕方についての問いへと読みかえて拡大しようとするものだったのであり、そうすることによって二〇世紀の啓蒙主義という理念により具体的な表現を与えようとするものになっていたといってよい。「オデュッセイの遍歴」はこうして規範的なものについて語るところへと立ち至ることによって、みずからの歩みにさらなる「新たな始まり」を画することになったのである。

とはいうものの、これまで「一個人としては、これ（政治）とはまったく違った研究領域に、より抽象的で理論的な性質の研究に没頭することを……はるかに好む[4]」と公言してはばからなかったこの人物からすれば、かかる「新たな始まり」がやむをえざる事情により選び取られたものであったということはいうまでもあるまい[5]。実際、かのイエーテボリでの講演がドイツからの政治的亡命の結果としておこなわれたものであるということを勘案するならば、文化哲学の議論が当時の政治的状況に対するリアクションとして語られざるをえないものとして登場してきたであろうことは容易に想像がつこう。ナチスが既存の政治体制のラディカルな清算を主張するものである以上、ヴァイマール共和政支持というその政治的信条からして、また、二〇世紀の啓蒙主義というその思想的立場からして、カッシーラーはどうしてもこの保守主義革命に対してプロテストせざるをえないところに立たされていた。しかも、反ユダヤ主義を高唱するナチズムの教説によって「ドイツに巣食う異質なユダヤ人」の生存そのものがトータルに否定されるようになってしまった以上、このプロテストは彼自身の思想的信条のみならずその物理的存在がかけられているといってても決して過言ではないほど切実な意味あいがこめられていたのだ。ことの重大さをいち早く察知したこのユダヤ系ドイツ人は、ヒトラーが首相の座に就いた二か月後にはスイスへと出国[6]、ドイツを去ることへの戸惑いをみせつつも、「あの褐色のペスト」（ケスラー）[7]に対しては一貫して強い危機意識を抱いていた。第一共和政下の相次ぐ政変に慣らされていたドイツでは、当初はヒトラー首班の連立内閣の成立を一時的なエピソードとみなす風潮が圧倒的に多かったが、[8]トーニ・カッシーラーの証言によれば、彼女の夫はそうした楽観的な見方には懐疑的で、早くから「この支配は、一〇年は続くであろうし、引き起こされる災いは一〇〇年から一五〇年にかけて影響し続けるであろう」[9]と予測していたという。この危機意識はやがて亡命者特有の所在のなさに由来する不安感へと結びつき、そのままやり場のない焦燥感を掻き立てていくことになる。ドイツでは狂信的な反ユダヤ主義者に対してさえ声を荒げようとしなかったこのユダヤ系ドイツ人哲学者は、亡命から五年たったころには、ナチスに妥協してドイツに居残った旧友の態度をも非難せずにはおれなくなっていた。彼はいう。

決定的瞬間に、このうえもなく危険なその瞬間に、あなたは自分の著作や講義のなかで長年にわたって擁護してきた恩師や友人たちや思想信条のことを忘却し拒絶することを、正しいこと、仕方のないこととみなしている。あなたの自己顕示欲は、あなたに（良心にもとづいて）沈黙することを許さなかった。どんなことがあろうとも——個人の尊厳を犠牲にしてまでも、あなたは（ドイツ）国内にとどまろうとした。それは仕方がなかったわけでも何でもなかったはずだし、賢明ですらなく、あなたの目的を達成するものでもなかった。……私はもう何度も、盲目的な偏見や人間に対する常軌を逸した驕慢さがどれほど多くのことをなしうるのかを目撃してきた。だが、あなたは、盲目ではなかった。それどころか、みえている部類に入っていたはずだ。あなたは、ユダヤ人やユダヤ教が何たるかを知っていたし、ユダヤ教がドイツの哲学に与えた甚大な影響のほどを知っていた。なぜなら、あなたはヘルマン・コーヘンの業績を理解していたし、それなしには一行も自分の著作を書きすすめられなかったであろうことを、痛感しているはずだから。だというのに、それらすべてを放り投げることの何がいったい仕方がないというのか。……それにしても、あなたの人間に対する態度以上に私の気分を害しているのは、あなたの原理原則の切り替え――唐突に「一九三三年の理念」に信仰告白するような流儀での切り替えにほかならない。[10]

以上のような状況を踏まえて考えてみるならば、文化哲学において展開されるであろう議論の性質は、おのずと明らかになってくるといえよう。ドイツからの脱出ののち、イギリス、スウェーデン、アメリカを転々とすることを強いられたこの「亡命のオデュッセイ」にとって、「今・ここ」の状況で全体としての文化のあり方について語るということは、とりもなおさずナチス・ドイツの施策に対して反対の声をあげるということを意味していた。文化のありのままの姿を論理的にスケッチするということ、そして、その多様で豊かなあらわれの正当性を弁証するということは、それじたいドイツ国民の強制的画一化をもくろむナチス的な支配の不当性を告発するということにそのまま結びついていたし、その犯罪的性格を糾弾するところへとすすんでいくのでなければならないはずのものになっていたのだ。のみならず、ここで人間や社会のあるべき姿について語ることによって、カッシーラーはナチスのいわゆる指導者原理をはじめとする数々のフェルキッシュな行動規範を全面的かつ徹底的に否定するばかりでなく、逆にナチスによって踏みにじられてしまったものの価値と必要性をふたたび確認しようとしていたのである。そのようにしてみるならば、文化哲学の議論とは、ナチ・イデオロギーに対して思想的側面から抵抗するためのプログラムを提示してみせようとするものになっているといっても決して過言ではあるまい。ここで語られる言葉の一つひとつは、その内容がたとえ政治に直接結びつかないようにおもわれるものでさえ、「ナチズム運動に対する哲学的論駁[11]」という明確な政治的目的を負うものになっていたし、それじたいきわめてポレミカルで政治的な性質を帯びたものになっていた。そして、そのなかから浮かび上がってくる人間の政治生活の仕組みとそのあるべき姿をめぐる言説もまた、かかるコンテクストの一部をなすものになっていたのであって、その意味においては、危機の時代に対するこの人物なりの哲学的応答をなすものになっていたのである。

それでは、その応答なるものは、いったいどのようなものだったのか。政治の現実に誘われて新たな思想的地平を切り開く必要に迫られた亡命の哲学者カッシーラーがここで提示した規範的言説とは、より具体的にはどのような内容のものであったといえるのであろうか。そして、われわれはそこからさらにどのような政治思想的なモティーフを読み取ることができるというのであろうか。これらの問いかけに応答するべく、本章では、この哲学者が全体主義国家分析と並走するかたちで展開しようとしていた文化哲学の議論に注目し、その概略をごく簡単にみていくことにしたい。そして、「オデュッセイの遍歴」が到達するに至った思想的境地――シンボル形式のパースペクティヴの政治思想的側面に一定の照明を与えられるようにしたいとおもう。そのために、以下ではまず、文化哲学のグランドデザインをスケッチした『文化科学の論理――五つの試論』(*Zur Logik der Kulturwissenschaften. Fünf Studien*, 1942) と『人間についてのエセー――人間文化の哲学への導き』(*An Essay on Man. An introduction to a philosophy of human culture*, 1944)[12] というふたつの著作に照準をあわせ、文化哲学が全体としての文化をどのようなものとして理解していたのかを確認するところから議論をはじめることにしたい（二）。そのうえで、かかる文化観に言い含められている規範的モティーフの内実を明らかにするとともに（三）、以上の議論の彼方に浮かびあがってくるであろうシンボル形式のパースペクティヴの政治観を考察することによって、その政治思想的構想の一端を考察することにする（四）。そして、それらの議論の思想的意義について、最後にごく簡単に検討することにしよう（五）。

二

文化とは何か。また、それは人間にとってどのような意味をもつのか。——カッシーラーのいう文化哲学とは、一義的には、これらの問いかけに応答しようとするところからはじまった思想的試みであった。[13] その議論はシンボル形式のパースペクティヴをベースとするものではあったが、もちろんその平板な応用に終始していたわけではない。イギリスのオックスフォードからスウェーデンのイェーテボリへと移ってようやくつかの間の平静を取り戻したあたり（一九三五年）からはじめられたこの取り組みには、カッシーラーが亡命生活のさなかに見聞きしたさまざまな知見、とりわけ当時の最先端の自然科学的知見がふんだんにちりばめられている。この哲学者からすれば、文化哲学とは、自身の哲学的思惟を自然科学の側から補強し、「体系的な展望[14]」をもつ哲学的な知と経験的観察を旨とする科学的な知の双方に立脚した文化理解のためのパースペクティヴを構築しようとするものだったのであり、[15] 彼自身の表現によれば、「自然科学の怪物（Scylla）をも、形而上学の渦流（Charybdis）をも回避[16]」しつつ、その中間で「人間文化の一般的性格についての真の洞察[17]」を遂行しようとするところにその眼目があった。そして、そのような取り組みをとおして、政治や社会についても視野に収めた「人間学的哲学」（anthropological philosophy）[18] という新しい知の地平を打ち立てることこそが、その議論の目標とするところになっていたのである。それでは、そのようなスタンスのもと、文化哲学は人間の生の舞台としての文化をいったいどのようなものとして描き出そうとしていたのであろうか。以下、その概略を、ごく簡単にみていくことにしよう。

『文化科学の論理』や『人間についてのエセー』の叙述をはじめるにあたって、カッシーラーは右のような思想的意図を実現するために、ある自然科学者の言説——動物行動学者ヤーコプ・フォン・ユクスキュル Jakob Johann Baron von Uexkuell（1864-1944）の「環境世界論」（Umweltstheorie）を議論の導きの糸としている。当時揺籃期にあった動物行動学はさまざまな側面から急速に発展しつつあったが、カッシーラーによると、ユクスキュルの環境世界論はそのなかでもきわめて理念的な色彩の濃いものであったという。[19] 端的にいって、この環境世界論は、すべての生物がひとしく知覚しうる同一のものなるものは存在しないということ、あらゆる生物は自身の経験を持つがゆえに自身の世界、すなわち「環界（環境世界）」(Umwelt) を持つということを主張するところにその要諦があった。ここでいう「環界」とは、端的にいえば、生物の有する「感受系」(Merknetz) と「反応系」(Wirknetz) という二つの基本的な知覚作用によって対象化（さらにいえば構成）された世界のことであり、各々の生物が独自のやり方で自然の情報を変形することによって作り出した自然像のことを意味している。[20] このような見方からすれば、「有機体の特殊な本性を構成しているものは、有機体がこの環境世界に対してもっている特有な関係[21]」以外の何ものでもないというべきであろうし、「二つの異なった生物の経験――それゆえに二つの異なった実在――は同一の標準では測り得ない[22]」ということになってこよう。こうして「ハエの世界にはただ『ハエの物』のみが見出され、ウニの世界にはただ『ウニの物』のみが見出される[23]」と主張することによって、ユクスキュルはすべての生物を、自身が外界に与えた意味の「機能的円環」(Funktionskreise)[24] のうちに生存するものと定義した。そして、さまざまな生物が関係しあう現実世界を、まさにこの「機能的円環」の重なりあいからなるものとして描き出していたのである。

カッシーラーは「現代生物学のこの問題提起[25]」を援用して、人間の住まう世界としての文化をもこの「機能的円環」のひとつとみなし、他の動物のそれとの比較のうえで人間文化の一般的特徴について説明しようとしている。それによると、後者の円環が感受系と反応系にのみもとづくものであるとするならば、前者のそれはさらに「人間的生命の独特の性質を示す新しい特徴[26]」を示す要素が付け加わっているのだという。この両者の円環のもっとも明らかな違いは、外見的特徴のような「自然的差異にではなく、機能的差異[27]」、すなわち外界に対する動物と人間の反応の仕方の違いにある。[28]「前者の場合には、外界の刺戟に対して直接にして即時的な反応が与えられるのであるが、後者の場合には反応は遅延される。それは徐々にして複雑な思考過程によって中断され遅延せしめられる[29]」のである。つまり、動物が本能という「強固な行動の連鎖」[30]のなかで外界の刺激に対して反射的な反応を示しているのに対して、人間はいったん外界から遠ざかってその場にあった反応の仕方を予測し、未来を「先立＝表象」（Vorstellung）して人間特有の意味（あるいは道具）を作り出すことによってふたたび外界に結びつくことになるのだ。カッシーラーはこのようにして「心象」という抽象的な意味を形成する能力を「シンボル系」（symbolic system）と呼び、かかる「第三の連結」を人間に固有の思考能力にほかならないものとみなしていた。[31]そして、それこそが人間の「機能的円環」としての文化を形成する根本的なモメントになっていると考えていたのである。

そう考えてみるならば、カッシーラーがここで、ユクスキュルの環境世界論をシンボル形式の哲学にそのまま結びつくものとみなしていることは明らかであろう。『シンボル形式の哲学』においてシンボル的思考とかシンボル形式といった名称で呼び習わしてきたものがここで生物学のコンテクストから導出されうるものであるということを確認する作業をとおして、この哲学者は自家のパースペクティヴの論理的な妥当性を自然科学の領域において確認しようとしていた。そして、この確認作業をとおして、より広い見地から文化の性質を見究めるために必要となる認識論的なパースペクティヴを確定させようとしていたのである。こうしてシンボルを哲学と科学の双方に立脚する概念とし、文化について語る際の必要不可欠なキーワードになっているということを踏まえたうえで、カッシーラーは人間を「理性的動物」（animal rationale）とするギリシア以来のクラシカルな定義を改め、新たに「シンボルを操る動物」（animal symbolicum）[32]として定義しなおすよう提言している。この定義からすると、人間はつねにシンボル形式という媒介をとおして自我を発見し世界を対象化するもの、さらにいえば、このシンボル形式を媒介しない物理的「実在に直接向かい合うこと」[33]のできないものとして規定されることになる。「人間は、『物』それじたい（things themselves）を取り扱わず、ある意味において、つねに自分自身と語りあっている。彼は、言語的形式、芸術的形象、神話的象徴または宗教的儀式のうちに、完全に自己を包含してしまったがゆえに、人為的な媒介物を介入せしめずには、なにものをも見たり聴いたりすることができない[34]」のである。とするならば、ここでいう文化とは、無数のシンボル形式からなる空間、カッシーラーその人の表現によれば、「シンボルの宇宙」（symbolic universe[35]）にほかならないということになってこよう。この「宇宙」は単なる物理的な存在によってのみ構成される「固い事実の世界」ではないし、人間の「直接的な（生物学上の）必要および願望」にのみもとづいて構成されているばかりものでもない。それはむしろ、恐怖や希望、空想や夢といった人間精神の「想像的な情動」のもとに形成されているものとして理解されるのでなければならないのである。

そのような文化観へと到達することによって、カッシーラーは文化という人間的現象を、従来の自然科学の合理主義的な理解――もっとはっきりいえば、アイザック・ニュートン Isaac Newtion（1642-1727）によって基礎づけられた古典物理学的な思考方法にもとづく理解の仕方とはまったく正反対の方向から規定することになる。周知のように、オッカムのウイリアム William of Ockham（1285-1349）の自然考察以降、ガリレイの力学やデカルトの普遍数学（Mathesis universalis）を経てマルクスの史的唯物論に至るまで、科学的な見地から文化の姿を見究めようとするものは、その多くが諸々の文化的事象を「それ自体で存在する客体[36]」とみなしてきた。そして、分析と綜合という方法論のもと、文化という「全体の運動」を「最終的な要素的小部分の運動に分解し、完全にこれに還元することがうまくいくときにだけ理解される[37]」としてきたが、カッシーラーからすれば、そのようにして文化を単純に諸断片のモザイク的な寄せ集め、雑多な質料からなる「諸部分の総計[38]」として描き出すことじたい、議論としてきわめて不十分であり、文化のもっとも重要な性質を看過してしまっているというほかなかったのである[39]。なるほど物理的観点からすれば、個々の文化的事象は数学的因果律に支配された別個の存在になっているというべきではあろうが、その各々は完全に無関係なまま孤立しているわけでは決してない。それらは人間が「思考や感情の共通世界を築き上げる[40]」べく作成した媒介機能とでもいうべきものになっているのであって、その存在は「あらゆる主体にとって近づきうるはずであり、また、あらゆる主体がそれに関与するはず」[41]の間主観的な場の存在を前提にしているのだ。とするならば、ここでいう文化とは、単なるシンボル形式の集積の場以上のもの――「物質にはじめてその構造（意味）を付与するような非物質的な秩序」[42]として規定されるのでなければならなくなってこよう。機能的側面からみた場合、およそ文化たるものは「部分が全体を規定する」というシェーマによってではなく、むしろ反対に「全体が部分を規定する」というシェーマによって貫かれている。それはつまり、「全体性のカテゴリー」（Kategorie der Ganzheit）[43]のもとにはじめてその全貌を見通しうるはずの「相互に制約しあう諸機能の体系」（ein System von Funktionen, die einander bedingen）[44]になっているはずのものだったのである。

こうしたいわば有機体的な文化理解には、第一章ですでにみたように、明らかにライプニッツのモナドロジーの影響がみられるが、[45]一見したところ、このような理解の仕方はかなり観念論的で非科学的であるかのようにおもわれるかもしれない。ところが、カッシーラーからすると、かかるパースペクティヴこそ、実際には「今・ここ」の自然科学のコンテクストにおいて要請されているはずのものだったのである。「部分が全体を決定する」とするテーゼを疑い、「全体が部分を規定する」という前提に立ついわゆる「場の理論」（Feldtheorie）[46]の必要性を説く学説は、実際、当時の自然科学を革新しようとする取り組みのなかからさかんに提唱されていたものであった。ダーウィニズムに反旗を翻したユクスキュルの環境世界論、要素心理学への鋭い異議申し立てをおこなったゲシュタルト心理学、ニュートン物理学の限界を暴露した相対性理論や量子力学など、[47]二〇世紀前半の自然科学をリードしたこれらの言説の多くは、これまでの科学主義的なパースペクティヴの限界を跳躍しようとする点において、きわめて重要な一致をみていた。それら一連の「考え方の革命」[48]にあっては、かつてスピノザによって「無知の隠れ家」（asylum ignorantiae）[49]として切り捨てられていた太古の概念――アリストテレスの形相概念をルーツとする「全体性のカテゴリー」がふたたび脚光を浴び、「『事物』（Ding）ではなく、作用のシステム」[50]としての「全体」、すなわち機能的な意味における場の存在が、世界を理解するための必要不可欠なモティーフとして再登場していたのである。[51] 量子力学の認識論的意義について論じた『現代物理学における決定論と非決定論——因果問題の歴史的体系的研究』(*Determinismus und Indeterminismus in der neueren Physik. Historische und systematische Studien zur Kausalproblem*, 1936)[52] のなかで、カッシーラーは次のように述べている。

量子論は、「全体」と「部分」の概念のこの論理学的〈絡まり〉にたいして、特筆すべき物理学的例を提供している。それは、のっけから、全体を部分の「総和」として定義することを断念しなければならなかったのである。それは、全体がそのような総和的な統一以上のものであると説いている。量子力学的には、二個の電子からなる系（という全体＝場）は、これらの二個の電子の状態を決定するけれども、しかしその逆は導けないのである。二つの部分の状態の知識は、全系の状態を決定しないのであり、後者を前者から導くことは問題外なのである。……このことからも、個の規定、つまり真に〈一個〉の存在と見なされるべきものの規定は、量子論にとっては「そこからの端点」(terminus a quo) ではなく、つねに「そこへの端点」(termnus ad quem) なのである、つまり理論の結論であって、それを独断論的に、たとえば「直接的直観」から事前に決定するのは不可能であることが明らかになる。[53]

では、かかる「全体性の概念への帰還」(Rückkehr zum Ganzheitsbegriff)[54] というモティーフのうえに構想される文化とは、いったいどのようなメカニズムの場になっているといえるのであろうか。その特徴は、カッシーラーによれば、ここでもやはり、シンボル形式の不変にして可変というアンビヴァレントな性質のもとに説明しうるはずのものであった。[55] すでにみたとおり、シンボル形式はある一定の意味を保守し持続させる「形式不変性」(Formkonstanz) の要素[56]」を持つ一方で、現実のさまざまな局面で刻一刻とその意味内容を変化させており、いわば「固定的でなく、不変的でなく、自由に動く[57]」要素をもあわせもっている。そして、そのような両義的な性質を内包するシンボル形式が弁証法的なシェーマのもとに漸進的に発展分化していくことになるとカッシーラーは考えていたわけだが、このような見解からすれば、かかる発展分化の場としての人間の文化的生活もまた、この二つの対立するファクターを原動力として形成されているというのでなければならなくなってこよう。文化を構成するシンボル形式はそのいずれもが、いかなる局面においても、人間の行動を抑制する力と推進する力という正反対のはたらきをする二つのファクターを内包している。そして、このファクターの優劣関係のいわば「比率」(proportion)が、たえまない変化のなかで「高度に個々の(シンボル形式の)形態の性格を決定し、個々の形態に各々の独自の姿を与える[58]」ことになるのだ。神話、言語、芸術など、その「比率」の内実は個々のシンボル形式によってそれぞれ異なるが、文化は実にそうした「比率」を調整する場として機能している。そのような作業をとおして、文化はみずからを構築し、自然における人間世界の境界を画定することになるのである。

　そう考えてみるならば、ここでいう文化とは、つまるところ、シンボル形式に内在する「保守的な力と生産的な力[59]」の対決の場になっているといえよう。この対決の場において、「われわれは安定化と進化のあいだの緊張を語ることができるし、固定的で安定的な生活の形態へ向かう傾向と、この固着した形式を破壊しようとする傾向のあいだの緊張について語ることができる[60]」。さらにいえば、そうした「伝統と革新、再現力と創造力のあいだには、不断の闘争が存在している[61]」のであって、人間の文化的生活とは、その意味では、いついかなるときであれ、この二つの対立する力のあいだで引き裂かれているというのでなければならないのだ。といっても、シンボル形式の発展分化は、ひとつのシンボル形式の内部での対立ばかりでなく、さらに異なるシンボル形式のあいだの対立をも惹起することになる[62]。たとえば、神話から派生した宗教的思考が、「みずからの純粋な理想が、神話……のもつ過度の幻想に操られないように防衛する必要[63]」に駆られて神話を抑圧し否定しようとするところへとむかっていくように、発展分化をとげたシンボル形式はそれぞれ互いに対立しあうことによって自身の存在意義をたしかめようとしているのである。そして、その対立の程度は、前章にみた技術の事例からもうかがえるように、シンボル形式の発展分化が深化すればするほど、ますます複雑化しのっぴきならない様相を呈するようになっているといってもさしつかえあるまい。いずれにせよ、文化とは、このことからもわかるように、「つねに、あらゆる瞬間に新しい運動に急に変わることのある不安定な平衡[64]」のもとに立つものになっている。換言すれば、それはいわば「種々の衝突する力の永続的闘争[65]」の場とでもいうべきものになっているのだ。

このような見方からすると、「人間の経験においては、文化の世界を構成するさまざまな活動で、調和して存在するようなものなど決して見出されない[66]」ということになる。そもそも文化とは、そうした予定調和的なシェーマを突き崩していくところにそのダイナミズムがあるのであって、その行方もまた、ロジカルに演繹し知悉しうるほど単純な性質のもとに規定されうるかのような類のものではないし、ましてや「すでに予想され予定されている図式、つまりアプリオリな思考様式において決定的なかたちを与えられているような図式にしたがっている[67]」わけでも何でもないのである。にもかかわらず、「文化の個々の段階をすべて論理的に演繹したり、その段階が精神の絶対的本性ないし実体から展開されてくる際にしたがう普遍的計画を形而上学的に記述できるというほどにまで、文化の内容およびその範囲について理解できる[68]」というのであれば、そのような主張は、論理的な次元においてはもはや支持しがたいというほかないであろう[69]。だいたい文化の現実のあらわれにおいて、この種の言説によって与えられるような整然とした世界秩序を期待することじたいが、カッシーラーによれば、根拠の乏しい形而上学的な願望でしかないというほかなかった。およそ「人間文化の統一と調和というものは、現実の事件の経過によって、つねに失敗に帰している『敬虔なる欲望』(pium desiderium)――目的はよいが、実際には悪いもの――とほとんど同じであるようにみえる[70]」ものでしかないのであって、事実はかかる「欲望」とはまったく別の次元にあるというのでなければならなかったのである。[71]カッシーラーはいう。

文化が決して調和的に広がる全体ではなくて、もっとも強い内的対立により実現されていることをひとは洞察し容認しなければならない。文化はたしかに「劇的」(dramatisch) であるように、「弁証法的」(dialektisch) である。文化とは、決して単純な事象ではなく、また、決して静止した結末ではない。それは、絶えず新たに始まらなければならない、しかもその目標が決して確実ではない、営為 (ein Tun, das stets von neuem einsetzen muß, und das seines Zieles niemals sicher ist) なのである。それで、文化は素朴な楽天主義に、もしくは人間の「完全性」への独断的信頼にまったくわれを忘れることが決してないのである。文化がつくりあげたすべてのものが、くりかえしひそかに文化を破壊するおそれがある。したがって、ひとが文化をその所産でだけ考察するとき、文化はある満足させないものを、またあるきわめて問題的なものをつねにもちつづけている。真に生産的な精神の持主たちはその熱情のすべてをその業績にそそぐが、しかしこの熱情こそかれらに対して新しい苦悩の源泉になるのである。[72]

もっとも、カッシーラーは文化をこうして人間の不安や苦悩を掻き立てるものとみなしつつも、その営みを方向性のない盲目的な性格のものと断じてしまっていたわけでは決してない。なるほど「内容的観点」からみた場合、文化は「異なった線に沿い、異なった目的を追求するさまざまな活動に分けられている」[73]し、さまざまなシンボル形式が苛烈な闘争に明け暮れるカオスの場であるかのような様相を呈しているようにおもわれるかもしれない。ところが、「形式的観点」からすると、その多種多様なあらわれもまた、実は「共通の主題に属するはなはだ多数の変種」[74]にすぎないのであって、その意味では、文化とは、ひとつの「主題」のもとに方向づけられている場になっているとみなされるのでなければならないものになっているのだ。つまり、「人間文化の種々な形態は、その性質が同一であるがゆえに結合されるのではなく、その根本的任務が一致しているからこそ統一される(75)」のであり、その実体的側面ではなく機能的側面に目をむけることによって、ひとつの方向性をもったものとして理解できるようになるはずのものだったのである。そのような見地からすれば、文化とは、「シンボルを操る動物」たる人間がさまざまな局面で「新たな力を発見し、これを試みる」ことによって「彼独自の世界、『理想的』(ideal) 世界を築き上げる(76)」プロセスにほかならないのであって、人間につねに新たな可能性を開示してみせるための場になっているというその一点において一貫したはたらきをしているというべきものになっていた。そして、そうであるがゆえに、全般的にみて、「人間の漸次的な自己解放のプロセス」(the process of man's progressive self-liberation)(77) として定位されるのでなければならないものになっていたのである。とするならば、このプロセスを織りなす「さまざまな力のあいだの緊張と摩擦、強烈な対立と深刻な闘争(78)」もまた、単なる不和や不調和以上の意味あいを含んでいるというのでなければならなくなってこよう。実際、言語や宗教の発展の仕方からも読み取りうるように(79)、かかる闘争の「いずれもが新たな限界を切りひらく」ことによって「互いに補完し完全ならしめる(80)」役割を果たしているし、さまざまな「反対物は互いに排除しあうものではなく相互に依存しあうもの(81)」になっている。文化の「均衡状態」を混乱させ破壊するとおもわれる種々の対立関係こそは、実はその発展のためのもっとも不可欠なモメントになっているのであって、文化の生命力とは、まさしくその点にこそ認められるのでなければならないのだ。

このような見解からすれば、カッシーラーのいう文化とは、つねに「シンボルを操る動物」たるわれわれ人間の眼前に横たわっているひとつの可能性にほかならないということになってこよう。といっても、そこには必ずしも明るい可能性だけが用意されているわけではもちろんない。第二章にみたように、モデルネが危機の恒常化した時代になってしまった以上、文化は今や破局という名の巨大な深淵を背にしているというのでなければならないし、実際にそうした深淵へと転がりこんでしまう可能性をも十分にもっている。そして、文化が「人間の漸次的な自己解放のプロセス」としての性格を有しているといっても、それはあくまでもひとつの内在的な方向性を指し示しているにすぎないのであって、決してある種の理想状態を保証しているわけではないのである。むしろ、そのプロセスがさまざまな次元における闘争を原動力とし、なおかつ「静止した結末」ではなく「絶えず新たに始まらなければならない、しかもその目標が決して確実ではない、営為」になっているということを勘案するならば、文化の自己解放としての側面もまた、現実の局面においては、いわば「終わりなき課題」としてつねに提起され続けている一種の理念であるにすぎないといわざるをえまい。もちろん、人間が文化のなかに住まうものである以上、われわれはいつであれこのプロセスの途上にあるということはできる。[82] とはいえ、「今・ここ」を生きるということは、ここではたえず岐路に立って何らかの決断を迫られるということを意味しているのであって、それはさらに、漸次的な自己解放という「可能な進歩[83]」のために、各人がくりかえし何らかの行動をとるよう迫られているということをも意味しているのである。それでは、文化の場において、人間は何をどのようになすべきなのか。この問題に対して文化哲学が提示した見解を、節を改めてさらに具体的にみていくことにしよう。

三

先述のとおり、カッシーラーの文化哲学とは、一義的には、文化とは何かという問いに応答しようとするものであり、より正確にいえば、人間の生の舞台としての文化の機能的構造とその一般的性格を明らかにしようとする思想的試みであった。とはいえ、この試みは、かかる「事実の問題」(quid facti) の延長線上にさらに「権利の問題」(quid juris) をも究明しようとするものになっていたところにその思想的な特徴があったといえる。文化のあり方を問うということは、この哲学者によれば、そのままそこに住まう人間のあり方を問うということをも意味していた。そして、その問いはさらに、「シンボルを操る動物」たる人間がこのコンテクストにおいてどうあるべきなのかという規範的な問題領域をもフォローするところにまでいきつくはずのものだったのである。[84] 文化哲学の議論はこうして文化とは何かという事実への問いを、文化（あるいはそこに生きる人間）はどうあるべきかという倫理への問いに深化させていくことになるが、議論はここでもまた、ある人物の学説——ドイツ社会学の草分け的存在であり、カッシーラーのベルリン大学時代の教師でもあった社会哲学者ゲオルク・ジンメルの文化理論を導きの糸にして展開されることになる。[85] とりわけ『文化科学の論理』の掉尾を飾る論文「『文化の悲劇』ということ」(„die „Tragödie der Kultur"") において、カッシーラーはジンメルのペシミスティックな文化理論に対して批判的な見解を提示する作業をとおして、文化哲学の規範理論を構成するための思想的モティーフを浮かび上がらせようとするところへとむかっていくことになるであろう。以下、その様子を、ごく簡単にみていくことにしよう。

論文「『文化の悲劇』ということ」において、カッシーラーは『哲学的文化』(*Philosophische Kultur*, 1911) などにみられるジンメルの文化理論を、いわゆる「文化の悲観主義」(Kulturpessimismus) を弁証するものとして理解しようとしている。[86] それによると、生の哲学者ジンメルの目に映った人間の文化的所産とは、端的にいって、人間の内的世界としての「心魂」(Seele) ＝「自我」(Ich) にとって有用であるどころかむしろ有害なものでしかなかった。より正確にいえば、それらは「たんに客体的なものに、自我によってはもはやまったく理解されず包括されない物的存在や物的所与になる」[87] ことによって、個々人の内面的な「自発性を、すなわち自我の純粋な自己活動を高め増すかわりに、脅かし押さえつけ」[88] ているのであって、結局は人間の生の充実を疎外するものでしかなかったのである。だとするならば、かかる「客観的なもの」からなる文化は、人間に数多くの物質的な富と力をもたらす一方で、その「心魂」を圧殺するという実にアイロニカルな事態を引き起こしているといわざるをえないであろう。「文化の進歩は人類につねに新しい贈り物を贈るが、しかし、個々の主体はそれの享受からますます締め出されているのである」[89]。そう考えることによって、ジンメルは全体としての文化を、人間の自己疎外、自己破壊のうえに築き上げられるものでしかないと結論づけることになる。しかも、その破壊力が人間の自我の「もっとも深い層」[90]をなす「心魂」に由来しているという意味において、文化がもたらした諸々の成果とは、人間の「悲劇的宿命」[91]のもっとも赤裸々なあらわれというほかなかったのである。

カッシーラーのみるところ、ジンメルのこのような所見は、文化の最弱点を「もっとも鋭く徹底した表現」[92]で告発してみせたという点では、それなりに評価しうるものであった。カッシーラーのように文化を意味の闘争の場とする立場からすれば、人間の文化的所産をその自発的な生と対立するものとするジンメルの分析には、少なからず首肯しうる余地が残されていたのだ[93]。ところが、ジンメルがここからさらに出口のない悲劇的な結論——文化と対立する人間の生が不可避的に絶望的な閉塞状況へと追いこまれるという結論を引き出すに至ると、カッシーラーの態度は一転して批判的となる。ジンメルのこの見解は、人間の自我をその文化的所産から独立した地点になりたつ「根源的に与えられた実在」[94]とみなし、この両者を「いかなる調停もいかなる和解をも許さない」[95]二元論的な敵対関係にあると想定することによって成り立っているが、文化哲学の基本的な立場からすれば、そのような想定じたいが端的に事実に反するといわざるをえなかったのである。そもそも人間の自我とは、聾にして盲であったヘレン・ケラー Helen Adams Keller（1880-1968）がアルファベットの習得を境に高次の精神的発達を遂げたという事例からもうかがえるように[96]、実際には各人がシンボル的思考を駆使してさまざまな意味、すなわちシンボル形式を形成していくプロセスのなかで徐々に築き上げられているのであって、ジンメルのいうような「文化の諸形態を創りだす既成の所与性」[97]たるわけでは決してない。人間の「生が、文化のさまざまな諸形式で、すなわち言語、宗教、芸術で、経験する固定化は、自我がその固有の本性により望まざるをえないものと、そののちまったく対立するのではなくて、自我が自己自身をその固有の本体のかたちで見いだし理解するための前提をなしている」[98]のであり、このことを無視して自我を純粋にアプリオリに存在するものとみなすならば、そうした見解は荒唐無稽な神秘主義の言葉を語っているといわざるをえまい[99]。カッシーラーからすれば、人間の自我と文化の諸形式の関係とは、少なくとも、このようにして人間や文化をもっぱら「実体化」(Hypostase) された相のもとに理解しようとする見方をこえたところに構想されるのでなければならなかったのであり[100]、そうである以上、ジンメルの「文化の悲観主義」とは、現実のある一面をとらえてみせたにすぎないきわめて不十分な学説であるといわざるをえなかったのである。

では、実際には、人間と文化はどのような関係にあるといえるのか。カッシーラーはこの問いに応えるために、人間の文化的所産たるシンボル形式が「完成した内容をあるひとからほかのひとに伝える[101]」だけの硬直したものではないということに注目するよう指摘している。この哲学者によると、個々のシンボル形式は、すでにみたように、弁証法的な発展分化をへて、つねに人間に「新たな始まり」をもたらす一種の機能的媒介として作用しているが、現象的にみた場合、それは決して人間に一方的にはたらきかけているばかりではない。その一つひとつは、むしろ「たえず新たに習得され、そうされることによってつねに新たに創造されることによってだけ、われわれに対して存続している[102]」のであって、実際には受容される段階ですでにその意味内容を微妙に変形させられているのである。つまり、「あらゆる生きた言語使用がつねに意味変更をまぬがれない[103]」ように、シンボル形式＝意味に接するに際して、各人は既存の意味内容を引き受けるという行為をとおして、実はそこに自発的に新たな要素をはさみこんでいるのだ。そうした「内からの改革[104]」は、個々人のうちで無意識のうちにすすめられるごく軽微なものから、ダンテやゲーテのようにこれまでのイタリア語やドイツ語のあり方を一変させてしまうほどの大掛かりなものまでその程度はさまざまだが、いずれにせよ、その一つひとつは、確実にシンボル形式を新たなる次元へと引き上げる役割を果たしている。そして、そこから生成されるさまざまな文化的「業績」（Werk）が、またもや人間の意識にはたらきかけて、さらなる活動を促す刺激的なモメントとして機能するといった具合に、自我の生成と文化の発展は、その表面的な対立関係とは裏腹に、相互に依存しあう関係にあるのだ。そう考えてみるならば、ジンメルのように人間の文化的所産をもっぱら「精神の自由な運動を狭め妨げる」[105]だけのものとすることには、やはり相当な無理があるというのでなければならないであろう。それらは「自我がつきあたる『絶対的なもの』」になっているというより、むしろ反対に各人にさらなる局面を切り拓くよう促すファクターになっているのであって、その意味では、人間の自我を発展させる「ひとつの通過点」[106]として理解されるべきものになっているのである。

そのもっとも端的なあらわれとして、カッシーラーはここでヨーロッパにおける「ルネッサンス」（Renaissance）の事例をあげている。いうまでもなく、ルネッサンスとは、古典古代の文芸復興を企図した一四世紀以降の一連の文化運動のことであるが、この哲学者のみるところ、それは過ぎ去った時代の様式なり精神なりを忠実に模倣し追体験してこと足れりとするものでは決してなかった[107]。「古代の生活形態」に没入して「古代の新しいいっそう深い理解に徹したこと」[108]によって「最初の近代人」と称されるようになったイタリア・ルネッサンスの思想的旗手フランチェスコ・ペトラルカ Francesco Petrarca（1304-1374）の存在が如実に示しているように、この復興はむしろ「今・ここ」にある人間が過去を「活力の源泉」[109]とすることによって、「新しいより深い意味での自分自身を見いだす」[110]ための知的営為になっていたのである。もっとも、そうした営為は――ルネッサンスがガリレイの異端審問や思想家ジョルダーノ・ブルーノ Giordano Bruno（1548-1600）の焚刑をはじめとする数々の悲劇を経験せねばならなかったように――意味を確定する個々のシンボル形式の「与えられた情況の持続を、またある意味では永遠化を目ざす諸力」[111]の激烈な抵抗を受けざるをえないし、文化の発展とともにその抵抗の力はますます強まっていくことになるが、だからといって、かかる抵抗がジンメルの想定しているような、人間を完全に無力化してしまう事態を招来するわけでは決してない。何となれば、「シンボルを操る動物」たる人間は、いついかなるときであれ、自分自身が感じ、欲し、考えることを意味構成＝「客体化」(Objektivation) しているし、また、そうせざるをえないのであって、そうである以上、「形成への意志」[112]という人間の生の力が、意味の抵抗によって押しつぶされることなどありえないというのでなければならないからだ。カッシーラーはいう。

一方では保守を、他方では革新を目ざしている二つの力のあいだの競争や抗争は決してやまない。……文化の成長と発展とともに、(保守と革新の) 振り子の振幅はますますひろがり、振動の幅はますます大きくなる。内的な緊張と対立はそれとともにいよいよ強度を増す。それにもかかわらず、文化のこのドラマは端的に「文化の悲劇」にはならない。このドラマには、決定的な勝利もないように、決定的な敗北もないからである。この二つの反対の力は、交互に消滅しあわず、相互に増大する。精神の創造的運動には、この運動がみずから生み出す固有の業績のうちに、対立するものが生じてくるように思われる。すべてのすでに創られたものは、その本性上、新たに成立し生成しようとするものと活動領域を争わざるをえないからである。ところで、この運動はその形成したものにつきあたってたえず変わるが、この運動はともかくその形成したものによって破綻はしてしまわない。この運動はただ、これが新しい未知の力をそこで発見する新しい努力をどうしてもしなければならないし、またそうするようにせきたてられているだけである。[113]

カッシーラーによれば、「シンボルを操る動物」たる人間の倫理的性格は、実にこのような性質のうちにおのずと見出されるはずのものであった。人間は所与の文化的世界に身を委ねつつも、それを「現実的と可能的、現実的と観念的なもののあいだに判然たる区別をする」[114]ことによって不断に変革する能力を有している。そして、そのようにして文化を構成するという課題に「responsible な（答えうる——責任ある）存在」[115]になっているということこそ、人間の道徳的主体たることの何よりの証左なのだ。このような視座からすると、各人はシンボル的思考を駆使して活動しうるがゆえに倫理的たりうるのであって、その規範的なあり方や倫理的な責任もまた、人間と文化の関係性から導き出されるのでなければならないということになってくる。事実、この道徳的主体が文化という生のコンテクストへの参画をとおしてはじめて人間としてのアイデンティティを確保し、自我を確立しうる存在になっているということを勘案するならば、文化を構成するということは、各人にアプリオリに付与された権利以上のものとされるのでなければなるまい。それは「シンボルを操る動物」としての自身の本性に対する責任を果たすという意味において、また、過去の他者の事跡を引き継ぎ、現在のみならず将来の他者に対しても自己形成の道を準備するという意味において、それじたい高度な倫理的性格を帯びた営為になっているのである。そう考えてみれば、各人はいつであれ文化の画定に「それぞれに参与し、みずからの方法およびみずからの努力によってそれを再構築しなければならない」[116]し、それゆえ「つねに彼自身を探求しているもの——その存在の各瞬間に、自己の存在の条件を、検討し検査しなければならないもの」[117]たろうとするのでなければならないということになってこよう。プラトン Platon（B.C.427-B.C.347）がソクラテス Socrates（B.C.469?-B.C.399）に「検討されない生活は生きる価値がない」[118]と語らせているように、カッシーラーのみるところ、この「検討するという行為に、人間の生活に対するこの批判的態度に」[119]こそ、「人生の真の価値」が認められるというのでなければならなかった。そして、そうしたソクラテス的な態度のままに生き活動しようとする人間の姿のうちに、この哲学者は人間の人間たるあかし——「人間性」（Humanität）[120]のもっとも核心的な姿をみてとろうとしていたのである。

このような見解からすると、およそ規範理論なるものは、かかる人間性を開示するための言説たろうとするのでなければならなくなってこよう。その際、カッシーラーは人間性というこのきわめて曖昧で、これまで雑多な意味で用いられてきた言葉を、明らかにドイツの新人文主義（Neuhumanismus）の伝統のもとに理解しようとしている。それによれば、ここでいう人間性とは、「人間が外的印象の豊かさのうちに簡単に融けこんでしまうのではなく、かれがこの豊かさに、けっきょくは自己自身から、すなわち考え、感じ、欲する主体から出てきている一定の形式を刻みつけることによって、かれがこの豊かさを制御すること」[121]をとおして生じてくるはずのものであった。ゲーテやシラーが詩作をとおして追求し、ヨーハン・ヨアヒム・ヴィンケルマン Johann Joachim Winckelmann（1717-1768）やヘルダーが美学や歴史哲学において示唆し、さらにはフンボルトが言語理論においてくりかえし言明しているように、ドイツの新人文主義者たちのいう人間性とは、つまるところ、各人が多様な文化的活動をくりひろげるなかで徐々に開示されていく自分自身の普遍的な本性のことを指し示す言葉だったのである。とするならば、この人間性の理念なるものは、人間の文化的活動が活発になればなるほど、その輪郭がよりはっきりと浮かび上がってくるものになっているといえようし、文化のあらわれが多種多様であればあるほど、内容のうえでもその深みが増していくものになっているといえるであろう。カッシーラーによれば、このようにして文化の多様なあらわれを要請するどころか要求しさえするこの理念こそは、現実の世界を無理やり切り詰めることなく、それでいてなお、人間を機能的に統一しうる必要最低限の規範的なモメントたりうるものであり、文化の葛藤が深刻化しているモデルネという時代状況においては、今まで以上に切実な意味をもちうるはずのものであった。文化哲学はそこで、エンノ・ルードルフのいうように、「汝は、汝の第二の自然たる文化創造の能力を、第一の自然を危険にさらすことなく、ますます発展させるために尽くすよう、行為せよ[122]」というフォーミュラをかかげることによって、現代における人間性の可能性を追求するための規範理論をうちたてようとしていたのである。

もっとも、このようにして「活動的な生活」を「人間にふさわしい唯一の生活[123]」と規定するとともに、「文化創造の能力」を維持し精練することの必要性を説くということは、見方をかえれば、各人に自由であれと説いているにひとしい。というのも、文化という漸次的な自己解放のプロセスにおいて、人間は活動の可能性としての「自由」(Freiheit)を不断に拡大しているのであって、そのプロセスを前進させるために活動するということは、したがって、たえず自由の意識を前進させるということを意味しているからだ[124]。そう考えてみるならば、自由こそは人間性の理念を実現するための必要不可欠のファクターになっているというべきであろうし、ただ漠然と人間に「与えられている」(gegeben)だけのものというよりも、むしろ人間に不断に「課せられている」(aufgegeben)ものになっているといっても決して過言ではないであろう。カッシーラーの確信するところによれば、そのような意味における自由とは、「俗に謂うところの『自由』――単なる「原因の欠落」のように何ら積極的な根拠をもちえない「無思慮で気儘勝手な自由」(liberum arbitrium indifferentiae)[125]と同一視されてしまってよいかのような類のものではない。それは「不確定性というよりは、むしろある仕方での『決定可能性』を意味して[126]」いるのであって、それゆえに、先にみた技術のもたらす自由と同じく、一定の倫理的性質を帯びているとされるのでなければならないものになっているのだ[127]。このことからもわかるように、「もし『人間性』という言葉が何ものかを意味するならば、それは、種々な形式のあいだに多くの差異と対立が存在するにもかかわらず、すべてが共通の目的に向かってはたらいているということを意味している[128]」というのでなければなるまい。人間性の理念とは、各人が自由たることを「共通の目的」とすることによって、さらにいえば、自由という言葉を規範的かつ目的論的な次元から理解することによって、はじめて接近しうるものになっているのである[129]。

それでは、そうした意味における自由とは、どのようにして実現されるべきものなのか。各人はそのためにいかにふるまうよう求められているのであろうか。これらの問いかけに対するカッシーラーの対応は、倫理的言説にしてはあまりに漠然としている。というより、これらの問いかけへの応答に不可欠な「普遍的観念を抽象的にいいあらわすすべての試みに対して抵抗」するために――別言すれば、文化の多様なあらわれを論理的に抽象化して切り詰めてしまいかねない一面的な教説をつとめて排除するために――真正面からの受け答えをあえて回避しているといった方が、あるいは正確なのかもしれない。以上のように、自由を人間の文化的活動の産物、しかもその不断の活動をとおしてのみ確認しうるものとする見地からすれば、自由であるための方策は、決して「唯一の観念によっていいあらわされたり、またある程度唯一の観念だけのせいにされたり」するものではない。自由であれという命題を文化という不断に生成するコンテクストにおいて実現させるためには、そのための方策それじたいが、「今・ここ」の状況に応じてくりかえし模索され検討されるのでなければならないのだ。つまり、倫理的な意味における自由とは、あくまでも「われわれの前に置かれた問題が問いかけてくるもの」を媒介として獲得するほかないのであって、もっぱら「精神の絶えざる自己更新の活動のなかに……探し求めようとするのでなければならない」のである。そうである以上、そのうえに提示される具体的な倫理的規範もまた、「思索家の努力によって把握することができ、容易に他人に移転され伝達される一種の既成品」であるかのようなものとみなすわけにはいかなくなってこよう。それはむしろ、文化の場において、「相互の問いと答における人々の絶えざる協力による以外はこれをえることはできない……社会的行為の産物として了解されねばならない」ものになっているのだ。

そう考えてみるならば、カント哲学の後継者を自認してきたはずのカッシーラーが、ここで理性や内的自然のような形而上学的概念を意識的に遠ざけようとしている理由もまた、おのずから明らかになってこよう。第四章にみるように、カッシーラーはすでに『自由と形式』において、右のような見解をゲーテに語らせるかたちでぼんやりと表明してはいたが、その主張はここでさらに既存の倫理的言説の文法――それこそ、カントの道徳的リゴリズムのように、理性という抽象的理念の高みから垂直的に汝なすべしとことこまかに教えをたれようとするやり方の不十分さと不的確さを指摘することになる。それによると、このようなカント的な意味における理性の理想主義は、「事態の現状の消極的な黙認に対抗して、『可能なるもの』のために余地をつくる」[136]という意味においては、なるほど看過しえない重要な役割を果たしうる思想的取り組みになっているというべきではあった。とはいうものの、かかる理性が人間性の一側面を示すものにすぎず、現実の文化的内実がそうした抽象的な概念によって知悉されうるほど単純明快なものになりえない以上、やはり「理性という言葉は、人間の文化的生活の豊富にして多用な形態を了解せしめるには、はなはだ不完全な言葉[137]」であるといわざるをえなかったのである。にもかかわらず、この「不完全な言葉」にのみ規範理論の核心をなすモメントとしての地位を与えようとするのであるならば、そのような試み——カッシーラーはそのもっともラディカルな主張として、ここでも世界史を理性の自己実現の歩みとするヘーゲルの歴史哲学をあげているが[138]——は、畢竟人間性とそれを実現するための自由の多様なありようを切り詰め、その発展を阻害してしまいかねないといわざるをえまい。結局のところ、そうした理性至上主義的なパースペクティヴは、文化哲学の見地からすれば、もはや無条件に首肯しうるかのような類のものではなくなってしまっていたのだ。カッシーラーはさらにこう述べている。

行為はそれなりにそれを行ってみてはじめてみずからを知るのであり、この行うことのうちではじめて行うことのうちにある諸々の可能性を意識するようになる。行為は、あらかじめ明白に規定された一定範囲の可能性により拘束されているのではなく、みずからたえず新しい可能性を探求し創造しなければならない。この探求と創造とは本来偉大な個人の、すなわち真に生産的な個人の行うことである。人間文化の運命と将来とについてくりかえしおこる不安は、したがって、批判的な文化哲学を回避しえない。この不安は歴史的決定論の限界を、予測の限界を承認しなければならない。結局のところ、われわれ自身によって見出されなければならない形式構成力が役に立たないか衰えるかしないかぎり、文化は存在するであろうし前進するであろうということが、ここで述べられうるすべてである。このような預言をたしかにわれわれはすることができ、そして、この預言はわれわれ自身にとって、すなわちわれわれ自身の行為と決断にとって唯一重大な預言なのである。というのは、なるほどこのような預言は客観的目標の無制約な到達可能性をあらかじめわれわれに保証するものではないが、しかし、この目標に対するわれわれ自身の主体的責任を知ることを教えてくれるからだ。そしてそれとともに、この点で、われわれの無知さえ消極的意義だけでなく、積極的意義をもつ。……「絶対的な力」としての理念が再び「終わりなき課題」としての理念に回帰するならば、ヘーゲルの歴史観の思弁的楽天主義はなるほど断念されなければならない。しかし、そうすることによって、同時に没落の予言や没落の幻想を伴った宿命論的なペシミズムをも免れる。行為は、固有の力と固有の責任に基づいて決断する自由な軌道をふたたび手にするのであり、このような決定の仕方に文化の方向と将来は左右されているのである。[139]

二〇世紀の啓蒙主義者カッシーラーが「たんなる悟性の文化は人間性という最高価値を基礎付けることはできない[140]」と主張するとき、その背後には、むやみやたらと人間に未成年を宣告したがるアプリオリな観念に対する不信感とその「決定論」的な口吻に対するぬぐいがたい不信感があった。といっても、ここで批判されるべきは、もちろんヘーゲル流の理性主義的な「楽天主義」ばかりではない。ヘーゲル的な世界理解の延長線上で社会主義革命の必然性を説いた史的唯物論をはじめ、形而上学的な宿命論や宗教的な予定調和を説く教義など、カッシーラーからすれば、そうした類の言説のほとんどは、人間のあるべき姿を説得的に明示しようとするあまり、その文化的世界のすべてを人間の自由な意思にかかわりなくプログラミングされた物語としてしまうところに致命的な欠陥があるといわざるをえなかった。こうなってしまえば、それらの「どの説もプロクルステスのベッドとなり、経験的事実は、その上に予想された型にあてはめるように、無理に歪められ[141]」るようになってしまうというほかなかったのである。のみならず、往々にして人間をかかる物語のための一齣＝一手段に過ぎないものとみなしたがる——それゆえ、そもそも人間のより善き生のための手段たるはずの「物語」がいつのまにか自己目的化してしまうきらいがあるところからも、これらの言説には看過しえない陥穽があるといわざるをえなかったのだ。文化をたえまない意味の闘争の場とする立場からは、こうした宿命論的な言説は、先にみたように、端的に事実に反するといわざるをえなかったし、規範的な内容が色濃くなればなるほど詭弁的な姿をとる可能性が高まるだけに、ますますその危険で暴力的な性格があらわになっていくというのでなければならなかったのである。

だとするならば、このような陥穽を回避するためには、従来のように現実を理念に合致するよう無理やり作り変えようとするのではなく、むしろ反対に理念の内容を「今・ここ」の現実に応じて柔軟に変化させていくような規範的言説が想定されるのでなければならなくなってこよう。「倫理的理想が決して『与えられたもの』を受けとることを肯んじないということは、その本来の性質と特徴から来ている。倫理的世界は、決して与えられるものではない。それはつねに作られつつある[142]」のであって、もちろん単なる現状肯定に堕してはならないが、かといって、現状を無視した超然たる内容のものであってもならないのだ。したがって、文化という絶えざる「新たな始まり」の場における倫理的教説とは、さしあたって本質であるとか真理と呼ばれるものを「漸進的にしかそれに接近できない」いわゆる「無限遠点」(ein unendlichferner Punkt)[143]でしかないものと認識することになる。そして、そう考えることによって、アプリオリな観念にもとづいた当為概念にやすやすと身をゆだねることのないよう警戒を呼びかけるものとして立ちあらわれることになるのである。ここにおいては、したがって、「絶対的な力」のように人間の精神に安住——あるいは逃避——の余地を与えてくれそうなモメントが想定されることはもはやない。そのかわりに、倫理がつねに発展の途上にあることばかりでなく、そのようにして流動的で不確実な状態を受けとめてもちこたえることの重要性が最大限に強調されることになる。自由であれという命題は、このようにして倫理的言説における予定調和のシェーマをはねつけ、かかる知的誘惑を拒絶したところにはじめて成り立つはずのものになっているのである。

このようにしてみるならば、カッシーラーは自身の倫理的構想を語るために、あえて倫理的言説をつまびらかにしてこなかったともいえよう。緒論でみたように、シンボル形式の哲学を「倫理が音も立てずに消え去っている代物」[144]として切って捨てたレオ・シュトラウスをはじめ、これまで多くの研究者がカッシーラー哲学における倫理の欠如を問題視してきたが、以上の議論からすれば、カッシーラーは倫理的言説を書けなかったのではなくて、従来のかたちではあえて書こうとしなかったというのでなければなるまい[145]。シンボル形式のパースペクティヴのもとで既存の人間像に訂正を施す作業をとおして、この哲学者は汝なすべしという当為概念を厳格に規定するこれまでの倫理的教説のあり方そのものをも根本的に訂正しようとしていた。そして、文化の多様なあらわれを肯定しつつも、その全体としての方向性を指し示すために、現実を過度に切り詰めてしまう危険をはらんだ倫理的言説を拒絶し、人間性の発展という目標を文化の具体的局面に応じて探究するむきへと大きく舵を切っていったのである。そう考えてみるならば、そのねらいがモデルネのリベラルな規範意識――自己完結した理性に倫理の源泉を求めようとする個人主義的な規範意識の不十分さを乗り越え、その軌道修正をはかろうとするところにあったことはもはや明らかであろう[146]。人間の倫理的性格のルーツを文化における自発的な創造性に求めることによって、文化哲学は文化と人間の双方を不可欠のモメントとする倫理的シェーマを提示した。そして、そのような取り組みをとおして、リベラルな自律した個人の姿を文化というコンテクストのうえに位置づけなおそうとしていたのである。哲学的側面からみれば、それはいわば、カッシーラーその人が依拠してきたカントの『実践理性批判』の見地を論理的に拡大し、そのシェーマをシンボル形式のパースペクティヴのもとに再構成しようとする試みになっていたといえるのかもしれない[147]。そして、その試みは、人間性の解放という啓蒙主義哲学の思想課題に新たな視点を与えようとするものになっていたのであって、その意味においてもまた、モデルネの価値規範に「新たな始まり」を画する試みになっていたのである。

四

人間を「シンボルを操る動物」と定義するところから出発したカッシーラーの文化哲学は、文化を不断の「新たな始まり」からなるものとみなし、そのうえに人間性の開示を目的とする規範的言説を打ちたてようとしていた。それでは、そのような見地のもとに想定される政治的なものとはいったいどのようなものなのか。また、そこから導き出されるべき政治のあるべき姿とは、いったいどのような性格のものになっているといえるのであろうか。――これらの問いかけに対する直接の回答は、文化哲学の枠組みのなかでは、一見したところ、何ひとつ与えられていないようにおもわれる。スウェーデンで『文化科学の論理』を書きあげ、次なる亡命の地アメリカで『人間についてのエセー』を上梓したあと、カッシーラーはより直接的な全体主義批判を意図して『国家の神話』の執筆にとりかかっているが(148)、それらの著作においては、この哲学者の政治観やそのあるべき姿についての本格的な言及は、少なくとも表面上はほとんどなされていない。とはいうものの、ドナルド・フィリップ・ヴィリーンのいうように、文化哲学が「人間であるとはいかなることを意味するのかということを理解し、人間の自由や人間社会という諸概念を解明するひとつの試み(149)」になっている以上、そこには政治という人間的事象に関する見解がそれとなくではあるが、しかし確実に織りこまれている(150)。以下、本章では、このような認識のもと、さしあたって文化哲学のパースペクティヴから読み取りうるカッシーラーの基本的な政治観を確認し、そのうえでそこから浮かび上がってくるであろう政治的な規範理論の概要を明らかにしていくことにしよう。

先述のとおり、文化哲学は、言語や神話のようにおよそ人間の生をとりまく文化的事象のすべてを人間のシンボル的思考の産物とみなしていた。そして、「人間を不安にし、脅かすものは『物』ではなくて、『物』についての人間の意見と想像である」[151]というエピクテトス Epiktetos（55-135）の言葉のとおり、人間を「シンボルの宇宙」に住まうものとして規定しようとしていた。このような見地からすると、人間的な営みとしての政治もまた、言語や神話と同じくシンボル的思考の所産であり、シンボル形式のひとつとしてカウントされることになる。それはシンボル形式のパースペクティヴのもとに説明しうるものになっているのであって、また、あくまでもこの「文化の文法」のもとに位置づけられるのでなければならないものになっているのだ。そのような前提のもと、文化哲学における政治というものを想定してみるならば、それはさしあたって「シンボルを操る動物」たる人間と人間とのあいだに成り立つ間主観的な事象であるといえようし、ある特定の「内的形式」（inner form）すなわち意味を担うものになっているといえよう。しかも、それじたい実体化しえない存在である以上、ここでいう政治とは、もっぱら各人の関係性のうちにのみ成り立ちうるはずのもの、換言すれば、純粋に機能的な性質をもつにとどまるものになっているというのでなければなるまい。それは人間の意識のうちに作用する営みになっているのであって、それでいて各人を結びつけるひとつの場になっている。その意味では、この政治という場は、全体としての文化がそうであったように、「あらゆる主体にとって近づきうるはずであり、また、あらゆる主体がそれに関与するはず」の場として特徴づけられるべきものになっているのである。

実際、シンボル形式のひとつとして理解される政治のこのような特質は、その「内的形式」の内実を確認してみるならば、おのずから明らかになってこよう。『国家の神話』をはじめいくつかの論述において示唆されているように、政治という営みはここで人間の文化的営みに一定の「秩序」（kosmos）をもたらすためのものとして位置づけられている。[152]より具体的にいうと、それは秩序の形成という目的を達成するために「人間の行動を組織化して、それを共通の目的にむける」[153]はたらきをしているのであり、広い意味でいえば、そのための方策全体を指し示すものになっている。また、もう少しシンボル形式のパースペクティヴに即した表現をするならば、それは「人間の行動を組織化する」ための力としての権力の行使の仕方をめぐって、各人がさまざまなレベルでかかわりあう場になっているといってよい。ただ、一口にかかわりあうといっても、その目的が多様な意味のあらわれとしての文化を一定の「秩序」へと収斂させようとするところにある以上、現実の局面においては、この営みは半ば必然的に葛藤と摩擦を引き起こすことになるし、各人がそれぞれの思惑のもと、少しでも自身に有利な状況を導き出すためにさまざまな駆け引きをくりひろげる場として登場することになる。そして、その駆け引きが意味＝シンボル形式を媒介にしているということからもわかるように、その手段が何であるかは別にして、政治とは、端的にいって、意味をめぐる争い――秩序にかかわるシンボル形式（法や権力のように統治の技術にかかわるもののみならず、統治を正当化する理念をも含めた既存の政治的意味の全般）をいかに読み替えるのかという争いの場として立ちあらわれることになるのだ。各人はそこで自身の手になる意味づけ（シンボル化）への同意を求めて互いに協働し対立しあうわけだが、見方をかえれば、それは意味を固定しようとする力と変化させようとする力とのあいだの相克を原動力とするものになっているといえる。文化哲学のいう政治とは、実にそのような意味において、さまざまなシンボル形式がしのぎを削る場にほかならないのであって、より政治学的にいえば、いつであれ秩序の構築や保守あるいは変革と解体のモメントを内包しつつ、文化の全体に一定の秩序を与えるための場になっているのである(154)。

このような見解からすると、政治とは、あるひとつの真理によって知悉されうるようなものではないし、ましてや、それにもとづく統治システムによって完全にいい尽くされうるほど単純なものでもないということになる。何となれば、いったん政治の場に投げこまれてしまったものは――たとえどのような内容のものであれ――各人のあいだで都合よく解釈（歪曲）されていくうちに本来の意味あいを喪失する危険につねにさらされているからだ。仮に何らかの真理なるものが存在するにしても、ここではそのような「真理」でさえ、恒常的に一義的な意味あいを維持しつづけることはむずかしい。というより、真理のように善悪や正不正を価値判断する意味内容を含むものになればなるほど、政治的に立場を異にする人間のあいだに共通の了解を作り上げることは、ほとんど不可能に近くなる。そればかりか、政治的な利害関係に直結する恐れのあるそのような価値的なものこそ、各人の対立関係のなかで意識的に曲解され、本来の意味あいを裏切るかのごとき内容に変質するリスクをより多く背負わされているといっても決して過言ではあるまい。歴史の事実が雄弁に物語っているように、善意の優しさが無慈悲で残酷なはたらきをし、逆に残酷さが優しさ以上に望ましい帰結を招来するということは、こと政治の場においては、さほどめずらしいことではないのだ[155]。とするならば、ここでいう政治とは、ある特定の観念によって一元的に規定されるというよりも、むしろ反対にそれらの意味内容を相対化し、くりかえし意味づけしなおす場になっているというべきであろう。そして、その行方は各人の関係性に決定的にゆだねられているのであって、文化の行方と同様にきわめて不確実で不透明なものになっているというのでなければなるまい。この一筋縄ではいかない営みは、それゆえに、「考え実行すること、実行し考えること、これがあらゆる英知の結語なのだ[156]」というゲーテのマキシムのとおり、つねに思考と行動の双方に照準をあわせることによってのみアプローチしうるものになっているのである。

といっても、この営みは、ただ単に意味的なもののすべてを相対化していたずらにアナーキーな作用を及ぼそうとするだけのものになっているわけでは決してない。政治はなるほど意味的なものを解体し再構築する場になってはいるが、そのすすむべき方向性は、「人間性のための責任を正しく全うする[157]」という文化の目的によって決定的に規定されている。端的にいって、それは人間の生の舞台としての文化の貧困化を防止し、「シンボルを操る動物」たる各人にさらなる文化的な創造活動を促すために「人間の行動を組織化」することを本来の使命としているのであって、そうすることによって「人間性のための責任」を果たすべき営みになっているのである。このことを踏まえていうならば、フォルカー・ゲアハルトのいうとおり、文化哲学のいう「政治とは、人間文化の本質的な構成要素であり、シンボルを作り出す人間の表現であるとともに根源になっている」[158]といえよう。いささか抽象的な表現だが、「根源」(Ursprung)というのは、政治が秩序の形成をとおして、人間文化の行方を左右しうるほどの強大な作用点になっているということを意味している。また、「表現」(Ausdruck)というのは、政治もまた人間のシンボル的思考の所産にほかならず、その点においては、他の文化的事象と同じく、シンボル形式のパースペクティヴによってそのはたらきを規定されているということを示している。[159]つまり、政治とは、「終わりのない課題」としての文化のいわば水先案内人になっているところでは、他のシンボル形式にみられない特殊な権能を有するものになってはいるものの、それじたい「人間の偉大な文化的成果」[160]であるがゆえに、他のシンボル形式と同じく、あくまでも人間性の実現という文化の目的のためにはたらくのでなければならないものになっているというのである。[161]このことからもわかるように、政治はここで他のシンボル形式から一頭ぬきんでた役割をはたすとされてはいるものの、文化という人間の生活世界を活性化させる積極的なモメントのひとつとして機能するかぎりにおいてのみ存在意義をもつものとされているにすぎない。そして、そうである以上、政治的なものの役割がどれほどかけがえなく切実であろうと、その存在は文化の多種多様なあらわれを規定する唯一の尺度にはなりえないし、決して自己目的化してはならないのである。カッシーラーはいう。

政治的生活は、人間の共同生活の唯一の形態ではない。人類の歴史において現在のようなかたちの国家は、文明化が、ある程度進んでから後に生まれたものである。人間は、このような形態の社会組織を発現するよりも、はるかに以前から、その感情、願望、および思想を組織する別の試みを行っていたのであった。このような組織化および体系化は、言語、神話、宗教および芸術のなかにみられる。もし人間の理論を発展させようと考えるならば、われわれはこのように広い基礎を取り上げなければならない。国家は、どんなに重要だとしても、すべてではない。それは、人間の他のすべての活動を表現することもできず、また、吸収しつくすこともできない。たしかに、これらの人間的活動は、歴史的発展中において、国家の発展に密接に結びついており、多くの点で政治的生活の形式に依存している。しかし、これらの諸活動は、なるほど歴史的に孤立して存在しているものではないけれども、それぞれの目的と価値をもっているのである。[162]

このような主張がそのまま現実の政治的状況——とりわけ全体主義国家ドイツに対するアンチ・テーゼになっていることは容易に想像がつこう。以上の議論からすれば、ナチスによるドイツ支配とは、ここでいう政治のあり方を根底からくつがえし否定しようとする行為以外の何ものでもなかったのである。第二章にみたように、カッシーラーはナチ支配の異常な性質を国民生活の強制的画一化——その政治目標を達成するためにドイツ国民の生活様式全般を神話化することによって個々人の内面をも支配しようとするところに見出していたわけだが、[163]かかる文化の道具化こそ、政治のあるべき姿を決定的にねじ曲げているというのでなければならなかった。それはつまり、政治を自己目的化することによって、文化と政治のあるべき位置関係を逆転させ、文化を政治に一方的に服従させる政治の「肥大化」(Vergrößerung) を招来したばかりでなく、政治による文化の「単純化」(Vereinfachung) とでもいうべき深刻な事態をも引き起こしてしまうという意味において、きわめて重大な陥穽に陥っているというのでなければならなかったのである。[164]のみならず、かかる「単純化」が政治から意味のせめぎあいの場、見解を異にする人間関係からなる場としての性格を払拭してしまうことを勘案するならば、全体主義のシステムはただ単に政治にまつわる本末転倒の状況を作り上げてしまったというよりも、むしろ政治の脱政治化あるいは非政治化とでもいうべき状況を生ぜしめているというのでなければならないであろう。[165]文化哲学のパースペクティヴからすれば、政治とは、総統が彼の忠実なる国民に対して一方的に命令を垂れるだけの硬直した空間ではないし、また、決してそうであってはならないはずのものであった[166]。にもかかわらず、そのような空間を作り上げようとするのであるならば――もっとも、以上の見方からすれば、ナチ党もまた、一人の総統のもと、思惑の異なる複数の実力者が互いに権力を求めてせめぎあう集団であり、実際に激烈な権力闘争をくりひろげる集団であったことからもわかるように、このような支配空間を完成させることは、厳密には不可能といわざるをえないが――それは政治の日常化どころか政治の死滅であり、本来の意味における政治の営みからの逃避としかいいようのないものだったのである。

もっとも、カッシーラーによれば、こうした危機的状況を生じるファクターは、実は政治の営みそのもののうちに内在しているのだという。先にみたように、政治が「人間の行動を組織化して、それを共通の目的にむける」ものである以上、そこには何事においても距離を置いて冷静に考えようとする人間精神のはたらきを麻痺させ、政治に本来の使命に忠実たることを不可能にさせる危険性がつねに横たわっている。つまり、政治が人間の願望を集団規模で実現する「大いなる希望のプロジェクト[167]」としての性格をもつものである以上、かかる「プロジェクト」のもとでは、往々にして現実と願望の境界があいまいにされ、現実を現実として受け止めること、すなわち政治が必ずしも自分と主義主張を共有しているわけではない他者との関係からなるという認識が著しく損なわれる危険性があるのである。しかも、今日のように科学技術の飛躍的な発達によって人間の願望がかつてない範囲と深みにおいて実現可能となった――ということは、現実と願望の境界がかぎりなく曖昧になった――時代においては、もともと「ロゴスとミュートスとのあいだにたえざる葛藤がある[168]」この営みは、かかる危険性をますます先鋭化させるとともに増大化させているといわざるをえなくなってこよう。先にみたとおり、われわれはすでに「今・ここ」において「いかなるときも確固と安定した地盤の上には生きていない[169]」のであって、このような状況のもとでは、政治のあるべき姿は、「その物質的な繁栄によって確保できるものではないし、またある憲法を維持することによって保証されるわけでもない。成文憲法とか法文化された憲章は、それが市民の心のうちに書かれた憲法の表現でないかぎりは、真の拘束力を持たないのである。この道徳的支柱がないならば」、ほかならぬその政治の「強さそのものが、それに先天的に内在する危険になるのである」[170]。

それでは、この「心のうちに書かれた憲法」(a constitution that is written in the citizens' minds) なるものは、いったいどのようなかたちで確保されうるというのであろうか。カッシーラーは政治を――願望によって現実を変更しうるとしている点で――科学よりも呪術に近いものとみなし[171]、政治学を「厳密科学からはもちろんのこと、実証科学であることからも遥かに遠い。それは多くの点において、なお一つの神秘科学である」[172]と述べているが、その「神秘科学」において、われわれはどのような規範的言説を語りうるのであろうか。以上の議論からすれば、ここで語られるべき規範的言説は、端的にいうと、政治の自己目的化を防止するとともに、そのはたらきを人間の文化的発展のために集中させることをそのさしあたっての目標とすることになる。といっても、文化が人間にとっての「終わりなき課題」である以上、この目標が何らかの理念やイデオロギーによって最終解決へと導かれることなどありえない。ナチスの千年王国のプロパガンダのように政治にある種の理想的な最終解決を約束するかのごときやり方は、そうである以上、政治の呪術的要素を本格的に覚醒させる元凶として、ここで真っ先に批判されるのでなければならないものになっているのだ。なるほど、政治の場において、理念やイデオロギーの果たす役割はトータルに否定しうるものではないし、それらが政治を動かす有力なモメントになっていることは疑いようがない。というより、政治をニヒリズムに陥らせないためには、その存在はむしろ必要不可欠であるというのでなければなるまい。しかしだからといって、そのようなモメントが、ナチズムのように政治の「肥大化」や政治による文化の「単純化」を要求するかのごとき主張をくりひろげるとするならば、かかる見方は政治に対する認識を矮小化しているといわざるをえないし、畢竟政治を政治たりえないところにおいてしまうといわざるをえないであろう。政治のように「安定しない大地」(instabilis tellus) あるいは「航行しがたい海」(innabilis unda)[173] にたとえられる営みには、他の知的分野と違って一定の操作によっていつも一定の結果を期待しうる公式のようなものなど存在しないのであって、文化の歩みに「新たな始まり」をもたらすためには、逆にこうした公式やドグマと称するものを政治の場においてつとめて相対化しようとするのでなければならない[174]。そして、そうすることによって、政治の営みそれじたいにつねに「新たな始まり」をもたらし続けようとするのでなければならないのである。

そのための方策として、カッシーラーはさしあたって目下の政治的状況の深刻さを認識することの重要性を説いているが[175]、それはもちろん「心のうちに書かれた憲法」を確保するための第一歩であるにすぎない。先にみたとおり、政治が思考と行動の双方を各人に要求するものになっている以上、政治の暴走を食い止めてそのあるべき姿を回復させるには、われわれは政治をのぞましいかたちで機能させるための実践的な方策を考えようとするのでなければならないのだ。その際、政治の場が複数の人間から構成されているということ、より具体的にいえば、「われ」(Ich)と「なんぢ」(Du)の存在を前提にしているということを勘案するならば、まずはこの両者を意識的に確保することが求められるのでなければならないということになってこよう[176]。カッシーラーはそのための「アリアドネの道しるべ」として言語の存在をあげ、政治がこのもっともベーシックなコミュニケーション手段、それも「決して単なる伝達ではなくて、談話や対話そのもの[177]」をとおしておこなわれることの看過しえない重要性を強く示唆している。というのも、言語による「すべての生き生きとした意味ある会話」をとおして、「われもなんぢも、これらが『相互的』であり、これらが相互的被制約性という機能的関係のうちにあるかぎりでだけ、存立している[178]」ということを自覚しているのであって、その意味では、かかる「会話」こそが「われ」と「なんぢ」を画定するための決定的なファクターになっているといえるからだ[179]。およそ政治の場にかかわりあおうとするものは、したがって、言語という「われわれ自身への通路[180]」を歩むうちに、「われ」の意識を形成し発展させていくばかりでなく、「なんぢ」という「われ」とは異質な存在、「われ」とは主義主張や利害関係を異にする他者の存在を、さしあたって「われ」とは切り離されたものとして認知する必要がある。そして、そのうえで「なんぢ」との「談話や対話」をつうじて、ふたたび「なんぢ」と結びつこうとするのでなければならないのである。

といっても、このプロセスはもちろん一回性のものではないし、一時的なものでもない。そもそも文化が「終わりなき課題」であり、政治が最終解決を拒絶する営みである以上、「われ」と「なんぢ」の対話もまた、ある一時点をもって終了するということなどありえない。だとするならば、各人はここで「なんぢ」とのこの「談話や対話」をつとめて維持し発展させようと意識するのでなければならないというべきであろうし、いついかなるときであれ、そのためのはたらきかけを欠かしてはならないということになってこよう。といっても、過去の歴史をふりかえってみればわかるように、「談話や対話」というこの政治のための「条件」を維持し発展させることは決してたやすいことではない。政治という意味をめぐる闘争の場においては、「われ」と「なんぢ」の対話は、先にみたとおり、必ずしも友情にみちあふれた和やかな雰囲気のもとにくりひろげられるとはかぎらないし、むしろ逆に各自の主義主張と自己利益の消長をかけた壮絶なつばぜりあいに終始するきらいがある。そして、その対立含みの関係は、極度の緊張や葛藤を引き起こすことすら稀ではないのであって、さらにいえば、つねに崩壊の危機にさらされた危ういガラス細工のようなものになっているといっても決して過言ではあるまい。とはいえ、政治の場を神がかり的な呪術の舞台にさせないためには、どれほど深刻な対立や葛藤を抱えているとしても――というより、むしろ対立や葛藤がその深刻さ度合いを増せばますほど――各人はますます意識的に言語の果たす政治的役割を自覚し、対話を媒介とする「なんぢ」との結びつきを確保しようとするのでなければならないのである。われわれ「シンボルを操る動物」たる人間は、言語こそが政治の場に積極的な意味での「新たな始まり」をもたらす決定的なモメントになっているということ[181]、また、このモメントをとおしてのみ「なんぢ」と結びつきうるということを、つねに政治におけるもっとも根本的なマキシムとして意識するのでなければならないところに立たされているのだ。

ところで、以上の議論からすると、そのようにして持続的なかたちで「なんぢ」とのかかわりあいを保つようにするためには、さらに「われ」を「われ」から引き離そうとするのでなければならないのだという。カッシーラーは、言語が真に生産的であるためには「総合と分析、分離と再統合という二重の方法がたえず必要である」とし、「独り言では二分化（Entzweiung）の機能が、対話では再統合（Wiedervereinigung）の機能が優位を占めている[182]」と述べている。この「二分化」とは、プラトン的にいえば「魂の自己自身との対話[183]」、わが身を冷静にみつめる内なる他者を意識することを指しているが、それはつまり、自分自身の姿をより客観的な視座のもとに認識することによって、「なんぢ」の存在をより明確に把握しうるようにするということをも意味している。のみならず、かかる「二分化」は、政治の場で独善的な激情に駆られることのないよう「われ」を抑制し、そのような激情の先にある政治的神話への誘惑を振り払うということにもつながっているといえよう。このようにして「われ」が「個人」（Individuum）から「人格」（Person）へと発展する流れのなかで、「われ」は自分の言動がつねに「なんぢ」の目にさらされているという事実を知り、自分自身の言動が「なんぢ」に与える影響のほどを知ることができるようになる。そして、そこからさらに「われ」が「なんぢ」や「われ」自身に対して負うべき責任を自覚することによって、「対話」をとおして「なんぢ」と「再統合」せねばならない理由を認識できるようになるのだ。そうである以上、かかる「二分化」こそは、カッシーラーによれば、一介の「われ」が自立した「人格」として政治の場に参入することを、より文化哲学的にいえば、「世界への不断の活動的関与[184]」をおこなうこと可能とし、各人が協働して「その時その時の歴史的前提のもとにあって、その課題を現在の状況的諸条件において満たす[185]」ための出発点となるべきものであり、各人が政治のコンテクストにおいて果たすべき倫理的責務の第一歩となるはずのものであった。そして、そのようなプラグマティックな見地のもとに構築されていくであろう政治の場――一定の理念を必要としつつも、過度にそれらの抽象的意味にとらわれることのない場を志向することこそが、文化に「新たな始まり」をもたらして人間性を発展させるための「心のうちに書かれた憲法」の中核をなす考え方になっていたのである。

もっとも、政治が各人のあいだに成り立つ間主観的なものである以上、そこでは「見たり聞いたり触れたりすることのできる外貌の把握に秩序を与える」[186]美的直観が、「思考における秩序」を与える科学的思考や「行為における秩序」を与える道徳的思考につづいて、応分の役割を果たしうるものとされているということを、ここでただちに注意しておきたい。『人間についてのエセー』をはじめ至るところで、カッシーラーは「物の原因を知ること」(rerum cognoscere causas)すなわち論理的推論とならんで「物の形相をみること」(rerum videre formas)[187]すなわち美的直観の重要性を強調し、ひとつの現実をこれら二つの観点のもとに理解する性質を「人間性の特徴」にほかならないものとみなしてきわめて重要視していた。そして、そのような見地のもと、政治という人間的営みを、必ずしも合理的なパースペクティヴばかりでなく、美的直観にもとづく非合理的な、さらにいえば神話的なパースペクティヴのもとに把握されるべきものとみなし、後者のようなあり方をも全体としての文化に「新たな始まり」をもたらすための積極的なファクターたりうるものとしてきわめてポジティヴに理解しようとしていたのだ。このような見解は非合理的なものをも包摂した世界理解を提示しようとする文化哲学の思惟形式のまさしく面目躍如といえようが、裏をかえせば、それはつまり、同じく非合理的なものであっても文化の発展を阻害するかのごときもの、より具体的にいえば、「思考や意志のいかなる努力もわれわれの宿命を変ええない[188]」と判断し、「人間が個人的および社会的な生活を形成するためにいかに自己の活動能力を発展させるべきかを教えることのできない[189]」かのような言説については決して許容しないということを宣告しているにひとしい。実際、カッシーラーはその事例としてシュペングラーやハイデガーの言説をあげ、彼らを「思想そのものに対する敵対者」(Gegendenker)[190]と決めつけて痛烈に批判しているが、そこには文化的ニヒリズムに対するこの哲学者の強烈な危機感がにじみ出ていた。この哲学者によれば、前者のように文明の誕生と崩壊を予測しうると主張する歴史哲学を提唱するにせよ[191]、後者のように「現存在」(Dasein)の「被投性」

しがたい愚行でしかないといわざるをえなかったのだ。カッシーラーはいう。

に彼らが意図し、また、彼らがナチスに対して好意的であったか否かを問わず――政治を呪術の場へと変容させる許教え、哲学に現状を打破する自発的な知的営みとしての余地を残さないのであるならば、これらの主張など――実際甦生」させたその一点において、かぎりなく罪深いというほかなかったのである。すべてを運命として受忍するよう(Geworfenheit)を強調して人間を「世界に引き渡された」存在とみなすにせよ[192]、運命という「太古の神話的概念を甦生[193]」させたその一点において、

私は、こうした哲学的学説が、ドイツにおける（ナチズムのような）政治理念の発展に直接の関係がある、といおうとするのではない。これらの理念の多くは、まったく異なった源泉から由来したものであり、それは《思弁的な》内容ではなく、きわめて《現実主義的な》内容をもつものであった。けれども、（シュペングラーやハイデガーの）新しい哲学は、現代の政治的神話に抵抗しうる力を弱体化させ、徐々に掘りくずしていったのである。文明の没落と不可避の崩壊という暗澹たる預言を内容とした歴史哲学や、さらに人間の主たる特性の一つをその被投性のうちに見るような理論は、人間の文化生活の建設や再建に積極的に寄与する望みをすべて断念してしまっている。このような哲学はみずからの根本的な理論的・倫理的な理想を放棄している。かくして、それは政治指導者たちの手中における従順な道具として使用されうるであろう[194]。

そう考えてみるならば、カッシーラーのいう政治とは、あくまでも文化という人間の生のコンテクストのもとに語られるべきものだったのであり、もっぱら政治に対する文化の優位というシェーマのもとに規定されるのでなければならないものになっていたといえよう。以上にみたように、カッシーラー哲学における政治的なものの姿は、文化哲学という独自の哲学的パースペクティヴのうちにおのずと浮かびあがってくるはずのものであった。シンボル形式と

しての政治とは、それによると、それじたい間主観的な場としての固有の「内的形式」を有するものでありながら、全体としての文化の機能的な性質と役割を理解することによってはじめてそのあり方なり使命なりを解明しうるものになっていたのである。その意味では、カッシーラーの取り組みは、多くの批評家のいうように、政治について語ることをオミットして非政治的な思索の世界への退避をはかるものになっていたというよりも、むしろナチズムへと行きついてしまった人間の政治的生活のあり方を根本的に問い直すために、哲学の領域においてあらためて政治の姿そのものを批判的に再検討してみせようとするものになっていたといっても決して過言ではあるまい。それゆえ、その議論は、なるほど通常の意味における政治思想とはおよそ様相を異にするものになっていたとはいえようが、そのような記述のスタイルそのものが実はこの人物の政治的な問題意識を如実に示す何よりの証左だったのであり、その言説の政治思想的側面をもっともよく特徴づけるものになっていたのである。しかも、このような問題意識のもと、文化創造のための政治というモティーフを提出することによって、カッシーラーはただ単に「今・ここ」をやり過ごすためだけの一時的な処方箋にとどまらない思想的メッセージを語ろうとしていた。「現代の政治的生活という厳しい学校[195]」を踏まえたうえでなお、啓蒙主義的でリベラルな政治空間の思想的可能性を探求するという遠大なテーマについて語ろうとする作業をとおして、文化哲学は時代の要請に対してきわめて独創的なかたちで応答しようとしていたのであり、それこそ、およそ半世紀におよぶ哲学者エルンスト・カッシーラーの「オデュッセイの遍歴」の結びをなすものになっていたのだ。

五

一九四五年四月一三日、カッシーラーはこの日の午前中をニューヨークの自宅で講演原稿「群の概念と知覚の理論についての考察」("Reflections on the Concept of Group and the Theory of Perception", 1945) の執筆に充て、[196] 午後になってコロンビア大学に出勤、学生と談笑している最中に心筋梗塞で倒れそのまま不帰の客になった。[197] 享年七〇歳。アメリカ大統領フランクリン・ローズベルト Franklin D. Roosevelt (1882-1945) 急逝（四月一二日）の翌日、ヒトラーの自決（四月三〇日）まであとおよそ二週間たらず、全体主義国家ドイツの無条件降伏を翌五月八日にひかえての突然の死であった。[198] 一九三八年にスウェーデン国籍を取得していたカッシーラーは、アメリカ滞在を一時的なものとみなし、戦局が許せばふたたびヨーロッパに――といっても、ドイツのハンブルクにではなく、スウェーデンのイェーテボリに帰国する意向をたびたび周囲にもらしていたが、その希望はとうとう果たしえないものになってしまった。「オデユッセイの遍歴」はこうして故郷への帰還という最終章を飾ることなく幕切れを迎え、[199] 文化哲学の議論もまた、この幕切れによって中断を余儀なくされることになる。ナチス・ドイツによる一九四〇年の「ノルウェー占領から彼の死までに示された仕事のテンポは、まったく新しい推進力を持っていた。『仕上げる』という意欲が決定的なものになっていたのだ[200]」というトーニ・カッシーラーの証言にもあるように、異常な環境のもと、尋常ならざるペースでおしすすめられてきたこの思想的取り組みは、文字どおり未完のプロジェクトになってしまったわけだが、それでは、この文化哲学とは、いったいどのような思想的意義をもっているといえるのであろうか。また、それは現代のわれわれに何を語りかけているのであろうか。本章の議論をふりかえったうえで、これらの問いかけについてごく簡単に検討することにしよう。

以上にみたように、カッシーラーの文化哲学とは、人間の生の舞台としての文化の機能的構造をシンボル形式のパースペクティヴのもとに映し出そうとするものであり、そこからさらに文化における規範的言説の大枠を提示してみせようとする試みになっていたといえる。文化の仕組みからその意味や使命を問うところにまで発展していったこの取り組みは、理論的側面からすれば、モデルネの科学主義的で実証主義的な人間観や文化観の限界を大きく乗り越えようとするものになっていた。そして、それにともなって、理性主義的な倫理学説やリベラルな政治的思考といったモデルネの既存の規範理論のあり方をも根本から問い直そうとするものになっていたのである。[201] もっとも、そうした包括的な議論の背後には、明らかにもうひとつの思想的意図——新カント学派の主知主義的なカント解釈から脱却し、カント哲学の問題構制を現代のコンテクストにおいていま一度よみがえらせようとする彼自身の年来の意図があったといってよい。[202] そう考えてみるならば、メルロ＝ポンティがのちに『知覚の現象学』のなかでこの取り組みを主知主義的と断じて批判しているのは、いささかいいすぎのきらいがあるといわざるをえないであろう。[203] 認識理論の次元ばかりでなく、倫理的あるいは政治的な意味においてもまた、文化哲学がつとめて排除しようとしていたのは、この現象学者がカッシーラーの言説のなかに認めようとしていた当のもの、すなわちモデルネの主知主義的なモティーフにほかならなかったのだ。カッシーラーはこうして合理主義的な圏域を抜け出たところから人間の自己解放のプログラムとしての文化の像を導出するとともに、文化創造のための規範や政治というモティーフを引き出そうとしていたわけだが、かといって、その議論はナチ・イデオロギーのような非合理な思考を称揚しようとするものになっていたわけでもない。モデルネの嫡出子たる合理的思考にせよ、その鬼っ子たる非合理的思考にせよ、文化の現実をありのまかつ包括的に受け止めようとするものになっていないという意味では、この二〇世紀の啓蒙主義者のみるところ、どちらもひとしく危険といわざるをえなかったのであって、もはや単純に支持しうる代物ではなかった。カッシーラーの文化哲学とは、実にこの両者を包摂し、文化の多様なあらわれをむやみに切り詰めることなくその論理的性質を弁証してみせるところに自身の課題を見出そうとするものになっていたのであり、かかる問題意識のもとに独自の政治的思惟を提示することによって、危機の恒常化した時代において一定の思想的道筋を示してみせようとするものになっていたのである。

もっとも、そのような取り組みが、ヨーロッパにおける全体主義国家の台頭という目前に迫った政治的危機に対して、どれほど時宜に適った取り組みになっていたかという点については大いに議論の余地がある。先述のとおり、カッシーラーの言説はこの点で感受性に乏しい云々などと大いに批判されてきたわけだが、実際に以上の議論をふりかえってみるならば、そのような批判もまた、あながち的外れではないといわざるをえなくなってこよう。[204]なるほどカッシーラーは「今・ここ」の世界のおかれている状況に強い危機感を抱いていたし、人間の政治的生活の先行きについても決して楽観視してはいなかった。ところが、政治という人間的営みが非合理的で神話的なモメントのもとにあるということ、また、そのはたらきそれじたいが人間の文化的営みに対する脅威として作用する可能性があるということを率直に認める一方で、文化哲学の議論はかかる脅威が実際に暴走しはじめたときにいかに対処するべきなのかという実践的な問いに対してはほとんど何も答えていないというほかなかったのである。もちろん、文化創造のための政治というモティーフに規範的な内容が含まれている以上、まったく何も答えていないというのは多少言葉が過ぎるのかもしれないが、それでもやはり、第二次世界大戦をうけて展開された政治思想の議論の大半がこの問題に集中し、さまざまな処方箋を提示しようとするものになっていたということを勘案するならば、カッシーラーのこの取り組みには、踏み込み不足の感があることはやはり否定できまい。[205]ローラ・フェルミ Laura Fermi（1907-1977）の回想によると、亡命のカッシーラーは「ヨーロッパ時代にすでに名を成していた高齢の移民学者で、彼がただアメリカにいるというだけでその文化の権威を高めたというグループに属する人[206]」であったというが、その「高齢の移民学者」の言説は、現下の危機に対する有効な手段を明確にしえなかったという点で、党派的なパトスやポレミカルな緊張感に乏しいといわざるをえないもの、さらにいえば、「昨日の世界」に属する昨日の証言に過ぎないものという印象を与えかねないものになってしまっていたのだ。[207]

とはいうものの、文化哲学の構想がナチ批判としての即効性をもちうるかという問題と、それが政治思想のコンテクストにおいてどのような意義を持ちうるのかという問題は、もちろん多少のつながりがあるとはいえ、本来は別個のものであるというべきであろう。にもかかわらず、この二つの問題が無批判のうちに混同され、前者に対する否定的な見解――もっとも、この見解それじたい再検討の余地がないわけではないが――ゆえに後者の問題が無視されてきたというのであれば、そのような状況にはきわめて問題があるというのでなければなるまい。そもそも文化哲学の試みとは、全体主義国家の台頭という現実政治の危機的状況から逃避しようとする非政治的な精神の産物などでは決してなかった。それはむしろ、時代の状況に真正面からむかいあおうとする精神から生じたものだったのであり、ナチズムによる政治の自己目的化に対する抜き差しならぬ問題意識があったからこそ、かえって意図的に政治の意味や価値を相対化し、このことを大文字で強調するパースペクティヴを提示してみせようとするものになっていたのである。そのために、文化哲学の議論は、他の著述家のようにナチス・ドイツの所業を一つひとつ数え上げて断罪したり、その思想的淵源をセンセーショナルに暴露したりすることよりも、むしろあえて全体としての文化の価値とそこに生きる人間の姿を描きだすという迂遠ともおぼしき作業に集中することによって、これまでにないきわめて独創的なアングルから人間の政治的営みの姿を捉えてみせようとするところへとむかっていこうとしていた。そして、そのような作業をとおして、全体主義国家の登場によって顕在化した現代の危機的状況に対して、より深く長期的なスパンのもとに効果的な議論を提供しようとするものになっていたのだ。――政治的神話に対する悲観的な感情と、[208]「自然的本性は、力ずくで追放しても、いつでも戻ってくる」(Naturam expellas furca, tamen usque recurret)[209]というクィントゥス・ホラティウス・フラックス Quintus Horatius Flaccus (B.C65-B.C8) のマキシムのとおり、このような体制にもかかわらず、結局は「シンボルを操る動物」としての人間の本性は不変なのだという楽観的な心情とのあいだで揺れ動きながら。

そう考えてみるならば、クロイスの指摘にもあるように、息の長い取り組みになっているという意味において、「カッシーラーの哲学はその文体が推測させるよりもはるかに現代的である」[210]といえようし、少なくとも性急に非政治的と断じてしまってよいかのような類のものではないということになってこよう。もちろん、「多様性を通じた統一」を掲げる文化哲学の理念には、いまだモデルネの合理主義的人間像の残滓がそれとなくみられるし[211]、その言葉の一つひとつをみてみても、政治理論というにはあまりに素朴でナイーブといわざるをえない個所がみうけられないわけではない。しかし、そのような欠陥にもかかわらず、全体主義国家に直面しつつも、政治的なものの概念を独自の視点から問い直そうとしたことの意味と意義は決して小さくないのではないだろうか。カッシーラーの死から今日に至る現実の政治的状況をみると、そこにはむしろ現代のわれわれが汲み取るべきメッセージが数多くちりばめられているようにおもわれる。実際、冷戦下の世界にあって、社会主義諸国ばかりでなく自由主義諸国においても――アドルノをはじめフランクフルト学派の批判理論や一連のポスト・モデルネの言説が暴露してみせたように――数多くの国が政治の自己目的化、政治による人間文化の画一化に手を染めていたし、そうした動きがポスト冷戦時代の現在においてもなおますます巧妙化しつつ横行しているという事実を勘案するならば、この問題に対峙しようとしたカッシーラーの思想的試みは決して看過してしまってよいかのような類のものではあるまい。政治の役割を過度に強調することの危険性を人間学的な視座から考察し、もっぱら政治についてのみ語ることに対する払拭しがたい違和感を宿すものであるがゆえに、文化哲学のパースペクティヴは、かえって政治的事象についてこれまでとは違ったアングルから語りうる可能性を秘めている。政治と文化の関係あるいは政治と個人の関係など、「今・ここ」を独自の視点から批判的にかえりみるきっかけを与えてくれているという意味において、カッシーラーの言説には、多分に積極的な内容が含まれているのだ。

それでは、カッシーラーが文化哲学の議論をとおして提示したパースペクティヴは、「今・ここ」の状況のもとでさらに何を語りうるのか。「ドイツの殺人行為を目の当たりにした安全」[212]が最低限確保されているにすぎない極限状況のさなかに語られてきたこの哲学者の言説は、より具体的には、どのような政治的パースペクティヴを提示しうるのであろうか。これらの問いかけに応答することは、カッシーラー哲学の政治思想的一側面を看取しようとする本書の目的を大きく超え出てしまっているが、そうした課題にむかいあうためには、われわれは少なくともここで示された文化創造のための政治というモティーフが、現代の政治思想のトレンドとどのようなかたちでかかわりあいをもつことができるのかをにらみつつ、そのモティーフの意味するところについて、より詳細にわたってより緻密に検討し考察する必要があるというのでなければなるまい。もっとも、そのためには、かかるモティーフの実像が、この人物の哲学者としての相とは違ったまた別の相――精神史家としての相のもとでどのようなかたちで登場しているのかを、それこそカッシーラーが終生愛唱していた「嘲わず、悲しまず、呪いもせず、つとめて理解する」というスピノザのモットーの精神にしたがって、さらに立ち入って検討しようとするのでなければならないであろう。カッシーラーの文化哲学がもちうるアクチュアリティとは、まさしくそのような議論をとおして、その言葉の一つひとつが創造的なモメントへと転化することによって、ようやくその輪郭をあらわしはじめる。そして、そのときになってはじめて、われわれは、最後の最後まで時代に翻弄されつづけたこの「二〇世紀のオデュッセイ」の哲学に「新たな始まり」を画するところにまでたどり着くことができるようになるであろう。以下、第二部において、この問題についてみていくことにしよう。

〔註〕

（1）BP, S. 153f. 邦訳七〇頁。カッシーラーのいう「学術的概念」と「世界概念」の用語はカントの『純粋理性批判』の「純粋理性の建築術」という章の一節――「（哲学の学術的概念に対して）しかしさらにまたひとつの哲学概念、世界概念というものがあるのであって、とりわけ哲学がいわば人格化され、その原型が哲学者という理想において表象されるときには、いつも『哲学』という用語の実質的な基盤を形成してきたのである。この見解に立つならば、哲学とはすべての認識が人間理性の本質的な諸目的（teleologia rationis humane）に対してもつ関係の学であって、哲学者は理性という分野における技術者ではなく、みずからが人間理性の立法者なのである」（ebd. もとの言葉は、Kant, *Kritik der reinen Vernunft*, S. 700）によっている。この講演のなかで、カッシーラーはさらに「哲学という概念はそれじたいが哲学のひとつの問題であることを繰り返し示すものであって、この問題はそれじたいにおいて決して終息することなく、思考の持続的、弁証法的な運動の中で常に新たに受け止められねばならないのである」（BP, p. 142. 邦訳六〇頁）と指摘し、人間の自己知としての哲学のあり方をとくに人間文化との関連で問い直すのでなければならないと述べている。それによると、ナチスのように人間文化そのもののラディカルな変革（否定）をなしとげようとする政治的運動に対する知的対決とは、哲学的次元においては、まさにこのような次元において開始されるのでなければならないものだったのである。

なお、カッシーラーは一九三五年九月にイギリスのオックスフォードを去ってスウェーデンのイェーテボリに移住し、かつての教え子でイェーテボリ大学哲学科教授であったマルテ・ヤコブソン Malte Jacobsson（1885-1966）の斡旋により、同大学の員外教授の職をえている。カッシーラー夫妻は一九三九年にスウェーデンの国籍を取得しているが、反ユダヤ色の希薄なこの国での生活に、還暦を迎えていたこの老哲学者はことのほか気をよくしていたという。「エルンストはスウェーデンでたいへんな尊敬をもって受け容れられたので、かなりの傷が治りはじめた」（T. Cassirer, a. a. O., S. 246）というトーニ・カッシーラーの証言にもあるように、カッシーラーはここで一時的にではあるが落ち着きを取り戻し、亡命以前に引けをとらぬほどの旺盛な執筆活動を展開するようになった。しかしながら、ドイツからそう遠くないスウェーデンでの生活に一抹の不安を感じ、一九四一年のコロンビア大学からの招聘を機会にさらにアメリカへとむかうことになる。Vgl. Paetzold, *Cassirer*, S. 153-160. Cf. Jonas Hansson, Svante Nordin, *Ernst Cassirer: The Swedish Years*, Peter Lang, 2006.

（2）カッシーラーはここで一九二〇年代にすでに「文化の自壊」を警告していたシュヴァイツァーの議論を引き、「学術的概念」の哲学に執着して「世界概念」の哲学に注目してこなかった自身の哲学的取り組みを批判している。「この一〇年間にわれわれ理論哲学の領域で仕事をしてきた者のすべてが、ある意味においてこのシュヴァイツァーの叱責に値すると、私は信ずる。私は自分を除外しようと思わないし、許そうとも思わない。哲学の学術的概念のために努力し、あたかもその精妙な問題にとらえられたかのように難問に夢中になっているあいだに、われわれがみな哲学と世界との本当の結びつきを見失ってしまうということが度重なりすぎた」（BP, p. 156. 邦訳七二頁）。

（3）Ebd., S. 152.　邦訳六九頁。

（4）TM, p. 266.　邦訳三二一頁。

（5）カッシーラーのような教養と財産に恵まれたユダヤ系ドイツ人にとって、伝統的に政治はもっとも縁遠い、あるいはもっとも距離を置くべき領域になっていた。何となれば、「ユダヤ人に対する既成の偏見のため」、帝政時代にはユダヤ系の人々は政府中枢につながる官職への道を閉ざされており、それゆえかかわらざるべき領域とされていたからである。「その結果、才能のあるユダヤ人はきっすいの『自由』業である医師や弁護士職、ジャーナリズム、そして文学・芸術の分野に流れ込んだ」（フリッツ・K・リンガー『読書人の没落――世紀末から第三帝国までのドイツ知識人――』、西村稔訳、名古屋大学出版会、一九九一年、八九頁）が、ユダヤ系の人々もまた、みずからこの非政治的な領域に居場所を求め、政治的な問題に深くコミットすることを回避する傾向があった。

（6）ユダヤ系ドイツ人にとって、ヒトラーの政権獲得は身の安否にかかわる重大事件であった。迫害を覚悟してドイツにとどまるか、それとも、生き残るためにドイツからの脱出を敢行するかという厳しい選択を迫られることになった彼らは、その多くがどちらの道を選ぶべきかで相当な逡巡を重ねたが、カッシーラーの場合、何事にも慎重なその性格とは裏腹に、その決断はことのほか早かった。ナチスに熱狂するドイツ世論に早々に見切りをつけたカッシーラーは、ヒトラー内閣成立の二ヶ月後（一九三三年三月）には妻トーニを伴ってスイスに出国、チューリッヒから大学に休職願を提出したのちにオーストリアのヴィーンへとむかった。その後いったんハンブルクに戻ったが、一九三三年五月にふたたび出国し、ドイツからの脱出を余儀なくされた二〇万人余の亡命ユダヤ人のひとりとして、そのままイギリス、スウェーデン、アメリカへとつづく亡命の旅路へと足を踏み入れていくことになる。その間のいきさつについてはトーニ・カッシーラーの回想に詳しい。Vgl. T. Cassirer, a. a. O., S. 195. Vgl. auch Angela Bottin, Rainer Nicolaysen (Hrsg), *Enge Zeit. Spuren Vertriebener und Verfolgter der Hamburger Universität*, Dietrich Reimer Verlag, 1992.

（7）Harry Graf Kessler, *Tagesbücher 1918-1937*, Pfeiffer Belli (Hrsg), Frankfurt am Main, 1979, S. 715.　ハリー・ケスラー『ワイマル日記』下巻、松本道介訳、冨山房、一九九四年、七五一頁。

（8）オーストリアの著述家ツヴァイクはこの空気をドイツの特殊事情と結び付けて説明している。当時の一般的な雰囲気を良く伝えているので、少し長いがその言葉を引用したい。「外国では、なぜドイツがヒトラーという人物とその上昇してゆく権力をこれらの歳月を通じてそれほど過小評価し、冷笑していたかというほんとうの理由は、けっして理解されるものではなかったかもしれない。ドイツはつねに階級国家であったばかりでなく、この階級理想の内部において、更にそのうえなお『教養』というものに対する動かし難い過大評価と神聖視とを負わされているのである。……公民学校にも終わりまで通ったことのない、いわんや大学など卒業しておらぬ一人の男が、そしてほうぼうの男子宿泊所に夜を過し、今でもまだはっきりしないやりかたで何年もわけの分らぬ生活をやっと送ってきたような何者かが、シュタイン男爵とか、ビスマルク、ビューロー公が持ったような地位に近づくことだけでもできるということは、ドイツ人たちにとっては全く考えられぬことであったのである。この教養の思いあがりほどにドイツの知識人を誤ったものはなく、彼らはそれによって、ヒトラーがずっと前から彼の眼に見えぬ針金によってありとあらゆるさまざまな階層に強力な援助者を獲得したときも、ヒトラーのうちにまだビヤホールでの扇動者を見て、けっしてほんとうの危険となることはないと考えていたのであった。そして彼が一九三三年一月のあの日に首相になったときにおいてすら、大衆の大多数は、彼をこの地位に推しやった人々さえも、彼をただ一時的にその地位を保つものであるとだけ見て、ナチスの支配をエピソードとみなしたのであった」(Zweig, a. a. O., S. 423.　邦訳五三三—五三四頁)。

(9) T. Cassirer, a. a. O., S. 195.

(10) Ebd., S. 264ff.　受取人はカッシーラーのハンブルク大学でのかつての同僚で、ドイツに居残った哲学者アルベルト・ゲールラント Albert Görland (1869-1952)。ゲールラントはカッシーラーと同じくヘルマン・コーヘンの弟子にしてマールブルク学派の一員であり、両者はともにコーヘンの論集を編集する関係にあった。ちなみに、ゲールラントは、ナチの政権獲得以前は師のコーヘンと同様、社会主義を信奉する急進的な社会民主主義者として広く知られた人物であった。Vgl. Ernst Cassirer, Albert Görland, „Beiträge zu: Hermann Cohen. Schriften zur Philosophie und Zeitgeschishte", in *Hermann Cohen Schriften zur Philosophie und Zeitgeschichte*, Bd. 1, Ernst Cassirer, Albert Görland (Hrsg), Berlin 1928, S. VII-VIII. Vgl. auch Bottin, Nocolaysen, a. a. O., S. 59.

(11) Paetzold, *Cassirer*, S. 151.

(12)『文化科学の論理——五つの試論』はイェーテボリ時代に書かれ、一九四二年に同地で出版された。表題のとおり、五つの「試論」——第一試論「文化科学の対象」(Der Gegenstand der Kulturwissenschaft)、第二試論「事物の知覚と表情の知覚」(Dingwahrnehmung und Ausdruckwahrnehmung)、第三試論「自然概念と文化概念」(Naturbegriff und Kulturbegriff)、第四試論「形式問題と因果問題」(Formproblem und Kausalprobrem)、第五試論「『文化の悲劇』ということ」(Die »Tragödie der Kultur«) を並べるという体裁をとり、文化哲学の大枠を提示するための議論を五つの問題領域にわたってピンポイントに展開している。本書は文化哲学の論理的側面について弁証しようとした重要な著述であったが、戦時にスウェーデンで出版されたドイツ語の文献であったために、『人間についてのエセー』のような広汎な読者を見出せず、近年までそれほど注目されてこなかった。しかしながら、ここでしか展開されていない議論も多々見受けられるという意味では、検討するべき課題の多いきわめて重要な著作になっているといってよい。

また、『人間についてのエセー――人間文化の哲学への導き』は一九四四年九月にアメリカで出版された。この著作はイギリスやアメリカで『シンボル形式の哲学』を英訳するかわりに書かれた著作であったが、「著者の立場からいっても、二十五年前に計画し著述した業績を出版することは、ほとんど可能でもなくまた適切なことでもなかった。その後も、私はその問題の研究をつづけてきたのであり、多くの新事実を学び、かつ新しい問題に当面したのである。古い問題さえも、私は異なった角度から見、新しい観点から考えるに至っている。これらのあらゆる理由によって、私は新たに出発しなおし、まったく新しい書物を書こうと決心した」(Ernst Cassirer, *An Essay on Man. An Introduction to a Philosophy of Human Culture*, in *Gesammelte Werke Hamburger Ausgabe*, Bd. 23, Felix Meiner Verlag, 2006, p. 1. エルンスト・カッシーラー『人間――シンボルを操るもの』、宮城音弥訳、岩波文庫、九頁)との序文の言葉のとおり、この著作は前著の単なるダイジェスト版ではなかった。本書は「心理学的、存在論的、認識論的問題を論じ、また神話と宗教、言語と芸術を問題とし、科学と歴史に関する各章」(*ibid.* 邦訳一〇頁)によって構成されており、そこから文化の性質を解き明かそうとするという点で、『シンボル形式の哲学』の議論をさらに具体的なかたちで発展させようとするものになっていた。

(13) ドイツにおいて「文化」(Kultur)という言葉は、リンガーの指摘にもあるように、伝統的に「『人格の教養』という意味をもっており、心と精神の陶冶に関わって」いるもの、芸術、学問、道徳に発現するものとされていた。それは物質的繁栄によるフランス的「文明」(Zivilisation)の対立概念であり、フランス人が「国際的な観点からする文明の使命こそわがものであると考え続けた」のに対して、「ドイツ人は、自分たちをひとつの国民とするのは困難であるが望ましいことだと考え、文明に対して文化を優先することこそドイツにとってかけがえのない特質だと見るきらいがあった」(リンガー前掲書、五六頁)。カッシーラーのいう文化という言葉は、むろんこのようなショーヴィニズムの温床になりそうな内容のものではない。この哲学者のみるところ、「文化はたんに思弁的なものではなく、またたんに思弁的な地盤に基礎を置くことはできない。……文化は、理論的想定の体系から構成されるばかりでなく、行動の体系をも要求するものなのである。文化は、言語的活動と道徳的活動の全体を――つまり、抽象的な方法で把握されるだけでなく、たえず現実化しようとする傾向とエネルギーとをもつような活動の全体を――意味する。このような現実化、経験的世界のこのような構成と再構成こそが、まさしく文化の概念のうちに含まれるのであり、また文化の本質的にしてもっとも特徴的な性質をかたちづくっているのである」(Ernst Cassirer, "Critical Idealism as a Philosophy of Culture", in *Symbol, Myth and Culture. Essays and Lectures of Ernst Cassirer 1935-1945*, p. 65. エルンスト・カッシーラー「文化哲学としての批判的観念論」、『象徴・神話・文化』所収、七八頁)。この言葉からも分かるように、カッシーラーのいう文化とは、経験的知見への沈思のもとにその構造が明らかになるはずのものであり、あくまでもその機能的性質に注目すべき人間的営みとされていたのである。Vgl. Ernst Wolfgang Orth, *Von der Erkenntnistheorie zur Kulturphilosophie. Studien zu Ernst Cassirers Philosophie der symbolischen Formen*, Königshausen & Neumann, 1996, S. 191-203. Vgl. auch Thomas Meyer, *Kulturphilosophie in gefährlicher Zeit. Zum Werk Ernst Cassirers*, LIT Verlag, 2007, S. 147-150.

(14) *EP*, Bd. 4, S. 21.　邦訳二二頁。

(15) このような取り組みの背景には、自然科学の驚異的発達によって哲学と科学がかつてのような結びつきを失ってしまったこと、個別科学の急激な専門分化によって人間文化の自己理解のあり方が極端に分裂して「完全な思想的無政府状態」(*EM*, p. 26.　邦訳五五頁) を招来してしまったことに対する強い危機感があった。マックス・シェーラーの「人智の発達上、他のいかなる時代においても今日という時代ほど、人間が自身にとって疑問となったことは、かつてなかった」(Max Scheler, *Die Stellung des Menschen im Kosmos*, Darmstadt, 1928, S. 13) という指摘をうけて、カッシーラーは、人間に関する学問的な「事実の富」が人間そのものに関する「思想の富」を導き出すどころか、むしろそれを不安定かつ不明確なものにしていると述べている。そして、「このような観念の対立が、重大な理論的問題であるばかりでなく、倫理的および文化的生活への危険な脅威であることは、何ら疑いをさしはさむことはできない」(*EM*, p. 26f.　邦訳五六頁) として、「この迷路から我々を導き出すアリアドネの道しるべ」を見出すことを自身の課題としていたのである。

(16) Ernst Cassirer, *Zur Logik der Kulturwissenschaften. Fünf Studien*, in *Gesammelte Werke Hamburger Ausgabe*, Bd. 24, Felix Meiner Verlag, 2007, S. 407.　エルンスト・カッシーラー『人文科学の論理——五つの試論——』、中村正雄訳、創文社、一九七五年、六八頁。なお、『人間についてのエセー』のなかで、カッシーラーはこうも述べている。「我々は人間を、人間の形而上学的本質を構成する内在的原理によって定義することはできないし、経験的観察によって確かめ得るような先天的能力または本能によって定義することもできない。人間の顕著な特性、人間独特の性質は、人間の形而上学的または自然的性質ではなくて、人間の仕事(work)である。『人類』の範囲を定義し、決定するのは、実にこの仕事であり、人間活動の組織である。言語、神話、宗教、芸術、科学、歴史はこの範囲を構成するものであり、そのさまざまな部分である。『人間の哲学』は、それゆえ、これら各人間活動の基本的構造に『見通し』を与え、同時にそれを有機的全体として了解させると考えられる哲学であろう。言語、芸術、神話、宗教は、決して孤立した、任意的な創作ではない。それらは共通の絆によって結合されている。しかし、この絆は、スコラ思想において考察され、記述された如く『実体的結合』(vinculum substantiale) ではなくて、むしろ『機能的結合』(vinculum functionale) である」(*EM*, p. 76. 邦訳一五一—一五二頁)。

(17) *Ibid*., p. 27. 邦訳五七頁。

(18) *Ibid*., p. 25. 邦訳五三頁。カッシーラーはこの取り組みを、基本的にはディルタイの業績を引き継ぐものとして理解している。もっとも、カッシーラーによれば、ディルタイの「人間哲学」は「豊富であり、示唆に富んでいるとはいえ、なお不完全」(*ibid*., p. 10. 邦訳五八頁) なものといわざるをえなかった。その意味では、文化哲学の仕事は、彼自身の理解によれば、ディルタイの仕事を現代の視点から完成させようとするものであったといえるし、したがって、ディルタイの精神科学との関係において検討されるべき内容を含んでいるといえよう。Vgl. Rudolf A. Makkreel, „Cassirer zwischen Kant und Dilthey", in *Ernst Cassirers Werk und Wirkung. Kultur und Philosophue*, S. 145-162. Vgl auch Thomas Leinkauf (Hrsg), *Dilthey und Cassirer. Die Deutung der Neuzeit als Muster von Geistes- und Kulturphilosophie*, Felix Meiner Verlag, 2003.

(19) ヤーコプ・ヨーハン・フォン・ユクスキュル男爵はエストニア出身のいわゆるバルト・ドイツ系貴族にして生物学者。ハイデルベルクで生理学者ヴィルヘルム・キューネ Wilhelm Kühne (1837-1900) に学んだ後、在野の研究者として活動していたが、一九二六年にハンブルク大学の環境世界研究所 Institut für Umweltforschung の所長に迎えられ——といっても「その『研究所』なるものも、動物園の中の水族館、そこの煙草売場が研究室というお粗末さ加減で、正式の学部所属の地位をしめてはいないもの」(生松敬三『人間への問いと現代　ナチズム前夜の思想史』、ＮＨＫブックス、一九七五年、八七頁) であったが——独自の理論生物学の学説を展開した。カッシーラーはこの人物を「はなはだ天才的にして独創的な、生物学的世界の形式を発展させ」た人物として賞賛し、さらに「ユクスキュルによると、生物学は普通の経験的方法——観察および実験の方法——によって発展せねばならない自然科学である。これに反し、生物学的思想は物理的または化学的思想と同じ型に属するものではない。ユクスキュルは生気論の果敢な闘士であり、生命の自律性の原理の支持者である。生命は終局的な、自己自身に依存する現実である。それは、物理学または化学によって記述したり説明したりすることはできない。この見地からユクスキュルは、生物学的研究の新たな一般的課題を展開する。哲学者としては、彼は観念論者または現象主義者である」(*EM*, p. 28. 邦訳六一頁) と紹介している。カッシーラーによれば、ユクスキュルは個体の世界構成能力を生物学的見地から評価するという意味においては生気論者であり、そのパースペクティヴをライプニッツのモナド論やカントの『判断力批判』に結び付けようとしたという意味においては観念論者たるべき存在であった。『近代の哲学と科学における認識問題』第四巻によると、ユクスキュルのように個々の有機体をそれじたい完結したコスモスとして描き出すやり方は、端的にいって、ダーウィニズムに対する一種のアンチ・テーゼであり、さらにいえば、ライプニッツやゲーテの見解に一致するものであるという。少し長くなるが、その説明を引いておきたい。「一般思想史的にみれば、この（ユクスキュルの）基本思想はライプニッツ哲学に起源をもっている。目的概念を新たな発展段階へもたらす転換がもっと明瞭なかたちでおこなわれたのは、ライプニッツ哲学においてである。ライプニッツにおいては、〈実質的な〉合目的性にかわって、〈形式的〉合目的性が、有用性にかわって〈調和〉があらわれてくる。それぞれのモナドがそれ自体でひとつの世界であり、宇宙全体をそれなりの仕方で映し出す自己完結的なコスモスである。だが、これら単独の世界は、同じ普遍的秩序の表現であるかぎり、『予定調和』によってたがいに結びつけられている。それぞれの世界が創造計画において一定の場所と一定の権利とを有しているのである。この思想によって、一七世紀と一八世紀の哲学は新たな方向設定を見いだし、今やそれが知のすべての領域に等しく影響を及ぼすことになる。この影響は生物学に先立って、歴史観と歴史哲学において見出される。……この基本見解は、ゲーテによって、歴史家から生命一般の世界へ転用される。彼もまた、生命の全体から人間であれ他のなにかであれある特定の類を取りだして、それを目標なり基準なり〈規範〉なりとして立てることがどれほど不可能であるかをつねに強調する。個別的なものは、全体の規範とはなりえないのである。

どの動物も目的そのものであり、
自然のふところから完全なかたちで生まれてきては
完全な子供たちを生んでいく
どの四肢も永遠の法則に従って生みだされ、
どれほど珍しい形態もその原形をひそかにとどめている……
子供たちは母親から申し分のないまったき健康を譲りうける
けだし、生ける四肢は対立しあうことがなく、
すべてが生きるために協働するからである
してみれば、動物の形態がその生き方を規定し、

逆に生き方がすべての形態に反作用を及ぼすのだ
こうして、整然として形成秩序が不動のものとして明らかになる
神でさえ、この境界を広げはしない
自然はそれを尊重する
けだし、完全なものはつねに制限されたかたちでのみ
可能となるのだから。

ユクスキュル生物学の設計と構成が、『動物の変態』という詩でゲーテが語っているこの基本思想とあらゆる点で完全に一致していることは注目に値する。ここには、ダーウィニズムにたいするきわめて特徴的な反発が現われている。というのも、ダーウィニズムは進化という観念を、最下位の生物から人間へと上昇してゆく一方的な〈進歩〉というふうに捉えていたからである。ヘッケルにいたっては、生物学ばかりか、彼の全体的な生活感情や世界像にまでこの進歩信仰の刻印が押されている。だが、ユクスキュルは、この点で方向転換を促す。彼は〈生物学的宇宙〉という新しい概念を生みだし、それを〈天文学的宇宙〉という概念に対置する。『天文学的宇宙はその無限な空間と永遠の時間がまったく無計画にたがいをめぐる無数の星の機構を含むただ一つの世界しかもたない。それにたいして、生物学的宇宙は、途方もなく壮大な設計適合性によってたがいに結びつけられた自己完結的な何千という世界の織りなす光景を見せてくれる』。したがって、いたるところに完全性はあるのだが、むろんこの完全性は全能ということではなく、手元にある手段を適切に利用しつくすという意味での完全性なのである。『最下等の生物であれもっとも高等な生物であれ、その微視的な化学機構からすれば、同じように完全である。こうした事実の前では、生物を物質の偶然的な集積によって説明しようとする試みはすべて無効となろう』」(*EP*, Bd. 4, S. 236f. 邦訳二五六—二五七頁)。カッシーラーによれば、ユクスキュルの環境世界論とは、ライプニッツのモナドロジーやゲーテの形態学的世界観というモデルネのもうひとつの合理主義の系譜のうえにあるものだったのであり、その点で、シンボル形式のパースペクティヴと軌を一にするはずのものだったのである。

(20) Vgl. Jakob von Uexküll, *Streifzüge durch die Umwelten von Tieren und Menschen*, Frankfurt am Main, 1970.（ヤーコプ・フォン・ユクスキュル、ゲオルク・クリサート『生物から見た世界』（日高敏隆、羽田節子訳、岩波文庫、二〇〇五年））。Vgl. auch Ders, *Theoretische Biologie*, Frankfurt am Main, 1973.

(21) *ZLK*, S. 380.　邦訳三二頁。
(22) *EM*, p. 28.　邦訳六二頁。
(23) *Ibid.*
(24) *ZLK*, S. 380.　邦訳三二頁。
(25) *Ebd.*, S. 380.　邦訳三三頁。
(26) *EM*, p. 28.　邦訳六二頁。
(27) *ZLK*, S. 381.　邦訳三三頁。
(28) *EM*, p. 30.　邦訳六四頁。カッシーラーは別のところでさらにこう説明している。「人間においては、動物の世界に比類をみない特別の型の関係思考を見出すのである。人間においては、関係を分離する――関係を抽象的意味に考察する――能力が発展した。この『意味』を把握するために、人間は、もはや、具体的な感覚の素材、すなわち視覚的、聴覚的、触覚的、運動感覚的、素材に依存していない。人間はこれらの諸関係を『それら自身において』(in themselves)――プラトンのいうように『自己を自己で』(*αὐτὸ γαθ' αὐτό*) 考察する」(*ibid.*, p. 43f.　邦訳八八頁)。
(29) *Ibid.*, p. 29.　邦訳六四頁。
(30) *ZLK*, S. 382.　邦訳三四頁。
(31) 人間のこのような特質について、カッシーラーは動物のそれと比較するかたちで次のように説明している。「人間が獲得することのできる『自由』は、人間が自然から抜け出て、自然の存在もしくは作用から遠ざかりうることを意味しない。他のあらゆる生物と同じように人間におかれている有機的制限を、人間は克服し突破することはできない。しかしこの制限内で、いやこの制限にもとづき、人間は、人間にとってだけ接近可能であり到達可能である運動の範囲と自主性とを獲得するのである。あらゆる生物の体制と、これにより規定された、この生物の『感受界』と『反応界』とのあいだの関係とは、牢獄の壁のようにしっかりとこの生物をとりかこんでいる、とユクスキュルはあるとき述べている。この牢獄から人間が逃れ出るのは、彼がこの壁を取りこわすことによってではなくて、彼がこの壁を自覚するようになることによってである。制限を知っている者はすでにこの制限をのりこえている、というヘーゲルの言葉はここにあてはまる。意識するようになることは、人間に許されている自由の初めにして終わり、アルファにしてオメガである。必然性の認識と承認とは『精神』が自然に対してなしとげねばならない本来の解放過程である」(*ebd.*, S. 381.　邦訳三三―三四頁)。このことからもわかるように、「人間世界においては、人間的生命の独特の性質を示す新しい特徴が見出される。人間の機能的円環は、量的に拡大されるばかりでなく、質的変化をも受けてきている。人間は、いわば自己を、その環境に適応させる新たな方法を発見した。あらゆる動物の『種』に見出されるはずの感受系と反応系のあいだに、人間においては、シンボリック・システム（象徴系）として記載されうる第三の連結を見出すのである」（*EM*, p. 29. 邦訳六三―六四頁）。そして、そのもっとも端的かつ特徴的なあらわれは、人間の空間意識、いわゆる「シンボル的空間」によって確認しうる。「有機的空間、行動の区間に関しては、多くの点で、人間は動物にひどく劣っているようである。子どもは動物が先天的にもっている、多くの巧妙な行動を学ばなければならない。しかし、この欠陥のかわりに、人間は、人間だけが発達させた他の性質――生物の性質には比類をみない、他の天性――によって、補償されているのである。直接的な反応ではなく、はなはだ複雑で困難な思考過程によって、人間は抽象的空間という観念に到達した――そして、この観念こそ、人間に、知識の新分野のみでなく、人間の文化生活のまったく新しい方向に道を開いたものなのである」（*ibid.*, p. 49. 邦訳一〇二頁）。カッシーラーによれば、これこそ真の「他の類への移行」であり、人間と動物の根本的に異なるところであった。

（32）*Ibid.*, p. 31. 邦訳六六頁。

（33）*Ibid.*, p. 30. 邦訳六四―六五頁。

（34）*Ibid.* このような「有機的生命の限界を超える」事態をルソーのように人間性の改善ではなくて、衰退とみなして批判するむきがあるが、カッシーラーは「この自然的秩序の破棄に対しては、なんらの救済手段もない。人間は、彼自身が成就した結果から逃れることはできない。人間は、ただ彼自身の生活条件を、採用し得るのみである」（*ibid.*, p. 30. 邦訳六四頁）と述べ、さらに、かかる「シンボリズムがないならば、人間の生活は、プラトンの有名な比喩における洞窟中の囚人のようであろう。人間の生活は生物学的必要と実際的関心の枠のうちに限定されるであろう。そして、宗教、芸術、哲学、科学により、各方面から人間にひらかれている『イデア界（理想界）』への道路を見出しえないであろう」（*ibid.*, p. 47. 邦訳九三頁）としている。ということは、逆にいえば、人間は文化的生活を営み続けるかぎり、この「イデア界」とかかわりあうのでなければならない存在になっているといえよう。

（35）*Ibid.*, p. 30. 邦訳六四頁。

（36）*ZLK*, S. 406. 邦訳六六頁。

（37）Ebd., S. 450. 邦訳一一二頁。

（38）Ebd.

(39)カッシーラーはオッカムのウィリアム以降の近代の自然科学がアリストテレス的な形相概念を否定して、因果論的な世界観を文化理解にまで適用したと述べている。カッシーラーによれば、マルクスの史的唯物論こそはその頂点をなすはずのパースペクティヴであった。「ところで、けっきょくは、『史的唯物論』の世界観で決定がくだされ、究極的判断が語られた、と思われた。この世界観は事象の新しい基層に向かって進んだのであったし、この基層が文化の諸形象を厳密な因果的考察の一撃で屈服させ、そうすることによりそれらをはじめて真に理解できるようにすると思われた。これらの諸形象は固有の権利からできてはいない。これらは別なより深い基礎にもとづく『上部構造』にすぎない。われわれがこの基礎に達すると、すなわちわれわれが経済的現象や傾向をすべての事象のほんらいの原動力と認めると、それによって、あらゆる外観上の二元論は除かれて、統一性が回復されているのである」(ebd., S. 449. 邦訳二二〇頁)。また、『現代物理学における決定論と非決定論』のなかでは、「『唯物論的』歴史哲学は、自然考察と歴史考察を一つに結合し宥和させる媒介項を、その両者がともに是認しかつ基礎においているにちがいない同一の厳密な『機械論的〔力学的〕』決定のなかに見出すのである」(Ernst Cassirer, *Determinismus und Indeterminismus in der modernen Physik. Historische und systematische Studien zur Kausalproblem*, in *Gesammelte Werke Hamburger Ausgabe*, Bd. 19, Felix Meiner Verlag, 2004, S. 253. エルンスト・カッシーラー『現代物理学における決定論と非決定論』、山本義隆訳、学術書房、一九九四年、二六〇頁。ただし〔　〕内翻訳者）としている。そのようなあり方こそ、カッシーラーによれば、『人間についてのエセー』において表明しているように、「経験的事実」を「その上に予想された型」(*EM*, p. 26. 邦訳五五頁）にあてはまるよう無理に歪めてしまう「プロクルステスのベッド」として痛烈に批判されるべきものにほかならなかった。

(40)IPC, p. 72. 邦訳八七頁。

(41)*ZLK*, S. 433. 邦訳一〇〇頁。物理と文化の関係についてカッシーラーは、「文化的事象は、あらゆる他の対象のように、空間と時間のうちにその所在をもっている。それはそのいまとここをもち、それは成立しそして消滅する。そして、われわれが、このいまとここ、この成立と消滅とを記述しているかぎり、われわれは物理的確認の範囲を超える必要はない。他面ではしかしこの範囲のうちで、まさに物理的なもの自体が新しい機能をおびてあらわれてくる。物理的なものが『在り』、そして『成る』だけでなく、この存在と生成のうちで〔意味という〕別なものがあらわれる。物理的なものから解き離されていず、それについて、またそれのうちで具現されている『意味』のこのような出現は、われわれが『文化』という名称で言いあらわしているすべての内容の共通要素なのである」(ebd., S. 399f. 邦訳五八頁。ただし〔　〕内翻訳者）と述べている。さらに、「文化は、もちろん原理的には、事物と事物関係とにかかわっている自然科学的考察方法の範囲外にはけっして出ない。文化そのものと文化の科学とはいかなる『国家のなかの国家』をもつくらない。文化の業績は自然的物質的な種類のものであり、この業績をつくりだす個人はその精神生活と個人生活とをもっている。これらのすべては、物理学的、心理学的、社会学的カテゴリーのもとで調査され、研究されうるし、またされねばならない。しかし、われわれが個々の業績や個々の個人から文化の諸形態へ向かい、その諸形態の考察に沈潜するとき、われわれは新しい問題の入り口に立っているのである」(ebd., S. 407. 邦訳六七頁)。そう考えることによって、カッシーラーは文化をもっぱら物理的側面から考察するばかりのあり方を暗に批判しつつも、物理学的なパースペクティヴを否定せず、むしろそれと融合するべき文化の精神科学的理解のあり方を模索しようとしている。

(42) *EP*, Bd. 4, S. 235. 邦訳二五五頁。

(43) *ZLK*, S. 450. 邦訳一二一頁。

(44) Ebd., S. 380. 邦訳三二頁。

(45) 第一章の二および三を参照。

(46) *DI*, S. 158. 邦訳一六二頁。

(47) ゲシュタルト心理学について、カッシーラーは知覚を感覚の総計からなるとする感覚主義の学説と対比して次のように説明している。「感覚主義学説は、つねに知覚を単純な感覚的素材のモザイク（寄木細工）として記述していた。この信念をもつ思想家が絶えず見逃していた事実は、感覚それ自身が決してたんにばらばらな印象のたんなる集合または『束』ではないということである。今日のゲシュタルト心理学はこの感覚主義的見解を訂正した。極めて簡単な知覚過程さえも、基本的な構造エレメント、ある型または形態を含んでいることを示した。この原理は人間界にも動物界にもあてはまる。比較的低い段階の動物においてさえも、この構造的なエレメント――とくに空間的および視覚的構造――の存在は、実験的に証明された」(*EM*, p. 43. 邦訳八八頁)。カッシーラーによれば、このような取り組みは「全体性のカテゴリー」の必要性を心理学的側面において弁証するべきものになっていたのだ。

(48) *ZLK*, S. 449. 邦訳一二一頁。

(49) *DI*, S. 240. 邦訳二四五頁。

(50) Ebd., S. 213. 邦訳二一七頁。

(51) ただし、これらの学説は、アリストテレスの形相概念をそのまま復活させようとしていたわけではない。周知のように、アリストテレスは形相概念と原因概念を目的論的思考によって包摂することによって部分を全体（神の目的）からなるものとしていたが、量子力学やゲシュタルト心理学といった二〇世紀の自然科学においては、全体性の概念を引き継ぎつつも、そこに付随していた目的論的要素はすっかり抜け落ちてしまっている。カッシーラーによれば、現代における全体性の概念とは、アリストテレスのように自然の合目的的秩序を解明しようとするものではない。それは純粋に機能的な意味において理解されるべきものとされていたのだ。Vgl. *ZLK*, S. 447-450. 邦訳一一七―一二二頁。

(52) この著作はイェーテボリで書かれ、一九三六年に同地で出版された。カッシーラーその人が本書の前書きのなかで「当初、本書は公表するつもりではなかった。それは、もっぱら私自身の自己啓発と、私が出発点に採った一般的な認識論上の基本見解の批判的検証とのために試みられたのである」(*DI*, S. 4. 邦訳八頁）としているように、当初は公表の意図なく個人的な研究ノートとして書き進められたものであったらしい。本書の訳者である山本義隆のいうように「原著には目次も索引もないところを見れば、出版そのものもかなり慌しくなされたのではないかと推察される」(ebd. 邦訳二六四頁)。にもかかわらず、ガヴロンスキーの証言によれば、「カッシーラー自身はこの本をそのもっとも重要な著作の一つとみなしていた」(Gawronsky, *op.cit.*, p. 29）という。表題にもあるとおり、本書は現代物理学、おもに量子論物理学に焦点をあて、その哲学的（とりわけ認識理論上の）意義について論じるという内容になっているが、カッシーラーのように自然科学的認識を自身の哲学的議論のベースにしようとするむき――たとえば、『シンボル形式の哲学』もまた、『実体概念と機能概念』という自然科学的な認識理論に関する研究を議論の下敷きにしていた――からすれば、文化哲学のあり方を科学的側面から規定するうえできわめて重要な議論をおこなっていたということになってこよう。その意味では、カッシーラー哲学の特質を理解するうえで欠かすことのできない著作になっているといっても決して過言ではあるまい。

(53) *DI*, S. 224f. 二二八―二二九頁。カッシーラーによると、量子力学とは、関係概念にもとづくパースペクティヴをこれまで以上に強力に推進し、それによって全体と部分の関係を規定しなおすところへと到達したところにその思想的意義を有する知的営為であった。「法則概念は、以前には対象概念の後ないし下に置かれていたが、（量子力学の不確定原理の登場によって）いまでは対象概念の前に置かれている（vorgeodnet）ことになる。実体論的な理解では、確定的に規定された存在が〔まず〕在り、それがある決まった不変な性質を有し、他の存在とある関係を取り結び、その関係が〔あとから〕自然法則によって表現されるのだとされていた。〔他方〕関数論的観点では、この存在は、自明の出発点では最早なく、考察の終点であり目標なのである。それは『そこからの端点（terminus a quo）』から『そこへの端点（terminus ad quem）』へと成ったのである。私達は、そこから直接的に法則を読み取りその法則を属性としてそれに『付着』せしめることのできる、それ自身で存立する絶対的に規定された存在なるものを、最早〈所有して〉いない。私達の経験的知識の本当の内容を成しているものは、むしろ私たちがある秩序に総括し、この秩序にしたがい理論的法則概念をとおして表示することの可能な観測の総体なのである。この法則概念の支配がより遠くに及ぶに応じて、私たちの対象的知識もより遠くまで及ぶことになる。『対象性』ないしは客観的『現実性』なるものは、法則性が存在するが故に、またそのかぎりで存在し、その逆ではない」(ebd., S. 159. 邦訳一六三頁。ただし〔 〕内翻訳者)。このようなパースペクティヴこそは、シンボル形式の哲学者からしてみれば、これまでの自説の正しさを自然科学の側から論証してくれるものであり、また自説を深化させるうえでの導きの糸となるはずのものであった。

(54) *ZLK*, S. 451. 邦訳一二三頁。この「帰還」は、自然科学の世界理解を自然科学自身が訂正するというイローニッシュな性格を帯びていた。「原子の概念が物質の概念から分離可能であるだけではなく、これまで『唯物論』と『機械論』の本質的な支柱と見なされてきた原子の概念が、むしろ機械論的自然観の思弁的ではなく真に科学的な克服を先導する任にあたるということ、このことが明らかにされたのである」(Vgl. *DI*, S. 171. 邦訳一七四頁)。このような発想の転換は、カッシーラーからすれば、「あらゆる現実がすでに理論である」(ebd., S. 165. 邦訳一六九頁)というゲーテの言葉の正しさを証明するものであり、人間の世界＝文化を個々の雑多な事象の寄せ集めでなく、個々の事象にそれぞれ固有の性質を与えるひとつの場とみなすきっかけとなった。しかも、その場なるものは、人間のシンボル的思考とその関係性という計算不可能な不確定なファクターからなるものであるがゆえに、これまでと違って数学的な因果律によってすべてを演繹しうるような空間とはみなされなくなる。今やそれは、不確定性を抱えつつも意味という間主観的な媒体としてのシンボル形式を絶えず生成するとともに、その積み重ねによって自身の具体的な内容を規定していくものとして考えられるようになったのである。

(55) このことについて、カッシーラーはさまざまなアングルから説明を加えている。『現代物理学における決定論と非決定論』において「〈経験的〉諸関係の総括において黙示的に定義される概念は、不動であると同時に柔軟でなければならない。不動というのは、認識がその概念にある決まった〈照準点〉を持つからであり、柔軟というのは、概念がつねに新たに経験に即して方向付けられ、経験に即して検証され得るからである」(*ebd.*, S. 235. 邦訳二三九頁)と述べる一方、別の箇所では、アビ・ヴァールブルクの「感情定型」(Pathosformeln) の議論をうけて次のように指摘している。「言語的諸形式や芸術的諸形式は、これらが『普遍的に伝達可能』であるならば、すなわちこれらが異なる主体のあいだに橋をかけるはずであるならば、内的な固定性や堅牢性をもっていなければならない。しかし、これらは同時に変化可能でなければならない。というのは、これらの諸形式を用いることはそれぞれ、それが異なる諸個人のうちで行われているのだから、すでに一定の修正を含んでいるし、また、この修正なしには、可能でないからである」(*ZLK*, S. 476f. 邦訳一五七頁)。

(56) Ebd., S. 480. 邦訳一六三頁。

(57) *EM*, p. 42. 邦訳八五頁。

(58) *Ibid*., p. 240. 邦訳四七二頁。

(59) *Ibid*., p. 243. 邦訳四七七頁。

(60) *Ibid*., p. 240. 邦訳四七二頁。

(61) *Ibid*. カッシーラーはさらに続けてこう述べている。「この二元性は、文化生活のあらゆる領域において見出されるはずである。変化するのは、対立する両因子の比率である。一方の因子が優勢であることがあり、他方の因子が優勢であると思われることがある。このような両因子の力の優越関係が、高度に個々の形態の性格を決定し、個々の形態のおのおのに独特の姿を与えるのである」(*ibid*.)。

(62) もっとも、「その発展の一つひとつの段階」が、カッシーラーが『シンボル形式の哲学』のなかで強調していたように、「単純に継起するわけではなく、むしろたいていは鋭い対立を示しながら、対抗しあう」かたちをとりながらおこなわれていることはいうまでもない。「その進行は、前段階にある基本的特徴、ある精神的な規定態が、そのまま形成されつづけたり、補完されたりするということだけのことではなく、むしろ、それが否定され、のみならず完全に根絶されるというかたちで果たされる」(*PhsF*, Bd. 2, S. 275. 邦訳四三八頁) ことすら稀ではないのであって、その「対立」と「否定」の程度は、シンボル形式の発展分化が深化すればするほど複雑化しのっぴきならないものとなる。その意味では、技術的思考の発展が、先にみたように、「人間を自然との結びつきから引き離す」ものとして理解されていたこと、また、それによって技術が「人間の社会的束縛を耐え難いところにまで増幅させてしまった」(FT, S. 86. 邦訳一三三頁) と指弾されていたことなどは、まさしくこのようなコンテクストの一齣をなすものであったといえよう。シンボル形式に内在するかかるアンビヴァレントな性格は、このようなプロセスのもとで人間文化に「新たな始まり」を切り開くという役割を担っているが、それはつねに何らかの対立関係のもとに展開されるものになっているのだ。

(63) *EM*, p. 78. 邦訳一五六頁。

(64) *ZLK*, S. 482. 邦訳一六五頁。

(65) *EM*, p. 78. 邦訳一五六頁。

(66) *Ibid.*, p. 78. 邦訳一五五―一五六頁。
(67) IPC, p. 73. 邦訳八七頁。
(68) *Ibid.*
(69) *Ibid.*, p. 89. 邦訳一〇四頁。
(70) *EM*, p. 78. 邦訳一五六頁。
(71) カッシーラーはここでもユクスキュルの環境世界論の議論を援用して次のように述べている。「ユクスキュルは下等動物についてあるとき次のように語っている。すなわち、あらゆる動物は、きわめて完全にその環界に適合しているので、揺り籠のなかの赤子のように安静に確実にその環界でやすらいでいる、と。われわれが人間の世界へ入りこむや否や、この安静は決定的に失われている。すべての動物の種属はその欲求と衝動との範囲内へいわば呪縛されている。それは、その本能によりそれに対して指定されている世界以外のいかなる世界をももってはいない。しかし、動物がそれに適して創られているこの世界内では、いかなる動揺もいかなる過誤もない。すなわち、本能のもつ限界は同時に最高の安全をもたらしている。いかなる人間的知識もいかなる人間的行為も、この種の疑いない生存や疑いない確実性への帰路をいつかふたたび見いだすことはできない」(*ZLK*, S. 384. 邦訳三七頁)。
(72) Ebd., S. 476. 邦訳一四五頁。
(73) *EM*, p. 78. 邦訳一五六頁。
(74) *Ibid.*, p. 79. 邦訳一五七頁。
(75) *Ibid.*, p. 242. 邦訳四七五頁。
(76) *Ibid.*, p. 244. 邦訳四七九頁。
(77) *Ibid.*, p. 244. 邦訳四七九頁。なお、ハインツ・ペッツオルトは、文化のこのような規定のうちに、ハーバーマスの提唱するいわゆる「手続き的理性」(prozedurale Vernunft) の議論に通底する要素を見出そうとしている。Vgl. Paetzold, „Die symbolische Ordnung", S. 173.
(78) *EM*, p. 244. 邦訳四七九―四八〇頁。
(79)『人間についてのエセー』の第七章および第八章を参照。
(80) カッシーラーはさらにこう続けている。「不協和は、それ自身との調和のうちにある。反対物は互いに排除し合うものでなく相互に依存し合うものである――それは『音弓と竪琴の場合における如き反対における調和』である」(*ibid.* 邦訳四八〇頁)。『人間についてのエセー』の掉尾を飾るこの有名な文句は、これまでカッシーラーの理想主義を端的に物語るものとして理解されてきたが、彼自身はこの理念が何の抵抗もなく、そのまま現実のものになるとはほとんど考えていなかった。以上にみたように、カッシーラーはそのようになりうると指摘しているばかりで、決してそうなるはずだと預言したことはなかった。このような言葉はしたがって、一種の可能性にすぎないものとしてとらえられていることに注意しておきたい。

(81) *Ibid.* Cf. Krois, *Cassirer*, p. 173f.

(82) Vgl. Krois, „Cassirer: Aufklärung und Geschichte", S. 144.

(83) Sandkühler, a. a. O., S. 33.　ザントキューラーはここでカッシーラーを「可能な進歩の思想家」(ein Denker *möglichen* Fortschritts) と評している。

(84)『人間についてのエセー』の第一章「人間の、人間自身の認識における危機」において、カッシーラーは現代において人間の自己認識が極端に分裂してしまっていることを問題視し、このことがシェーラーのいうように「人間の研究に従事する特殊科学は、ますます多様性を示し、人間についての概念を明らかにするよりも、はるかに漠然とし、不明瞭とした」(*EM*, p. 27.　邦訳五七頁) と指摘している。本章の註 (15) を参照のこと。Cf. BP, S. 152f.　邦訳六九―七〇頁。

(85) 第一章でもふれたように、カッシーラーはベルリン大学での学生時代に同大学の私講師であったジンメルのカント講義を聴講している。また、彼にマールブルクのヘルマン・コーヘンを知るきっかけを与えたのもジンメルであった。その意味において、ジンメルはカッシーラーの哲学者としてのキャリアに決定的な影響を及ぼした人物のひとりではあったが、生の哲学にもとづくその文化理論は、かかる哲学的見地に反対したマールブルク学派の哲学者カッシーラーのそれとはおよそ方向性を異にしていた。Vgl. Ernst Cassirer, „Hermann Cohen, 1842-1918", in *Gesammelte Werke Hamburger Ausgabe*, Bd. 24, S. 163f.

(86) ジンメルの社会哲学をこのようなものとして裁断することには、当然異論の余地があるといえよう。カッシーラーのジンメル観はもっぱら社会化されてしまった人間の考察に向けられていて、そのニヒリスティックな側面ばかりが強調されており、そのポジティヴな側面が無視されているきらいがあるようにおもわれる。なお、両者の思想的関係についての検討は別稿を要する。今後の課題としたい。

(87) *ZLK*, S. 464.　邦訳一四〇頁。

(88) Ebd., S. 463.　邦訳一三九頁。

（89）Ebd.

（90）Ebd., S. 465. 邦訳一四一頁。その意味では、「この悲観主義は、いかなる精神的発展もわれわれをそこから解放することのできない欠陥――なぜなら、この欠陥はこの発展そのものの本質にあるから――を指摘している」（ebd., S. 464 邦訳一四〇頁）といえる。

（91）Ebd.

（92）Ebd.

（93）カッシーラーはこう述べている。「異なる文化のあいだの決してやむことのないこのような対決が内的な軋轢なしに行われえないことは、もちろん、明らかである。それは真の融合に達することはない。というのは、対立的な諸力は、これらがたがいに反立しあって自己を確保することによってだけ、作用することができるからである。完全な調和が達成されているないし達成可能であると思われるところでさえ、強い内的緊張がなくはない。われわれが古代文化の残存的影響を考察するならば、それはほとんど理想的な極限を示している。たんに否定的なものはすべて抹消されているように見えるし、偉大な生産的活力は純粋に妨げられることなくそのたえまのない静かな活動を営むことができるように見える。けれども、このような理想的なばあいにも、紛争が、いやそれどころか調停できない対立が、なくはない。法の歴史は、いかに宏大な組織力がローマ法に内在したかを、そしていかにローマ法がこの力を数世紀にたつうちにつねに新たに立証したかを示している。しかし、ローマ法は、同時にじつに多くの前途有望な萌芽を絶滅することなしには、活動しえなかった。「自然」法の感覚と、一面では国民法の慣用とのあいだの、他面では『法律学者の』法とのあいだの葛藤はくりかえし起った。ひとがこの種の対立を悲劇的葛藤とみとめるならば、『文化の悲劇』という語はその完全な正当性をもちつづけている」（ebd., S. 471f. 邦訳一五〇―一五一頁）。ただしその直後に、「しかし、われわれはただ抗争の事実だけを注視してはならないのであって、われわれはその治療をも、すなわちわれわれはこのさいくりかえし生じる独特な『浄化』（Katharsis）をも注視しなければならない」（ebd., S. 472. 邦訳一五一頁）と付け加えている。カッシーラーにとって、ジンメルの主張は文化の表象の一部をいいあらわしたという意味においては、たしかに首肯しうる部分を含む言説ではあった。

（94）Ebd., S. 466. 邦訳一四三頁。

（95）Ebd., S. 465. 邦訳一四二頁。

（96）Cf. *EM*, p. 39ff. 邦訳八一―八四頁。

（97）*ZLK*, S. 407. 邦訳六八頁。カッシーラーはこのことを「われ」と「なんじ」の関係性の議論のなかで次のように述べている。「確固とした、自己閉鎖的なわれ——このわれがまったく同じようななんじと連絡をつけ、いわば外からなんじの領域へ侵入しようと試みる——なるものは存在しない。ひとがこの種の表象から出発するならば、こういう表象のうちで出された要求は実現しがたいことが結局くりかえし明らかになる。物質の世界においてのように、精神的なものにおいても、あらゆる存在は、いわばその場に呪縛されていて、他の存在にとっては依然として入り込みがたいのである。しかし、われわれが、二つの実体的に分離された本体としてのわれとなんじから出発するのではなく、そのかわりに、言語のうちで、あるいはなんらかの他の文化形態のうちでわれとなんじとのあいだで行われている交換関係の中心へ移るやいなや、このような疑問は消滅する。初めに行為がある。すなわち、言語の使用に、芸術的形象に、思考や探究の過程に、つねに固有の活動が表現されていて、この活動のうちではじめてわれとなんじが見いだされ、そして同時に相互に区別されるのである。われとなんじがこのような仕方で、言語で、思考で、あらゆる種類の芸術的表現で統一性を保ちつづけているので、われとなんじとは交互的で相互的なのである」（ebd., S. 408. 邦訳六八頁）。そして、その「われ」と「なんじ」がおこなうのが、「理論的、美学的、倫理的諸形式構成にもとづく対象化であり、自己直観である。それは、言語の最初の表現のうちにすでに現われているし、またそれは詩、造形美術、宗教的直観、哲学的概念のうちでますます豊富にそして多様に展開する。これらのすべては人間の独特な能力と熟達、コメニウスの言葉で言いあらわすならば、その『無限の能力』（capacitas infinita）を表現している。しかしこの『無限の能力』、この無限への方向性は同時にきびしい自己限定を含んでいる。というのは、あらゆる形式は、一定の基準をもとめ、それが純粋にあらわれたかたちでは、基準に拘束されているからである。生は純粋に自己からは、すなわち自由に流れさる単なる生としては、いかなる形式をも産出できない。生は、形式に関与するためには、集約され、いわば特定の一点へと集中されなければならない」（Ernst Cassirer, „Naturalistische und humanistische Begründung der Kulturphilosophie", in *Gesammelte Werke Hamburger Ausgabe*, Bd. 22, Felix Meiner Verlag, 2006, S. 155. エルンスト・カッシーラー「文化哲学の自然主義的基礎づけと人文主義的基礎づけ」、『人文科学の論理』所収、一八八—一八九頁）。カッシーラーによれば、人間の自我とはアプリオリに成り立つものでは決してなく、あくまでも他者との関係において、しかもシンボル形式の生成という過程をとおして確立されていくものだったのである。なお、カッシーラーのこのような自我論は、ユダヤ系オーストリア人哲学者マルティン・ブーバーの対話の哲学に結びつくところがあるように思われるが、この点については今後の研究課題としたい。

（98）*ZLK*, S. 466. 邦訳一四三頁。

(99) Ebd., S. 465f　邦訳一四二―一四三頁。カッシーラーによれば、その点では、ジンメルの自我論は、一種の神秘主義的言説というのでなければならないものであった。「ジンメルはここで懐疑主義の言葉を語っているように思われるが、しかしじつは彼は神秘主義の言葉を語っている。自我の本質に神の本質を見いだすために、自我の本質へと純粋に沈潜するのは、あらゆる神秘主義のひそかな憧憬だからである。自我と神とのあいだにあるものを、神秘主義はただ分け離す境界としてしか感じない。そして、このことは、物理的世界にあてはまるのに劣らず、精神的世界にもあてはまる。精神もまた、精神がたえず自己を外化することによってだけ、存立しているからである。精神はたえまなく新しい名称や新しい形象を創造するが、しかし、精神は、精神がこの創造で神的なものに近づかないで、ますます神的なものから遠ざかることを理解しない。神秘主義は文化の形象世界をすべて否認せずにはいられないし、神秘主義は『名称と形象』から解放されずにはいられない。われわれがあらゆる象徴を断念することを、またわれわれが象徴を粉砕することを神秘主義はわれわれに要求する。神秘主義は、この要求を、われわれがそうすることによって神的なものの本質を認識することができることを希望して行っているのではない。神秘主義者は、あらゆる認識がつねに象徴の範囲内でだけ活動しうることを知っているし、またかれはそのことを深く確信している。しかしかれは別なより高い目標を自己に立てる。かれは、自我が、神的なものにふれ、それをとらえようとするむだな試みをしないで、それを融合し、それと一つになることを望む。[神秘主義では] あらゆる数多性は虚偽である――問題が事物の数多性であろうと、あるいは形象や記号の数多性であろうと同じである」(ebd.)。

(100) カッシーラーによれば、ジンメルの言説は、端的にいって、文化を「実体化」(Hypostase) して考えようとしているところに致命的欠陥があった。そうなってしまえば、生と形式はたがいに相容れないものとしてまったくコンタクトのないものになって一種の二元論的なシェーマに落ち着いてしまうが、シンボル形式のパースペクティヴからすると、すでに第一章でみたように、生と形式は相互作用のもとに成り立っているのであって、決して互いに独立して存在しているわけではないのである。この点について、カッシーラーは『シンボル形式の哲学』第四巻のための準備原稿のなかでこう述べている。「われわれは形式をまったくもたないような生に出会うことないし、生をまったくもたないような形式にも出会うこともまたほとんどないのである。したがって、われわれの思考が両者のあいだにもたらす区別は、各々が『それ自身で存在し、それ自身で思惟されうる』というような二つの形而上学的な位相にむけられているのではなく、われわれが生成の流れのなかに設定している、いわばふたつのアクセントに過ぎない。その本性からして、生成は単なる生でもなければ単なる形式でもない。それは形式への生成 (Werden zur Form) であり、プラトンのいう存在への生成 (γένεσις ειγ Οὺσιδν) にほかならないのである」(*ZM*, S. 18)。

(101) *ZLK*, S. 469.　邦訳一四八頁。

(102) Ebd., S. 470.　邦訳一四八頁。別のところで、言語の例を引いて、異なる世代間の言語の「この引き渡しは、そのさい一部の活動性や自立性が排除される仕方で行われることは決してない。受け取るものは、この贈りものを鋳造貨幣と同じようには受け取らない。かれがこの贈りものを受けとることができるのは、かれがこの贈りものを使用し、そしてこれを使用するうちにかれがこの贈りものに新しい刻印を押すことによってだけである」(ebd., S. 473.　邦訳一五三頁) といっている。

(103) Ebd., S. 473.　邦訳一五二頁。カッシーラーはここでその例証として、ドイツの言語学者ヘルマン・パウル Hermann Paul (1846-1921) による言語研究をあげている。

(104) Ebd.　邦訳一五三頁。

(105) Ebd., S. 469.　邦訳一四七頁。

(106) Ebd.　したがって、カッシーラーによれば、「過去の真に偉大な文化の諸時期は、過ぎ去った時代の証人として現代へはいりこんでいる迷子石のようなものではない。偉大な文化の諸時期は惰性的なものではなく、それは強力な潜在的エネルギーの結集であり、そしてこのエネルギーは、その諸時期がふたたび出現するはずの、また新しい作用のかたちで知られるはずの時機をひたすら待っている。創られたものはしたがってこのさいも創造的過程に単純に対峙もしくは対立しているのではない。むしろ、つねに新しい生命が『彫琢された形姿』に流れこみ、そしてこの生命がその形姿を『武装して硬化すること』から防いでいるのである」(ebd., S. 471.　邦訳一五〇頁) ということになる。

(107) カッシーラーによれば、ルネッサンスとは「決して単なる受容ではない。ルネッサンス〈復興〉は、過ぎ去った文化に所属している諸動因の単純な継続もしくは続行ではない。それはそのような継続や続行だと思い込んでいることもしばしばある。それは、それがのっとっている原型にできるだけ接近するころよりもさらに高い功名心を知らないこともしばしばある。……しかし、世界史の本来の偉大な諸復興期はつねに自発性の勝利であったので、単なる受容性の勝利であったのではなかった」(ebd., S. 470f.　邦訳一四八—一四九頁)。それゆえ、カッシーラーはヘーゲルなど他の多くの思想家と違って、ルネッサンスを近代の始まりを画する「新しい精神」(Krois, „Cassirer: Aufklärung und Geschichte", S. 136) の時代とみなして重要視していた。Vgl. Paetzold, „Die symbolische Ordnung", S. 165f.

(108) *ZLK*, S. 470.　邦訳一四九頁。

(109) Ebd., S. 471.　邦訳一五〇頁。

(110) Ebd., S. 470. 邦訳一四九頁。ペトラルカについて、カッシーラーはこう述べている。「かれは、古代の言語と古代の芸術や文学という媒介物を通して、古代の生活形態と再会した。そして、この生活形態を観照するうちに、かれ自身の独特な生活感情が形成された。自己のものと他のものとのこのような独自な浸透はイタリアのルネッサンス全体にあてはまる。ブルクハルトはイタリアのルネッサンスについて、これが『これ自体の構成的理念に対する表現手段以外のものとしては古代を決して取り扱わなかった』と述べている」(ebd., S. 470f. 邦訳一四九―一五〇頁)。なお、『個と宇宙――ルネッサンス精神史――』において、カッシーラーはペトラルカを、「中世の独断的な見方のうちに自然を閉じ込めていた呪縛を断ち切る」(*IK*, S. 165. 邦訳一八〇頁) ことによって、新しい自然概念を構築するに至った人物として説明している。

(111) *ZLK*, S. 472. 邦訳一五一頁。

(112) NHB, S. 153. 邦訳一八六頁。カッシーラーはこのことを人間とその未来との関係をもとにこう説明している。「これまで我々は、ただ時間の一側面――現在の過去への関係――だけを考慮に入れてきた。しかし、人間生活の構造にとって、これより重要であり、また、はるかに特有なものとさえ思われる、他の側面が外にあるのである。これは時間の第三の次元と呼ばれるものであって、未来の次元である。我々の時間意識において、未来は不可欠な要素である。……我々は、回想に生きるより、また、現在の経験を生きるよりも、はるかに多く、疑惑と恐れ、未来についての不安と希望のうちに生活している。これは、一見したところ、人間の能力としては好ましくなさそうに思われるであろう。なぜならば、それは、あらゆる他の生物にはみられない、不安定な要素を人間生活に導入するからである。もし人間が、この空想的観念、未来の幻想なしに生活できるならば、人間は、もっと賢くまた、もっと幸福ではなかろうかと思われる。哲学者、詩人、および偉大な宗教の教師たちは、この、つねに自らを欺く源泉をなすものに対して、いつも人間に警告を与えてきた。宗教は、人間に、来たらんとする日を恐れないよう忠告し、人間の智慧は、未来を気にかけず今日を楽しむようすすめている。『明日は何が起きるかを問うのをやめよ』(Quid sit futurum cras, fuge quaerere) とホラティウスはいった。しかし、人間は決してこの勧告に従うことができなかった。未来を考え、未来に生きることは人間性の必要な部分である」(*EM*, p. 59f. 邦訳一二〇―一二一頁)。人間とは、このようないわばシンボル的な未来を背負った存在なのであって、「その生活を表現せずには、生存をつづけることはできない」(*ibid.*, p. 240. 邦訳四七一頁) 存在なのである。そして、「過去の偉大なる思想家たちは、単に『思想において自身の時代を把握する』だけではなかった。非常にしばしば、彼らは自身の時代を超え、あるいはそれに抗して思考しなければならなかった。こうした精神的道徳的勇気なしには、哲学は人間の文化的社会的生活におけるその課題を果たしえなかったであろう」(*MS*, p. 290. 邦訳三九二頁)。Cf. Verene, "Cassirers

Political Philosophy", S. 27.

(113) *ZLK*, S. 482.　邦訳一六五頁。

(114) *EM*, p. 63.　邦訳一二九頁。

(115) *Ibid.*, p. 10.　邦訳二七頁。「人間は、社会生活を媒介としない限り、自らを見出すことはできず、自己の個性を知り得ない。しかし、人間にとって、この社会生活という媒介は、外部から個人を限定する力以上のものを意味する。人間は、動物のごとく、社会の規則に従うが、それに加うるに社会生活の形式をつくり上げるための積極的な貢献およびこの形式を変化させる積極的な力を持っている。人間社会の原始的段階においては、このような活動は、なおほとんど認めることができない。それは極めて小さいものであろう。しかし、我々が進歩するに従い、この性質は、ますます顕在的となり、また意味あるものとなる。このゆっくりした発展は、人間文化のほとんどすべての形態で、これをたどることができるのである」(*ibid.*, p. 239.　邦訳四六九―四七〇頁)。カッシーラーはその能力を最終的に人間のシンボル的思考に求めている。

(116) IPC, p. 91.　邦訳一〇四頁。

(117) *EM*, p. 10.　邦訳二七頁。

(118) *Ibid.*

(119) *Ibid.*

(120) カッシーラーはこのような人間性理解を、より具体的には、ライプニッツにはじまり、ヴィンケルマン、ヘルダー、ゲーテを経てヴィルヘルム・フォン・フンボルトへといたる一連の新人文主義的な思潮に由来するものとしている。このフマニスムスの理念について、彼は『啓蒙主義の哲学』のなかですでにこう述べていた。「人間生活の条件のひとつひとつが独自の価値を有し、歴史の局面のひとつひとつが内在的な価値と必然性をもつのである。それらはけっしてたがいに切り離されえないし、しかも全体のなかで全体を通じてのみ存在しうるものである。にもかかわらずそれらひとつひとつは全体に対する同じように不可欠の要素をなす。ひとつの存在の同一性としてではなくひとつの過程の統一性として考えられるべき真の統一性は、このような普遍的な異質性のなかではじめて形作られる」(*PhdA*, S. 242f.　邦訳二八五頁)。また、ヨーロッパ精神をそのあらわれの端的なものととらえ、ゲーテの言説を引き合いにしてさらに次のようにも述べている。「ゲーテは近代のヨーロッパ精神史を一つの大きなフーガになぞらえた。このフーガにおいて相次いで個々の民族の声が生じ、その特異性をもって自己主張をする。さらにこの対立の渦中にある新たな、未だかつてない調和を生み出すためにだ。……行為におけるこのようなポリフォニーこそが近代文化の調和を初めて生じるものであり、近代文明の力と特徴が本質的に基づいている」(Ernst Cassirer, „Deutschland und Westeuropa im Spiegel der Geistesgeschichte", in *Gesammelte Werke Hamburger Ausgabe*, Bd. 17, Felix Meiner Verlag, 2004, S. 207)。そう指摘することによって、カッシーラーは人間性の概念を、単に抽象的な理念に過ぎないもの、なかんずく人間の倫理的理想を表現した標語とする見方に対して明らかに異議を唱えている。人間性という言葉は、個人としての人間からその性質を読み取りうるかのような類のものでは決してない。それはあくまでも人間が他者と協働して意味の世界を作り上げることによって明らかになる人間の本性のことをさすのであって、このような認識のうえにはじめて倫理的な意味合いをもつとされるのでなければならない言葉だったのである。カッシーラーによれば、人間性をそのような具体的なシェーマから生成する概念としてではなく、もっぱら形而上学的な人間理解から導出されるにすぎないもの、あるいは、それにもとづいて人間本性について語るものとして理解するということは、かつての理性至上主義と同様、抽象的な次元から現実のすべてを裁断する思想的暴力以外の何ものでもなかったのである。そう考えてみるならば、カッシーラーの議論の狙いは、人間性という言葉をこのようなところから救い出し、どちらかといえば現象学的なアプローチのもとに規定しなおそうとするところにあったといえよう。もっとも、このような人間性理解には、いくつかの点で異論の余地がありそうだが、この点についての考察は今後の課題にしたい。Vgl. Krois, „Cassirer: Aufklärung und Geschichte", S. 133.

(121) NHB, S. 154.　邦訳一八七頁。同じところで、カッシーラーはこうも述べている。「言葉のもっとも広い意味での『人間性』とは、まったく普遍的な、しかしその普遍性のうちで独自な媒質を言いあらわし、この媒質のうちでだけ『形式』が成立し、またこの媒質のうちで形式がさらに形成されさらに伝えられうるのである」(ebd.)。

(122) Enno Rudolph, „Cassirers Machiavelli", in *Cassirers Weg zur Philosophie der Politik*, S. 83.

(123) *MS*, p. 159.　邦訳二〇六頁。

(124) IPC, p. 90.　邦訳一〇四頁。

(125) *DI*, S. 244.　邦訳二五〇頁。

(126) Ebd. S. 243.　邦訳二四九頁。『現代物理学における決定論と非決定論』のなかで、カッシーラーは「何がしかの仕方で『根拠付けられた』行為のみが、自らの責任を負うことのできる行為と見なし得るのであり、私達がその行為に与える価値は、その根拠の種類に、その根拠の質に依存しているのであって、根拠の不在にではない。それゆえ、『意志の自由』の問いを、物理学的『非決定論』の問いと混同することはできないし、またしてはならない」(ebd., S. 244.　邦訳二五〇頁）と述べ、量子力学の不確定原理のように何物にも「根拠付けられない」ロジックのうちに自由や倫理的言説の源泉を見出そうとする思考をナンセンスなものとして手厳しく批判している。「道徳的自由は、単なる可能性であってはならないし、空虚な『潜在力』を意味しない。その意味および意義は、その現実化に、その恒常的に発展する自己実現にある」(ebd., S. 238. 邦訳二四二頁)のであって、もっぱら人間の文化的活動のうちに基礎付けられるのでなければならないものであった。つまり、それはあくまでも人間の能動的な活動の所産とみなされるのでなければならないものだったのである。

(127) 自由と道徳を表裏一体のものとみなすやり方は、カント哲学の後継者をもって任ずるカッシーラーの面目躍如の観があるが、その内実はカントのそれとはおよそ異なるものになっている。カントが自由を理性の自律と不可分のものと理解していたのに対して、カッシーラーはもはやそのような考え方を共有してはいない。「たんに理論的な見地からは、数学が『人間理性の誇り』であるというカントの言葉に同意することができる。しかし、この科学的理性のために、我々ははなはだ高価な代金を払わねばならない。科学は抽象を意味し、抽象はつねに現実の貧困化である」(*EM*, p. 156. 邦訳三〇六頁)といわざるをえないのであって、自由を文化的活動と不可分のものとするカッシーラーにいわせれば、自由を単に理性と結びついているだけのものと考えることは、議論として不十分であるどころか、現実の人間の姿を一面的にとらええているに過ぎないという意味においては、無理があるといわざるをえなかったのである。

(128) *Ibid*., p. 78. 邦訳一五六頁。

(129) IPC, p. 85. 邦訳九九頁。

(130) NHB, S. 153. 邦訳一八六頁。その意味では、やはりカッシーラーはドイツ新人文主義、なかでもゲーテの思想の後継者であったといえよう。カッシーラーもまた、「私がファウストで描写したような豊富な、変化の多い、きわめて多種多様な一生涯を、全体に通じる唯一の観念という細い紐に通そうと思ったとするならば、実際立派なものができたかもしれないが、それは不可能である」(ebd.)というゲーテの言葉に共鳴し、抽象的理念のもとにすべてを知悉しうるとする言説にははっきりと抵抗する意思を示していた。

(131) Ebd. カッシーラーはこうも述べている。「哲学者は人為的な人間を作り上げることを許されない。彼は真実の人間を記述せねばならない。いわゆる人間の定義は、すべて、人間についての経験にもとづき、これによって確かめられない限り、たんに空虚な思索にすぎない。人間の生活と行為を了解する以外に、人間を知る方法はない。しかし、人間に認められるものを、単一で単純な公式にあてはめようと試みることは、全く不可能なのである。矛盾こそは人間存在の要素である。人間はなんらの『自然』

――簡単なまたは同質の存在――をもっているのではない。人間は、存在と非存在の不思議な混合である。彼の位置はこれら二つの極の間にあるのである」(*EM*, p. 16. 邦訳三七頁)。このようなパースペクティヴからも、人間を二元的世界を生きるものとするカッシーラーのカント主義者としての側面がうかがわれよう。
(132) BP, p. 62. 邦訳七四頁。
(133) *EM*, p. 9. 邦訳二六頁。
(134) *Ibid.* 邦訳二七頁。Vgl. Reinhard Mehring, „Pathos der »Zusammenschau«: Annäherungen an Cassirers Philosophiebegriff", in *Cassirers Weg zur Philosophie der Politik*, S. 72.
(135) 本書の第四章を参照。
(136) *EM*, p. 69. 邦訳一三八頁。
(137) *Ibid.*, p. 31. 邦訳六六頁。
(138) Cf. Cassirer, "Hegel's Theory of the State", pp. 108-120. 邦訳一二八―一四〇頁。
(139) NHB, S. 165f. 邦訳二〇一―二〇三頁。
(140) *ZLK*, S. 462. 邦訳一三八頁。
(141) *EM*, p. 26. 邦訳五五頁。なお、「プロクルステスのベッド」とはギリシア神話に由来する用語で「勝手な枠」の意味。
(142) *Ibid.*, p. 67. 邦訳一三七頁。
(143) *ZLK*, S. 456. 邦訳一二九頁。
(144) Strauss, *What is political philosphy?*, p. 246. Cf. Krois, *Cassirer*, p. 9.
(145) Vgl. Rudolph, „Cassirers Machiavelli", S. 83.
(146) 以上の見解からすれば、人間の自由の源泉をもっぱらアプリオリな自己完結した主体性にのみ求めようとする――ということは、倫理的議論をつねに個の観点のもとに収斂し説明しようとする――倫理的言説など端的に誤りであり、乗り越えられるべき不十分な議論に過ぎないということになってくる。というのも、いかなる文化的コンテクストをも前提としない抽象的な個人を無条件に自由な存在とみなすかぎり、このような議論は自由という言葉を主観的な意味でしか理解することができず、決して確固とした客観的な規範的言説を打ち立てることができないからだ。実際にヴァイマール共和政の失敗を目の当たりにしてきたカッシーラーにとって、このような典型的なリベラリズムの規範的理論が自由の概念から倫理的な意味を引き出せず、政治的神話の台頭に対して毅然たる態度を貫けなかったことは、もはや明白であった。そして、現代のような危機の時代において、自由を単に現状肯定のためのスローガンにしてしまいかねないような軟弱でネガティヴな倫理的教説など、いかにも不十分であるどころか、かえって有害であるようにすら思われていたのである。

　また、このような考え方は、生の哲学のように倫理的規範を感情に由来するものとする議論をも退けることになる。イェーテボリ滞在中に書き上げた著作『アクセル・ヘーガーシュトレーム　現代スウェーデン哲学についての一考察』(*Axel Hägerström. Eine Studie zur schwedischen Philosophie der Gegenwart,* 1939) のなかで、カッシーラーはスウェーデン・ウプサラ学派の哲学者アクセル・ヘーガーシュトレーム Axel Hägerström (1868-1939) の言説を取り上げ、人間の文化的営みのすべてを感情によるものとするその主張に終始批判的な態度を示している。ヘーガーシュトレームのように、一切の価値評価を情緒的かつ主観的な判断に帰し、現在に至る法的思考のあらゆる源泉を神話に求め、法そのものをも所詮は神話に過ぎないとみなす議論など、カッシーラーにとっては受け入れがたい不十分なものでしかなかった。シンボル形式のパースペクティヴからすれば、多くのシンボル形式のルーツたる神話が法の起源をなすという主張それじたいには、首肯しうる内容を多分に含んでいるといってよい。とはいうものの、法的思考は決して神話的領域にのみとどまるものではないというのでなければならないのである。すでにみたように、言語の合理的使用の開始とともに、法的思考もまた、合理化すなわち脱神話化されているのであって、ヘーゲルシュトレームのいうように単純に神話的フィクションに過ぎないものと断じることなどできないはずのものであった (Vgl. Ernst Cassirer, *Axel Hägerström. Eine Studie zur schwedischen Philosophie der Gegenwart,* in *Gesammelte Werke Hamburger Ausgabe,* Bd. 21, Felix Meiner Verlag, 2005, S. 104f.)。カッシーラーによれば、このような言説は人間について理解するにはあまりに皮相でニヒリスティックであるというほかなかった。ヘーガーシュトレームとカッシーラーの思想的関係についてはさらに、いくつかの問題点をはらんでいる。この点についての考察は今後の課題としたい。なお、ウプサラ学派の視点からみたカッシーラーとヘーガーシュトレームの関係については、尾崎和彦『スウェーデン・ウプサラ学派の宗教哲学へ　絶対的観念論から価値ニヒリズムへ』(東海大学出版会、二〇〇二年) を参照されたい。

　このような見地のもと、文化哲学は「文化のプロセスは自由の意識の前進である」(IPC, p. 90. 邦訳一〇四頁) というテーゼをシンボル形式のパースペクティヴという現代的な視点から再提起することになるが、こうした問題提起は、一見したところ、現在のコミュニタリアン的なリベラリズム批判に通じているようにおもわれる。そして、実際にカッシーラーの言説の端々には、コミュニタリアン的な思潮との親近性を確証するかのような要素が多々見受けられる。たとえば、個人の価値を文化という全体において見出されるとする見解に至っては、両者のあいだに意見の相違はほとんどないといってよい。また、文化を「間主観的な世界」とし「わたくしを本質とする世界」たりえないというとき、たしかにカッシーラーの主張は共同体の存在と価値を個人のそれに優先させる考えにまで引き伸ばすことができるといえよう。しかしながら、その主張には、原理主義的なコミュニタリアンのようにリベラリズムの価値観を性急かつトータルに否定しようとする発想などほとんどみられない。文化哲学の基本的な戦略は、あくまでも主体としての個人と共同体としての文化の相互作用から規範的言説を編み出そうとするところにあるのであって、決して両者のオルターナティヴのもとに議論をすすめようとしていたわけではなかった。したがって、カッシーラーによる個人主義的な倫理観の批判もまた、個人の自律というきわめてリベラルな倫理的概念を文化というコンテクストに投げ入れて再構成してみせようとするところにその真の狙いがあったと考えるべきであろう。この点において、カッシーラーはやはりカント主義者だったのであり、リベラリズムの価値を擁護しようとするものだったのである。

(147) カッシーラーは新カント学派の言説から遠く離れて文化哲学を提唱するようになってからも、カントの批判哲学そのものの問題構制を変更する必要はないと主張していた。「どれほど激しく問題の型が変化しようと、またその周縁がどれほど拡張されわれわれの視野を外れるまでになっていようと、カントがとらえ、この上ない明白さをもって最初にそれを確定した基本的な批判的問題を放棄する必要はないと今でも私は確信している。現在われわれはまったく新しい題材へと批判的な問いを向けてゆかねばならないが、それでもこの問いの形式は維持することができるし、また維持すべきである」(BP, S. 148f. 邦訳六六—六七頁)。してみれば、カッシーラーはカント批判哲学の基本的な問題構制を応用しつつ、そのシェーマをシンボル形式という新しいパースペクティヴによって再生させようとしていたといえよう。いいかえれば、それはつまり、具体的なものへの考察から世界を理解しようとしたゲーテ的な視座のもとにカント哲学を再構成しようとする試みであったともいえる。

(148) 本書の第六章を参照。

(149) Donald Phillip Verene, "Introduction. Cassirer's Thought 1935-45", in *Symbol, Myth and Culture. Essays and Lectures of Ernst Cassirer 1935-1945*, p. 10. ドナルド・フィリップ・ヴィリーン「序章　カッシーラーの思想」、『象徴・神話・文化』所収、一七頁。

(150) Verene, "Cassirer's Political Philosophy", p. 26.

(151) *EM*, p. 30. 邦訳六五頁。

(152) Cf. *MS*, p. 76. 邦訳九三頁。

(153) *Ibid.*

(154) もっとも、このような議論は、シンボル形式のパースペクティヴから導出しうる内容であり、カッシーラーその人が明快なかたちで説明しているわけではない。そうなると、この哲学者がなぜシンボル形式の政治なるものを直接説明しなかったのかという疑問が残るかもしれない。この問いに対しても、カッシーラーは直接の回答を残しているわけではないが、政治が技術や身体、言語のような根源的形式のひとつであるとすればどうだろうか。いずれにしてもこの点は推測の域を出ないが、カッシーラーという人物の政治思想を検討するうえできわめて重要な問題をなしているようにおもわれる。この点については、シンボル形式の哲学そのものについてのさらなる検討が必要となるので別稿を要する。今後の課題としたい。

(155) その意味では、かつてマキャヴェリが「政治においては、万事そのところをかえるのであり、正は不正であり、不正は正なのである」(*ibid.*, p. 150. 邦訳一九六頁) と喝破したことは決して的外れではないといえよう。本書の第六章を参照。Vgl. Rudolph, „Cassirers Machiavelli", S. 83f.

(156) Johann Wolfgang von Goethe, *Wilhelm Meisters Wanderjahre*, in *Goethes Werke*, Bd. 27, Sansyusya, 1975, S. 285. ヨーハン・ヴォルフガング・フォン・ゲーテ『ヴィルヘルム・マイスターの遍歴時代』、『ゲーテ全集』第八巻、登張正實訳、潮出版社、一九八一年、二三三頁。

(157) Sandkühler, a. a. O., S. 30.

(158) Volker Gerhardt, „Vernunft aus Geschichte. Ernst Cassirers systematischer Beitrag zu einer Philosophie der Politik", in *Über Ernst Cassirers Philosophie der symbolischen Formen*, S. 232.

(159) Cf. Verene, "Cassirer's Political Philosophy", p. 26.

(160) Gerhardt, a. a. O., S. 232.

(161) Vgl. ebd.

(162) *EM*, p. 71. 邦訳一四三頁。この点については、カッシーラーの主張は、彼がふだん批判の対象としていたヘーゲルの所説に類似している。カッシーラーによると、ヘーゲルは一方で国家崇拝への道を開く哲学を展開したが、他方で人間の文化的で精神的な活動は決して国家に包摂され尽くされることはなく、むしろ逆に、国家もまた、絶対精神の軌道の上にあると考えていた。「ヘーゲルの体系においては、国家は《客観的精神》の領域に属しているが、しかし、この領域は理念が自己を実現する場合の一契機であるにすぎない。……明らかに、国家は、こうした最高の文化財を自己の目的のために単なる手段として取り扱うことはできない。それらは尊重され、助長されねばならぬ目的そのものである。たしかに、人間が社会生活を組織することなしには、それらのものを発展させえない以上、それらは国家の外に切り離されて存在するのではない。にもかかわらず、こうした文化生活の諸形態は、独立した意味と価値とをもち、外的な支配権のもとにおかれえないものである。国家はつねに、ヘーゲルが述べているように、『有限性の領域の上に』存在する。ヘーゲルは、芸術や宗教や哲学を、国家に従属させることはできなかった」（MS, p. 271. 邦訳三六一―三六二頁）。なお、この点の詳細については、第五章の議論を参照されたい。また、このような記述からも、カッシーラーが新人文主義的な思想を引き継ごうとするものであったことがうかがえよう。周知のように、一九世紀以来、ドイツ新人文主義の思想家たちは人格の陶冶を人間性を完成させる第一の目的とみなし、社会や政治に関する思考をこの目的に付随するものとするきらいがあった。この点については、拙論「『ドイツ国民』をめぐる政治思想――『秩序』意識の形成とその問題点――」、『同志社大学ヒューマン・セキュリティ研究センター年報』（第五号所収、二〇〇八年）を参照されたい。Vgl. auch Manfred Landfester, *Humanismus und Gesellschaft im 19. Jahrhundert: Untersuchungen zur politischen und gesellschaftlichen Bedeutung der humanistischen Bildung in Deutschland*, Darmstadt, 1988.

（163）Vgl. Dirk Lüddecke, *Staat-Mythos-Politik. Überlegungen zur politischen Denken bei Ernst Cassirer*, Ergon Verlag, 2003.

（164）この点では、カッシーラーの議論はハンナ・アーレントの全体主義分析に通じているといえよう。たとえば、『全体主義の起原』のなかで、アーレントはイデオロギー、とりわけ全体主義イデオロギーの特質についてこう述べている。「人間の権力は何らかの自然法則もしくは歴史法則への随順およびそれらの法則の実現を通じて、組織に助けられて至上権力になりうるのだという信念は、人類史上いまだかつて見られなかったような実験をもたらす。可能性の領域における恐るべき発見は、われわれが理性と呼ぶものとはもはや全然関係のない、そして一切の事実性の領域には最も野蛮な前科学的思弁以上にかたくなに対立する、イデオロギーで凝り固まった科学性によって進められる。秘密警察の秘密、〈政治的兵士〉の教育、精鋭組織のイデオロギー教育、これらすべてはただ一つの目的――可能性の領域の恐るべく徹底した、原則的に無制限な探求と、人間に提示された事実性という意味での現実および事実というものがもはや存在しない世界の実現――のためにあるのだ」（ハンナ・アーレント『全体主義の起原3　全体主義』、大久保和郎・大島かおり訳、一九七四年、二二七―二二八頁）。そして、このような世界では、たとえば、体制それじたいが「誰が逮捕され粛正されるべき人間であるか、彼が何を考え何を計画するかははじめから決まっている」（同上書、二〇一頁）。つまり、ここでは客観的な「敵」が作り上げていくことになるのだ。こうして現実がイデオロギーによって一方的に屈服させられていく様子をアーレントはこの著作のなかで克明に記録しているが、このような考察とカッシーラーのそれとの思想的遠近については別稿を要する。この問題については、今後の検討課題にしたい。

(165) その意味では、カッシーラーのこのような政治観は、たとえばカール・シュミットのように政治の本質を例外的状況に認めようとするパースペクティヴとはまったく正反対のものになっているといえよう。周知のように、シュミットは政治的なものを「友・敵」(Freund-Feind) によって規定されるものとみなし、国家はその判断を担う主体として活動するときにはじめて政治的たりうるものと理解されていた。そして、「人間の物理的生命を支配するこの権力によって、他のあらゆる種類の共同体ないし利益社会よりも上位に立つ」(Carl Schmitt, *Der Begriff des Politischen*, Duncker & Humblot, 2002, S. 48. カール・シュミット『政治的なものの概念』、田中浩・原田武雄訳、未來社、一九七〇年、五二頁）としていたのである。ところが、文化哲学のパースペクティヴからすると、このような事態は他者との関係を切り詰めることによってはじめて生じるものであり、その意味では、政治的なものを非政治化することへとそのまま通じているといわざるをえないものでしかなかった。全体主義国家とは、政治を日常化したシステムであるどころか、むしろその破砕のうえに神話を日常化した体制であるというほかなかったのだ。Vgl. Enno Rudolph, „Was heißt: Sich in der Geschichte orientieren?", in *Ernst Cassirer im Kontext. Kulturphilosophie zwischen Metaphysik und Historismus*, Mohr Siebeck, 2003, S. 156f.

(166) 先にみたように、全体主義支配は人間の内面をも支配することによって、政治から意味のせめぎあいの場としての性質をしだいに奪っていってしまう。文化哲学のパースペクティヴからすれば、権力もまた、一方的に為政者が被治者に行使するものではなく、その意味は被治者によって歪められ、また、彼らに受け容れられて初めて成り立つものとして理解されるのでなければならないはずのものであった。カッシーラーはこのような視座をマキャヴェリの政治思想への考察からえているが、この点でも、文化哲学の議論はアーレントの言説、特に彼女の権力についての考え方につながる部分があるといえよう。

(167) Gerhardt, a. a. O., S. 234.

(168) TM, p. 247. 邦訳二九八頁。

(169) *Ibid.*, p. 246. 邦訳二九八頁。

(170) *MS*, p. 75. 邦訳九二頁。

(171) そのことをカッシーラーはこう説明している。「未開人の生活において、あらゆる人間の力や自然の力が一個人のうちに凝集され、集約されうるものと考えられていることは、容易に理解されるであろう。魔術師が当をえた人間であり、魔法の呪文を解し、それを適当な時に適当な順序で用いる方法を知っているならば、彼は万物の支配者である。彼はあらゆる害悪を斥け、すべての敵を打ち破ることができる。つまり、彼は自然界のあらゆる力を支配するのである。すべてこうしたことは、現代的な考え方からは非常にかけ離れているので、まったく理解しがたいもののように思えるかもしれない。けれども、現代の人間は、もはや自然力の呪術を信じないとしても、一種の《社会的呪術》(social magic) に対する信仰を決して放棄してはいないのである」(*ibid.*, p. 276. 邦訳三七二頁)。カッシーラーによれば、ヒトラーに対するドイツ国民の熱狂こそは、まさにこの「社会的呪術」のあらわれとでもいうべきものであった。

(172) TM, p. 265. 邦訳三二〇頁。カッシーラーによれば、人間の政治生活とは、古代ギリシアからロゴスとミュートスとのあいだのたえざる葛藤――かれ自身の表現によれば、「国家の理性的概念と神話的概念」(*ibid.*, p. 246. 邦訳二九八頁) の葛藤――のもとに展開されるものであり、現代もまた決して例外ではないと指摘している。「政治には、まだ確乎とした信頼しうる基礎が見出されていない。ここには整然たる秩序が確立されていないようであり、われわれは、たえず突如として、もとの混沌状態に逆転する恐れにさらされている。われわれは壮大な体系を打ち立てていながら、しかもその基礎を固めることを忘れている。人間が魔術の呪文や儀式を巧みに用いて、自然の行程を変化させることができるという信念は、人間の歴史を数千年のあいだ支配してきた。あらゆる避けがたい挫折や失望にもかかわらず、人類は、なおもこの信念に、頑固に、執拗に、かつ絶望的にすがりついている。それゆえに、われわれの政治的行動や政治的思惟のうちに、魔術がまだその地歩を占めているというのは驚くにはあたらない」(*MS*, p. 289f. 邦訳三九〇―三九一頁)。カッシーラーは自然科学の発展と同様、政治学がいずれは政治の法則性を発見する日が来るかもしれないという希望的観測をしているが、少なくとも現状はそのような状態にはいまだ立ち至っていないと述べている。Vgl. Krois, „Cassirer: Aufklärung und Geschichte", S. 132.

(173) TM, p. 264. 邦訳三一九頁。カッシーラーによれば、政治とは、フランシス・ベーコン (1561-1626) のいう「市場のイドラ」(idola fori) に対応するものになっているという。

(174) このような「広範に流布されてきたカッシーラー像にふさわしくない、政治的行為のための歴史的・プラグマティックな視座」(Gerhardt, a. a. O., S. 236) からすれば、新カント学派的な政治思想――コーヘンの社会主義思想にせよ、ケルゼンの純粋法学的な思考にせよ――は支持できないということになる。内容と形式を二分し、現実的なものに対する視座を失わせてしまう思考になってしまうならば、そのような言説は、文化哲学のパースペクティヴからすれば、いずれにせよ非政治的な形而上学的思弁に陥ってしまうといわざるをえなかった。Vgl. ebd., S. 237.

(175) *MS*, p. 290f. 邦訳三九二頁。Vgl. Sandkühler, a. a. O., S. 30.

(176) カッシーラーはさらに文化における哲学のあり方や使命を問い直さなければならないとも主張している。

(177) *ZLK*, S. 411. 邦訳七二頁。

(178) Ebd. S. 407. 邦訳六七頁。

(179) Ebd. この点について、カッシーラーは『シンボル形式の哲学』の第二巻以来、『文化科学の論理』や『人間についてのエセー』のなかで多言を費やして説明している。シンボル形式のパースペクティヴからすれば、そもそも「われ」＝自我とは他者との協働のもとで作り上げられていくものであり、その意味においては、自我や他者なるものは根源的な意味においてすでに共存在たるはずのものであった。そして、カッシーラーによれば、言語こそは、他者との関係を構築して自我を形成するに際してもっとも中核となるべきモメントであった。「言語や形象によるあらゆる象徴作用やあらゆる媒介作用なしに済ましうるような直接的な思想や感情の伝達への憧憬は自己欺瞞にもとづいている。この憧憬は、『われ』の世界が所与の完成した世界として存立するようなときにだけ、また、言語と形象とがこの所与を他の主体にひきわたすこと以外の任務をなにひとつもたないようなときにだけ、正当化されよう。しかし、まさにこのような理解こそ、言語活動や形象活動の過程の現実的意味と現実的深さを正しく評価していない。このような過程が、すなわち言語や芸術が、異なる諸主体の内的世界のあいだに橋を架ける機能だけしかもっていないならば、そのような架橋への希望がユートピア的であるという反論は正当化されよう。深淵はふさがれない。すなわち、すべての〈内的な〉世界は、けっきょくはただ自分自体にだけ属し、そしてただ自分自体について知るのである。ところが、真の関係は別なものである。言語活動と形象活動とで、個々の主体は、主体がすでに所有しているものを伝達するだけでなく、主体はこれらの活動によってはじめてこれらを所有するようになる。……われわれが『問と答とのかたちで対話を行う』こと以外に『イデア』の世界へのいかなる通路もない、とプラトンは述べた。問と答のかたちで『われ』と『なんじ』とは、それらによってたがいに理解するためにだけでなく、自己自身をも理解するために、分れなければならない。両者はこのさいたえず相互に関与しあっている。関与者の一方の思考が他の関与者の思考により燃やされ、そして、このような交互作用により、これら両者は、言語を媒介として、意味という『共通世界』を自己のために構成する。われわれにこのような媒介が欠けているばあいには、われわれ自身の所有も不確実で曖昧になる。あらゆる思考は言語の試練に耐えなければならない。そして、感情の力や深ささえ感情の表現のうちではじめて立証され、確証される。夢に特有である『形式化されない』思考では、しばしばきわめて驚くべき行動がなされうる経験をわれわれのすべてがしている。遊びながらわれわれは困難な問題の解決に成功する。しかし目が醒めた瞬間にはこの解決は消えてなくなっている。獲得したものを言語で言い現わす必要を、このような解決の空虚なことや空無なことは認識させる。言語はしたがってけっしてたんにわれわれ自身からの離反ではない。言語は、むしろ、芸術と同じように、また他のすべての『シンボル形式』と同じように、われわれ自身への通路である。言語は、われわれの自我意識や自己意識がそれによってはじめて構成されるという意味で、生産的である」(ebd., S. 410f. 邦訳七一—七三頁)。カッシーラーのこのような言語理解は、ヴィルヘルム・フォン・フンボルトの言語論に負うところが大きい。Vgl. *PhsF*, Bd. 1, S. 99f. 邦訳一七三—一七五頁。なお、ペッツオルトはカッシーラーによる言語のこのようなはたらきの強調をアーペルとハーバーマスによるコミュニケーション的行為の理論の先駆をなしていると指摘している。Vgl. Paetzold, „Die symbolische Ordnung", S. 175.

(180) *ZLK*, S. 412. 邦訳七三頁。

(181) カッシーラーは『人間についてのエセー』のなかでこう述べている。「言語は、全体的に考察すると、新世界への門出となる。あらゆる進歩は、ここで新たな見通しをひらき、われわれの具体的経験を広くまた豊富にする。話そうとする熱心さは、ただ名称を覚えたり用いたりする願望によるものではない。それらは客観的世界の探求と克服に対する願望を示すのである」(*EM*, pp. 143f. 邦訳二七九頁)。

(182) *ZLK*, S. 411. 邦訳七三頁。

(183) Ebd.

(184) Ebd., S. 410. 邦訳七一頁。

(185) Gerhardt, a. a. O., S. 239.

(186) *EM*, p. 181. 邦訳三五三頁。カッシーラーは美的直観を現実の形態化の一形式ととらえ、現実を概念へと収斂して理解する科学的認識（「現実の簡略化（abbreviations of reality）」(*ibid.*, p. 155. 邦訳三〇四頁)）と異なり、現実をその多様性において把握するところ（「現実の強化（intensification of reality）」(*ibid.*)）にその特徴があると考えていた。そして、この点で「芸術と科学が全く異なった面を動いている以上、互いに矛盾したり妨害したりすることはできない。科学の概念的解釈は芸術の直観的解釈を否定しえない。おのおのは、それ自身の見地をもっているのであり、それ自身の屈折角をもっており、現実を異なって屈折するのである。知覚心理学は、二つの眼を用いなければ、すなわち両眼視でなくては、空間の三次元（奥行）の認知は可能ではないだろうということを教えた。人間経験の深さも、同じ意味において、われわれのみる角度を変えうること、われわれが現実に対する見解を変更しうることに、依存しているのである。……日常の経験において、われわれは、現象を因果または目的のカテゴリーによって結びつける。事物の、理論的な理由に関心をもつか実際的な結果に関心をもつかによって、われわれはそれらを原因と考えまた手段と考える。こうしてわれわれはもはや、面とむかって、それらをみられないほど、その直接の姿をみる眼を普通失っているのである。他方、芸術は事物をただ概念化したり、利用したりするばかりでなく、視覚化することを教える。芸術は、現実の、より豊富で溌剌とした多彩なイメージを与え、現実の形式的構造の、さらに深い洞察を与える。人間が、現実にむきあうひとつの、特殊で単一の道だけに局限されることなく、その観点を選択することができ、したがって事物の一側面から、他の側面に転じうるのは、人間性の特徴である」(*ibid.*, p. 183f. 邦訳三五七―三五八頁。ただし、括弧内翻訳者)。このようなパースペクティヴからすれば、政治とはまさしくこの「イメージ」によってもまた把握されるものとなることになるが、非合理的なものがこうして政治的なものを構成することの問題性についてはより詳細な検討が必要となる。この点については、ハイデガーなどの同時代の思想家のこの問題に対する取り組みとの比較考量なども含めて、今後の課題としたい。

(187) *Ibid.*, p. 183. 邦訳三五七頁。

(188) Ernst Cassirer, "Philosophy and Politics", in *Symbol, Myth and Culture. Essays and Lectures of Ernst Cassirer 1935-1945*, p. 227. エルンスト・カッシーラー「哲学と政治」、『象徴・神話・文化』所収、二七三頁。

(189) *Ibid.*, p. 230. 邦訳二七六頁。

(190) Sandkühler, a. a. O., S. 32.

(191) 周知のとおり、シュペングラーはその主著『西洋の没落』(*Untergang des Abendlandes*, 1918) において、ゲーテの形態学的なパースペクティヴに想を得た「観想学的方法」を駆使することによって、人類の歴史をあらかじめ規定することができる、つまり予言しうると主張していた。「彼は天文学者が日蝕や月蝕を予報するのと同じように、またそれと同じだけ正確に、歴史的、文化的な事件を予言しうる新しい方法を見出したものと自負していた」(*MS*, p. 284. 邦訳三八四頁)。この歴史哲学者によれば、文明の発生や崩壊は、自然法則よりもさらに高次の力――運命の力によって定められている。「彼が明言したのは、現代人はみずからの運命を避けることができないということであった。現代人はそれを受け入れねばならない。人間の意志によるいかなる努力も、文明のしかばねを甦らせることは決してできないであろう。だからして、われわれはもはや無駄な試みに固執することはやめよう。……われわれは滅びざるをえないのなら、雄々しく滅びることにしよう。もしわれわれの科学、芸術、哲学が破滅に定められているのであれば、われわれは新規に出直すことにしよう。われわれは世界の統治者になろう。抒情詩にかわって技術を、認識論のかわりに政治を――こうしたスローガンは、ドイツに成長した新世代の政治家たちによって容易に理解されえたし、またそれは迅速に熱意をもって行動に移された」(TM, p. 262f. 邦訳三一六―三一七頁)。このような形而上学的宿命論は、カッシーラーからすれば、もはや哲学的思惟と呼べるような代物ではなく、何ら根拠のない神話的思惟以外のなにものでもなかった。シュペングラーの言説については、オスヴァルト・シュペングラー『西洋の没落』（松井正俊訳、五月書房、一九七四年）、その生涯については、生松前掲書の第一章を参照されたい。

(192) ハイデガーの哲学についてのカッシーラーの解釈は、こと『存在と時間』にかぎっていえば、一九二九年におこなわれたいわゆるダヴォス討論の記録のほかには『国家の神話』で多少触れられているだけで、それほど詳細に論じられているわけではない。ただ、残された発言なり記述なりをみるかぎり、カッシーラーにとってこの著作の問題点は、人間の被投性の強調、すなわち「世界内存在」（In-der-Welt-Sein）としての人間に主体的な思想の営みの余地を与えていないという一点に絞られているようである。カッシーラーによると、ハイデガーのこのような思想とは、「《永遠》の真理、プラトンの《イデアの国》、あるいは哲学的思考を打ちたてようとすることは無意味であり、われわれになしえるのは、実存哲学（Existenzphilosophie）を示すことだけである。論理的な哲学厳密に論理的な方法といったものが存在することを認めない。こうしたものはすべて把握しがたいと言明される。論理的な哲学かかる実存哲学は客観的で普遍妥当的な真理を与えるものと主張するのではない。いかなる思想家も、自分自身の実存の真理以上のものを示すことはできないし、またこの実存は歴史的性格をもつものである。……彼は人間の被投性（Geworfenheit）について論じた。時間の流れに投げられてあるということが、われわれ人間の状況の根本的で不変的な特徴である。われわれは、この流れから逃れることができないし、その行程を変えることもできない。われわれは自らの実存の歴史的条件を受け入れねばならない。われわれは、それを理解し解釈しようとすることはできるが、それを変えることはできないのである」（*MS*, p. 287f. 邦訳三八七―三八八頁）。カッシーラーはここでハイデガーの存在論的哲学のうちにシュペングラーと同じニヒリスティックなエートスをかぎ取っているが、このような見方がハイデガー哲学の解釈として妥当か否かについては、必ずしも議論の余地なしとはしない。むしろかなり一方的な解釈といえないことはないが、ともかくここではカッシーラーが、ハイデガーの哲学を非合理的なものかつニヒリズム的なものとみなし、この哲学者のことを「哲学に哲学のための余地を残さない思想家」とみなしていたことのほうが重要であろう。

なお、カッシーラーのそのような考え方は、ハイデガーのカント解釈を手厳しく批判した論文「カントと形而上学の問題　マルティン・ハイデガーのカント解釈についてのいくつかの所感」(„Kant und das Problem der Metaphysik. Bemerkungen zu Martin Heideggers Kant-Interpretation", 1931）のなかに如実にあらわれている。カッシーラーはここでハイデガーがカントの構想力概念を不安（Angust）というモティーフのもとに描き出そうとしていること、カントをあまりに非合理的な側面から解釈しようとしている点に対して批判的な態度をとっている。カッシーラーはハイデガーが構想力の概念をカント哲学のメルクマールとみなしていることに賛意を示しながらも、ハイデガーとカント批判哲学のあいだには、まったく相容れないエートスが存在していると指摘していた（Ernst Cassirer, „Kant und das Problem der Metaphysik. Bemerkungen zu Martin Heideggers Kant-Interpretation", in *Gesammelte Werke Hamburger Ausgabe*, Bd. 17, Felix Meiner Verlag, 2004, S. 242）。このように両者のあいだには思想的な親近性とエートスの相違という複雑な問題が横たわっており、このことを指摘した言説も散見されるが（たとえば、岩男龍太郎「カッシーラー対ハイデガー——カント解釈における両者の対決点と問題点」（『西南学院大学文理論集』第二五巻第二号所収、一九八五年、一四七頁）および小野前掲書（一三一頁）など）、この点についての検討は、テーマの大きさからして別稿を要する。今後の検討課題としたい。Vgl. Stefano Poggi, „Die Renaissance Cassirers und das Mittelalter Heideggers", in *Cassirers Weg zur Philosophie der Politik*, S.101ff. Vgl. auch Dominic Kaegi, Enno Rudolph (Hrsg), *Cassirer-Heidegger 70 Jahre Davoser Disputation*, Felix Meiner Verlag, 2002.

(193) PP, p. 228.　邦訳二七五頁。

(194) *MS*, p. 288.　邦訳三八八頁。

(195) *Ibid.*, p. 293.　邦訳三九三頁。

(196) Vgl. T. Cassirer, a. a. O., S. 333.

(197) Paetzold, *Cassirer*, S. 159f. Vgl. auch John Michael Krois, „Ernst Cassirer 1874-1945. Eine Kurzbiographie", in *Nachgelassene Manuskripte und Texte*, Bd. 18, John Michael Krois (Hrsg), Felix Meiner Verlag, 2009, S. XLII.

(198) アメリカにわたって『国家の神話』を執筆する決意を固めてから、カッシーラーはその準備原稿として、いくつかの政治思想関連の論文を発表し、講義でも使用している。トーニ・カッシーラーの指摘にもあるように、それらの多くは『国家の神話』の内容を凝縮してこの著作の刊行に先立って自身の考えを周囲に伝える意図をもってなされたようだが（T. Cassirer, a. a. O., S. 328）、なかには一九四四年に発表した論文「ユダヤ教と現代の政治的神話」のように、『国家の神話』の論述とは異なる議論を展開しているものもある。その一部はカッシーラーの教え子であるヴィリーンによって『シンボル・神話・文化』の表題のもとに出版されたが、最近になってそれ以外の未刊行テクスト、しかも政治思想にかかわるテクストを集めた遺稿集（Ernst Cassirer, *Zu Philosophie und Politik* in *Nachgelassene Manuskripte und Texte*, Bd. 9, John Michael Krois, Christian Möckel (Hrsg), Felix Meiner Verlag, 2008）が刊行された。これらのテクストについての考察は今後の課題にしたい。

(199) カッシーラーの棺はそのままアメリカのニュージャージー州はウエストウッドのシダー・パーク内の墓地に葬られ、この亡命の「オデュッセウス」は結局死してもなお帰郷を果たすことができなかった。なお、夫の死からまもなく、トーニ・カッシーラーはイェーテボリのヤコブソンに、夫をイェーテボリの大学の丘に葬りたいとの意向を示したが、結局はスウェーデンのプロテスタントの共同墓地に葬るとなると、ユダヤ人の感情が損なわれるのではないかとの懸念から断念したという。Jonas Hansson, Svante Nordin, *op. cit.*, p. 104.

(200) T. Cassirer, a. a. O., S. 274. その意味では、カッシーラーが直面せねばならなかった生活上の困難や不幸は、必ずしもその知的活動を妨げる深刻なファクターになっていたとはいえないところがあるというのでなければならないであろう。その文献目録をみてみると、第一次世界大戦やヴァイマール共和政の末期のような混乱期においてその活動がかえって活発化していたのと同じように、一九三三年以降のこの哲学者は、自身に降りかかってくる危機的状態が深刻化すればするほど、ますますその仕事への意欲を増していくかのような観すらあった。そして、かつての著作がそうであったように、このような時期に編まれた著作には、カッシーラーその人の政治的見地がそれとなく反映されていたのである。

(201) Vgl. Krois, „Cassirer: Aufklärung und Geschichte“, S. 132.

(202) シンボル形式の哲学や文化哲学の構想によって新カント学派の思惟形式の枠組みを大きく飛び越えてしまったにもかかわらず、カッシーラーをいまだにこの学派にあるものとして語るむきは一九三〇年代後半になってもかなり根強く残っていた。カッシーラーは自分に対するこのような無理解に対してしだいに苛立ちを覚えるようになり、一九三九年に発表した論文「主観主義とは何か」(„Was ist Subjektvismus?“, 1939)において「私自身はしばしば『新カント学者』(Neukantianer)と呼ばれてきた。私はこの名称を、私が理論哲学の領域でおこなった研究はすべて『純粋理性批判』でカントが与えた方法論的基礎づけを前提とするものである、という意味に受けとっている。ところが、現代の哲学の文献のなかで新カント学派に帰せられている理論の多くは、私には縁遠いものであるばかりか、むしろ私自身の理解と正反対なのである」(Ernst Cassirer, „Was ist Subjektvismus?“, in *Gesammelte Werke Hamburger Ausgabe*, Bd. 22, Felix Meiner Verlag, 2006, S. 169)と述べている。してみれば、ヴィリーンの指摘にもあるように、「カッシーラーは新カント学派の学者であるよりはカント哲学者であり、また、彼はカントの思想の解釈をこととするものであるよりはむしろシンボルや文化や人間性についての独自の哲学を創設した人であった」(Verne, Preface to *SMC*, p. 6.　邦訳一三頁)とするのが妥当であろう。

　ただ、カッシーラーその人は、新カント学派、とりわけマールブルク学派とは「カントの教義に無条件に固執しようとするものでは決してなかった」とし、コーヘンやナートルプがカント哲学の枠を超え出て行っているのと同じく、自分が彼らの枠を超え出ていることそれ自体はこの学派の流儀なのであって、その意味では、自分は彼らの教えから離反しているわけではないと考えていた。「そういうわけであるから、本書の研究の結果として、私が現代自然科学の基本概念の認識批判的解釈において、コーヘンの『純粋認識の論理』（一九〇二年）やナートルプの著作『精密科学の論理的基礎』（一九一〇年）におけるものと本質的に異なる結論に達することになったとしても、だからといって『マールブルク学派』の創始者達と私との絆が弛んだわけではないし、また彼等にたいする私の恩義が減少するわけでもないのである」（*DI*, S. 6f.　邦訳一一頁）。このことからもわかるように、カッシーラーは論理的見地からは自分を新カント学派の枠から大きく飛び越えたものと理解していた一方で、その学問的スタンスにおいてはなおも新カント学派の流儀にしたがっていると考えていたといえよう。

(203) メルロ＝ポンティ『知覚の現象学1』、二一六頁。Vgl. Paetzold, „Die symbolische Ordnung". S. 170.

(204) Krois, „Cassirer: Aufklärung und Geschichte", S. 125. Vgl. Sandkühler, a. a. O., S. 24.

(205) もっとも、このことは時代状況を考えると、やむをえないことだったのかもしれない。ナチとの対決ののち、東西冷戦へと突入することによって、政治は相変わらずイデオロギー闘争の色合いを強め、政治体制の選択という問題に焦点があった。政治思想も、実証主義的思考に対する反発から、価値重視の「政治哲学の復権」が高唱され、カッシーラーのような議論を振り返る余地などほとんどなかったのである。事実、一九九〇年代までドイツ語によるカッシーラー研究は皆無に等しい状況であったが、冷戦が終了してから少しずつその状況にも変化がみられるようにおもわれる。九〇年代半ばにはハンブルクに国際カッシーラー協会（Internationale Ernst Cassirer Gesellschaft）が設立され、フェリックス・マイナー社から全集および遺稿集の刊行がはじまった。ただ、政治思想の領域からのこの哲学者の言説の検討となると、先に述べたとおり、政治にかかわる遺稿集が最近刊行されたばかりで、環境は整いつつあるが、本格的な研究となるとこれからの感が強い。

(206) ローラ・フェルミ『亡命の現代史I　二十世紀の民族移動』第一巻、掛川トミ子・水野瑞穂訳、みすず書房、一九七二年、一九六頁。

(207) ブリギット・レッキはこう述べている。「カッシーラーのような教養人は、偉大な歴史的教養を使うのがあまりに上手すぎて、独創性のうちに重要な意味のようなものを見出せなかった。彼はヤマを張るのではなく分別を重んじた。つまり、俗受けよりも歴史的な典拠を重視しようとしていたのだ。——要するに、彼はラディカルというよりは融和的であった。したがって、その著述は時宜に適っているとはいいがたかったのである」（Recki, a. a. O., S. 59）。

(208) 先述のとおり、『国家の神話』のなかで、カッシーラーは「政治的神話を破壊するのは、哲学の力には余ることである。神話は、ある意味で、不死身のものである」（*MS*, p. 290.　邦訳三九二頁）と述べてこの著作をきわめて悲観的な見通しのもとに閉じている。

カッシーラーによれば、神話とは人間文化の基礎に位置するきわめて重要なファクターであり、人間が文化的な生活を営もうとし続ける以上、決して逃れられないものであった。

(209) TM, p. 246. 邦訳二九七頁。カッシーラーはアメリカで亡命著述家ヘンリー・パハターにむかってこう述べたという。「ねえ君、このヒトラーてやつは歴史の誤りですよ。彼はドイツの歴史にはぜんぜん属していません。だから彼は滅びるでしょう」(ルイス・A・コーザー『亡命知識人とアメリカ——その影響とその経験——』、荒川幾男訳、岩波書店、一九八八年、一二頁)と述べたという。また、『国家の神話』のなかで、ナチスのような「小集団のものが、その願望や空想的な理念を多くの国民や国家全体の上に強制しようとする場合、彼らは一時的には成功し、華々しい勝利を収めさえするかもしれないが、しかし、これはつねに、はかない勝利にとどまらざるをえない。なぜなら、結局のところ、ちょうど物理的世界の論理が存在しているのと同じように、社会的世界の論理が存在し、そこには罰せられずに違背しえない、ある一定の法則が存在しているからである」(*MS*, p. 290. 邦訳三九一頁)とも指摘しているが、その背後には、政治的神話の存在に対するきわめて悲観的な見解と、ナチスが及ぼす影響の甚大さに対する冷静な判断があった。その意味では、彼自身のなかでも、現代の危機に対しては二つの相異なる感情が複雑に交錯していたといえよう。

(210) Krois, „Cassirer: Aufklärung und Geschichte", S. 125.

(211) たとえば、政治を文化というコンテクストに立脚させるといっても、その議論はあまりに婉曲的で、一哲学者の見解としてはともかく、一箇の政治思想とみなすには曖昧な箇所があまりに多く、政治体制の選択や個別の政治問題のような具体的な内容にかかわる段になると、やはりどうしても説得的とはいいがたい。また、そもそもモデルネの思想的枠組みを再構築するという思想的目標にしても、カント的な構成主義(認識による対象の構成)というアウトラインを墨守しようとするものであるかぎり、その取り組みは、メルロ＝ポンティのように主知主義と言い切ってしまうのはやや早計に過ぎるとはいえ、結局のところ、モデルネの人間中心主義というシェーマとその問題点を克服できていないようにおもわれるし、その意味では、依然としてモデルネに特徴的なヨーロッパ中心主義的な人間理解、世界理解にとどまっているといえなくもない。といっても、カッシーラー哲学の問題点がその思想的魅力をそのまま減じてしまうわけでは決してない。理論的次元においてはともかくとして、その哲学的思惟をいかに現実の思想的問題と結びつけて考えることができるかどうかは、むしろ現代のわれわれに課された課題になっているといえよう。

(212) T. Cassirer, a. a. O., S. 246. Vgl. Paetzold, *Cassirer*, S. 160.

第二部　三つのメルクマール――出発点と転換点と到達点と

以上において、われわれはエルンスト・カッシーラーの哲学者としての相に注目し、その理論的な取り組みであるシンボル形式の哲学の概要を確認するとともに、シンボル形式のパースペクティヴのもとに導出されたモデルネ分析や規範理論について考察してきた。そして、文化哲学について検討する作業をとおして、文化における政治、文化創造のための政治というモティーフが登場するに至る様子をも看取してきた。シンボルという概念を縦糸とするこの哲学的思索の歩みは、すでにみたように、つねに時代の政治的状況と密接に結びつくかたちですすめられていったわけだが、その歩みは「オデュッセイの遍歴」のもうひとつのライフワークたる「精神史」(Geistesgeschichte)の研究を横糸として織りなされるものになっていた。実際、『啓蒙主義の哲学』がそうであったように、カッシーラーは政治的な危機に直面するたびにくりかえしこの領域にたちかえり、過去の精神的世界への沈思をとおして自身の理論的な取り組みのすすむべき方向性を見定めようとしていたのだ。のみならず、そこからさらに自身のとるべき政治思想的なスタンスをもくみ取るとともに、過去の人物に語らせるかたちをとりながら、現実の政治的問題に対して発言しようと試みていたのである。その意味では、この分野における論述は、理論哲学の分野におけるそれよりもはるかに率直に政治的なテーマについてコミットしようとするものになっていたといえるが、第二部においては、カッシーラーのかかる精神史家としての相に注目することによって、第一部の議論のなかで浮かび上がってきた政治思想的なメッセージがより深みのある表現をもって語られるようになるプロセスを確認するとともに、そのプロセスのもとでこの哲学者の独自の哲学的思索がよりはっきりと彫琢されていく様子をみていくことにしたい。以下では、そのうち、「オデュッセイの遍歴」のメルクマールをなす三つの点——カッシーラーがシンボル形式の哲学を構築するに至る政治思想的な出発点(第四章)、シンボル形式の哲学を政治思想の領域へと適応させるきっかけとなった転換点(第五章)、シンボル形式の哲学が最終的に立ち至った政治思想的な到達点(第六章)に注目し、これらの部分に論点をしぼって検討していくことにしよう。そして、それらの「点」を追跡する作業をとおして、シンボル形式のパースペクティヴの地平に姿をあらわした文化創造のための政治というモティーフの輪郭を、少しずつではあるが、より明瞭な姿のもとに映し出してみることにしたい。

第四章　出発点——判断力理論とドイツ精神をめぐって

一

カッシーラーの「オデュッセイの遍歴」にとっての最初のメルクマールは第一次世界大戦とともにやってきた。その概要はすでに第一章においてふれたとおりだが、一九一四年七月二八日、オーストリア＝ハンガリー帝国の対セルビア宣戦布告をもってはじまったこの戦争がユダヤ系ドイツ人カッシーラーにもたらしたインパクトは途轍もなく大きかった。大半の人たちにとって予想外のうちにはじまったこの戦争は、その推移においてもまた、誰もが予想すらしていなかった「死の祭典」（トーマス・マン）となったが、瞬く間に「諸国民の戦争」へと仕立て上げられたこの「祭典」は、カッシーラーを否応なく政治的なものへとむかわせる強力なモメントとなった。数週間で決着がつくという楽観的な見通しを裏切って終結の見込みもないまま長期化し、総力戦の名のもとに戦争のための社会を作り上げられていくようになると、この哲学者のようにこれまで意識的に政治から距離を置いてきたものでさえ、もはや政治とは無関係ではいられなくなってしまったのである。かかる状況のもとでは、政治に対する意図的な無視でさえ、それじたい一種の政治的行為にほかならなかったのであって、カッシーラーはここで目下の状況に対する政治的な態度を明らかにするよう迫られることになってしまったのだ。のみならず、戦争の砲声のもと、「われわれが育てられ、生長し、故郷としていた、安定と創造的な理性との世界」[2]がもろくも突き崩されてしまった以上、この異様な状況はさらに、この人物を既存の世界観の破綻というもはや覆い隠しようのない事実の前に立たせることになった。人類がはじめて体験した世界大戦は、こうして一介の哲学徒に過ぎなかったカッシーラーにまで新たな世界理解のあり方を構築することを、ただ単に論理的な次元においてばかりでなく、政治思想的な次元においてもまた、切実に要求するものになっていたのである。

もっとも、このような深刻な課題を突きつけられたのは、何もひとりカッシーラーばかりだったわけではない。むしろ、今回の戦争に知識人としてむかいあうことを余儀なくされたほぼすべての人々たちが、このアポリアに直面させられていたといっても決して過言ではあるまい。実際、第一次世界大戦下のヨーロッパにおいては、かかるアポリアに応答してみせようとする試みがあちこちでなされた。そして、あらゆる分野の知識人たち――政治家や法律家、ジャーナリストあるいはエコノミストはもちろん、思想家、哲学者、詩人、軍人、医者、文学者、芸術家、科学者と呼ばれる人たちまでもが、それぞれの方法と流儀のもとに、目の前の現実からさまざまな見解を導き出そうとしていたのである。当時、マールブルク学派の知的後継者と目されていたカッシーラーもまたそのひとりだったわけだが、この「第一次世界大戦のオデュッセイ」がそこで時代の要請に応答するかたちで刊行したのが『自由と形式――ドイツ精神史研究』（一九一六年刊）と『カントの生涯と学説』（一九一八年刊）というふたつの精神史研究であった。以下に詳述するように、これらの著述において、カッシーラーは明らかに学問的研究の記述以上のもの、すなわちこの未曾有の事態に対する彼なりの思想的なメッセージをも織りこむところへとむかっていく。より具体的にいえば、その議論はまず、みずからの依って立つモデルネの思想的パースペクティヴを根本的に再検討するためにカント哲学へと沈思し、そこから時代の要請に対応しうる新たな思惟形式を構築する方向へとむかっていくことになる。そして、そのような取り組みにとどまらず、さらにすすんでドイツ精神のこれまでの歩みに着目することによって、現下の異常な状況を克服するための政治思想的な可能性を探求するところにまで議論をおしすすめていくことになるであろう。もっとも、カッシーラーがその際に意識せざるをえなかった異常な状況とは、実際の戦闘行為としての戦争そのものというよりも、それを取り巻くヨーロッパ社会の異様ともいえるエートスの方だったのだが。

この時期のカッシーラーが意識せざるをえなかったもの——それは、ヨーロッパ諸国民のあいだで開戦と同時に澎湃とわきあがった好戦的な熱狂であった。事実、第一次世界大戦に参戦したほとんどの国において、今回の戦争はあたかも以前からすでに待ち望まれていたかのような感動をもって受け容れられ、これまでの階級的対立や党派的対立といったあらゆる対立が、国民のいわゆる大義なるもののもとに雲散霧消してしまったかのような観すらあったのである。その意味では、ドイツ皇帝ヴィルヘルム二世が開戦早々「余はわが民族において、もはやいかなる党派をも知らぬ。われわれのあいだにはドイツ人がいるのみ」(3)と嘯いてみせたのもまんざら誇張ではなかったといってよい。一八七〇年の普仏戦争以来、およそ半世紀にわたって本格的な戦闘から遠ざかっていた——といっても、もちろんヨーロッパの周辺部では武力をともなう壮烈な植民地獲得競争が日常的にくりひろげられていたのだが——ヨーロッパの人々にとって、当初、この戦争は「興奮と開放感をもたらす冒険」として位置づけられるべきものになっていた。彼らの多くはこの「冒険」を、ルーティーンな日常を打破してくれるきっかけたるものとみなして大いに歓迎し、祖国の輝かしい未来のために戦地におもむく運命にどこかロマンティックな陶酔すら感じていたのである。開戦当時のこうしたエートスを、歴史家ゴーロ・マンは次のように述べている。

一九一四年八月の最初の数日間、歓呼がヨーロッパを支配した。そこには、好戦的な熱狂があった。……退屈な日常生活は冒険をはらんだ休日の連続で中断され、労働者、若い小学校の先生など下積みの人たちが突然、職場から離れることをゆるされ、しかも英雄になれた。再発見された祖国、大きな危険に晒された祖国、その祖国のため、われわれは命を賭けるのだ。いつまでも閉じ込められるのかと思っていた、こせこせした利己的目的の牢獄から解放された。ついに国民が再発見された。政党、階級、はてしないいさかいはおさらばだ。間もなく最初の勝利を知らせる祝砲がとどろき、旗が波打った。軍人として、あるいは少なくとも平服をまとった愛国者として、その場に居合わせることはなんとすばらしいことだろう。そこからはじき出されるのは何と悲しいことだろう……一九一四年八月の開戦気分は、こんな具合だったのである。(4)

この点では、知識人と呼ばれる人々も決してひけをとってはいなかった。というより、彼らのような教養エリートほどすすんで戦争にのめりこんでいった人たちはいなかったといっても決して過言ではあるまい。開戦後ほどなくして多くの知的エリートたちが――昨日まで平和主義者や社会主義者だったものが、それどころか、コスモポリタンやアナーキストをもって任じていたものでさえもが、今までの自身の矜持や政治的立場をかえりみることなく、たちどころに熱烈な愛国の心の持ち主であることを告白しはじめた。あのマックス・ヴェーバーのような冷徹な政治的リアリストでさえ、老齢のため「この偉大な驚嘆すべき戦争」に出征できないことを公然と嘆いてみせるありさまだったのである。(5)彼らのうち、銃をもって戦えるものは実際に志願兵として戦地に赴き、銃後に控えたものは銃のかわりにペンをとって愛すべき祖国への忠誠を示そうとするようになっていく。現実の戦争はこうして言論をとおして国家に奉仕しようとするエリートらの手によって、たちどころに「理念と理念の戦争」へと仕立て上げられてしまった。そして、実際に「荒っぽい宣言文、きめのこまかい随想、上手い詩、下手な詩をとおして」(6)、彼らはおのれの祖国の偉大さと正統性を主張することに血道をあげていった。「彼らはほとんどみな、ドイツ、フランス、イタリア、ロシア、ベルギーにおいて、唯々諾々として『戦争プロパガンダ』に奉仕し、それによって、戦争の集団妄想と集団憎悪と闘うかわりに、それに奉仕していた」[7]のである。

カッシーラーの祖国ドイツでは、とりわけこうした気分が強かった。実際、この「机上の戦い[8]」にすすんで参戦した碩学の数は枚挙に暇がない。ここドイツでは、開戦後わずか一ヶ月にして、なんと一五〇万もの愛国詩が巷にあふれ、ドイツ軍によるベルギーの中立侵犯を擁護する「九三人の知識人宣言」(Manifest des 93) なるものまでが飛び出すほどの熱狂ぶりだったのである。彼らは七〇〇〇万ドイツ国民が戦争にのぞんで「城内平和」(Burgfriede[9]) の名のもとに一致団結したことを民族の理想状態として礼賛し、かかる団結の精神を「一九一四年の理念」(Ideen von 1914) と呼んだ[10]。そして、「奉仕・規律・服従」によって刻印されたこの理念を、ドイツ精神の精華を示すものとして規定する作業をとおして、「自由・平等・博愛」に基礎を置く西欧の「一七八九年の理念」(Ideen von 1789) の俗物性や非精神性を非難し[11]、西欧文明に対するドイツ文化の優越を高らかに宣言してみせようとしていたのだ。もっとも、ドイツのこのような態度は、フランスやイギリスの知識人によって、進歩の敵、文明の敵、デモクラシーの敵、現代の野蛮としてのドイツ人の気質を如実に示すものとして盛んに喧伝されたが、苛烈をきわめた知識人同士のこの「戦争」は、こうして狂気の様相を帯びつつますますエスカレートしていった。その意味では、「人類最初の共通体験は、共通憎悪 (Gesamthasse) の体験であった[12]」というマックス・シェーラーの指摘は、まさに正鵠を射ていたといってよい。憎悪はさらなる憎悪をかきたてる。一方がドイツ人のミリタリズム的性格を批判すれば、他方は民族への自発的な服従と奉仕こそがドイツ民族の真の自由、いわゆるドイツ的自由であり、それゆえ「悪評嘖々たるドイツの『官憲国家』(Obrigkeitstaat) はドイツ民族にぴったりの、ふさわしい、結局はドイツ民族の欲した国家形態であるし、今後ともそうであろう[13]」などと開き直った。それどころか、作家トーマス・マン Thomas Mann (1875-1955) にいたっては、「西欧的な俗物根性」(政治的性格) を克服したドイツ人の非政治性こそが、ドイツ精神の真骨頂をなすものであると大真面目に断言してやまなかったのである[14]。その著書『非政治的人間の考察』(*Betrachtungen eines Unpolitischen*, 1918) において、マンはこう述べている。

精神と政治の差異は、文化と文明、魂と社会、自由と選挙権、芸術と文学の差異を包括している。そしてドイツ精神、これは文化であり魂であり自由であり芸術であって、文明、社会、選挙権、文学ではないのだ。……民主主義的啓蒙主義、「人間的文明」としての政治的精神は、単に心理的に反ドイツなのではない。それはいかなる場であろうと、政治的にも必然的に反ドイツ的なのである。[15]

もちろんすべての知識人が、このようなデモーニッシュな宴の虜になっていたわけではない。かかる宴にあからさまな嫌悪を示した知識人もまた存在した。いや、それどころか「理性が現下目前の群集的情熱に身を売ることに対する闘争」[16]を遂行しようとした知識人の数は決して少なくはなかった。とはいえ、彼らのような人たちにとって、時勢は圧倒的に不利であったというほかない。フランスの作家ロマン・ロラン Romain Rolland（1866-1944）が書き綴った平和論集『戦いを越えて』（*Au-dessus de la Mêlée*, 1915）やドイツの作家ヘルマン・ヘッセ Hermann Hesse（1877-1962）の反戦論文「おお友よ、このような調べではない」（„O Freunde, nicht diese Töne!", 1914）のごとき主張が受け容れられる余地など、少なくとも開戦当初のヨーロッパにはほとんど残されてはいなかった。それどころか、彼らは逆に、裏切り者、売国奴、無節操者とののしられ、ほとんど孤立無援としかいいようのない立場に追い込まれてしまっていたのである。[17] この「裏切り者」たちに残された選択肢はそう多くはなかった。沈黙か、さもなくば亡命か。オーストリアの作家兼批評家シュテファン・ツヴァイク Stefan Zweig（1881-1942）の証言にもあるように、ほとんどの反戦知識人にとって、「他の人々が熱にうなされ、猛り狂っているあいだは、自分のなかに引きこもって沈黙する」[18]ほかなかった。戦争の長期化によって、神がかり的な陶酔から脱却した多くの知識人たちが彼らの声に少しずつ耳を傾けるようになっていったとき、そのときすでに、この戦争はおびただしい数の犠牲と取り返しのつかない惨禍をもたらしてしまっていたのだ。

それでは、カッシーラーはこのような現実にどうむきあい、知識人の形而上学的な熱狂をどのような気分でながめていたのか[19]。また、このような異常事態のもとで、どのような言説を紡ぎだそうとしていたのであろうか。そして何より、ここで語られた言葉の一つひとつがカッシーラーの政治思想的見地を構成するうえでどのような役割を果たしていたのであろうか。本章では、これらの問いかけに応答するべく、先にあげた『カントの生涯と学説』および『自由と形式』について考察し、このふたつの精神史的研究から看取されるカッシーラーのメッセージをつぶさに検討していくことにしたい。そして、この取り組みを皮切りとして、精神史家としてのカッシーラーが、現実の政治のコンテクストとのかかわりのなかから、どのような政治思想的なパースペクティヴを作り出していったのかを検討するところへと立ち入っていくことにしたいとおもう。まず、以下では、第一次世界大戦下のカッシーラーをとりまく状況を確認するとともに、この哲学者がかかる非常時においてどのような問題意識を抱くようになったのかをごく簡単に確認する（二）。そのうえで、カント解釈の革新をとおして新たな世界理解の可能性を探ろうとするこの精神史家の姿を、『カントの生涯と学説』への考察をもとにしてみていくことにしたい（三）。ついで、『自由と形式』のカッシーラーが、世界を有機的全体として理解する「ゲーテの世界観」をもとにしてドイツ精神の意味を読み替え、それによって「一九一四年の理念」に対抗する理念を提示していく様子を考察することにしよう（四）。そして、最後にカッシーラーの以上の考察がシンボル形式の哲学への道を準備する出発点になっていたということをごく簡単に確認することにしたい（五）。

二

ドイツが第一次世界大戦に参戦した一九一四年八月一日の前後、カッシーラーが戦争に対して示した態度は、少なくともこのころ「ラインの護り」を熱唱してやまなかった多くのドイツ国民のそれと同じではなかった。バルト海沿いの街へーリングスドルフで静養していた妻トーニ・カッシーラーに宛てた七月三〇日付の手紙のなかで、カッシーラーは当時のベルリンの状況と自身の心情を次のように書きしるしている。

今日、ここ（ベルリン）にはまったく憂鬱にさせられるような雰囲気が満ちあふれている。明日あるいは明後日にでも、（実質的に戦争のはじまりを意味する）総動員令がドイツにも発令されるのを待ち望んでいるありさまだ。それどころか、新聞の号外は総動員令がすでに今日の午後三時に発令されたと報じたが、この情報はそうこうしているうちに公式に否定された（――実際の動員令は八月一日発令）。ヴロツラヴェックからも、良からぬ知らせがまいこんできた。今日になって、すべての銀行が――ロシア国立銀行の支店までもが――閉鎖されたというのだ。……極度の興奮がベルリンを支配している。支配してはいるが、それでも可能なかぎり、冷静を保とうとするのでなければならない。(20)

この文面からもわかるように、危機的状況に直面したカッシーラーの念頭にあったのは、戦争に対する熱狂とか陶酔というよりもむしろ混乱に対する漠然とした不安であった。トーニ・カッシーラーの証言によると、戦争がはじまったとき、カッシーラーは「唐突にまったく変わってしまった世界に立たされた[21]」ことに戸惑い、現下の状況をどう受け止めてよいのかよくわからないでいたという。このことからもわかるように、第一次世界大戦に対するカッシーラーの態度は、この時点ですでに、ドイツ知識人の圧倒的多数のそれとは明らかに様相を異にしていた。彼らの大半が当時のライヒ宰相テオバルト・フォン・ベートマン＝ホルヴェーク Theobald von Bethmann Hollweg（1856-1921）の提唱した「城内平和」に協力してわれ先にと「一九一四年の理念」のもとへと馳せ参じていったのに対して、この哲学者はあくまでも目下の事態の正体をみきわめて理解することに意を用いようとしていたのである。その意味においては、ペッツォルトのいうように、「帝国主義的戦争とそれに付随して発生したナショナリズムに対するカッシーラーの立場は、圧倒的多数のドイツ大学人の恥ずべき無能ぶりと鮮やかなコントラストをなしていた[22]」といっても決して過言ではあるまい。当時、病気がちの妻の夫であり、幼い三児の父親という立場にあったこの人物[23]は、比較的早い時期から今度の戦争をドイツの利益にならないものと見抜いていたようだが[24]、それでもやはり戦争の成り行きと祖国ドイツの運命そのものには無関心ではいられなかった。しかしながら、この戦争を取り囲む熱狂的なエートスに対しては、どうしても相容れないものを感じるというのでなければならなかったのである。そして、そのどこかぼんやりとした違和感は、しだいにショーヴィニズムとしての本性をむき出しにしはじめた「理念と理念の戦争」に対する明確な反発というかたちをとって結実していくことになる。そのきっかけとなったのが、カッシーラー自身の戦争体験であった。

ただ、ひとくちに戦争体験といっても、この人物の場合、それは弾丸飛び交う前線のことを意味していたわけではない。一九一四年当時、カッシーラーは四〇歳のはたらきざかりであったが、当時の記録によると、疾病を理由に徴兵を免れている。どうも軽度の皮膚疾患のために長時間の制服任務に耐えられないというのがその理由だったらしいが[25]、今となってはその実際のところはよくわからない。ともあれ、徴兵猶予となったカッシーラーは前線に送られた同世代の多くのドイツ人とはまったく異なった役割を与えられることになった。さしあたってはベルリンのギムナージウムで出征教員の代理をつとめるよう求められたが、一九一六年になると同じくベルリンで文官勤務に徴用され、戦争新聞情報局（Kriegspressebeamt）のフランス部に配属されることになった。戦争新聞情報局というとずいぶん厳つい印象を与えるが、この部署でカッシーラーに与えられた仕事は、なんと一日中敵国フランスの新聞を読むことであったという。フランスの新聞から「ドイツの一般世論を操作できそうな部分を探し出す[26]」作業をとおして、この哲学者は情報によって動かされる側から逆に情報によって人を動かす側へと自身の立ち位置を一八〇度転換することになったのである。この一風変わった戦争体験によって、カッシーラーは戦争を多面的にみる視座を獲得し、そこから祖国ドイツがおかれていた立場をより客観的に把握できるようになった。それればかりではない。このようなかたちで国内むけのプロパガンダを作成するという「非難されるべきゲーム」（Gesellschaftspiel[27]）の現場に身をおくことによって、ドイツ国民を熱狂させた狂信的なナショナリズムの作為的で欺瞞的な性格を、はっきりと思い知らされることになったのだ。トーニ・カッシーラーのいうように、「はじめのうちは、情報局の仕事は彼にとってたいへん興味ぶかいものであった。しかしながら、この仕事は、戦争に関するすべての幻想――なかんずく『ドイツの大義』なるものの幻想を打ち砕くものになった[28]」のである。

もっとも、そのような気分を深めれば深めるほど、カッシーラーはますます自分自身を困難な位置へと追い込んでいくことになってしまった。世界大戦に対して批判的になるにつれて、カッシーラーはこの国の一般的な雰囲気から、これまで以上に疎外されるようになってしまったのである。これまで以上にとは、この人物が以前からユダヤ系ドイツ人として保守的なドイツ・アカデミズムから無視されつづけてきたということにほかならない。エルンスト・カッシーラーの令名は、第一章にみたように、『認識問題』や『実体概念と機能概念』の成功によって当時すでにヨーロッパ中に知れわたっていたにもかかわらず、帝政期のドイツの大学はこの人物についぞ正式のポストを提供しようとはしなかったのである。当時のユダヤ系の研究者の多くがそうであったように、カッシーラーもまた、学生が直接支払う受講料しか収入のない私講師（Privatdozent）という不安定なポストに長らくとどめおかれていた[29]。それが今、戦争に対するこの冷淡な態度によって、社会的側面ばかりでなく思想的側面においてもまた、ドイツ社会のアウトサイダーたることを余儀なくされてしまったのである[30]。のみならず、そのような態度が原因で、さらにユダヤ系ドイツ人からも疎外されるようになったというのだからややこしい。というのも、当時、ドイツのユダヤ人たちはこの戦争を一般のドイツ人と一体化する千載一遇のチャンスと信じ、その多くが戦争を支持して実際にわれ先にと志願兵として戦場に赴くほどの熱狂ぶりを示していたからだ[31]。事実、コーヘンのような改宗を拒んだユダヤ教神学の大家でさえもが「一九一四年の理念」の熱烈な信奉者になっていったように[32]、「このころ、ユダヤ系ドイツ人以上に『ドイツ的』だった人たちはいなかった。——近視眼的な愛国主義的熱狂にかけては、彼らにかなう人たちなどいなかった[33]」。彼らの多くは戦争というスクリーンのなかに疎外状態から脱したおのれの姿を見出し、何が何でもその幻影にしがみつこうとしていたのだ。ところが、徒労に終わることになるこうした涙ぐましい努力が、カッシーラーのような知りすぎた男の心をとらえることはなかった。その結果、この知りすぎた男はアウトサイダーのなかのアウトサイダーとなって幾重にも疎外されるという羽目に陥ってしまったのである。

にもかかわらず、カッシーラーは決して自分自身の考え方を曲げようとはしなかったし、すすんで時流に迎合しようともしなかった。この二重のアウトサイダーは、なるほどロランやヘッセのように戦争そのものを直接批判するかのような反戦的な論文を書こうとはしなかったが、かといって、その他の多くの反戦知識人のように、黙りをきめこんだり亡命を選択したりしようとしていたわけでも断じてなかった。そのかわりに、カッシーラーはペンをもって自分なりのやり方で時流に対する異議申し立てを企図するところへとむかっていくことになる。世界大戦のさなかに刊行された『カントの生涯と学説』と『自由と形式』は、もともと戦争の開始以前から企画されていたものであり、政治的な問題とはまったくかかわりのない純粋に学問的な関心から出発したはずの著作であったが、今やこの精神史研究こそがカッシーラーのかかるパトスに表現を与えるための場となった。このことは、実際、世界大戦の二年目（一九一六年）に刊行された『自由と形式』が、「もしもここ二ヵ年の経験や体験によって、この著書の最初の構想では単に抽象的な哲学上のテーマとして私の心に浮かんでいたものが、われわれの現在の生きた関心ときわめて密接に触れ合っているということが、いよいよ痛切に自覚されなかったとすれば、今でも私はこれを公刊する決心と勇気とを見出しえなかったであろう(34)」という言葉とともに議論の口火を切っていることからも容易にうかがい知ることができよう。カッシーラーにとって、戦時という異常な状況のもとでドイツ思想の過去の歩みをふりかえるということは、単に学問的な関心に応えるのみならず、「われわれの現在の生きた関心」に応答するということをも意味していた。「現在は過去を担い、将来をはらむ(35)」というライプニッツのマキシムのとおり、過去をみつめなおすことによって現在の道を切り開いていくためには、精神史研究は自己の問題意識にもっとも効果的な表現を与えることのできるフィールドだったのである。

もっとも、哲学者カッシーラーが時流に抗して発言するに際してこのような形式にこだわった背景には、明らかに戦略的なねらいがあった。『カントの生涯と学説』と『自由と形式』は、いずれもドイツ思想のこれまでの歴史的な歩みをつぶさに考察しようとするものであり、前者はとくにカント哲学を、後者はドイツ精神の生成のプロセスを考察対象にしているが、これらの考察は、実はそっくりそのまま「一九一四年の理念」に対する反論をなすはずのものだったのである。「今・ここ」において、過去の歩みに沈思するということは、それじたいドイツ精神の正嫡たることを僭称してやまない「一九一四年の理念」の欺瞞的な性格を白日のもとにさらけ出してみせるということをも意味していた。そればかりか、「一九一四年の理念」が依拠しようとしているドイツ精神という言葉のうちに、この戦争プロパガンダとはおよそ相容れないようにおもわれる内容を弁証することによって、さらにドイツの歩むべき道をまったく別の方向から導き出そうとしていたのだ。[36] そう考えてみるならば、これらの議論はここでドイツ思想の歴史的なコンテクストにみずからを置くことによって、偏狭なイデオロギーに対する学術的なプロテストを敢行すると同時に、それにかわる理念のアウトラインを効果的に示してみせようとするものになっていたといえよう。カッシーラーのみるところ、「現代においてもドイツの文化は、敵から蒙る誤解と侮辱によってこの本来の道から逸脱することがないのと同じく、偏狭な精神的ショーヴィニズムによってその道をそれることもない[37]」のであって、その使命は、あくまでも「一九一四年の理念」とはまったく別の地平に求められるのでなければならないはずのものだったのである。

彼はいう。

　国民の根本傾向の純粋な展開は、それらが自分自身を越え出る点へと通じている。……（ドイツ精神史のこの基本契機を把握し評価しない者は）そのことによって、その価値の独自性を否認することになる。ドイツ精神史に登場する真に創造的なひとびとは、かれらが国民文化の独立のためにおこなったもっとも困難な闘いのさなかにあって、この文化の完全な自己充足性という自惚れに決して陥ることはなかった。かれらが知的な、また道徳的な点に関してドイツ精神に提示した使命の偉大さをみずから肝に銘じることが強ければ強いほど、かれらは同時に、ますます深く、「諸民族の声」をその独自性において聴き取り解釈する天分を自分の中に育てあげた。このことはひとりレッシングについて、またヘルダーやゲーテについていえるだけでなく、フィヒテのような思想家にもあてはまる。というのは、彼は自分の国家的で国民的な理想を樹立するなかで、この理想が「ある特殊な民族性を発揮するべきものではなくて、自由の市民を実現する」べきものであることをたえず強調していたからである。[38]

そう主張することによって、カッシーラーはいよいよ「一九一四年の理念」という名の「偏狭な精神的ショーヴィニズム」に対して、事実上の宣戦布告を突きつけるに至った。そして、このような取り組み、『自由と形式』の表現によれば、「ドイツ民族の政治的・物質的な生存にかかわるもっとも困難な戦いの真っただなかにおいて、それの精神的なあり方とその世界史的使命とに関する問い(39)」に応えようとするこの取り組みへとむかっていくことによって、「第一次世界大戦のオデュッセイ」は、おのずと政治というこれまでほとんど議論の対象として取り上げてこなかった領域へと足を踏み入れていくことになったのである。もっとも、「一九一四年の理念」の主張をいわば哲学的な側面から切り崩すのみならず、その代案となるべきパースペクティヴを打ち立てようとするものである以上、その議論は多分に「世界観」(Weltanschauung) そのもの、すなわち人間のあり方を認識論的な次元において規定するという根本的な問題にまで立ち入って考えようとするものになっているといってよい。第一章にみたように、すでに『実体概念と機能概念』において、マールブルク学派の主知主義的な人間観に限界を感じていたカッシーラーは、ここでいよいよ「人間理性がその社会生活における決定的な力であるという観念(40)」に安住しえない地点を議論の出発点とするのでなければならなくなっていた。世界大戦という「嵐のごとき歴史的諸事件の進行」は、文字どおり「現実の諸問題、人間の諸問題への従来のアプローチを一新し、それを理解するための別の手段・方法を必要(41)」としていたのであって、このような危機的状況のもと、まずは合理的悟性が対象としての世界を一方的に構成すると主張する従来の見方を乗り越えて、思惟形式のあり方そのものを根本から再考するというきわめてベーシックな次元から、その作業を開始するのでなければならなかったのである。

そう考えてみるならば、第一次世界大戦のカッシーラーが、「今・ここ」の問題について論じるに際して、カント哲学へと視線をむけようとしてきた理由もまた、おのずから明らかになってこよう。戦争の現実がマールブルク学派の世界観の一面性を暴露し、むしろ神話の社会的役割を喝破したフランスの社会理論家ジョルジュ・ソレル Georges

Sorel（1847-1922）の『暴力論』（*Reflexions sur la Violence*, 1908）[42] のような「非合理的なもの」をもみすえた言説の妥当性を証明するかのような状況を呈するなか、カッシーラーは自身の思想的バックボーンをなすカント批判哲学のうちに、「今・ここ」の問題を克服するための哲学的な方途を見出そうとしていた。そして、「人間理性の伝道師」コーヘンが積極的な戦争賛美の言葉を口にすることによって、理性主義的なパースペクティヴの不条理を皮肉にもみずからさらけ出してしまったことをもにらみつつ、なおもモデルネの合理的な価値観のすべてを安易に放擲するのではない地点へと、さらにいえば、非合理的なものをも包摂しうるような合理的な思考のあり方を追い求めようとする地点へとすすんでいこうとしていたのだ。このようなかたちでモデルネの思惟形式のための「新たな始まり」を模索するために、カッシーラーはそれこそ「嘲わず、悲しまず、怒りもせず、つとめて理解する」精神のもと、哲学者カントの思索の軌跡を丹念に追跡し、従来の解釈にとらわれることのないところから、批判哲学を理解しとらえ直そうとするようになっていく。マッシモ・フェッラーリの指摘にもあるように、このような取り組みこそは、実に「カッシーラーのその後の政治哲学のためのさしあたっての哲学的な素材をひとそろえ用意して使えるようにする」[43] ためのもっとも重要な第一歩をなすものとして立ちあらわれてくることになるであろう。以下、その具体的内容をみていくことにしよう。

三

第一章にみたとおり、カッシーラーの『カントの生涯と学説』は、もともとマールブルク学派によって刊行された『カント全集』（いわゆるカッシーラー版カント全集）の補巻として計画された著作であった。その序文にもあるように、本書の目的はさしあたって「読者を批判哲学の体系の周辺から中心点へと、また様々の個別的問題の多様さからカントの思惟全体に対する自由な包括的な展望へと、導く」[44]ところにあるとされていた。ところが、同じ序文のなかで「私は、自分の研究を新たに繰り返すなかで、また種々様々の、物に即した課題に取り組むなかで、いつも新たにカント哲学の諸問題に立ち返った。そしてこれらの問題についての私の見解は、往々にしてコーヘンの見解とは相違するものになった」[45]と述べていることからもわかるように、カッシーラー自身、このカント書が単なる「カント哲学の手引き」以上の意味あいをもっているということをはっきりと認めている。これまで新カント学派の一分枝たるマールブルク学派の一員として活動してきたこの哲学者にとって、このような異例な表明のもとにカントの思索のあとを問い直すということは、とりもなおさずマールブルク学派の哲学的パースペクティヴの妥当性を問い直すということ、さらにいえば、かかるパースペクティヴを批判的に克服するための手がかりをカントの哲学的言説のうちにさぐりあてるということを言明しているにひとしい。こうしてマールブルク学派の哲学的インスピレーションの源泉たるカント哲学に沈思し、その思想的示唆をいま一度別のアングルから汲み取ろうとすることによって、カッシーラーはコーヘンの哲学的影響から抜け出すとともに、自身のすすむべき方途を見定めるためのいわば里程標を見出そうとするようになるであろう。以下、『カントの生涯と学説』のうち、とりわけその特徴が明白な部分に焦点をしぼってみていくことにしよう。

『カントの生涯と学説』は全部で七つの章からなり、第一章「少年期および修業時代」から第七章「晩年の諸著作と闘争——『単なる理性の限界内の宗教』及びプロイセン政府との衝突」に至るまで、カントの思惟形成のプロセスを伝記的要素を交えながら年代順に紹介するという体裁をとっている。[46]なかでもカントのいわゆる三大批判、すなわち『純粋理性批判』、『実践理性批判』、『判断力批判』にはそれぞれ独立した章が設けられているが、本書を一瞥してみるならば、これらのうち明らかに『判断力批判』に特に重点が置かれていることに気づかされよう。実際、第三批判について論じた第六章「『判断力批判』」だけで全体の記述のおよそ四分の一ちかくの分量が費やされており、その点では、カント哲学の紹介としては、本書はいささか平衡を欠いているかのような観があるといっても決して過言ではない。とはいえ、まさにこの歪な構成こそ、マールブルク学派的なカント解釈からの脱却をはかるカッシーラーの意図するところだったのである。前述のとおり、マールブルク学派は「認識が対象を規定する」とするカントの超越論的構成主義の意義を最大限に強調し、このテーゼをさらに数学的見地から純化することによって極端に主知主義的なパースペクティヴを打ち立てようとしていた。そのため、この学派においては、悟性の自発的なはたらきを強調した『純粋理性批判』のとりわけ前半部分の意義がクローズアップされることになったが、それに対してカッシーラーは、第一批判をはじめ「カントの他のどの著作よりもこの著作（『判断力批判』）によって、カント以降の全哲学の方向を定めたところの、思惟および世界観の新しい全運動が、導入された」[47]と『判断力批判』の重要性を強調することによって、カントをもっぱら「リゴリスティックな理性主義者」として理解しようとする見方に一定の修正を加えようとしていた。そして、予断を排して第三批判とむきあう作業をとおして、理性主義的なパースペクティヴの先にあるものを見定めようとしていたのである。

では、カッシーラーはカントの『判断力批判』（*Kritik der Urteilskraft*, 1790）をどのような著作とみなしていたのか。また、そこにどのような思想的可能性を見出そうとしていたのであろうか。カントの三大批判書の掉尾をなすこの著作は、周知のとおり「直感的（美学的）判断力の批判」（Kritik der ästhetischen Urteilskraft）と「目的論的判断力の批判」（Kritik der teleologischen Urteilskraft）の二部からなり、それぞれ美学と生物学の領域から人間の認識能力としての「判断力」（Urteilskraft）の一般的性質を看取しようとするものになっていた。そして、その目的は「悟性と理性の中間項」としての判断力のはたらきを画定することによって、『純粋理性批判』における自然の法則（純粋悟性）と『実践理性批判』における自由の法則（実践理性）という「哲学の二部門をひとつの全体へと結合する」[48]ところにあったといえる。

「なるほど（カントのこれまでの）批判的教説の根本思想によれば、自然と自由、存在と当為は分離されていなければならない。しかしそれにもかかわらず、われわれがそれらの両者を、差異においてではなく相互関係において、概念的分離においてではなくむしろ調和的連関において捉える立場が求められる」のであって、それこそまさに『判断力批判』の課題とするところだったのである。そのため、従来の説明では、この著作をカント的な体系癖の産物、先のふたつの批判書の論理的補完物にすぎないとするものも多く(49)、その評価も、美学と生物学という一見して何のかかわりあいもないようにおもわれる領域を議論の対象にしていることに対する疑問から、それほど芳しくないというのが実情であった(50)。ところが、カッシーラーはこのようにして第三批判を「空虚への跳躍」とする見方を退け、むしろ逆に美学と生物学を媒介して論じるというその「形式的な構成と（批判哲学のこれまでの成果による）その実質的な根本問題とのあいだ」には「なおより深い連関が存在している」と指摘し(51)、かかる「連関」にこめられた思想的示唆を読み取ろうとするのでなければならないと述べている。それによると、この「より深い連関」なるものは、まず判断力という概念が何ものであり、どのようなかたちでこれまでの批判哲学の成果とリンクしているのかを考察することによって確認しうるはずのものであった。カッシーラーはそこでさしあたって判断力について、カントの言葉をそのまま用いて次のように紹介している。

判断力一般は、特殊なものを普遍的なもののもとに含まれているものとして思考する能力である。普遍的なもの（規則、原理、法則）が与えられているなら、特殊なものをそのもとに包摂する判断力は、（判断力が超越論的判断力として、それらにしたがってのみあの普遍的なもののもとに包摂されうる諸条件をアプリオリに指示するときでも）規定的（bestimmend）である。しかし、特殊なものだけが与えられていて、このもののために判断力が普遍的なものを見いだすべきであるなら、この判断力はたんに反省的（reflektierend）である(52)。

この説明によれば、判断力とは、「特殊なもの」を「普遍的なもの」のうちに包摂されているとみなす能力であり、カッシーラーの表現によれば、「個別例を上位の類へと総括し、この類の普遍性のもとに含まれたものとして個別例を思惟する」[53]能力のことを意味している。カントはこの概念を理性や悟性と明確に区別されるべきものとし、前者の「規定的判断力」については、すでに『純粋理性批判』と『実践理性批判』においてそれぞれ「超越論的判断力」と「実践的判断力」という名称のもと登場させており[54]、後者の「反省的判断力」の一般的性質の探求を『判断力批判』の主要な課題とするのでなければならないとしていた。とするならば、第三批判が美学や生物学のような個別具体的な領域から議論をスタートさせようとしていたことの理由の一端もまたおのずと明らかになってこよう。特殊という現実の具体的事象から出発して普遍的なものを見出そうとする能力としての反省的判断力のありようを探求することによって、この著作は批判哲学のこれまでの方法論的発想——アプリオリな法則性という普遍的な領野から人間の認識能力の一般的性質を演繹するというやり方そのものを文字どおり逆転させようとしていたわけだが、カッシーラーのみるところ、かかる逆転は決して論理的な飛躍だったわけでもなかったし、カントの従来の学説との断絶を意味しているわけではなかった。それどころか、この「逆転」こそ、批判哲学の議論の幅を拡大し、その知的関心をより深化させるための必要不可欠の第一歩だったのであり、より具体的にいえば、これまでの理性批判の成果を「目的論」(Teleologie) という古くて新しい形而上学的なテーマへと誘導するということを意味していたのである。そもそも特殊から普遍を見出すということは、アリストテレスのいう「まさにそれであったあるもの」[55](τὸ τί ἦν εἶναι) についての問いを喚起せずにはおれなかった。こうして反省的判断力のはたらきを議論の俎上にのせることによって、批判哲学は新しい思想的境地への扉をみずから開くことになったのであり、カッシーラーはまさにこの点にカントのさらなる思想的可能性を見出そうとしていたのだ。

その境地の位相を明示するために、『カントの生涯と学説』はまず、「形而上学そのものの最初の歴史的・実質的根源」[56]にまでさかのぼって目的論的思考の歴史的変遷を説明し、『判断力批判』の思想史的位置を確認したうえでその特徴を浮き上がらせようとしている。カッシーラーによると、目的の概念をめぐる第三批判の議論は、「古代から一八世紀に至るまで多種多様な変形と分枝とを経て発展してきた形而上学的目的論」から「問いの素材」[57]をえつつも、それらの「素材」とはおよそ内容を異にするものになっていた。より正確にいえば、それはアリストテレス的な目的論的思想とその反対者たるスピノザの一元論的思考の双方を批判し、「目的」(Zweck)の概念そのものを超越論的方法論のもとに読み替えようとするものになっていたのだ。周知のように、西洋形而上学のコンテクストにおいては、アリストテレスの学説――普遍(形相)をあらかじめ特殊(質料)に含まれているものとし、自然を諸現象の発展をとおして完成されていくもの、「自然の目的」によって貫かれた有機的運動体にほかならないとする学説が長いあいだ支配的であった。[58]これに対して、スピノザは新プラトン主義的な「流出」(Emanation)のシェーマを引き継ぎ、自然を「英知的根源から感性界までの下降が一定の段階と位相において行なわれるところの根源的プロセス」[59]、すなわち「不可分的一者」の物質世界における延展とする考え方を数学的思惟に移し替えることによって、特殊を普遍の反映にすぎないものとみなし、アリストテレス的な発想そのものを徹底的に払拭しようとしていたのである。[60]こうして「諸物の真なる秩序と連結は、諸観念の秩序と連結と同一である」[61]と宣言し、幾何学的認識に貫かれた「機械的コスモス」という名の、普遍のもとに特殊を解消する一元論的思考の地平を打ち立てることによって、スピノザは目的概念を「無知の避難所」(asylum ignorantiae)[62]にほかならないと切り捨てたが、[63]かかるラディカルな機械論的発想はおよそ反省的判断力の存在とは並存しうるものではなかった。かといって、アリストテレスのように目的概念を「すべての存在と出来事の究極の英知的根源」[64]にリンクするものとして理解する独断的な主張もまた、批判哲学の立場からはおよそ受け容れがたい。[65]「カントにとって、目的とは、アリストテレスにとってそうであったような『原型的知性』

(intellectus archetypus) の根本概念でもなく、またスピノザが思い浮かべたような真の本質直観に到達できない『模型的知性』(intellectus ectypus) の形成物でもなかった[66]」のである。

では、カントにとって、目的とはどのような概念なのか。それは少なくともアリストテレスのように世界を「諸物の内や諸物の背後において客観的に作用する自然力[67]」によって貫徹するかのような類のものではない。『純粋理性批判』においてすでに自然を合理的（数学的・物理的）な因果法則からなるものとして描き出していた批判哲学の立場からすれば、実体としての自然＝世界そのものが客観的にそのような「自然力」に導かれているとする議論など、端的にいって、戯言にすぎない。にもかかわらず、「自然の目的」という言葉が何ほどかの意味をもちうるとするならば、それは自然そのものがそうであると客観的な根拠もなく主張するときではなく、むしろ自然をそのようなものとして認識しようとする反省的判断力の性質を確定するときであるというのでなければならないであろう[68]。批判哲学の超越論的方法論からすれば、対象としての自然を規定しているのはあくまでも人間の認識にほかならないのであって、「自然の目的」という言葉の意味するところもまた、この言葉を想定しうる人間の認識能力たる反省的判断力のはたらきに注目することなくして解明する手立てなどないというのでなければならなかった。そうである以上、目的概念を考えるうえで、カントが「確定しようとするものは、われわれの認識が、ある存在者を合目的的として、ひとつの内的形式の刻印として、判定するところの、固有の方向でしかない」し、「この判断の権利と客観的妥当性[69]」こそが目下の検討すべき課題とされるのでなければならなかったのである。問題そのものをこうして存在の領域から認識の領域へとシフトすることによって、目的の概念はカントのいわゆる「思考法の革命[70]」に対応するよう読み替えられ、独自の意味内容をもつものとして作り変えられていくことになる。ただ、カッシーラーによれば、自然の「合目的性」(Zweckmäßigkeit)[71] というモティーフそれじたいは、『純粋理性批判』の「純粋数学認識の体系」や経験諸科学についての議論においてすでに想定されていたものであり[72]、科学的認識もまた、「あたかも所与の諸要素が相互にまったく異質ではなく、ある根源的知性的『類同性』(Verwandtschaft) のうちにあるかのごとくみられることができ[73]」るよう要求するものになっているのだという。[74] だとするならば、『判断力批判』がかかる問題意識を引き継ぎ、広く自然の「類同性」=合目的性を読み解いて「理性批判の内容上の諸課題の内在的発展[75]」をなしとげるとしても、「批判哲学の最初の一般的構想によって確立された枠組みのうちに完全にとどまる[76]」ものである以上、反省的判断力は目的という言葉を自然の客観的な「構成的原理」としてではなく、主観的に自然に何らかの目的があるかのように省みるときにのみ認知されうる仮象的な「発見的原理」(heuristisches Prinzip[77]) として理解するほかあるまい。いわゆる「自然の技巧」(Technik der Natur) なるものは、それゆえ「所与の単なる把捉や、因果連関におけるその配列から生ずるものではなく、われわれがこの所与に付加する特有の自立的な解釈にほかならないのである[78]」。

そう考えることによって、『判断力批判』は、反省的判断力を主観の反省（特殊）から「自然の技巧」、すなわち自然の合目的性（普遍）を看取する能力として規定することになる。しかも、自然そのものを規定するのではなく、自然をあたかも何らかの目的にかなったものとみなすことによって、自分自身に法則を付与する「自己自律」(Heautonomie) をおこなうという点で[79]、そのはたらきを理性や悟性と同じくアプリオリなものとして性格づけるようになっていく。となると、どのようなメカニズムのもとにこの「自己自律」をおこなっているのかが問われるのでなければならないが、カッシーラーのみるところ、その手がかりは、反省的判断力が自然の合目的的な性質を一種の芸術とみなしているところにあった。[80] 自然が何らかの目的にかなっているかのようにみえるとき、人間は自然それじたいを芸術とみなし、そこに「快」(Lust) の（反対の場合は「不快」(Unlust) の）感情を生じることになるが、まさにこの「快・不快」の感情こそがここで合目的性を判定するとされていたのである。[81] そして、自然に芸術性=「美」(Schönheit) を感じ取っているという意味において、主観のこのはたらき――『判断力批判』は反省的判断力のこのはたらきを特に「直感的（美学的）判断力」(ästhetische Urteilskraft[82]) と呼んでいるが――は、美学のとりわけ趣味判断 (Geschmacksurteil)

にほかならないものとして議論の俎上にのせられることになる。それによると、何らかの対象に美を感じるということは、その対象が客観的な目的をもっていないにもかかわらず合目的性という「意にかなった」状態、カント自身の表現によれば、「目的なき合目的性」(Zweckmäßigkeit ohne Zweck)[83]が実現した状態であり、このことじたいはまったく主観的な表象であるにすぎない[84]。ところが、美が人間の内的形式としての認識能力の「自由な戯れ」(das freie Spiel)[85]、すなわち対象を直観する構想力とその直観に枠組みを与える悟性の相互作用から生じるものであり、各人がこの能力をアプリオリに共有している以上、趣味判断のはたらきは「主観的普遍性[86]」をもつとみなされるのでなければならないのだ。とするならば、「各自我は他のあらゆる自我のうちにこの機能を前提にすることが許される[87]」であろうし、みずからの美の判定の妥当性を他者に要求しうるというべきであり、また、そうでなければならないというべきであろう。そして、このいわゆる「共通感覚」(sensus communis)の登場によって、ようやく「対象定立そのものの一契機[88]」としての反省的判断力のはたらきが明示され、特殊から普遍へと至るルート、「個体の全体への連結と多様の統一への連結[89]」のあり方が確定することになる。カッシーラーはいう。

芸術家の感情はつねに自我感情である。しかしまさにこの自我感情において、芸術家の感情は同時に普遍的な世界観感情および生命感情である。「自己」(Selbst)は、みずからを美学的想像力の形成物のなかで客観化することによって、自分の個別性から自己を解き放つ。しかし、自己の個体的な一回的な感動は、それでもこの形成物のなかで没落するのではなくて、まさにこのなかで存立し続け、これの純粋な把握をなしうるすべての者に、形成物の媒介をとおしてみずからを伝達するのである。このように主観はここである普遍的媒体のうちに立つ。この媒体はそれにもかかわらず、自然科学的な考察がわれわれを移し入れる物性という媒体とは、まったく異なるものである。……美学的考察の状態において、自我はそのつどの自分の表象に執着しつづけるのではなく、カントの表現にしたがえば、この表象を「表象の全能力と比較する」のである。これに応じてここで、この自我のまったく新しいコスモス、客観性の体系ではなく主観性の全体であるコスモス、が開かれる。この全体のうちで自我は、自己自身と他のすべてのものの個体性とを、完結したものとして見出す。このようにして美学的意識は、個体的なものの対立者ではなく、その純粋な相関者であるところの普遍的なものを樹立する、という逆説的な課題を解決する。なぜなら、（美学的意識によれば）普遍的なものはただ個体的なもののうちにのみみずからの充実と叙述を見出すからである。[90]

このようなシェーマのもと、『判断力批判』はさらに、自己の「内的な法則性と合法則性」とを芸術作品において一致させて芸術に法則を付与する才能を「天才」(Genie)と呼ぶとともに、[91] 美とちがい「われわれの理解力のすべての手段を端的に凌駕する」[92] 自然の大きさから生じる快の感情を「崇高」(Erhabene)と呼んでその性質を考察している。それによると、崇高とは、計測不可能な「自然が構想力を高めて、心が自然をも超える心の使命の固有な崇高さをみずから感じうるようにする」[93] ときに生じるもの、いいかえれば、美的に把握しきれないものに直面した直感的判断力が「われわれの内なる超感性的能力の感情」[94] ——カント的にいえば、まさしく自然を超越した「英知的なもの」すなわち理性の道徳法則のこと——を喚起する状態のことを意味していた。「崇高の現象のうちでわれわれは、物理的に有限な主観としてのわれわれが対象の大きさによって押しつぶされているのを感じると同時に、他方この大きさがわれわれの英知的課題（道徳法則）の意識とわれわれの理念の能力とのうちに根差しているのを発見することによって、自分があらゆる有限な制約された現存在を凌駕していることを感じる」[95] のであって、カッシーラーによれば、かかる「自我の無限性」を自然に投影することによって自然そのものが無限なものとして把握されるとともに、自然の法則（因果法則）が自由の法則（道徳法則）に合致するように考えられるのでなければならなくなってくるのだという。[96] 両者のこの「新しい統一」はもちろん主観的な反省において想定されうるにすぎず、理論や概念によって客観的に説明しうるかのような類のものではないが、実際にかかる反省をとおして「自然があたかも自由の作品であるかのように、またあたかも自然に内在する合目的性に適合して形成され、内から外へとかたちづくられるかのようにして、われわれに対してあらわれる」[97]とするならば、議論はここで美学のように目的概念と主観との関係を問うところから自然の合目的のあり方を問うところへとシフトするのでなければならないであろう。反省的判断力をめぐる考察はこうしていよいよ美学から生物学へ、「自然の目的」を看取する反省的判断力たる「目的論的判断力」(teleologische Urteilskraft)のはたらきを検討するところへとむかっていくことになるのだ。

先にみたとおり、批判哲学の立場からすれば、因果律によって支配されている自然を実際に何らかの目的にかなうものとして規定することじたい不可能というほかないのであって、「自然の合目的性」なるものは、自然をそのようなものとしてみなすかぎりにおいて主観的に認知されうる「発見的原理」でしかなかった。そのため『判断力批判』はアリストテレスのように自然そのものを有機的全体とする考え方を厳として退けたわけだが、それでも自然を諸部分に先立つ全体とみなし、ひとつの有機的な生命過程とみなすことそれじたいの意義を否定していたわけでは決してない[98]。それどころか、カッシーラーのみるところ、第三批判の目的論的判断力をめぐる議論とは、この判断力の性質を吟味する作業をとおして、目的概念のレーゾン・デートルをきわめて積極的なかたちで指し示してみせようとするものになっていたのである。それによると、われわれはなるほど因果律に支配された存在ではあるが、「意志の事実や美学的直観および造型作用の事実」を無視しえないのと同様、そもそも「自然の把握から有機的生命の思想を抹消してしまうことなどできない[99]」のであって、たとえば、一本の樹木が成長とともに新たな性質を獲得するように、生きた身体は生成や発展のような機械論的因果律とはまた別のモメントによって説明されることによってより豊かな内実をえることができるものになっているのだ[100]。その際、これらの目的論的なモメントは、全体としての自然から部分としての個々の現象の性質を把握することによって、現象の「因果的解釈に逆らうのではなく、この解釈が開始されるべき諸現象と諸問題とを示すことによって、この解釈を準備する」[101]。そして、そのような作業をとおして、目的概念は因果概念にもとづく自然の説明を促進し深化させているのであり、「有機的自然の連関と構造関係とのより豊富なより精確な知識のための手段」[102]としての役割を果たしているのである。だとするならば、目的概念と因果概念は、われわれが現実の多様なあらわれに「統一をもたらそうとする際に用いる二つの異なる秩序様式」[103]にほかならならず、その意味では文字どおり相互補完的な関係にあるというのでなければならないであろう。ここで「自然の合目的性」のシェーマはなるほど「形而上学的一元論の意味で『世界の謎』を解く」ほどの能力を持ちえないものの、因果法則に矛盾することなく「有機的自然の諸現象がもつ豊かさのために視線をつねにますます鋭くし、生命現象およびその諸条件がもつ諸々の特殊性と個別性とのうちへ、いっそう先までこの視線を入り込ませる」[104]ための必要不可欠なモメントになっているのである[105]。

そう考えてみるならば、この「目的をめぐる古来の賛否の論戦にカントが下した批判的判決」[106]から、批判哲学が引き出した新しい思想的境地の内実はもはや明らかであろう。カッシーラーによると、『判断力批判』の眼目は、アリストテレス的な目的論的思考を批判哲学の見地から徹底的に批判しつつも、その基本的なシェーマを根本から変革することによって蘇生させようとするところにあった。それはつまり、現実の自然をひとつの巨大な有機体とみなすアリストテレスの実体論的な全体のモティーフを否定しつつも、かかる有機体的な自然を反省的判断力によって主観的に認知されるかぎりにおいて存在するものとみなすことによって、このモティーフを純粋に機能的な意味において精錬しようとしていたのであり、目的論的思考をいわば脱実体化することによって更新しようとするものになっていたのである。それによって、第三批判は全体を「諸部分から形成されるのではなく、すでに諸部分のうちに、方向を与える原理として含まれている」[107]ものとする全体性のパースペクティヴを確保するとともに、自然＝世界を全体と部分の相互作用からなる有機的なプロセスとする視座を獲得することになった。しかも、そのプロセスを反省的判断力のもとに認識しうるものとみなすことによって、「現象の純粋な機械因果的連続という思想[108]」のように普遍から特殊を演繹しようとする既存の認識の枠組みを逆転させ、普遍を「ただ特殊なもののうちでのみ、みずからの充実と叙述を見出す[109]」ものとする具体的普遍のパースペクティヴを用意することになったのだ。このような見方からすれば、普遍的なものとは、特殊なものがみずからの「自立的な特性と独自の生命[110]」を主張することをとおしてのみ、その内実を豊かなものになしうるということになってこよう。そう考えることによって、第三批判は特殊と普遍を相容れないものとするこれまでの考え方を打破し、むしろ相互的な発展をとげていくものとして描き出そうとするところへとむかっていくことになったのだ。カッシーラーはいう。

このように『判断力批判』はカント的思考の根本前提を保持しながら、他方それはこの前提のそれまでの適用領域を大きく越え出ている。カントが批判以前の形而上学に対して遂行する過程は、ここに集結する。すなわち、『判断力批判』は、『純粋理性批判』と『実践理性批判』とが独断的形而上学に対して下した評決を、確認する。それにもかかわらず、批判哲学がいま形而上学に対してとるのは、ある別の関係である。なぜなら批判哲学は形而上学をそのもっとも固有の領域で探し求めたのであり、古来形而上学にもともと属するものと思われるような根本問題を規定し解決する点において、形而上学に匹敵するからである。ここでももちろんカントの教説は、すべての道徳的判定の必然的・普遍妥当的諸原理を提示することによってのみ、道徳的なものの内容を確定することができたのと同様に、この教説は、直感的判断力および目的論的判断力の批判を媒介することによってしか、芸術の問題に、それどころか生命自身の問題に近づくことができなかった。しかしいまやさらに明瞭にされたことがある。それは、カントの方法構成の本質に基礎をもつこの転回によって、直観的現実の豊かさが、たんなる抽象の体系に縮小され、発散させられるべきではないということであり、それとは逆に、カントの根源的な認識概念がここで拡大と深化を受け、それによっていまはじめてカントの認識概念にとって、自然的生命と精神的生命との全体を概観し、これを内側から「理性」の唯一の有機体として把握することが可能になった、ということである。(111)

この「転回」こそ、カッシーラーが『カントの生涯と学説』をとおして見出そうとしていたものであり、まさに「今・ここ」における思想的可能性をなすものとして注目していた点にほかならない。理性や悟性といった合理的な思惟形式ばかりでなく、感性や直観のような必ずしも合理的とはいえない思惟形式をも包含した哲学的パースペクティヴを構築しようとするカント。そして、そのために、反省的判断力のはたらきに焦点をあてて考察することによって、理性主義的なシェーマを堅持しつつも「合理的なもの」をより柔軟に把握し、それにさらなる「拡大と深化」をもたらそうとするカント。――カントのこのような姿を強調することによって、カッシーラーは『判断力批判』を批判哲学にとって決定的なもの、批判哲学をステレオタイプな理性信仰にとどまることのないより包括的な「精神全体の学」へと発展させるための決定的なモメントになっていると考えていた。そして、これまで理性信仰の権化とみなされてきた人物の言説のうちに、理性信仰そのものを転回させる知のあり方を認めることによって、このカント主義者は、マールブルク学派のあまりに主知主義的なカント解釈の枠組みを乗り越えたところに批判哲学のむかうべき方途を見定めようとしていたのだ。その意味では、カッシーラーはここでみずからの問題意識に引きつけるかたちで『判断力批判』に注目することによって、目的論的思考を批判哲学に着地させるべく苦吟していたカントの姿を現在の自分自身の姿に投影していたということもできようが、その視線はやはり、これまでのように合理的なものと非合理的なものを自動的に峻別し対立するものとする発想を克服し、この両者のいずれにも偏ることのない思惟形式を構想するところにむけられていた。そのために、『カントの生涯と学説』の議論は、とりわけ反省的判断力のはたらきを分析するところに最大限の注意を払おうとしていたのであり、まさにその点に来るべき思想的パースペクティヴの姿を見究めるための手がかりを探りあてようとしていたのである。

もっとも、カッシーラーの「今・ここ」における思想的課題からすれば、『判断力批判』において示されたシェーマがあくまでも手がかりの域にとどまるものでしかないということはいうまでもない。合理と非合理をひとしく包摂しうるような思惟形式の可能性を探求するこの哲学者にとって、反省的判断力をめぐる第三批判の議論は、あくまでも批判哲学のこれまでの枠組みに踏みとどまろうとするものであるかぎり、理性的人間像によらない世界理解の方法を提示してみせるにはやはり十分満足しうるものになっているとはいいがたかった[112]。「批判哲学の羅針盤に身を託す必要[113]」のあったカントは、『判断力批判』の議論のはじめから「ここを超えて何ものもなし」(nihil ulterius)と記された「ヘラクレスの柱」をみていたのであり、直観や感性といった非合理的な世界への入り口に立ちつつも、『純粋理性批判』や『実践理性批判』における理性主義的なパースペクティヴを決して越え出ようとはしていなかったのである[114]。そうである以上、カッシーラーの議論はここでカントの批判哲学にとどまることなくさらに先へと、『判断力批判』に示された哲学的ロジックをもこえてさらに先へとつきすすんでいくのでなければならなかったのだ。それでは、第三批判分析の成果を踏まえつつも、目下の課題に対処するための思想的な可能性は、さらにどのようなかたちで探求されるのでなければならないのか。また、「一九一四年の理念」に対抗するための政治的理念なるものは、そこからいったいどのようなかたちで導き出されるのでなければならないのであろうか。そう問いかけるとき、われわれはすでに『カントの生涯と学説』とほぼ同時期に執筆されたもうひとつの精神史研究『自由と形式』の議論に立ち入っている[115]。そこで節をあらためて、この著作におけるカッシーラーの取り組みを、これら二つの問いかけへの応答という側面からみていくことにしよう。

四

一九一六年に上梓された『自由と形式――ドイツ精神史研究』は、そのサブ・タイトルにもあるようにいわゆる「ドイツ精神」(Deutschtum) の歩みを精神史的な側面から考察しようとするものであり、カッシーラー自身の言葉でいえば、「私たちが自分の生存を将来にわたって形成する営みの本質的な基礎をなすであろう活動的で生産的な諸力の本来の中心」[116]の性質を見定めようとするものであった。といっても、本書はドイツ精神をあるひとつの確定した原理、しかもアプリオリに西欧的なもののアンチ・テーゼをなす原理として描き出そうとしていたわけでは決してない。トーマス・マンの主張がそうであったように、戦時下のドイツを席巻したプロパガンダ的な言説の多くがドイツ精神という言葉をもっぱらエスノセントリズム的な理念のための標語のようなものとして理解していたのに対して、『自由と形式』は反対にこの言葉を「豊富な派生的現象と多種多彩な特殊形態のなかで」しだいに明確なかたちをとってあらわれるものとみなし、その内実をあくまでもアカデミックな考察のもとに明らかにしようとしていた。カッシーラーによると、ルネッサンス以降の「ドイツ宗教史、ドイツ哲学史、ドイツ文学史および国家思想史」[117]がたどった足取りは、本書のメイン・タイトルのうちにきわめてシンボリックにいいあらわされているように、「『形式』(Form) と『自由』(Freiheit) の対立と和解によって特徴づけられることになるはず」[118]であり、このふたつのライト・モティーフのもとにくりひろげられる物語として読み解きうるはずのものだったのである。そして、そこに普遍と特殊の関係性の議論を織り交ぜることによって、『自由と形式』のカッシーラーは、『カントの生涯と学説』から持ち越された問題をドイツ精神史のコンテクストに移しかえて問い直そうとしていたのだ[119]。のみならず、ドイツ精神という言葉をこのようなかたちで自分なりに画定してみせる作業をとおして、この哲学者はいよいよ反「一九一四年の理念」的なメッセージを導き出すところへとむかっていくことになるであろう。以下、その議論の軌跡を、本書のもっともポレミカルな部分に焦点をあててみていくことにしよう。

『自由と形式』は緒論と六つの章からなり、ルネッサンス思想の勃興からヘーゲル哲学の登場へと至る数百年間のドイツ精神の流れを考察の対象にしている[120]。その力点はライプニッツ以降の思想史のコンテクストを、とりわけドイツの新人文主義的思潮を中心に読み解こうとするところにおかれているが、本書をひもとこうとするものは、この法廷に召喚された証人のあまりの多さに呆然とさせられることになろう。マルティン・ルッター Martin Luther（1483-1546）、ライプニッツ、ヴィンケルマン、バウムガルテン、レッシング、ヨーハン・ゲオルク・ハーマン Johann Georg Harmann（1730-1788）、ヘルダー、モーゼス・メンデルスゾーン Moses Mendelssohn（1729-1786）、カント、シラー、ゲーテ、W・v・フンボルト、ヨーハン・ゴットリープ・フィヒテ Johann Gottlieb Fichte（1762-1814）、シェリング、アダム・ミュラー Adam Müller（1779-1829）、ヘーゲルらによる供述がなされるのはむろんのこと、クザーヌス、マイスター・エックハルト Meister Eckhart（1260?-1328）、ウルリヒ・フォン・フッテン Ulrich von Hutten（1488-1523）、フルドリヒ・ツヴィングリ Huldrych Zwingli（1484-1531）、ザミュエル・フォン・プーフェンドルフ Sammuel von Pufendolf（1632-1694）、ヨーハン・クリストフ・ゴットシェット Johann Christoph Gottsched（1700-1766）、ヨーハン・ヤーコプ・ボードマー Johann Jacob Bodmer（1698-1783）、ヨーハン・ヤーコプ・ブライティンガー Johann Jacob Breitinger（1701-1776）、フリードリヒ・クロップシュトック Friedrich Gottlieb Klopstock（1724-1803）、カール・フィリップ・モーリッツ Karl Philipp Moritz（1756-1793）、クリスティアン・ヴォルフ Christian Wolff（1679-1754）、フリードリヒ・クリンガー Friedrich Maximilian Klinger（1752-1831）、フリードリヒ・ハインリヒ・ヤコービ Friedrich Heinrich Jacobi（1743-1813）、フリードリヒ・カール・フォン・ザヴィニー Friedrich Carl von Savigny（1779-1861）、フリードリヒ・ヘルダーリン Friedrich Holderlin（1770-1843）のような人たちの証言までもが、歴史の検察官カッシーラーの求めに応じて次々と開陳されていく。精神史家カッシーラーはここで、これらの証言の一つひとつを組み合わせるかたちでドイツ精神をあるひとつの形相のもとに描き出そうとしているが、そこには議論を収斂させるべき焦点が設定されていた。自由と形式の対立と和解という「ドイツ精神史の基本主題(121)」に一定の見通しを与えたもの――それこそ「ドイツ人の解放者(122)」たることを自負してやまなかった詩人ゲーテの「生活形式」（Lebensform）(123)とその言説にほかならない。この精神史家の確信するところによれば、「ゲーテの創作のあらゆる方向性は、その生涯の内面的な法則性から生まれたものではあるが、それでいてドイツ精神史の根本傾向を完成し完結するもの(124)」でもあった。それゆえ、本書は必然的に「ゲーテの世界観の分析が理念的な中心」となるはずであり、「他のあらゆる考察の方向」もまた、「かかる分析におのずから関係しているし、またそこに向けられることになる(125)」というのでなければならなかったのである。

事実、『自由と形式――ドイツ精神史研究』は、第四章「ゲーテ」に全体の記述の実に四分の一近くをあてがって考察しているばかりでなく、他の章でもたびたびゲーテの名前を引きあいに出し、その思想をあたかも本書の通奏低音であるかのように扱っているが、それでは、カッシーラーはこの「ゲーテの世界観」をどのようなものとして理解しようとしていたのか。また、そこにどのようなドイツ精神の姿を見出そうとしていたのであろうか。カッシーラーによると、「もともと私は哲学などまったく必要としていない(126)」と公言していた文学者ゲーテの世界理解なるものは、その方法からして、「根っからの学究(127)」をもって任じていた哲学者カントのそれとはおよそ様相を異にしていた(128)。先述のとおり、プロイセン王国の大学教授カントがもっぱら人間の認識能力を哲学的に分析する作業に没頭していたとするならば、ザクセン=ヴァイマール公国の枢密顧問官ゲーテはそのような抽象的な分析が顧みようとしなかった地点に世界理解のためのモティーフを探り当てようとしていた。その自伝『詩と真実』（*Dichtung und Wahrheit*, 1814）

のタイトルのうちに示唆されているように、ゲーテは「事実」(Wahrheit)を「詩作」(Dichtung)にそのまま結びつくもの、すなわち「独自の内的な生存の純粋な真理内容」を「芸術的な空想のなかに直接開示される」[129]ものと考えていたのである。つまり、現実としての世界を感情(Gefühl)の次元から、より具体的にいえば、「空想」(Phantasie)という感性的な力によって「詩的」(poetisch)に理解しうるものとみなしていたのだ。もっとも、一口に空想といっても、そのはたらきはノヴァーリス Novalis (1772-1801) やフリードリヒ・シュレーゲル Friedrich Schlegel (1772-1829) のようなドイツ・ロマン主義者たちのいうそれとはほとんど接点がない。ロマン主義者のいう空想がルーティーンな日常から遠ざかって「永遠なる過去」というフィクションの世界へと超越するためのいわば跳躍台のようなものとしての役割をになっていたとするならば、ゲーテのいう空想の力とは、それとはまったく正反対のはたらきをするはずのものであった[130]。カッシーラーはいう。

空想とは、彼(ゲーテ)にとって、現実を「越えて」新しい彼岸的な世界を建設するための道具ではなくて、彼がこの現実そのものを——それが「内的」な現実であれ、「外的」な現実であれ——その全形態のなかで把握し解釈するための手段である。それを用いてこそ、純粋な「主観性」の全体にとって、巨大な内容と決定的な解放とが獲得せられているのである。というのは、哲学的な枠組みのなかでは主観性にたえずつきまとっているようにおもわれる一面性というしみが、すべて今こそ一挙にして払拭され、現実界と「真の仮象」の世界との分離が消滅してしまうからである。「自然の核」は「心のうちなる人間」(Menschen im Herzen)である。というのは、感情の純粋な内面性は存在の総体を含み、それを形成する根本法則を把握するからである。ここで私たちにひとつ統一が開かれるわけだが、これは「全体」と「部分」、あるいは「普遍」と「特殊」の対立によってもはや侵害されることはない。——何となれば、この統一こそ、そういう対立がそこからはじめて間接的に展開し、派生してくる源だからである。[131]

カッシーラーによれば、ゲーテのいう空想とは、人間が世界を形態化することによって「把握し解釈する」ためのもっともベーシカルな能力であり、現実そのものと真正面からむきあうための力であった。[132] 時間というすべてを押し流していってしまう忘却の力に抗して、現実的なものを持続した「形態」(Gestalt) として提示する作業のことをここで形態化と呼ぶことによって、ゲーテは世界をこの形態化作用のもとで徐々に開示されていくはずのものとして規定しようとしていたのである。そのような考え方からすれば、そもそも人間は、自然のたえまない生成と変異のプロセスにおいて、はじめから合理的なパースペクティヴのもとに理路整然と世界の構造を理解しているわけではないということになってくる。かかるパースペクティヴもまた、もとはといえば、形態化作用というこの「自然のいたるところでわれわれが目の当たりにしている全体の破壊的な力に抵抗して、みずからを保持しようとする努力[133]」のうえに成り立っているのであって、実は人間の世界理解の大枠のほんの一部分を構成しているにすぎないのだ。このことからもわかるように、人間は空想のはたらきをとおして、概念的思考以前の段階においてすでにおのれの内と外あるいは過去と未来といった現実の全体を直観しているのであり[134]、その全体を形態化することによって「自分自身を形成し、自分自身を理解する道筋[135]」を示そうとしているのである。たとえば、世に詩人と呼ばれる人たちは、詩作をとおしておのれの内的な充溢にもっとも適切な表現を与えることによって、「生命 (Leben) を形像 (Bild) に変える[136]」作業に従事し、「自分自身のなかに尺度と内的な限界をもつ全体性への道[137]」を深々と分け入っているのであって、それこそ空想のはたらきを示すもっとも明快な事例になっているのだ。[138]「こうして真にプロメテウス的な人物は、世界の全体を自我のなかに樹立し、自我のなかから作り出すということのなかでこそ、自分が制御しえない力に委ねられていることを感じている。……ふつうに人間をその弱さと乏しさのなかで神々 (宗教) に結びつけるものは、かれらにとってその根源的な創造性の意識のなかで消失してしまう[139]」のである。

そう考えてみるならば、このような経緯のもとにあらわれる「普遍的な基本形式」としての世界＝自然（Natur）なるものは、「比較し、計算する科学の自然観」のもとに提示される自然とはおよそ似ても似つかぬ性質をしているということになってこよう[140]。ゲーテのみるところ、数学の因果律的なパースペクティヴのもとに作り上げられる自然像などというものは、右のようなパースペクティヴからすれば、自然の性質のほんの一部分をいいあてているにすぎないきわめて不十分なものでしかなかった。のみならず、そのようにしてすべてを抽象的な鋳型にあてはめてしまうことによって、かえってその本質から遠ざかってしまっているという意味においては、きわめて不適切で問題が多いといわざるをえないものだったのである。ニュートンの古典的な物理学に公然と異を唱え、類概念にもとづくカール・フォン・リンネ Carl von Linne（1707-1778）の植物学を執拗に論難していたことからもうかがえるように[141]、詩人ゲーテは自然の豊饒を抽象化しようとする科学的な試みを現実の貧困化とみなし[142]、自然を生命なき硬直化した要素の寄せ集めからなる一種のモザイクにしてしまっているという一点で、それらの試みの方法論的な陥穽を告発せざるをえなかった[143]。こうして「ベーコン流の『帰納』の虚像や歪像[144]」に対する反発から、化学、天文学、物理学のような数学的思考に直結する分野を公然と無視する一方で、好んで植物学、動物学、地質学、鉱物学、骨相学、気象学、色彩学といった分野へとむかっていったことからもうかがえるように、そもそもゲーテのいう自然とは、さまざまな事象を肉眼で観察することによってはじめてアプローチしうるものであり、その全体の性質を直観しうるものだったのである。小説『若きヴェルターの悩み』（*Die Leiden des jungen Werthers*, 1774）をつらぬく世界観は、その意味では、『植物の変態を説明しようとする試み』（*Versuch, die Metamorphose der Pflanzen zu erklären*, 1790）や『色彩論』（*Zur Farbenlehre*, 1810）のような自然科学的な著述をもつらぬいているといっても決して過言ではあるまい[145]。「自然探求者」（Naturforscher）としてのゲーテにとって、自然の本質があまねく見出されるのは、あくまでも「自然を全体として特徴づける[146]」ときでしかなかったのであり、自然を科学的な「形象でもなければ、（神秘主義的な）単なる無形の感情でもなくて、『理念』（Idee）において[147]」理解するときだけだったのである。

カッシーラーによれば、全体としての自然とは、数理的な思考によっては把握しきれないがゆえに理念において把握せねばならなかったのであり、「あらかじめ作られた分類の概念的な図式を携えて自然にむかう[148]」のではなく、むしろ個々の自然現象の「最高の充実した姿」から自然の全体像を理解しようとするところにその要諦があった。それはつまり、「種類」（Klasse）としてのバラ、バラ「というもの」について語るのではなく、「今・ここ」にある唯一無二のバラを種類の世界に抽象化し解消してしまうことのない自然の像を打ち立てようとするものだったのである。そのためには、もちろん個々の自然現象をじかに観察するところからはじめるのでなければならないが、「観る人」（Schauender[149]）たるゲーテからすると、そのようにして個々の事例の性質を「みる」という作業こそ、それらの相互の結びつきをも「みる」――「観照する」（schauen）ということに結びついているのだという。事実、この「観る人」は、鉱石や植物の観察をとおして個々の自然現象を結びつける「連関」（Zusammenhang）、「個別者の結びつきの基礎にある法則[150]」を浮き上がらせようとし、かかる法則のうえに全体としての自然の姿を直観しようとしていた。そして、逆に自然の全体性のうちに個々の事象を配置し検討することによって、それらの「形相的本質」（essentia formalis[151]）を看取するとともに、その一つひとつが「確固たる原理によって相互に結びつけられ、相互に関係づけられている[152]」様子を描き出そうとしていたのだ。こうして「あらゆる現存在を結びつける内的な連関性[153]」としての自然の姿を「直覚知」（scientta intuitiva[154]）のもとに解き明かすことができるならば、そのときはじめて、バラ「というもの」ではなく、現実に二つとないバラそのものを法則世界のコンテクストにおいて語りうるであろう。個々のあらゆる事象が徹頭徹尾おのれのオリジナリティーを主張し、しかも、ひとつの全体を構成するファクターとして関係しあうことによって、より深みのある豊かな相をもって把握しうるもの――詩人ゲーテは自然をこのようなシェーマのもとに理解しようとしていたのである[155]。

ただし、生きたバラというものを真に把握しようとするのであるならば、われわれはその存在の側面ばかりでなく生成の側面にも目をむけようとするのでなければならない。何となれば、すべてのものは不断に揺れ動いているのであり、「先のものが後のものによってどのように完全に吸収されながらも、そのなかに生き続けるかということは、あらゆる生成のなかで私たちにあらわにされる秘密である[156]」からだ。そのような見方からすれば、およそ自然のうちにあるものは、生成の側面においてもまた、諸物との連関においてその姿をあらわす「和音を構成する音[157]」になっているというのでなければならないであろうし、全体としての自然はそれゆえに単なる「部分の寄せ集め」ではなく「生きた形態の統一」にほかならないものとして規定されるのでなければならなくなってこよう。もっとも、かかる流動性のなかで「ひとつの多」をなしているそれぞれの個体が「恒常的な連関[158]」のもとにひとつの姿をとってあらわれているということを勘案するならば、「厳密な持続と不断の変化という両方の契機を私たちは、私たちにとって固定していて永遠ではあるが、同時に生きたものでもある規則の概念のなかに集約して考える[159]」のでなければなるまい。ゲーテはそこですべての存在者を類によって「内側」——ゲーテ的にいえば、それこそいわゆる「原現象」(Urphänomen)ということになるわけだが——から固定されつつも外的な「変態」(Metamorphose)によって多様なかたちに変容していくものとして規定しようとしていた。そして、そう考えることによって、「生きた自然においては、全体とつながりを持たないものは何ひとつとして生起することはない[160]」という視点を確立するとともに、すべての自然現象を「流動そのものの真只中に持続的な『現存在』(Bestand)[161]」をもつもの、「同時性」(Simultanes)と「継起性」(Successives)という対立する性質をはらむものとして理解しようとしていたのである[162]。こうして「多数の現象はもはや人間の心にのしかかってとらえられない『事実』の塊として彼に対立するものではなく、形成と改造のなかで、生命のひとつの調和としてその眼前に姿をあらわす[163]」ものとして描き出されることになる。カッシーラーによれば、ゲーテの自然観はこのようなかたちで存在と生成の双方の側面から自然を有機的な全体として描き出そうとするものだったのであり、それによって全体と部分が相互的な関係にあるもの――全体が部分からなると同時に部分が全体によって構成されているということを示すものになっていたのだ。カッシーラーはいう。

彼（ゲーテ）は特殊な現存在から遊離することなく、それの純粋性と全体性を固持しようとする。しかし個物はここで孤立化されるのではなくて、すべての他の個物との普遍的な結びつきのなかで説明されるべきである。ここで問われているのは、ある個物が（たとえば、リンネの種類概念のような抽象的な分類にしたがって）他の個物とどういう共通徴表において一致するかということではなくて、どういう条件にしたがって一方が他方とつながり、他方から出てくるかということにほかならない。……その法則を発見し、これを樹立することがあらゆる真正な自然理論の意義である。というのは、理論とはわれわれを直観から分離して、現象の背後にある世界の、あらゆる直観の可能性を免れたものへと連れて行くべきものではなくて、観察が個別的に与えるものをひとつの全体に、まとまりをもった思想のコスモスへと集約すべきものだからである。「いかなる現象もそれだけでは、またそれ自身のなかからは説明されるものではない。ただ多くのものがまとめて大観され、方法にしたがって排列されて、最後に理論と呼ばれるようなあるものを与えるのである」。こうしてゲーテ自身は、無限者のなかに踏み入るためには、有限者のなかをあらゆる方角に歩きまわるだけで充分である、という言葉を理解していたのである。(164)

このような見方からすれば、カッシーラーがここでゲーテの世界理解の方法をカントの『判断力批判』における哲学的パースペクティヴに類似するものとして描き出そうとしていることはもはや明らかであろう。ゲーテ自身は自然をこのようにして理解するやり方を「形態学」（Morphologie）と称し、[165] 空想による世界の形態化の延長線上に有機体的全体としての自然の姿を直観する能力を「生産的想像力」（produktive Einbildungskraft）[166] と呼んでいた。そして、それによって「世界と精神の綜合」（Synthese von Welt und Geist）あるいは「内から外へと発展する啓示」（eine von dem Inneren an das Äußere ergehende Offenbarung）[167] がなしとげられると考えていたが、カッシーラーによれば、それこそ特殊のうちに普遍を見出すとともに自然の合目的的な性質を看取しようとするカントの反省的判断力のはたらきに対応するものになっていたのである。しかも、ゲーテのこの試みは、空想や生産的想像力のような感性的な力が自然を客観的に規定する根本的なファクターになっているという意味において、[168] カントが「理性の大胆な冒険」（ein gewagtes Abenteuer der Vernunft）[169] と呼んで厳しく退けていたことを大胆にもなしとげようとするものになっていた。[170] それはつまり、直観によって世界を客観的に把握する能力（規定的判断力）を神的理性にのみ許された全体的認識とみなし、主観的な反省的判断力しかもちえない人間にかかる神の力を欲することを禁じたカントの教説をいとも易々と飛び越えようとするものになっていたのだ。[171] 実際、「特殊が真の普遍性に達しうるのは、それが自分の特殊な規定を放棄することによってではなく、そういう規定をますます純粋に展開することによってである」[172] と主張することによって、ゲーテはカント以上にラディカルな具体的普遍のモティーフを、この文学者のいい方によれば、「目に見える普遍」[173] のモティーフを打ち立てようとしていた。[174] このようにして人間の感性的な力を、「当初から自律的なものとして、現実的あるいは観念的な意味における世界に対立している」ものとみなし、「おのれの基準を（外の）世界から受け容れるのではなくて、かかる基準をむしろ自分自身のうちに見出し、そこから新しい存在内容を作り出すことになる」[175] とするパースペクティヴのうちにこそ、カッシーラーは必ずしも科学主義的な人間像に拠らない思惟形式のあり方を提示するための思想的モメントを見出しうると考えていたのである。

また、カッシーラーによれば、ゲーテのこのようなパースペクティヴこそは、自由と形式という軸のもとに展開されてきたドイツ精神の歩みを決定的な局面へともたらすはずのものであった。『自由と形式』はゲーテがこの課題を解明するに至るプロセスを戯曲『ファウスト』（*Faust*, 1808, 1833）におけるファウストの知的遍歴に重ねあわせて説明しているが[176]、そのポイントは以上の議論をもとにしてそのアウトラインを描き出すことができよう。まず、空想のうちに現実を形態化する力を見出していた詩人ゲーテにとって、この形態化の産物としての形式とは、端的にいって、流動というすべてを破壊する力に抗して「みずからを維持しようとする」人間的な衝動のもとに形成される「現実的なものという新しい持続体[177]」にほかならなかった。それは人間の生をありとあらゆる方向から固定的で安定的なフレームへとはめこむことによって、たえまなく流動しつづける現実の世界を整然と分節化して把握し理解するための決定的なファクターになっているとみなされていたのである[178]。こうして形式が人間の生を取り囲むようになればなるほど、「当初のところ、ただ単に自然の永遠の真理と持続性とに対して対照をなすだけに過ぎないとおもわれた人間的な生存そのもののなかに、ますます明確に普遍的な基本形式があらわれ、人間の生存がそのあらゆる変化と多様性のなかで、分かちがたいまでにこれとの結びつきを保つようになる[179]」が、ゲーテはそこに「形式の至高の力」（vis superba formae）[180]を認めようとしている。形式をとおしてこそ、人間は眼前の世界を知り、自身を取り囲む自然を知り、そして「内なる自然」としてのおのれを知るのであって、それによって人間の本質的な理念としての「人間性」（Humanität）――自然と芸術をむすびつける「人間の形姿」うちにゲーテが直観したかの「最上のもの」（Non plus ultra）[181]への道が開示されることになるのだ[182]。形式とは、その意味では、「すべての生命と生成、すべての尺度とすべての形態の基礎にある」もの、人間が探求するかぎりにおいて姿をあらわす「根本的な秘密」にほかならず[183]、人間の生を充実したものとするための必要不可欠の存在になっているのである。

形式がこうして人間に人間としての性質を示してみせるということは、見方をかえれば、形式のうちに「自由という感情そのものの必然的なモメント[184]」が見出されるといっているにひとしい。そもそも形式が人間の内的な造形力の外界における表現——「内面からはたらくところの規則の展開と実証」であり、人間の「内面が自分自身を形成し、自分自身を理解する筋道」[185]になっている以上、このロジックからすれば、形式の獲得こそは人間精神の自己実現の前進であり、あらゆる局面において自由の可能性を不断に拡充しているということを意味している。[186]しかも、現実を形態化するなかでしだいに形式と形式とのあいだに成り立つ連関を看取し、そこから客観的な知の一つひとつを開示することによって、各人は単なる主観的な思いこみの次元にとどまらない——ということは、人々のあいだになりたつ「自由という感情」を獲得することになるのだ。といっても、「いつであれ『成る』（werden）ということによってのみ——どこに到達しようと、そこからいつも新たに自分を生み出さざるをえないということによってのみある」[187]もの　である以上、自由は生成のプロセスにおいて確かめられうるものでしかない。それはつまり、「法則の形式のなかではじめて、その表現ともっとも深い保証を見出す」[188]ものでありながら、ルーティーンな日常を打破しさらなる「形成」（Bildung）をめざして、自身が依拠する「法則の形式」を変革するための自発的なエネルギーになっているのである。そう考えてみるならば、ここでいう自由とは、形式によって一方的に与えられているというよりも、むしろ既存の形式を作りかえるための決定的なファクターになっているといえようし、カッシーラーその人の表現によれば、人間がおのれの「生命のすべての内容」を「日々、物質的な意味でも精神的な意味でも克服しようとする」[189]ときにのみ見出されるものになっているといえよう。[190]畢竟、「ファウストの真の解放と救済」が「行為の世界」においてのみ実現可能であったように[191]、「ドイツ芸術の古典期が生んだ最大の造形家」[192]ゲーテからすれば、自由こそは、人間が「自分自身のなかにくりかえし頂点を作り出さなければならないひとつの自然全体」[193]になっていることの証左にほかならなかった。それこそ人間の「自己解放のプロセス」（Prozeß der Selbstbefreiung）[194]を推進する力であり、人間性の理念に実質的な意味を与えるものだったのである。カッシーラーはいう。

限りない努力はいかなる有限の客体や有限の形態のなかでも制限されるものではなく、その内的な真の尺度を、それがしたがっている活動の純粋法則のなかにはじめてみいだす。全体についての、決して完結してはいないし、また決して完結することもありえない作業のなかでは、個人は自分自身と、とどまるところを知らない行為への根本衝動とに対して忠実であり続ける。今や個人は無終・無限なものの真只中で確固として自分自身のうえに立っている。個人に不断の進歩を保証するのと同じ原理が彼の真の存立をも保証する。この存立を意識するためには、永遠性や超時間的な彼岸に迷い込む必要はない。――時間的な生成そのものの真只中で自分の行為に持続性を与える点を個人は発見した。すなわち、内的な自由、その生命と活動は独立した中点によって維持されているわけだが、こういう自由がはじめて自分自身を純粋かつ完全に証しする場としての最高の目標は、人類の解放のなかに認められている。(195)

そう考えてみることによって、「ゲーテの世界観」は、形式と自由がともに人間性の理念を実現するための必要不可欠なファクターになっているとし、これらのモティーフの弁証法的な結びつきが人間の生の舞台たる世界を織りなしていると説いている。(196) 先に自然を「同時性」と「継起性」というふたつの対立するモメントからなるとみなしていたように、ゲーテは眼前の世界を形式という現状を維持するためのスタティックなモティーフと自由という現状を変革するためのダイナミックなモティーフからなるものとして描き出そうとしていた。そして、ひとたび形式が人間の自由への道を切り開いてみせたかとおもうと、ひるがえって自由それじたいが形式を見直すモメントになって、既存の形式を新しい次元へと押しすすめていく……といった具合に、この両者の相反する努力の緊張関係が世界を生成し発展させる原動力になっていると考えていたのだ。(197) 世界をこうして「不断に生成し、休みなく活動するが、自分自身に尺度と限界を与える(198)」ものと捉え、自由と形式の双方をその欠くべからざる構成要素とするならば、形式の体系に住まうわれわれにとって、自由であるということは一種の権利であるとともに逃れられない倫理的義務になっているというのでなければならなくなってこよう。自由が世界を形成し発展させるための必要不可欠なファクターになっている以上、自由であれというマキシムには、カントと同様——といっても、そのロジックと思想的な根拠はおよそ異なるが——どうしても規範的な性格が刻印されることになる。しかも、自由が一回の獲得によって長期にわたって貯めこめるような類のものではないことを勘案するならば、各人はこのマキシムをいついかなる瞬間でさえ否応なく引き受けざるをえない課題、たえず現実化しているいわば終わりなき課題として取り扱おうとするのでなければなるまい。自由であろうとするためにたえず行為し行動しつづけること——それこそ、カッシーラーによれば、詩人ゲーテが自分自身の人生において実践し踏み行ってきたことであり、人間の理想のアルファにしてオメガをなすものにほかならなかったのである。

もっとも、ここでいう自由であれというマキシムは、人間が多様な生のあり方を展開する作業をとおして人間性の理念をより深化させるという目的しか持ちえないし、ヘーゲル的な絶対者へと至る論理的なプロセスとしてイメージされているわけでは決してない。それどころか、ゲーテ的な見方からすると、人間は行為をとおして「自分自身の存在を許されたあらゆる方向にむかって自由に展開することを試みうるにすぎない」のであって、「絶対的な存在の謎を、省察し瞑想しながら解くという使命をもっている[199]」わけではないし、そのような絶対的な存在については知りえないというほかなかったのである。「今・ここ」というコンテクストに存在する人間にとって、世界とは、「人間の行為のなかで私たちのまえにあらわれる（諸々の形式のあいだの）連関と内的な首尾一貫性[200]」であるにすぎず、はじまりもなく終わりもなくただ眼前に横たわっているものでしかない。そうである以上、「およそ自然のプロセスも歴史のプロセスも、それじたいとして目的と意味とを自分自身のなかに含んでいるひとつの全体者として認められなければならないのであり、その『どこから』や『何のために』を、すなわちその起源や終末に関する問いを自分に向かって提出したり、答えたりする必要など、われわれにはない[201]」というのでなければならないし、また、そのようなことはできもしないというほかないのだ。にもかかわらず、「反省においても行為においても『全体性のなかにのみ普遍を求めることができずに』、個別からただちに普遍へとおもむくのは弱い精神の欠陥である[202]」といわざるをえないし、世界を何らかの絶対者によって規定されたひとつの物語として描き出すというのはもはや端的にいって詭弁であり誤謬であるというほかあるまい。カッシーラーによれば、「ゲーテの世界観」は、その点で既存の世界観――世界の起源と終末を想定したがる単線的な世界観に比べると、はるかに慎ましやかで控えめな内容を提示するにとどまるものになっていた[203]。彼はいう。

変化しようとする努力には持続しようとする努力が拮抗する。「特殊化」への衝動はいったん現実になったものを、その存在のなかで維持しようとする。作られたものは過程へと分解するが、過程はふたたび作られたものへむかって迫り行く。ゲーテがこの関係をとらえた定式は抽象的で形而上学的に聞こえるかもしれない。――彼自身にとってはそうではない。というのは、その定式は省察し創作する彼自身にとって至るところに現在し生きていた根本経験を再現するだけだからである。彼にとって、固定された世界像なるものは存在しない。存在するのは、(「自由」と「形式」という)「両極性」と「増進」といった対立をとおして不断にみずからを更新する世界だけである。そこでわれわれが語りうることといえば、かかるプロセスの目標（Ziel）ではなくて、あくまでもその方向（Richtung）でしかないのだ。とはいうものの、われわれがその代わりに提示しうるかもしれないような、いかなる外的で超越的な目標も、こうしたプロセスの豊かな内容のかわりになることはできないであろう。このような深いところで、ゲーテはドイツの精神生活の発展を貫いている根本問題を、すなわち「自由」と「形式」の対立と交互関係を把握し解釈していたのである[204]。

とするならば、このようなパースペクティヴが、そっくりそのまま「一九一四年の理念」のようなショーヴィニスティックな言説のアンチ・テーゼになっていることは、もはや容易に想像がつこう。『自由と形式』は「ゲーテの世界観」をヘーゲルの「絶対者の哲学」[205]への反感のうえに成り立つものと説明しているが、その延長線上には、明らかに「一七八九年の理念」との対決をドイツ民族の宿命とみなして戦争を正当化するかのごとき言説に対するカッシーラー自身の不快感と不信感があった。以上の議論からすれば、ヘーゲルの論理学にせよ、「一九一四年の理念」にせよ、絶対的なものを所与の前提とする言説は、運命などというあいまいな概念をあたかも絶対確実なドグマであるかのように喧伝し、かかる恣意的なフィクションによって現実を都合よく裁断しようとしている時点で、すでに牽強付会の思想的暴力になっているというほかなかった。そればかりか、ものごとをありのままに理解することを妨げているという意味において、この種の言説は、豊かな現実のすべてを「まったくの詭弁的な冗舌によって打ち壊そうとする奇怪な試み[206]」になっていると断ぜざるをえなかったのである。「あらゆる生活現実から離れ、観照と生産、省察と行為のすべての活動から離れても妥当性を有すると主張する公式のもとに、世界の全体を表現できるはずだという要求を持ち出そうとするかぎり[207]」、『自由と形式』は「一九一四年の理念」を「ゲーテの世界観」の名のもとに否定せざるをえなかった。ゲーテ的にいえば、そもそも世界を理解するということは、あくまでも「現実の全体を解釈するということ[208]」を意味しているのであって、形而上学的な絶対者の助けを借りて人間を現実から超越させることを意味しているわけでは決してない。にもかかわらず、世界を絶対的な運命のもとに読み解きうるものとしてしまうならば、そのようなやり方は、もはや現実を見誤るばかりでなく、端的に人間性の理念を裏切っているというのでなければならないであろう。カッシーラーからすれば、「一九一四年の理念」は、その世界理解の仕方からして、ただ単に欺瞞に満ちているのみならず、自由と形式をめぐる議論をくりかえしながら人間性の解放をめざしてきたドイツの精神的な歩みそのものを裏切るものになっているというのでなければならなかったのである。

そう主張することによって、カッシーラーはいよいよ「ドイツ精神」という言葉そのものを「一九一四年の理念」という名の神話から救い出して脱魔術化し、逆に「一九一四年の理念」そのものを批判するための標語として読み替えることになる。先にみたように、この言葉は世界大戦下のドイツにおいて、西欧諸国に理念的に対抗するドイツ国民の精神性を凝縮した表現として、また、ドイツ帝国の理念的一体性を喧伝し他民族に対するドイツ民族の優越性を主張するためのスローガンとして広く用いられてきたが、カッシーラーからすれば、そのような用法は精神史的な根拠をもちえないどころか、特定の政治的な思惑のもとに都合よく作製された政治的なプロパガンダでしかなかったのである。精神史家カッシーラーが「ゲーテの世界観」のもとに結実するとしたドイツ精神は、少なくとも、「奉仕・規律・服従」によって刻印された軍国主義的で民族主義的な理念ではなかった。それはむしろ、自由と形式からなる世界を終わりのない課題として引き受けようとする態度（Gesinnung）のことを指しているのであり、過去の栄光によってではなく、かかる将来の課題によってドイツ国民の一体性を確保しようとするものになっていたといってもさしつかえあるまい。つまり、「ドイツ精神という概念は、その内容からいって、国家の現在や歴史的な過去によって枠付けられているというよりも、ひとつの普遍的な課題を内包しているものになっているのであって、ひとり将来だけが、漸進的にその課題を規定し展開しうる[209]」ものでしかなかったのだ。こうしてドイツ精神を「私たちの背後ではなくて、私たちの前方にある[210]」ものとするならば、それこそ各人がいつであれ自由でありつづけられるよう状況に応じて柔軟に対処することを至上命題とする理念としてあらわれることになるであろうし、過去をいたずらに神聖視する排他的なショーヴィニズムが台頭することを自由であれというマキシムに反するものとみなして告発する理念になっているというのでなければならないであろう。それはあくまでも人間の自由な自己実現を促進しようとするものであり、また、そうすることによって人間性の理念を実現するという使命を果たすよう求められているはずのものであった。その意味では、カッシーラーのいうように、ドイツ精神とは、それじたい一種の課題として、つねにドイツ国民の眼前に提出されつづけているものとされるのでなければならなかったのである。[211]

このような理解からすると、「一九一四年の理念」は、そのもっとも根本的な考え方——ドイツ文化と西欧文明をまったく相容れない異質な対立物とする考え方からして、ここでいうドイツ精神に反するものとみなされることになる。先にみたように、「ゲーテの世界観」からすれば、全体としての世界はその個々の構成要素が自己の独自性を最大限に発揮することによって成り立っているが、それらの要素の一つひとつは相互に関係しあうことによっておのれの独自性を確保するものとされていた。そして、これと同じように、ある特定の文化の存立もまた、さまざまな他者との相互関係のなかで生じ、その関係のもとではじめて自己の特性を受け取ることができるものになっていると考えられるのでなければならなかったのである。[212]そうである以上、自国の文化の純粋性あるいは自己充足性を必要以上に強調して他文化との相互関係を意識的に無視するかのような見方は、ただ単に事実に反しているというばかりでなく、結局のところ、自身の文化的貧困を自分の手で招来しているといっても決して過言ではあるまい。[213]にもかかわらず、「一九一四年の理念」のようにドイツの文化を敵国のそれと意図的に対立させることによって、目下の政治的対立を正当化しようとするのであれば、そのような言説は近視眼的な政治的対立をあおりたてることにしか役立つところのない愚行としかいいようがないし、それこそまったくナンセンスな争い——「ドイツ流の喧嘩」(guerelle allemande)[214]を引き起すだけのものでしかないというべきであろう。もっとも、ドイツ文化を野蛮と決めつけて自国の文明的優位を高唱した西欧諸国のプロパガンダももちろん、かかるナンセンスな争いをあおったという点では、やはり同断であるといわざるをえない。『自由と形式』のいうドイツ精神の立場からすれば、そもそも政治的な境界線と文化的な境界線とを同一視して人間的な営みの相互のからみあいを意図的に峻別するばかりでなく、異なる文化のあいだに優劣をつけるかのごときエスノセントリズム的なパースペクティヴそれじたいが、恣意的なフィクションにすぎない悪質な政治的イデオロギーとして、徹底的に批判され糾弾されるべき対象でしかなかったのだ。

このようにしてみてみるならば、『自由と形式』が「ゲーテの世界観」のもとに表明しようとしていた思想的メッセージはもはや明らかになったといえよう。ドイツ精神の歩みがゲーテにおいてその頂点に達しているとの認識のもと、カッシーラーはこの詩人が空想や生産的想像力のような感性の力のもとに全体としての世界を想定しているところに注目し、その言説のうちにカント以上にラディカルなかたちで合理と非合理の双方に根差した世界理解のパースペクティヴが描き出されていることを明らかにしようとしていた。そして、かかるパースペクティヴのもと、世界を自由と形式の弁証法的な関係性のうえに成り立つものとみなし、そこからさらにドイツ精神を自由であれというマキシムのうえに立つものと描き出すことによって、「一九一四年の理念」のようにドイツ精神を規律と服従のうえに成り立つとする狂信的なショーヴィニズムに対するアンチ・テーゼを打ち立てようとしていたのだ。その意味では、『自由と形式』という精神史研究は、カッシーラーの認識論的な問題関心が彼自身の時局に対する政治的関心とダイレクトに結びついた「第一次大戦の体験のもっとも直接的な表現[215]」になっているといってよい。新カント学派の主知主義的なパースペクティヴから脱却するための思想的モティーフを「ゲーテの世界観」から獲得する作業をとおして、この哲学者はドイツ精神という言葉を政治的なプロパガンダから救出し、そのあるべき姿をドイツ国民に対して問い直してみせようとした。そして、そうすることによって、ひとり「一九一四年の理念」に対するプロテストを敢行するばかりでなく、理念と理念の戦争という第一次世界大戦のもうひとつの戦場それじたいに対するトータルなプロテストを試みようとしていたのだ。詩や文学のような分野からより柔軟に世界のあり方について思索し、ドイツ国民を戦争プロパガンダの幻想から脱却させてその本来の役割に自覚的たるよう促すこと――それこそ、カッシーラーが「『思弁する輩』に対するメフィストーフェレス的な嫌悪を徹底した[216]」詩人ゲーテの思想的世界をとおして示唆しようとしたメッセージだったのであり、第一次世界大戦という未曾有の現実に対するこの哲学者なりの思想的応答にほかならなかったのである。

五

第一次世界大戦中にカッシーラーが執筆した『カントの生涯と学説』と『自由と形式——ドイツ精神史研究』は、今でこそドイツ精神史研究の古典として高い評価をえているが、出版当初は必ずしも好意的に受け容れられていたわけではなかった。とりわけ『自由と形式』は、「一九一四年の理念」に対するポレーミックな論調が鮮明でかなり挑発的な内容を含むものになっていたせいか、その公刊直後から手厳しい批判にさらされることになった。なかでも神学者エルンスト・トレルチ Ernst Troeltsch (1865-1923) は、一九一六年一一月二八日にベルリンでおこなった講演「ドイツ教育制度におけるヒューマニズムとナショナリズム」(„Humanismus und Nationalismus in unserem Bildungswesen", 1916) のなかで、上梓後間もないこの著作を「もっとも慎重な知識、繊細な趣味および冷静な展望によって抜きんでた最新の著書」[217]としつつも、そのドイツ精神理解を「すでにこの問題が提出されている狭さのゆえに疑わしい」[218]としているが、かかる両義的なコメントこそ、当時のカッシーラーの学説に対するドイツ論壇の態度を如実に物語っているといえよう。ベルリン大学哲学部の正教授として当時すでに赫々たる名声を誇っていた「一九一四年の理念」の闘士トレルチからすれば、いまだ同大学の一介の私講師にすぎなかったカッシーラーの著作は、その該博な知識と犀利な視点というアカデミックなセンスの良さにかぎっていえば、大いに評価するべきものになっていた。ところが、その政治的な方向性において、「ドイツの生活を真に把握しドイツの将来をはっきり規定する能力」[219]を著しく欠いているがゆえに、結局は批判の対象とせざるをえなかったのである。[220] 同時代人らにこうしてアンビヴァレントなかたちで評されることになったカッシーラーの言説は、それでは、いったいどのような思想的意義を持つものになっているといえるのであろうか。これまでの議論の内容をごく簡単に確認したうえで、最後にこの点についてみていくことにしよう。

すでにみたとおり、『カントの生涯と学説』と『自由と形式』は、第一次世界大戦によって危機に瀕したモデルネの世界理解のあり方を根本的に問い直すという思想的意図のもとに書かれ刊行された著作でもあった。より具体的にいえば、それは『実体概念と機能概念』において示された具体的普遍のシェーマの詳細をドイツ精神の歩みという歴史的なコンテクストのもとに論証しようとするものであり、そうすることによってマールブルク学派の主知主義的なパースペクティヴを克服するとともに新しい世界観を構築するための思想的なヒントを見出そうとするものになっていたのだ。カッシーラーはそこで『判断力批判』のカントに注目するとともに、ニュートン的な合理主義的思考に反発して独自の世界理解のロジックを築き上げたゲーテの主張に焦点を合わせて論じようとしていたわけだが、つまるところ、その議論は、現実の多様性を最大限に尊重しつつ、それでいて世界の全体を無理なく見通そうとする思惟形式の可能性を探り当てようとするものになっていたといえよう。それによると、そのような可能性のための方途は、特殊のなかから普遍を見出そうとするカントの反省的判断力や、自然のありのままの姿のうちにその「形相的本質」を看取しようとするゲーテの生産的想像力のうちに見出しうるはずのものであった。両者はともに、世界を機械論的な因果律のパースペクティヴのもとに把握するのではなく、理念という意味の次元において把握しようとしていたのであり、かかる発想の転換をとおして、合理か非合理かといった思惟形式のステレオタイプなオルタナーティヴを越え出たところに人間の認識能力のさらなる可能性をくみ取ろうとしていたのである。のみならず、合理と非合理の双方に開かれたこのような思惟形式に着目することによって、カッシーラーは世界を諸部分の単なる集合体として理解するのではなく、機能的な連関からなる一種のネットワークのようなもの、さらにいえば、有機的な全体をなすものとして理念的に把握するための道を開示しようとしていた。そして、かかる「全体性」のパースペクティヴのもと、世界を全体と部分あるいは特殊と普遍の相互作用からなる空間として描き出すところにまで議論をおしすすめていくことになったのだ。

そう考えてみるならば、以上のような取り組みは、明らかに後年の『シンボル形式の哲学』の議論を先取りするものになっていたといえようし、さらにいえば、文化哲学の思想的構想のためのモティーフを準備するものにさえなっていたといえよう。すでに第一部にみたとおり、マールブルク学派の枠組みから脱却したカッシーラーは、第一次世界大戦後、シンボルという人と人との共通の意味了解を可能にするための媒体のもと、人間の文化的活動の全体を貫く機能的なシステムを提示してみせようとし、人間の文化的な営みを人間の漸次的な自己解放のプロセスとして規定するところへとむかっていくことになるが、これらの思想的試みは、明らかに「カントからゲーテへ、あるいはカントをふまえてのゲーテへの道」[221]をたどることによって獲得するに至った右のような思想的モティーフの存在を前提としていた。もっと極端ないい方をすれば、それは『カントの生涯と学説』や『自由と形式』においてカントやゲーテの口を借りて語ってきたことによりアクチュアルな表現を与えるとともに論理的に精錬しようとするものになっていたのであって、そうすることによって、このユダヤ系ドイツ人哲学者の思想的世界をさらに発展させようとするものになっていたのだ。その意味では、『カントの生涯と学説』がこの新カント主義者をさらに「ゲーテの世界観」の主義者にしようとするものであったとするならば、『自由と形式』はこのカント主義者をこれまでとは異なったカント主義の後継者、すなわち自由と形式の対立と和解というドイツ精神の基本問題を発展深化させるための知的後継者たらしめようとするものになっていたといっても決して過言ではあるまい。事実、このことは、カッシーラー本人のはっきりと自覚するところでもあった。「今・ここ」の問題状況に対応するために、過去の声に耳を傾けて将来への展望を切り開こうとしていたという点で、意識的にドイツ精神の担い手たろうとしていたこの哲学者は、自身の思想的取り組みがそのようなコンテクストのもとにあるということを説明して、『シンボル形式の哲学』の序論のなかで次のように述べている。

もしなんらかの抽象的な要請から出発するのではなく、精神の生活の具体的な根本形式から出発するならば、（観念論と経験論の）こうした二元論的対立は止揚されるようにおもわれる。知性的なものと感性的なもの、「理念」と「現象」の根源的分離という仮象が消え去るのである。なぜなら、たしかにわれわれはここでもまたある「像」の世界にとらえられているにはちがいないのだが、――しかし問題になっているのは、なにかそれ自体で存立している「事物」の世界を模写するような像ではなく、その原理と根源が精神そのものの自律的な創造作用のうちに求められるべき像＝世界だからである。……現実性についての真の概念は、単なる抽象的な存在形式に押し込めることはできないのであって、むしろそれは精神生活の諸形式の多様性と充実へと開かれてゆく。といっても、その生活じたいに内的必然性の刻印がおされ、それとともに客観性の刻印がおされているのである。その意味において、各々の新しい「シンボル形式」――それはただ単に認識の概念的世界ばかりでなく、芸術、神話、言語の直観的世界でもあるのだが――は、ゲーテのいう内から外への啓示、「世界と精神との綜合」を意味している。かかる啓示、綜合がはじめて、真に両者の根源的統一性を保証してくれるのである。(222)

この言及からも確認できるように、『カントの生涯と学説』と『自由と形式』における取り組みは、カッシーラーの思想をドイツの新人文主義のコンテクストのうえに定位するとともに、シンボル形式の哲学というその独自の哲学的取り組みにとっての文字どおりの出発点をなすものになっていた。そればかりでない。時流に反抗するかたちで「カントをふまえてのゲーテへの道」を提示するということは、これまで必ずしも明示されてこなかったカッシーラーという人物の政治思想的なポジションをはっきりと示してみせるきっかけになっていたという意味においてもまた、出発点となるはずのものだったのである。「いたるところでただひとつの説明方式を頑固に執着するということがないようにするためには、自分自身を観察すると同時に、自分の周囲の自然を柔軟にみるばかりでなく、ものごとを把握する自分自身の機関と観方とを自分のなかで柔軟に保つように気をつけよ[223]」というゲーテのマキシムは、カッシーラーにとっては、その認識理論的な方向性を決定づけるモメントとなったばかりでなく、その政治思想的な方向性をも規定するモメントになっていた。世界の一体性を実体的統一にではなく機能的統一のうちに認める作業をとおして、「多様性における統一」の重要性を強調するところにたどりついたこの哲学者は、ともかくも状況に応じて柔軟に思考することこそが人間を自由にするばかりでなく、われわれの意識を「単調な概念的図式のなかで硬化しないように守ってくれる[224]」ことになるとするシェーマをそのまま政治の領域にもあてはめて考えようとしていた。そして、そのような見地に立つことによって、晩年のゲーテがヘーゲルの「絶対者の哲学」にむけた激しい嫌悪感さながらに「一九一四年の理念」に対する敵意をむき出しにしたばかりでなく、理念と理念の戦争というシェーマそのものに対して断固として反対する姿勢を明らかにしてみせていたのだ。ということは、逆にいえば、それはかかる民族主義的なショーヴィニズムが切り捨てようとしていたもの、すなわち「規律・奉仕・服従」の精神に異議を唱えてあくまでも個人の自律性を擁護しようとするリベラルな価値観を志向するものになっていたといえよう。カントやゲーテの言葉を用いつつ自由であれというマキシムを積極的に提唱し、世界観という言葉をそのための道しるべにほかならない知的営為とすることによって、カッシーラーはここでこの言葉に「新たな始まり」をもたらすとともに、その政治的含意をきわめて独創的なやり方で読み替えようとしていたのである。

以上において明らかになったように、「第一次世界大戦のオデュッセイ」が『カントの生涯と学説』と『自由と形式』という二つの精神史的研究のもとに展開した議論は、人間の政治的営みを全体としての文化というコンテクストのもとに理解しようとしているという意味において、カッシーラーの政治的思惟の基礎をすでにかなりの程度準備するものになっているといっても決して過言ではあるまい。カッシーラーはすでに『実体概念と機能概念』において具体的普遍のシェーマについて語ることによって全体性のパースペクティヴを議論の主要な関心のひとつとして設定してはいたが、その議論はここでカントを経てゲーテへと至る過程で文化をひとつの有機的連関として把握するところにまで深められていた。そして、そのあり方を、「一九一四年の理念」という戦争プロパガンダに対抗するために「ゲーテの世界観」を考察するなかで問題にするにおよんで、おのずと文化における政治というモティーフを議論の俎上にあげるところにまで行き着くことになったのだ[225]。このようにしてみるならば、精神史家としてのカッシーラーは、哲学者としての立場よりもかなり早い時期から、しかもはるかに大胆かつ率直に政治的に発言していたといえようし、そこで語られた言葉の一つひとつもまた、のちに構成されることになるシンボル形式の哲学の性質を規定するものになっているという意味においては、看過しえない重要な意味あいを含むものになっていたといえよう。カッシーラーの精神史研究はこうして「今・ここ」の政治的問題に応答しつつも自身の理論的な取り組みのためのいわば地ならしをおこなっていたわけだが、この種の議論のやり方は、「一九一四年の理念」以後のドイツ――戦争の長期化とその後のドイツ革命の勃発によって、国民を熱狂させたこの戦争プロパガンダが見限られ、あっけなく葬り去られたあとのドイツにおいてもまた[226]、ふたたびくりかえされることになる。以下、章をあらためて、その様子をみていくことにしよう。

〔註〕

(1) ツヴァイクによると、サラエヴォでのオーストリア帝位継承者暗殺の後も、ヨーロッパでは戦争を回避できるという楽観的な空気がどことなく漂っていたという。フランツ・フェルディナント大公 Franz Ferdinand von Habsburg-Lothringen (1863-1914) とその妃ゾフィー・ホテク Sophie Chotek von Hohenberg (1868-1914) 暗殺の「翌日の新聞は勿論、鄭重な弔辞を掲載し、暗殺についての憤激に相応の表現を与えていた。しかし、この事件がセルビアに対する政治的行動のために利用され尽くすべきだというようなことは、全然ほのめかされていなかった。帝室にとってこの死はまず、まったく別な心配を惹き起した。彼の葬儀の心配である」(Zweig, a. a. O., S. 252. 邦訳上巻三三二頁)。この事件からひと月で事態は急変していくわけだが、そこに至る成り行きは、すくなくとも第二次世界大戦の時のような「覚悟のうえでの開戦」とはおよそ様相を異にしていた。第一次世界大戦は、こうして大方の人たちにとって予想外の展開から生じた戦争として受け取られていたのである。

(2) Ebd., S. 247. 邦訳第一巻三一六頁。

(3) Otto Dann, *Nationn und Nationalismus in Deutschland. 1770-1990*, Verlag C. H. Beck, 1994, S. 220. オットー・ダン『ドイツ国民とナショナリズム　一七七〇―一九九〇』、末川清・姫岡とし子・高橋秀寿訳、名古屋大学出版会、一九九九年、一五二頁。この言葉は、一九一四年八月一日の宮殿バルコニーからの演説の一節。ドイツ国民の一体感を高揚させるための政治的プロパガンダとして広く流布された。

(4) G. Mann, a. a. O., S. 590f. 邦訳下巻七五頁。

(5) Ebd., S. 591. 邦訳下巻七六頁。もっとも、ヴェーバーは「一九一四年の理念」をも積極的に支持していたわけではない。また、第一次世界大戦中のヴェーバーの言説については、マックス・ヴェーバー『政治論集』(中村貞二・山田高生・林道義・嘉目克彦・脇圭平訳、みすず書房、一九八二年)を参照されたい。

(6 G. Mann, a. a. O., S. 590f

(7) Zweig, a. a. O., S. 270. 邦訳上巻三四五頁。

(8) Lipton, *op. Cit.*, p. 53. たとえば、経済学の重鎮でいわゆる講壇社会主義の大立者であったグスターフ・フォン・シュモラー Gustav von Schmoller (1823-1917) をはじめ、物理学者ヴィルヘルム・コンラート・レントゲン Wilhelm Konrad Röntgen (1845-1923) や哲学者ルードルフ・オイケン Rudolf Christoph Eucken (1846-1926) のようなノーベル賞受賞者に至るまで、多くの知識人が戦争を熱狂的にむかえた。きわめて広範な人々が一つの理念のもとにこれだけ一致した見解を示すということは、統一から半世紀もたたないこの国ではきわめて異例のことであった。

(9) G. Mann, a. a. O., S. 594. 邦訳七八頁。開戦当時、ドイツ帝国議会の諸会派が宰相ベートマン＝ホルヴェークの求めに応じて政治休戦したことを、当時そう呼んでいた。

(10)「一九一四年の理念」とは、もともと経済学者ヨーハン・プレンゲ Johann Plenge (1874-1963) がドイツ社会民主党の戦争協力を歓迎して用いた言葉。スウェーデンの親独家ルードルフ・チェレン Rudolf Kjellen（1864-1922）がこの言葉をその著書『一九一四年の理念——ある世界観的パースペクティヴ』（*Die Ideen von 1914. Eine weltgeschichtliche Perspektive*, 1915）の表題に掲げて以来、ドイツ国内の流行語になった。この点については、リンガー前掲書二一二—二一八頁を参照されたい。

（11）Vgl. Lübbe, a. a. O., S. 173-238.　邦訳一七一—二三九頁。

（12）Max Scheler, *Die Ursachen des Deutschenhasses.Eine nationalpädagogische Erörterung in Politisch-pädagogische Schriften*（*Gesammelte Werke*, Bd.4）, Francke Verlag,1982 , S. 287.

（13）Thomas Mann, *Betrachtungen eines Unpolitischen* in *Gesammelte Werke*, Bd. 10, S. Fischer Verlag, 1983, S. 30.　トーマス・マン『非政治的人間の考察』、『トーマス・マン全集』第十一巻所収、森川俊夫・野田卓・池田紘一・青木順三訳、新潮社、二六頁。

（14）第一次世界大戦当時のトーマス・マンの思想的展開についてはさらに、脇前掲書のとりわけ第一章を参照されたい。

（15）T. Mann, a. a. O., S. 31.　邦訳二七頁。

（16）Zweig, a. a. O., S. 273.　邦訳上巻三五〇頁。

（17）このような状況について、戦争反対派の知識人ロマン・ロランは嘆息交じりに次のように述べている。「闘争中の戦士たちは、憎むことを拒否する人々を憎む点では一致している。ヨーロッパはさながら包囲された都市のようになってしまった。強迫的な熱病が支配している。他の人々と同じように錯乱することを欲しないものは疑わしいとみなされる。そして正邪の判定に時間をかけて研究する余裕のない急迫した時代には、すべての嫌疑者は裏切り者である。戦争のさなかに、あくまでも人と人との間の平和を護ろうとする者は、自己の信念のために、一身の安息も、名声も、友情さえも危険にさらすことを知っている。しかし何ひとつ危険にさらそうとしない者にとって、信念になんの価値があるのだろう」（ロマン・ロラン『戦いを越えて』、『ロマン・ロラン全集』第十八巻所収、宮本正清訳、みすず書房、一九八二年、七六頁）。

（18）Zweig, a. a. O., S. 272.　邦訳上巻三四八頁。

（19）この時期のカッシーラー思想の重要性を指摘したものとしては、以下の論文を参照のこと。生松『人間への問いと現代』、一二〇—一二六頁。同「カッシーラー遺聞」、『二十世紀思想渉猟』所収、岩波現代文庫、二〇〇〇年、二七五—二八七頁。Vgl. Massimo Ferrari, „Zur politischen Philosophie im Frühwerk Ernst Cassirers", in *Cassirers Weg zur Philosophie der Politik*, S. 43-61. Cf. Lipton, *op. cit.*, pp. 33-82.

（20）T. Cassirer, a. a. O., S. 114.

（21）Ebd.
（22）Paetzold, *Cassirer*, S. 31.
（23）カッシーラーは当時すでに二男一女の父親になっていた。長女のアンネ・エリザベート・カッシーラー Anne Elizabeth Cassirer（1908-1998）はのちにピアニストのクルト・アッペルバウム Kurt Apelbaum（1906-1990）と結婚し精神療法士となった。長男ハインツ・カッシーラー Heinz Cassirer（1903-1979）は父と同様哲学者となり、グラスゴー大学などで教えた。そして、次男のゲオルク・カッシーラー Georg Eugen Cassirer（1904-1958）は劇場写真家となった。
（24）Lipton, *op. Cit.*, p. 50.
（25）T. Cassirer, a. a. O., S. 117.
（26）Ebd.
（27）Ebd.
（28）Ebd., S. 118.
（29）カッシーラーがベルリン大学の私講師として採用された際のいきさつについては、第一章の一を参照のこと。Vgl. auch Giuseppe Cacciatore, „Dilthey und Cassirer über die Renaissance", in *Cassirers Weg zur Philosophie der Politik*, S. 113-131.
（30）Cf. Gawronsky, *op. cit.*, pp. 15f. Krois, *Cassirer*, p. 13.
（31）このようなユダヤ人の態度は数字の上で如実に現れている。デーヴィッド・リプトンによれば、当時、ユダヤ系住民がドイツの人口に割合にしめる割合は一パーセントにも満たなかったにもかかわらず、ドイツ軍司令官のうち、ユダヤ系ドイツ人が占める割合は実に九・六パーセントにまで達していたという。Cf. Lipton, *op. Cit*, p. 53.
（32）*Ibid.*, pp. 53f.
（33）T. Cassirer, a. a. O., S. 118.
（34）*FF*, S. 388.　邦訳一頁。
（35）Ebd., S. 41.　邦訳三三頁。
（36）このような方法は、ヴァイマール共和政末期のナチズムの台頭期に繰り返されることになる。本書の第五章を参照。
（37）Ebd., S. 393.　邦訳五頁。
（38）Ebd.

（39）Ebd., S. 388.　邦訳一頁。
（40）Gawronsky, *op. Cit.*, p. 24.
（41）生松『人間への問いと現代』、一二五頁。ただし、その意味では、マールブルク学派の哲学者たちが戦争中にとった態度ほど、この事態を鮮やかに明証してみせるものはなかったといっても過言ではあるまい。コーヘンやナートルプのような人たちの積極的な戦争賛美は、自分たちが築き上げてきたはずの理性的人間像の一面性をあっけなく暴露してしまった。そればかりか、彼ら理性の伝道師たちはこの行為によって、みずからが厳しく退けたはずの非合理的なパースペクティヴの妥当性を実際に確認するという、きわめて屈辱的でイローニッシュな役回りを演じざるをえない羽目に陥ってしまったのである。
（42）ジョルジュ・ソレル『暴力論』（上）（下）、木下半治訳、岩波文庫、一九六五年、一九六六年）を参照のこと。
（43）Ferrari, a. a. O., S. 52.
（44）*KLL*, S. VII.　邦訳一頁。
（45）Ebd., S. VIII.　邦訳五頁。
（46）『カントの生涯と学説』は全部で七章からなり、カントの生涯を紹介しながらその哲学形成の歩みを紹介するという体裁を取っている。具体的には、第一章「少年期および修業時代」、第二章「修士時代とカント学説の発端」、第三章「『純粋理性批判』の構築と根本問題」、第四章「批判哲学の最初の諸成果『プロレゴーメナ』、ヘルダーの『考案』及び歴史哲学の基礎づけ」、第五章「批判的倫理学の構築」、第六章「『判断力批判』」、第七章「晩年の諸著作と闘争――『単なる理性の限界内の宗教』およびプロイセン政府との衝突」となっている。なかでも三大批判について扱った三つの章でおよそ本書の半分を占めているが、『判断力批判』を扱った第六章がもっとも大きな章となっている。
（47）*KLL*, S. 262.　邦訳二九一頁。
（48）カッシーラーはここでカント自身の説明を引いて説明している。「すべての［アプリオリな］理論認識のための根拠を含む諸自然概念は、悟性の立法に基づいていた。すべての感性的に無制約なアプリオリな実践準則のための根拠を含む自由概念は、理性の立法に基づいていた。……しかし、上級認識能力の一族のうちには、なお悟性と理性の中間項がある。それは判断力である。この判断力については、［悟性・理性との］類比によって、たとえ独自の立法をではないにせよ、法則を探求する独自の原理を、せいぜい単に主観的な原理を、アプリオリにそれ自身のうちに含んでいるはずである、と推測してもよい根拠がある。この原理は、たとえ諸対象のいかなる分野（Feld）をも自己の領域（Gebiet）となしえないとしても、何らかの地盤（Boden）と、この原理のみが妥当しうるようなこの地盤の或る性質とを、もつことができるのである」（ebd.　邦訳二九〇頁。ただし括弧内翻訳者）。

（49）ただし、カッシーラーは実際には批判哲学のこれまでの成果と『判断力批判』の整合性と連続性の強調にも、相当の部分を割いて説明している。その意味において、カッシーラーは『判断力批判』をカント哲学の最終到達点とみなす立場に立っていた。「他の偉人たちの場合でさえも、せいぜい青年期か壮年期という幸運な時期にのみ恵まれるのが普通であるようなもの、すなわち不断の自己超克——これをカントは六〇歳から七〇歳に至る一〇年のあいだに、もっとも完全でかつもっとも深い意味において経験した。この時期の諸著作（なかでも『判断力批判』）は、青年期の創造的な力が老年期の円熟・完成と結びついていることを示す。それらは、構築的（aufbauend）であると同時に完成的（ausbauend）である。すなわちまったく新しい問題領域の開拓を目指すと同時に、既に獲得した思想的素材のいっそう精密な建築術的秩序を目指すものである。」（ebd. S. 261　邦訳二八九頁）。こうして彼はカントを単なる理性主義者としてではなく、後述するように、精神全体の学を構築するものとして把握しようとしていたのである。

（50）Vgl. ebd., S. 272f.　邦訳三〇一—三〇二頁。このような言明こそ、新カント学派に対するカッシーラーのポレーミックを如実に示している。

（51）そして、その妥当性については、カントのこの著作が実際に——ドイツ啓蒙主義はいうまでもなく、そもそも啓蒙主義の敵対者だったはずのロマン主義哲学の思想的源泉にさえ——「他の誰よりも多く時代の精神的形成の全体に関与した」（ebd., S. 262.　邦訳二九一頁）ことからも明らかになってこよう。実際、『判断力批判』は、感情や空想に開かれた言説として、ドイツ・ロマン主義思想にとって聖典とされることになったのである。

（52）Immanuel Kant, *Kritik der Urteilskraft* in *Immanuel Kant Werkausgabe*, Bd. X, Suhrkamp Taschenbuch Verlag, 1974, S. 87.　イマヌエル・カント『判断力批判』、『カント全集』第八巻所収、原佑訳、理想社、一九六五年、三八—三九頁。

（53）*KLL*, S. 265.　邦訳二九四頁。

（54）Vgl. Kant, *Kritik der reinen Vernunft*, S. 183-194.　邦訳一六八—一七三頁。Ders, *Kritik der praktischen Vernunft* in *Immanuel Kant Werkausgabe*, Bd. VI, Suhrkamp Taschenbuch Verlag, 1974, S. 186-191.　イマヌエル・カント『実践理性批判』、『カント全集』第七巻所収、深作守文訳、一九六五年、理想社、二二三—二二八頁。

（55）*KLL*, S. 266.　邦訳二九五頁。もとはアリストテレス『形而上学』（983a）の言葉。

（56）*KLL*, S. 265.　邦訳二九三頁。

（57）Ebd. S. 237.　邦訳三〇二頁。

（58）カッシーラーによると、目的論をめぐる議論は、ソクラテスが「何である」（τί ἐστι）かという問いかけのもとで特殊なものと普遍的なものの関係を哲学の問題としたところにまで遡る（アリストテレス『形而上学』（『アリストテレス全集』第一二巻所収、出隆訳、岩波書店、一九六八年、二七―三〇頁）を参照のこと）。周知のように、このアテナイ人は個別を類へと総括（Zusammenfassung）するエイドスという概念を提起したが、それはやがてプラトンによってイデア――「すべての個別生成の原像（Urbild）」（*KLL*, S. 266.　邦訳二九四頁）と読み替えられた。そしてそのうえで、プラトンの反対者として現れたアリストテレスの手によって、この二つの概念の関係はさらに別の次元へと高められていく。ここにおいてソクラテスの問題提起は「まさにそれであったあるもの」に関する問い、すなわち目的論という、より存在論的な問いへともたらされることになった。その様子をカッシーラーはこう説明している。「目的の普遍が初めて、存在者〔本質〕の普遍性を認識する鍵を含む。経験的生成のすべての多様性と特殊化との中で、この生成に方向を与える普遍的なものと典型的なものが現れ出る。それゆえ、『諸形式』の世界は、それ自体で存在するもの、分離されたものとして、現象の彼岸に存立するものではない。むしろそれは、単なる質料的生起の経過に規制的・制御的に介入するところの目的作用的な諸力の全体として、諸現象そのものの中に内在的に現前しているのである」（ebd. S. 267.　邦訳二九五頁）。アリストテレスによると、この「諸形式」の世界は――普遍的なもの（形相）があらかじめ特殊なもの（質料）に含まれている以上――諸現象の「発展をとおして現実の世界に浮かび上がってくるとみなされるべきものであった。したがって、特殊なものがそれじたい普遍的なものであるわけではない。ただし、前者は『可能態』として後者になろうと努力することはできる。そこで自然によって繰り広げられている自立的な運動こそが、いわゆる『エンテレヒー』（Entelechie）を可能にする有機的な運動になっているというわけだ（ebd.「エンテレヒー」とはギリシャ語「エンテレキア」のドイツ語表記。「エンテレキア」とはアリストテレス哲学の用語で、質料がその目的とする形相を実現した状態のことをいう）。こうして「自然の目的」を想起することによって、われわれは特殊なものが、いかにして普遍的なものに総括され条件付けられているかを知ることになるであろう。一見して相容れないように思われるこの二つの概念は、このようなかたちで相互に連関するものとして描き出されることになったのである。

（59）Ebd. S. 267.　邦訳二九六頁。そう考えるならば、われわれは「特殊なもの」の「造形自身の根源的原理」（ebd. S. 269.　邦訳二九八頁）そのものにまで立ち返って、世界の秩序と目的を規定しようとするのでなければならないであろう。このような「神的知性は、個別から自分が経験的連結の規則や論理的推理規則にしたがって――系列を無限的に続けて――ふたたび他の個別を導出するといったような、そうした個別を単に直観するのではない。そうではなくて、この知性にとって、現実的なものと可能的なものとの総体性は一挙に開示され、与えられているのである」(ebd., S. 269f.　邦訳二九八頁)。

(60) その際、美学的問題と生物学的問題——あるいは美の理念と有機体の理念——をこのような発想のもとで共通の問題として取り扱うことは、決して不可能なことではあるまい。カッシーラーは実際にプロティノスのこの主張のうちに、『判断力批判』のこの二つの問題設定の根本的合一をみていた。「こうした問いの把握によってはじめて、生物学的問題と美学的問題との、有機体の理念と美の理念との、関係および思想的相関が、哲学史内部に完全に明瞭に現れ出る。プロティノスによれば両者は、形式の問題に根をもち、相異なる意味においてではあるが、純粋形式界の現象界に対する関係を表現している。動物の生殖において、純粋に物質的な機械的な原因が働いているのではなく、造形的『ロゴス』が内部から本来的運動者として働き、類の特徴的構造が新たに生成している個体へと転移されるように、芸術家の創造過程もまた、他の側面から見ると、これと同一の連関を示しているのである」(*KLL*, S. 267f.　邦訳二九六頁)。

(61) Ebd., S. 271.　邦訳三〇〇頁。

(62) スピノザ前掲書、一二一頁。スピノザは、目的概念を数学的思惟の明晰性を曇らせるもの、つまり人間に空想の産物にほかならないものとみなして、口をきわめて非難している。スピノザにしてみれば、唯一確実なもの、真理と呼べるものは数学的思考をおいてほかにはありえなかったのである。

(63) *KLL*, S. 271.　邦訳二九九頁。スピノザの一元論的世界像については、バルーフ・デ・スピノザ『エティカ——幾何学的秩序に証明された』(工藤喜作・斎藤博訳、『世界の名著25　スピノザ・ライプニッツ』所収、中央公論社、一九六九年)のなかんずく「定理十一」(八六—八九頁)を参照のこと。スピノザの哲学に顕著なこのような一元論——「無限に多数の属性をともなった一なる実体という思想」(*KLL*, S. 271.　邦訳二九九頁)は、こうして普遍的なもののもとに特殊なものを完全に解消してしまう。カッシーラーのみるところ、このような態度は問題の最終解決というよりもむしろ、単なる問題からの逃避に過ぎなかった。普遍と特殊の関係を考えるうえで、目的論という人間と自然とのあいだに開かれていた道を閉ざしてしまうことの代償は、あまりにも大きいというほかなかったのである。

(64) Ebd., S. 338.　邦訳三七四頁。

(65) Ebd., S. 272.　邦訳三〇〇—三〇一頁。カッシーラーはカントの試みを、シャフツベリー伯 Anthony Ashley Cooper, 3rd Earl of Shaftesbury (1671-1713) や一八世紀のドイツ美学のように、古代の形而上学的目的論に立ち戻ろうとする思潮の延長線上にあるものとみなしているが、このような位置付けはそのままこの哲学者の古代回帰を意味しているわけではなかった。ちなみに、カッシーラーの一八世紀ドイツ美学観については、とくに『自由と形式』の第二章「美的形式界の発見」の議論を参照されたい。

(66) *KLL*, S. 339.　邦訳三七四頁。

(67) Ebd., S. 321.　邦訳三五四頁。

(68) ここでは伝統的な目的論のように、目的を究極原因と捉えていないことに注意しておきたい。「むしろ、目的因という独断的原理を阻止するのが、合目的性という原理にほかならない。この原理によって目的論を批判し、新たな目的論の再編を図るのが、カント第三の批判書『判断力批判』」（石川文康『カント入門』、ちくま新書、一九九五年、一八七—一八八頁）の意図するところだったのである。

(69) *KLL*, S. 247.　邦訳三〇二頁。

(70) Ebd., S. 321.　邦訳三五四頁。いわゆるコペルニクス的転回のこと。

(71) Ebd., S. 276f.　邦訳三〇六頁。なお、合目的性についての説明は註（90）を参照されたい。

(72) カッシーラーによると、「純粋数学認識の体系」もまた「比較的単純な端緒からはじめて、直観的連結と演繹的推論帰結との確固たる形式にのっとって、たえずより豊かな複雑な成果へと前進するような段階構造」(ebd., S. 277.　邦訳三〇七頁）をしているのだという。この「段階構造」における「この前進の仕方は、ここでは先行する項によって十分に規定されないような項には到達しえないこと、それにもかかわらず他方では、新しいすべての歩みが従来の知識の総括を拡張し、それに新しい個別規定を綜合的に付加することを保証する。それゆえここで支配的なのは、絶えず一貫して帰結の多様性へと進んでいく原理の統一性であり、或る単純で直観的な萌芽である。その萌芽が、我々に対して概念的に自らを展開し、そして自体的には無制限な、しかし完全に統御可能で概観可能な系列の新しい諸形成へと自らを広げるのである」(ebd., S. 277f.　邦訳三〇七頁）と述べて、合目的性のシェーマを、「自然の偶然的な諸形成の内のみならず、純粋直観と純粋概念との厳密に必然的な諸形成のうちにも存在する」(ebd.) としている。

(73) Ebd., S. 279f.　邦訳三〇九頁。

(74) また、カッシーラーは「近代の機械的力学の古典的な例」として、ガリレイからニュートンに至る力学的認識の発展プロセスを例にあげて説明している。それによると、ここでは「現象一般の法則性によってはいまだ解決され克服されない別の課題」が存在しているのであって、ここでは「生起そのものの法則性が見出されるのみならず、特殊な諸法則が次のように連結し、密接に相互連関していることが見出される……すなわち、これによってある一定の現象複合体の全体が確固たる段階的推移のなかで、つまり単純なものから合成されたものへの、より軽いものからより重いものへの進行のなかで、われわれの思惟に対して前進的に構成され組織されているという連関」が見出されるのだという。なお、経験科学は実験や観察をとおしてえられたデータや知見から現実の全体像を構想する作業をとおしてこの『類同性』を自然のうちに見出そうとするが、かかる『類同性』はもちろん理性や悟性によってアプリオリに規定しうるような類のものでは決してない。「ここでは理性は、命令的にではなく、試問し探求しつつ経験的資料に近づく。換言すれば、理性は経験的資料に対して、構成的にではなく統制的に、『規定的』にではなく『反省的』に、関係する。なぜならばここでは、特殊は普遍から導出されたり、普遍の本性において規定されるのではない。むしろそこで求められているのは、特殊自身に即して、それが含んでいる諸関係を、またその個々の項が相互に示している類似および差異を、次々と考察することによって、次のような連関を発見すること、すなわち、概念と規則においてつねより包括的に言表されるような連関を発見することだからである。そしてこの試みを企てることが無駄でないことは、経験科学が存立しており、それが前進的にみずからを展開してきた、という事情がこれを保証している」(ebd. S. 282f. 邦訳三一二頁）と述べている。なお、この点の歴史的な詳細についての突っこんだ議論は、『認識問題』のとりわけ第一巻を参照されたい。この議論からすると、カッシーラーはカントの『純粋理性批判』のうちにすでに特殊から普遍を見出す具体的普遍のシェーマのとっかかりを見出していたことになる。この指摘はカント解釈の点でもきわめて興味深い。

(75) *KLL*., S. 283. 邦訳三一三頁。

(76) Ebd. S. 276. 邦訳三〇五頁。

(77) Ebd. S. 287. 邦訳三一七頁。カッシーラーはこうして発見的原理としての反省的判断力を規定している。それによると、判断力の「特殊諸法則と特殊諸形式とが恒常的に連関している全体へとみずからを結び合わせるという適性」は、あくまでも判定と探究のための「確固とした基準」を与えるにすぎないものであった。「自然の技巧というわれわれの概念は、自然を判定する際の発見的原理（heuristisches Prinzip）としてわれわれの認識能力の批判に属するのである」(ebd.)。批判哲学と従来の形而上学の見解は、この点で異なる地点に立つことになる。批判哲学にとってもまた、「悟性にとって合目的的な、かつ悟性の要求に合致した現象一般の秩序を、より高度な合目的性へ、創造的な『原型的な』(urbildlich) 英知者へ、と関係させる」(ebd. S. 288 邦訳三一八頁）ことはもちろん理性自身が要求せざるをえないが、かかる関係の思想は現存する根源的存在者を想定する思想とは根本的に異なる。カントの場合、絶対的なものとは、決して「与えられる」ものではない。それはつねに自身のうちに「課せられるもの」として登場することになるのだ。

(78) Ebd. S. 285. 邦訳三一五頁。カッシーラーはさらにこう述べている。「われわれが事物の自然を、あたかもその可能性が技芸に基礎をもつかのように、換言すれば、あたかも自然がある造形的意志の表現であるかのように、みなすかぎりにおいて、自然の技巧が存在する。たしかにそのような把握様式は、対象そのものによっては与えられない。なぜなら、経験の対象としてみられた『自然』とは、普遍的かつ数学的＝自然学的な諸原則にしたがうかぎりでの、現象の全体にほかならないからである。実はこの自然の技巧という把握様式は、われわれが『反省』においてとる立場である。それゆえこの把握様式は、所与の単なる把握や因果連関におけるその配列から生ずるものではなく、われわれがこの所与に付加する特有の自立的な解釈である」(ebd.)。

(79) カッシーラーによると、ここでいう「判断力は、自然の可能性のためにもうひとつの［悟性とは別の］アプリオリな原理をもつが、しかし主観的考慮においてのみ、この原理をみずからのうちにもつのであって、それによって判断力は、自律（Autonomie）として自然に法則を指示するのではなく、自己自律（Heautonomie）として自己自身に法則を指示するのである」(ebd. S. 289. 邦訳三一九頁。ただし括弧内翻訳者)。したがって、それは「客観の性質によっても、客観を産出する様式によっても規定されえない。実はこの思想によって自然自身が、単に技芸との類比によって、しかもわれわれの認識能力との主観的関係において判定されるのであって、諸対象との客観的関係において判定されるのではないのである」(ebd.)。

(80) カッシーラーはこう説明している。「われわれが反省的判断力において自然を次のように考察するならば、すなわち、あたかも自然がみずからの普遍的根本法則を特殊化して、その結果、それらの法則がわれわれにとって、経験的諸概念の汎通的包括的段階秩序へとまとまり結びついているかのように、考察するならば、自然はここで芸術とみなされるのである」(ebd. S. 290. 邦訳三二一頁)。

(81) 超越論的哲学において、「われわれが現象の秩序のうちに見出すすべての合目的性の主観的表現は、この合目的性と結びついた快の感情にほかならない。普遍的悟性法則においては十分な根拠が洞察されないが、しかしわれわれの認識諸力の全体と相互に連関するそれら認識能力の使用とを促進することが示されるような、そうした合致にわれわれが気づくところではどこでも、われわれはいわば自由なる恵みとして付与されたこの促進に或る快の感覚をもって随う。われわれは、あたかも諸経験内容のこうした調和のとれた構造のなかで、われわれの意図に好意をいだく幸運な偶然が働いているかのごとく、この構造によって喜びを与えられ、『必要［欠乏］から解き放たれている』ように感じるのである」(ebd. S. 291. 邦訳三二一―三二二頁。ただし括弧内翻訳者)。

(82) この用語は「美学的判断力」とも訳されることがあるが、以上の議論からも明らかなように、この判断力のはたらきは日本語でいうところの「美学」の枠内に必ずしも限定されているわけではない。したがって、ここでは、この語のはたらきを強調するためにあえて「直感的」という訳語を採ることにした。

(83) Kant, *Kritik der Urteilskraft*, S. 143.　邦訳一〇二頁。カントはさらにこの言葉を「主観的合目的性」(subjektive Zweckmäßigkeit) とも呼んでいる。

(84) このような議論の前提には、対象という言葉をめぐる美学的判断と経験的判断との考え方の相違がある。「美学的内容の対象性は、経験的判断において定立されたり、経験的欲求において希求されたりするような現実性とは、まったく異なっている。趣味判断を規定する満足感は、一切の関心を欠いている」(*KLL*, S. 299.　邦訳三三〇頁)。つまり、美学的判断においては、あくまでも主観の世界のなかでそう感じられるにすぎないのであって、ここでえられる「満足感」なるものは経験的判断のような客観的な性質にはなりえないのである。

(85) カッシーラーはこの「戯れ」についてこう述べている。「われわれが経験的思惟の概念的抽象という迂路をとることなしに、構想力の運動を画定し、構想力が無規定なものに迷い込まず、確固とした『形式』と造形作用とへと凝縮するとき、そのとき、カントが真に美学的な態度の根本契機として要求した、両機能のあの調和のとれた相互内在性が達せられるのである」(ebd. S. 303f.　邦訳三三四頁)。それによって悟性と構想力の「運動性」が対象に投影されて快の感情が生じ、それがあたかも対象そのものの性質すなわち美であるかのようにみなされることになるであろう。そして、このような「美学的気分によって、またこの気分において、意識のそのつど与えられた個別内容が心的諸力の全体性に対してもつ直接の関係が樹立される」(ebd. S. 306.　邦訳三三七頁) ことになるであろう。カッシーラーによれば、構想力という感性的なものが自然の全体性を理解するモメントとしている点で、このような議論は後のゲーテの自然科学的なパースペクティヴに共鳴するものとなっていたのである。そして、実際、ゲーテ自身もこの点で『判断力批判』をきわめて高く評価していたのだ。

(86) *KLL*. S. 307.　邦訳三三八頁。主観的普遍性について、カッシーラーはさらにこう述べている。「美学的意識が主張するのは、主観から主観への普遍的伝達可能性であって、これは概念的に客観的なものに貫通され、そこに沈み込む必要のないものである。美という現象においては、概念的には不可解なことが生じる。美の考察にあたって、各主観は自己自身のうちにとどまり、純粋に独自の内的状態に沈潜すると同時に、他方で各主観は自己をすべての偶然的部分性から解き放ち、『このもの』や『あのもの』にもはや属さない全体感情（共通感覚）の担い手として、自己を知るのである」(ebd.)。また、「『主観的普遍性』とは、主観性そのものの普遍性の主張であり要求である。『主観的』という表示は、美学的なものの妥当性の要求に対する制限のために用いられるのではない。それは逆に、ここで遂行される妥当性領域の拡大をあらわすために用いられるのである。普遍性はもろもろの個別としての主観の前で立ち止まりはしない。なぜならこれらの主観は受動的な感性的感覚や『情動的』欲望のうちに漫然と生きるだけでなく、みずからを表象力の自由な戯れへと高めることができるのに応じて、それだけ真に主観はそのなかで総じて同一の本質的根本機能をはたらかせるからである」(ebd.)。

(87) そういうと、必ずしもそうとは限らないという反論を受けそうだが、カントは美の判定が一致しない原因を別のところに求めていた。つまり、美の対象にたいするいわゆる先入見――偏見や予断などが、このような要求の一致を不可能にしていると考えていたのである。

(88) Ebd., S. 297. 邦訳三三八頁。

(89) Ebd. S. 296. 邦訳三三七頁。

(90) Ebd. S. 307f. 邦訳三三八頁。ただし、括弧内翻訳者。特殊と普遍はこうして独特のかたちで位置付けられることになる。合目的という言葉はこうして「多様なものの諸部分がひとつの統一へと調和していることのすべてに対する一般的表現として用いられる。その際、この調和が何に基づき、いかなる源泉から由来するかは問われない。この意味での『合目的性』という言葉は、ライプニッツが彼の体系の中で『調和』(Harmonie) という表現で示した概念の、その書き換えとドイツ語への翻訳とを表しているにすぎない。或る全体が『合目的的』と呼ばれるのは、その全体のなかで、各部分が固有の意義をもって他の部分と調和している、といったような諸部分の文節構造がみられる場合である。このような関係においてはじめて、全体は単なる集積から完結した体系へと変化する。この体系の中で各項は固有の機能を所有しており、それでいながらこれらすべての機能は、一つ残らず統一的な全体的達成と全体的意義とへ総括される、というようにして相互に調和している。ライプニッツにとって、このような本質連関の模範例は宇宙自身であった。宇宙のうちで各モナドは自立しており、すべての外的な物理的影響から解放されて、もっぱら自己固有の法則に従っている。それでいながらこれらすべての個別法則は、それらの間にもっとも正確な対応が見出され、諸結果においても相互汎通的に一致するように、あらかじめ規制されているのである」(ebd. S. 276f. 邦訳三〇六頁)。ここでは合目的性という語が、ライプニッツのモナド論との関連で説明されうるものとされていることに注意しておきたい。カッシーラーによれば、合目的性の概念こそ、カント哲学を「全体性のカテゴリー」へと本格的に接合させるはずのものになっていたのである。

（91）カッシーラーによると、カントのいう天才とは、法則性や合目的性と表裏一体のものであり、「天才において、内的な法則性と合目的性とが姿をあらわすが、これはしかし具体的な個々の芸術形成物自身のうち以外では表現されず示されないもの」（ebd., S. 309. 邦訳三四一頁）になっているのだという。カッシーラーはカントのこの天才観を基本的にレッシングの考え方を引き継ぐものとして規定している。また、こうした発想はロマン主義の出発点となってシェリングやシュレーゲルに影響するものになっていたという（Vgl. ebd., S. 311f. 邦訳三四三—三四四頁）。ただし、カントはロマン主義者たちのように、美学的自発性を究極的な根本的統一原理とはみなそうとは決してしなかった。「というのも、カントが本質的に目指していたのは、想像力の自発性を、判断の論理的自発性および意志の倫理的自発性から、厳密に明確に区別することであったからである。とりわけこの課題に役立ったのは、カントが打ち出し、『判断力批判』において初めて最重要な補完と本来的完結をみたところの、『主観性』（Subjektivität）、『客観性』（Objektivität）の度をもつ全尺度である。自然法則の存在や道徳的法則の当為は、構想力の戯れのために犠牲にされてはならない。しかし他方ではこの戯れは独自の自律的領域を有し、そこへはいかなる概念の要求も道徳的命法も介入することを許されないのである」（ebd.）。

（92）Ebd., S. 315. 邦訳三四七頁。

（93）Ebd., S. 317. 邦訳三五〇頁。Vgl. Kant, *Kritik der Urteilskraft*, S. 172-180. u. S. 184-189.

（94）*KLL.*, S. 316. 邦訳三四八頁。Vgl. Kant, *Kritik der Urteilskraft*, S. 169-172.「超感性的能力」とは、自然を超えたところに成り立つ「自由の世界」すなわち理性の道徳法則のことを指す。自然の不可測なものに接するときに生じる感情である以上、美学的反省における崇高は、「美の考察におけるように悟性と直観との領域に隣接するのではなく、理性理念とその超感性的意義とに隣接するのである。美の判定において構想力が『悟性』との自由な戯れのなかに織り込まれたとすれば、構想力はあるものを崇高なものと判定することにおいて理性に関係し、ある心の調和的気分をもたらす。『この心の調和的気分は、規定された諸理念の影響が……感情に対して惹き起こすであろうようなものに適合的であり、これと和合している』」（*KLL.*, S. 316 邦訳三四九頁）。つまり、計り知れない自然は、感性によって計り知れないという意味では不快の感情を生じるものでありながら、理性の「超感性的意義」を確認するものになっているという意味では実は快の感情を生じているのであり、崇高とは、その点においては、構想力と理性が関係することによってもたらされる「心の調和的気分」（Gemütsstimmung）になっているのである。

（95）Ebd., S. 318. 邦訳三五〇頁。ここからわかるように、カントのいう崇高とは、実は人間理性の（道徳的な）使命に対する尊敬の念にほかならないのであって、この直観を自然直観という媒体をとおして感じることによって、よりカント的にいえば、理性法則という「われわれ自身の規定を自然対象の規定」へと移しかえるというある種の『すりかえ』(Subreption) をおこなうことになる。カッシーラーによれば、そうすることによってのみ、議論は美学的（感性的）な次元にとどまりうるはずのものであった。「われわれの直観が美学的［感性的］なものにとどまるのは、それがわれわれの精神的能力の自己規定をそれ自身として認めるのではなく、いわば自然直観という媒体をとおして認めるときのみであり、また、われわれの直観が『内的なもの』を『外的なもの』において、『外的なもの』を『内的なもの』において、反省するときのみである。われわれにとっては自我の世界との、また自己感情と自然感情との、そのような交互的反映［鏡像］のうちに、美学的考察一般の本質と同様に、崇高において表現される考察の本質もまた存在するのである。ここに自然の生気化 (Beseelung) のある形式が表現されている。この自然の生気化は、美の現象においてはまだ象徴的にあらわれでるような自然の形態を、ついに越え出てしまう。しかし他方で自然の生気化は、この対立のうちでのみ把握されうるものであるがゆえに、つねに自然へと還帰する。ここにはじめて、以前たんなる思想にすぎなかった自然の無限性が、具体的な感じられた心理を獲得する。なぜなら自然の無限性は、自我の無限性の反映においてみられるからである」(ebd.　ただし［　］内翻訳者)。

(96) こうして判断力によって精神の自己法則性の概念を確認することによって、批判哲学は美学的なものにおいて「英知的なもの」の「より深い層」へとむかっていくことになった。「純粋悟性の自律とその普遍的法則から、学的経験としての自然が出現する。また道徳的なものの自律から、自由と理性の自己規定という思想が出現する。しかし両者は孤立しているのではなく、必然的に相互に関係しあう。なぜなら自由の世界は自然の世界へと影響を及ぼすべきであり、自由の世界の要求を、人間と諸物からなる経験的世界のうちで実現すべきだからである。それゆえ自然は少なくとも『その形式の合法則性が、自由の諸法則にしたがって自然のうちで実現されるべき諸目的の可能性と、少なくとも諧和する』と考えられうるのでなければならない。しかし自然を実際そのように考える試みはすべて、純粋に理論的領域においてはつねに再び因果性と自由との二律背反にぶつかる。われわれがここからいかに遠くへすすもうとも、結局われわれはつねに、感性的なものとしての自然概念の領域と、超感性的なものとしての自由概念の領域とのあいだに確固として存する『見渡しえぬ裂け目』の前に立つ。ここで芸術的見方こそがわれわれに新しい途を示すのである。自然と自由との客観的な合致が決して完成されない課題にとどまるとするならば、また両者の方向線が無限においてはじめて交わるとするならば、両者のまったき主観的な統一性は、すでに具体的意識自身の範囲の内部で、芸術感情と芸術創作とにおいて実現されている。」(ebd. S. 320f.　邦訳三五三―三五四頁)。

(97) Ebd.

(98) カッシーラーはさらに次のように説明している。「自然の出来事がわれわれにとって生命過程になるのは、われわれが自然の出来事を、次々に連なる種々様々の個別性のたんなる経過と考えずに、これらすべての特殊性がわれわれにとって、多様な形成物のなかでのみ姿を現すような、ひとつの出来事とひとつの『本質』(Wesen) との表現であるときなのである」(ebd., S. 323. 邦訳三五六頁)。

(99) Ebd., S. 324. 邦訳三五八頁。カントの言い方にしたがうならば、「機械的・因果的作用様式と内的・合目的作用様式というふたつの作用様式の区別は、われわれがわれわれの認識の条件にしたがって描かざるをえない自然の形象自身に属する。そのかぎりでこの区別は、われわれがいかに形而上学的問いに答えるかに関係になく、その承認と説明とを要求するような、認識意識の有様を表現している」(ebd., S. 319. 邦訳三五八頁)。

(100) このことは『判断力批判』において、カントが機械(時計)と有機的自然のちがいを説明しているところに注目することによって確認することができよう。時計の歯車が他の部分を産出する作用因とはならず、部分の欠如を他の部分によって代替することも修繕することもできないもの、すなわち「動力」(bewegende Kraft) しか持ちえないものとしているのに対して、有機的自然は内的な「形成力」(bildende Kraft) をはたらかせることによってこれらのすべてを成し遂げることができる。とするならば、自然は動力という「機械的・因果的作用様式」ばかりでなく、この形成力という「合目的作用様式」の二つの側面からなるものとみなすことができるであろうし、またそうするのでなければならないということになってこよう。自然はその存在ばかりでなく、生成、発展、成長の側面から考察されることによって、はじめてその豊かな相を確認することができる。「純粋悟性の諸原則によって、すなわち実体性・因果性・相互作用によって、もっぱら量として規定されていた自然対象は、それゆえここではじめて、この対象を他のあらゆる形成物から区別するような質を得る。しかしこの質は対象の存在の一性質ではなく、むしろ対象の生成の一性質であり、まさにこの生成の個体的方向をあらわすのである」(*KLL*, S. 325. 邦訳三五九頁)。

(101) Ebd., S. 330. 邦訳三六四頁。これまでに何度も強調されているように、目的の概念は、「カントにとっては、『非有機的』現象であれ、『有機的』現象であれ、およそ自然現象の説明のための特別な原理としては問題となりえない」(ebd., S. 328. 邦訳三六二頁)。そうである以上、「もし因果原理が自然と経験との唯一の構成的根本概念にとどまるとするならば、そして他方、目的思想がそれにもかかわらず経験へのある自立的関係をもつべきであるとするならば、このことは、この自立的関係が、因果概念自身の媒介によって連結され、樹立されることによってのみ、考えられうる。それゆえ、目的の概念が因果的説明と対立するのではなくて、それがまさに因果的説明を促進し指導しようとするとき、このときにのみ、ここで目的の概念のための新しい確証が見出されるであろう。そしてここで実際、目的概念の真の正当な使用法がある。目的原理は構成的意義をもつ。それは現象の因果的解釈の克服のためではなく、むしろその深化と全面的適用とのために役立つものである」(ebd. S. 329f. 邦訳三六四頁)。カッシーラーのいうように、たとえば、「視覚の過程はそのすべての個々の点において因果的に説明されねばならない。しかし眼の構造は、目が意図的に視覚のために作られているとは言わないまでも、眼が『視覚のために定められている』という観点と前提とのもとで、探求される」(ebd. S. 330f. 邦訳三六五頁) のであり、目的概念はこうして少なくとも蓋然的に自然探求に結びつけることができるはずのものだったのである。

(102) Ebd.

(103) Ebd. S. 332. 邦訳三六六頁。とすると、ここでいう目的概念とは、因果概念による自然把握を準備するとともにその不十分さを補うための原理ということになる。したがって、「われわれは経験自身のために、またその現象の連関の探求のために、迷わずに両方の方法様式を使用すべきである……なぜならどちらもその妥当圏内では必然的であり、代替不可能だからである」(ebd. S. 334. 邦訳三六九頁)。また、カッシーラーは別の個所で発展という言葉のうちに、この二つの概念の総合の事例をみようとしている。「目的原理と『機械論』(Mechanismus) 原理との綜合、また経験の内部で両者間に想定される相互被制約性は、カントの発展の概念のうちに、直接的具体化と明瞭性とにおいて表現されている。発展はそれ自身、目的概念である。なぜなら発展は、ある『刻印された形式』(geprägte Form) を、すなわち、みずからを改造することによってあらゆる変化のうちで自己自身を保持するような生命現象の統一的な『主体』を前提とするからである。しかし同時に発展は、その個々の相が時間的に秩序づけられた全体をなすべきであるように、そのすべての個々の相において純粋に因果的に説明されねばならない」(ebd. S. 342. 邦訳三七六頁)。ちなみに、カッシーラーによれば、このようなシェーマはカントが宇宙現象の世界を考察したごく最初期の論考からゆるぎなく確立されたものであったという。そして、このようなシェーマそのものは、後述するように、ゲーテと同様に当時支配的であったリンネ的な自然形式の体系的分類の方法に明確なかたちで対立するものになっていたのである。

(104) Ebd. S. 336. 邦訳三七一頁。

(105) カッシーラーはここからさらに、目的原理が人間の「比量的」(diskursivem) 悟性から生じたものであり、人間の認識にとって不可避のものであると説明している。それによると、人間は全体から部分を考察し、しかも定立がそのまま現存、思惟即存在となるような知性としての「直覚的」(intutitivem) 悟性をもちえない。われわれの持ちうる「比量的」悟性は、それに対して部分から全体を考察することによって分析的・普遍的なところ(概念)から特殊(直観)へとすすむのでなければならないようにできている。したがって、ここではつねに目的因が必要とされるし、このことは人間的理性そのものの被制約性が目的の主観性に普遍的本性を付与していることからも明らかであろう。「目的考察は、われわれの制約された有限的悟性が無制約なものの要求を掲げるときに起こるところの、新しい関係によって生じる。すなわち、明らかにわれわれの認識様式の立場からのみ可能であるような対立によって、しかし他方でわれわれの認識様式の一度確立した前提下では不可避であり必然的であると示されるような対立によって、目的考察は生じるのである」(ebd., S. 339. 邦訳三七四頁)。そうである以上、目的概念はアリストテレスのように絶対的思惟の産物とみなすこともできないし、スピノザのように主観的欺瞞、擬人観的とすることもできない。「われわれの思惟は『普遍』と『特殊』の対立の内部にあり、そして他方、思惟はこの対立を前進しつつ克服するよう要求されていると感じる。克服は試みられるが、決して究極的には完遂されず、しかも終極まで遂行可能である、というこうした克服の形式が、目的概念なのである」(ebd., S. 341. 邦訳三七五頁)。それゆえに、かかる概念はそれじたい人間に不可欠で抹消しえないものということになる。「目的の理念と有機的生命の理念は、われわれの経験とわれわれの自然認識とに対して、はじめてそれに固有に属する内在的無限性を与える。すなわち、この理念は、制約され個別化された諸経験を総体性へ、生きた全体の直観へ、と改造し、しかし同時にそれは、全体が現象の全体であることをしることによって、この全体の限界を提示するのである」(ebd. 邦訳三七六頁)。それによって「人間性自身の限界」に到達してその限界を理解し、そのうちに謙虚に安んじるものとなるのだ。

(106) Ebd., S. 331. 邦訳三六五頁。
(107) Ebd., S. 323. 邦訳三五六頁。
(108) Ebd., S. 286. 邦訳三一五頁。
(109) Ebd., S. 308. 条約三三九頁。
(110) Ebd., S. 295. 邦訳三二六頁。
(111) Ebd., S. 346. 邦訳三八一頁。
(112) この点について、カッシーラーはカントとドイツ・ロマン主義哲学との間の距離をもとに説明している。「カント独自の把握をこれらのすべての試みから決定的に分つものは、彼のアプリオリ概念がもつ形式と方向性である。カントのアプリオリ主義は批判的なアプリオリ主義である。このことは、アプリオリなるものがカントでは意識という唯一の形而上学的根本力へと連れ戻されるのではなくて、アプリオリなものがその特定の適用の厳密な特殊化のうちに確保されていること、の中にも示されている。こうして『理性』概念は、一八世紀がそれを展開したのと同様に、カントにとっても、意識の『自発性』というさらに深い概念にまで広がるが、しかしこの自発性の概念は、決して完結した個々の意識遂行や意識活動性においては汲みつくされない。それゆえ想像力の感性的自発性は、ロマン派におけるような究極的な根本的統一原理となることは、ありえないのである」（Vgl. ebd., S. 311f.　邦訳三四三―三四四頁）。

(113) Ebd., S. 345.　邦訳三八〇頁。

(114) Ebd. カントからすれば『判断力批判』の延長線上に浮かびあがってくる「諸有機体の統一的な真価系列・発展系列の思想」とは、人間の理性的能力を超え出た「理性の冒険」にほかならなかった。そして、批判哲学の見地に立つものであるかぎり、この「冒険」に身をまかせるわけにはいかなかったのである。「カントにとって発展は、存在の超越的根源へと遡り、そこにおいて生命の秘密を開示する、といった形而上学的概念ではなくて、それのおかげでわれわれの認識にとって生命現象のまったき充実と連関とがはじめて完全に表現される、といった原理である。もしわれわれがただ生命の諸形式の総体とその段階的分節化とだけを直観的明晰さと概念的秩序とのうちに眼前にみることができるならば、われわれは生命がどこから由来するのかを問う必要はない。カントの教説のもっとも深い諸特徴のひとつが、この成果のうちに、新たな側面からいま一度語られている。『判断力批判』は『物自体』と『現象』の二元論をきわめて厳格に堅持するが、しかしこの二元論は、理念としてみられる「物自体」が経験現実性自身の概念をはじめて真の完成にもたらす、という思想によって再び媒介される。なぜなら理念がはじめて悟性使用の体系的完璧さを確実ならしめるからであり、これによって諸客観は、離ればなれの個別性として、またいわば存在の諸断片として与えられるのではなく、具体的総体性において、また汎通的連続的連結においてわれわれに与えられるのである」（*KLL*, S. 245f. 邦訳三八〇―三八一頁）。

(115) Vgl. *FF*, S. VIII.　邦訳五頁。

(116) Ebd., S. 388.　邦訳一頁。

(117) Ebd., S. 390.　邦訳二頁。

(118) Ebd., S. 391.　邦訳三頁。カッシーラーはこの自由と形式というモティーフそのものがドイツ精神の発展のなかから生じるものであり、「それに内在する目標のひとつとして提示されるべきもの」（ebd., S. 390.　邦訳二頁）とし、最初からそのモティーフをある確定した定義して用いることを慎重に避けている。カッシーラーはその理由を「というのもここで重要なのは、後になってからはじめて特殊な事実について吟味されることになるようなある抽象的な歴史哲学的命題を貫徹することではなくて、こういう事実そのものとこれの精神的な連関とを具体的に直観することだからである」（ebd.）と述べているが、ここでも本書がドイツ精神という語を当時一般的に広く流布していた戦争プロパガンダの常套句としてではなく、学問の対象としてきわめて慎重に取り扱おうとする姿勢が見て取れよう。
(119) Vgl. ebd. S. 179f.　邦訳一四五頁。
(120)『自由と形式』は緒論および六つの章からなり、イタリア・ルネッサンスのドイツへの影響を考察するところを皮切りにして、ヘーゲル哲学の展開へと至るドイツ精神の歩みを概観するために、第一章「ライプニッツ」、第二章「美的形式界の発見」、第三章「批判的観念論の体系における自由理念」、第四章「ゲーテ」、第五章「シラー」、第六章「自由理念と国家理念」というかたちに章を分かっている。なお、カッシーラーがここで考察の起点にライプニッツを据え、特に一章をもうけて考察していることは興味深い。そのモナド論に注目することによって、全体として、この哲学者はライプニッツのロジックがヴィンケルマンやカントを経てゲーテの世界観へと流れ込むというシェーマを作り出そうとしていた。そして、ゲーテ的な形式概念によって浸潤されたシラーの美的構想、さらには、そうした全体の流れに支えられた自由と国家の相克と和解について触れるという結構をとることによって、ゲーテによって大成することになるあるひとつの思惟形式の理念史を描き出してみせようとしていたのである。その構成からも、本書におけるゲーテの重要性がうかがい知られよう。
(121) Ebd., S. 283.　邦訳二二九頁。
(122) Ebd., S. 181.　邦訳一四七頁。
(123) Ebd.
(124) Ebd., S. 391.　邦訳四頁。ただし、この『自由と形式』の注目すべき点は、むろんゲーテ論に尽きてしまうわけではない。政治思想的な観点に絞ってみてみても、カッシーラーはここでフィヒテやシェリング、フンボルト、そしてヘーゲルへとつづく政治思想の流れについての自身の見解をはっきりと表明している。本来であれば、これらの内容もカバーするべきであろうが、第一次世界大戦下のカッシーラーが新しい思惟形式を模索する様子を明確化するという本章の目的に直接関係ある部分のみを取り上げることにした。ここで漏れた内容については、稿を改めて検討することにしたい。
(125) Ebd., S. 391.　邦訳四頁。
(126) Ebd., S. 267.　邦訳二一六頁。とはいえ、哲学に対するゲーテの態度は多分にアンビヴァレントな様相を呈している。「ゲーテ自身が自分と哲学的思惟との関係を明らかにしようと試みた言葉を外面的に並べてみると、それらは驚くほど分裂してみえる。彼はスピノザをシェークスピアと並べて自分の『聖者』として尊敬した。——それと同時に彼は、フリードリヒ・ハインリヒ・ヤコービに対して遺憾の意を表した。というのは神は彼に形而上学という罰を与え、それによって彼の『肉の中へ刺を置き』たもうたからである」(ebd.)。ゲーテは一七世紀的な意味における形而上学や神学のように、存在を固定した概念でのみ把握しようとする試みにはいつであれ激しく抵抗していた。後述のとおり、そのスタンスはヘーゲルに対する批判的な態度になってあらわれるわけだが、他方で自身の世界理解に通じる思想を展開する「哲学」——たとえば『判断力批判』のカントなどにはきわめて多くのものを負っていると感じていたという。

(127) Immanuel Kant, „Beobachtungen über das Gefühl des Schönen und Erhabenen“, in *Immanuel Kant Werkausgabe*, Wilhelm Weischedel (Hrsg). Suhrkamp Verlag. 1988, S. 848. イマヌエル・カント「『美と崇高の感情に関する考察』のための覚え書き」、尾渡達雄訳、『カント全集』第一六巻所収、理想社、一九七五年、二九五頁。

(128) カントとゲーテは同時代人で、後者は前者の存在を知っていた。ゲーテはカント哲学に感化された友人シラーの手引きでカントの著作に接触する機会を得ている。ところがゲーテはカントの主著『純粋理性批判』にはかなり批判的で、カントに対するその関心はもっぱら『判断力批判』にむいていたという。ヨーハン・ペーター・エッカーマン Johann Peter Eckermann (1792-1854) との対話（一八二七年四月一一日）のなかで、ゲーテ自身次のように語っている。「君がいつの日か、彼（カント）のものを読みたくなるようだったら、私は君に彼の『判断力批判』をおすすめしたい。そこでの彼のテーマの扱いぶりは、修辞学がすばらしく、文学もかなりよい。……（ただし）カントはまったく私に注意を向けようとはしなかったよ。私は自分の本性から、彼と似たような道をたどることはたどったのだが。私が『植物の変態』（という詩）を書いたのは、カントのものを知る以前のことだったが、それにもかかわらず、これがまったく彼の学説の精神で書いているのだな。主観と客観との区別、さらには、すべての被造物は、それ自身のために存在し、たとえば、コルクの木は、われわれの壜の栓に使うために生えているのではないという見方、これはカントと私に共通のものだったし、この点で彼と一致したのは嬉しかった。あとになって、私は実験論（論文「主観と客観との媒介としての実験」(一七九二年)) を書いたが、これは主観と客観の批判であって、両者の媒介とみるべきだろう」(Johann Peter Eckermann, *Gespräche mit Goethe*, Conrad Höfer (Hrsg). Leipzig. 1913, S. 225f. ヨーハン・ペーター・エッカーマン『ゲーテとの対話』上巻、山下肇訳、岩波文庫、一九六八年、三一六頁)。

ゲーテは自身の「変態」の構想によって自然観察のなかからえたものを、哲学では批判哲学から知ったとカッシーラーは説明している。そして、その構想こそは、カントのコペルニクス的転回のパースペクティヴをより具体的な次元から論証するものになっているとしていた。カッシーラーはこう説明している。「カントが彼（ゲーテ）に主として与えたことは、『対象』が意識の純粋な機能から分離されず、ただこの機能のなかで、それによって形成されるものだという考察である。今彼がこの概念的な洞察を彼の創作の具体的な全体に関係させることによって、批判的な学説そのものが、彼にとって、親しくまた判り易いある一定の生活形式の表現となった。この学説を媒介として彼は究極的に思弁と和解することができた。――というのは彼が今それを理解したように、彼はこの哲学のなかに『彼の活動を増進したり直接に生命を与えたりすることなく、ただ彼に教えるというだけ』というようなものをもはや見出さなかったからである。彼は『とにもかくも単純ではなかった』ので、『判断力批判』のなかに自分の『もっとも矛盾した仕事さえも』が並べて置かれ、相互に浸透しあい、照明し合うものとして提示されているのを見出したことを、彼はありがたく思ったわけである」（*FF*, S. 267f.　邦訳二一七頁）。Vgl. ebd., S. 252f.　邦訳二〇四頁。Vgl. auch Barbara Naumann, *Philosophie und Poetik des Symbols. Cassirer und Goethe*, Wilhelm Fink Verlag, 1996.

(129) *FF*, S. 181.　邦訳一四七頁。

(130) カッシーラーはゲーテのごく初期においてもその発想をロマン主義のそれとはまったく別個のものとして理解している。「もちろんヴァルター期においてさえも、歴史と過去に対するゲーテの独自の態度は、いかなる感傷的でロマンティックな気分をも含んでいない。彼が自然観において、内なるものと外なるものとを相互に分けなかったように、彼は過去を切り離し、それを固定した理想概念、失われた楽園として、現在に対立させることはしない。というのは、彼のまなざしは決してただ過去だけに向けられているのではなく、歴史的な過程の全体を目指しているからである」（ebd., S. 191f.　邦訳一五五頁）。全体性を存在だけでなく、生成の次元＝歴史的時間の次元においても直観しようというのが、カッシーラーによれば、ゲーテの考え方であった。また、ロマン主義との関係では、さらにロマン主義の基本概念のひとつである「皮肉」（Ironie）においてもまた「ロマン主義はその表現方式と考え方とをゲーテから借りている」のだという。「といってもロマン主義が空想の自由な蕩揺と形成と（それによって空想は自然そのものと両立して現われる）をもとよりゲーテの意味で理解したのではないことは言うまでもない。というのはゲーテは再び個物や個別的現象における拘束から解放されたいと望むが、これは真に持続的で客観的な全体の法則の直観と確信にほかならないからである」（ebd., S. 251f.　邦訳二〇三頁）。ゲーテはこのような考え方のもと、実際にドイツ・ロマン主義へと至る道を開いていった。カントの『判断力批判』がロマン主義者の聖典とされたように、ゲーテの思想もまた、彼らの思想的正当性の源泉とみなされていたのである。ただし、ゲーテ自身はロマン主義を終生忌避しつづけ、その思想的主張を決して認めようとはしなかった。

(131) *FF*, S. 182.　邦訳一四八頁。

(132) カッシーラーによると、ゲーテのこのような発想はシュトゥルム・ウント・ドランク時代の「『心』の全能と唯一の価値」に根ざしているものだったという。とりわけ愛の感情は「人間の愛としても、神の愛としても、自我が独特の存在を固持しながらも、同時にこの存在を全体のなかに融かす道を示してくる」(ebd. S. 187f. 邦訳一五二頁）ものであり、このような発想はライプニッツのモナド論に遡及しうるはずのものであった。その点で、ゲーテの思考は、カッシーラーによると、比較的早い時期から汎神論的発想をもつものになっていたということになる。

(133) Ebd. S. 273. 邦訳二二一頁。カッシーラーはゲーテのこのような発想をスピノザの一元論的世界観とのパラレルをなすものとしている。「いっさいを平均化する静止」には「いっさいを動揺させる努力」が対置されるのであり、「ゲーテにとっては芸術的な制作が媒体となり、それによって生成と変移の過程のなかで、現実的なものという新しい持続体が彼にとって際立ってあらわれるのである。――しかしこういう持続体はスピノザの場合のように概念的な普遍者のなかへと解消してしまうものではなくて、その個別的な特徴を保持し続けるのである。(原文改行）そして最初はただ自然の永遠な真理と持続性とに対して対照をなすだけに過ぎないと思われた人間的な生存そのものの中に、今やますます明確に普遍的な基本形式が現われ、人間の生存はそのあらゆる変化と多様性の中で、分ち難くこれとの結びつきを保つことになる。この生存の圏も鉄のように固く偉大な永遠の法則に則って完成される。樹木に年輪が重なってついて行くように、また四季の交替が同一不変の連続の中で行われるように、個体の生においても類の生においても、ひとつひとつの部分が必然的に噛み合っている」(ebd. S. 197. 邦訳一五九頁)。生成によって形式の発見をするということは、とりもなおさず、特殊のなかに普遍を見出すということを意味しているのである。

(134) ゲーテのいう総合についてカッシーラーはこう説明している。「ゲーテの青年時代の詩は、ほとんど一貫して、一定の、個別的な制限をもつ感情内容の直接の描写と表明から始まる。心の内的な状態、自我の純粋な状態がはっきり浮き彫りされ、この浮き彫りにまったく満足しているようにみえる。しかし今やこの最初の萌芽と出発点から作成は進行する。自我の感覚は拡大して全自然の感覚となり、特殊な客体の像は、そのなかに独特な仕方で宇宙全体の展望が織りこまれているような像へと形成される。ゲーテの詩的な想像は総合的にはたらく。それは一定の個別的な点から発し、すすんで存在の総体の感情に迫る。こうしてここでは最初に個人的な生の完全な協和がある」(ebd. S. 211f. 邦訳一七一頁)。

(135) Ebd. S. 186. 邦訳一五一頁。なお、カッシーラーによれば、ゲーテのこのような創造性は、ゲーテ自身の「生涯の形式」、その「抒情詩の形式」、さらにはその「自然観および客観的な自然研究の形式」の三つの形式のもとに外部にあらわれでているのであり、それらすべてが同じ法則からなるはずのものであった。このようにして創造活動をとおして確固たる形式を表現しうるところにこそゲーテの天分であったとカッシーラーは強調している。

(136) Ebd. S. 201. 邦訳一六三頁。ゲーテ自身はこのことを「理念の具体化（Verkölmperung）」(ebd. S. 216. 邦訳一七五頁）と呼んでいた。「自然と歴史的過去との諸形態からなる複合的な全体が現に存在している。しかし今やそれらのひとつひとつが要求するのは、内的な生命付与と獲得、すなわち詩という媒体によってはじめて真の意味でそれに与えられる個人的な生活形式の浸透である」(ebd.)。カッシーラーによれば、それは普遍を求めて事物を抽象化するのとはまったく反対の取り組みであり、精神の形式化をとおして己の本質を知ろうとする試みになっているという意味では、のちにも述べるように、それじたい具体的普遍のモティーフを内在しているはずのものであった。

(137) Ebd. S. 195. 邦訳一五八頁。カッシーラーはここで第一次ヴァイマール期におけるゲーテが、イタリア旅行をとおして理念と現実の調和、自我と世界の和解に至ったとする従来の見方を「両者の間の外面的な適応と同化を意味するに過ぎない、——つまり真の全体のかわりに、半分を二つ合わせたものを露わにすることにしかならないだろう」(ebd. S. 195. 邦訳一五八頁）と指摘して批判している。そうしたものは「最初から、根源的に、生命そのものの形成機能のなかに含まれている」のであって、ゲーテの創作活動のなかからおのずから理解されるものであった。カッシーラーによれば、それこそまさにかの天分のあらわれにほかならなかったのである。

(138) この点について、カッシーラーは次のように説明している。「ゲーテにとって、『人間生活の自然形式』とあらゆる道徳的・精神的な活動の特有の拘束性とに関するこういう全体的な視点のなかに彼をしばりつけたものはここでもまた彼の芸術家としてのあり方の根本経験であった。彼は今やある別の領域で、もともと文学的創作のなかではじめて彼の前に開かれたのと同じ自由と必然との関係を再び見出した。彼自身早くから、自分の詩的な天分を『まったく天然のものとみなす』に至っていたのと同じく、彼がシェークスピア講演のなかで、シェークスピアの天才の最大のものと称しているのは、彼の作品のすべてが秘密の一点の周りをめぐっているということ、そしてこの一点において私たちの自我の独自性、私たちの意志のいわゆる自由が全体の必然的な進行と衝突するということである。詩人にとっては、ここで開かれる問題は内面から照明されている。何となれば彼は自分の生産力の中で自分が同時に『自由』であり、『自然』であることを知っているからである。そして今やこういう考察がすべて自然的および精神的な生成の解釈の中に侵入してくる。というのは自然の中ですべての営みがそれ自身の本質を持ち、自然現象のひとつひとつがきわめて孤立した概念を持ちながら、しかもすべてが一なるものを構成しているように、——精神的なものの中では、それぞれの特殊者が自分自身の完成を目指す努力を続けるけれども、ここにはそれとは知られずに、ひとつの法則が働いていて、それが全体性の維持を、すべての個別者を全体へと結びつけることを目指しているからである」(ebd., S. 198. 邦訳一六〇―一六一頁)。Vgl. ebd., S. 200. 邦訳一六一頁。カッシーラーによれば、このような問題意識は、初期のゲーテではなく、壮年時代になってはじめて取り組まれることになった課題であった。

(139) Ebd. S. 199. 邦訳一六一頁。

(140) カッシーラーによれば、ゲーテは対象を形式化するということは、内的な形式化であると同時に自然の形式化でもあるというのでなければならなかったのだという。「この芸術が流れ込んできたところの内的な法則と自然の法則とは、その内容と本質からいって、同じものであるという、深い、注目すべき連関が今や彼にとって明らかになる」(ebd. S. 208. 邦訳一六九頁)。

(141) カッシーラーは「機械的世界観」へと至る物理学的発想を批判するゲーテについて、次のように説明している。「抽象は個別的な現象を超えるけれども、現象の全体から遊離せず、まさにこの全体そのものの結びつきを総体として描き出そうとする場合には有害でなくなる。だから真に有効な物理学的推論とは、色彩の機械的な説明がやるように、『眼の世界』を無形態なもの、数学的な計算だけで処理しうるものへと分解するものではないであろう。――それは世界を固有の本性において不変のままにしておくであろうし、それが感官による世界像と異なるのは、感官が単に孤立した個別所与しか与えないところでも、一貫した関係と系列の連環を示し、それによってどの特殊者にも現象の全体の中での位置が指し示されるという点においてであろう。ひとの知る通り、ゲーテはこういう要求を携えて、彼が生物学において主張した方法論を、物理学的諸現象の説明と解説に移すだけのことである」(ebd., S. 250. 邦訳二〇二頁)。

カッシーラーはこのようなスタンスを、同時代のスウェーデンの植物学者カール・フォン・リンネが提唱した植物分類学に対するゲーテの批判的態度から説明している。「生命の息吹きはこのような図式に伝えられるはずはなく、生命をもった個物について新しい観察方法が発見されるべきである。……植物学上の分類概念は『植物』を記述するものと思いこんでいるが、その植物が発生と進化、生成と成長のなかで示す姿の全体については、植物標本のなかで示され、保存されるような死んだ遺物しかこの概念は取り扱わない。分類概念は一定の区別徴表によってすべての形態における『本質的なもの』を明らかにすると主張する。しかし実のところ、それはただ個別的な多様性と特殊性とを、彼が勝手に全体から切り離して取り出した少数の個別的な特徴へと集約するに過ぎない。ここで配列や分類は、基本的には植物そのものに関わるのではなくて、それの抽象的な『代表者』としてそのなかからとっておかれたものに関わるだけである。植物的有機体の全構造のなかで、最終的には花药の数と性質のような何か個別的な徴表と基準だけが考慮されるに過ぎないのである」(ebd., S. 229. 邦訳一八五頁)。ゲーテのみるところ、リンネのこのような一見経験的に見える手法も、結局は何らかの抽象概念のもとに現実を強制的に「回収」しようとする点において明らかにニュートン的であり、自然の全体を見渡した適切な議論とはいいがたかったのである。

(142) ゲーテは「単元論（Alleinigkeitslehre）に逃れることによって、獲得されるものと失われるものはひとしく、最後には『慰めにもなるし、同じように慰めにもならないゼロが残る』ということを、いつまでも意識し続けていた」(ebd. S. 218. 邦訳一七七頁)。このような発言はしかし、そのままこの詩人が数学的思考そのものの意義を頭ごなしに否定しようとしていたということを意味していたわけでは決してない。彼は、学問としての数学それじたいはきわめて尊重していた。ただし、数学が他の領域を支配するかのようにして、自然の全体を説明しようとするときにのみ、彼は執拗なまでに数学的思考――そしてその延長線上にあるニュートン物理学を非難してやまなかったのである。

(143) そう考えてみるならば、ゲーテの自然観は、近代的な自然科学が否定しようとした擬人的な自然認識にとどまろうとするパースペクティヴになっていたといえよう。そういうと、ゲーテのいう自然科学なるものは、近代以前のたとえば錬金術のような発想に逆戻りしているかのような印象を与えるかもしれないが、決してそうではない。「こうしてあたかも生活では諦念が、認識においては懐疑が知恵の究極であるように見えるけれども、もちろんこれはゲーテにとって最後の積極点は観照にはなくて、純粋な『行為』にあるということである。哲学というものも――と彼はかつてJ・D・ファルクに向かって語る――ストア主義やエピクロス主義やプラトン主義の体系も、私たちには『生活形式』以外の何ものをも与えてくれない。『今これらのものがどうやって私たちにふさわしいものとなるか、私たちが自分の本性や素質にしたがってそれに必要な内容を与えることができるかどうか、それが私たちの問題である。私たちはみずからを吟味し、私たちが外から自分のなかへ取り入れたものを栄養分のようにきわめて入念に調査しなければならない。さもなければ私たちが哲学で破滅するか、哲学が私たちのところで破滅するかどちらかである』。こういう言葉のなかに、ゲーテの『擬人主義』（Anthropomorphismus）の本質と傾向とが遺憾なく発揮されているのである」(ebd. S. 265. 邦訳二一四―二一五頁)。

(144) Ebd. S. 245. 邦訳一九八頁。

(145) カッシーラー自身の表現によると、それはつまり、自然科学という「ミネルヴァの助けを借りる」ことによって、主観的な感情の働きたる「プロメテウス的な創造」に客観的な妥当性を確認しようとする試みであった。Vgl. ebd. S. 199. 邦訳一六二頁。

(146) Ebd. S. 217. 邦訳一七六頁。

(147) Ebd. S. 218f. 邦訳一七七頁。ここからもわかるように、ゲーテの自然観は、神秘主義、汎神論的形而上学と自然科学のいずれか、というわけではない。なるほど汎神論的傾向があるが、それは考察とともに後退するという。先述のとおり、ゲーテは「単元論」を現実の貧困にほかならないものと確信していた。かといって、安易な折衷的な発想をもっていたわけでもない。「ゲーテの自然観はこういう二者択一のみかけ強制に屈しないという事情ほど、それの特質と深さとをはっきり示してくれるものはない。ゲーテの自然観は両極端のいずれにも解消されないし、いわんや両者のあいだに『中道』および折衷的な和解をえようとも試みはしない。『ひとは言う』――とゲーテの有名な文章に言われている――『二つの対立した意見のあいだで、真理はまんなかにあると。断じてさにあらず。そのあいだにこそ問題が介在する。観られ得ないもの（Unschaubare）、永遠に活動的な生命が静止のなかで考えられているからである』」(ebd.)。つまり、ここでいう自然とは、感覚と概念のどちらかによって読み取りうるものではないのであって、その意味では、神秘主義とも自然科学とも異なる自然の姿になっているというのでなければならなかった。のみならず、それは生成において把握されるのでなければならなかったのであって、あくまでも理念のもとに理解されるべきものになっていたのである。

(148) Ebd., S. 224.　邦訳一八一頁。

(149) Ebd., S. 207.　邦訳一六七頁。

(150) Ebd., S. 226.　邦訳一八二頁。カッシーラーはこの普遍概念を自然科学的な意味における普遍概念と対比させることによって説明しようとしている。ゲーテの考察と自然科学の考察という「二つの根本的な考察方向は、すでに純粋論理学の枠内で普遍者の解釈において対立している。一方では普遍者は個別者の『抽象』から得られる結果とみなされ、――他方では個別者の結びつきの基礎にある法則とおもわれている。前者ではそれは図式であり類形象(Gattungsbild)であって、私たちが諸内容の全体において、あらゆる区別徴表を捨て去り、共通の特徴のみを固定することによって生まれるものであるが、――後者ではそれは固有の限定を持った規則であって、それに従えば私たちは特殊者の直観に立ちながら、ある特殊から他の特殊への移行を支配する関係を思い浮かべるのである。第一の場合には、経験的に知られ与えられたものから、ますます高く、ますます内容に乏しい類や種へと昇って行くのに役立ち、第二の場合には、私たちはその中にますます豊かな関係複合を集約し、これを用いれば以前には別々になっていた経験的な要素が系列へとまとめられ、この系列は自分自身のなかで個別要素の明確な組織を示しているばかりでなく、それらは確固たる原理によって相互に結びつけられ、相互に関係づけられている」(ebd.　邦訳一八二―一八三頁)。してみれば、ゲーテのいう普遍とは、自然科学における普遍とは反対に、その内容が深化すればするほど個々の事象のあいだの連関を示す「規定」(Bestimmtheit) が増大していくことになってこよう。このことからもわかるように、それはまさに関係性のネットワークともいえそうなものになっていたのである。

(151) Ebd., S. 222.　邦訳一八〇頁。

(152) Ebd., S. 226.　邦訳一八三頁。

(153) Ebd., S. 229.　邦訳一八五頁。カッシーラーによると、このような発想は、自然科学の抽象化した自然理解を飛び越えるためのゲーテなりの代案ともいうべきものであった。たとえば、リンネのように植物を類という抽象概念によって分類してしまうと、われわれは現にある個別の植物を語りえなくなってしまい、「植物というもの」について語るにすぎなくなってしまう。そこでは「植物的有機体の全構造のなかで、最終的には花葯の数と性質のような何か個別的な徴表と基準が考慮されるにすぎない。個別性をも全体をも同じように思考するゲーテの要求がここで割りこんでくる。彼にとって個別性と全体性との相互の間に生ずる新しい関係が、普遍者についての彼の新しい考え方の基礎となる。彼は特殊な現存在から遊離することなく、それの純粋性と全体性を固持しようとする。しかし個物はここで孤立化されるのではなくて、すべての他の個別との普遍的な結びつきのなかで説明されるべきである」(ebd.)。このような見解が具体的普遍のシェーマになっていることはいうまでもない。カッシーラーからすれば、この点こそ、ゲーテの自然観察のもっとも重要なポイントのひとつであった。

(154) Ebd., S. 228.　邦訳一八四頁。ここでいう「直覚知」とは、端的にいえば、特殊のうちに普遍を見出そうとする能力のことであり、それこそは現実に存在する「かぎりなく豊かな形像」(ebd.) を認識しうるはずのものであった。

(155) カッシーラーはゲーテのこのような姿勢を、ゲーテの論文「近代哲学の影響」(„Einwirkung der neuern Philosophie") の言葉をそのまま引用する形で説明している。ここで「ゲーテは彼の独特の立場を、単に自然研究の歴史の内部だけではなくて、思惟一般の歴史の内部において特徴づけようと企てているが、だからこの論文のなかには、こういう基本的な傾向に対する集約的な表現がある。『自然研究において私の心に迫ってくるのは、対象のあらゆる考察における最高の義務は、ある現象が現われるすべての条件を精緻に探索し、現象の可能な限りの完全性を求めることだという信念である。というのは現象は最後には相互に連なり合い、あるいはむしろ相互に重なり合わざるをえないし、そして研究者の直観の前で一種の組織をも作って、それの内面的な総体生命を示現することにならざるをえないからである』(*FF*, S. 232.　邦訳一八七—一八八頁)。

(156) Ebd., S. 233.　邦訳一八八頁。カッシーラーはこのようにして個別的な時間契機を明確に区分しない考え方、「各瞬間そのものは、詩的・感情的には、同時に生命系列全体の表現である」(ebd.) とする考え方を叙情詩人ゲーテの独特の天分とみなしている。

(157) Ebd.

(158) Ebd.

(159) Ebd., S. 233f. 邦訳一八九頁。このことは、たとえば、ある植物が、葉、茎、鍔、蕾、花弁といったさまざまな器官を「変態」させながらも、変わることなくつねに一つの全体をなしているという点を注目することによって確認することができよう。自然科学者ゲーテのみるところ、およそ自然的事象なるものは、一方においてみずからの根本形式としての「原現象」(Urphänomen)――たとえば、植物の場合は「原植物」(Urpfarze) になるが――によってそのあり方を規定されている。ただし、他方において、それらの個別性こそが、逆にこの「原現象」なるものの構造全体を制約するファクターになっているのである。「流れつつもつねに変わらぬ生成の系列は、生命を息吹きながら分かたれて、律動的に動くのである。この観念のおかげで、彼は今や部分を全体のなかに、また全体を部分のなかにさえもみるのである」(ebd., S. 278. 邦訳二二五頁)。こうして「変態」という視点から自然を考察することによって、この自然科学者は全体が部分を規定するかと思うと、反対に部分が全体を制約しているという自然のあり方を提示するにいたった。ゲーテはかかる試みを形態学と命名し、そこからさらに自然のリアルなあらわれを可能な限り集約した自然科学のあり方を世に問うことになったのだ。

　ちなみに、カッシーラーはここで「原現象」という言葉を次のように説明している。「この概念に与えられる本格的な客観性と『真理』とは、その概念が全植物界について作り出した新しい『組織』のなかではじめて証示される。つまりそれがあらゆる個物のあいだに発見する関係において証明されるのであって、一定の個物そのものが現実に存在するということにおいてではないのである」(ebd., S. 238f. 邦訳一九二頁)。この「原現象」の解明はゲーテ形態学解釈における論争の的であり、カッシーラーの見解もまたひじょうに興味深いが、その詳細な分析の紹介と検討となると、本書の枠を大きく超えてしまうため、今後の課題にしたい。Cf. John Michael Krois, "Cassirer, Neo-kantianism and Metaphysics", in *Revue de Metaphysique et de Morale*, 96e annee/No4, 1992, P. 437-453.

(160) *FF*, S. 231. 邦訳一八六頁。

(161) Ebd., S. 222. 邦訳一八〇頁。ゲーテはこのことを「思考力と直観の抗争」(ebd., S. 219. 邦訳一七八頁) と呼んでいた。その解決は「相争うものの表面的な調和ではなく、対立の深化」によって真正面から取り組まれるのでなければならない。そのような対立に思想的表現を与えることこそゲーテの目指したものであった。

(162) カッシーラーによれば、ゲーテの議論はそもそも自然を「静止と運動という基本的な対立」(ebd., S. 221. 邦訳一七九頁) のもとに理解しようとするところにその要諦があった。自然を理念においてとらえるということは、自然科学的な把握と神秘主義的な直観とのあいだにある矛盾をどちらか切り捨てることでもなく、折半することでもなく、その対立を際立たせることによって包括して考えるところにその特徴があるというのでなければならなかったのである。

(163) Ebd., S. 242f.　邦訳一九七頁。

(164) Ebd., S. 229-232.　邦訳一八五―一八七頁。

(165) ゲーテの形態学的な思考とカッシーラーとの関係については、高橋義人『形態と象徴　ゲーテと「緑の自然科学」』（岩波書店、一九八八年）、同「世紀転換期におけるゲーテ・ルネッサンス　ディルタイ、ヘッケル、カッシーラー」（『現代思想』第二二巻二号所収、一九九四年）を参照されたい。Vgl. John Michael Krois, „Urworte: Cassirer als Goethe-Interpret", in *Kulurkritik nach Ernst Cassirer*, S. 297-324. Vgl. auch Thomas Knoppe, „Idee und Urphänomen. Zur Goethe-Rezeption Ernst Cassirers", in *Kulturkritik nach Ernst Cassirer*, S. 325-352.

(166) カッシーラーはこの「生産的想像力」について、端的に「限りなく豊かな全体を、ひとつの個別的な契機に、ひとつの個別的な形態に凝縮し、この契機のなかから全体を一定の方向にしたがってふたたび産出する」（*FF*, S. 245f.　邦訳一九九頁）ものと定義している。その点では、かかるパースペクティヴは、感性と悟性のあいだにはたらく自発的な世界理解のための能力という点で、カントが『純粋理性批判』の第一版で表明し、第二版において撤回された「産出的構想力」と呼んだものとほぼ同じ性質をしているといってよい。カントはこれを主観的なはたらきに過ぎず客観性をもちえないとしていたが、ゲーテはそれに客観性を付与しようとしていた。

(167) *FF*, S. 220.　邦訳一七八頁。

(168) こうした議論は、形態を視覚的事実とみなすゲシュタルト心理学を想起させるかもしれない。カッシーラーとゲシュタルト心理学の思想的関係については、Stefano Poggi, „Cassirers Auseinandersetzung mit dem gestaltpsychologischen Ansatz", in *Kulturkritik nach Ernst Cassirer*, S. 237-243.　および、高橋義人「形態学的思考から新しい知へ　ゲーテ、カッシーラー、レヴィ＝ストロース」（『現代思想』第二十巻十一号所収、一九九二年）を参照されたい。

(169) Kant, *Kritik der Urteilskraft*, S. 375.　邦訳三七二頁。

(170) カッシーラー自身、このことについて次のように説明している。「ゲーテにとって、『植物の変態』が何かある詩的な作品と同じく、すなわちヴェルターやタッソーと同じく、内面的な闘争の解決、心のうちの格闘からの解放を意味したことを、私たちは想起する。今や彼はもはや自分が自分の精神に逆らう抽象的な公式や図式によって自然の観照から逸らされることはないと感じ、自然のなかで落ちつきと確信をえた。多数の現象はもはや人間の心にのしかかってとらえない『事実』の塊として彼に対立するものではなく、それは形成と改造のなかで、生命のひとつの調和として彼の前に姿をあらわす。彼はここでも自分が内的な法則の導きに身を委ねてよいという保証を見出していた。つまりこの内的法則がもつと考えられた諸力は、彼はそれを全体として働かせる限りにおいて、現実の部分に対する限られた展望を与えるばかりでなく、彼を全体へと導いていき、全体の直観に浸らせた。『生産的情熱』こそもともと彼を自然考察へと導いていったものであり、そして今そのもっとも純粋な満足を見出したものである。『君たちみずからのなかに求めよ』——とゲーテはかつて芸術家たちに呼びかけた——『そうすれば君たちはすべてを見出すであろう。そして外に（それを君たちが何と呼ぼうと）自然があって、君たちが自分自身のうちに見出した一切を肯定するときは、喜びたまえ』。このような自然を、彼は今や確信したのだ」（*FF.* S. 231. 邦訳一九六―一九七頁）。

(171) ゲーテ自身、この点について「直観的判断力」という短い文章のなかで次のように述べている。「われわれは、不断に創造する自然を直観することによって、その生産の営みに精神的に参加するのにふさわしい者になるべきである。私は最初は無意識のうちに、内的衝動に駆られてかの原像的なもの（Urbild）、原型的なものをひたすら追求し、自然に即した叙述を築き上げることにさえ成功したので、ケーニヒスベルクの老碩学（カント）がみずからそう呼んでいる『理性の冒険』を敢行するものを妨げるものはもはや何もなかった」（ヨーハン・ヴォルフガング・フォン・ゲーテ、「直観的判断力」、木村直司訳、『ゲーテ全集』第一四巻所収、潮出版社、一九八〇年、一一頁）、と。

(172) *FF.* S. 54. 邦訳四四頁。

(173) Ebd. カッシーラーはここにゲーテの形態学とライプニッツの生物学の連続性を指摘している。「生成の多様を一定の限界を設定することによって大観し、処理するものが思想である。しかし思想は自分の行為を批判的に理解するや否や、自分が作り出した硬い公式や徴表は、自然の生成を測り尽くすことができるものではないということを知るようになる。ただ無限者に限界を与えようとする思惟のこういう試みのなかに、完成した形態は見渡しえないほどの区別を持っているにもかかわらず、形態の作り方そのものには調和的な移り行きがあるという確信がはっきりとあらわれているかぎりにおいて、それは本質的な真理を含んでいる。この調和のおかげで、各形態は独自の特質を保持しながら、他のものと連関するのである。ライプニッツの生物学を支配しているこの基本的見解を鮮やかに思い浮かべるためには、近代的な進化論ではなくて、ゲーテの『変態』の概念を予見しなければならない。『すべての形態は似ており、しかもいかなる形態も他とひとしくはない。このように宇宙の内陣は秘密の法則、聖なる謎を指し示している』。同じ謎が至るところで普遍と特殊の関係のなかにあらわれる」（ebd.）。特殊と普遍を相互関係にあるとする点で、ゲーテのパースペクティヴはまさにライプニッツの知的方向性を発展させたものになっていたのである。

(174) ここでカッシーラーは、このような発想における「客観性」という言葉の意味を次のように説明している。「精神が把握し接近しうる客観性とは、ある抽象的で単調な結果そのもののなかで表明されるかのような類のものではない。それはむしろ、精神のすべての多様な器官と諸力との統一、しかもそれらの活動のまっただなかに、そしてその内容的な多様性のまっただなかにおいて作り出される統一を明示するものに過ぎない」(ebd., S. 265. 邦訳二一五頁）のである。したがって、「自然のなかではすべての営みがおのれの本質をもち、自然現象の一つひとつがきわめて孤立した概念を持ちながら、しかもすべてが一なるものを構成している。——それと同じように、精神的なもの（人間）のなかでは、それぞれの特殊なものが自身の完成を目指す努力を続けているが、この精神的なものには、それと知られずにひとつの法則が働いていて、かかる法則が全体性の維持を、すべての個別者を全体へと結びつけることを目指しているのである」(ebd., S. 198. 邦訳一六〇—一六一頁)。

(175) Ebd., S. 185. 邦訳一五〇頁。

(176) カッシーラーによれば、『ファウスト』こそは、ゲーテの思惟遍歴そのものを映し出した決定的な作品にほかならなかった。「生命の全体があたかも一点に凝縮され、最高の象徴へと集約されて現われるような作品を創り出すことこそ、ゲーテの詩作に委ねられたものであった。ゲーテが、真の詩人というものは現実の全体像を、経験を通してこま切れに、自分の中に受け入れなければならないのではなくて、それを『予科』(Antizipation) によって根源的に所有しているのだと主張したとすれば、——彼はこういう予科の天分をファウスト戯曲の第一草稿の中で最も深い意味で証明して見せた。というのはゲーテが伝説や民話集の中であらかじめ形作られているものを見出したこの草稿には、彼が自分の生涯の全体の中ではじめて真の実現と解釈を見出したところの動機や手がかりをすでに含んでいるからである。それによってファウスト文学は彼の発展の鏡となったが、——それは彼がその中に常に新しい伝記的な細部を織り込んだという意味ではなくて、現実に対する彼の心の全体的態度のいかなる変化も直ちに、しかも生き生きと表現されるという意味においてである」(*FF*, S. 273f. 邦訳二二二頁)。さらにこうもいっている。「ゲーテの生活の内容ではなくて、その形式法則の生成と変化こそ、ファウスト文学が故意でなく、必然性をもって描き出しているところのものである」(ebd., S. 274. 邦訳二二二頁)。

(177) Ebd., S. 197. 邦訳一五九頁。

(178) カッシーラー自身次のように言っている。「もっとも生き生きとした具体的な輪郭のなかに、じかに形式一般の力——自然と芸術とのあらゆる造形作用のなかに働いている『形式の至高の力』(vis superba formae) を感じ、かつ知る」(ebd., S. 280. 邦訳二二七頁）ものとして描き出すというのであれば、この「形式」こそが現実のすべてということになってこよう。
(179) Ebd., S. 197.　邦訳一五九―一六〇頁。
(180) Ebd., S. 280.　邦訳二二七頁。
(181) Ebd., S. 278.　邦訳二二六頁。
(182) Vgl. Ebd., S. 186.　邦訳一五一頁。ゲーテは自身の文学的あるいは科学的な成果を「純粋人間性の凱歌」(ebd.) ととらえていた。
(183) Ebd., S. 281.　邦訳二二七頁。
(184) Ebd., S. 195.　邦訳一五八頁。
(185) Ebd., S. 185f.　邦訳一五一頁。
(186) Vgl. ebd., S. 272f.　邦訳二二一頁。
(187) Ebd., S. 282.　邦訳二二八―二二九頁。
(188) Ebd., S. 159.　邦訳一二九頁。
(189) Ebd., S. 282.　邦訳二二八頁。
(190) Ebd.
(191) Ebd.
(192) Ebd., S. 281.　邦訳二二八頁。
(193) Ebd., S. 306.　邦訳二四八頁。
(194) Ebd., S. 392.　邦訳四頁。
(195) Ebd., S. 281f.　邦訳二二八頁。
(196) そう考えてみるならば、カッシーラーがゲーテのこのような世界観を、ドイツ精神史を概観するにあたって、あれほどまでに重要視していた理由も明らかになってこよう。彼のみるところ、ライプニッツ以降のドイツにあって、自由に軸足を置いた思想的傾向――たとえばシュトゥルム・ウント・ドランク期の思想家たちやドイツ・ロマン主義者らのような言説――や、形式に力点をおいた思想的傾向――ライプニッツのモナド論やカントの批判哲学のような言説――はそれぞれさまざまなかたちで存在していたが、この両者を包摂した立場は詩人ゲーテの登場をもってはじめて達成された。こうしてゲーテこそが自由と形式という二つのモティーフを綜合することによって世界を理解しようとした最初の人とみなされていたのである。

(197)「『特殊化』への衝動はいったん現実になったものを、その存在のなかで維持しようとする。作られたものは過程へと分解するが、過程はふたたび作られたものへと向かって迫っていくのである」(ebd.)。カッシーラーにしてみれば、このような議論は、一義的にはゲーテの「変態」に関する考えから導き出されるべきものであった。

(198) Ebd., S. 256. 邦訳二〇七頁。

(199) Ebd., S. 265. 邦訳二一九頁。

(200) Ebd., S. 271. 邦訳二一九頁。カッシーラーによると、したがって、ゲーテのいう真理とは、全体としての世界の連関性以外にはありえないということになる。ゲーテ自身のいうように、「私が自分自身と外界とに対する私の関係を知るならば……それを私は真理と呼ぶ。こうして誰しも自分自身の真理をもちうるものだが、それはやはりいつも同じものである」(ebd., S. 264. 邦訳二一四頁)。こうして「私たちが『生命』と呼ぶ普遍者と同じように、私たちが『真理』と称する普遍者も広く行われている個別化のなかではじめて達しうるものであるとするならば、自然のなかでと同じく、思想と論理の領域においても、『理念的な思考法』は永遠なものをただ変移のなかでのみ提示することができることになる」(ebd.)。したがって、真理は存在者の認識の数だけ存在することになるが、それは形式的にはひとつということになる。「私たちは自然を研究するには汎神論者であり、詩作するときは多神論者であり、道徳的には唯神論者である」(ebd.) というゲーテの言葉は実にこのような背景のもとに語られたものだったのである。

(201) Ebd., S. 270. 邦訳二一八頁。カッシーラーはさらに次のように続けている。「われわれが自分自身に承認し、また前提しなければならないのと同じように、そのことは世界についても言える。『それははじめも終わりもなく私たちの前に横たわっている。遠くは限りなく、近くも計り難い。ともあれ人間精神が自分と世界の秘密の中にどこまで、どれほど深く入りこんでいけるかは、決められていないし、決まりもつかない』。ゲーテは形態学に関する論考のこの言葉につづけて詩を載せたが、そのなかで、創造された精神は『自然の内部』へは入っていけないという『俗物的な』考え方を拒否している。彼は自然の本来の意味をそれの現状のなかに求め、その由来や目標のなかに求めるのではないから、随所で内部にいると思っている。こうして彼は研究者として、現象を根源にまで、つまりそれが単に現れ、存在するというだけで、それについてはこれ以上『説明』できないところにまで追求することで満足するのである。というのは説明というものは、私たちがある現象を他の現象に、ある複合的な現象を『原現象』に還元し、逆に後者からまた導き出すという意味でのみ成り立つのであって、――現象作用そのものという全体的な事実については不可能だからである。このことを理解していないものは、鏡をのぞきこむと、すぐにそれをひっくりかえして、裏側に何があるのかをみようとする子供のようにふるまう。ここで明らかなように、『もっとも生得的』でもっとも必然的な概念、つまり原因と結果の概念は私たちにとってつねにくりかえされる無数の誤謬の宿命となり、源泉となる。というのはこの概念にこそ、私たちが現象とその法則のなかにすっかり安住することをむずかしくし、私たちを、そこに私たちが現象の究極的な『根拠』を見出すことを望む超越的な世界へとくりかえし惹き寄せるからである」(ebd., S. 270. 邦訳二一八―二一九頁)。

(202) Ebd., S. 266. 邦訳二一六頁。

(203) ゲーテは世界のこのような歩みこそが、人間性（Humanität）の開示に直結していると考えていた。その意味では、「ゲーテの世界観」は進歩的な要素を多分に含んでいるといってよい。ただし、ゲーテは決して啓蒙主義的な進歩史観を採ろうとはしなかった。なるほど人間理性の覚醒は人間が進歩するための必須条件というべきであろう。ただし、ゲーテにしてみれば、それは決して進歩のための十分条件ではなかったのである。ただひとついえることは、世界が一筋縄ではいかない未発の可能性に開かれているということに過ぎない。将来について、必要以上に楽観視したり悲観視したりすることなく、そのあるべき姿を冷静に見きわめようとする穏当な態度こそが、したがって、ここで求められていることだったのである。

(204) Ebd., S. 257. 邦訳二〇八頁。

(205) 「ヘーゲルに対する個人的な友情関係にもかかわらず、ゲーテ自身をして、ヘーゲルの学説からつねに遠ざからしめていたものは、（世界の）発展のプロセスを単調な概念的・弁証法的なシェーマで表現することに対する彼の断固たる反対であった。発展の諸契機を論理的なプロセスの契機に、つまりテーゼとアンチ・テーゼとに変えてしまうことに対して、彼は自分の心の全体のなかに根ざしたきわめて深い嫌悪を感じた」(ebd., S. 270. 邦訳二一九頁）のである。

(206) Ebd.

(207) Ebd., S. 265. 邦訳二一五頁。

(208) Ebd.

(209) Ebd., S. 320. 邦訳二六一頁。

(210) Friedrich Schlegel, „Kritische Fragmente", in *Friedrich Schlegel, 1794-1802: seine prosarischen Jugendschriften*, Bd. 2, Jakob Minor (Hrsg), Wien, 1882, S. 188. フリードリヒ・シュレーゲルの言葉。カッシーラーはゲーテのこのような発想がフィヒテへと結びつき、フィヒテの国家論において、将来の課題としてのドイツ国民が語られるようになったと指摘している。

(211) *FF.*, S. 387. 邦訳三一二頁。カッシーラーはこう述べている。「ドイツ国家が『実体的な』力として現実的・歴史的な生成のなかに踏みこみながら、それにもかかわらず、与えられた現実の単に偶然で経験的な被制約性をすべて克服する根源的な純粋性と理念的な自由とを維持するように神に召されているか否かについては、将来が決定を下すにちがいない。もし私たちが自分の考察について、ドイツ精神とドイツの歴史の将来に対するこういう展望を断念し、両者の歴史的な過去の反射に満足してしまったとしても、それにもかかわらずこういう過去への沈潜が同時に、思惟の側面からしても、意欲と行為の側面からしても、過去をこえてすすむべく定められているということを私たちは依然として自覚している。ルッターの宗教的な原理とライプニッツの哲学的な真理概念、レッシングの天才論とカントの精神の自発性と自己法則性に関する思想、ゲーテの文学および世界観の形式とシラーおよびフィヒテの自由論、これらの中にひとつの共通な根本傾向が認められるということが明らかである限り、同時にここに働いていた力は消滅してしまったのではなく、ドイツ史のあらゆる決定的な転換点においてくりかえし確証されるのだという信頼もここに根拠をもっている。今、抗しがたい勢いをもって、私たちをまだ曖昧で未知なものである目標にむかって駆り立てているようにおもわれる諸々の力も、結局のところドイツ精神史を全体としてその深い内面的な一貫性のまとまりのなかで支えているあのさまざまな力と内面的に親近なものであることが明らかになるであろう。もし今日、以前にもまして強く、ドイツ精神史全体への観照へとわれわれを沈潜させる衝動を感じるとしても、そのことはわれわれが立っている直接の歴史的な現実の闘争や対立から理想的な過去へと、思想の失われた楽園へとわれわれを逃避させるためではない。真の憧憬はここでも、ゲーテの言葉を借りれば、『生産的』(produktiv) なものであるし、また生産的にはたらくのでなければならないのだ。かかる憧憬が過ぎ去ったものを求めるのは、それを現存し持続するものの象徴として把握し解釈するためにほかならないのである」(ebd., S. 386f. 邦訳三一一—三一二頁)。カッシーラーはこうしたフィヒテにつながる言説を一〇年後にはより具体化した議論を展開することになる。詳細は次章の議論を参照されたい。

(212) Vgl. ebd., S. 393. 邦訳五頁。

(213) このような発想が、本当に妥当か否かについては議論の余地があろう。後述のように、ドイツ精神をもっぱらこうした方面から把握することに対して、カッシーラーはさまざまな方面から批判されることになった。Cf. Lipton, *op. cit.*, p. 56-60.

(214) *FF*, S. 70. 邦訳五七頁。

(215) 生松『人間への問いと現代』、一二一頁。

(216) *FF*, S. 223. 邦訳一八〇頁。

(217) Ernst Troeltsch, „Humanismus und Nationalismus in unserem Bilbungsswesen", in *Deutscher Geist und Westeuropa:*

Gesammelte kulturphilosophische Aufsätze und Reden, Hans Baron (Hrsg). Scientia Verlag, 1966, S. 231. エルンスト・トレルチ「ドイツ教育制度におけるヒューマニズムとナショナリズム」、西村貞二訳、『ドイツ精神と西欧』所収、筑摩叢書、一九七〇年、二四一頁。

(218) Ebd., S. 233.　邦訳二四三頁。

(219) Ebd., S. 231.　邦訳二四一頁。

(220) トレルチはさらにこう述べている。「あるいは、こうも考えられるかもしれない。カッシーラーの根本問題は、中世からわれわれ（ドイツ民族）に伝わったゴチック的人間のはげしい非合理的な空想の衝動が、近代史の要求や運命のもとで、どのようにして形式と形態をうるか、つまり、そのゴチック的形式が破れて異国の形式原理が彼に押しよせて以来、無形式からの救済をえようとするドイツの努力の悲劇的な歴史という根本問題であるに違いない、と。ところが、それはいかなる言葉をもってしても、ひとつの考えをもってしても、問題にされていないのである」(ebd., S. 231f.　邦訳二四一―二四二頁)。「一九一四年の理念」の闘士トレルチにいわせれば、カッシーラーの議論は要するに「中世なきドイツ精神」とでもいうべきものであり、そこで探求されているものといえば「たんにルネッサンスに根ざしている自由」(ebd., S. 232.　邦訳二四二頁）でしかなかった。そしてそうである以上、このような議論には、ドイツ精神を語るうえでもっとも重要な要素——ルッターの宗教改革以来のアンチ・ルネッサンス的なパトスがまったく抜け落ちてしまっていると指摘せざるをえなかったのだ。およそ「ゴチック的人間」たるドイツ人がもちうる自由とは、「あふれんばかりの現実主義的な空想や溌剌とした自由」であって、少なくともルネッサンス的な「個人的＝合理的自律の自由」(ebd.) ではない。にもかかわらず、ドイツ精神をもっぱらこの後者の自由のもとに理解しようとするのであれば、そのような試みは、ドイツ人のドイツ人たる所以をみずから否定するという行為にひとしいと指摘せざるをえないであろう。トレルチのみるところ、カッシーラーの議論はその該博な学識と犀利な視点にもかかわらず、かかる根本問題を抱えているがゆえに批判せざるをえないものになっていたのである。トレルチはさらに『自由と形式』の著述がゲーテの時代をもって終了していることを、この著作の限界からすれば当然のこととして、皮肉をこめて次のようにいっている。「こうしてカッシーラーの著作も、正当な理由で、ゲーテの死をもって閉じる。その先のドイツ精神史の招致は、一九世紀の、なかんずく現代のもっとも強い特徴として、あの古い特徴の再出発を確立しなければならなかっただろう。ところでこの再出発は、一八世紀の、ついではドイツ・イデアリズムの哲学・文学・政治学によって、究極においてただやわらげられ古典的に形成されたのみであって、廃棄されも克服されもしなかったのである」(ebd.,S. 235.　邦訳二四五頁)。こうしてカッシーラーの議論は、学問的には高く評価される一方で、政治思想的なコンテクストにおいては手厳しい批判にさらされるといったように、きわめてアンビヴァレントなかたちで受け止められることになった。

(221) 生松『人間への問いと現代』、一二四頁。

(222) *FF*, S. 46. 邦訳九〇―九一頁。

(223) Ebd., S. 251. 邦訳二〇三頁。

(224) Ebd.

(225) ちなみにカッシーラーは『自由と形式』の続編として『理念と形態――ゲーテ、シラー、ヘルダーリン、クライスト』(*Idee und Gestalt. Goethe-Schiller- Hölderlin-Kleist*, 1921) を書いている。Vgl. Ernst Cassirer, *Idee und Gestalt. Goethe-Schiller-Hölderlin-Kleist*, in *Gesammelte Werke Hamburger Ausgabe*, Bd. 9, Felix Meiner Verlag, 2001, S. 241-435.

(226) 実際「一九一四年の理念」は、すでに一九一七年のドイツ帝国議会における講和決議をはじめとして、比較的早い時期からほころびをみせはじめていた。そしてその流れは、大戦末期のプロイセンの三級選挙法改正、議院内閣制の導入といったいわゆる「上からの革命」によって本格化することになる。大戦当初は戦争に熱狂していた知識人の多くも、この時期になると諸手を挙げて「一九一四年の理念」に賛成するという態度を取ろうとはしなくなっていた。そこに厭戦気分とドイツの軍事的劣勢が重なって、この理念は最終的にドイツ国民に見捨てられていったのである。Vgl. G. Mann, a. a. O., S. 615-656.

第五章　転換点――自然法思想とドイツ国家をめぐって

一

一九一八年一一月三日のキール水兵の叛乱に端を発する大衆の蜂起はまたたく間にドイツ全土に飛び火、フィリップ・シャイデマン Philipp Heinrich Scheidemann（1865-1939）の唐突な共和国宣言（同月九日）によって、ドイツ帝国は革命騒ぎのなか瓦解した。そして、翌年八月一一日には、国法学者フーゴー・プロイス Hugo Preuß（1860-1925）起草の「一九一九年八月一一日のドイツ・ライヒ憲法」(Die Verfassung des Deutschen Reichs vom 11. August 1919. いわゆるヴァイマール憲法）がヴァイマール国民議会で採択され、ドイツは政治体制のうえでは「一九一四年の理念」を真正面から否定する議会制民主主義国家となった。ところが、かかるドラスティックな体制変革がかえってドイツの混乱を助長し[1]、共和政が「共和国の恩恵に浴したすべての者から、あるいはその多くの者からさえも心からの支援をえることができなくなる[2]」ようになると、ユダヤ系ドイツ人として革命の「恩恵」に浴していたカッシーラーは、ふたたび精神史研究の領域から、時代の政治的状況に対して発言せざるをえなくなっていく[3]。このユダヤ系ドイツ人のみるところ、ヴァイマール共和政の弱体化は、世界大戦という未曽有の惨禍によって依拠すべき価値を見失ってしまったドイツ国民の精神状態をますます混乱させてしまうところに深刻な問題があるというのでなければならなかった。「すべてが未決のままで『もはやないとまだないの間』(Zwischen „nicht mehr" und „noch nicht")を激しく揺れうごいた」[4]このカオス的状況のもとでは、「一九一四年の理念」のように運命を黙示する言説がこれまで以上に切実に求められるようになっていたのであって、[5]このようないわば「全体性への渇望」(ゲイ)の広まりは、この反「一九一四年の理念」の闘士からすれば、決して看過しうる状況ではなかったのである。第一次世界大戦のアウトサイダーはこうしてここでもまたアウトサイダーたるよう迫られていたのだ。

数多くの自称預言者たちが蠢きあうこの「思想的戦国時代」[6]において、カッシーラーはおびただしい数の精神史研究を刊行し、目下のいわゆる神々の闘争に対する解毒剤として「自然法」(Naturrecht)の概念を議論の前面に押し立てようとしている。実際、その様子は、自然法への言及が『シンボル形式の哲学』の実質上の完成(一九二七年ころ)直後——一九二〇年代後半から一九三〇年代前半にかけての政治的危機の季節に急増していることからも容易にうかがい知ることができよう。なかでも『啓蒙主義の哲学』、『ゲーテと歴史的世界——三つの試論——』(*Goethe und die geschichtliche Welt. Drei Aufsätze*)、「ジャン＝ジャック・ルソー問題」、「自然法の本質と生成について」(„Vom Wesen und Werden des Naturrechts")などの精神史研究が相次いで発表された一九三二年を中心として、この前後数年のうちに刊行された自然法関連の論考はその数実に一三あまり。[7]カッシーラーはそこで自然法について精神史的側面から考察する作業をとおして、「今・ここ」の政治的状況に対する自身の見解を示唆しようとしているが、次から次へと矢継ぎ早に研究の成果をならべあげていくその議論のやり方は、この人物がいくら速筆の多産家だったとはいえ、そのペースからしていささか常軌を逸しているかのような観すらあった。しかも、自然法について論じるということそれじたい、二〇世紀前半のドイツの知的エートスからすれば、そもそもきわめて異数のことであったといってよい。当時、ここドイツにおいては、自然法はもはや「ほとんど不明瞭になり、すっかり色あせてしまった語」[8]でしかないものとされていたし、ましてやかかる「色あせてしまった語」を用いてアクチュアルな政治的問題について論じようとするものなど、皆無にひとしいというほかなかった。カッシーラーは逆にかの「暗黒の木曜日」（一九二九年一〇月二四日）に端を発するドイツ政局の混迷が深まりをみせればみせるほど、ますます自然法についての言及を強化していったわけだが、それほどまでに自然法に対して執着するそのやり方は、他に例をみないというのでなければならないものだったのである。

ちなみに、かかる自然法軽視の風潮ということでいえば、法思想や法哲学の議論に直接たずさわっていたドイツ国法学の碩学たちのあいだでさえ、事情は何らかわるところがなかったといってよい。[9] 彼らのような法のスペシャリストにとってもまた、自然法はもはや取り上げるまでもない過去の遺物でしかなかった。そして、法実証主義（Rechtspositivismus）やヴァイマール共和政の是非をめぐる当時の国法学をにぎわせた論争のなかで、自然法が中心的なテーマのひとつとして議論の俎上にあげられるなどということは、かかるエートスのもとでは、おもいもよらぬことというほかなかったのである。このような状況下では、自然法は——わずかにエーリッヒ・カウフマン Erich Kaufmann（1880-1972）のようにカトリシズムに傾倒した保守主義的な自然法論者を見出しはしたもの[10]——本格的な知的反省のためのきっかけはおろか、その再評価のためのきっかけすらえられなかったといっても決して過言ではない。そればかりか、自然法という言葉にはいつもどこかネガティヴなイメージがつきまとっていたし、この言葉は実際にいたるところで格好の攻撃の的として用いられるようになっていたのである。たとえば、ハンス・ケルゼンやゲアハルト・アンシュッツ Gerhard Anschütz（1867-1948）のような法実証主義者たちからすれば、自然法など、真っ先に否定されるべき空疎な観念でしかなかったし、自身の学説の論理妥当性を弁証するにあたってのいわば有用な小道具のひとつでしかなかったのだ。その著書『自然法論と法実証主義の哲学的基礎』（*Die philosophischen Grundlagen der Naturrechtslehre und der Rechtspositivismus*, 1928）のなかで、ケルゼンはこう述べている。

一つの規範体系が妥当することの論理的必然的な排他性を洞察すると、自然法論の評価のためにきわめて重要な、次の結果に到達する。「自然的」秩序の妥当が主張されるなら、それと並んで同時に同一の妥当範囲をもつ実定的秩序を仮定することはできない。実定法秩序を他から導き出すことのできない、したがって、より上位の秩序によって正当づけることのできない最高の規範とする徹底した実証主義の立場からは、自然法の妥当は承認できないように、この自然法の立場からいっても、――自然法がその純粋な観念に適合して示される限り――実定法の妥当する余地はまったくない。自然法と並んで実定法が存在するなど、論理的にはもってのほかである。[11]

もっとも、こうした事情は、ケルゼン流の純粋法学（Reine Rechtslehre）の論敵たち――カール・シュミット、ルードルフ・スメント Rudolf Smend（1882-1975）、ゲアハルト・ライプホルツ Gerhard Leibholz（1901-1966）のような人たちのあいだでもそれほどかわるところがなかったといってよい。自然法を批判の対象とみなすという点では、彼らのような反法実証主義者たちもまた、だいたいにおいて法実証主義者たちと意見の一致をみていた。たとえば、オットー・フォン・ギールケ Otto Friedrich von Gierke（1841-1921）のようなゲルマニステン的な視点に立つ人たちからすれば、ドイツ固有の法体系はあくまでも民族精神にもとづいているというべきであり、「全西欧の数学的＝機械的な科学精神、功利主義と道徳を融合する自然法の概念[12]」に由来しているのでは断じてないというのでなければならなかったのである。「契約とか合目的的な合理的な構成とかが個人から国家や社会を構成するのではなく、基本的な個人から発散する超個人的な精神力、民族精神あるいは宗教的で美的な思想が（国家や社会を）構成するのである[13]」と確信することによって、彼らは自然法の超時代的なパースペクティヴをフィクションの域を出ないものとみなしてあからさまに嘲笑した。のみならず、かかるパースペクティヴを西欧諸国の法思想に根づいた非ドイツ的概念でしかないものと決めつけ、批判の対象というより憎悪や敵視の対象としてあしらおうとさえしていたのである。[14]また、シュミットのように法規範を「例外状態」(Ausnahmezustand) における主権者＝国家の決断の所産とする実存主義的な見地からすれば、主権者＝国家を拘束する規範として機能する自然法のための余地など、そもそも最初から存在しないというのでなければならなかった。[15]「法が国家を作る」などという自然法の発想は、シュミットによれば、文字どおり本末転倒の議論を展開しているに過ぎず、端的にいって、間違っているというほかなかったのだ。その著書『政治神学』(*Politische Theologie*, 1919) のなかで、シュミットはこう述べている。

決断はいかなる規範的拘束からもまぬがれ、本来の意味で絶対化される。例外状態においては、国家はいわゆる自己保存の権利によって法を停止する。「法・秩序」なる概念を構成する二要素が、ここにおいて相対立し、それぞれの概念的独立性を表明しうるのである。……法秩序が意味をもちうるためには、秩序が作り出されていなければならないのである。正常な状態が作り出されなければならないし、また、この正常な状態が実際に存在するか否かを明確に決定するものこそが、主権者なのである。法はすべて、「状況に規定されている法」なのである。主権者が、全一体としての状況を、その全体性において作りだし保証する。主権者こそ、この究極的決定の専有者なのである。この点に国家主権の本質があり、それはしたがって、正確には、強制ないし支配の専有としてではなく、決定の専有として、法律学的に定義されるべきものであって、このさい、決定という語は、さらになお展開されるべき一般的な意味において用いられているのである。[16]

人間を自然権の所有者、他人に譲り渡すことのできない生得の権利をもつ主体として描き出すことによって、一八世紀以降のアメリカやヨーロッパにおける市民革命の流れを決定的に規定するほどの威力をふるってきたモデルネの自然法思想には、以上にみたように、ここドイツにおいては、きわめて限定的な、しかも、どちらかといえばネガティヴな役割しか与えられていなかった。というより、そもそもドイツのような市民革命の伝統を欠いた国において、自然法にフランスやイギリスにおけるのと同様のはたらきを期待することじたいが、そもそも無理な注文であったというべきなのかもしれない。かつての「一九一四年の理念」の闘士トレルチが、第一次世界大戦の直後に悔恨の念をこめて語った警告——「もっぱら個性的に形成された、根本的な人格的成熟とか人格の責任とか自律という思想は、ドイツにおいてとくにこのエートスのその後の政治利用においておこなわれたものよりも、はるかに強調する必要がある」[17]という警告は、この国においては結局まともに受けとめられなかった。それどころか、カッシーラーが自然法について語りはじめたころ、事態はトレルチの警告とはまったく正反対の方向へとむかいつつあったといっても決して過言ではあるまい。一九二九年の世界恐慌以来、政治と経済の混乱状態が当時すでに日常的な光景になってしまっていたこの国では、「人格の責任や自律」の精神を明文化したライヒ憲法の理念を実現しようとするかわりに、それらを徹底的に否定してしまおうとするエートスが日増しに高まりつつあった。そして、そのエートスは、ナチスのように「すべてを全面的に、経済的に、政治的に、精神的に改めなければならない」[18]と声高に主張し、議会制民主主義を公然と拒絶し共和政そのものを葬り去ることによってドイツを救済せんとする預言者たちを政治の表舞台へと押し上げようとさえしていたのである。

それでは、この危機的な状況において、カッシーラーはどうしてかくも自然法思想の存在に固執しようとしていたのか。ヴァイマール共和政を支持する人々のあいだですらほとんど顧みられることのなかったこの古き思想的モティーフの存在を、そもそも「今・ここ」においてくりかえし強調するのでなければならなかった必然性はいったいどこにあったというのであろうか。そして何より、かかるカッシーラーの姿のうちに、われわれはどのような政治思想的なメッセージを読み取りうるといえるのであろうか。本章では、このあたりの事情を探るために、精神史家カッシーラーによる自然法思想をめぐる一連の議論に焦点をあてて検討することにしたい。そして、その作業をとおして、「ハンブルクのオデュッセイ」の政治思想的な動向を確認するとともに、自然法に沈思して政治的に発言することそれじたいが文化創造のための政治というモティーフを構築するための重要なステップになっていたということを明らかにしてみたいとおもう。そのために、以下、まずはカッシーラーが自然法という言葉をどのようなものとして理解しようとしていたのかを、彼自身の精神史的研究への考察をとおしてみていくことにする（二）。そのうえで、さらに国家のあるべき姿をめぐるカッシーラーの議論を注視することによって、彼自身が「今・ここ」の政治的状況における自然法のレーゾン・デートルをどこに認めようとしていたのかを確認するとともに、この時期にあえて自然法思想の存在を強調してみせようとしていたその思想的意図を明らかにすることにしよう（三）。なお、その作業をとおして、われわれは憲法愛国主義という当時のカッシーラーが抱いていた政治的信条の一端を垣間見るとともに、かかるポレミカルな信条こそが先に提唱された「ドイツ精神」を発展させつつも継承しようとするものになっていたということを、ドイツ国民のあるべき姿を力説するカッシーラーの言説のなかから確認することになるであろう（四）。そして、そのうえで、以上の一連の議論がカッシーラーの哲学においてどのような意義をもちうるものになっていたのかをみていくとともに、その思想的意義と問題点について若干の検討を加えてみることにしたい（五）。

二

周知のように、自然法という言葉にはさまざまなニュアンスがあり、自然から何らかの規範を導き出そうとする考え方それじたいは古代ギリシアにまでその起源をさかのぼることができる。自然法という言葉そのものは、周知のとおり、ソロイのクリュシッポス Chrysippus of Soli（B.C.280?-B.C.207?）やルキウス・アンナエウス・セネカ Lucius Annaeus Seneca（B.C1?-65）のようなストア派の哲学者たちによって本格的に語られはじめ、その後キリスト教神学のコンテクストにおいてもさかんに論じられるようになったが、カッシーラーの議論はそうした古代的、中世的な意味における自然法ではなく、もっぱら一七世紀以降の自然法思想に焦点をあわせようとするものになっていた。そして、その議論を集約した論文に「自然法の本質と生成について」というタイトルを与えていたことからもわかるように、自然法思想を「本質」（Wesen）と「生成」（Werden）というふたつの側面から検討することによって、この概念を「歴史的な現象あるいは歴史的な記憶を意味するにすぎない[19]」もの、あるいは「世間ずれした机上の空論[20]」としてではなく、むしろ「今・ここ」においてその思想的妥当性を問われるのでなければならない生きたテーマとして描き出そうとしていたのである。カッシーラーの確信するところによれば、ここで語るべき自然法とは、あくまでも不断に運動しづける哲学的な思惟形式でなければならなかったのであり、また、そう考えられるときにのみ、本来の意義をたしかめられるはずのアクチュアルな概念にほかならなかったのだ。それでは、この哲学者のいう自然法の「本質」と「生成」とは、いったいどのようなものとされていたのであろうか。以下、「自然法の本質と生成について」をはじめ『啓蒙主義の哲学』などの議論をとおして浮かび上がってくるであろうカッシーラーの自然法観の概要をごく簡単にみていくことにしよう。

カッシーラーのみるところ、フーゴー・グロティウス Hugo Grotius（1583-1645）やプーフェンドルフらを嚆矢とするモデルネの自然法思想は、プラトン主義的な発想に立つことによって「われわれの生得の法」を究明しようとするところにそのもっとも根本的な思想的特徴があった。それはつまり、自然法の概念にまとわりついたキリスト教神学による「積年の不純な付着物を除去する」ことによって、「理性とヒューマニズムが古代に有していた権威ある地位への復帰を目指していた[21]」のであって、より具体的にいえば、法（Recht）や正義（Gerechtigkeit）の概念をプラトンと同じくイデアに起因させようとするものになっていたのである。[22] 事実このような方向性は、自然法の「原状回復」(restitutio in integrum) の作業に取り組むに際して、グロティウスがその主著『戦争と平和の法』(*De jure belli ac pacis*, 1631) の序文のなかで述べた「たとえ神が存在せずとも、あるいは神が人間的なものごとを何ら配慮しないとしても、自然法の諸命題はその妥当性をまったく減じえないであろう[23]」という「近代自然法誕生の時を告げた」この有名なマキシムのうちにもっとも端的にいいあらわされているといえよう。「国際法の父」グロティウスは、法を「善という純粋なイデアから、すなわち力と生命とにおいて他に比肩するもののない (δυνάμει καὶ πρεσβείᾳ ὑπέχουσα) 善のイデアから流出する」ものとし、「正義と善を他のあらゆる存在の上位 (ἐπέκεινα τῆς οὐσίας) におき、その意義をどのような他の存在物にも依拠させない法理念のこの『超越性[24]』(Transzendenz)」を強調することによって、すべての人々をひとしく拘束し、なおかつすべての人々にひとしく規範としてあてはまるであろう「完全に普遍妥当的な基準[25]」のモティーフをスケッチしてみせようとしていた。そして、自然法の「それじたいにおいて存在する客観的な内容[26]」をこうしてイデア的なものから導き出しうるものと宣言する作業をとおして、自然法の教説を今いちど純粋な哲学的思弁のコンテクストへと引きもどそうとしていたのである。

といっても、スコラ哲学から自然法の理念を救い出そうとするグロティウスのやり方は、たしかにプラトン的なアプローチに範を求めようとするものではあったが、プラトンの学説をそっくりそのまま焼き直ししようとするものだったわけでは決してない。グロティウスのような一七世紀人からすれば、そもそもイデアとは、数学のように厳格な論理性によって支配された領域においてのみ存立しうるものでしかなかった。そして、そうである以上、「プラトンにおいては、法の論理は論理学と倫理学の相互関係から成立したが、グロティウスにおいては法の問題は数学の問題と結びついている[27]」というのでなければならなかったのである。グロティウスその人が『戦争と平和の法』において明らかにしているように、ここでのねらいは、まずは「自然法を数学的な基礎概念や公理と同様の確実性をかねそなえた原則へと還元する」[28]ところにあった。のみならず、そのような見方は、法という概念それじたいを数学と同じように現実的なものとしてではなく可能的なものとして位置づけようとするものにもなっていたのだ。そう考えてみるならば、ここでいう法とは、現実の経験のうえにではなく「あるたしかな合致（Übereinstimmung）と調和（Proportionalität）のうちに成り立つ」[29]ものとして描き出されることになるであろうし、「あれこれのものが現実に存在するかどうかを問いただす」のではなく「ある確固たる存在の承認（Annahme）と思想的な手がかり（Ansatz）から必然的に生じるものを追い求めようとする」[30]ものになっているということになってこよう。そして、誰ひとりとして数を数えなくなったとしても数学的定理が依然として真理であり続けるのと同じように、法はたとえ現実の世界において実現されたためしがないとしても、決してその妥当性を減ずることのないモメントとして規定されるのでなければなるまい[31]。ライプニッツがのちに法学そのものを「経験ではなく定義に、事実にではなく厳密な論理的証明に依拠する学科に、すなわち現実の諸問題よりもむしろ純粋な妥当性の諸問題をあつかう学科に属している」[32]と述べているのも実にこのような意味においてであった。カッシーラーのみるところ、モデルネ的な意味における自然法とは、かかる「法学の数学的考察」[33]によって、法思想の領域に「新たな始まり」を画するものになっているというのでなければならなかったのである。

もっとも、法学を数学との類似において理解するということは、何も法の内容それじたいを逐一数学的思考のもとに規定するということを意味しているわけでは決してない。事実はむしろその反対であった。カッシーラーの説明にもあるように、法規範の命題が数学と同じような確実性をもって成し遂げられることなどありえないということは、実際にはグロティウスその人の確信するところだったのであり、彼はこの点ではアリストテレスの所説に賛成して、数学と法学を同一視することなど端的にあやまりでしかないと断じていたほどだったのである[34]。このことからもわかるように、モデルネの「自然法の創始者たちや教師たちが数学の方法論的な模範と雛型をもちだしてきたとき、そもそもこの援用は数学と自然法との直接の結びつきや依存関係を意味していたわけではなかったし[35]」、ましてや法学を数学のうちに解消してしまうかのような事態を想定していたわけでもなかった。グロティウスが法を数学とリンクさせて語ろうとしたとき、数学はあくまでも法学の性質をいいあらわすための「比喩的な意味」しかもちえないものとして理解されていた。つまり、「ここで数学は本来の意味において受容されているのではなく、より広汎な文脈の代表者として、もっぱら普遍的な精神的機能のシンボルとして、さらにいえば、自然法が数学について語るところでは、自然法は数学を『部分をもって全体をあらわす』(pars pro toto) の意味で理解し、理性や純粋理性の活動の全体をいいあらわすための表現として用いられている[36]」にすぎなかったのである。カッシーラーによると、数学は一七世紀当時、「人間理性の誇り」すなわち理性のプロトタイプとして広く語られていたのであり、グロティウスやライプニッツらが法学を数学と結びつけて考えようとしていたのも、結局のところ、法学と理性との結びつき明確にするという目的のためだったのだという。カッシーラーはいう。

このように自然法が法と数学とを結合させたのも、それがこの両者をまったく同じ根源力の表現とみなしたからである。自然法理論は法と数学とを、精神の自律性および自発性のもっとも確実な証言であると考えた。精神は純粋にそれ自身のなかから、すなわちみずからの「本有観念」(eingeborene Ideen) から量と数との王国を構築できるのとまったく同様に、法の領域においても必ずや同じく創造的な建設の能力を有するはずである。つまり精神は同じくここにおいても自分自身で創り出した本源的な規範から出発して、しだいに個々の具体的な規範の形成へとすすまねばならない。実にこのような方法によってのみ、精神は偶然的、派生的、外面的な単なる事実の世界を超越して法の体系を構築できるであろう。万物はこの体系においてはじめて全体性へと組み込まれ、個々の決定はこの全体性から裁可と裏づけをえることができるのである。[37]

ここでいう「本有観念」が人間の理性を意味していることはいうまでもない。そして、このような見解からすれば、かかる「本有観念」に由来しているという意味において、法学は数学と結びついているといえようし、形式上のいくつかの点で類似した性質をもっているといえよう。グロティウスはこうして自然法を人間の理性に端を発するものとみなし、それゆえに「法の理念のうちに姿をあらわしている人間の精神性[38]」にほかならないものとして理解しようとしていた。換言すれば、それは「精神の自己立法と自発性の証左[39]」として、「それ自身の『本性』のなかでみずからの真実を確証し、この本性の力によっていっさいの歪曲と不純化とを拒否するに足る法認識[40]」を確立することによって、その本来の役割——「実定法の命題が究極のよりどころとし、つねに新たな奔流をえている源泉[41]」としての役割を果たしうるものとされていたのである。カッシーラーによれば、グロティウスのこの自然法理解は、ガリレイが自然科学の領域において行っていたことと「観念的な次元」において結びついているはずのものであった。後者が超自然的な神の領域から「数学的・物理学的認識の自律性を主張し擁護した[42]」とするならば、前者もまた、自然法のアプリオリ性の主張をもって「法学の自律性」を確保しようとしていたのであって、両者はこの自律性の要請によって、当時広まりつつあった考え方——「およそ純粋に内在的な基礎づけを可能にする、何ら超越的な啓示によらずにそれ自身で明晰であり確実であるような真理は、その内容の如何を問わずすべてが『自然』に含まれる[43]」とする当時の思潮により具体的な表現を与えようとしていたのだ。一八世紀を代表する法思想家シャルル・ド・モンテスキュー Charles-Louis de Montesquieu (1689-1755) がのちにその著書『法の精神』(*De l'esprit des lois*, 1748) のなかで、「もっとも広い意味における法とは、事物の本性から引き出される必然的な関係のことである[44]」と喝破したように、理性によって開示されるこの「事物の本性」＝「自然」の真理こそ、精神的にも物理的にも世界をひとつのコスモスとして完成させるためのもっとも根源的なファクターになっているとされていたのである。

このように考えてみるならば、かかる発想がこれまでのキリスト教的な「神学のドグマ」——「正義の規範や道徳の尺度といったものをおよそ神の意志のうちに解消してしまう」[45]かのようなドグマに対するアンチ・テーゼをなしていることはもはや明らかであろう。周知のように、キリスト教神学は人間の理性を神の恩寵によってはじめて正しい方向へと導かれうる不完全なものとし、理性をつねに「神の法」（lex divina）のもとに位置づけようとしてきた[46]。なかでも救済予定説によってその傾向をより強化したジャン・カルヴァン Jean Calvin（1509-1564）は「神の力それ自身はまったく無制約であるからそれが何か拘束的な規則もしくは規範にしたがう余地などまったくありえない」[47]と強調したが、グロティウスの説く自然法のテーゼは――彼自身、カルヴァン主義に反対して人間の自由意志を肯定したヤーコブス・アルミニウス Jacobus Arminius（1560-1609）を中心とするレモンストラント派の教義を支持していたことからもわかるように――ほかならぬこのような神学上のドグマを真正面から否定するものになっていたのである。カッシーラーはグロティウスのこの言動を、ルッターの奴隷意志論に反対しつづけた人文主義者デジデリウス・エラスムス Desiderius Erasmus（1469?-1536）のそれに重ねあわせて理解しようとしているが、その主張は決してキリスト教信仰それじたい否定しようとする意図から出たものではなかったという[48]。それはむしろ、宗教との関連において「法的権能の分野を明確に規定し限定する」[49]ことを目指していたのであって、ここでも全体としての自然を神のみ業とするガリレイの見解と一致するはずのものだったのである。それによると、自然のうちに認識されるものはすべて神の本質のあらわれにほかならず、この「自然における神の啓示」は一義的に確立されているという意味において、多様な解釈が成り立つ「聖書における神の啓示」に優越していると考えられるのでなければならなかった。神は自然において「精神それじたいであるものや精神が根本的に理解するものをいいあらわしている」[50]のであり、そうである以上、神の意志が人間の内なる自然に刻みこまれている自然法を逸脱することなどありえないというのでなければならなかったのであって、その内容もまた、神学上の聖書解釈に煩わされることのない客観的構造をもっているというのでなければばならなかったのだ。

他方、自然法思想はここでさらにもうひとつの絶対者――トーマス・ホッブズ Thomas Hobbes (1588-1679) がいみじくも「地上の神」(mortal God) とよんだ国家の全能性の要求をも全面的に退けることになる。「ルネッサンスのころから着実に浸透してきたこのすぐれてモデルネの考え方[51]」は、周知のように、ニッコロ・マキャヴェリ Niccolò Machiavelli (1469-1527) の『君主論』(*Il Principe*, 1532) やジャン・ボダン Jean Bodin (1530-1596) の『国家論』(*Les six livres de la République*, 1576) 以来、「法に拘束されない権力」(potestas legibus soluta[52]) の存在を高唱し、「国家の最高権力を手にするものは法的な規制や制約に何ら拘束されるものではないとする教説[53]」を展開するようになっていた。このようなパースペクティヴからすれば、存在しうるのは「国家の力にもとづく法」でしかないのであって、自然法のように「国家の力にもとづかない法」や「国家を規制する法」を想定することじたい非現実的で一種の形容矛盾 (contradictio in adjecto) でしかないとされていたのである。しかしながら、グロティウスをはじめとする自然法理論の教師たちからすれば、リヴァイアサン的な国家を要求するこの「国家の絶対主義」の主張の方こそ、「先決問題要求の虚偽」(petitio principi[54]) を犯していると指摘せざるをえなかった。なぜならば、「国家はそれじたい、本来的な法 (自然法 lex naturalis) を担い実現するかぎりにおいて法 (市民法 lex civilis) を作成し制定しうるものであるにすぎないからだ[55]」。そもそも法の概念は人間が相互に約束をとりかわすことによって成立し、それによって規範的に人々を拘束するものになっているのであり、カッシーラーが「自然法の最高の原則のひとつ[56]」と呼んだ法のかかる拘束的性格は、そもそも国家権力に由来しているわけでも何でもない。事態はむしろ逆であって、国家権力そのものが人々の同意からなるものである以上、国家は実際には、この自然法的なモティーフのうえに立っているというのでなければなるまい。にもかかわらず、国家がこの前提を歪めてしまうとするならば、それはおのれの依って立つ土台をみずから掘り崩すということを意味していると指摘せざるをえないであろう。このことからもわかるように、自然法の「自律性と自主性にもとづいてのみ、法は国家の生命それじたいに確固として揺るがざる基礎を提供することができる[57]」

のであって、決してその逆ではなかったのである。カッシーラーはいう。

自然法の要求を受け入れ、この要求を命令として個々人に指し示すことによって、理性的・社会的な生の代表者としての国家は、単なる権力国家から理性国家へと移行することになる。国家はそこですべての法に本質的な強制的性格をもって自然法の要求を執行することによって、「不完全な法」(lex imperfecta) を「完全なる法」(lex perfecta) へと作りかえるのだ。ただし、国家はここでもまた法の創造者としてではなく、法の執行者として機能する存在でしかない。国家は法をその目標やテロス（究極の目的）へと導きはするが、その本来的な基礎づけとなるような端緒ではないのである。……そうした端緒はむしろひとり法的理念そのもののうちにあるのであって、その他のものや何らかの最高者によって導き出されるものではないし、また、そのような導きを必要とするものでもない。したがって、国家が法をその根源的意味――その意義と純粋な可能性とにおいて前提することによってのみ、国家は法の実現を助けるということになるのである。[58]

国家権力に法の妥当性の究極的な根拠を求めようとする言説は、その根本的なテーゼ――「意志は理性に優位する」(stat pro ratione voluntas)[59] というテーゼからして事実をとらえ損ねている。自然法的な見地からすれば、法はあくまでも人間の「純粋理性の領域」に端を発しているのであって、国家の意志のような恣意的なファクターによって基礎づけられうるかのような類のものでは決してなかった。「あらゆる人間的ならびに神的な権力に先行して、この種の権力から独立して世に行なわれるべき法が厳然として存在する、という命題を最高の命題として主張」[60] するものであるかぎり、グロティウスは国家の領分と法の領分を意識的に峻別せざるをえなかったし、理性以外のいかなる権力による命令によっても、「理性の純粋な本質において存在するもの」を変更したり破壊したりすることなどできないと考えていたのだ。このネーデルランド人は、もちろん法の執行機関としての国家の存在意義をいささかたりとも疑ってはいなかったが、それでもやはり、国家を自然法の下位に立つ一機関に過ぎないものとする見解を決して覆そうとはしなかった。ここで国家に認められる「唯一の『合法的』な力とは、合法性の原理そのもの、法の理念そのものを個々人の意志のうえに行使する力」[61]でしかないのであって、その「本来的義務と本質的目的とは、この自然法をみずからの秩序のうちに組み入れることによって、それを保全し保障すること」[62]にあるというのでなければならなかったのである。そうである以上、自然法は実定法のようにその時々の国家の都合によって任意に改廃されうるかのごとき「規定」(Satzung) や「法令」(Gesetz) の総和ではないし、かかる法秩序のもとで「制定された秩序」(ordo ordinatus) ではない。カッシーラーのいうように、それはどこまでも理性の自律的なはたらきにもとづいて「事物を制定する能動的な行為にほかならない」[63]のであって、それこそ「制定する秩序」(ordo ordinans) とでもいうべきものになっているのだ。

その際、この「制定する秩序」としての自然法は、ただ単に各人がばらばらになるのを防ごうとするかのような消極的な内容にとどまりうるものだったわけではむろんない。カッシーラーによれば、それはむしろ個々人の意志を構成するとともに「精神的にそれを基礎づけ正当化するところのもの」だったのであり、「その個々の行為において市民を市民たらしめ、市民へと教育するかぎりにおいてのみ、市民を支配せんとする」[64]ものだったのである。とするならば、ここでいう自然法とは、人間が理性の自己立法をとおして自分自身を作り上げるための知的モティーフを提示するものになっているといえようし、さらにいえば、市民としてのあるべき姿を指し示すことによって、各人を正しい方向へと導こうとするきわめて積極的なモメントを包含するものになっているといえよう。グロティウスをはじめ多くの自然法論者がくりかえし強調しているように、自然法はこうして各人に不断に活動の余地＝可能性を切り開いてみせるとともに、理性のマキシムにしたがって正しく自己決定しうる成熟した人格を各人のうちに完成させようとするものになっていたのである。そして、このようなかたちで作用することによって、人間を自由にするための決定的な役割を果たすべきものとされていたのだ[65]。そう考えることによって、自然法理論は法を「自由の反対者・敵対者」としてではなくむしろ「われわれに自由を与え、自由を真に保証してくれるもの[66]」として把握し、法にしたがうことこそが真の意味における自由につながっていると主張するようになっていく。それによると、法とはあくまでも「人間の自由を確保し、これによって人間をその真の使命につれ戻すこと」を課題とするのでなければならないのであって、ただ単に「人間の幸福、安寧、快楽を増大させること」を目指していればよいかのような類のものでは決してないというのでなければならなかった[67]。それはかかるプラグマティックな有用性にのみ根をおろした功利主義的な理念を積極的に退け、人間が「みずからの運命の手綱をわが手に握ることによって――たんなる自然的必然（Müssen）を意志（Wollen）に変え、当為（Sollen）に変えることによって――この運命を自分から解き放つ[68]」ための羅針盤としての役割を果たすべきものと考えられていたのである。

　自然法はこうして法を「人間本性の個々の経験的衝動に基づく単純な衝動的生の領域に由来する偶然の創作物」としてではなく、人間の精神的生活と社会的生活の双方を構成するためのもっとも根本的なファクターにほかならないものとして描き出すことになる。カッシーラーによれば、自然法はこの点でルネッサンス精神の基調となっていたモティーフ――「人間性そのもの」(humanitas ipsa)[69]の解放というモティーフを法学のコンテクストにおいて具体化しようとするものになっていたのであり、それこそ古代への沈思をとおしてモデルネを築きあげていった人文主義の精神に「新たな始まり」をもたらそうとするものになっていた。のみならず、人間の文化的営みに規範的な方向性を付与するものになっていたという意味において[70]、人間文化をリードする文法の重要な一部をなすものになっていたのである。といっても、この文法は、カッシーラーからすれば、現代の法制史家たちのいうような「自己完結的で何ひとつ欠けるところのない現象[71]」あるいは完全無欠の根本法典ではないし、そもそもそのようなものとして扱われてよいかのようなものでは決してないのだという。この哲学者の確信するところ、そうした見方は事態の半面に注目しているに過ぎないのであって、自然法を十全に理解するためには、その本質をスタティックな相ばかりでなくダイナミックな相、すなわち生成の相をも考慮に入れて検討するのでなければならなかったのだ。もともとアプリオリなものとされていたはずの自然法の本質を看取するためにその生成の側面に目配せする必要があるというのは、一見したところ矛盾めいているようにおもわれるかもしれないが、カッシーラー自身は決してそう考えてはいなかった。ここにおいて自然法は、アプリオリな性質を帯びつつも、適切な「種差」（differentia specifica）[72]を加えられてはじめてその本来の姿に迫りうるものになっていたのであり、その点ではアポステリオリな性質をもあわせもつべきものとされていたのである。

もっとも、自家撞着とおぼしきこのような自然法理解には、それなりの論理的な根拠がある。実際、このことは、「自然法の本質と生成について」と同時期に刊行された『啓蒙主義の哲学』において、カッシーラーが自然法のルーツをなす人間理性をどのようなものとみなしていたのかをふりかえってみるならば、それほど難なく首肯することができよう。すでに第一章にみたように、シンボル形式の哲学者カッシーラーは、そこで理性という言葉を「現象に『先行』して把握される『アプリオリ』な規則」[73]としてではなく、「現象じたいにおいてそれらを現象の内的連関および内的結合の形式として提示するべき」[74]一種の媒介として理解しようとしていた。それはつまり、経験に先立って事物の本性を演繹的に導出するのではなく、反対に現実のありのままの姿を把捉するところから事物の一般的性質を規定しようとするものになっているのであって、かかる事実認識の進展に応じて徐々に自己展開していくはずのアポステリオリな存在とされていたのである。このようなパースペクティヴからすると、理性をその淵源とする自然法もまた、超越的に自己完結した体系をなしているわけではないし、絶対的な理念のもとに現実を一方的に構成するかのごときマスタータイプとしての役割を担いうるものになっているわけでもないというのでなければなるまい。理性の到達点がそれじたい新たな出発点をなす相対的な性質の上に立つものであるのと同じように、自然法の規定もまた、人間文化の進展に対応するかたちにおいてのみ、みずからの実質的内容を確立し洗練させうるにすぎないものになっている。それは現実を規定するものであるとともに現実によって規定されるものになっているのであって、その意味では、歴史的コンテクストにおいて変化していく可変的な概念として理解されるのでなければならないし、その展開にあたっては「具体的状況に応じて無限の多様性が出現する」[75]というのでなければならないのだ。このことからもわかるように、ここでいう自然法とは、なるほど人間理性の自己立法というその基本的な枠組みからすると超越論的であり普遍的な性質を帯びてはいるものの、その実際の内容が「直接的・具体的に実現するもののなかにのみ見出されうる」[76]ものになっているという意味においては、すぐれて歴史的であるとともに相対的な性質をもあわせもっているというのでなければならなかったのである。[77]

カッシーラーは自然法のこのような性質を、自然法思想の歴史的な系譜を確認することによって説明しようとしている。それによると、自然法の概念は、そもそも人間という「約束のできる動物（ein Tier, das versprechen kann）」（ニーチェ[78]）がその「社会的な本能」（appetitus societatis）にもとづいて他者との共同生活を形成し、その「共同体の生活に確固とした持続的な形式を与える」とともに、「拘束力のある義務規範としての法理念のなかにみずからの生活を客観化し意識化するところ」[79]を出発点とするはずのものであった。この「法理念」は、グロティウスをはじめとする多くの思想家の現実に対する問題意識を原動力として理論化され、しだいに「国家の干渉や侵害からまったく切り離された個人の不可譲の権利が存在する」という「人権の理念」へと高められるとともに[80]、ヴォルテールのカラス裁判へのコミットメント（一七六二年）やチェーザレ・ベッカリーア Cesare Bonesana Beccaria（1738-1794）の死刑廃止論のように、現状改革のモメントとして最大限に活用されるようになった。[81]そして、その思潮は、ついにアメリカの「ヴァージニア州権利宣言」（Virginia Declaration of Rights）やフランスの「人および市民の権利の宣言」（Declaration des

Droits de l'homme et du citoyen）へと結実していったわけだが、一八世紀におけるこの「自然法のもっとも重要な成果」が今度はカントの批判哲学に多大のインパクトを及ぼすことによって、自然法のさらなる論理的な深化を促していくというかたちをとって発展することになっていったのである。[82] そう考えてみるならば、自然法は、現実の具体的なコンテクストにおいてその内実を獲得し、その内実がさらに現実の世界を変革するためのモメントとして登場するといった具合に、理論と実践の相互作用をくりかえしながら自分自身を生成しているという意味において、いついかなるときであれ、文字どおり弁証法的な発展をとげつつあるということになってこよう。カッシーラーによれば、自然法はこうして「その時々の文化によって条件付けられた正義の理念」から「実体的な意味における法」[83]を導きだそうとするものになっているのであって、その様相は今日においてもなお、いささかも変わるところのないはずのものであった。個々の状況に応じてさまざまなヴァリエーションをとりながら全体として人間の「自己解放のプロセス」[84]を推進することこそ、自然法の使命とするところだったのであり、自然法とは、そもそもそのようなものとして規定されるかぎりにおいてその真価を発揮しうるものだったのである。

自然法が具体的な状況に応じて多様なあらわれ方をするということは、自然法のもとで探究されるべき人間の自由もまたさまざまなあらわれ方をするということを意味している。その姿は決して一義的にはなりえないのであって、一方からみれば進歩とおもわれることも他方からすると単なる後退でしかないかのようにみえることもあるかもしれない。とはいうものの、ヴォルテールのいうように、われわれは「ひとたび自由を認識するならば、自由の擁護を二度とふたたびやめてしまうことなどできない」[85]のであって、その意味では、自然法が全体としてその目的を、漸進的にではあれ、着実に成し遂げつつあるということそれじたいは、少なくとも否定しえないというのでなければならないであろう。また、先述のとおり、「人間がみずから獲得するかぎりにおいてのみ、自由は存在するのであり、自由をもつということはこの不断の獲得の試みと切り離すことはできない」[86]ということを勘案するならば、自然法それじたいは、たとえその「時代適応性」がそのまま「時代拘束性」につながっているとしても、つねに現実化してくる課題を負いつづける通時的で普遍的な存在になっているというのでなければなるまい[87]。そうである以上、たとえ「自然法がみずから設定した諸問題を清算してこなかったとしても、それどころか、それらの問題に不十分な手段をもって取り組んできたとしても、ひとはただ次のようにいうほかない。そもそもこのような問題が解決に導かれるとするならば、それはただ自然法の精神——かつてカントが、正義が没落してしまうならば、人間が地上に生きる価値などもはや存在しないという簡潔な一文で要約していたあの精神においてのみ解決されうるであろう、と[88]」。カッシーラーの確信するところによれば、そもそも人間が理性的存在であり、自由を希求しつづけようとするものであるかぎり、自然法は各人の心のうちに刻まれたいわば「不文法」として存在しつづけているのであって、それこそプラトンのいう「死に絶えることなく、決して古くなってしまうことのない概念の規定そのもの[89]」（τὼν λόγων αὐτῶν ἀνάνατόν τι καὶ ἀγήρων πάνος ἐν ἡμῖν）になっているというのでなければならなかった。そして、かかる「不文法」こそは、各人の良心を基礎づける究極的なモメントとなって、現実のさまざまな局面において姿をあらわしているはずのものだったのである。カッシーラーはいう。

三〇年以上も前にドレフュス事件の再審がレンヌの軍法会議でおこなわれたとき、私は証人や鑑定家らへの弁護団の質問のほとんどが判事に認められなかったことを——これら質問が「その質問は不適切である」（cette question ne sera pas posee）という判で押したような文句によって遮られたことをはっきり覚えている。私は判事がまったくの良心にもとづいて職務を遂行していたということ、すなわち質問の制止が当時のフランスの軍法会議規律によれば、正当であり許容されていたということを受け容れるとしよう。しかしそれにもかかわらず、周知のとおり、当時こうして横やりを受けた質問は、レンヌでの判決ののちもなお、幾度となくくりかえし指摘されてきたし――それらはこの形式に妥当する判決とはまったく別のところで答えられ、まったく別の判決が下されることになったのである。なぜならば、公衆の良心はもっぱら実定法によってのみ安んじられるのではないのであって――かかる良心は（実定法と）ひとしく「不文法」（ἄγραφοι νόμοι）から察知される他の尺度にもしたがうからだ。個人個人のうちにふりかえってみればわかるように、ひとは自然法がこのような「不文法」への畏敬の念をもたらしてきたということ、そしてその畏敬の念を法律学に深く植え付けてきたことを感謝するべきなのである。(90)

もっとも、カッシーラーのこのような自然法理解は、哲学的な見地からすると、必ずしも異論が余地がないわけではない。というより、自然法を生得の絶対的規範とする既存の自然法観からすれば、以上のような議論は、自然法の概念を大きく逸脱しているといわざるをえないであろうし、その思想的な妥当性をいちじるしく欠いていると断ぜざるをえないであろう。しかしながら、ここではその議論の是非はともかくとして、カッシーラーがあえて意識的にこうした既存の自然法観とは相容れない自然法の姿を描き出そうとしていたところに注目しておきたい。この哲学者の主張からすると、すべてにひとしなみにあてはまる一元的な価値の存在を強調して価値の多様なあり方を認めようとしないこれまでのような見方の方こそ、人間の現実のあり方を無視した暴論であり机上の空論でしかないといわざるをえなかった。自由という言葉にさまざまな解釈が生じ、倫理的規範の根底に多様な価値観が錯綜するとしても、かかる価値の多元性は――人間の「自己解放のプロセス」を真っ向否定するのでないかぎり――むしろ自然法を発展させるための必要不可欠なモメントになっているというべきであり、ここでは実にかかる認識こそが自然法のあり方を考えるうえでの議論の出発点とされるのでなければならなかったのだ。カッシーラーはそのために自然法を超越論的なものとする従来の見解を踏まえつつも、その実質的内容の面で歴史的な性質を認知することによって、自然法そのものをきわめてアンビヴァレントな性質をしたものとして読みかえようとしていたわけだが、見方をかえれば、それはつまり、自然法をもシンボル形式のひとつとして読みかえようとするものになっていたといえよう。このようなかたちで自然法をも歴史的に展開する人間精神の自発的な形態化作用、しかも人間文化の行方を決定的に規定するものとみなすことによって、カッシーラーは自然法を単なる思想史の対象以上のもの、すなわちアクチュアルな思惟形式にほかならないものとして甦生させようとしていた。そして、そのような作業をとおして、自然法を現実の価値多元的な世界のうちに位置づけるための思想的方途を探求するとともに、自然法理論の議論そのものに「新たな始まり」をもたらそうとしていたのである。

三

一九三〇年代前半のドイツにおいて自然法思想の存在を肯定的にとりあげ、なおかつそのアクチュアリティに言及するということは、それじたいさまざまな思想的メッセージを言い含むものになっていたとえる。カッシーラー自身「自然法の本質と生成について」のなか、「(われわれは目下のところ) 実証主義によって引き起こされた自然法に対する訴訟の再審のまだなかにいる」[91]と述べているように、その取り組みには、明らかに当時のドイツ国法学の主流をなす法実証主義のパースペクティヴに対するポレミカルな意図がこめられていた。ここで自然法を「純粋に歴史的な問題、あるいは純粋に哲学的な問題」[92]として考察しつつも、アクチュアルな思惟形式、それも人間の現実的な生活とのつながりのなかで生成されるものとしてリバイバルするということは、ただ単に自然法思想に「新たな始まり」をもたらすことを意味していたばかりでなく、法実証主義のように事実と規範とを峻別する形式主義的な法概念の不十分さを指摘するということをも意味していたのだ。[93]とはいえ、自然法をこうして「生きた規範」として復興するからには、その議論の関心は、もっぱら法思想上の学説云々といったアカデミックな次元にとどまるものになっていたというよりむしろ、現実の政治的な次元をも射程に収めようとするものになっていたといってよい。事実、カッシーラーは、人間のあるべき姿をもっとも純粋かつ普遍的なかたちで示すというその規範的性質ゆえに、自然法を政治のコンテクストにおいて積極的な役割を果たしうると指摘することによって、自然法と現実との接点をくりかえし強調しようとしていた。そして、カントがかつて「理論においては正しいであろうが、実践には適していない[94]」という俗言に反対して理論の実践的意義を強調したように、その内容が高度に規範的であればあるほど、ますます理念と現実とのあいだの緊張関係を演出するというその役割の重要度が増大することになると考えていたのである。[95]それでは、自然法について論じることによって、この二〇世紀の啓蒙主義者は、そこからさらに何を語ろうとしていたのであろうか。また、そのうえで、「今・ここ」の政治的状況に対していったい何を訴えかけようとしていたのであろうか。以下、これらの問題について検討する作業をとおして、カッシーラーがこの時期にあえて自然法の議論を集中させようとしていた意図を確認することにしよう。

カッシーラーが自然法について論じるにあたって、政治的な問題を意識していることは以上の議論からもある程度は読み取れようが、そのより具体的な内容は、自然法をめぐる議論が他方で「国家」(Staat) のあるべき姿について検討しようとしていることからもうかがい知ることができよう。人間の文化的な営みを規範的に秩序づけようとするものである以上、自然法の教説が国家についての考察へと発展していくということはいわば自然な流れではあったが、一九三〇年七月三〇日にハンブルク大学でおこなわれた講演をもとにした論文「ドイツ精神史における国家心情と国家理論の変遷」(„Wandlungen der Staatsgesinnung und der Staatstheorie in der deutschen Geistesgeschichte", 1930)[96]のなかで詳述しているように、カッシーラーは以上の議論を反映させるかたちで、この政治的共同体の思想的構造を描き出してみせようとしている。それによると、ここでいう国家のあるべき姿とは、そのタイトルにもあるように、ドイツのモデルネを画するに至ったさまざまな思想家たちの国家をめぐる「心情」(Gesinnung) と「理論」(Theorie) の変遷の軌跡を確認する作業をとおしてアプローチしうるはずのものであった。そして、自然法思想こそは、いわゆる「遅れてきた国民」(プレスナー) たるこの国の人々にとって、国家というものについて思想的に反省するに際しての必要不可欠な思想的モティーフになっているというのでなければならなかったのである。カッシーラーのみるところ、統一国家という経験的な立脚点の不在ゆえに、国家をめぐる議論が過度に観念化し先鋭化するきらいのあったここドイツにあっては、近代的な国家の姿を語るうえでの模範的なモティーフのようなものが西欧諸国に比べて決定的に欠けていた。そして、その結果、ドイツ精神史における国家に対する「心情」や「理論」は、歴史的にみても、「国家の本質に関する問いかけに対して、明確な回答を与えてくれる[97]」ものになっているどころか、むしろ「ドイツの歴史的生を満たしてきた (思想や観念の) 対立とさまざまな傾向[98]」を反映するものになっているといわざるをえなかったのであって、自然法思想はそのなかで議論全体のとっかかりを与えていたばかりでなく、その「変遷」を導くいわばライト・モティーフのようなものになっていたのだ。

そのとっかかりをなす議論を一七世紀のドイツにおいて最初に展開したのは、カッシーラーによれば、稀代の百科全書的知識人であり、ブラウンシュヴァイク=リューネブルク選帝侯国の外交顧問でもあったライプニッツであった[99]。すでにみたとおり、ライプニッツはグロティウスに倣って自然法を「われわれの精神のうちに消えることのない筆跡で書きしるされている[100]」もの、数学的公理のように人間理性に由来する普遍的なものとみなし、さらに「ジュピターがステュクスの宣誓に拘束されていたように、神は確固とした正義の規則に結び付けられている[101]」と喝破することによって、神学が法学を規定するとする従来の考え方をまったく逆転させてしまおうとしていた。そして、この「普遍法学」(justitia universalis) のパースペクティヴのもと、法の概念を国家から独立するものとし、かかる法を実践することこそが「国家を美しく活動力あるものとし、さらに幸せにすることのできる唯一の条件[102]」になっていると主張していたのである。美しくというのは、国家が人間の生得の権利を最大限に保証するために、その強制装置としての側面を可能なかぎり抑制するという内容を含んでいるが、ここでいう国家の役割はかかる否定的な限定によってのみ規定されているわけでは決してなかった。各人を生得的に平等とするイギリスやフランスの自然法論者らのあいだでは、たしかにかかる消極的な国家観が一般的であったが、個別を全体の単なる一断片ではなく、一定の視点からみた全体そのものにほかならないとするモナド論の哲学者たるライプニッツからすれば、各人はそもそも自由に活動してそれぞれの自己実現を目指す多様な存在になっているのであって、そうである以上、国家には社会生活の基本となる規範としての平等を確立するための積極的な役割が求められているというのでなければならなかったのである。各人はさまざまな仕方で自己を表現しつつも人間を自由にするという自然法のテーゼを是認し実現するよう求められているのであり、この目標をつねに探求するべきものになっているという意味において、国家はそれじたい倫理的課題を負っているというのでなければならなかったのだ。

国家を「すべての理性的存在者にとっての観念論的道徳法則[103]」から演繹されるべき倫理的課題とみなすこのような自然法的なパースペクティヴは、主としてライプニッツの後継者たるC・ヴォルフやカントの手によって引き継がれていくことになる。前者がこのパースペクティヴを広く浸透させる役割を担い、後者がここからさらにコスモポリタン的な規範的国家理論を展開するに至ったことは周知のとおりだが、カッシーラーからすれば、この自然法的な国家理解に決定的な表現を与えた人物といえば、カントの哲学的後継者たることを自負していたフィヒテをおいてほかになかった。フランス革命に熱狂しつつも「フランス人民の皇帝」ナポレオン一世 Napoleon I（1769-1821）のドイツ支配を激烈に非難することによって、「国家理論の普遍的、自然法的前提から国民国家の理念の要求へとはじめて明確な意識をもって踏み込んだドイツ人思想家[104]」となったフィヒテは、その知識学（Wissenschaftslehre）の見地から、ライプニッツ的な国家理解を踏襲しつつも、「国民」(Nation) の概念をも自然法的な見地から定位しようとしていた。それによると、国家を構成する国民もまた、人間の自我と同じく自分自身を自由に生産すること（フィヒテのいう「事行」(Tathandlung)」）によってのみ存在しているのであって、その結びつきは、君主のような外的な主権者の意志によるのでないのはむろんのこと、習俗、習慣、出生あるいは血縁のような「土地の生れであること」(Erdgeborenen)[105] によってもたらされるわけでもなかったのである。かの『ドイツ国民に告ぐ』(*Rede an die deutsche Nation*, 1813) においてくりかえし強調されているように、フィヒテのいう国民とは、各人が自由であろうとする道徳的な意識と意志をはたらかせるところにのみ存在しうるものでしかなかったし、単なる存在概念 (Seinbegriff) 以上のもの――自然法にもとづく純粋な当為概念 (Sollenbegriff) になっているというのでなければならなかったのだ。[106] フィヒテはこのような見地から、「ドイツ民族の統一概念は、いまだ実現の目途すらたっていない。それは将来への普遍的な要請なのである。とはいえ、それは何らかの離散した民族の特性を押し通そうとすることではなく、自由な市民を実現させようとすることにほかならないのである」[107] と述べ、ドイツの国民形成を将来の倫理的課題と位置づけるとともに、かかる課題の実現のうちに国家の果たすべき役割を見出そうとしていた。そして、教育をとおして万人を自由たらしめようとする一種の陶冶機関としての役割を国家に期待し、自然法の理念を実現する「絶対国家」をとおして、ドイツ国民がその国民的理想を達成し世界市民的な理想をも実現するよう要請していたのだ。

もっとも、国家をこうして「将来の要請」(Postulat der Zukunft) として描き出そうとする自然法的な国家観が、ただちに強力な反対に直面するに至ったということはいうまでもあるまい。そして、かかる反対がこのような議論のあり方をラディカルに拒絶する思想的パースペクティヴ――ドイツ・ロマン主義に求められるであろうことは容易に想像がつこう。周知のように、ロマン主義はそれじたいモデルネの自然法思想に対するアンチ・テーゼになっていたし、その世界理解の方法からして自然法思想とはまったく相容れない主張を展開するものになっていたのである。第四章にみたとおり、空想にもとづいて世界を直観しようとするその基本的な立場からすると、自然法思想のように世界を理性のもとに概念化して理解するやり方など、端的にナンセンスというほかなかった。後者は全体としての自然を部分へと分解し分節化することによって理解しようとしたが、そのようにして自然を個々のファクターの総和へと解剖してしまう行為そのものが、自然というすべての事象を生成する生のプロセスの本質を覆い隠すことになるといわざるをえなかったのだ[108]。そう主張することによって、シェリングをはじめ多くのロマン主義者たちは、概念的思考にもとづく世界理解のあり方を批判し、生の直接性にまで遡及した世界理解の可能性を試みるところへとむかっていくことになる。全体としての自然をこうして有機的な発展をとげるものとみなして主観化する一方で、そのプロセスを自然の内的な必然性によるものとするために客観化する作業をとおして、彼らは自然と歴史を一体化するとともに、自由と必然を調和するものとみなそうとしていた。そして、国家をもかかるコンテクストに登場するもの——生きた自然によって生成され、自由な意志によりつつも必然性の法則を打ち立てることによって自然の目的を実現しようとする有機体的共同体になっているとし、ライプニッツやフィヒテのように国家を概念的思惟にもとづく諸要素の構成物(Gesellschaft)とする見解を明確に拒絶しようとしていたのである。彼らのみるところ、国家とは、断じて個々人の倫理的意志のもとに「作為されたものでもなければ、法的規範や契約の基礎のうえに成り立ちうるかのような類ものでもなかった[109]」。それはあくまでも自然のうちに無意識にはたらいている「民族精神」(Volkesgeist)[110]によって育まれているのであって、そうである以上、どこまでも「自然の共同体(Gemeinschaft)から演繹されるのでなければならない[111]」ものとみなされていたのだ。

国家を自然の「産物」(Gewächs)とするこのような見方は、一見したところ、アリストテレスの有機体的国家論を想起させるかもしれないが、カッシーラーによれば、両者のあいだには実際にはほとんど接点らしい接点はみられないという。なるほどロマン主義者たちは有機体的な国家像をかかげて自然法思想の国家観を理性の浅薄な思い上がりにすぎないと嘲笑したが[112]、その見解は他方で、「民族の統一を物理的諸条件、土壌や気候などの合一に還元して基礎づけられるものと信じてきたアリストテレスの自然理論を、これ以上にないというほど決定的にはねつける[113]」ものにもなっていた。自然と歴史を同一視するロマン主義的な見地からすれば、国家の有機的な性質とは、アリストテレスのいう物理的な「自然主義」のもとに語られるべきものというより、むしろ精神的な次元において想定されるべきものになっていたのである。実際、このことは、ロマン主義の精神的先駆者となった思想家ヘルダーが、国家という民族共同体の基礎を「われわれが生まれ落ちた大地[114]」の力にではなく、「生のプロセスそれじたいにおいて、共同体的な生活の生成と育成そのものにおいて、はじめて形成され形態化されていく[115]」一種のエートスのうちに求めようとしていたことからも明らかになってこよう。カントに敵対しつつゲーテを感化したこの異色の説教師によると、「われわれの最初の祖国とは、父なる家（Vaterhaus）、父なる田園（Vaterflur）、そして家族（Familie）にほかならない[116]」のであって、こうしたごく小規模で牧歌的な共同体のもとで形成されていく共同意識こそが、人々を心身ともに国家へと結びつけるアルファにしてオメガになっているというのでなければならなかった。そして、そう考えることによって、国家を「人間性の原型において、その本源的で原初的な生の諸形式において、いたるところで因習として生き生きとあらわれ活動しているかのような、かの具体的な連帯精神（Gemeingeist）に根ざしている[117]」ものとみなし、かかる精神を育んできた「過去とわかちがたいまでに一体化する[118]」作業をとおして、その真の有機体的な性質を発揮しうるものになっていると考えていたのだ。A・ミュラーのいうように、ロマン主義的な見地からすれば、国家はこのようなかたちで過去と結びつくことによって、「先行する世代のそれに続く反対側に立つ世代との同盟[119]」になっているというのでなければならないはずのものであった[120]。彼らはこうして国家を「将来の要請」とする自然法的な見方を文字どおり反転させ、もっぱら過去との紐帯のうえにのみ成り立ちうる所与のたしかな所有物として語ることになったのである――。

カッシーラーはこうして自然法思想の国家理論とロマン主義のそれを抜き差しならない対立関係にあるものとして描き出しているが、すでにみたように自然法を歴史的存在として規定する立場からすれば、そのどちらが優れているのかは一概には決められるものではない。自然法思想は理性の明るい光をもとにして現実をロジカルに規定しようとしていたわけだが、その普遍主義的で合理主義的な性質を過信して現実の多様性を過度に切り詰めることになってしまうとするならば、この哲学者のみるところ、それはそれで、端的に現実からの逃避になっているというほかなかった。かといって、ロマン主義のように過去を過去であるがゆえに称揚するかのような非合理的言説は、現実をほぼ無条件に肯定することになって、生の充溢という当初の思想的目的を生の狭隘化という結果によって裏切ってしまう危険性を負っている点で、やはり支持するわけにはいかなかったのである。つまり、カッシーラーによれば、自然法思想にせよ、ロマン主義にせよ、いずれも国家についての言説としては一長一短であるといわざるをえず、どちらか一方を明確に捨象してしまってよいかのようなものとは考えられなかったのだ。カッシーラーはこの両者がドイツの政治的状況に与えたインパクト――ドイツ国家の「理論的基礎を獲得するための熱烈な努力[121]」を持続させようとしていたこと、より具体的にいえば、「統一した強力な国家意識がなければ国家の力強い生命などありえない[122]」という確信のもとにドイツ国民とドイツ国家の形成を鼓舞してきたことを積極的に評価する一方で、その学説については、両者とも互いに他の要素を必要とするものになっていると主張するところへとむかっていく。カッシーラーのように体系的思惟と歴史的思惟を織り交ぜることによって自家の哲学的パースペクティヴを作り上げようとしていた哲学者からすれば、このふたつの対立する国家理論は、弁証法的に綜合されることによっていっそう実り豊かなものとなるはずのものだったのである。

そう考えてみるならば、カッシーラーが自然法思想とロマン主義の国家理論について考察したうえで、ヘーゲルの哲学とその国家理論を好意的に取り上げようとしていることもおのずから首肯されよう[123]。「理性的なものは現実的なものであり、現実的なものは理性的である」という有名なテーゼのもと、ヘーゲルは世界を絶対精神の自己実現のプロセス、すなわち理性の弁証法的な発展からなるものとしたが、そのような発想こそ、自然法的な自由とロマン主義的な自然とを綜合するものになっていたのだ[124]。ヘーゲルはここで精神の現象学について語ることによって、自然法思想を当為の主観的要求をなすにすぎない反省哲学として批判し、ロマン主義をも非理性的な知的遊戯でしかないと退ける一方[125]、国家を理性の実現態――その規範的精神を法的な規定というかたちで客観化する枠組みとして描き出そうとしている。それによると、国家とは、人間の精神生活の全般を普遍的に基礎づけるべき法（Recht）を「具体的な現出存在[126]」としておのれのうちに直接的に所有している道徳的実体にほかならないものであった。そして、そうである以上、この道徳的実体は、「国家を超越した位置に立ち……国家を審判できると信じるような倫理的規範あるいは道徳律[127]」を認めない全能の存在であり、人間をはじめて理性的実存たらしめる唯一無二の存在たるものとされていたのである。といっても、「純粋道徳の特性を国家の全能のもとに屈服させるという危険[128]」を内包しているかにおもわれるこのような見方は、カッシーラーによると、決して露骨な権力国家賛美になっているわけではないという。世界史を絶対精神の自己実現のプロセスとすることによって、ヘーゲルは国家をこのプロセスに拘束されたもの、「その独自の目的、真のテロスを絶対精神においてはじめて達成するあの発展におけるひとつの規定的要素にすぎない[129]」ものとみなしていた。したがって、その存在は芸術や学問のように絶対精神の歩みを前進させるファクターをサポートするかぎりにおいて正当化されうるのであって[130]、かかる役割を放棄してしまえば、世界史という名の法廷において裁かれる運命にあるとされていたのである。とするならば、ここでいう国家とは、絶対精神というアポロン的な基礎においてはじめてそのデュオニソス的な側面が成り立つ政治的共同体にほかならないということになってこよう。カッシーラーからすれば、それは自然法思想を批判して「権力のうちに横たわる真理」を強調することによって、かえって自然法のモティーフを批判的に継承しつつも更新するものになっていたのだ。

もっとも、ここでは、ヘーゲルの国家理論をこのようなかたちで理解することの哲学的な妥当性はさておき、カッシーラーがその理論を、自然法思想を批判的に継承するものとみなしていることに注意しておきたい。カッシーラーはヘーゲルの国家理論を自由と自然あるいは理性と歴史を止揚するものとし、かかる「歴史的アプリオリ」の思想的パースペクティヴを導出するかぎりにおいて評価しようとしていた。そして、国家理論の歴史的考察をこの時点で結びとしていることからもわかるように、これ以後のドイツ国民の国家に対する見解を、基本的にはこの枠内、すなわち理性と歴史という対立的なファクターのもとにくりひろげられているものとみなしていたのである。そう考えることによって、この二〇世紀の自然法論者は、以上の議論に対する懐疑の目——「ドイツ人たちは国家を思想的に構築するという取り組みにおいて、あまりにしばしば本来の身近な現実政治の諸課題に注意をむけてこなかった[131]」という指摘に反論して、逆に以上のような議論こそが現実に目をむけるための真の自己意識を醸成してきたとしているが、このようにしてみると、ここでいう自然法の規範的性質に期待されていた政治的役割の内実もまた、明らかになったといえよう。国家を、理性と歴史、自由と自然、合理と不合理という対立する相のもとに成り立つものとして描き出すことによって、この哲学者は自然法思想を国家のあるべき姿を考えるうえで欠かすことのできない重要なファクターになっていると考えていた。また、そのような議論をとおして、この政治的共同体が一筋縄ではいかない複雑なシェーマのもとに成り立っているということを示すとともに、現実の政治的世界がこのシェーマを踏み外してバランスを欠く方向へとむかっていくことのないよう厳に戒めようとしていたのだ。

　そう考えてみるならば、このような問題意識が一九三〇年代前半に表明され、自然法をめぐる言説がまるで申し合わせたかのように次々と「一九三二年という年に刊行されたのは、決して偶然ではなかった[132]」というのでなければなるまい。この年の一月の失業者数が実に六〇〇万人に達していたここドイツでは、すでに議会の信任にもとづかないいわゆる大統領内閣が常態化し、ナチスの急速な台頭によって理性や自由をフェルキッシュな大義へと解消してしまう全体主義のイデオロギーが国民のあいだで急速に浸透しつつあった。ドイツのこの「どんなことでも起こりかねない事態」[133]は、以上の議論からすれば、自然法的言説が意図的に軽視あるいは無視されてきたのとは対照的に、ロマン主義よりもはるかに過激で非合理的な言説が過度にクローズアップされてきたことの当然の帰結でしかなかったわけだが、このあまりにアンバランスな状態は、カッシーラーには、国家の崩壊という危険なカオスの予兆であるようにしかおもわれなかったのだ。そして、かかる予兆を嗅ぎ取ってしまった以上、このユダヤ系ドイツ人哲学者は、ここであえて自然法思想の意義を大々的に強調する作業をとおして、時代の支配的なエートスに対して明確な異議申し立てをおこなうという役まわりを引き受けざるをえなくなってしまっていたのである。[134]「理念的なものの世界と現実的な世界とのあいだには、乗り越えられない深淵などというものは何らありえないのであって、両者の世界は、本当の調和のなかにあって相互に関連しあい相互に浸透しあっているのだ」[135]という信念のもと、カッシーラーは自然法思想を現代における生きた規範として提示することによって、現実の政治的状況に対峙するための思想的モメントとして用立てようとしていた。事実、このことは、カッシーラーが自然法の超国家的規範としての性質をかかげることによって、「今日のような緊急命令の時代」[136]を象徴する事件——一九三二年にベルリンのライヒ政府が強権的にプロイセン州政府を解散させたいわゆるパーペン・クーデター（Preußenschlag）に対する批判的なスタンスを鮮明にし[137]、自然法思想のうちにライヒ政府の露骨な権力行使に対して抵抗するための思想的論拠を見出そうとしていたことからも明らかになってこよう。[138]国家の根幹を覆しかねないこのような危機的状況のもとであればこそ、カッシーラーは自然法思想を信奉する自身の「一七八九年の市民社会の一員」[139]としての立場をあえて際立たせるとともに、極端に流れつつあるドイツ世論に対して強い警告を発しようとしていたのだ。

また、カッシーラーは自然法の理念のより象徴的かつ具体的なあらわれとして「一九一九年八月一一日のドイツ・ライヒ憲法」すなわちヴィマール憲法を前面に押し出し、その精神に目をむけることの必要性を以上の議論に並走するかたちでくりかえし訴えかけている。ハンブルク市参事会の求めで一九二八年八月一一日におこなった講演をもとにした小著『共和国憲法の理念——一九二八年八月一一日の憲法記念日の講演』（*Die Idee der republikanischen Verfassung. Rede zur Verfassungsfeier am 11. August 1928*, 1929）において表明されているように、その基本権規定の充実ぶりゆえに当時もっとも民主的とされたこのライヒ憲法は、カッシーラーからすれば、ライプニッツの提唱した自然法的思考にもとづく「個人の譲り渡すことの出来ない基本権という原理」(140)に端を発するものであり、ヨーロッパの歴史的コンテクストのなかで理念と現実の相互作用のもとに生成されてきたはずのものであった。それはつまり、アメリカの独立戦争やフランス革命という「経験の王国、現実の歴史の王国への突破口を切り開いた」ライプニッツのかかる「原理」が、その歴史的成果をふまえてカントの手によってふたたび「存在の王国から当為の王国へと投影され、歴史的事実が倫理的命法(141)」へとさらに精錬されるなかから作り出されてきたものだったのであり(142)、理念において示されたことが人間をさらなる進歩へと導くということを示す生きた証とみなされるべきものになっていたのだ。ライヒ憲法がこうしてドイツの哲学的系譜のうえに立つものであり、現代のわれわれのすすむべき方途を理念的に指し示すものになっているとするならば、いわゆるドイツ国家なるものは、現実の法的秩序のうえにおいて今もなお、自然法的な側面から基礎付けられているというのでなければならないであろうし、その理念を現実の次元においてさらに前進させる課題を負っているというのでなければならないというべきであろう。カッシーラーはそう主張することによって、ライヒ憲法を非ドイツ的と決めつけて公然と蔑視してやまなかった当時の支配的風潮にプロテストするとともに、「紙面のうえではきわめて立派(143)」とされていたこの憲法にあらわれている自然法の理念をみずからの問題として引き受けるよう呼びかけていたのである。彼はいう。

共和主義的憲法の理念そのものは、ドイツ精神史全体の中で決して異分子だったわけではなく、ましてや外部から入ってきたものなどでもなかった。この理念はむしろ、その本来の土壌の上で徐々に生育し、その生来備わった力――観念論的哲学の力――によって育まれてきたのである。とはいえ、このような歴史的洞察も、われわれがかかる理念を単に過去の時代遅れの知識としてのみ理解しようとするのにすぎないのであれば、実りなく非現実的なものに留まってしまうであろう。かつてゲーテは、「われわれが歴史から学ぶ最上のものは、歴史が引き起こす熱狂である」と述べている。共和国憲法の理念の歴史への沈思もまた、単にうしろをふりむくということではなくて、われわれのうちに次のような確信と信念を強めるものでなければならない。つまり、元来この理念を育んでいる諸々の力がこの理念に未来への方途をも示すということであり、この理念もまたその分に応じてこのような将来を導き出すのを助けるであろう、ということである。(144)

そう考えてみるならば、カッシーラーがヴァイマール共和政の末期になって自然法思想を集中的に論じるようになった意図と、その際にとりあつかうべき対象が自然法でなければならなかった理由はもはや明白であろう。本節の冒頭にみたように、カッシーラーの手になる自然法のリバイバルは、理論的側面からみれば、法実証主義的な思考様式に対する自然法の側からの反批判という意図を内在するものになっていた。もっとも、その議論は法の概念の理論的側面ばかりか政治的役割をその考察の射程に収めようとするものになっていたのであって、さらにいえば、「今・ここ」におけるドイツの政治的状況に対して批判的にコミットメントするというカッシーラーその人の現実的関心に具体的な表現を与えようとするものになっていたのだ。自然法はここでロマン主義のように国家を過去の視点のもとに基礎づけるのとはまったく対照的なパースペクティヴ、すなわち国家を将来の視点のもとに基礎づけるためのものとされ、国家という政治的共同体を思想的に検討するにあたっての必要不可欠なファクターになっているものとみなされていたわけだが、見方をかえれば、それこそ理念と現実の双方の側面から国家について複眼的に理解するための思想的前提を準備するものになっていたといってよい。先に「ゲーテの世界観」にもとづいて世界を自由と形式の弁証法的なせめぎあいからなるものとし、シンボル形式のパースペクティヴのもとにそのシェーマをさらに理論化しようとしていたむきからすると、国家もまた「思想の世界と行動の世界」(145)のあいだに成り立つものにほかならなかったのであり、その性質上、理念のもとに現実をリードしようとする自然法的な発想をどうしても必要とするはずのものであった。そう考えることによって、カッシーラーは現下の切迫した政治的な状況への問題意識をもとに自然法に対するあくなき関心を育み、その理念的な性質を最大限に強調することによって、かえって現実の政治的状況のかかえる構造的な問題点を浮き立たせるとともに、かかる問題に目をむけることの必要性を、ライヒ憲法の必要性を説きながら指摘しようとしていたのである。

四

以上にみたように、カッシーラーはシンボル形式のパースペクティヴのもとに自然法をアクチュアルな思惟形式として再構成するとともに、その政治的性質を現代の政治的コンテクストにおいてもなお、看過すべからざるものとして理解しようとしていた。といっても、カッシーラーがここで訴えかけようとしていたメッセージは、国家のありようを問うこうしたいわば政治のマクロ的な地点にとどまっていたわけでは断じてない。自然法的なパースペクティヴのもとに国家のあるべき姿を映し出すということは、他の多くの自然法論者にとってそうであったように、この哲学者にとってもまた、国家を生の舞台とする国民一人ひとりのあるべき姿を映し出すということにそのままストレートに結びついていたのである。「人間の生活にあってはすべてが根本的に政治とかかわりをもっており、したがって、国民はその法と政治制度の本性によってつくられる以外のものにはなりえない[146]」のであって、「法と政治制度の本性」について語るということは、とりもなおさず政治のミクロ的な地点における規範的なマキシムを構築する作業へと足を踏み入れるということをも意味していたのである。カッシーラーの議論はこうして時流に逆らって自身を政治的に「孤立無援の状態[147]」におくという大きなリスクを負いつつも、国家公民としての各人のあるべき姿について言及する作業をとおして自身の政治的見解の詳細に明らかにするとともに、より直接的な表現でおのれの「敵対者を暴く[148]」ところへとむかっていくことになるであろう。それでは、カッシーラーはここでどのようなドイツ国民の像を打ちたてようとしていたのか。また、そこにはどのような政治思想的なモティーフが看取されうるのであろうか。以下、この点についてみていくことにしよう。

国家を理性と歴史、自由と必然、そして合理と非合理という対立するふたつの相のもとに成り立つものとする以上、カッシーラーのいう国民のあるべき姿なるものは、もちろん国家のかかる構造的性格をもとにして規定されることになる。それによると、およそ国家という枠組みのもとで自身の生活を営もうとするものは、さしあたり「理念の構築と国家的および社会的現実の構築とのあいだには、ひとつの生き生きとした相互作用が、いたるところで姿をあらわしている[149]」ということを理解し認識するところから出発しようとするのでなければならなかった。そして、かかるマキシムを共有するとともに、その「相互作用」のために他者と協働することによって、はじめて国家を維持し発展させるための「真の共同体感情」を獲得しうるようになるとされていたのだ。より象徴的ないい方をすれば、その一連のプロセスは、先に『自由と形式』において提示されたドイツ精神のモティーフを引き継いでさらに発展させようとするものになっていたといってよい。カッシーラーのみるところ、理念と現実の相克からなる世界を「終わりなき課題」として引き受けようとするこの態度のうえに立つことこそが、国家の精神的基礎のさらに基礎をなすものになっているというべきであり[150]、それこそ人間の政治的生活を規範的に規定するもっともプリミティヴな出発点になっているというのでなければならなかったのだ。国家国民たるもののあるべき姿なるものは、ここでもやはりドイツ精神の担い手たれというマキシムのもとに導き出されるものになっていたし、また、そうでなければならないものになっていたのである。

そう考えてみるならば、このあるべき姿もまた、『自由と形式』におけるドイツ精神と同様、多分にポレミカルな性質を帯びているというのでなければなるまい。カッシーラーはここでその議論の導きとして、まずは教養をもって個々人の人格を陶冶することを目指す大学の役割を重視し、ドイツにおける大学と大学人のあるべき姿について言及している。そして、その様子は、ハンブルクの大学関係者や学生団体の代表らを前にしておこなわれた講演「ドイツ精神史における国家心情と国家理論の変遷」において、ドイツ精神の担い手たる「ドイツ的大学」を、ドイツ社会全体の右傾化を反映して当時急速に進行しつつあった「大学の政治化」(151)の動きに根本から対立するべきものとして描き出そうとしていることからも明らかになってこよう(152)。カッシーラーによれば、およそ「ドイツ的大学」たるものは、現実の政治的闘争に直接足を突っ込もうとするかのような性急な態度をとる政治的組織たろうとしてはならないし、党派的なイデオロギーに奉仕し盲従するかのごとき非学問的なふるまいを厳に慎むのでなければならないはずのものであった。それはむしろ、さまざまな事象を「その規定的な普遍性」において把握することを使命としているのであって、「国家の生活の全体において遂行するべきその本来のもっとも高次な課題(153)」に取り組むべきものになっているのである。しかも、「危機と困難の時代、内部の紛争と闘争の時代(154)」であればあるほど、ますます意識的にドイツ精神の福音を広く世論に説教する作業をとおして、ドイツ国民に「共通する究極的目標を見失ってしまうことのない」よう訴えかけるよう求められているものになっているのだ。「まさしく精神の普遍性のうちに立つからこそ、また、『総合大学』(universitas litterarum) であり、そうあり続けようとするものであるからこそ、大学はその内部で正真正銘の国家の普遍的精神を防衛するために力を貸すことを厭うてはならない(155)」のであって、「政治化」することによってその本来の使命を制約してしまうかのような試みは、端的にいって、自分で自分の役割を否定するかのごとき愚かな自殺行為になっているというほかない。「ドイツ的大学」はもちろん政治の彼岸に立つことを許されているわけではないが、かといって、政治の流れに身を投じて権力闘争の当事者になってしまうかのような真似を決してしてはならないのであり、あくまでも自身の本分にかなうやり方で政治にコミットしようとするのでなければならないのだ。カッシーラーはいう。

ドイツ的大学は、政治的な組織ではないし、決して政治的な施設でもない。そして、大学がその本性に忠実でありつづけようとし、精神的に自己主張しようとするのであれば、断じてそうなってはならないのだ。大学は、決して特定の政治目的に仕えたり盲従したりしてはならない。それどころか、ドイツ的大学はみずからの拠って立つ他の法則、すなわち真理の法則——大学は真理にその高い関心を払うのであって、それればかりは譲れない一線になっているのだが——を同時に想起するときにのみ、国家に対してその究極の義務を果たすであろう。しかしながら、かかる大学の独立は、なるほど国家的共同体のすべてから身を引くことでもなければ、「国家のなかの国家」の形成を意味するものでもない。大学は差し迫った国家的生活の嵐から身を守ることはできないし、またそうしようともしないのである。しかし、「抽象的」な認識の場違いな空間にあって、自身に関連する現実的な諸問題あるいは諸課題を前にたじろいでもならないのだ。もちろん大学は政治的闘争を解決へと導くべき場所ではない。とはいえ、大学はかかる闘争の意味あるいは起源をつとめて理解しようとするであろう。大学は闘争にかかわりあい理解することによって、直接的に激烈な危険へと至ってしまう盲信を取り除く。こうして闘争は、大学に自己と敵対者を見据えるよう強くすすめることになるはずなのだ。[156]

そうである以上、「ドイツ的大学の教員[157]」たるものは政治的ディレッタンティズムの旗手たろうとしてはならないし、学生もまた彼らに誤った期待を抱いてはならないということになってこよう。その務めは、あくまでも「宣告するのではなく教育し、説得するのではなく確信させようとする[158]」ところにあるのであって、「国家の預言者」(ノヴァーリス[159]) たるところにあるのでは断じてないのである。ここで彼らに「切に求められているのは、(党派的な) 政治観あるいは目先の政治的目的の一致によってあらわれてくるあの共同性[160]」への情熱、そうした近視眼的な政治的イデオロギーへの情熱とはまったく正反対のもの――さまざまな意見が錯綜する政治的空間をみつめる醒めた眼であり、そのような視点からなされる冷静な分析と判断にほかならなかった。そして、まずは彼ら自身が、政治的なものの根底にある合理的側面と非合理的側面との葛藤をみきわめつつも、国家という政治的共同体がきわめて不安定でアンビヴァレントな基盤からなるということ、それゆえに理念と現実の相互作用に目をむけることの必要性を鋭敏に認識することの範を示そうとするのでなければならなかったのだ。そう考えてみるならば、「闘志あふれる社会リベラルのデモクラット[161]」カッシーラーのいうドイツ大学の条件なるものは、この三年後に同じく「ドイツ的大学」のあるべき姿をフライブルク大学学長としての立場から表明したハイデガーのそれとおよそ相容れないどころか、まったく正反対の内容のものになっているといっても決して過言ではあるまい。周知のように、ナチスの肝煎りによって同大学の学長のポストを射止めたハイデガーは、その学長就任記念演説「ドイツ的大学の自己主張」(Selbsbehauptung der deutschen Universität, 1933) において、大学を「民族国家への至高の奉仕のための緊張した結集の中心[162]」とし、大学人にナチ的な「統率者」たることを要求したが、そのような「自己主張」こそ、カッシーラーが力をこめて否定しようとしていた当のものにほかならなかった。かかる理念過剰な発想は、この哲学者のいうドイツ精神とはまったく接点のないものだったのである。[163]

これに対して、「ドイツ精神史における国家心情と国家理論の変遷」のカッシーラーは、ドイツ領であるにもかかわらず第一次世界大戦ののち長らくフランス主体の連合軍の占領下にあったラインラント（Rheinland）の諸大学を、かの「ドイツ的大学」の模範を示すものとして高く評価している。[164]それによると、独仏国境地域に点在するこれらの大学こそは、「深みのある直接的な生活基盤[165]」のうちに生成された「民族的」（volkisch）――ナチスのいう「国粋主義的」（völkisch）ではない点に注意されたい――な祖国感情を、自由を希求する理念と結びつけることによって、民族的な自己主張をとおして自由を獲得するための「連帯意識――共通の義務と共通の責任の意識[166]」を育成する中心になっていた。そして、かかる「連帯意識」をもってかの地のすすむべき方途を指し示す作業をとおして、「ドイツの民族性への意志とドイツの国民国家への意志」の「活気あふれる体現者[167]」としての役割を果たすとともに、[168]「ドイツ的大学」としての本分を「今・ここ」において示してみせるものになっていたのである。そのような見地からすると、一九三〇年六月のフランス軍のラインラントからの撤退とは、「自由な民族の内的な力が外部からのあらゆる権力手段の行使によっても蹂躙されえないということがいま一度示された[169]」もっとも端的な事例であり、それこそ理念と現実の相互作用からなる「真の共同体感情」によってもたらされた誇るべき政治的成果であって、「ドイツ的大学」が今なおその使命に忠実たりうることをこのうえなく証しするはずのものであった。そう考えることによって、カッシーラーは一九世紀の諸国民戦争におけるドイツ国民の勝利になぞらえられるこの政治的成果のうちに、ドイツ精神が現実のコンテクストにおいて「精神の武器」としての力を発揮しうるということ、それゆえに今なおドイツ国家の精神的支柱としての役割を果たしうるものになっているということを確認しようとしていたのである。そして、「力強いナショナルな責任意識にならんでその精神的、学問的、道徳的な責任意識[170]」をも包含したこの「精神の武器」の意義を最大限に強調することによって、いわゆる血と大地の神話にもとづくナチス的な共同体精神とはまったく異質な共同体構想のための理念の存在をアピールしようとしていたのだ。

カッシーラーはそのうえでラインラントの範にならうことの必要性を説いているが、ここではその主張のなかに民族的な自己主張の必要性がそれとなく加味されていることに注意しておきたい。先にみたヘルダーの国家有機体説を「今ふたたび、私たちのうちに、活気付けられるのでなければならない[171]」としていたように、この時期のカッシーラーは、ナショナリズム的な言説そのものを非難したり忌避したりするかのような態度を決してとろうとはしていなかった。それどころか、自然法を現実の個々のコンテクストにおいて徐々に展開されるものとし、国家を自然法的な理念のみならずロマン主義的な要素からなるとするその思想的見地からすれば、このような言説の役割はむしろ積極的に評価されるべき思想的ファクターになっているというのでなければならなかったのである。[172] といっても、過去との結びつきをもとにナショナルな意識を確認するということは、ロマン主義者たちのように過去を過去であるがゆえに賛美し、過去に「没頭し我を忘れてしまうためではなく、自身に課せられた課題が何であるのかを意識するようになるため[173]」のものでなければならない。過去、現在、そして将来は、そもそも「実際の歴史的な思考と感情において直接的に解き難いまでに結びついている[174]」のであって、過去をふりかえるということは、それゆえつねに将来のために「新しい感情と新しい自由の意識を生じる[175]」ということを意味しているのだ。歴史的な過去をこうして「新たな将来を解明してみせる意志のモメント[176]」とし、自由の獲得をとおして自然法的な理念を漸進的に開示するためのモメントとするかぎりにおいて、カッシーラーはナショナルな自己意識の必要不可欠性を説こうとしていた。ということは、そのような主張は、逆にいえば、反ユダヤ主義のような排他的な民族意識に訴えかけようとする当時の政治的風潮に対するこの哲学者の不快感を如実に示すものになっていたといってよい。「それぞれの民族がめいめい声をあげて歌いだし、おのれの特徴を発揮することによって、最後にはこの対立のなかから（自然法という）今までにない和音（Harmonie）が生み出されることになる[177]」とするその立場からすれば、「かかるポリフォニーに対して、はじめから固着した価値判断でもって対処したり、すべての国民文化をそれでもって見切ろうとする厳格な画一的な尺度や一義的で融通の利かない規格を打ち立てたりする[178]」イデオロギー的な試みなど、端的にナンセンスであるというほかなかった。ナショナルな自己主張はあくまでも自然法的な理念を他の国民との協働のなかで作り上げようとするかぎりにおいて認められるものでしかなかったのであり、ナショナリズム的な言説はそれゆえ他のナショナルな言説に対して決して無理解であってはならないはずのものだったのだ。

カッシーラーはこうして諸国民の「声」が自然法的な秩序という名の「ポリフォニー」を徐々に構成していくとする「多様性における統一」というモティーフを掲げることによって、ナショナリズム的なパースペクティヴをも自然法思想のうえに定位しようとしている。この哲学者によると、そのための方途は、ナショナリズムの言説を二つのタイプ――ナショナルな共同体意識を実体的側面から形成しようとするものと機能的側面から形成しようとするものとに分類することによって開かれるはずのものであった。まず、前者はナショナルな共同体たる国民を実体的統一体とするパースペクティヴで、これまで半ば常識的に語られてきたものではあったが、カッシーラーのみるところ、国民という言葉をこのようなかたちでのみ規定することには相当な問題があるという。国民をひとつの実体的なものあるいは人格として描き出すということは、構成員間の紐帯を深めて強固な一体感を醸成するという点ではなるほど効果的ではあるが、その効果をネガティヴな政治的ファクターに転化しうるという点では、きわめて深刻なリスクを負っているといわざるをえないものになっている。そのような見方は、国民としての凝集力がそのまま個々の構成員に一方的な同化を要求するドグマとして作用してしまうために、最初から払拭しがたい画一化の性向を帯びているし、かかる画一化に応じない異分子を公然と排斥することを積極的に肯定するイデオロギーへと転落する危険性をもってさえいるのである。[179] そればかりか、こうした不寛容なイデオロギーは、それこそ「一九一四年の理念」のようなエスノセントリズム的な意識を生じることになって、他国との政治的対立を呼び起こし先鋭化させる可能性すら否定できないものになっているのだ。とするならば、このような意味におけるナショナリズム的言説は、カッシーラーのいう「多様性における統一」を真正面から拒絶するものになっているといわざるをえないであろうし、その意味では、自然法の理念とは相容れないというのでなければなるまい[180]。それじたい一種の思想的暴力になっているというその一点において、かかる言説はカッシーラーにとっては警戒の対象でしかなかったのである。

他方、カッシーラーはナショナルな共同体意識を機能的統一とするもうひとつのパースペクティヴに注目し、そこにナショナリズムと自然法とを接合するための可能性を見出そうとしている。それはまず、ナショナルな共同体としての国民を純粋に機能的なパースペクティヴのもとに構想されるひとつの枠組み、すなわち各人が何らかの目的を共有して協働するために作り上げた「目的合理的装置」(eine zweckrationale Einrichtung)[181]とみなすことによって、この共同体を価値中立的なものとして脱魔術化するものになっていた。そして、そのうえで、自然法思想をかかる「目的合理的装置」の全体的な方向性を規定する理念として位置付けようとしていたのだ。そう考えてみるならば、ここでいう国民なるものは、個々人の多様性をナショナルな大義のもとに解消し一元化してしまう実体的なパースペクティヴのいうそれとは根本的に性質を異にしているというのでなければなるまい。先述のとおり、自然法が多様な現実のなかから生じるものである以上、それは自由な人格にもとづく個人がさまざまな活動をくりひろげることによって自然法の理念を開示し、人間の「自己解放のプロセス」をみずからの特性にかなうやり方で深化させようとするものになっている。しかも、自身のさらなる発展をはかるために、多種多様な思想信条のあらわれを「ドイツ精神の発展と自己展開にとっての損害……その本性の統一を破壊し否定し去るもの[182]」と断定する偏狭な主張とはまったく正反対に、かかる多様性を「むしろ探し求め、要求しさえする[183]」するものになっているのだ。それはつまり、共同体が一方的に個人を規定するかのような単線的なシェーマを破棄し、逆に個人が共同体を規定したかとおもうと、各人がそこから自身のすすむべき道を受け取るといった具合に、個と全体の相互作用からなるシェーマを打ち立てようとするものになっているのであって、そのような意味において、「多様性における統一」を実現するものになっている[184]。その際、ドイツの統一を神話がかった「思想(Denken)の領域にではなく、究極において意志(Willen)のうちに根ざしている」としていることからもわかるように、カッシーラーのみるところ、ここでもっとも必要とされるべきは、結局のところ、国民として団結しようとする意志の力にほかならなかった。「ここでもまた、われわれはドグマにとらわれる必要はない。まさにこのドグマ的な対立によって、国家への意志そのものが全体への意志として委縮させられることなく破壊されることなくとどまっているかぎり、われわれは多種多様な認識や信条のための余地を作り出すことができるし、それらのための自由を認めることができるのである」[186]。

このような見解からすれば、ナショナリズム的な共同体感情と自然法思想とのあいだに有機的な結びつきを見出すことは、決して不可能ではないということになってこよう。カッシーラーの確信するところによれば、ナショナルな共同体感情なるものは、民族の固有性のような狭い枠組みのなかでのみ語られるべきものではなかったし、必ずしも価値多元的な裾野の広がりを敵視せねばならないかのような類のものだったわけでもなかった。それはむしろ、世界の多様なあらわれを容認するとともにドイツ民族の特性を賞揚しようとするものになりうるのであり、その意味において、自然法の理念をさらに深化させるための決定的なモメントになっているというのでなければないはずのものだったのだ。この哲学者のいうドイツ精神の担い手たれというマキシムは、実にそのようなあり方を肯定するナショナリストたることを呼びかけようとしていたのであって、より具体的にいえば、ドイツ国民たろうとする「全体への意志」という名の公共精神をドイツ社会の全体に浸透させるよう要請するものになっていたといってよい。実際、ナショナリスト・カッシーラーはこの「全体への意志」の行きつくべき目標として、いいかえれば、ドイツ国民の実現するべき目的として、ここでもまた、自然法の理念を具現化したライヒ憲法の精神に注目することの必要性を説いている。それによると、ライヒ憲法こそが現実のドイツ政治のコンテクストにおいて、「多様性における統一」を規範的に保証する存在になっている以上、ドイツ国民としてのナショナルなパトスは――のちにドルフ・シュテルンベルガー Dolf Sternberger（1907-1989）やユルゲン・ハーバーマス Jürgen Habermas（1929-）らによって定式化されたように[187]——「憲法愛国主義」(Verfassungspatriotismus)[188]というフォーミュラのもとに表現されるのでなければならないものになっていた。そして、この憲法愛国主義こそ、ドイツの現下の危機的状況を打開するための最善の処方たるべきものとされていたのである。この「憲法の精神に沿った愛国者」[189]カッシーラーはいう。

ここ数か月前に一度でもラインにいたものは、それがほんの束の間の滞在であったとしても、今日のわれわれのあいだではほとんどわかちあうことのなくなってしまったこの共同体感情が、またもや力強さで満ちあふれ豪胆かつ荒削りな力となってはたらいているのをみることができたはずだ。ほんの数週間前に(ラインラントの中心都市である)マインツの通りを歩いてみただけでも、私は実に強烈にその種の感覚に心を奪われた。まだ撤退の日を迎えたわけではなかったけれども——それでもしかし、ある程度はそんな雰囲気になっていた。その雰囲気はすべての人々の気持ちを満たしていたし、新鮮な魂—精神的な環境を作り上げていた。すべてが喜ばしい期待と、今か今かという張りつめた期待によって生気を与えられ、まさにこのすべてを包み込んでしまう感覚のなかでは、われわれの普段の政治的生活を満たし、しばしば硬化させ苦しめるさまざまな対立など溶解してしまっていた。階級間の闘争も、政党間の闘争も、信仰をめぐる闘争も、すべてが後退し、すべての人たちが同じ生きた空気を呼吸していたのだ。……問題なのは、闘争や確執の混乱と困窮のまっただなかで共通の究極的な目的を見失ってしまわないことであり、そのためにこそ、最終的には独力で耐え忍び闘う甲斐があるのである。われわれはこの国家のあり方の核心にしっかりと根を張ってそこから離れてはならないし、まさにこの共通の核心からさまざまな局面ではたらき、さまざまな方向で活動するのでなければならないのだ。かかる能動的な協力、協働、共生こそ、ドイツ・ライヒ憲法がわれわれに要求しているものでもある。困難な仕事としての憲法の仕組みは、個々の事例については、瑕疵がみられるといわざるをえないであろう。——それは(しかしながら)全体としては、ドイツ国民が恐るべき圧迫と極度の危険の時代にあって、みずからの内的な枠組みを守りぬいたということ――そして、共通の枠組みへの意志が国民のあいだで消滅していないということの生々しい証拠であり続けるであろう。[190]

カッシーラーはそう主張することによって、ナショナルな共同体感情とドイツ・ライヒ憲法との融合地点にドイツ国民のあるべき姿を描き出すことになる。理論的側面からいえば、このような見解は、自然法を歴史的アプリオリなものとして読みかえるとともに、ナショナルな共同体感情を純粋に機能的なものと把握して普遍的な理念と接合させることによって、つまり両者を理念と現実の相互作用というシェーマのもとに構想しようとしたことの必然的な帰結であったといえよう。「行為と思惟が、自覚と成就とが、このようなやり方でからみあい互いに浸透するところにおいてのみ、このふたつの根幹から、真のより確実な国家心情が成長しうる[191]」とするこの構想は、さらにいえば、第一次世界大戦下のカッシーラーが『自由と形式』において抽出しようとした「ゲーテの世界観」を政治思想的な見地から深化させようとするものであり、この哲学者のいうドイツ精神という言葉により具体的な表現を与えようとするものになっていたといってよい。このような方法論のもと、「ドイツ的ヨーロッパ人[192]」カッシーラーは、ドイツ国民のあるべき姿を自然法的な規範への意志とドイツ民族の独自性への沈思という一見して相容れないようにみえるふたつのファクターのもとに描き出すことによってドイツ国民の団結を要求するとともに、その優れた民族的特性を称揚する作業をとおして自然法的価値をライヒ憲法とともに発展させようと主張するに至った。そして、その民族主義的な側面をあえて強調してみせることによって、そのころますます国民のあいだに蔓延しつつあった国粋主義的なプロパガンダを逆手にとってライヒ憲法擁護のための思想的方途を切り開き、時代のファシズム的な風潮を少しでも穏当なところへと方向転換させようとしていたのである。圧倒的多数の政治的反対者たちを挑発しつつも説得するというきわめて困難な立場に立たされてもなお、「普遍主義的で世界市民的な心情からナショナリズム的心情を切り離そうとはしなかった[193]」このユダヤ系ドイツ人にとって、以上の取り組みこそは、哲学者としての立場からなしうる精一杯の思想的コミットメントだったのだ。

五

ヴァイマール共和政の末期にカッシーラーが精神史研究をとおして訴えかけた政治的メッセージは、党派的でポレミカルな性格がより明確になったという意味では、第一次世界大戦の際のそれとはかなり様相を異にしていた。以上にみたように、自然法について語るその言葉の一つひとつは、全体主義のイデオロギーが跳梁跋扈する当時の風潮に対する直接的な警告になっていたばかりでなく、「共和主義者、民主主義的憲法の擁護者、理念の共和主義の証人、法のもとの平等の証人にして文化的世界の証人[194]」としてのこの人物の思想的信条を明快に示してみせるものになっていたのである。そして、かかる警告は、そのほとんどが講演というかたちでおこなわれたことからもわかるように、聴衆にダイレクトにアピールし説得しようとする意図のもとにおこなわれたものであったし、それだけに政治的対立の矢面に立つことのリスクを覚悟したうえでなされたものであったといえる。実際、一九二九年にハンブルク大学の学長に就任したカッシーラーは、「ドイツ的大学の一員であり、ドイツ学生の教師であり、理想主義的哲学の代表者である以上、おのれの影響力ゆえに、私を必要とするところでは奉仕するのでなければならない[195]」という使命感のもと、先にみた「ドイツ精神史における国家心情と国家理論の変遷」がそうであったように、学長としての立場を利用するかたちで、積極的に自身の政治的見解の是非を問いかけようとしていた[196]。このころすでに「ドイツ・ユダヤ精神性の松明」[197]にしてヴァイマール共和政支持派の大立者とみなされていたこの人物にとって、事態はそれほど切迫しているというほかなかったのであって、一連の自然法論はここでもはやなかったことにするわけにはいかない思想的課題になっているというのでなければならなかったのだ。それでは、このような状況のもとで語られてきた以上の議論は、どのような思想的意味を有するものになっているのであろうか。この点について、最後にごく簡単に確認することにしよう。

一九二〇年代の後半という時期に自然法を議論のテーマにするということは、もちろん時代の要請によるものではあったが、見方をかえてみるならば、それはカッシーラー哲学の内的発展の結果であり、そのさらなる深化のためのものでもあったといえる。このころすでに『シンボル形式の哲学』を上梓していたカッシーラーは、先述のとおり、ヨーロッパ精神史の読み替えをとおしてシンボル形式のパースペクティヴにより具体的な表現を与えるとともに、二〇世紀の啓蒙主義の理念を明らかにしようとしていたが、自然法思想をめぐる一連の考察もまた、実はこのコンテクストの一部をなすものになっていたのである。自然法をここで価値多元的な世界の機能的規範として描き出すということは、明らかに現実の機能的統一と実体的多様性のありようを論理的に弁証したシンボル形式のパースペクティヴの延長線上に自然法を位置づけるということを意味していた。そして、そのようなかたちで自然法の再構成をはかるということは、とりもなおさずシンボル形式の哲学によるモデルネの思惟形式の構造転換にともなうモデルネの規範理論の構造転換を遂行するということをも意味していたのだ。そう考えてみるならば、かかる取り組みは、他方でカント哲学の批判的継承というカッシーラーのライフワークともいうべき理論的試みをさらに前進させるということにもそのまま結びついているといえよう。このカント主義者はすでに「ゲーテの世界観」のうちに『純粋理性批判』の主知主義的な世界理解を更新するための思惟形式のあり方を探求し、そのあり方をシンボル形式のパースペクティヴのもとに発展させてきたが、そのうえに自然法を再構成するということは『実践理性批判』における理性の自己立法というシェーマをも更新するということをも意味していた。カッシーラーの自然法論は、「共和国の全般的に病んだ状況[198]」という現実の要求ばかりでなく、自身の理論的取り組みの要請にも応答しようとするものになっていたのであり、その意味では、『カントの生涯と学説』や『自由と形式』と同様のやり方で時代の哲学的地平に「新たな始まり」をもたらそうとするものになっていたのだ。

また、以上の議論は、自然法にかなりきわどい解釈をくわえたうえで積極的に活用しようとするところに、その際立った思想的特徴があったといえる。カッシーラーの主張は、自然法という「民主主義的な立憲国家のためのリベラルな基本権の根本条件を強調する[199]」ことによって「政治的反動の進撃を食い止め抑えこもうとする[200]」そのやり方からして、ヴァイマール共和政を支持する論調のなかでもきわめてユニークな存在になっていたのである。ただ、ユニークさということでいえば、その真骨頂はやはり、自然法の概念を当時の民族主義的な言説に結びつけようとするところにあったといえよう。シンボル形式のパースペクティヴのもと、自然法をも特殊と普遍の相互作用からなる歴史的アプリオリなものとみなすことによって、カッシーラーの自然法観は民族的な自己主張を肯定的に理解するばかりか、かかる自己主張を積極的に要求するものにさえなっていた。そして、そのような自然法理解ゆえに、議論は自然法の本来の定義を大きく逸脱するとともに、もっぱら理念上の原理原則のもとに現実を裁断しようとする自然法論者にありがちな教条主義的な態度からカッシーラーを結果として守ることになったわけだが、それはまた、時代のフェルキッシュ（国粋主義的）なエートスを換骨奪胎して自然法の理念に結びつきうるフォルキッシュ（民族主義的）なエートスへと転換させようとする試みを促進させるための思想的な原動力になっていたのだ。ドイツ国家やドイツ国民のあるべき姿をそこから導出することによって、カッシーラーは憲法愛国主義の理念を構築するところへとむかっていったのであって、しかも、一九八〇年代になってハーバーマスらが盛んに提唱するようになったこの理念をヴァイマール共和政の時代にいちはやく提起していたということを勘案するならば、その議論は政治思想のコンテクストにおいても多分に先駆的な要素を言い含んでいるといえようし、さらに注目されるべき内容を有しているといえよう。自然法思想に「新たな始まり」をもたらすことによって、カッシーラーは国民国家のあり方を再検討するところにまで話を押しすすめようとしていたのであり、その姿はポスト国民国家の時代をむかえつつある現代へと直接語りかけるものになっているのである。

もっとも、カッシーラーが「市民としての勇気[201]」をふりしぼって熱っぽく訴えかけたこれらの主張は、国民国家がなおも人々のアイデンティティのよりどころとしての確固たる地位を確保していた当時の状況からすれば、登場するのがいささか早すぎたといえるのかもしれない。また、そのような状況のもとでは、ナショナルなものの価値を相対化するかのような言説を提唱するにはかなりの戦略的な配慮が必要だったはずだが、カッシーラーのやり方は、この点ではかなり的外れであったというほかない。トーニ・カッシーラーの「当時のドイツを揺り動かすには、エルンストが使い慣れており、また使おうとしたのとは違った手段こそがふさわしかった[202]」という指摘のとおり、その政治的アピールは、人々を共感させるにはいかにもアカデミックで迫力不足なものにとどまっていた。哲学的な専門用語に彩られたその言葉の一つひとつは「印象深いが理解するにはむずかしく[203]」、その理路整然とした訴えは時代のエートスを導くほどのパトスをかきたてるものにはなりえなかったのである。どうもカッシーラー自身はここでドレフュス事件の顰に倣ってエリートの役割に期待し、彼らを対象に語りかけようとしていたようだが[204]、もしそうであったとしても、そもそものようなやり方じたいが時宜にかなっていたとはいいがたい。時代はもはや知識人の一声が世論全体を大きく揺さぶるようなエートスをほとんど残していなかったし、この時期のヨーロッパ政治のイニシアティヴは明らかに一般大衆の直接行動に握られていた。そして、当時のドイツの一般大衆の心の琴線に触れたのは、国民を感情的に高揚させるフェルキッシュなイデオロギーだったのであって、少なくともカッシーラーの発する抑制のきいたフォルキッシュなメッセージではなかったのだ。この哲学者からすれば、ナチズムのような「そんな非常識な狂信的熱病がドイツの民衆をとらえる、などとはとても考えられなかった」[205]のかもしれないが、現実はむしろその逆だったのであり、久野収のいうように、そこにはある種の「迂闊さが頭を離れず」[206]にいたことは否定できまい。後年、カッシーラーはこの「迂闊さ」を悔やんで『国家の神話』においてこう述べている。

敵と戦うためには、敵を知っていなければならない。これは正しい戦略の根本原則のひとつである。敵を知るというのは、その欠点や弱点を知るのみでなく、またその強さを知ることを意味している。われわれはみな、従来、この強さを軽視しがちであった。〔ナチズムのような〕政治的神話についてはじめて耳にしたとき、われわれは、それがきわめて不合理で、つじつまが合わず、また空想的で馬鹿げているのを認めて、それを真面目に取り上げるように説かれても、ほとんど承知しえなかった。今日では、これが大きな誤りであったことは、誰の目にも明らかになった。われわれは同じ誤りを二度とくりかえしてはならない。われわれは政治的神話の起源、構造、方法および技術を周到に研究しなければならない。われわれは敵と戦う方法を知るために、それを面と向かってみなければならない[207]。

この「迂闊さ」は、結果として、「今・ここ」における政治的状況に対するカッシーラーの危機感をますます高めるとともに、政治に対するその関心をより強固なものにするところへとむかっていくことになる。ヒトラーの独裁体制の成立は、この哲学者に全体主義国家ドイツとの知的対決を促し、シンボル形式のパースペクティヴを政治思想の問題領域へと誘っていく決定的なモメントとなったが、「ヴァイマールのオデュッセイ」が展開した議論は、以上において明らかになったように、そこで語られることになる文化創造のための政治というモティーフの規範的性質の一端を構成するものになっていたといえよう。カッシーラーはここで自然法をも「多様性における統一」というシェーマに貫かれたものとみなし、その使命を漸進的な人間の自己解放を促進するところにあると想定することによって、文化という枠組みのあり方を規定するための規範理論のあらましを提示しようとしていた[208]。のみならず、国家、国民、ナショナリズムのようなきわめて政治的な概念をもこの文化の規範のもとに映し出す作業をとおして、政治という人間的営みのあるべき姿をも検討してみせようとしていたのであり、それによって文化における政治のあり方を規範的な側面から定位してみせようとしていたのである。そう考えてみるならば、かかる取り組みは『シンボル形式の哲学』において示された世界認識のシェーマを政治的なものへと結びつけるための転換点になっていたといえようし、今までどちらかといえば「机上の学者的存在[209]」だったこの人物を実際の政治のコンテクストへと引きこんで「オデュッセイの遍歴」そのものの転換点を画するものになっていたといっても決して過言ではあるまい。ここで「人間とはなにかという問いが、人間とはなんであるべきかという問いと切り離しえないものであることを覚った[210]」カッシーラーは、こうしていよいよ文化創造のための政治というモティーフについて本格的に議論するための足がかりをえることになった。そして、その足がかりをもとにして、その最後の精神史的研究たる『国家の神話』の議論へとむかっていくことになるであろう。以下、章をあらためてその様子をみていくことにしよう。

〔註〕

（1）周知のとおり、革命の不十分さゆえに発足当初から多くのドイツ国民の支持を失ってしまっていたヴァイマール共和政は、その後のヴェルサイユ平和条約の調印やハイパー・インフレの勃発などもあって、国民の圧倒的多数を急速に右傾化させるとともに経済的に困窮させることによってますますその求心力を失い、戦争の混乱と不安を収束させるはずがさらなる混乱と不安を掻き立てるという皮肉な事態を招来するようになってしまっていた。ピーター・ゲイのいうように、「革命は歓迎されたが、それと同じだけ、革命の進路と結果は多くの人々にさまざまな理由で失望をもたらした。新しい保守派は、共和国が導入した改革をあからさまに蔑むようになった。急進派は、彼らなりに帝政時代からの遺物に反対した。共和国は、その批判者を満足させることには大いに成功したが、その支持者を満足させるまでには成功しなかったようである。早くも一九一八年一二月には、リルケはすべての希望を失っていた。『大きな変動のみせかけの下で、昔と同様気骨が欠けている』。彼がみた限り、革命は残忍な少数派に牛耳られており、多数派は『政治的ディレッタンティズム』に陥っていた。同じ月に、進歩的な出版業者のパウル・カッシーラーは、革命を『大ペテン以外の何ものでもない』とみなした。彼はケスラー伯に次のように語った。『本質的なことは何を変っていません。ごく少数の仲間内が、富と権力の地位を手に入れただけです』。ブレヒトのような若い熱狂者の多くは、政治に首を突っ込むのも早かったが、それに背をむけるのも早かった」(Gay, *op. cit.*, p. 10　邦訳一二頁)。なかでも、革命の推移を見守っていたハリー・ケスラーは、革命政府がスパルタクス団との衝突をくりかえしていた一九一九年二月二日にすでにこう書いている。「プロイセン国務省で情報収集の仕事を統括する枢密顧問官は、にやにやしながら、社会主義政府がいかにうまくいっているかを示す事実をいくつか披露してくれた。社会民主党員の大臣でベルリンの警視総監を兼ねるエルンストが、護衛の警官をブリュッヒェル（一九世紀のプロイセンの将軍）ばりに叱りつける話。その名を知られる義勇兵連隊の隊長ラインハルト（以前は近衛第四連隊長だった）は、まさに〝旧体制〟の人であり、〝皇帝陛下こそ国家の御一人者〟といった感覚で話すので、公の場には出せないという話。このラインハルトはスパルタクス蜂起のあった週にベルリン市を救った人物なのである。『これだから現在の政府に長い寿命は予言できないんだ』と私は言った。何もかも薄っぺら、長持ちなんぞするはずがない！　共和制を布く社会民主党政府が、自分たちならびに資本家たちの金庫を、失業者たちならびに王室への忠誠心にかたまる士官たちに守らせているという矛盾は、どう見たっておかしい」(Kessler, a. a. O., S. 116.　邦訳一〇七頁)。ケスラーは革命が旧勢力との妥協によって多くの特に若者の支持を失ってしまったことを嘆いて、この革命を「やり損ねた革命」と断じていた。

（2）Gay, *op. cit.*, p. 9　邦訳一一頁。

（3）ドイツ革命はこれまで公然たる差別の対象となっていたユダヤ系の人々にとっては、一般のドイツ人との同権を獲得するきっかけとなった。カッシーラーは一九一九年一月にベルリンでの私講師としての不安的な生活に終止符を打って家族とともにハンブルクに移住、帝政時代には縁がなかった大学での正式なポストを齢四〇にしてようやく手に入れることになった。ハンブルク大学人文学部哲学科正教授となったカッシーラーはここハンブルクで安定した生活を手に入れ、一九二三年には『シンボル形式の哲学』の刊行を開始するなど、その生涯においてもっとも充実した執筆活動を展開するようになっていく。事実、カッシーラーがこのハンザ同盟都市で過ごした一三年間のうちにものした著述は刊行されたものだけでも優に四〇を越えており、この数字からもその能産ぶりがうかがい知られよう。トーニ・カッシーラーをはじめ多くの人たちの指摘にもあるように、このハンブルクでの生活はカッシーラーの生涯においてもっとも幸福なひと時であった。

（4）脇前掲書、一二頁。

（5）その点では、カッシーラーがのちにこの時代をふりかえって「一九一八年に世界大戦が終結に至ったと考えつつも、われわれは重苦しく危険な幻影に悩まされてきた」（JM, p. 235. 邦訳二八二頁）と述べていることはまんざら誇張ではあるまい。また、この時代的閉塞を打破する言説として、ジョージ・スタイナーはハイデガーの『存在と時間』をあげ、さらにカール・バルト Karl Barth（1886-1968）の『ロマ書註解』（*Der Römerbrief*, 1919）、フランツ・ローゼンツヴァイクの『贖いの星』（*Der Stern des Erlösung*, 1921）、そしてヒトラーの『わが闘争』（*Mein Kampf*, 1925-1927）などを「預言の書」とみなしている。ジョージ・スタイナー『マルティン・ハイデガー』、生松敬三訳、岩波現代文庫、二〇〇〇年。

（6）脇前掲書、一二頁。

（7）この時期にカッシーラーが自然法に言い及んでいる哲学史関連の論説は、本文で挙げたもののほかには以下のとおり。Ernst Cassirer, *Individuum und Kosmos in der Philosophie der Renaissance*, Leipzig, 1927. Ders, „Die Philosophie Moses Mendelssohns", in *Moses Mendelssohn. Zur 200 jährigen Wiederkehr seines Geburtstages*, Berlin, 1929. Ders, „Formen und Verwandlungen des philosophischen Wahrheitsbegriff", in *Hamburgische Universität, Rede gehalten bei der Feier des Rektorwechsels am 7. November 1927*, Hamburg, 1929. Ders, „Die Idee der Religion bei Lessing und Mendelssohn", in *Festschrift zum 10 jährigen Bestehen der Akademie für die Wissenschaft des Judentums*, Berlin, 1929. Ders, „Kant und Problem der Metaphisik. Bemerkungen zu Martin Heideggers Kantinterpretation", in *Kant-Studien*, Bd. 36, 1931. Ders, „Deutschland und Westeuropa im Spiegel der Geistesgeschichte", in *Inter-Nations: Zeitschrift für die kulturellen Beziehungen Deutschlands zum Ausland*, Bd. 1, 1931. Ders, „Goethes Idee der Bildung und Erziehung", in *Pädagogisches Zentralblatt*, Bd. 12, 1932.

（8）Ernst Troeltsch, „Naturrecht und Humanität in der Weltpolitik", in *Deutscher Geist und Westeuropa*, Darmstadt, 1966, S. 5. エルンスト・トレルチ「世界政策における自然法と人間性」、『ドイツ精神と西欧』（西村貞二訳、筑摩叢書、一九七〇年）所収、五頁。

（9）当時のドイツ国法学の事情については、古賀敬太『ヴァイマール自由主義の悲劇——岐路に立つ国法学者たち』（風行社、一九九六年）を参照されたい。

（10）熱心な君主制論者であったカウフマンは、近代的な意味においてではなく、伝統的な正当性の源泉としての自然法の存在を主張した。その点では、カウフマンはケルゼンが攻撃したカトリック的な自然法の思想内容に比較的近いところに立つ存在でもあった。Vgl. Erich Kaufmann, *Kritik der neukantischen Rechtsphilosophie: Eine Betrachtung über Beziehung zwischen Philosophie und Rechtswissenschaft*, München, 1964.

(11) Hans Kelsen, *Die philosophischen Grundlagen der Naturrechtslehre und der Rechtspositivismus*, Berlin,1928, S. 32.『自然法論と法実証主義の哲学的基礎』、黒田覚訳、ケルゼン選集第一巻所収、木鐸社、一九七三年、四二頁。

(12) Troeltsch, a. a. O., S. 13.　邦訳一五頁。

(13) Ebd., S. 14.　邦訳一六頁。

(14) Vgl. ebd., S. 14-18.　邦訳一四―二〇頁。Vgl. Otto Friedrich von Gierke, *Naturrecht und Dentsches Recht*, Frankfurt am Main, 1883.

(15) シュミットによれば、近代的な意味における自然法こそは、彼が敵視したリベラルな個人主義の論理的バックボーンをなしているというその一点において許容しがたいというほかなかった。

(16) Carl Schmitt, *Politische Theologie*, Leipzig, 1934, S. 18.　カール・シュミット『政治神学』、田中浩・原田武雄訳、未來社、一九七一年、二〇頁。

(17) Troeltsch, a. a. O., S. 24.　邦訳二五―二六頁。

(18) G. Mann, a. a. O., S. 778.　邦訳下巻一九六頁。

(19) Ernst Cassirer, „Vom Wesen und Werden des Naturrechts“, in *Gesammelte Werke Hamburger Ausgabe*, Bd. 18, Felix Meiner Verlag, 2004, S. 221.

(20) Ebd., S. 220.

(21) *PhdA*, S. 245.　邦訳下巻六七頁。

(22) プラトンの『国家』は法の源泉を国家の権力にではなくイデアに基づくものとしていたが、カッシーラーによれば、このような視座をもっていたという意味において、グロティウスはルネッサンスの精神の体現者であったという。ただ、その精神をより自由に処理しようとしている点において、単なる先祖がえりではないものとみなしている。

(23) WWN, S. 210.

(24) *PhdA*, S. 252.　邦訳下巻七七頁。なお、カッシーラーは「自然法の『発見』などよりむしろこの点にこそ、彼の本当の哲学的・

精神史的な貢献が存在する」(ebd.) として、グロティウスのプラトン主義がもたらした功績の大きさを最大限強調しようとしている。

(25) Ebd. S. 251.　邦訳下巻七六頁。

(26) Ebd. S. 246.　邦訳下巻六九頁。

(27) Ebd. S. 274.　邦訳下巻七一頁。

(28) WWN, S. 205.

(29) Ebd. S. 203.

(30) Ebd. S. 204.

(31) *PhdA*, S. 254.　邦訳下巻八一頁。モンテスキューの『ペルシャ人の手紙』(*Les lettres persanes*, 1721) も同じくこの法のアプリオリ性の要請について指摘しているとし、この「法学の数学的考察」を当時の一般的なエートスの産物であったと述べている。つまり、「正義はある適合の関係 (unrapport de convenance) であり、この関係はその主題の如何を問わず、また神、天使、人間のいずれによって考察されるかを問わず、つねに同一である。そして神の意志は必ずや神みずからが洞察したこの永遠なる規範に違背することなどありえない。それゆえ仮に神がまったく存在しないとしても、われわれはかくも優れた観念をみずからの内面に有するこの存在、そしてもしもそれが存在するならば必ずや正しいものにちがいないこの存在にあやかるために、全力を傾けて正義を愛さなければならない。他日われわれが宗教の軛から解放されることがあろうとも、われわれは正義の支配にはどこまでも服さなければならない。数学とまったく同じように、法はいかなる恣意によっても変えられない客観的な構造を有している。『実定法が存在する以前から、事物のありうべき正しい関係は存在した。実定法が布告し禁止するもの以外には正義も不正義もありえないと主張することは、われわれが円を描くまでは円の半径は必ずしも等しくない、というようなものである』」(*PhdA*, S. 254.　邦訳下巻八一頁)。

(32) WWN, S. 203.

(33) Ebd. S. 207.

(34) 法学と数学の類似は強調されるとしても、だからといって、「自然法をこのようなただひとつの方向から判断してしまわないように注意する必要がある。というのも、このような方向からえられるのはせいぜい純粋な形式的特性に過ぎず、それは別に自然法の本来の内容や内的傾向、そのもっとも強力な思想的・道徳的モティーフを明示しているわけではないからだ。このようなモティーフをその精神的根源にさかのぼって探求してみるならば、自然法と数学の類似の相対的妥当性とならんでその限界もまた認められるようになるであろう。何となれば、両者のあいだには現実に即した主題的共同性が成り立たないし――問題の中身は双方の領域ではまるっきり違う――自然法の形式、すなわちその論証と内在的基礎づけの性質は、数学的・三段論法的な推論形式に還元されてしまうほど単純なものではないからだ」(ebd., S. 206)。

(35) Ebd.

(36) Ebd.

(37) *PhdA*, S. 249.　邦訳下巻七三頁。

(38) WWN, S. 207.　カッシーラーはさらにこう説明している。「自然法が設定する本質的課題とは、推論によって外的な経験を法律学に転用したり、法的命題そのものをただ単に幾何学の流儀（more geometrico）で現実化したりしようとするところにあるのでもない。ここで問われるべきは、そうした形式的な問いではなく真の根源的な問いなのだ。つまり、実定法の命題が究極のよりどころとし、つねに新たな奔流をえている源泉を掘りあてることこそがここで問われるべき問題にほかならない。かかる源泉――それはまさに自然法の根幹をなすテーゼなのだが――は人間理性の外にではなくその内にあるのである」(ebd.)。

(39) Ebd.

(40) *PhdA*, S. 253.　邦訳下巻七九頁。

(41) WWN, S. 207.

(42) *PhdA*, S. 253.　邦訳下巻七九頁。

(43) Ebd.　カッシーラーはさらにグロティウスの議論に類似するものとして、チャーベリのハーバート Herbert of Cherbury (1583-1648) の著作『真理について』(*De veritabe*, 1624) について説明している。「グロティウスにとって、啓示と法が道徳の唯一の源泉でなかったのと同様、チャーベリのハーバートは啓示を宗教の唯一の源泉にはなりえないものと考えていた。というのも、狭義の歴史的な意味で理解するならば、啓示は一度たりとも全体としての人類にむけられたためしがなく、むしろ逆に時間的・空間的に限定され、ある特定の土地、民族、時代に帰属しているからだ。こうしたいわば分立志向は、宗教の真正の真理に反する。したがって、この理念を貫こうとする者は、まず手はじめに単に事実的なものや偶然的なもののすべてを、すなわち『ここ』や『今』に関係するものすべてを宗教から払拭するのでなければならないのだ。真の宗教とは、いかなる『ここ』や『今』をも超越している。それはただひとつの信仰箇条に束縛されてはいないし、特定の風習、儀式、神聖な行為の執行によって規定されているわけでもない。その戒律はすべて健全で清純な精神の内的意識のうちに永遠に書き記されている。そして、この根源的な筆蹟は、一読するだけで容易に思い出すことができるのである。このような考え方は、字句内容でいえば、グロティウスが法のために執拗に主張したのと同じ考え方であるといってよい。自然法は――と、彼は海洋の自由に関する著作の献辞のなかで述べているのだが――銅盤あるいは石盤に刻み込まれたものではなく、各人の内的感覚に刻み込まれているものなのであって、各人の意志に反してでもくりかえし立ち現われてくるものなのである。」（WWN, S. 212f.）。カッシーラーによれば、ほかにもガリレイが自然科学において神学との闘争に立ったように、これらの運動はすべて思想的に連関しているはずのものであった。「哲学史や普遍的な精神史の見地からは、このような発展もまた広域にわたるある種の普遍的運動――近代の精神がその独自の形式を獲得し意識するようになった運動の一徴候に過ぎないのである。自然法がその生成と形成を負っているこの類型的なプロセスは、ルネッサンス期以降のすべての他の精神史の領域においてもまた、明らかにされてきた。そして、その個々の形態がそれじたいどれほど重要であろうと、歴史家（精神史家）の眼をくりかえしひきつけてやまないのは、まさしくこの形態化における一致なのだ」（ebd. S. 212.）。

（44）*PhdA*, S. 254.　邦訳下巻八〇頁。

（45）WWN, S. 209.

（46）アウグスティヌスはストア派哲学以来の自然法の概念を「啓示の婢」（taquam famula et ministra）と理解していた。こうして「キリスト教的な中世でさえ主としてストア学派から受けついだ自然法の思想を堅く保持していて、現にスコラ哲学の理論のなかでも『神の法 lex divina』と相並んで『自然法 lex naturalis』の、相対的には自立的な独自な領域が認められていた。法は啓示のみに完全に従属するのではなく、そこからさらに導き出されるのでもない。グロティウスはいわば自然的道徳と自然的な法認識を説く。理性は人間の堕罪の後もこれらのものを失ったわけではない。むしろこれらは、堕落する以前に人間が享受していた過去の認識能力を、われわれが超自然的な神の恩寵によって回復しようとする際の必要不可欠な前提であり出発点である、と考えられる」（*PhdA*, S. 252.　邦訳下巻七八頁）。ただし、中世のキリスト教神学は、理性に神学に対する自律的な地位を認めなかったのと同様、自然法にもそうした自律的な地位を認めようとはしなかった。

（47）Ebd. S. 249f.　邦訳下巻七四頁。カッシーラーによれば、「カルヴァン主義の教義、とりわけその中心教義である予定説の核心はこの原理にもとづくものであり、救霊および劫罰の問題もそれに含まれる。霊の救済についての神の決定に関して、その根拠もしくは妥当性を問題にすることは許されない。そもそもこのようなことを問題にすることじたいが瀆神的な不遜であり、人間理性を神の上位に置くことを意味する。人類の大部分のものを罪深いものとしながら、たった一握りの選ばれたものを救い出すものは神の絶対的な力にほかならない。救済や劫罰は何ら言葉の人間的な意味における『理由』なしに、すなわちその人の『信仰または善行に対する何らの考慮もなしに』行われる」(ebd.)。それは一六四六年の『ウエストミンスター信仰告白』(*The Westminster Conefession of Faith*, 1646) によれば、「神は、その決定によって、みずから支配の啓示のために、ある者たちには永遠の生を、また他の者たちには永遠の死をあらかじめ定めたもうた。したがって、被造物における信仰、善行、あるいはそのいずれかにおける辛抱、また他の何らかの予見は、救済のための条件や原因にさせようとするものではなく、すべて神の栄光ある恩寵の賛美へと至らせるためのものなのである」(WWN, S. 208.)。もっぱら神の栄光のためのものだったのであり、人間はそれにただ服従するだけの存在とされていたのである。

(48) もっとも、グロティウスはそう主張することによってキリスト教そのものをトータルに否定してしまおうとしたわけでは決してない。カッシーラーのいうように、『戦争と平和の法』における「たとえ神が存在せずとも、あるいは神が人間的なものごとに何ら配慮しないとしても、自然法の諸命題はその妥当性をまったく減じないであろう」の一節もまた、定言命法ではなくあくまでも仮言命法として理解されるべきものになっていた。グロティウスにとってもまた、「神の否定が定理命題として理解されるならば、それはまさしく冒神であり背理でしかなかったであろう。――ただし、このような仮説的な神の否定は、純粋な自然法の基本的性格とその神の意志からの独立を方法論的に明らかにするために用いられるのでなければならない」(WWN, S. 210) のだ。また、『啓蒙主義の哲学』でもこう説明している。「この言葉は一方では宗教、他方では法および道徳のあいだを切り離そうとする趣旨では全然ない」(*PhdA*, S. 251. 邦訳下巻七七頁)。グロティウスの直接の標的はキリスト教そのものではなく、あくまでもカルヴァン主義の予定救済説だったのであり、その主張をもってカルヴァン主義の教義を修正しようとしたアルミニウス率いるレモンストラント派を支持しようとしていたのである。

(49) Ebd., S. 251.　邦訳下巻七七頁。

(50) WWN, S. 214.

(51) Ebd., S. 209.

(52) Ebd.

(53) Ebd.　そう考えてみるならば、このくだりはシュミットのような法思想に対するカッシーラーその人の反感を示すものになっていると読むこともできよう。ただし、カッシーラーその人は、自身の論述においては、共和政を激しく攻撃したこの国法学者については一言も言及していない。

(54) Ebd., S. 210.

(55) Ebd.

(56) *PhdA*, S. 270. 邦訳下巻一〇三頁。

(57) Ebd. 邦訳下巻一〇四頁。

(58) WWN, S. 211.

(59) Ebd., S. 208.

(60) *PhdA*, S. 251. 邦訳下巻七五頁。

(61) PJJR, S. 24. 邦訳二七頁。

(62) *PhdA*, S. 262. 邦訳下巻九一頁。

(63) Ebd.

(64) PJJR, S. 28. 邦訳三二頁。

(65) Vgl. *PhdA*, S. 275. 邦訳下巻一〇八頁。

(66) PJJR, S. 23. 邦訳二七頁。

(67) Ebd. S. 63. 邦訳七七頁。なお、カッシーラーはこのような見方をグロティウスとルソーに共通するものとみなし、百家全書派の功利主義的な法の基礎づけに反対するものとみなしている。法にもとづく「このような持続的な形式とは、社会の単なる物理的実存、物理的自己保存のことを指すのではない。グロティウスによると、それは社会に特有の価値を与えるものなのである。したがって、彼は法を単なる自己保存のための手段とみなしてはいない。単なる功利主義的な法の基礎づけや演繹など、彼にとってはまったく相容れない。なるほど彼は法の基本的課題として、また、その源泉として、社会の防護をあげてはいる。しかし、彼はこの考え方に留保をつけて、社会の防護が人間知性の本質にかなうものでなければならないと表明するのを忘れてはいなかった。『すでに述べたとおり……人間の知性に一致するこの社会的秩序は、本来的な意味における法の源泉なのである』(hace……societatis custodia, humano intellectui conveniens, fons est eius juris, quod proprie tali nomine appellatur)。純粋な法の領域を有用性の領域に埋没させてしまうことは、知性や理性的認識の本質に反している。したがって、有用性こそが正義と公正の母であるという命題は、このような議論の枠組みにおいて認められることはない。なぜならば、たとえ法が有用性や利益に結び付けられていなかったとしても、人間は法そのもののために法を探求することを決してやめないであろうからだ」(WWN, S. 223)。グロティウスをプラトンの衣鉢を継ぐものとする観点からすれば、このような主張は当然のことであった。

(68) PJJR, S. 29.　邦訳三三頁。

(69) WWN, S. 224.

(70) カッシーラーのみるところ、グロティウスのいう自然法とは、その意味では、価値の源泉たるものにほかならなかった。「法及び法的拘束力の純粋な思惟へとむかっていく能力や、ひとたび成立した義務を何があっても保持しつづける力は、およそ人間特有の共同体なるものの本来的根源あるいは基盤をなしている。以上の演繹において、グロティウスにとって特徴的であった法的精神と人文主義的精神の合一と結びつきが感知されるであろう」(ebd., S. 223)。

(71) Ebd., S. 212.

(72) *PhdA*, S. 5　邦訳上巻二六頁。

(73) Ebd., S. 8.　邦訳上巻三〇頁。

(74) Ebd.　邦訳上巻三一頁。

(75) Ebd., S. 257.　邦訳下巻八四頁。

(76) Ebd., S. 259.　邦訳下巻八七頁。カッシーラーはこの点でヴォルテールやディドロも同様に考えていたとみなしている。たとえば、ヴォルテールはジョン・ロック John Locke (1632-1704) の経験論的言説が「本有観念」を否定している点に反論している。なぜならば、「このような道徳原理の想定は、必ずしもそれが最初からすべての人間の内心に実際に存在して作用を営んでいることを意味せず、ただこのような原理が人間自身によって発見されうるという可能性を意味するからである。このような原理発見の行為はたしかにある特定の時期、ある特定の発展段階と結びついているが、この行為によって発見され自覚される内容は、決して行為自体によって生み出されたものではなく当初から存在していた」(ebd., S. 255.　邦訳下巻八二頁)。ディドロも同様の見解を示しているが、カッシーラーによれば、ディドロの「自然は自らを実現することで同時に必ずや人間の真実にして唯一の善と幸福と、そして社会の安寧とを実現するであろう」(ebd., S. 258f.　邦訳下巻八七頁) という功利主義的な倫理観は、先にみたグロティウス以降の自然法とは相容れない性質のものであった。

(77) カッシーラーは「自然法についてのこのような従来の見解や批判」を「自然法の創設者たちの生涯や、彼らが教えはたらいた状況を瞥見してみる」ことによって反論しうるとしている。カッシーラーはその具体例として、拘束、脱獄、逃亡、登用、外交舞台での活躍によって彩られているグロティウスの波乱に満ちた生涯を説明しているが、「こうしてグロティウスの遍歴に注目してみるならば、われわれはここで決して単なる机上の学者的存在を扱っているのではないということが明らかになってこよう。三〇年戦争の時代の嵐は、すべからくグロティウスを巻き込んでとおりすぎていった。――そして、このような時代の凄まじいまでの息吹は、彼の厳格かつ論理的な著述のなかにくりかえし感知される。グロティウスの主著『戦争と平和の法』は、この時代のもっとも恐ろしく差し迫った罪悪や、戦争によって生じる無分別、そして戦争が引き起こす傍若無人を防止しようと試みていたのである。この著作のなかで、彼は三〇〇年後の今日もなお何らその力と真の『アクチュアル』な意義を失っていない諸命題を刻みつけている」(WWN, S. 215f.)。

(78) Ebd., S. 223.

(79) Ebd., S. 224.

(80) Ebd., S. 218.　このことはたとえば、アメリカの独立宣言を賛美するコンドルセ Marie Jean Antoine Nicolas du Caritat, marquis de Codorcet (1743-1794) が自然法のうちに人権の理念の直接的起源を見出していたことからもうかがい知られよう。とりわけ一八世紀においては、「政治的自由ならびに信教の自由のための闘争」は決定的に「自然法の要求に符合」するものになっていたのである。

(81) カッシーラーはヴォルテールのカラス事件へのコミットメントを「自然法理念の最初の偉大な実践的勝利のひとつ」とみなして高く評価していた。なお、カラス事件については、ヴォルテール『カラス事件』(中川信訳、冨山房百科文庫、一九七八年) を参照のこと。また、ベッカリーアが提唱した死刑廃止論について、カッシーラーは「刑事立法や刑事裁判制度の領域で、論理的にはモンテスキューを踏まえ、実践的にはヴォルテールによる改革的活動の強いインスピレーションをえていた」(WWN, S. 220) と述べている。

(82) Vgl. ebd., S. 220f.

(83) Ebd., S. 225f.

(84) Ebd., S. 214.

(85) Ebd., S. 219.

(86) Vgl. PJJR, S. 63.　邦訳七七頁。

(87) カッシーラーはいくつかの局面で自然法思想がアクチュアルになっていると指摘している。アメリカの法学者チャールズ・グローブ・ハイン Charles Grove Haines（1879-1948）が『自然法概念の甦生』（*The revival of natural law concepts*, 1930）において、アメリカ法制史において自然法が今でも息づいていること、ドイツのエーリッヒ・カウフマンが一九二六年のドイツ国法学会で自然法を擁護する報告をおこなっていること、さらにエーバーハルト・シュミットのライヒ憲法裁判所における自然法的なモティーフの容認などのうちに、自然法のアクチュアリティが見出されるとしている。Vgl. WWN, S. 224ff.

（88）Ebd., S. 222.

（89）Ebd., S. 227.

（90）Ebd.

（91）Ebd., S. 224.

（92）Ernst Cassirer, *Die Idee der republikanischen Verfassung. Rede zur Verfassungsfeier am 11. August 1928*, in *Gesammelte Werke Hamburger Ausgabe*, Bd. 17, S. 307. エルンスト・カッシーラー「共和国憲法の理念——一九二八年八月十一日の憲法記念日の講演」、初宿正典訳、『法学論叢』一三七巻三号所収、一九九五年、一〇三頁。

（93）カッシーラーのみるところ、「数多くの他の精神的諸領域においてそうであるように、われわれは一九世紀の実証主義が安住してきた自明性と自己満足をもはや失ってしまっている」（WWN, S. 211.）のであって、法実証主義の考え方はその理論的前提をなす実証主義のロジックからしてすでに疑わしいというほかなかった。そして、そうである以上、事実と規範を峻別することによって法の概念を形式主義的な見地のもとに把握しようとした法実証主義の「自明性と自己満足」もまた失われているというのでなければならなかったのであり、ここで現代的な視点から更新された自然法の姿を提示するということは、それじたい法実証主義の思想的枠組みを飛び出した新しい法の概念を提示してみせるというきわめてポレミカルな問題意識の表明を意図するものになっていたのだ。この点で法実証主義に対するカッシーラーのポレーミックは、表面的には同時代の反法実証主義的な国法学者の多くと一致していたといってよい。ケルゼンの純粋法学を「政治的ニヒリズム」（Vgl. Karl Larenz, *Rechts- und Staatsphilosophie der Gegenwart*, Berlin, 1931, S. 22-33.）あるいは「国家学の危機」（Hermann Heller, „Die Krisis der Staatslehre", in *Gesammelte Schriften*, Bd.2, M. Drath, O. Stammer, G. Niemeyer, F. Borinski (Hrsg). Leiden, 1971, S. 3）とまで揶揄したカール・ラーレンツ Karl Larenz（1903-1993）やヘルマン・ヘラーと同じく、カッシーラーにしてみれば、法の概念からあらゆる価値判断を排除してしまう法実証主義の立場など、結局は現実の政治的コンテクストをいっさい度外視した空虚な形式主義的思弁以外の何ものでもなかった。そして、このようにして法の概念を非政治化あるいは中性化してしまいかねない発想を認めるわけにはいかなかったのである。

(94) Vgl. Immanuel Kant, „Über den Gemeinsprach: Das mag in der Theorie richtig sein, taugt aber nicht für die Praxis", in *Kants Werke Akademie Textausgabe*, Bd. 8, 1968. イマヌエル・カント、小倉志祥訳「理論と実践に関する俗言」、『カント全集』第一三巻所収、理想社、一九八八年。

(95) Vgl. WWN, S. 220. カッシーラーはここでさらに、歴史上の多くの「思想家はみずからの理想世界が自然法思想によって形成され、それによってはじめて可能であるということを明確に意識していたし」(ebd., S. 218)、その成果は決して看過しうるものではないとまで述べている。

(96) この講演は、カッシーラーがハンブルク大学学長であった一九三〇年七月三〇日に、大学が主催したヴァイマール憲法記念祭においてなされた。なおこの講演原稿は、講演ののちにすみやかにパンフレットとして刊行するという当時のドイツの大学の慣例に反して、カッシーラーの生前には正式に刊行されず、イエール大学バイネッケ稀本・手稿図書館に保管されていたものを、一九九一年にハンブルクで行なわれた展示会「偏狭の時代」(Enge Zeit) のカタログにおいてはじめて公にされた。この講演の顛末については、次の論文を参照されたい。Vgl. Vogel, a. a. O., S. 212.

(97) Ernst Cassirer, „Wandlungen der Staatsgesinnung und der Staatstheorie in der deutschen Geistesgeschichte", in *Nachgelassene Manuskripte und Texte*, Bd. 9, Felix Meiner Verlag, 2008, S. 89.

(98) Ebd.

(99) ただし、カッシーラーは第一次世界大戦中の研究『自由と形式――ドイツ精神史研究』では、「ニコラウス・クザーヌスの学説は本質的な点でデカルトおよびライプニッツの思想史上の仕事を基礎づけ、また先取りするものであるが、同時に彼は国家論を哲学体系の一環として統一的な原理から展開しようとした、近代における最初の思想家である」(*FF*, S. 319. 邦訳二六七頁)とし、この議論のそもそもの起源をこの枢機卿にまでさかのぼりうるものと考えていた。「彼にとっては国家生活のなかに、また国家の全体意志と諸個人の意志とのあいだに成り立つ関係のなかに、一と多の問題が具体的なかたちであらわれるのであるが、この問題こそ彼が哲学的・数学的な思弁の複雑にからみあった道を辿りながら、至るところで追求しているものである。こうして彼にとっては国家の形而上学が彼の一般的な形而上学の表現となるが――また逆に後者の改造は彼の国家論の変化のなかに明瞭に反映する。その数は少ないけれども決定的な意味をもつ文章によって、彼は国民主権の思想を自分の学説の中心にすえるのであるが、この思想はそれ以来、彼の与えた枠のなかで『暴君放伐論者』からルソーに至るまでの、この概念の自然法的なあらゆる発展のなかではたらきつづけている」(ebd.)。カッシーラーによれば、反対の合致を説くクザーヌスの哲学的教説こそは、ドイツにおける自然法思想のいわば源泉たるべきものだったのである。

(100) WSS, S. 90.

(101) Ebd., S. 91.

(102) Ebd., S. 90.

(103) Ebd., S. 92.

(104) Ebd., S. 91.

(105) Ebd., S. 92.

(106) 人間の自我を自分自身の手で自由に生産することによってのみあるとするフィヒテのいわゆる知識学的なパースペクティヴからすれば、ドイツ国家の不在という事態はむしろ積極的に評価されるべきことであった。『自由と形式』においてすでに述べていたように、「歴史がドイツ人から国家としての現存在というかたちで統一を奪ったのは、かれらが別の『精神的な』かたちで、独自に統一を達成し、確立するためである。したがって、かれらはまた例えば古い歴史の継続者であるべきではなく——古い歴史はかれらにとって何の成果もまったく生まなかったし、ただ、学者のためにしか存在しない——みずからを新しい歴史のはじまりと解するようになるべきである」(*FF*, S. 327. 邦訳二六五頁)。ドイツ国民の統合とは、フィヒテによれば、あくまでも「形而上学的」な次元において取り組まれるべき偉大な事業であるというのでなければならなかったのである。

(107) WSS, S. 93.

(108) ロマン主義的な発想からすれば、部分は全体によって規定されているのであって、ドイツ国家はかかる全体であるがゆえに有機体的な性質をもちうるというのでなければならなかった。シェリングはこのような発想のもと、歴史を自然のなかに解消し、国家をそうした理念的な自然＝歴史において自由に形成された調和の世界をなす有機的存在として規定しようとしていた。それによると、国家は人間がみずからの意志を自由にはたらかせることによって、自然という必然的な法則を樹立するものとして登場することになる。必然性と自由の調和こそがその思想の核心であった。Vgl. Friedrich Wilhelm Joseph von Schelling, *Vorlesungen über die Methode des akademischen Studiums*, Felix Meiner Verlag, 1974, S. 306.

(109) WSS, S. 94.

(110) Ebd.

(111) Vgl. ebd., S. 96.
(112) ロマン主義的な見地からすれば、自然法的な態度の最大の問題点は、自立した個人というフィクションのもと、国家という共同体を離れた個人を想定することによって、国家の外側にそれを概念的にひっくり返す支点を求めたところにあった。彼らによれば、フランス革命とは、まさしくこの倒錯の顕現だったわけだが、そのような発想は、そもそも国家の外に人間を考えようとしている時点でナンセンスというほかなかった。国家という生きた有機体的全体の構成員としての国民は、極言すれば、国家の英名の一部に過ぎないのであって、自然法などという超歴史的なモティーフによって基礎づけられうる根無し草的な「将来の要請」とみなすことじたい一種のフィクションでしかなかったのである。たとえば、ノヴァーリスからすれば、「現代の政治的混乱、すなわちフランス革命の理念と理想から生じたこのアナーキーな状態はすべて、世界への志向ではなく、神への転回によってのみ生じる真のより深い普遍主義への回帰の証拠として役立つもの」(ebd., S. 97) でしかなかったのである。
(113) Ebd., S. 95.
(114) Ebd.
(115) Ebd.
(116) Ebd.
(117) Ebd., S. 96.
(118) Ebd.
(119) Ebd.
(120) ロマン主義的な見解によれば、自然の無限性に迫りうるのは知的直観のみであり、その意味では、事物の生成の側面に注目する作業がぜひとも欠かせない。したがって、ミュラーのような思想家にとっては、国家も同様に静止（状態や制度の総体）ではなく運動の全体において考察するのでなければならないものであった。国家は一種の「人格」にほかならないのであって、そうである以上、国家を内側から動かす「根源的な力」である魂を定義することが肝要になってくるが、それは国家の成長や発展など個々のプロセスに身を置くことによって理解できるようになるはずのものであった。つまり、それは実際に「体験されることを欲するのであり、ただ認識され、学ばれることを望まない」もの、啓蒙主義的な分析と総合にもとづく概念形成によっては近づきがたいものになっていると考えるのでなければならなかったのだ。Vgl. Benedikt Koehler, *Ästhetik der Politik. Adam Müller und die politische Romantik*, Stuttgart, 1980.

(121) WSS. S. 105.

(122) Ebd.

(123) Ebd. S. 98.　カッシーラーはここでヘーゲルを「フランス革命を近代の精神的な幕開けと祝ってやまなかった」(ebd.) 一方で、フランスによって蹂躙されたドイツの再建を思弁ではなく権力によってのみ実現しうるとしていた観念的リアリストとして位置付けようとしている。特に『ドイツ憲法論』(*Die Verfassung Deutschlands*, 1802) において過去への回帰は不可能とし、「ドイツの統一はつまるところひとりの偉大なる個人の強力な意志によってのみ期待できるであろう」(WSS, S. 101) としているところに、カッシーラーはヘーゲルの権力政治的な志向をかぎ取ろうとしている。

(124) カッシーラーはそのことを端的にこう表現している。「ヘーゲルの国家理論は純粋発生的とみなされており、フランス（革命）的な要素と引き離せるものではない。しかし、他方でこの理論は、民族精神のロマン主義的概念にも分かちがたく結びついていた。こうして双方の根本的な観点は、ヘーゲルの体系のなかで発展させられ基礎づけられた新たな国家見解の契機あるいは酵素になってきた。自然法に対するトータルな批判にもかかわらず、また、カントやフィヒテの国家理論の自然法的前提に対する鋭いポレーミックにもかかわらず、ヘーゲルはフランス革命を近代の精神的な夜明けと祝ってやまなかったのである」(ebd., S. 98.)。カッシーラーは、その生涯をとおして、ヘーゲルに対しては好意的かつ敵対的というきわめてアンビヴァレントな態度をとっていたが、このような見方からすると、ここでは自然法思想の批判的継承者であるかのような描き方をしていて、かなり好意的にとらえているようにおもわれる。

(125) 自然法について、ヘーゲルは一八〇二年に「自然法の学問的な取り扱い方について」(Über die wissenschaftlichen Behandlungsarten des Naturrechts, 1802) という論文を発表している。それによると、自然法は国家という全体を看過しているがゆえに「反省哲学」でしかなく、民族や国家といった全体性を欠いているといわざるをえないものであった。ところが、こうしてシェリングに通じる議論を展開したはずの人物は、政治学者カール・ルートヴィヒ・フォン・ハラー Karl Ludwig von Haller (1768-1854) のように国家を単に権力原理でのみ演繹しようとする保守主義的な手あいを手厳しく批判し、ザヴィニーのように現代における法典形成能力を否定したロマン主義的な歴史法学者に対しては、「文明化した国民に法典形成の能力が否定されるならば、それはかかる国民に加えられうる最大の侮辱のひとつであろう」(WSS, S. 109f.) として批判するものでもあったのである。

(126) WSS. S. 102.

(127) Ebd.
(128) Ebd.
(129) Ebd.
(130) Vgl. Georg Wilhelm Friedrich Hegel, *Vorlesungen über die Philosophie der Geschichte*, in *Georg Wilhelm Friedrich Hegel Werkausgabe*, Bd.12, Suhrkamp Verlag, 1970.　ゲオルク・ヴィルヘルム・フリードリヒ・ヘーゲル『歴史哲学講義』上巻、長谷川宏訳、岩波文庫、一九九四年。
(131) WSS, S. 106.
(132) Ferrari, a. a. O., S. 57.
(133) Gay, *op. cit.*, p. 171　邦訳一九八頁。
(134) Vgl. Vogel, a. a. O., S. 38.
(135) *IV*, S. 295.　邦訳九二頁。
(136) WWN, S. 222.
(137) カッシーラーはこの点について、きわめて間接的ながらも確認している。「ここでまた自然法の諸概念と問題設定に立ち向かうためとはいえ、われわれは省察をカントのように理想の高みにまで高揚させる必要はないし、現今の問題や困難からいっさい手を引かなければならないわけでもないのである。そこで私は、多くの点で特徴的であるようにおもわれるただ一つの例を挙げるにとどめておきたい。私はいわゆる『法的権利』(wohlerwobene Rechte)の問題を引き合いに出すわけだが、この問題は今日のような緊急命令の時代でさえふたたび特に白熱の議論が戦わされていて、専門家の枠を超えた周知の議論の対象にまでなっている。この問題にはじめて遭遇したとき、実をいうと、私は現代のこの闘争のまっただなかで、疑うべくもなく自然法の思想領域に由来したテーマに直面しているということに驚かされ、瞠目させられてしまった。というのも、ここでは実際に自然法にとっての真の核心的問題が、すなわち(自然法に)特有の重大な問題が世に問われていたからだ」(ebd.)。この「今日のような(ライヒ大統領による)緊急命令の時代」における「法的権利」というのがパーペン・クーデターのことを指していることは明らかであろう。カッシーラーのみるところ、かかる事案こそ、国家権力の上に立つ規範的なものの是非をあらためて問い直すまたとないきっかけになっていたのだ。
(138) パーペン・クーデターとは、一九三二年七月二〇日にライヒ宰相のフランツ・フォン・パーペン Franz Joseph Hermann

Michael Maria von Papen（1879-1969）がドイツ社会民主党のオットー・ブラウン Otto Braun（1872-1955）主導のプロイセン州政府を治安維持の能力なしと断じて強制的に解散させた事件のこと。この事件は訴訟となり、ヘルマン・ヘラーがプロイセン側の弁護人として一般意思にもとづく学的見地からクーデターを批判し、ライヒ政府を弁護するカール・シュミットと対決した。山下威士編訳『クーデタを裁く——一九三二年七月二〇日事件法廷記録』（尚学社、二〇〇四年）を参照。

(139) Sandkühler, a. a. O., S. 33.

(140) *IV*, S. 296.　邦訳九二頁。

(141) Ebd., S. 303.　邦訳九九頁。

(142) カッシーラーはカントのこのような役割をフランス革命に対する態度のうちに端的にあらわれていると説明している。周知のように、カントはフランス革命の理念に共鳴しつつも、その現実の成り行きに対してはきわめて批判的であった。「カントがフランス革命のなかに具現していると見ていた偉大な理念に対する彼の内面的共感がいかに強いものであったとはいえ、革命のその後の経過についての判断については、揺るぎなき、そして仮借なき批判であった。国王夫妻の処刑と恐怖政治のもろもろの出来事を、カントはその倫理的な根本原理に基づいて無条件に断罪し、公安委員会の時期をもって彼は、『革命的状態の公然たる不正でありながら、それが合法だと宣言された』時代だとまで称した。しかしカントは、フランス革命の個々の出来事や行動に関しては、このようにあらん限りのやりかたで、にべもなく断罪したにもかかわらず、彼にはただひとつだけ揺るぎない確信があった。それは共和主義憲法（repubulikanische Verfassung）の理念それじたいに対する《理性信仰》であった。政治的な大変革それじたいは、彼をびっくりさせなかったし、また愕然とさせもしなかった。それは、彼がずっと前から予見していた事態だったからである」(ebd. S. 301f.　邦訳九七—九八頁）。そう主張することによって、カッシーラーは共和政的な憲法をカントの批判哲学のうえに立つものとして描き出すことになったのだ。

(143) G. Mann, a. a. O., S. 678.　邦訳下巻一三四頁。

(144) *IV*, S. 307.　邦訳一〇三—一〇四頁。

(145) Ebd., S. 291.　邦訳八八頁。

(146) PJJR, S. 64.　邦訳七八頁。

(147) Paetzold, *Cassirer*, S. 124.

(148) Vogel, a. a. O., S. 209.

(149) *IV*, S. 291.　邦訳八八頁。
(150) 本書の第四章を参照。
(151) Vogel, a. a. O., S. 212.
(152) ゲイは当時のドイツの学生の右傾化についてこう説明している。「青年層、とりわけ学生が年上の者より先に右傾化していたという十分な証拠がある。一九三〇年に、社会民主党は同党の党員のうち二五歳以下の者が八パーセント以下であり、四〇歳以下の者でも半分に満たなかったと報告している。同じ年に、グレーナー将軍は学生の『急進化』——右翼への急進化——が国家にとって大変危険であると公言し、さらにその年に、イエナ大学の学生は、猛烈な反ユダヤ主義者のハンス・F・K・ギュンターという新しい教授を喜んで迎えた。彼は、『人種学』という新しい講座の教授として採用することを大学に強要した人物であった。大学やギムナジウムの学生の多くは、以前からユダヤ人の急進的な教授に対する反ユダヤ主義的な暴動を起こし、ユダヤ人の学生を自分たちの団体から排除しつづけてきたが、学生のほとんどは一九三〇年までに——一九三一年には確実に——国民社会主義に共感を覚え、恐らくその半分はナチスの党員になり、他の多くは非政治的で、残り僅かな者だけが公然たる共和派であった」(Gay, *op. cit.* p. 147　一七一—一七二頁）としている。また、フォーゲルによると、カッシーラーが一九三〇年におこなったヴァイマール憲法記念祭もハンブルク大学の右傾化した学生組合（AStA）から開催について横槍を受け、その開催にあたってはさまざまな妥協をせざるをえなかったという。Vgl. Vogel, a. a. O., S. 212.　また、ハンブルク大学の右傾化の実態については、さらに *Enge Zeit* を参照のこと。
(153) WSS, S.110.
(154) Ebd., S. 107.
(155) Ebd., S.111.
(156) Ebd.
(157) Ebd.
(158) Ebd.
(159) Ebd.
(160) Ebd., S. 108.
(161) Paetzold, a. a. O., S. 112.

(162) Martin Heidegger, *Die Selbstbehauptung der deutschen Universität, Rede gehalten bei feierlichen Übernahme des Rektorats der Universität Freiburg i. Br. am 27. 5. 1933*, Vittorio Klostermann, 1990, S. 18. マルティン・ハイデッガー「ドイツ的大学の自己主張」、菅谷規矩雄・矢代梓訳、『30年代の危機と哲学』所収、平凡社ライブラリー、一九九九年、一一八頁。また、この講演については、グイード・シェーネベルガー『ハイデガー拾遺——その生と思想のドキュメント』（山本尤訳、未知谷、二〇〇一年、一七—二八頁）を参照されたい。

(163) Vgl. Poggi, „Die Renaissance Cassirers und das Mittelalter Heideggers", in *Cassirers Weg zur Philosophie der Politik*. Vgl. auch K. Gründer, „Cassirer und Heidegger in Davos 1929", in *Über Ernst Cassirers Philosophie der symbolischen Formen*. もっとも、理念過剰という意味では、一八世紀的な自然法教説のように形而上学的な理念が現実を一方的に規定するかのようにみなす無邪気な態度もまた、大いに問題があるというのでなければならなかった。カッシーラー自身「実際に当時つくられた自然法の概念を、単純にそのまま今日の問題にもちこもうとするならば、それこそむなしい企てに過ぎないであろう」（WWN, S. 225）と述べているように、かかるドグマティックなやり方は、その内容が何であれ、もはや容認しがたいというほかなかったのである。カッシーラーはこの時点ではまだ、このモデルネの側の問題をあまり大々的に指摘していないが、この問題は、『国家の神話』においては、看過しえない問題としてより強調して語られるようになるであろう。この点の詳細については、第六章の四の議論を参照のこと。

(164) ラインラントはドイツとフランスの国境地帯に位置し、歴史的にフランスの強い影響下にあった地域であった。一九一九年のヴェルサイユ条約の取り決めにより、一九三五年までは連合軍が進駐できることになっていたが、一九二九年のハーグ会議の取り決めでまずイギリス軍が撤退し、翌年六月にはフランス軍が撤退した。

(165) WSS., S. 106.

(166) Ebd., S. 107.

(167) Ebd., S. 86.

(168) Ebd., S. 86.

(169) Ebd., S. 88. カッシーラーはさらに「すべての物理的なレジスタンスが不可能となっていたそのときにあって、ラインラントの住民がその核心を守りぬき、明瞭でしかも動じることなくその意思を明らかにしてきた」と述べ、ここで勝ち取られた勝利が物理的な武器ではなく、「精神の武器、そして信条や教養によってのみ戦われたという点においていっそう重要なのだ」（ebd.）としている。この哲学者によれば、このような力こそはドイツ民族の発揮しうる最良のものであり、それこそナチ的なフェルキッシュな主張に対抗しうるものにほかならなかった。

(170) Ebd., S. 86.

(171) Ebd., S. 108.

(172) こうした評価は、亡命後にものされた『国家の神話』においても変っていない。ロマン主義思想に対するカッシーラーの態度は、他の多くの思想家たちがドイツ・ロマン主義をナチズムの思想的源泉と見なしたのと好対照をなしているという意味で興味深いといえよう。Vgl. Krois, „Cassirer: Aufklärung und Geschichte", S. 134.

(173) Ernst Cassirer, „Begrüssungsansprache des Rektors, Professor Dr. Ernst Cassirer, zur Reichsgründungsfeier der hamburgischen Universität 18. Januar 1930", in *Nachgelassene Manuskripte und Texte*, Bd. 9, S. 82.

(174) Ebd.

(175) Ebd., S. 83.

(176) Ebd.

(177) Cassirer, „Deutschland und Westeuropa im Spiegel der Geistesgeschichte", S. 207.

(178) Ebd.

(179) 本書の第四章を参照。

(180) Vgl. Cassirer, „Deutschland und Westeuropa im Spiegel der Geistesgeschichte", S. 207.

(181) Krois, „Cassirer: Aufklärung und Geschichte", S.131.

(182) Ebd.

(183) Ernst Cassirer, „Goethes Idee der Bildung und Erziehung", in *Gesammelte Werke Hamburger Ausgabe*, Bd.18, Felix Meiner Verlag, 2004, S. 134.

(184) カッシーラーのこのような発想は明らかにシンボル形式のパースペクティヴにもとづいているが、より哲学史的にいえば、特殊の展開を普遍の発展に結びつくものとするライプニッツのモナド論をナショナルなものに応用しているといえよう。実際、「すべての個別のナショナルな文化の独自の価値というものは……つねに単なる断片であるにすぎないし、欠陥をともなった不完全なものであるにすぎない。われわれがモデルネの精神史を『諸部分における部分』とみなすかのような偏見を改めるとするならば、われわれはすべての個々のナショナルな文化に無条件に内在している個性的な特徴を単なる部分的なものとみなすのではなく、真に普遍的なものとみなすようにするのでなければならない」(Cassirer, „Deutschland und Westeuropa im Spiegel der Geistesgeshichte", S. 207) といった発言は、生成する部分が全体を前提としつつも全体を構成するというモナド論的な発想に直結している。

(185) WSS, S. 112.

(186) Ebd.

(187) もっとも、カッシーラーのいう憲法愛国主義的な言説は、伝統文化の発展が普遍的なものに結びつくという確信をもっているという意味において、ハーバーマスのそれとは決定的に様相を異にしている。後者はナチズムへと至るドイツ国民の歴史をカッシーラーのように、ある意味で「無邪気に」引き継ぐことを「アウシュヴィッツ以後」の状況においてはもはや不可能であるとするところを議論の出発点にしようとしていた。ハーバーマスによれば、過去を振り返るということは、もはや批判的なパースペクティヴなしには不可能であるというべきであって、ドイツ国民たるものは自分たちの過去にではなく人類普遍の理念を明文化した憲法(実際には基本法 Grundgesetz)のうちにこそ自身のナショナル・アイデンティティを確認するのでなければならなかったのである。「ナショナルな生活のあり方が人間の共同生活の基礎を比較不可能なまでに破壊することを許してしまった以上は、その生活様式を継承して行くにあたっては、道徳的破局によって学んだ、疑い深い視線に耐えられるような伝統の光にあてる以外にはない。そうしなければ、我々は自分自身を尊敬することもできなければ、他者からも尊敬されることを期待できないであろう」(Jürgen Habermas, „Vom öffentlichen Gebrauch der Historie. Das offizielle Selbstverständnis der Bundesrepublik bricht auf", in *»Historikerstreit« Die Dokumentation der Kontroverse um die Einzigartigkeit der nationalsozialistischen Judenvernichtung*, München, 1987, S. 248. ユルゲン・ハーバーマス「歴史の公的使用について」、三島憲一訳、ユルゲン・ハーバーマス、エルンスト・ノルテ他『過ぎ去ろうとしない過去　ナチズムとドイツ歴史化論争』(徳永恂他訳、人文書院、一九九五年)所収、二〇二―二〇三頁)。カッシーラーの構想が「民族による国民」(Volksnation)を是認するものであったとするならば、ハーバーマスの場合はよりラディカルに「脱伝統型のアイデンティティ」にもとづく「国家公民からなる国民」(Staatsbürgernation)(Jürgen Habermas, „Nochmals: Zur Identität der Deutschen. Ein einig Volk von aufgebrachten Wirtschaftsbürgern?", in *Die nachholende Revolution*, Suhrkamp Verlag, 1990, S. 218. ユルゲン・ハーバーマス「ドイツ・マルク・ナショナリズム」、『近代　未完のプロジェクト』(三島憲一編訳、岩波現代文庫、二〇〇〇年)所収、一九〇頁)を作り出すものになっているといえよう。

両者の相違については、稿を改めて改めて論じることにしたい。

(188) Peatzold, a. a. O., S. 116.

(189) Safranski, a. a. O., S. 212. 邦訳二七六頁。

(190) WSS, S. 108f. もっとも、実際にフランス占領下のラインラントのドイツ国民がカッシーラーのいうような理念を抱いていたのかということは大いに議論の余地がある。たしかにラインラントは歴史的にみてもフランスの影響から西欧的な価値観になじんでいたところではあったが、実態はどうだったのかとなるとカッシーラーの見方はやや一面的であるようにおもわれる。ただ、ここでは、実際の状況はともかく、カッシーラーがこのように考えていたところに注目しておきたい。愛国心を揺さぶりつつも自然法的理念の実現を訴えかけようとするこの哲学者にとって、ラインラントの事例はその時期からいってもきわめてタイムリーでなおかつ格好のテーマだったのである。

(191) Ebd., S. 106.

(192) Sandkühler, a. a. O., S. 22.

(193) WWN, S. 217.

(194) Sandkühler, a. a. O., S. 27.

(195) T. Cassirer, a. a. O., S. 137.

(196) 一九二八年にフランクフルト大学からのマックス・シェーラーの後任に、という招聘話を断ったカッシーラーは、一九二九年春にハンブルク大学の学長に選出され、同年一一月七日に就任した。カッシーラーのフランクフルトへの流出に反対してハンブルク残留を画策したアビ・ヴァールブルクらの奔走のすえの人事であった。任期はわずか一年であったが、この人事はドイツの大学の学長にユダヤ系の人物が就任した歴史上はじめての事例であり、同じユダヤ系の人々のあいだでも、この話については、ヴァールブルクのようにユダヤ系の社会進出を促すものとして肯定的にとらえる向き（Vogel, a. a. O., S. 209）と、この哲学者の妻トーニ・カッシーラーのように「国家の運命にユダヤ人が多大に干渉するのを手伝うことになる」（T. Cassirer, a. a. O., S. 137.）として否定的にとらえる向きとで意見が大きく分かれたという。もっとも、ハンブルクが国際色豊かな港湾都市であり、ハンブルク大学がベルリン大学やマールブルク大学に比べれば歴史の浅い大学だったこともあって——しかも、カッシーラー自身がこの大学の知名度の向上に貢献するいわゆる看板教授であり、つねに紳士的で敵を作らない控えめな性格であったことも手伝って——カッシーラーの学長選出には表立った反対運動はなかったが、大学の顔たる学長の職に就くということは、とりもなさず政治的対立の渦中にみずから飛び込んでいくということを意味していたのである。実際、「このユダヤ人学長の誕生」は「リベラルな精神の勝利とされてハンブルクだけでなくドイツ全土で祝われた」(Safranski, a. a. O., S. 212. 邦訳二七六頁)。ところが、他方でハンブルク大学には、このころすでにナチス系の学生団体や反ユダヤ主義的な心情をもった教員スタッフが在籍しており、「公然と共和国を支持し、反動的な教授たちの憤激を買っていた」(ebd.) 学長カッシーラーはその対処に苦労させられることになった。Vgl. Vogel, a. a. O., S. 208ff.

(197) Ebd. S. 209.

(198) Gay, op. cit., p. 148. 邦訳一七二頁。

(199) Mehring, a. a. O., S. 68.

(200) Paetzold, *Cassirer*, S. 120.

(201) Sandkühler, a. a. O., S. 24.

(202) T. Cassirer, a. a. O., S.181. トーニ・カッシーラーによれば、たとえば、一九二八年の憲法講演などでは、聴衆のなかにはカッシーラーの話を聞いて、うろたえ「狼狽させられた人」などほとんどいなかったという。

(203) Vogel, a. a. O., S. 211.

(204) Vgl. WWN, S. 227.

(205) 林、久野前掲書、一〇二頁。

(206) 同上書。

(207) *MS*, p. 296. 邦訳三九二頁

(208) このような視座は、モデルネという大きな物語の終焉が誰の目にも明らかになり、世界の多極化と民族主義の原理化が同時進行する今日のような時代において、さらにクローズアップされるべき発想になっているといっても過言はあるまい。というのも、合理性という言葉が一枚岩的な意味を失ってしまい、自然法的な規範理論を基礎付けることがきわめて難しくなってしまっている現代であればこそ、モデルネの論理的枠組みにとらわれないカッシーラーの自然法モデルは、検討されるべき内容を数多く備えているといえるからだ。自然法思想がかつてのようにみずからの普遍的価値を一方的に強制する姿勢を改めるには、どのような思想的方策がとられるべきなのか。また反対に、いわゆるポスト・モデルネ的なラディカルな相対主義に陥らずに価値多元的な世界のあり方を最大限に尊重する自然法について語ることは、いかにして可能なのだろうか。今なお未解決のまま先送りされ

てきたこれらの問題にあらためて思いをめぐらすとき、カッシーラーの自然法論は、そのための方途を明示した果敢な思想的アプローチとして、看過できない存在感を示しているのである。

また、カッシーラーの自然法思想は、われわれの現代が直面しているさまざまな倫理的問題を考えるなかで、自然法という思惟形式そのものの存在意義とともに問題にされてよいテーマであろう。何となれば、科学技術の目覚しい革新の結果、人間文化の規範理論のあり方そのものを問い直してやまない事態が次々と生じてきているからだ。技術の世紀たる二〇世紀を通り抜けたわれわれは、かつて経験したことのない領域へと足を踏み入れ、もはや後戻りできないところにまで行き着いてしまった。一連のバイオ・テクノロジーの発達がもたらしたもの、たとえば遺伝子の人為的操作、クローン生命体の製造、そして臓器移植という名のビジネス……これらは果たして人間文化が生み出した進歩あるいは勝利なのか、はたまた人間の倫理的存立を根底から掘り崩す危険因子なのか。いずれにせよこれらの事象が、これまでの規範意識に挑戦し、人間の存在の根幹に関わる重大な問題を投げかけていることだけは間違いない。ここでわれわれは否応なく自然法的な規範的言説の価値を再考せざるをえない状況に立たされているのだ。

そう考えてみるならば、カッシーラーの自然法思想の存在意義は、ポスト・モデルネという名の時代状況が一段落ついた現代において、ますますはっきりしたかたちで浮かび上がってきているといえよう。なるほどここで彼が発した言葉の一つひとつは、それじたい時代の制約を免れていないし、現代の思想的問題に直接的な解答を与えてくれるほどの能力を持っているわけでもない。しかしながら、それらの言葉によって織りなされた自然法論そのものは、現代の政治哲学のさまざまな局面で多くの示唆を与えてくれるものとして、こうした欠陥を補ってあまりあるというべきではなかろうか。だとするならば、およそ七〇年前に繰り広げられたカッシーラーの議論は、ただ単に思想史のコンテクストにおいて回顧されるべき骨董品ではなく、世紀をまたいだ今もなおアクチュアルな思想的契機であり続けているというべきであろう。

(209) WWN, S. 216.

(210) PJJR, S. 29. 邦訳三四頁。

第六章　到達点――マキャヴェリの政治理論をめぐって

一

いわゆるヒトラーの戦争に引き続いて冷戦という名の新たな戦争がはじまりつつあった一九四六年、エルンスト・カッシーラーの遺作『国家の神話』がニューヨークで上梓された。イェール大学の同僚チャールズ・ヘンデルの証言によると、そもそもこの著作は、アメリカに亡命したカッシーラーが全体主義という「今日起こっていることの意味するところを語る」[1]ようにとの周囲の強い要望を容れて書きはじめたものであった。一九四三年ごろから少しずつ書きはじめられたこの原稿は、翌年にその一部が『フォーチュン』(*Fortune*)誌に掲載され、残りの部分もカッシーラーの突然の死(一九四五年四月一三日)の「数日前には仕上げられていたし、その原稿の清書もなされていた」[2]状態であったという。こうして著者の目に触れることなく世に出ることになったこの精神史的研究は、およそ半世紀になんなんとする「オデュッセイの遍歴」の掉尾をかざる白鳥の歌であるとともに、政治思想というこれまで主題的に取り扱ってこなかったテーマについて真正面から論じようとした異色の著作でもあった。[3]例によって、やや慎重な口ぶりではあるにせよ、カッシーラーはここで古代ギリシアから現代に至る政治思想の流れを描き出す作業をとおして、政治的なものについての自身の見解をこれまでになく率直に語っている。ところが、この白鳥の歌、これまで名文家をもって知られたカッシーラーの叙述にしては、明らかに歪でどこか不自然な印象を与える個所が少なくない。また、その叙述の内容にしても、カッシーラーのこれまでの思想的な見地からすると、一見したところ、意外とおもわせるような、もっとはっきりといえば、どうみても辻褄があわないようにおもわれるような箇所も数多い。(4) なかでも、ルネッサンス期イタリアはフィレンツェの政治思想家ニッコロ・マキャヴェリについて、カッシーラーは本書のなかで次のように述べている。

マキャヴェリズムが欺瞞とか偽善を意味するのなら、マキャヴェリは決してマキャヴェリストではなかった。彼はなんら偽善者ではなかった。彼の私信を読んでみると、われわれがいたずらにとらわれている観念や先入主とはまったく異なった別のマキャヴェリ、つまり、腹蔵なく、偏見なく、ある率直さをもって語る人間を見出して驚かされるのである。その人間について妥当することは、また、著作家そのひとについても妥当する。この政治的策略や背信についてのすぐれた教師（great teacher of political trickery and double crossing）は、おそらくもっとも誠実な政治的著作家（the most sincere political writers）の一人であった。「言葉というものは、自己の思想を偽らんがために人間に与えられたのだ」（La parole été donnée à l'homme pour déguiser sa pensée）というタレランの有名の格言は、しばしば外交術策の真の定義として称賛されてきた。これが事実だとすれば、マキャヴェリは決して外交家ではなかった。彼は自己を偽りしめすことも、またその意見や判断を隠すこともせず、自分の考えていることをはっきりと、あからさまに口に出した。もっとも大胆な言葉が、彼にとっては、つねに最善の言葉であった。彼の思想や文体には、少しも曖昧なところがなく、まぎれもなく、明らかで、鮮やかである。(5)

マキャヴェリに対するこの言葉を、われわれはいったいどう理解すればいいのだろうか。以上の考察において、露骨な権力賛美を蛇蝎のごとく嫌悪するカッシーラーの姿を確認し、国家主義的なショーヴィニズムに対して一貫して反対するこの哲学者の声を聞いてきたわれわれとしては、この言葉には何となく腑に落ちないものがあるというのでなければなるまい。われわれはすでに、第一次世界大戦下のカッシーラーが「一九一四年の理念」に対する批判者のひとりであったことを知っているし、ヴァイマール共和政下のカッシーラーがナチスの偏狭な民族至上主義的イデオロギーに対して勇をふるって反対の声をあげ続けた数少ない共和派の知識人のひとりであったということをも知っている。そして、そのような信条ために、戦争という異常な状況においてもなお、ドイツ新人文主義以来のリベラルな理念を守り抜こうとして活動してきたことを知っているし、存続の危機にさらされたヴァイマール共和政を精神的次元で擁護するという役まわりをすすんで引き受けようとしてきたということをもすでに知っている。[6] とするならば、このような政治的キャリアの持ち主にして二〇世紀の啓蒙主義者たることを自負していたカッシーラーが、よりにもよってマキャヴェリのような「権力の魔力」に魅了された思想家の言説を肯定的に評価し、人間の政治的営みを、「端的に、敵味方関係を一切の人間的で道徳的な考慮に優越させる徹底的な闘争主義」[7]のもとに定義しようとしたこの「《素晴しい極悪無道》の主張者」[8]をかくも高く買っているという事実には、いささか首を傾げざるをえないというのでなければならないであろう。しかも、その「オデュッセイの遍歴」において積みあげられてきたおびただしい数にわたる精神史研究においても、マキャヴェリはその名前さえこれまでほとんど読み上げられることのない存在だっただけに、右のようなマキャヴェリ評価の言葉は、その内容もさることながら、その登場の仕方からしても、にわかには理解しがたいというのでなければなるまい。

それどころか、この発言が『国家の神話』という全体主義批判のコンテクストにおいてなされたものであるということを勘案するならば、マキャヴェリに対するカッシーラーのこうした態度は、ますますもって不可解であるといわざるをえなくなってこよう。一方においてナチス・ドイツを思想的見地から批判する論陣を張っておきながら、他方においてマキャヴェリという「何らの道徳的なためらいにもわずらわされない純然たる権力政治[9]」の正当性を吹聴してやまない思想家を評価するというのは、それこそまさしく矛盾ではないのか。しかも、ほかならぬこのマキャヴェリこそは、カッシーラーが不倶戴天の敵としていたはずのナチス流保守主義革命の精神的指南役として、また、かの第三帝国において血肉をえた権威主義国家をあからさまに肯定し賛美した当の本人として、本来であれば真っ先に批判の対象として告発されてしかるべき存在だったのではなかったのか。——事実、当時の政治思想のコンテクストにおいて、マキャヴェリはまさしくそのような存在とみなされていた。そして、その政治理論は、プラトン、ヘーゲル、ニーチェらのそれと同様、「未来の《ファシズムの行進》にたいして非常に尽くしたもの[10]」として、いたるところで糾弾されていたのである。[11]その点では、ゲアハルト・リッターGerhard George Bernhard Ritter（1888-1967）のような保守的な歴史学者でさえ決して例外ではなかったといってよい。その代表作のひとつ『権力のデーモン——近代政治思想における権力問題の歴史と本質についての諸考察』（*Die Dämonie der Macht. Betrachtungen über Geschichte und Wesen des Machtproblems im politischen Denken der Neuzeit*, 1947）において、この帝政支持者はマキャヴェリについて次のように述べている。

現実には、マキャヴェリの君主論は十六、七世紀の絶対主義的君主国家、ヨーロッパ大陸の官僚制的に組織された軍事的君主政への道を開くのに役立った。それは、（近代的国民国家を「国民共同体」（Volksgemeinschaft）〔国民へと結集した民衆の共同体〕として理解するなら）まだ近代的国民国家への道だとは言えない。マキャヴェリが鬼才（Gran Ingegno）の作品として思い浮かべたのは、民衆国家（Volksstaat）ではなく官憲国家（Obrigkeitsstaat）であった。少なくとも、〔民衆の〕熱狂によるよりは〔権力の〕テロによって支えられる政治的権威であった。しかしそれは、同時に、〔ただの権力国家ではなく〕国民的な権力国家〔権力によって国民的統合を成就し、維持する国家〕であった。まさにこの理想が、マキャヴェリを、さまざまな違いにもかかわらず十九世紀の国民運動〔国民的統合を求める運動〕と結びつけるのである。かれは民主的な民衆本位主義（Volkstumsidee）の先駆者ではなかったが、近代ヨーロッパの最初の国民主義者であり、同時に軍国主義者であった。ファシストのイタリアがマキャヴェリに特別の敬意を払ったのは、そのためにほかならない。(12)

カッシーラーにとってもまた、マキャヴェリの思想のこのような危険な性格はむろん未知のものではなかった。というより、カッシーラーのようにユダヤ系の出自ゆえに祖国ドイツを追われた人物ほど、当時、「マキャヴェリ思想の鋭い刃」の真の恐ろしさを知りうる立場にあったものはなかったといっても決して過言ではあるまい。旧友の裏切り、近親者の悲惨な最期、自身の急速な健康の悪化、イギリス、スウェーデン、アメリカへのいつ終えるとも知れぬ逃避行(13)……その亡命の旅路において、つねに自決用の薬物を持ち歩いていたというこの哲学者にとって、(14)マキャヴェリ的な権力政治の暴力的な性格は、思考のうえでのみ存在しうる抽象的な観念などでは断じてなかった。それは所与の現実としてつねにその眼前に立ちはだかっていたのであって、『国家の神話』の次のような一節――「マキャヴェリズムは、その諸原理が後に、より大規模な舞台や、まったく新たな政治的状況に適用されるに及んで、それの真の相貌とそのまぎれもない危険性とをあらわしたのであった。この意味では、マキャヴェリ理論の帰結は、現代にいたってはじめて暴露されたということもできよう。今や、われわれはマキャヴェリズムを、いわば拡大鏡をとおして研究することができるのである(15)」という一節もまた、実に彼自身が経験せねばならなかった過酷な現実が語らせた言葉だったのである。(16)にもかかわらず、カッシーラーはここで現下の状況に対するマキャヴェリの責任を追及することはおろか、非難がましい言葉を投げかける気配すらみせていない。それどころか、「〔マキャヴェリについては〕ほかのいずれの著作家の場合より以上に、『嘲わず、悲しまず、呪いもせず、つとめて理解する』というスピノザのマキシムを思い浮かべることが必要であろう[17]」という但し書きをもってはじまるそのマキャヴェリ論の文体からは、このフィレンツェの書記官に対する苛立ちや敵意など微塵も感じられないといってよい。その筆致はむしろ、マキャヴェリに対して明らかに好意的なエートスによって満たされていた。さらにいえば、クロイスのいうように、このマキャヴェリ論こそが『国家の神話』という著作の核心をなしているかのような観すらあったのである[18]。――これはいったいどういうことなのか。全体主義国家と対決するに際して、敵方のイデオローグとおぼしき人物を「新たな政治学の創始者――その思想や理論が近代世界に大変革を引き起こし、社会秩序を根底から震撼せしめた偉大な建設的思想家(the great constructive thinker)[19]」とまでほめたたえてわざわざ評価せねばならない必然性など、どこにあったというのであろうか。

マキャヴェリをこのようなかたちで評価するということは、カッシーラーのおかれた当時の政治的状況からはおよそ説明しがたいようにおもわれる。亡命のカッシーラーが直面せざるをえなかったきびしい現実からすると、われわれはこの人物がマキャヴェリを評価するポジティヴな動機などというものをどこにも見出しえないばかりか、そもそもそのような動機の存在そのものに疑問符を投げかけるのでなければならなくなってしまう。とするならば、われわれはこの問題をもっと別の次元、すなわちカッシーラーの当時の思想的状況との関連において検討するほかないということになってこよう。ちなみに、『国家の神話』の執筆が佳境に入っていた一九四四年ごろ、「アメリカのオデュッセイ」の思想的な取り組みは、すでに『文化科学の論理――五つの試論』(一九三八年)や『人間についてのエセー――人間文化の哲学への導き』(一九四四年)を完成させ、文化哲学の構想を広く世に問うところにまで到達していた。ということは、時系列の面からみれば、この「アメリカで新しくとり組んだ著書[20]」は文化哲学のプロジェクトのいわば延長線上に登場してきたものということになるが、何よりそこで語られている内容がカッシーラー自身の政治的見解を示唆するものになっている以上、マキャヴェリをめぐる以上の見解もまた、実際には文化哲学の議論と何らかのかたちで結びついているというのでなければならないはずのものになっていたのだ。それでは、カッシーラーはそもそもマキャヴェリの言説をどのような内容のものとして理解していたのか。その政治理論のどこに共鳴し、どの点を好意的に評価しようとしていたのか。そして、そのマキャヴェリ解釈と評価は、文化哲学のパースペクティヴとどのようなかたちで結びついているといえるのであろうか。また、その結びつきは文化創造のための政治という文化哲学において開陳されたモティーフを考えるうえでいったい何を物語っているのか。カッシーラーの「オデュッセイの遍歴」において、あるいは政治思想のコンテクストにおいて、ここでマキャヴェリについて語るということは、そもそもどのような思想的な意味あいをもちうるといえるのであろうか——。

これらの問いかけを総称して「マキャヴェリ問題」と呼ぶとするならば、この「問題」はカッシーラーの「オデュッセイの遍歴」が行き着いた政治思想的な見解を把握し理解するための看過しえないきわめて重要なメルクマールになっているといえる。[21] そこで以下、本章では、『国家の神話』において提起されているこの「マキャヴェリ問題」に議論の照準をあわせることによって、カッシーラーがここで最終的に抱懐するに至った見解——文化創造のための政治というモティーフの内実をより具体的に説明しようとしている様子の一端を明らかにしてみたいとおもう。そして、そのような作業をとおして、これまでもっぱら全体主義批判の書として扱われ、『ソーシャル・リサーチ』(Social Research) 誌におけるレオ・シュトラウスの書評（一九四六年）以降、今日にいたるまでカッシーラーの「著作の中の一等のものとは言いがたい[22]」とされ続けてきた『国家の神話』という著作の重要性を[23]、これまでとはちがったアングルからあわせて確認することにしたい。そのために、以下ではまず、全体主義国家という「現代の病的状態を診断[24]」するためにものされたこの著作において、文化哲学者カッシーラーがマキャヴェリの政治思想をどのようなものとして理解しようとしていたのかを検討する（二）。そのうえで、マキャヴェリの「非道徳主義」のうちに「政治の行動準則」

という新しい規範的モメントの存在を見出して評価しようとするカッシーラーの姿をみていくことにしよう（三）。そして、かかる議論が『国家の神話』という著作において展開されるのでなければならなかった必然性を、この著作の全体的構成を確認する作業をとおして明らかにし（四）、以上のマキャヴェリ解釈がカッシーラーの文化哲学のパースペクティヴに重なりあうものであり、文化創造のための政治というモティーフにより具体的な表現を与えるものになっていたということを、最後に確認することにしたい（五）。

二

『国家の神話』は全部で三部一八章からなり、そのうちマキャヴェリの政治思想に関する議論は、第二部「政治学説史における神話に対する闘争」の第一〇章から第一二章まで三章にわたって――頁数にして本書の実に六分の一近くにわたって――集中的に展開されている。このようなかたちで複数の章にわたって主題的に論じられている思想家は、本書ではマキャヴェリのみで、その異数の取り扱いからも、このイタリア人思想家に対するカッシーラーの注目のほどがうかがいしられよう。まず、第一〇章「マキャヴェリの新しい政治学」において、この哲学者はマキャヴェリの政治思想がこれまでどのようなかたちで受容されてきたのかを歴史的に概観したうえで、このイタリア人思想家について取り扱う際の注意点を説明している。そして、第一一章「マキャヴェリ主義の勝利とその帰結」において、マキャヴェリの政治理論の登場を促した思想的背景についてチェックしたうえで、その政治思想的なパースペクティヴをもっとも端的に表現した『君主論』および『ティトゥス・リヴィウスの最初の一〇巻をめぐるディスコルシ（論考）』（*Discorsi sopra la prima deca di Tito Livio*, 1531.　以下、『ディスコルシ』と略記する）に依拠しながら、そこにみられる「新しい国家理論」のアウトラインを描き出している。さらに第一二章「新しい国家理論の意味」では、そのタイトルのとおり、マキャヴェリの言説の思想的意味と後世に対するその思想的影響について、いくつかの点に分けて整理するという結構をとっている。以下では、さしあたって第一〇章と第一一章の議論に注目し、カッシーラーがマキャヴェリの「新しい政治学」をどのようなものとして理解しようとしていたのかをごく簡単にみていくことにしよう。

議論の冒頭、カッシーラーはこれまでのマキャヴェリ解釈について皮肉をこめてこう述べている。「著述の歴史全体をとおして、マキャヴェリの『君主論』の運命ほど『書物の運命は読者の理解力にかかっている』(Pro captu lectoris habent sua fata libelli) という格言の真理を、よく立証するものはない」[25]、と。事実、その評判は「独特で未曾有のもの」であった。「たとえ、その行為が非難されるようなものでも、もたらした結果さえよければ、それでいいのだ」[26]というきわめて極端な主張をあまりに赤裸々に語ろうとするものであったがばっかりに、その政治理論は今日に至るまで、つねにポレーミックな論争の標的とされ、憎悪され、呪詛され、賞賛され、崇拝されてきた。そればかりか、かかる言説の著者そのひともまた、「悪魔、悪原理、野望と復讐の発見者、あるいは偽誓の最初の発明者」(マコーレー)[27]などと痛烈に面罵されたかとおもうと、「自由の味方」(スピノザ) あるいは「きわめて偉大なかつきわめて高貴な心情を具えた真に政治的な頭脳」(ヘーゲル)[28]と評価され、あまつさえ「神のごときマキャヴェリ (divino Machiavelli)」(アルフィエーリ)[29]などと半ば聖人あつかいされるありさまだったのである。カッシーラーによれば、このあまりに極端な評判の分裂は、その政治理論が単に「知的好奇心を満足させるために読まれた」のではなく、「その最初の読者たちの掌中でただちに実行に移され、また近代世界の偉大な政治的闘争においても、強力な、しかも危険な武器として使用された」[30]がために「党派的な愛憎」[31]の対象とされてきたことの当然の帰結であった。そして、このようなかたちで記号化され神話化されることによって、マキャヴェリの教説は、「憎悪の伝説と愛の伝説」[32]という「歴史的事実にいちじるしく反した《ありきたりの作り話》(fable convenue)」[33]のうえに語られるようになってしまったのである。[34] そう指摘することによって、カッシーラーはマキャヴェリの言説を何らかの政治的見地にあてはめて理解しようとする従来のやり方を厳に戒め、[35] この人物の「真の相貌や、その著書の主題を見分けること」[36] によって、淡々とマキャヴェリの知的肖像を描き出そうとしていく。そこで、その「政治的・精神的な背景」として注目されたのが、フィレンツェ共和国の第二書記官マキャヴェリが活躍した当時のイタリアに満ちあふれていた知的エートスとしての「ルネッサンス」(Renaissance) であった。

ルネッサンスといえば、カッシーラーがこれまでもそのヨーロッパ精神史研究においてもっとも重要視してきた時代であり、先述のとおり、その成果は数々の著作や論文、講演原稿をはじめ、ヴァールブルク研究所での共同研究やハンブルク大学における講義録など、いろいろな形態のもとにまとめられている。[37] そのカッシーラーによれば、宗教政治家にして思想家でもあったクザーヌスの観念論的思考を嚆矢とするルネッサンスの思想的営みは、ヘーゲルのいうように何ら積極的な意義を見出せない不毛な時代の不毛な産物などでは決してなかった。かといって、その営みは、ヤーコプ・ブルクハルト Jacob Burckhardt (1818-1897) のいうように、「中世的思惟の基本原理の全面的な崩壊、廃棄、あるいは公然たる否定といったもの」[38] のうえに理想的模範としての古典古代の復興＝模倣を目論もうとするかのような単純な試みにすぎないものだったわけでもない。それはむしろ、「声の風」(flatus vocis)[39] 以上のもの――それじたいきわめてオリジナルな思想的内実を伴っているとみなされるべきものだったのであり、[40] ありとあらゆる側面で、一七世紀の合理主義の哲学や一八世紀の啓蒙主義の哲学以上にモデルネという名の「新しい時代」(Neuzeit) を予感させる決定的なメルクマールになっているはずのものであった。[41] そして、ほかならぬマキャヴェリこそは、そのような意味における「ルネッサンスの典型的な証人」[42] として、政治学の領域において真っ先にあげられるべき人物だったのである。[43]

カッシーラーのいうマキャヴェリのルネッサンス的性格は、さしあたってその叙述の対象からもうかがい知ることができる。周知のとおり、その後半生をもっぱら著述家としての活動に費やしたマキャヴェリは、歴史書『フィレンツェ史』（*Istorie fioretine*, 1525）や戯曲『マンドラーゴラ』（*La Mandragola*, 1513）をはじめ、さまざまなジャンルの著述をものしているが、その政治上の叙述の関心は、もっぱらこの男の眼前に広がっていた政治的状況、すなわち中世の封建的な身分秩序の崩壊とともにルネッサンス期イタリアに姿をあらわしつつあった「新しいまったく別の型の政体」の動向を克明に記録し、その意味と意義を考察するところに注がれていた。より具体的にいえば、「ルネッサンスの偉大なコンドティエリ（condottieri）によって作り出され、あるいはまた偉大な一族、たとえばミラノのヴィスコンティ家とか、スフォルツァの一族、フィレンツェのメディチ家、マントゥーヴァのゴンザカ家などによって作り出された、ルネッサンスの専制政治[44]」こそ、その知的関心をそそるもっとも重要なテーマになっていたのである。このことは実際に『君主論』が世襲君主制や教会的支配権といった旧来の「平穏無事な国家形態」をほとんど無視する一方、自国フィレンツェにとって仇敵だったはずのヴァレンティーノ公チェーザレ・ボルジア Cesare Borgia（1475-1507）の権謀術数に満ちた新国家建設の方法を、「クラシカルな範例」として、「賛美の念とともに一種の畏敬の思いを抱いて[45]」考察していることのうちに如実にあらわれているといえよう。[46]それはつまり、「新しい君主権」(principati nuovi）という「実力によって作り出され、そして実力によって維持されねばならぬ政体[47]」の一般的形態を仔細にわたって検討することによって、「中世体系にとってまったく未知であった」当時のイタリアの政治的現実に「理論的な表現[48]」を与えようとする思想的試みになっていたのであり、カッシーラーの表現によれば、それこそ「ヨーロッパの政治生活の未来の全日程を、その思想のうちに先取りして論じた[49]」という意味において、きわめて重要なステップとなっているはずのものだったのである。

もっとも、このような思想的試みのルネッサンス的性格は、カッシーラーによれば、その考察対象の新しさもさることながら、その考察方法の目新しさのうちにより明確に求められるべきものであった。事実、このことは、新しい政治体制の論理的性質を弁証し政治権力について考察するに際して、マキャヴェリの考察が中世の「スコラ的議論の方法[50]」を無視して独自の方法論を打ち立てようとしているところからもおのずと明らかになってこよう。ルネッサンスの精神が一世を風靡した一六世紀のイタリアにおいてもなお、国家や政治権力について語ろうとするものは、程度の差こそあれ、そのほとんどが「あらゆる権力は神に由来している[51]」とする聖パウロ Paulos（?-65?）のマキシムのもとにあった。そして、「世俗的権力の独立性と主権とをもっとも強く主張するものでさえ、この神聖な原理をあえて否定しようとはしなかった[52]」。ところが、かかる神学的なマキシムにもとづく学説や格率について正面切って論じることをあっさりと放棄し、現実政治における諸々の事実を唯一の確実な根拠とする議論へと足を踏み入れることによって、マキャヴェリはパウロ的な見方をあっさりと飛び越えていってしまおうとしていたのである。この「鋭く透徹した、冷静な精神の持ち主[53]」からすれば、政治的思惟の妥当性とは、あくまでも歴史的経験という素材——マキャヴェリの場合、それは主として古代ローマおよび目下のイタリアの政治的状況から引き出される経験のことを指しているのだが——から導き出される場合にのみ確保されうるのであって、少なくとも権力の神的起源などという「空想の産物」に由来しているわけでは決してなかった。その意味では、『君主論』の有名なくだり——「私のねらいは、読む人が直接役に立つものを書くことである。想像の世界より、具体的な真実を追究することのほうが、私には役にたつとおもう。これまで多くの人は、見たことも聞いたこともない共和国や君主国を想像のなかで描いてきた。しかし、人の実際の生き方と人間いかに生きるべきかということとは、はなはだかけ離れている[54]」という一節ほど、その思想的特徴を端的に表現したものはないといっても決して過言ではあるまい。つまるところ、それは人間の政治的生活を、キリスト教神学の形而上学的な次元においてではなく、現実の経験的でザッハリッヒな次元のもとに論じようとするマキャヴェリの政治的思惟の方法論的転回を指し示す標語になっていたのである。

このような転回のもっとも象徴的なあらわれとして、カッシーラーはマキャヴェリの宗教観をあげている。それによると、マキャヴェリは「教会の反対者ではあったが、宗教の敵ではなかった」[55]。『君主論』や『ディスコルシ』のなかでくりかえし教会を批判し、キリスト教的な神秘主義思想を自説とは相容れないとしつつも、その学説は必ずしも宗教そのものをトータルに否定しようとしていたわけではなかった。この政治的リアリストからすれば、その根強い影響力からして、宗教は今なお「人間の社会生活において不可欠の要素のひとつ」[56]になっているというのでなければならなかったのである。といっても、マキャヴェリにとっての宗教とは、もはや絶対的真理を要求しうる「目的それ自体ではなく、政治的支配者の掌中における一個の道具」[57]としての役割を果たしうるものでしかなかった。古代ローマにおける宗教が――キリスト教が世界からの逃避を説いて人間を軟弱にし国家を崩壊させるモメントを抱懐しているのとは対照的に――「国家の偉大さの重要な源泉」[58]であったように、ここでいう宗教とは「人間の社会生活の基礎そのものではなく、あらゆる政治闘争における強力な武器のひとつ」[59]にほかならならないのであって、要するに善き秩序をもたらすかぎりにおいて有用とされるものでしかなかったのである。[60]そう考えてみるならば、かかる宗教観のもとでは、宗教を政治の上位におく中世の神学的なパースペクティヴが文字どおり反転させられているということになってこようし、宗教を政治のための一手段とすることによって、精神的価値の絶対的な源泉としての宗教の役割がほぼ完全に否認されることになるであろう。カッシーラーのみるところ、このような発想こそは、政治の営みを宗教から切りはなして世俗化するという意味において、また、政治的思惟を神学の非合理的なドグマから解放して現実主義的な知性と合理主義的な理性のもとに基礎づけるという意味において、決定的な意味をもつ「新たな始まり」になっていた。政治的思惟は今や神学から切り離された独自の方法と領域をもつものとして地位を確立した。そして、それによって、マキャヴェリはルネッサンスの新興世俗国家に「事実上（de facto）存在するのみでなく、権利上（de jure）も存在[61]」するための論理的な根拠を用意することになったのだ。

といっても、マキャヴェリの政治理論の破壊力は、何もこのような次元にとどまっているようなものだったわけでは決してない。その言説は中世を支配する世界観そのものに深刻な打撃を与えたという意味においてもまた、すぐれてルネッサンス的であった。何となれば、マキャヴェリこそは「スコラ哲学の一切の伝統をはじめて断固として明々白々に断ち切った[62]」人物であり、この中世的な「伝統の隅の首石」を破壊することによって、「近代の哲学思想の一般的な展開に対して、非常に強力な間接的影響を及ぼした[63]」思想家であったからだ。カッシーラーはここでこのイタリア人思想家を、新プラトン主義の哲学者らによって広められてきた階層秩序的世界観に対して公然と反旗を翻した最初の思想家であったと指摘している。周知のように、中世のヨーロッパにおいては、アリストテレスの宇宙論やプロティノス Plotinos（205?-270）の「流出説」（theory of emanation）にもとづくスコラ的なパースペクティヴのもと、世界は神との遠近によって高き世界と低き世界とに分かたれ、そのあいだには「判然とした区別が存在し、両者は同じ実体からなるものではないし、また同一の運動法則にしたがうこともない[64]」と信じられていた。そして、神聖ローマ皇帝を頂点とする封建的な身分社会こそは、かかる普遍的な階層秩序の世俗的なあらわれにほかならないものとされてきたのだ。ところが、マキャヴェリは歴史的経験のなかで「くりかえしあらわれてくる特徴、あらゆる時代を通じて変わらない事物[65]」から「事物の本性[66]」を抽出し、そこからさらにあまねく時代とあまねく人物に適用しうるはずの政治的な徳、すなわち「ヴィルトゥ」（virtus）を導出することによって[67]、階層秩序的な世界理解の原理そのものをあっさりと無視して乗り越えていってしまう。そして、その主張は、カッシーラーのみるところ、普遍的で因果的な法則性の存在を前提にしているというかぎりにおいて、中世のスコラ的な世界観に引導をわたしたニコラウス・コペルニクス Nicholaus Copernicus（1473-1543）の地動説やブルーノの汎神論、さらにはガリレイの物理学と同一の地平に立っているはずのものだったのである。ガリレイの主著『新科学対話』（*Discorsi e dimostrazioni matematiche intorno a due nuove scienze*, 1638）とマキャヴェリの『君主論』との思想的エートスの類似性について、カッシーラーは次のように述べている。

これら二つの著作を結びつけることは、一見すると、すこぶる恣意的なようにみえるかもしれない。両者はまったく異なった主題を扱い、またそれぞれ属する世紀を異にし、さらにその思想、学問的関心、才能、人格をまったく異にした筆者によって書かれたものである。にもかかわらず、両者は共通したものをもち、そのいずれにも、それを近代文明史における重大な二大事件たらしめた、ある一定の思惟傾向が認められる。最近の研究の教えるところによれば、マキャヴェリとガリレイのいずれにも、その先駆者が存在した。彼らの著作は、準備万端整えて、その著者の頭脳から一足跳びに出現したものではない。それは長い慎重な準備を必要とした。しかし、こうしたことはすべて、これらの独創性をそこなうものではない。ガリレイがその『新科学対話』に、またマキャヴェリがその『君主論』に述べたものは、実際《新しい科学》であった。ガリレイはこういった。「私の目的は、非常に古い主題についての、まったく新しい科学をうち建てることである。自然界においては、おそらく運動より古いものはないであろう。したがって、これらについての哲学者たちの著作は数・量ともに決して少なしとしない。にもかかわらず、私は、実験により、認識に値しているが従来観察もされず、証明もされなかった、自然の重要な特性の幾つかを見出したのである」。マキャヴェリも自分の著作について、同じように語る資格が十分にあったであろう。ガリレイの力学が現代の自然科学の基礎になったのとまったく同じように、マキャヴェリは政治学の新しい道をひらいたのであった。(68)

ただし、マキャヴェリの政治理論のルネッサンス的性格というとき、われわれはここで、『国家の神話』の議論がかかる合理主義的な側面とはまったく反対の側面をもひとしく強調するものになっていたということをただちに注意しておく必要がある。カッシーラーの指摘するところによれば、マキャヴェリはなるほど「一の時代を知るものは、他のすべての時代をも知る」とし、「過去の出来事を明瞭に洞察しえたものは、現在の問題に如何に対処し、未来に如何に備えるべきかを理解するであろう[69]」とする信念を曲げようとはしなかったが、かといって、かかる合理的なパースペクティヴが人間の政治的生活のすべてを説明しうると主張するほど合理主義的ではなかった。物理学においては、「同一の原因はかならず同一の結果を生ずるという原則にしたがって、つねに議論を進めることができる[70]」かもしれないが、歴史の世界、こと人間の行動となると、そうした厳密な因果関係は現実にはほとんど成り立ちえないというほかなかったのであって、このことはマキャヴェリ本人のはっきりと自覚するところだったのである。「自然はつねに同一であり、自然現象はすべて同じ不変の法則にしたがっている[71]」というマキシムがどれほど真であったとしても、政治と自然科学の類似にはやはり一定の限界があるのであって、われわれ人間が政治の世界において「計算と予報との一切の努力を拒む不安定な、不規則な、気紛れな世界のなかに生きている[72]」という事実はいかんとも否定しがたい。とするならば、この不確実性は「政治についてのあらゆる科学を不可能にするように思われる」し、ここにおいてわれわれは、政治という人間をとりまく現実が「理性によって支配しえず、したがって、理性的な言葉では完全には記述しえない[73]」ということを認めようとするのでなければならなくなってこよう。マキャヴェリはここで「自己の政治的経験が彼の一般的な科学法則に歴然と矛盾しているのを認め[74]」はしたが、カッシーラーのいうように、この矛盾を「解決することはできなかったし、また、それを学問的に表現することさえできなかった[75]」。このイタリア人思想家は、結局のところ、このアポリアを説明する手立てとして運命、すなわち「フォルトゥナ」(fortuna)について語らざるをえなくなる。マキャヴェリにとっては、この非合理的で神話的なファクターの助けなしに政治について知悉するということは今もって不可能というほかなかったのだ。

もっとも、カッシーラーにいわせれば、マキャヴェリのこのような戦略は、そもそもルネッサンスと呼ばれる時代がいまだに「魔術を認識論的に根拠づけ、正当化すること[76]」を要求する時代であったことを勘案するならば、それほど不自然なことではないし、不可解なことでもないという。「運命とは何であり、何を意味するものであろうか。それは、われわれ自身の力、人間の知性や意志にどのように関わるものであろうか[77]」という問いは、ルネッサンス的世界においてはごくありふれた一般的な問いであった。そして、マキャヴェリを含めてこの時代の人々は、そのほとんどが――占星術を人間の自由意志に反するものとして公然と批判したジョヴァンニ・ピコ・デッラ・ミランドラGiovanni Pico della Mirandola（1463-1494）のような、本当にごく少数の例外的な人たちを除いて[78]――「その感情と思考とにおいて、占星術の圧倒的な影響下に立っていた」し、「この影響を免れ、あるいはそれにうち克つことなどできなかった[79]」のである。その意味では、「フォルトゥナ」について語るマキャヴェリの姿はそれじたいルネッサンス的といえようが、ここでいうフォルトゥナの概念は、当時もっとも広範に流布していた意味あいとはおよそ趣を異にしている。たとえば、ダンテ・アリギエーリDante Alighieri（1265-1321）が『神曲』（*La Divina Commedia*, 1321）においてプブリウス・ヴェルギリウスPublius Vergilius Maro（B.C.70-B.C.19）に語らせていたように、フォルトゥナという言葉は当時、一般的には人間の力をまったく寄せつけない「神の力の代行者」たるものとして理解されていた[80]。つまり、「それは神の摂理の支配下においてのみ行動し、人間生活の中でそれの果たすべき役割は、摂理によって定められたものにほかならない[81]」とされていたのである。ところが、マキャヴェリの叙述においては、このようなキリスト教の宿命論的で諦念に満ちたニュアンスは、この言葉からほとんど払拭されてしまっているといってよい。カッシーラーはその内容を、マキャヴェリの『君主論』の言葉を引いて確認している。

この世のことは神の摂理か、または運命によって支配され、人智はそれに少しもあずかることがない、というように考える人が多数いたし、また現にいることと思う。そこから、そうした人々は世事にかかずらわないで、万事をその自然の成り行きにまかせるのが最善であると信じている。……そして実際、こうしたことを時折まじめに考えると、私自身そう考えたくなるのである。にもかかわらず、われわれの自由意志が絶対的に支配されないがために、運命はわれわれの行動の一半の指導をみずからの手に保留し、残りの一半は多くをわれわれ自身の処置に委ねているもののように、私には考えられる(82)。

カッシーラーのみるところ、マキャヴェリのいうフォルトゥナとは、まったく人力の及ばないデモーニッシュな力のことを意味しているわけではなかった。それはなるほど合理的な説明を拒む「世界の支配者」ではあるが、まったくもって制御しえないほど手に負えないものではなかったし、人間の自発性に一定の余地を残しているはずのものであった。「賢者は能く星辰を司る」(Sapiens vir dominabitur astris)(83)というマキシムにもあるように、人間はフォルトゥナに対して何ほどかの抵抗を示すことができるのであって、その意味においては、この概念は、実際には人間の「自由意志」(libero arbitrio) の存在を示唆するものにさえなっているというのでなければならなかったのである。そう考えてみるならば、ここでいうフォルトゥナとは、もはや人間に観想的な生活を要求する一方的な圧力なっているというより、むしろ不断に活動的な生活をうながすモメントになっているといっても決して過言ではあるまい(84)。マキャヴェリによれば、そもそもフォルトゥナに「抗しがたくみえるのは、自分の力を用いず、あまりに臆病で運命に反旗をひるがえしえない人間の罪(85)」でしかなかった。人間はここで単に「運命に服し、風波にもてあそばれる」のではなく、自分自身の力ですすむべき路を定め、みずからその行路の舵をとることによって、フォルトゥナとの不断の闘争を戦い抜こうとするのでなければならないのだ。その際、『君主論』の「運命の神は女神であるから、彼女を征服しようとすれば、うちのめしたり突きとばしたりすることが必要である。運命は、冷静な生き方をする者より、こんな人たちに従順になるようである(86)」という有名なマキシムにもあるように、マキャヴェリは運命に対する「攻撃戦」を推奨することによって、非合理的で神話的なファクターに対する政治的思惟の能動性を確認し、人間の政治的生活を外部から支配してきた神話的思惟を政治的思惟の枠内において理解されるべき概念として読みかえようとしていた。そして、この「運命の象徴の世俗化」こそは、政治的思惟における非合理的なモメントの存在を確認するものであるとともに、この神話的思惟との新しいつきあい方を示唆する「まったく新しいタイプの戦術——物質的な武器ではなく、精神的な武器に基づいた戦術(87)」を開示するものだったのである。

そう考えてみるならば、カッシーラーが『国家の神話』において描き出そうとしたマキャヴェリは、ルネッサンス的という特徴のもと、神話的思惟のモティーフに対してきわめてアンビヴァレントな態度を示した思想家になっているといえよう。ガリレイにも通じる透徹した合理主義的思考のもと、歴史的経験から普遍的なヴィルトゥを抽出する作業をとおして、政治における神話的要素のいっさいを排除しようとするラショナリスト・マキャヴェリ。その一方で、現実の政治的生活における合理的思惟の限界と神話的思惟の役割を認識し、政治におけるフォルトゥナの重要性とその取り扱い方を冷静に解き明かそうとするリアリスト・マキャヴェリ。——このような一見して矛盾しているかのようにおもわれる像のうちに、カッシーラーはマキャヴェリの政治理論の思想的特徴を見出そうとしていた。そして、まさしくこのようにして人間の政治的生活のうちに合理と非合理というふたつの相容れないモメントが混在しているのを認めつつも、神話的なものに対する政治的なものの自律性を主張することによって、政治的思惟と神話的思惟の関係性という古くからの問題領域に「新たな始まり」をもたらそうとしているところに、そのもっとも注目すべき独創的性質を認めようとしていたのである。別言すれば、このイタリア人思想家の言説は、それじたい「政治的リアリズムと人間学的ヒューマニズムのあいだの緊張関係(88)」を如実に表現するものになっているところに、その思想的意義が見出されるはずのものであった。文化哲学者カッシーラーのみるところ、それは政治という人間的な営みに沈思する作業をとおして、世界認識のためのもっとも根本的なシェーマを提示してみせようとするものになっていたのであって、その意味では、きわめて哲学的な含蓄に満ちた言説になっていたのだ。

三

以上において明らかになったように、『国家の神話』のカッシーラーは、マキャヴェリの知的肖像を神話的思惟というモティーフのもとに描き出そうとしていた。そして、その結果として、そこで示されたマキャヴェリの姿は、神話的思惟に対するそのヤーヌスの相貌のごとき見解ゆえに、いうならば、中世と近代のあいだに立つものになっていたといってよい。先述のとおり、『国家の神話』は、合理的思惟のもとに政治の因果法則のようなものを見出そうとしたという意味において、マキャヴェリをモデルネの政治的なパースペクティヴの先駆者たるものとして紹介していた。ところが、政治における神話的思惟の役割を否定しなかったという意味においては、プレ・モデルネ的な要素の濃厚な主張を展開するにとどまるものとして性格づけていたのである。ということは、その姿はモデルネ的でもなければプレ・モデルネ的でもないといえようが、政治的思惟ばかりでなく神話的思惟をも世俗化する議論を展開していたという意味においては、やはりプレ・モデルネを脱してモデルネへとむかうための里程標を打ち立てようとする思想家たるべきものとみなされていたといえよう。のみならず、運命の存在を逆手にとって人間の自由意志のありようを示唆していたことからもうかがえるように、その姿は明らかにモデルネ的な自我や個人の解放を説くものとして描き出されていたといっても決して過言ではあるまい。『国家の神話』はこうしてこのイタリア人思想家の姿を肯定的に描き出す一方、つづく第一二章において、その政治理論のなかでもっとも問題とされ攻撃されてきた論点を検討するところへとむかっていくことになる。われわれはそこで明確にマキャヴェリの政治理論を評価するカッシーラーの姿を目撃することになるのだが、それはいったいどのようなロジックのもとでなされていたのか。カッシーラーはここで何をどう評価しようとしていたのであろうか。以下、これらの問いかけに応答するかたちで、『国家の神話』のマキャヴェリ評価の位相をみていくことにしよう。

第一二章「新しい国家理論の意味」の冒頭、カッシーラーはマキャヴェリの政治理論のなかでこれまでもっともポレミカルな論争の的になってきたモティーフとして、その「非道徳主義」(immoralism)[89]の考え方をあげている。政治を宗教から引き離すことによってもたらされたこの考え方は、これまでマキャヴェリの政治理論の悪魔的性格をもっとも端的に表現するものとして激しい非難にさらされてきたが、カッシーラーは過去のそうした非難のいっさいを度外視し、あくまでもマキャヴェリの言葉を聴き、その意味するところを分析する作業に集中するところへとむかっていく。それによると、この非道徳主義の実相は、マキャヴェリのいう「統治術」という言葉をプラトン哲学における「政治のテクネー(technê)」という言葉と比較することによってアプローチしうるはずのものだったのである。まず後者のプラトン的な「テクネー」とは、周知のように、マキャヴェリの登場以前のヨーロッパにおいて統治術という言葉の意味内容を規定してきたきわめて重要な概念であった。それはイデア的な意味における正しい秩序を探求するためのものであるがゆえに、個々のケースに対処するために考案されたソフィスト的な「政治的行為のための規則」とは根本的にその性質を異にしているとされていた。より詳しくいえば、「テクネー」とは、宇宙を支配する「ロゴス、ノモス、タクシス」という三つの基本原理に適合した正しい秩序を志向するものになっているのであって、その意味では、すべてを包括する「普遍的原理に基づいた知識(epistêmê)」[90]、すなわち「理論的であるとともに実践的であり、論理的であるとともに倫理的でもある」[91]知識にもとづくとされるのでなければならないものになっていたのである。かかるプラトン的な発想からすれば、統治のあり方について語るということは、その規範的性質について語るということとほぼ同義であったが、政治的思惟を世俗化して外部からの超越的なものの介入を拒絶するマキャヴェリの鋭利な舌鋒は、そうした伝統的なパースペクティヴを何のためらいもなく断ち切ってしまう。そして、そのようなかたちで「この古い観念にまったく新たな解釈(92)」を施すことによって、プラトン的発想とは、まったく相容れない議論を展開するところへとむかっていくことになったのだ。

カッシーラーによれば、マキャヴェリのいう「統治術」(arte dello Stato) という言葉は、端的にいって、「倫理的行為や善悪の準則(93)」とは無関係な統治の「術」(art) たるべきはずのものであった。とりわけ『君主論』の記述からもうかがえるように、このイタリア人思想家における政治とは、そもそも一種のゲームのようなものに過ぎなかったのであって、そうである以上、ここでいう統治術の関心は、もっぱら「政治のゲームが詐欺、虚偽、変節、重犯罪といったものがなければ、演じられない(94)」という現実のありのままの状況を冷徹に分析するところにのみむけられていたのである。そして、そこから「何が有用であり、また無用であるか(95)」をみきわめることによって、「最善の駒の動き、すなわち、そのゲームに勝つ手番を見出す(96)」には何が必要とされているのかを教唆することのみが、統治術という言葉のもとで論ずるに値するただひとつの課題とされていたのだ。その際、誰がそのゲームのプレイヤーであるかということや、そのゲームの内容が道徳的な観点からしてはたして正しいのか否かということは、何ひとつ問題にはならない。「そういったことはゲームそのものに興味を持ち、そのゲーム以外に何ら興味を抱かない人間にとってはどうでもよいこと(97)」であった。そもそもこのゲームに参加することによって「正しい徳の道を歩みつづけようとしない者は、すべて自己保存のために、悪の道に踏み入らざるをえない(98)」のであって、このゲームのなかで生じたことの善悪をいちいち純粋に道徳的なパースペクティヴのもとに検討しようとすることじたい、このような見方からすれば、ナンセンスというほかなかったのである(99)。カッシーラーはそう論じるマキャヴェリの様子を医師の仕事になぞらえて次のように述べている。

彼（マキャヴェリ）は諸々の政治行動を非難もしないし、賞賛もしない。ただ、医師がある病気の病状を記述するのと同じように、それらの記述的分析を与えるだけである。このような分析においては、われわれは、その記述の真実性を問題にするだけで、そこで語られていることがらには関心を払わない。最悪のことがらについてさえも、正確な、すぐれた記述がなされうるのである。マキャヴェリは化学者が化学反応を調べるのと同じように、政治行動を究明した。たしかに、その実験室で激烈な毒薬を調合する科学者は、それのもたらす結果については責任がない。毒薬は老練な医師に用いられれば、ひとの生命を救いうるし、殺人者の掌中にあっては、ひとを殺すこともできるであろう。いずれの場合においても、その化学者を賞賛し、あるいは非難するわけにはいかない。彼が毒薬を調合するのに必要なすべての製法を教え、その化学式を与えてくれれば、それで十分なのである。マキャヴェリの『君主論』には数多の危険な有害な事項が含まれているが、彼はそうしたものを科学者のもつ冷静と無関心さとで観察する。彼はその政治的処方箋を与えるが、これらの処方箋の使用者が誰であり、さらに善悪のいずれの目的に役立てられるのかといったことは、彼の関心事ではない[100]。

カッシーラーによれば、マキャヴェリの政治理論における非道徳主義とは、統治術の以上のような読み替えによってもたらされたものであった。それはつまり、この言葉の適用範囲を大幅に切り詰めることによって、政治の概念そのものをもっぱらプラグマティックな技術の相のもとにのみ映し出そうとしたことの当然の帰結であったといってよい[101]。カッシーラーはこの点を指摘して、マキャヴェリを「政治生活の技術家」(technician of political life)[102]と呼び、その著述を一般的な意味における「道徳的な書物ではないし、また非道徳的な書物でもない。それは単に技術的な書物であるにすぎない[103]」として、かかる政治の技術化によってもたらされるであろうリスクの大きさを再三にわたって強調している。まず何より、この「技術的な書物」においては、政治はもはや道徳的な定言命法とは何ひとつかかわりあいのないものとして扱われるようになってしまった。それどころか、ここではすべてがカントのいう「熟達の命法」という名の仮言命法、すなわち「目的が理性的で善であるかどうかは少しも問題ではなく、目的を達するには何をしなければならないか」[104]をのみ問う営みとして理解されるようになってしまったのである。カッシーラーによれば、このようにして政治を道徳的思惟から切り離すということは、あらゆる規範的なものに対する政治のまったき自律性を実現するということを意味していた。そして、それはとりもなおさず、「人間の倫理的・文化的生活のあらゆる形式」[105]からの政治的世界の孤立を招くのみならず、政治を一種の道徳的なアナーキズムへと追いやってしまう危険性を多分にはらんでいるというのでなければならなかったのだ。もっとも、そういうと、政治が何か道徳的に無価値なところに立つだけのことであるようにおもわれるかもしれないが、こと政治の世界において非道徳でありアナーキーであるということは、決して道徳的に中立であるということを意味しているわけではない。それはむしろ、政治を背徳なものとするための道を用意するものになってしまっているのであって、それじたい容易に反道徳的なものに転化しうるというのでなければならなかったのである。

そう考えてみるならば、このようにして非道徳主義を提唱する言説が、権力のための権力の存在を容認し、現実の政治的権力をあからさまに賛美して政治の自己目的化を首肯するところへとむかっていくであろうことは容易に想像がつく。そして、マキャヴェリが実際にイタリアの統一を熱望する愛国主義者であり熱烈な国家崇拝者であったということは、その意味において、きわめて示唆的であるといえよう[106]。政治的言動の技術的な有効性を追求すること以外に何らの関心や目的を見出しえない政治的思惟、いわゆる「国家の最善の基礎」を「よき法律とよき武力にある」[107]としたうえで、法律を実効あるものにするためには武力による強制が欠かせないとするきわめて強権的な発想にもとづく政治規範[108]、そして、そのような発想ゆえに政治的共同体としての国家や民族の存立そのものを至高の目的とし、あまつさえその絶対化へと突き進んでしまう政治理論……カッシーラーはマキャヴェリの非道徳主義の主張に潜んでいるこのようなきわめて危険な性質を見過ごしてはいなかったし、それに対する懸念と警戒心を決して隠そうとはしなかった。この哲学者はいう、政治的思惟をこのようにして孤立化させてしまうことそれじたいが「非常に危険な帰結をはらんでいたことは、否定しえない。これらの帰結を看過したり、あるいは軽視したりすることはナンセンスである。われわれはそれと面と向かいあわなければならないのだ[109]」、と。そもそも権力に対する何らかの歯止めをもちえない政治理論ほど、二〇世紀の啓蒙主義者たることを自負するカッシーラーの思想的見地に沿わないものはなかった。このユダヤ系ドイツ人のような亡命の哲学者からすれば、そのような言説は、「現代の独裁」、すなわち二〇世紀の全体主義国家のイデオロギーを連想させる危険きわまりないものとして、徹底的に糾弾されるのでなければならないはずのものだったのである。

ところが、そのもっとも非難に値するべき箇所において、カッシーラーのマキャヴェリに対する批判はあっという間にトーンダウンしてしまう。それどころか、その議論はここでもなお、これといって批判がましい言葉を投げつけるでもなく淡々とすすめられているといっても決して過言ではない。事実、マキャヴェリの政治理論に内在する危険性を指摘しておきながら、カッシーラーはその舌の根も乾かないうちに「ある思想家が、彼自身にとってそれの完全な意味や意義がなお未知であった理論を展開するということは、精神史においては決して珍しいことではない」と述べているのみならず、「実際、われわれはマキャヴェリとマキャヴェリズムとをはっきり区別しなければならない。後者には、マキャヴェリが予想しえなかった多くのことがらが含まれている[110]」として、マキャヴェリその人の思想的責任を不問に付すかのような言葉を堂々と口外している。そればかりか、かくも危険な言説をものした思想家をこともあろうに「優れた高貴な精神の持主[111]」とたたえているばかりでなく、その政治理論を「明晰で、冷静な論理的精神によるとともに、さらに国事におけるその豊かな個人的経験と人間性（humanity）についてのその深い知識によって作り出されたもの[112]」としてはっきり評価するところへとむかってさえいるのである。これはいったいどういうことなのか。以上の議論からすれば、カッシーラーのこのような態度には、いささか解せないものがあるというほかあるまい。マキャヴェリその人についての評価はともかくとして、その政治理論にひそんでいるもっとも危険な性質を告発しておきながら、まさにその告発されたはずの当のものを、それこそ手のひらをかえすかのようにすすんで褒めたたえようとしているのはなぜなのか。しかも、政治と道徳を峻別しようとした主張に対して、よりにもよって「人間性についてのその深い知識」などというきわめて道徳的な意味あいの強い言葉を用いて評価しようとしているのは、いったいどういうことなのであろうか。

このような矛盾ともおぼしき言及は、カッシーラーがマキャヴェリの言説を道徳的な見地からネガティヴに評価するとともにポジティヴに評価していたということを意味している。そして、その様子は、『国家の神話』の議論が政治的思惟の没価値化というマキャヴェリの主張をごく控えめに批判したうえで、その政治哲学的な含意を別のアングルから肯定的に捉えようとしているところからも確認することができよう。カッシーラーによると、政治と道徳を峻別するこの非道徳主義の主張は、現象的にみれば、政治の営みをあくまでも実存的な次元において把握するということ、すなわち人と人との現実的な関係性のもとに理解するということへと行き着くはずのものであった。そして、その意味するところは、これまで非道徳主義の象徴とされてきたあるひとつの譬喩――アキレウス Achilleus をはじめとする古代の君主たちが、半人半馬の怪物でケンタウロスの賢者であったケイローンのもとで養育されたという有名な譬喩について語ろうとするマキャヴェリの姿のうちに見出しうるはずのものだったのである(113)。このような悪名高い譬喩のもと、およそ「政治の教師」たるものは「半獣にして半人」(un mezzo bestia e mezzo uomo)(114)でなければならぬと説き、そこから政治に携わろうとするものに「獣的な事柄ともかかわりをもち、ひるむことなくそれを面と向かって眺め、獣的なことを獣的なこととはっきりいわなければならない(115)」ということをいささかのためらいもなく叩きこもうとするマキャヴェリ。のみならず、「必要に応じて、人間とともに獣にも似せるすべを心得ておかねばならない(116)」と説くことによって、徳と不実の双方を身につけること、あるいは身につけているようにおもわせることの必要性を力説するマキャヴェリ。一見したところ、政治家に対して悪徳たることを勧めているようにしかおもわれないこのマキャヴェリの姿のうちに、『国家の神話』は肯定的に理解し評価するに足る重要な思想的モティーフを探り当てようとしていたのだ。カッシーラーはいう。

政治生活が、現状においては、非行や背信、重犯罪に満ちたものであることを、何人もかつて疑ったものはいない。しかし、マキャヴェリ以前の思想家には、こうした犯罪の技術を教えようと試みたものはいなかった。こうした犯罪はなされはしたが、教えられはしなかった。マキャヴェリが狡猾、背信、残虐についての技術の教師たることを断言したのは、前代未聞の事柄であった。しかも彼はその教育にあたって非常に徹底的であり、逡巡も妥協もしなかった。彼は支配者に、残酷さが必要であるゆえに、すみやかにまた容赦なく為されなければならないと説く。かくしてこそ、しかもかくすることによってのみ、それは望ましい成果をあげうるであろう。それは善用された残酷な行為（crudelta bene usate）たることを実証するであろう。残酷な方策を猶予し、あるいは緩和することは無駄であり、それは一挙にいっさいの人間的感情を無視してなされねばならない。王位をえた簒奪者は、他のいずれの男女にも彼の道に立ちふさがることを許してはならない。彼は正統な支配者の家族全員を絶滅しなければならない。こうした事柄はすべて恥ずべきことのように考えられるかもしれない。しかし、政治生活においては、《徳》と《悪徳》とを判然と区別することはできない。こうした二つのものは、しばしば立場をとり代わるのである。万事をよく考慮するなら、一見きわめて善事であるように思えるものも、いざ実行に移されると君主に破滅をもたらすことがあり、逆に悪事のようにみえることでも有益なことがわかるであろう。政治においては、万事そのところをかえるのであり、正は不正であり、不正は正なのである。[117]

その表面上の過激さに目を奪われがちなこの「半獣にして半人」という譬喩の真意は、カッシーラーのみるところ、やはり政治を実存的な位相のもとに把握することの必要性を説くところにあった。それはあくまでも政治を人と人との関係性のうえに成り立つものとして描き出そうとするものになっていたのであって、あえて「善用された残酷な行為」などという矛盾すれすれの表現を用いていたのも、かかる関係性の意味するところをドラマティックに示してみせようとしていたがゆえだったのである。このような見地からすれば、政治の世界においてかかる表現がまかりとおっていることのカラクリは、政治が各人のあいだに成り立つ一種の間主観的な空間になっているということのうちに求められるはずのものであった。それはつまり、さまざまな思惑や目論見が複雑に絡みあうこの政治の場においては、各人の行為や言葉の一つひとつが一義的な意味や性格を保ちえないということによって生じているのであり、往々にして「《徳》と《悪徳》とを判然と区別すること」ができないのも実にこのような背景があってのことだったのだ。「善用された残酷な行為」という倒錯した表現が成り立ちうるほど、ここではすべての意味が各人の駆け引きのなかで相対化されているのであって、永遠不易なものなど何ひとつ存在しないといっても決して過言ではない。すべての意味はこの言語ゲーム的空間においてたえず流動化させられているし、極端なことをいえば、マキャヴェリその人が『君主論』のなかで強調しているように、ひとりの人物の思考のなかでさえそうした流動化は免れえないのである[118]。そう考えてみるならば、それこそ「最善の場合においてさえ、政治はなおつねに人間性と獣性の中間物である[119]」というのでなければならなくなってこよう。「半獣にして半人」という譬喩において、政治はこうして正と不正の双方に開かれたものとして、さらにいえば、決して道徳と不道徳のどちらか一方に振り切れてしまうことのないものとして映し出されることになったのである。

マキャヴェリのこのような慧眼こそは、カッシーラーのみるところ、その政治理論を他の著述家のそれ——ここでは、トマス・アクィナス Thomas Aquinas (1225-1274) の『君主の統治について』(*De regimine principum*, 1265) やエラスムスの『キリスト教徒たる君主の教育論』(*Institutio principis Christiani*, 1516) があげられているが——と決定的に分かつはずのものであった。そして、政治を何らかの価値基準によって導かれるものとする当時の常識的な考え方を根底から覆してしまったという意味において、明らかにヨーロッパ政治思想のコンテクストにおける「新たな始まり」を画するものになっているというのでなければならなかったのである。先述のとおり、マキャヴェリの登場以前のヨーロッパにおいては、プラトンのイデア論的なシェーマにもとづく政治的パースペクティヴがあたかも所与の前提であるかのように扱われてきたし、この前提を正面切って否定しようとする試みなどほとんど存在しなかった。ところが、マキャヴェリ的な見地からすれば、人間の政治的な営みはかかる前提のもとに知悉しうるほど単純なものではなかったし、ここでは理念が現実を規定するというよりもむしろ現実が理念を規定しているというのでなければならなかったのである。そうである以上、理念が政治の行方を決定する唯一のファクターになっているとすることは、それじたい端的に事実に反しているといわざるをえないであろうし、もはや支持しうる見方ではないというほかないであろう。それどころか、マキャヴェリその人が『君主論』のなかで「見せかけること」の重要性をしきりに強調していることからもわかるように(120)、われわれは逆に現実の人間関係において浮かび上がってくる一種のドクサ的なイメージのなかから理念的なものの意味内容を決定しようとしているというのでなければなるまい。そう主張することによって、このイタリア人思想家はプラトン的なテクネーのシェーマを完全にひっくり返すところにまで議論をおしすすめてしまった。ここにおいて政治は、空疎な真理ではなく実際の見かけをめぐって展開されるものとされ、かかる仮象のうちにくりひろげられるものであるがゆえに、全体としての行き先が判然としない不透明な性格のものとして規定されることになったのである。

もっとも、このような政治観のドラスティックな転換は、必然的に政治の領域における人間のあるべき姿の全面的な変更をも促すことになる。以上のような見地からすれば、およそ政治的にふるまおうとするものは、これまでのように何らかの真理にしたがってドグマティックに思考し行動することを厳に慎むのでなければならなくなった。ここで必要なことといえば、さしあたっては政治の場における見かけの重要性をしっかりと認識することであり、さらにはこの見かけを作成して自在に使いこなすために、何らかのかたちでたえず他者と関係し政治の場にコミットしつづけることだったのである。[121]むろんその際には、「いかなる時にも遵守しなければならぬ一律な方法といったものはない。時に応じて用心深くあるとともに、機をみて一切を断行しなければならない。われわれは、絶えずその姿を変える一種のプロテウスたるのでなければならない[122]」というのでなければなるまい。そして、そのためには、ひとはただ単に打算にもとづいて行動するのではなく、自身の言動が他者に及ぼす影響と責任を引き受けたうえで行動するのでなければならないし、かかる行動を可能にする冷静な視座——わが身をいつであれ冷静にみつめられるような自由な視座をつとめて確保しようとするのでなければならないのだ。こうして他者との関係という現実を見据えたうえで行動する個人としての自立した心構えをもつようおのれを律することが、ここでいう政治的人間のあるべき姿の核をなすものとして強調されることになるわけだが、それこそ非道徳主義に由来する規範的なパースペクティヴになっているといえよう。カッシーラーからすると、これまでマキャヴェリの政治理論のアブノーマルな性格を如実に示すものとされてきた「半獣にして半人」という譬喩こそは、かかる規範的なモティーフを内包するものだったのであり、それは政治に対する道徳の介入を拒絶することによって逆説的にはじめて姿をあらわすものになっていたのである。このことからもわかるように、政治と道徳を峻別するということは、ここでは政治をアナーキーな状態のうえに放置するということを意味しているわけでは決してなかった。それはむしろ、よりリアルなかたちで人間の「政治の行動準則」を導き出すものになっていたのであって、人間に対するその真に迫った考察ゆえに、『国家の神話』はマキャヴェリの議論を人間性という言葉のもとに評価しようとしていたのである。

また、このような見地に立つならば、マキャヴェリのように政治のコンテクストから道徳的思惟を排除することに対して、カッシーラーが一定の理解を示していたこともまた、当然のなりゆきであったといえよう。正からは正のみが生じるとする道徳の根本命題は、いったん以上のような視座に立ってしまうと、そもそも政治の場においては、もはやその論理的な妥当性を失ってしまっているというほかなかったのである。自身の言動が良心によるものか、あるいはそれに適っているかどうかといった道徳上の主観的な動機は、もはや政治的な言動の是非を問うための尺度として単純素朴に持ち出してくるわけにはいかなくなってしまった[123]。のみならず、絶対的なドグマの実現のみが地上に理想状態をもたらすと主張してやまない道徳的思惟に根深い考え方もまた、ここではもはや取り上げられる余地などないというのでなければならなかった。先述のとおり、マキャヴェリは道徳や宗教の存在それじたいを否定してはいなかったが、それらに端を発するドグマ的な信念が政治的判断を狂わせてしまうことに対しては、どうしても異議申し立てをせざるをえなかったのである。にもかかわらず、かかるドグマ的な信念にもとづいて政治に臨もうとするならば、そのような取り組みは、政治におのれの信念を実現するための手段としての性格しか認めようとはしないであろうし、その内なる純粋な使命感ゆえに、他者という信条の異なる存在をないがしろにせずにはおれなくなってしまうであろう。ひとたびそうした非政治的な心情の虜になってしまったものは、人間の政治的生活を自己の信条に適応するものと適応しないものからなる二元論的な闘争の場へと仕立てあげてしまい、究極的には後者の完全な撲滅を要求するという愚を犯すことさえやりかねないところへと行き着いてしまう危険性を負うことになるのだ。——アーリア人至上主義という人種理論から導出された擬似規範的なイデオロギーのもと、「おのれの存続のために、自分以外のあらゆる社会的・文化的生活形式を排除し、一切の相違を抹殺しなければならない[124]」と主張してドイツ社会の強制的画一化を断行したナチス・ドイツがまさにそうであったように[125]。

そう考えてみるならば、カッシーラーの『国家の神話』は、非道徳主義というマキャヴェリの政治理論のなかでもこれまでもっとも非難されてきたまさにその点に、全体主義イデオロギーに対抗するための規範的モメントの存在を認めようとするものになっていたといえよう。先にみたように、マキャヴェリはその過激なマキャヴェリズム的な言説ゆえに「徹底した軍国主義の最初の哲学的な代弁者[126]」として批判され、ナチズムの思想的ルーツをなすものとして大いに非難されてきたが、カッシーラーはその言説のうちにそれとはまったく相反する性質を読み取っていた。そして、「半獣にして半人」というこれまた悪評のたえなかったエキセントリックな喩譬のうちに反ナチ的な思想的モティーフが明確に語られていることを看取し、その政治理論を自身のアクチュアルな関心のうえでも高く評価しようとしていたのだ。政治という人間的営みを純粋に人と人との関係性というシェーマのもとに把握する実存的なパースペクティヴを確立することによって、独自の思想的境地を切り開いたマキャヴェリの思想は、このユダヤ系ドイツ人にとっては、大まかにいって次の二つの点で看過しえないものになっていたといえる。まず、その議論は、ナチスの全体主義的イデオロギーにみられる非政治的な性格を暴露したうえで批判するという政治内在的な見方を可能にしているという意味において、ただ単に道徳的な見地から批判する以上に効果的なナチズム批判のための道を切り開いているはずのものであった。また、それは既存の規範的言説からは引き出しえなかった政治的主体としての人間のあるべき姿を示唆するものになっているという意味において、人間本性を指し示す人間性という言葉により具体的な意味内容を与えるものにもなっていたのだ。いずれにせよ、カッシーラーはここでマキャヴェリの言説のうちに、ナチズムのような理念過剰な政治的イデオロギーに対抗するための知的な手がかりを見出そうとしていたのであり、それゆえにこの人物を積極的に評価し、これまで「悪魔の書」とされてきたその著述を「真摯な、誠実なもの[127]」として高く評価しようとしていたのである。

四

以上において明らかになったように、『国家の神話』のカッシーラーはマキャヴェリの政治理論をナチスの政治的イデオロギーとはまったく相容れないものとして描き出そうとしていた。そして、このフィレンツェ人をナチのイデオローグにほかならないものとする当時の一般的な見方に抗して、『君主論』や『ディスコルシ』のなかで語られている言葉の一つひとつをナチス的な理念に明確な否を突きつけるはずのものとして規定してみせようとしていたのである。このような解釈のもと、カッシーラーはマキャヴェリの言説をきわめて高く評価しようとしていたわけだが、そう考えてみるならば、マキャヴェリの政治理論が「今・ここ」の危機的状況において「亡命のオデュッセイ」の口から語られ、『国家の神話』という全体主義国家批判の書にラインアップされていた理由もまた、おのずから明らかになってこよう。この精神史家のみるところ、マキャヴェリこそは、ナチス・ドイツに対峙するに際しての有力な歴史の証人のひとりだったのであり、その政治理論は歯に衣着せぬラディカルな語り口ゆえにかえって効果的なナチズム批判をなしうるもののひとつとされていたのだ。ただ、ここでこれほどまでにこのイタリア人、しかも、他のルネッサンス研究においてその名前すらほとんど触れられてこなかった男の思想が、かくも集中的に取り上げられているという事実はいったい何を物語っているのであろうか。先にみたとおり、カッシーラーは『国家の神話』のなかでマキャヴェリの政治理論についてかなりの分量を費やして論じているが、記述のバランスを欠いてまでこのようなスタンスをとるのでなければならなかった理由はどこにあったのであろうか。そもそも『国家の神話』という著作において、以上の議論がほかの思想家たちの言説以上に強調されるのでなければならなかった必然性はどこにあったというのであろうか。以下、この問いかけに応答するかたちで、カッシーラーのマキャヴェリ論の意味を『国家の神話』という著作との関係においてみていくことにしよう。

この問題について検討するためには、われわれは『国家の神話』におけるマキャヴェリについての記述から目を転じて、この著作の全体をみわたすところにまで視野を広げて考える必要がある。そして、その全体の流れを把握したうえで、このイタリア人思想家の言説がここでどのような位置を占めているのかを見定めようとするのでなければならないが、かかる試みに取り組もうとするものはその第一歩からのっぴきならない困難に直面させられることになるであろう。というのも、本書で展開されている議論は、その一つひとつが論理的な結びつきにきわめて乏しく、カッシーラーの著作にしてはそれほど大部のものではなかったにせよ、まずもって全体の流れをひとつの枠組みのもとにみとおすことそれじたいが、きわめてむずかしくなってしまっているからだ。周囲の要望を容れて急いで執筆したものであったせいか、あるいはナチス・ドイツという現実の全体主義国家を政治思想的側面から分析するというこれまでほとんど論じてこなかった不慣れなテーマを取り扱おうとするものであったせいか、すでに多くの論者によって指摘されているとおり[128]、『国家の神話』という著作には、その構成上不可解というほかない決定的な難点があった[129]。本書は三部一八章からなり、第一部「神話とは何か」、第二部「政治学説史における神話に対する闘争」、第三部「二〇世紀の神話」という結構になっているが、後述するように、まったく内容の異なる各部がそれぞれの結びつきを欠いたまま単純に並べられているだけといった印象が強く、その内容上のあまりのアンバランスさゆえに、全体的にひとつの像を結んでいるとはいえないものになってしまっていたのである。そして、そのような視界の悪さが災いしてか、全体主義国家ドイツを思想的見地から批判しようとする意図から出たものだったにもかかわらず、その肝心要の思想的なメッセージまでもがどのようなかたちであらわれているのかさえはっきりしないという重大な問題をかかえこむ著作になってしまっていたのだ。

実際、このような難点は、『国家の神話』の流れをごく簡単にふりかえってみるだけでも、容易に確認することができよう。本書の冒頭、カッシーラーは両大戦間のヨーロッパが「政治生活および社会生活の深刻な危機を経験したばかりでなく、また幾多のまったく新しい理論的な問題にも当面してきた[130]」とし、ナチズムのような神話的思惟の登場によって現代の「政治的思惟の諸形式が急激に変化するのを体験した[131]」と指摘するところから議論を説き起こしている。そして、ナチスのいわゆる「第三帝国」を現代における神話的思惟の勝利の産物とみなし、「精神的および社会的生活の性格に関する従来のいっさいの観念を逆転さすようにみえる、この新しい現象[132]」の性質を解明するために、第一部「神話とは何か」において、さしあたり神話的思惟の「人間の社会的および文化的生活における、その機能[133]」を文化人類学的な観点のもとに説明しようとしている。その議論は、一言でいえば、神話的思惟を「感覚的経験の世界を分析し、体系づけようとする……最初の試み[134]」とし、包括的な世界理解のプロトタイプとしてのその性質ゆえに「他のあらゆる人間活動と密接な関係」にある「文明における最古のもっとも偉大な力のひとつ[135]」として位置づけようとするものになっていた。ところが、神話的思惟をこうして知覚の能動的な客観化に与る自己表現のモメントにほかならないものとしてポジティヴに規定しようとしていた当の本人が[136]、つづく第二部「政治学説史における神話に対する闘争」では、このモメントを一転して政治の世界から排除されるべきネガティヴな存在として位置づけようとしているのである。カッシーラーはここで神話的思惟を明らかに知覚の能動的な客観化を妨害するものとして描き出しているが、かかる神話の性格づけの転換にはどこか釈然としないものが残るといわざるをえまい。神話に対する見方のこのような唐突な変化についてはむろんのこと、議論の舞台が文化人類学的考察から精神史的考察へと切り替わっていくことに対する言及が何ひとつなされてない以上、『国家の神話』の議論はその前半部分においてすでに論理的な接合性を持ちえないといわざるをえないものになってしまっているのだ。

もっとも、そのような構成上の問題は、第二部と第三部「二〇世紀の神話」とのあいだに、さらにはこの第三部の内部においても、さらに深刻なかたちをとってあらわれることになる。カッシーラーは第二部において、古代ギリシアから啓蒙主義思想とその敵対者たるロマン主義思想へと至る一連の思想的系譜を「神話に対する闘争」という側面から読み解こうとしているが、つづく第三部はその前半部分の議論を、例によって何の説明もなく、全体主義的イデオロギーの登場を思想的側面から準備したとおもわれるカーライルの英雄崇拝、ゴビノーの人種崇拝、ヘーゲルの国家崇拝という一九世紀の三つの神話的言説の考察にあてている。今まで長々とヨーロッパの政治思想史における神話的思惟の影響力排除のプロセスについて語ってきたにもかかわらず、その延長線上にいきなり一九世紀における数々の神話的思惟を登場させ、その思想的インパクトについて云々するというのは、やはり説得力に欠けるといわざるをえないし、もっとはっきりいえば、議論のつながりからして文字どおり不可解であるというほかあるまい[137]。第三部はそれだけでも以上の議論とのつながりを著しく欠いていると断ぜざるをえないが、ここでさらに不可解なのは、その後半部分の議論がさらに話題を転換して現代の全体主義国家の構造分析へとむかっていってしまい、第二章においてみてきたように、全体主義国家ドイツの登場を神話的思惟と技術的思惟の「短絡的な融合」によるものとして結論づけてしまっていることであろう[138]。そう主張することによって、カッシーラーは一九世紀以前の思想的潮流はおろか、カーライル、ゴビノー、ヘーゲルのように「全体主義の明らかな先駆者になっているようにおもわれる[139]」人たちのいずれについても「二〇世紀における全体主義とファシズムの出現に責を負うものになっていない[140]」と宣告し、そのルーツをヨーロッパ政治思想史からは弁証しえないものとして描き出さざるをえなくなってしまった。そして、その結果、本書の三分の二以上を費やしてきた第三部前半までの精神史的考察を、本書の結論とは何ら結びつきのないものとして、事実上宙吊りにしてしまうという結末をむかえることになってしまったのだ。もっとも、クロイスのいうように、『国家の神話』のこのような叙述のスタイルを仮に戦略的なもの——ナチズムの思想的系譜の追求という当時の全体主義分析の主流をなす方法論を「見せかけの説明として暴露する[141]」ためのものとして理解するにしても、それではマキャヴェリ論を含む多くの議論が本書の全体の脈絡のなかでどう位置づけられるべきなのかがまったくわからなくなってしまうというほかあるまい。本書をこの結論のもとに理解しようとするかぎり、われわれはマキャヴェリについての以上の議論がこれほどまでに強調されるのでなければならない必然性を導き出すことができなくなってしまうのである。

しかしながら、『国家の神話』のカッシーラーがマキャヴェリの政治理論をあれだけ熱心に論じたてようとしていたことを勘案するならば、この著作におけるその位置が結局よくわからないという結論は、やはりにわかには受け容れがたい。そもそもこの哲学者は『君主論』や『ディスコルシ』で語られてきたマキャヴェリの教説を、先にみたように、ただ単にヨーロッパ政治思想史のエピソードのひとつとして、過ぎ去った過去の遺物として考察しようとしていたわけでは決してなかった。それどころか、その学説はここで全体主義的イデオロギーに対抗するための思想的な手がかりたるべきものとして位置づけられていたのであって、その意味においては、あくまでも「今・ここ」というアクチュアルな関心に応えうる思想的モティーフになっているというのでなければならなかったのである。そう考えてみるならば、『国家の神話』におけるマキャヴェリをめぐる考察は、第三部後半のように全体主義国家の構造分析に終始してしまっている個所よりもはるかに強力な政治的メッセージを発するものになっているといえようし、その点では、全体主義批判という本書のそもそもの目的を検討するうえで欠かすことのできない決定的な役割を担っているといっても決して過言ではあるまい。だとするならば、読み手の側であるわれわれがここで思い切って視点をかえてみてはどうか。これまでの発想を逆転させて、マキャヴェリ論を『国家の神話』のなかに位置づけるのではなくて、反対にこの著作の以上の内容をマキャヴェリ論との関係において位置づけるとなるとどうだろうか。『国家の神話』のなかで縷々展開されてきた精神史的考察から全体主義国家分析という枠組みをはずしてみるならば、その内容は曲がりなりにもひとつの流れをもったもの、すなわち神話の生成から一九世紀に至るヨーロッパ精神の歩みを政治的思惟と神話的思惟との関係性という一断面から眺望するものになっているといえるが、この一連の流れはカッシーラーのマキャヴェリ論とどのようなかたちで結びついていると考えられるのであろうか。

マキャヴェリ論との関係で『国家の神話』における精神史的考察をみていくとすると、マキャヴェリへと至るその流れは、一言でいえば、政治的思惟におけるゆるやかではあるが確実な脱神話化のプロセスとして性格づけられているといえよう。「人類の幼年時代に、ただひとり、原始的思考に理解されうる言語によって死の問題を提起し、解決することができた教育者」(142)として登場した神話的思惟にとって、古代ギリシアに端を発するヨーロッパの精神的な歩みとは、端的にその教育者としての役割が徐々に切り詰められていく歴史だったのである。カッシーラーはそのような見立てのもと、この時期の思想家たちの言説の論理的で合理的な性格を最大限に強調している。それによると、世界の神話的起源ではなく「実体的な原因」(arche)を探求したミレトス学派の思想家たちをはじめ(143)、「合理的な人間性の理論が、あらゆる哲学的理論の第一の切実な要求であること」(144)を主張して哲学を人間学へと読み替えようとしたソフィストたちやソクラテスもまた、世界の万物を支配する普遍的理法としてのロゴスを志向するという意味においては、ひとしく神話的思惟の力に対する挑戦者になっていた。そして、善のイデアによって導かれる「正しい政治秩序を見出すこと」(145)のうちにソクラテス的な「真の学的認識」(episteme)を見究めようとしていたプラトンこそは、かかる挑戦を政治思想のコンテクストにおいて自覚的に遂行しようとした最初の思想家にほかならなかったのである(146)。カッシーラーのみるところ、プラトンの主張は、神話的な神々を善のイデアによって代替し、もっぱら合理的な「秩序、規則性、統一性、適法性という一般原理」のもとに国家の姿を映し出そうとする倫理的な法治国家理論を提示することによって、また、人間を合理的な「思慮」(phronesis)をもつ「自由な行動者」(147)として規定することによって、神話的思惟をはっきりと政治的思惟から排除しようとするものになっていた。その言説は、なるほどイデア論という神話的色彩の濃厚な言説によって支えられているというアポリアを内にはらんではいたが(148)、政治のコンテクストにおける論理的な思考と合理的なふるまいの必要性を説くものになっていたという意味においては、まさしく政治思想の歩み全体に「新たな始まり」を画するものになっていたのだ(149)。

カッシーラーはそのうえで中世の政治思想についても、全体として神話的思惟の影響力を排除する方向にあるものとして描き出している。もちろん中世の思想的営みの全体がキリスト教神学という宗教的な基盤のうえに立つものである以上、中世の思想家たちはヘレニズム思想の合理的要素と信仰という神話的要素とのあいだの緊張関係のうえにみずからの思索を展開する必要に迫られていたが(150)、それでもここには「神話に対する闘争」を後押しする思想的モティーフがしっかりと示されているという。イデアをふたたび神に読み替え、ロゴスを信仰に従属させることによって、中世の思想家たちは神話的思惟に一定の親和性を示しつつも(151)、いくつかの非神話的モティーフ――「事物の本源的秩序においては、万人は自由であり平等である(152)」という自然法的なパースペクティヴのみならず、君主の権力をストア的なフマニタスの理念にもとづく正義の法によって制縛されるものとしたシェーマを導入しようとしていた(153)。そして、トマス・アクィナスのようなアリストテレス主義者に至っては、「恩寵は自然を破壊せず、かえってそれを完成する」(Gratia naturam non tollit, sed perficit)(154)という有名なマキシムのもと、より踏み込んだ議論を展開しようとしていたのである。自然と恩寵をそれぞれ「自己の固有の対象と自己の固有の権利とをもつ(155)」とすることによって、自然学の自立を促したその基本的な世界理解、自然的秩序と同じく社会的秩序をも経験的原理にもとづいて導出するべきとするその方法論(156)、かかる経験的考察をおこなうための理性的活動に対する肯定的評価、そして、「自己の努力によって権利と正義との秩序を打ち立てなければならない(157)」として活動的な生の重要性を説くその態度……トマスによって語られたこれらの言葉の一つひとつは、カッシーラーによれば、その性質上マキャヴェリの政治理論への道を切りひらいてみせるものになっていた。もちろんスコラ哲学の神学者トマスの思想は、今なおキリスト教神学の領域に踏みとどまろうとするものになっていたし、中世的な世界理解においては神学や信仰に由来する神話的思惟の力が根強く残ってはいたが、そこにあらわれた言説はたしかに政治的思惟における神話的思惟の影響力を和らげようとするものになっていたのだ。

このような流れからすれば、マキャヴェリ以降のヨーロッパの政治思想についての『国家の神話』の見解は、それほど難なく思い描くことができるようにおもわれよう。「理性の明るい光」のもと、神話的思惟のような非合理的なものを打破して人間性の解放につとめようとしたこのモデルネという時代が、脱神話化の流れをさらに加速させるものとして理解されているであろうことは、二〇世紀の啓蒙主義者としての思想的スタンスからしてもまずは疑いないようにおもわれるであろう。ところが、カッシーラーはそうは考えていなかった。マキャヴェリ論とのつながりからすると、この時代は、実は古代ギリシアからマキャヴェリの登場へと至る一連の流れのなかで受け継がれてきたものを促進したというよりむしろその逆のコース、「政治権力をふたたび再神話化すること（Remythisierungen）への道を開く[158]」コースとして規定されるべきものになっていたのだ。もっとも、「人間理性の《自足性》(αὐτάρκεια)というストア哲学の原理を受け容れた[159]」一七世紀の自然法思想であれ、かかる「政治的合理主義」を現実のものにしようと奔走した一八世紀の啓蒙主義思想であれ、モデルネの概念が、その一つひとつの局面において、脱神話化のプロセスを加速させる積極的なモメントになっていたということには疑いの余地がないし、それじたい正当に評価されるべき実り豊かな成果をあげているということもまたいうまでもない。にもかかわらず、神話的思惟と相容れないかのようにおもわれるその理性主義的な態度のうちにこそ、この哲学者によれば、実は神話への親和性を示す性質が内包されているというのでなければならなかった。理性の科学的方法の明証性を疑う余地のない事実とみなすところから出発し、しかも、その事実のうちに完結してしまおうとする——換言すれば、現実のすべてを理性の力によって知悉しうるものとみなすまさにこのことによって、モデルネはそれじたい神話じみた新たなフィクションを政治の世界に持ち込まざるをえないものになってしまっていたのである。

　カッシーラーによると、モデルネの思想家たちの誤謬は、神話的思惟という「理性の明晰な光をおおい隠してきた雲を払い除く[160]」のみならず、この「雲」を「野蛮なもの、混乱した観念と愚かな迷信の奇妙奇怪な集合、単なる怪物[161]」と決めつけてしまい、ひとしなみに根絶の対象としてしまったところにあった。そして、この「雲」とのつきあい方を弁証しようとしたマキャヴェリとちがって、世界の多様なあらわれにこのようなかたちでかなり乱暴に線を引くことによって、かえって自分自身を現実の世界から遠ざけるという過ちを犯してしまうことになってしまったのである。ここで理性にもとづく真理なるものを「いかなる時にも、いかなる所にても、すべての人々によって信じられているもの」(quod semper, quod ubique, quod ab omnibus)[162]として、はたまた「偉大な政治的闘争のための武器」[163]としてふりかざそうとすればするほど、この理性の福音はそれじたい一種のロマン主義的な神話、[164]しかも理性によって更新された神話へと転化するリスクを背負いこむ羽目に陥ってしまった。その結果、かかる更新された神話は、いみじくもシラーの指摘したとおり、「人間性に対する深い尊敬ゆえに、人間を軽蔑する」というそれこそ皮肉としかいいようのない役回りを演じることになってしまったのだ。『国家の神話』はそのもっともラディカルな事例として、世界の全体を理性の自己展開の歩みたるべきものとして規定するヘーゲルの弁証法的世界観をあげている。世界のすべてを理性という言葉のもとに説明しようとするあまり、世界史を「絶対者が永久に自分自身とともに演じている倫理的生活の偉大な悲劇」[165]とみなし、国家を理性の実現態として神格化してやまないこの「絶対者の哲学」の主張は、カッシーラーによれば、全体主義のイデオロギーとまったく同じ過ちをただ反対の方向から犯しているというほかないものであった。彼はいう。

ヘーゲル哲学がその後の政治思想の発展に及ぼした影響を究明してみると、ここでは、彼の基本的な見解のひとつが完全に逆転しているのが認められる。この点では、ヘーゲル主義は近代の文化生活におけるもっとも逆説的な現象のひとつである。おそらくヘーゲル主義そのものの運命ほど、歴史の弁証法的性格を、よくまた適切に示す例はないであろう。ヘーゲルの擁護した原理が、突如として、その反対のものに転化するのである。ヘーゲルの論理学や哲学は合理的なものの勝利を告げているように思われた。哲学がもたらす唯一の思想は、単純な理性の思想、つまり、世界史がわれわれの眼前に理性的な過程としてあらわれるということである。けれども、ヘーゲルみずからは意識しないで、人間の社会的・政治的生活のうちにあらわれたもっとも非合理な（あるいは神話的な）力を解き放ったということこそ、彼の悲劇的な運命であった。他のいずれの哲学体系も、ヘーゲルの国家学説——この《地上に現存する神的理念》という理論ほど、ファシズムと帝国主義とを準備するのに貢献したものはない。歴史の各時代には、世界精神を実際に代表するただひとつの民族が存在し、そしてこの民族が他のいっさいの民族を支配する権利をもっているという思想は、実際、ヘーゲルによってはじめていいあらわされたものであった(166)。

そう考えてみるならば、『国家の神話』における一連の精神史的考察は、マキャヴェリの政治理論を分岐点とするひとつの物語になっているといえよう。この物語は、古代ギリシア以降のヨーロッパ政治思想の流れを神話的思惟に抗するものとしつつも、結局は「人間文化の永続的なモメント」たる神話的思惟の影響をまぬがれないという文化哲学のテーゼを、はからずも政治思想のコンテクストにおいてもまた確認してみせようとするものになっていた。それはつまり、政治的思惟をめぐる歴史的な歩みを、脱神話化と再神話化のプロセスとして、すなわち神話という理念過剰な世界理解の形式が合理主義的で現実主義的な醒めた世界理解の台頭によっていったんは政治思想の表舞台から遠ざけられるようになったものの、そのことによってかえってこれまで以上に狂気に満ちた理念過剰な世界理解の形式として政治の世界にふたたび登場するに至ったプロセスとして性格づけようとするものになっていたのである。このような見解はその個々の点、とりわけプラトン解釈やヘーゲル理解においてかなり強引で一面的なきらいがあるようにおもわれるが、ここではその解釈上の妥当性はともかく、『国家の神話』において以上のような思想史的理解が示されているという事実に注目しておきたい。マキャヴェリの政治理論をアルキメデスの点とすることによって、カッシーラーはこの著作のうちに、これまで語られてこなかったヨーロッパにおける政治思想的言説のもうひとつの姿を示唆してみせようとしていた。こと神話的思惟との関係でいえば、ヨーロッパの政治思想は必ずしも進歩という名の直線的な軌道のうえをひた走ってきたわけではないのであって、『国家の神話』はそのことを暗々裏のうちに主張することによって、「ヨーロッパの政治哲学や政治理論にとっての問題点(167)」を、きわめて間接的でごくささやかなかたちであるにせよ、指摘してみせようとしていたのだ。

そのような見方からすると、マキャヴェリの政治理論は、ただ単に分岐点としてのポジションをあてがわれているのみならず、その思想内容からしてもきわめて重要な位置を占めているということになってくる。というのも、ここにおいてマキャヴェリの構想こそは、政治的思惟と神話的思惟とのあいだの絶妙なポジショニングを端的に表現するものになっていると考えられているからだ。カッシーラーのみるところ、マキャヴェリ以前の政治思想は神話的思惟の世俗化の不徹底ゆえに理念過剰な体質を脱却しきれておらず、政治のコンテクストにおいてリアリスティックな視座を確保するにはいまだ不十分というほかなかった。かといって、マキャヴェリ以後の展開についてもまた、その神話的思惟を徹底して排除しようとする合理的思惟への偏向ゆえに、結局は理念過剰な体質に――しかも、これまで以上に巧妙かつ詭弁を弄するかたちで――逆戻りしてしまっているというのでなければならなかったのである。その点からすれば、マキャヴェリのように神話的思惟の存在を認めつつも、それに対して能動的に対応しうるものと想定する立場の方が、かかる理念過剰な体質をいささかなりともまぬがれているという意味においては、より柔軟でプラグマティックなパースペクティヴを確保しているというべきものになっていたのだ。カッシーラーはこうしてマキャヴェリの言説をその位置関係のみならず、思想的内容においてもまた、一種のメルクマールをなすものとしているが、かかる位置づけがその言説の重要性をも言い含むものになっているということはいうまでもあるまい。政治における理念の過剰が全体主義国家のような極端な政治体制の出現を促すモメントになりうる危険性をはらんでいる以上、カッシーラーとしては、そのような性質を帯びた思考をここで安易に肯んずるわけにはいかなかった。そして、それだけに、マキャヴェリのようなバランス感覚をもった議論の存在こそが「今・ここ」において積極的に評価されるのでなければならないものになっていると確信していたのだ。マキャヴェリの政治理論は、こうしてヨーロッパの政治思想の流れを検討する作業のなかで、政治という人間的営みのあるべき姿を示唆するものとして位置づけられるようになっていたのである。

そう考えてみるならば、マキャヴェリの政治理論が、『国家の神話』という著作において、かくも重要視されてきた理由もまた、おのずから明らかになってこよう。カッシーラーのマキャヴェリ重視の立場は、『国家の神話』を従来のように「全体主義の生成を透写する」[168]ものとみなすことによってではなく、この著作から読み取りうるもうひとつのテーマに注目することによって理解されうるはずのものになっていた。この哲学者のみるところ、『君主論』や『ディスコルシ』において展開されていた議論は、人間文化の根底に位置している神話的思惟を政治的思惟のなかにどのように受容するかという古くて新しいテーマに対して、他の追随を許さないきわめて独創的かつ模範的な見解を提示してみせようとするものになっていたのであって、ほかならぬそのような性質ゆえに、全体主義国家との知的対決を果たそうとする本書の記述において欠くべからざるメルクマールになっていたのである。ここでマキャヴェリについて語るということは、このことからもわかるように、ヨーロッパ政治思想史という歴史的なコンテクストのなかから、全体主義以後の政治という「今・ここ」における人間的営みのあるべき姿を映し出してみせるということを意味していた。そして、その作業こそは、「全体主義の歴史あるいは論理が通常の意味では含まれていない[169]」この奇妙な著作にこめられた政治思想的なメッセージを読み取るためのいわばアリアドネの道しるべになっていたのであって、その意味では、まさに議論の中点をなす存在になっていたといっても決して過言ではあるまい。マキャヴェリの政治理論をめぐる考察を得ることによってはじめて、『国家の神話』は全体主義国家の単なる構造分析以上の思想的メッセージをもちうる著作としての立場を確保しうるものになっていた。のみならず、そのような作業を経ることによって、「オデュッセイの遍歴」は、その土壇場も土壇場で、きわめてユニークな政治思想的な構想を示唆してみせるところにまですすんでいくことになったのである。

五

プロイセン国王フリードリヒ二世 Friedrich II. von Preußen（1712-1786）は、その王太子時代の著書『反マキャヴェリ論　あるいはマキャヴェリの『君主論』への批判的研究』（*Anti-Machiavel ou essai de critique sur de Prince de Machiavel*, 1739）のなかで、マキャヴェリについて、当時の「啓蒙主義の思想家たちの一般的な感情と評価[170]」とを表現して次のように述べている。

私は人間性を擁護してこの怪物、この人間性にとっての公然たる敵にたいしてあえて挑戦し、詭弁と不正な議論にたいして理性と公平とでみずからを武装し、……かくして読者が、一方に見出す毒にたいして、直ぐさま他方において解毒剤を備えられているというようにするであろう[171]。

のちに権謀術数のかぎりをつくしてプロイセン王国を列強の仲間入りさせた人物が権謀術数の非を打ち鳴らすというのは皮肉というほかないが、それはともかく、当時ヴォルテールの思想的影響下にあったこの若き貴公子フリードリヒからすれば、マキャヴェリの言説とは、要するに有害というほかないものであった。そして、そのあまりに粗暴でデモーニッシュな性質は、信仰破壊につながるスピノザの「神即自然」(deus sive natura) のテーゼと同じく、徹底的に論難されてしかるべきものでしかなかったのである。のみならず、スピノザの影響が主として神学にかぎられているのに対して、マキャヴェリのそれは「ただちにわれわれの日常行為の規範を混乱させる[172]」その広汎な影響力と抜群の破壊力ゆえに、なお悪質性が高いというのでなければならなかったのだ。そう考えてみるならば、このプロイセン王太子が啓蒙主義的な気分のもとに下していた判断は[173]、啓蒙主義の知的後継者たることを自負していたカッシーラーのそれと著しいコントラストをなしているといえよう。前者にとって唾棄すべきマキャヴェリの非道徳主義は、後者にとっては積極的に評価されるべき思想的モメントになっていた。そして、『反マキャヴェリ論』が人間性の名のもとにマキャヴェリの言説を指弾していたとするならば、『国家の神話』はまさにその人間性の名においてこの人物の卓見を評価しようとしていたのだ。このことからもカッシーラーの以上の議論の特徴の一端がうかがい知られようが、それでは、以上の取り組みはどのような思想的意味を持っているといえるのであろうか。この点について、最後に整理しておくことにしよう。

先にみたように、『国家の神話』のマキャヴェリ論は、神話的思惟に対するそのアンビヴァレントな態度のうちに、マキャヴェリの言説のもつポジティヴな思想的意義をみてとろうとしていた。そして、そこから抽出された非道徳主義という悪名高いテーゼのうちに、政治的生活における人間のあるべき姿が示唆されているのを認め、「半獣にして半人」という評判の悪い譬喩のなかから政治を複数の人間関係からなる場とするシェーマを看取したばかりでなく、そこに描き出される活動的な人間の姿を人間性の理念にかなうものとみなしてきわめて高く評価していたのだ。カッシーラーはこうしてマキャヴェリの教説のなかでももっとも問題ありとされてきた箇所のうちに、ルネッサンス思想の実り豊かな生産性とこの人物の思想的な独創性を見出そうとしていたわけだが、そのような見解は、フリードリヒのような一八世紀の啓蒙主義的思想に典型的な考え方――「学問がすべてを最善にするという信仰[174]」のうえに立って非合理的なもののうちに無知と未熟さしか認めようとしない考え方をちょうど反転させたところに成り立つものになっているといえよう。のみならず、以上の議論からも十分にうかがえるように、この二〇世紀の啓蒙主義者の描き出そうとするマキャヴェリの姿は、文化哲学という自家の哲学的見地へとストレートに結びつきうるもの、さらにいえば、かかる見地を代弁するものにさえなっているといっても決して言い過ぎではあるまい(175)。合理と非合理の双方に目配りした複眼的なパースペクティヴ、政治を間主観的な場とする「全体性のカテゴリー」の考え方、人間の自発的な活動のうちに人間性のあらわれをみようとするスタンスなど、すでに文化哲学のもとで語られてきたモメントをこうして意識的にマキャヴェリの教説のうちに認めることによって、カッシーラーは明らかに『君主論』や『ディスコルシ』の思想的世界を自身のそれに重ね合わせて理解しようとしていた。そして、そのような関係をさりげなくではあるがしっかりと示唆することによって、このフィレンツェ人の言説を自説の思想的バックボーンたりうるものとして描き出そうとしていたのだ。

そう考えてみるならば、カッシーラーがマキャヴェリの政治理論を不自然なまでに高く評価していたことも、また、『国家の神話』の議論の核心をなすものとして位置づけようとしていたことも、先ほどとはまた違った意味で首肯することができよう。プロイセン王太子フリードリヒが「一八世紀の文化的・学問的オプティミズム(176)」にもとづいて『君主論』の主張の大部分を否定しようとしていたのとは対照的に、亡命の哲学者カッシーラーはその主張を、自身の思想的取り組みが最終的に到達した人間や社会に関する知見を政治思想のコンテクストへと着地させるためのメルクマールたるものとみなそうとしていた。そして、この「軍国主義の戦士(177)」の言説のうちに、文化哲学において提示されていた文化創造のための政治というモティーフについてのより具体的な表現が与えられているのを看取するとともに、その思想的可能性を探求し検討するための議論のたたき台たるべきものが示されているのを認めようとしていたのである。先述のとおり、文化哲学のパースペクティヴにおいて、政治は文化を発展させて人間性の理念にくりかえし「新たな始まり」をもたらすという目的を有するもの、すなわち文化という人間の漸進的な自己解放をつねに促進するためのものと規定されていたわけだが、実際にマキャヴェリの政治理論をとおして語られてきた政治観を一瞥してみるならば、『国家の神話』の議論がかかる規定に深みを与えようとするものになっているであろうことは容易に想像がつく。非合理なものをも政治を動かす積極的なモメントたるものとして肯定的に把握し、道徳的思惟を排除することによって、かえって人間関係としての政治にアプローチするための「行動準則」の存在を明らかにするとともに、理念過剰なイデオロギーをつとめて排除して複数の人間からなる場としての政治の姿を確保することの必要性を説くマキャヴェリの姿のうちに、『国家の神話』は文化の自由なあらわれを過度に切り詰めることなく一定の方向へと導いていくための思想的可能性を読み取ろうとしていた。人間文化における神話的思惟の役割を今なお認めようとするのでなければならないと説くこの文化哲学者からすれば、マキャヴェリの政治理論とは、「多様性における統一」を志向する政治のあり方を検討するに際しての出発点となるはずのものだったのだ。

見方をかえれば、カッシーラーのこのような取り組みは、シンボル形式のパースペクティヴが政治思想のコンテクストにおいて有為な力になりうるということを確認するところにまで議論をおしすすめようとするものになっていたともいえよう。実際、このことこそ、カッシーラーがマキャヴェリの言説を文化哲学にひきつけて理解しようとする作業のなかから学びとった最大の成果であったといっていいのかもしれない。『国家の神話』は『君主論』や『ディスコルシ』が「明晰で、冷静な理論的精神」と「人間性についてのその深い知識」を示すことによって人間の政治的活動のためのきわめて強力な「精神的な武器」を提供するものになったと指摘したうえでそのマキャヴェリ論を締めくくっているが、このことはとりもなおさずこれらの「精神」や「知識」を共有する文化哲学のパースペクティヴもまた、同じく「精神的な武器」として活用しうるということを強く示唆するものになっていたのである。カッシーラーはここで、マキャヴェリとともに文化創造のための政治というモティーフを提出する作業をとおして、全体主義国家という文化の強制的画一化を要求する暴力に対抗するための「武器」を手にすることができると考えていた。そして、そうすることによって、「物質的な武器」によらない戦術を駆使して「徹底した軍国主義」の先駆者となったこの人物の精神を現代において引き継ごうとしていたのであり、まさしくかかる取り組みこそが「オデュッセイの遍歴」に「新たな始まり」をもたらそうとするものになっていたのだ。そう考えてみるならば、『国家の神話』のカッシーラーは、文字どおりネオ・マキャヴェリアンたることによって、さらにいえば、「軍国主義の戦士」マキャヴェリをその政治的アドヴァイザーとすることによって、文化哲学の政治的役割を自覚するとともに、二〇世紀の啓蒙主義の精神により現実的な表現を与えようとするものになっていたといっても決して過言ではあるまい。マキャヴェリの提唱した「軍国主義」なるものが冷徹な人間観察のうえに文化という枠組みにおける政治のあるべき姿をとらえようとするものであるかぎり、誤解を恐れずにいえば、カッシーラーもまた立派な、いや、確信的な「軍国主義」の徒であった。そして、かかる「軍国主義」こそは、「今・ここ」の政治のコンテクストにおいて、この亡命ユダヤ系ドイツ人哲学者がいかにして戦うべきなのかというきわめて切実な問題に対して、一定の照明を与えようとするものになっていたのである。

もっとも、「実践理性の優位」[178]というモデルネのマキシムにも暗い影を認めざるをえなかった『国家の神話』の立場からすれば、文化創造のための政治というモティーフについて語るということは、そのままとりもなおさずモデルネ批判を展開するということに結びついていたといえる。[179]ナチスの反ユダヤ主義的な画一化政策によって祖国を追われたこのユダヤ系ドイツ人にとって、文化の多様なあらわれを危うくするようなファクターは、理性にもとづく合理的思惟であろうと、偏見にもとづく非合理な神話的思惟であろうと、何であれ許容するわけにはいかなかった。そして、現実のすべてを神話化してしまおうとする思想的試みのすべてを拒絶するのでなければならなかったのと同様、神話的思惟の存在をあっさりと否定してしまおうとする極端な発想に対してもまた、異を唱えないわけにはいかなかったのである。その鋭い批判精神は、このことからもわかるように、全体主義イデオロギーとはおよそ対極にあるとされていた考え方――人間の本性をもっぱら形而上学の高みから規定するクラシカルな人間性の理念やその背後にある理性万能主義的なパースペクティヴにまで及んでいたのであって、それらに潜んでいる暴力的な性格を決して見逃してはいなかった。とりわけ理性がおのれの力に恃んで現実の世界をひとしなみに裁断しようとするあまり、結果として、前近代的な素朴な非合理さや偏狭さ以上に厄介な均質化の圧力と化してしまうことに対しては、やはり警鐘を打ち鳴らすのでなければならなかったのだ。なるほど「理論と実践、思想と生活とのあいだに完全な調和が存在」するようなところでは、「あらゆる思想はただちに行動に転化され」うるであろうし、「あらゆる行動が一般的原理に従属し、理論的基準にしたがって判断[180]」されうるといってもよいであろう。しかしながら、そのようなところは現実においてはもはや存在しないというほかない。一八世紀はともかく、少なくとも現代はそのような時代ではない。真理や原理といった言葉を単純素朴に信じることができる時代は、われわれにとっては完全に過去のものになってしまったのだ。カッシーラーはいう。

　あらゆるものをそれがおかれた環境において考察するのは、われわれにはまったく当然のことのようにおもわれる。今日では、このマキシムは、つねに人間の行動や文化現象を正しく解釈するための一種の定言命法のように考えられている。したがってわれわれは、事物の個性（individuality of things）と判断の相対性（relativity of judgements）に対する感覚――それは、しばしば、われわれを過敏ならしめる――を発達させてきた。われわれは、ほとんど一般的な確言をあえてしようとはしないし、またあらゆる明確な定式に不信の念を抱き、永遠の真理や不変的な価値の可能性に対して懐疑的である[181]。

そう考えてみるならば、『国家の神話』におけるマキャヴェリ論とは、きわめて大雑把ないい方をすれば、モデルネの政治的思惟を批判する作業をとおして、かえって人間性の解放というその目標を前進させるための方途を指し示してみせようとするものになっていたといえよう。カッシーラーはここで文化哲学という理論的な取り組みのもとに導出された世界理解のシェーマの妥当性を政治思想のコンテクストにおいて問題とすることによって、モデルネの思惟形式を構造転換するという自身の哲学的営みにさらなる表現を与えようとしていた。そして、そのような取り組みをとおして、マキャヴェリを非難するフリードリヒらの啓蒙主義的な理念を手厳しく批判し、そこに潜んでいる看過しえない危険なモメントの存在を指摘しつつも、その理念を「二〇世紀のパースペクティヴを踏まえて擁護する」[182]ことによって再活性化させようとしていたのである。[183]そう考えてみるならば、『国家の神話』のカッシーラーとは、マキャヴェリの政治的リアリズムという「現実主義的な酔い覚まし」(realistische Ernüchterung)[184]を処方するものであったといえようし、さらにいえば、啓蒙主義の理念のいわば自己克服をなしとげようとするものになっていたともいえよう。第一次世界大戦下の精神史的考察がモデルネの認識理論に「新たな始まり」を画するものになっていたとすれば、ヴァイマール共和政末期のそれはモデルネの規範理論に「新たな始まり」をもたらそうとするものになっていたわけだが、そのような文脈からすれば、カッシーラーのここでのねらいは、政治という人間的営みのあり方に「新たな始まり」をもたらすところにあったばかりでなく、実にモデルネの理念それじたいを根本から読み替えようとするところにあったといってよい。全体主義国家に追われながらも「個人の創造的な自由への情熱的な愛情」[185]を擁護し、「マキャヴェリの政治哲学の独自の解釈によって政治的リアリズムの独特な理解の代表者となった」[186]この哲学者は、かかる読み替えの作業に従事することによって、文化創造のための政治というモティーフによりはっきりとした輪郭を与えるという精神史的研究における長年の課題に一定の道筋をつけようとしていた。そして、そこでもたらされた「新たな始まり」こそが、およそ半世紀になんなんとするカッシーラーの「オデュッセイの遍歴」の政治思想的な到達点になっていたのである。

〔註〕

（1）Foreword by Charles W. Hendel, in *The Myth of the State*, Yale University Press, 1946, p. vii. 『国家の神話』の成立の事情については、同書の冒頭に掲げられたカッシーラーのイェール大学での同僚チャールズ・ヘンデルの序文に多少の言及がある。それによると、この著作は、『人間についてのエセー』と同様、周囲の強い要請に応えて書かれたものであり、カッシーラーの「早すぎる死（一九四五年四月一三日）の数日前には完成されていた」という。「彼と親しかった人たちの何人かが、思い切ってこう尋ねてみた。『過去の歴史や、科学や文化について書こうとするかわりに、今日起こっていることの意味するところを語る気は、あなたにはないのでしょうか。あなたには浩瀚な学識と叡智――あなたと一緒に働いているものには、そのことがよくわかっています――がおありだが、あなたはほかのことにも、その助けを与えるべきでしょう』、と。そこで彼は一九四三年から四四年にかけての冬に、「国家の神話」というテーマの著作のためのスケッチをおこなうことにした。一九四四年六月の『フォーチュン』誌は、彼がその時点で執筆していたものを要約した構想を掲載した。ついで、一九四四年から一九四五年のあいだに作成されたこの著作（『国家の神話』）は、そもそも彼の親友たちの要求に応えるところからはじまったこの仕事の完全な実現なのである」（*ibid.*, p. x.）。この間の事情については、カッシーラーの妻トーニ・カッシーラーの回想にも詳しい。Vgl. T. Cassirer, a. a. O., S. 315-321.

（2）*MS*, p. vii.

（3）ただし、このことについては、どこまでカッシーラー本人の意向が反映されていたのかを十分に検討しておく必要がある。カッシーラーの著作『現代物理学における決定論と非決定論』訳者である山本義隆の指摘にもあるように、一九三三年のドイツからの亡命以後、カッシーラーは自分が書いたものをかなり急いで出版する傾向があり（山本義隆「訳者解説」、エルンスト・カッシーラー『現代物理学における決定論と非決定論』（学術書房、一九九四年）所収、二六四頁）、十分な推敲を加えないまま原稿を手放してしまうことが少なからずあった。『国家の神話』にしても、三部構成のこの著作は、のちに述べるように、各部の内容がばらばらで、全体としてひとつの論説をなしているとは言いがたい印象を受ける。事実、ヘンデルは先に挙げた序文のなかで、『国家の神話』は「『人間についてのエセー』と同じやり方で出版の準備がなされていた。それとの違いはただひとつ――著者その人がとりわけその第三部を、ここに提出されたようなかたちでは確認していないということだ」（*MS*, p. ix）と述べている。第一部と第二部については、「ほとんどすべて彼の綿密な吟味を経ており、その大半について、私たちは実際に個人的に議論する機会をえた」（*ibid.*）とのことであるが、このヘンデルの言葉からすると、この著作全体の構成がどこまでカッシーラーその人の意図するところに合致していたのかということは、少なくとも検討の余地があるといわざるをえまい。

（4）Vgl. Krois, „Cassirer: Aufklärung und Geschichte", S. 137.『国家の神話』においては、カッシーラーの今までの思想的立場からすれば、当然批判されてしかるべき思想が評価されているなど、不可解と思われるような箇所が少なくない。この点については、本章四の議論を参照のこと。

（5）*MS*, p. 121.　邦訳一五六頁。

（6）Vgl. Vogel, a. a. O., S. 185-214.

（7）Gerhard Ritter, *Die Dämonie der Macht. Betrachtungen über Geschichte und Wesen des Machtproblems im politischen Denken der Neuzeit*, München, 1948, S. 33.　ゲーアハルト・リッター『権力の魔性』、『マキャヴェリ全集』補巻所収、村上淳一訳、筑摩書房、二〇〇二年、一三四頁。ただし括弧内翻訳者。なお、この著作には、少々古いがリッター本人と親交があった西村貞二による全文訳もある。ゲルハルト・リッター『権力思想史』西村貞二訳、みすず書房、一九五三年。

（8）*MS*, p. 145.　邦訳一八八頁。

（9）カール・フォアレンダー『マキャヴェリからレーニンまで——近代の国家＝社会理論——』、宮田光雄監訳、創文社、一九七八年、一八頁。

（10）*MS*, p. 188.　邦訳二四六頁。

（11）このようなやり方は、全体主義を思想的側面から理解しようとする向きにおいて、当時きわめてポピュラーな方法であった。次に引用したリッターのような歴史家ばかりでなく、思想家のなかでもこのような方法のもとに全体主義を考察しようとしたものは数多い。なかでも全体主義の思想的系譜を洗い出して批判するやり方でもっとも有名なものといえば、第二章でもあげたように、カール・ポッパーの『開かれた社会とその敵』（小河原誠、内田詔夫訳、未來社、一九八〇年）があげられよう。ポッパーはその第一部においてプラトンやマルクスの政治思想を批判しつつ、彼自身の持論である「開かれた社会」についての議論を展開している。また、この系統の著作でもっとも極端なものといえば、ルカーチ・ジョルジュの著作『理性の破壊』（『ルカーチ著作集』第一二巻および第一三巻所収、飯島宗享、生松敬三訳、白水社、一九六八年）を挙げることができる。ルカーチは本書のなかで、その当否はともかく、一八世紀後半から二〇世紀にいたるドイツ思想の流れをことごとく全体主義の発生に責任を負う非合理主義の担い手として断罪している。

(12) Ritter, a. a. O., S. 51　邦訳一五〇頁。ただし括弧内翻訳者。

(13) Vgl. T. Cassirer, a. a. O., S. 267f.　ベルリンを中心に活躍していたカッシーラー一族は、ヒトラー政権の成立によって世界中に（とはいってもアメリカに亡命したものが多かったが）離散し、強制収容所で非業の死を遂げたものも少なくなかった。カッシーラーの三妹トーニ・カッシーラーは夫ダーヴィッド・ケーニッヒスベルガーとともに一九四二年にテレージンシュタット強制収容所で亡くなっている。また、末妹マルガレーテ・カッシーラーの娘で、エルンストの姪にあたるルチア・マイヤーもまた、一九四四年にアウシュヴィッツで落命した。

(14) Ebd., S. 279.

(15) *MS*, p. 141.　邦訳一八三頁。

(16) ただし、この点については、カッシーラー自身、マキャヴェリとマキャヴェリズムを区別する必要があると述べている。詳細については本章三の議論を参照されたい。

(17) *Ibid.*, p. 118.　邦訳一五一頁。

(18) Krois, „Cassirer: Aufklärung und Geschichte“, S. 137.

(19) *MS*, p. 129.　邦訳一六六頁。

(20) フェルミ前掲書、一九七頁。

(21) Vgl. Rudolph, „Cassirers Machiavelli“, S. 84.

(22) 小野前掲書、七九頁。小野は『国家の神話』について、「彼らしい鋭い指摘が随所に散見しはするものの、全体としては彼の輝かしい神話研究の政治的イデオロギーへのかなり平板な応用」にすぎないものと述べている。

(23) Vgl. Dirk Lüddecke, *Staat-Mythos-Politik Überlegungen zum politische Denken bei Ernst Cassirer*, Würzburg, 2003, S. 307f. Paetzold, *Die Realität der symbolischen Formen*, S. 111f., Enno Rudolph, „Politische Mythen als Kulturphänomene nach Ernst Cassirer“, in *Kulturkritik nach Ernst Casirer*, S. 143-158. Heinz Paetzold, „Mythos und Moderne in der Kulturphilosophie Ernst Cassirers“, in *Kulturkritik nach Ernst Casirer*, S. 159-176.

(24) Strauss, Review of *The Myth of the State*, p. 125.

(25) *MS*, p. 117.　邦訳一四九—一五〇頁。
(26) ニッコロ・マキャヴェリ『ディスコルシ』、『マキャヴェリ全集』第二巻所収、永井三明訳、筑摩書房、三九頁。
(27) *MS*, p. 117.　邦訳一五〇頁。Cf. Thomas Badington Macaulay, *Historical and Miscellaneous Essays*, New York, 1860, p. 267f.
(28) Georg Wilhelm Friedrich Hegel, *Die Verfassung Deutschlands*, in *Georg Wilhelm Friedrich Hegel Werke*, Bd. 1, Suhrkamp Verlag, 1971, S. 555.　ゲオルク・ヴィルヘルム・フリードリヒ・ヘーゲル『ドイツ憲法論』、『政治論文集』上巻所収、金子武蔵訳、岩波文庫、一九六七年、一六五頁。
(29) *MS*, p. 125.　邦訳一六〇頁。もともとは一九世紀イタリアの詩人ヴィットーリオ・アルフィエーリ Vittorio Alfieri (1749-1803) の著作『君主論並びに書簡について』(*Del Principe e delle lettere*, 1806) に出てくる言葉。この愛国詩人によれば、マキャヴェリの『君主論』を「精読し、著者の心と一体になるひとは誰しも、自由の熱烈な信奉者、あらゆる政治的徳の重要さを啓蒙されたその愛好家とならざるをえない (chiunque ben legge e nell' autore s'immedesima non può riuscire se non un focoso entusiasta di libertà, e un illuminatissimo amatore d'ogni politica virtù)」(*MS*, p. 143.　邦訳二一〇頁) というのでなければならなかった。一九世紀にイタリア統一の機運が高まるにつれて、マキャヴェリは——とりわけ『君主論』の最終章がそうであるように——異邦人からイタリアを解放することを勧めた先駆者として、イタリアのナショナリストたちに半ば神格化され、崇拝の対象として受け入れられるようになっていったのである。
(30) *MS*, p. 117.　邦訳一五〇頁。
(31) *Ibid.*
(32) *Ibid.*, p. 118.　邦訳一五一頁。
(33) *Ibid.*, p. 144.　邦訳一八七頁。
(34) この点では、カッシーラーのみるところ、シェークスピアやスピノザのような古典的な例はむろんのこと、これらの議論を克服しようとするものとして登場してきた一九世紀以降の歴史主義的なアプローチもまた、結局は同じ過ちを犯しているというほかなかった。マキャヴェリの言説を特殊時代的なものとみなし、もっぱら伝記的側面のもとにこの人物を理解するというやり方は、たしかに一見したところ、歴史的事実という客観的な背景に依拠することによって、憎むか愛するかといったこれまでの議論の次元を超えたところに位置しているようにおもわれるかもしれない。とはいうものの、このようなパースペクティヴでは、著作の内容からはおよそうかがい知られないマキャヴェリの誠実で人間味あふれる個人的資質ばかりが強調される一方で、その思想は歴史的に相対的なものとして軽視され、結果的に無視されるようになってしまう。そして、実際にこのような事態を作り出して、マキャヴェリの名声を「あらゆる道徳的非難から救い出そう」とすることこそが、ヘーゲルやヘルダーのように歴史主義的なアプローチを推奨した人たちの意図するところだったのである。とするならば、このような見地もまた、はじめからマキャヴェリを道徳的論難から解放し擁護しようとする「党派的前提」に貫かれていたということになってこよう。カッシーラーによれば、それはいわば、確信犯的にマキャヴェリが提起した思想的な問題から逃避するための方便にすぎないものであり、その意味においては、以前にもまして悪質で罪深いというのでなければならなかった。カッシーラーはいう。「何人もかつてマキャヴェリの愛国心に疑いをはさんだものはないが、しかし、われわれは哲学者と愛国者とをとり違えてはならない。『君主論』は政治思想家の、しかも非常に過激な思想家の著作であった。近代の多くの学者たちは、マキャヴェリ理論のこの急進主義を見落としがちであり、さもなくば、少なくとも軽視しがちである。彼らは、マキャヴェリの名前をあらゆる非難から清めようとして、その著作の意義を曇らしてしまった。彼らは無害ではあるが、同時に、すこぶる平凡なマキャヴェリ像を描いたのであった。実際のマキャヴェリは、はるかに危険な——その人格ではなく、その思想において危険な存在であった。彼の理論を和らげることは、それを偽ることを意味する。温和な、あるいは微温なマキャヴェリ像は、真の歴史像を伝えるものではない」(*ibid.*)、と。カッシーラーによれば、歴史主義的な歴史叙述はこうした欠陥をかかえているという意味において、その方法論そのものに相当な問題があるというのでなければならなかった。

整理すると、歴史主義の観点には、大まかに二つの方法的な難点があった。第一には、マキャヴェリの思想を検討するに際して、一方的に歴史的相対主義の視点を押し付けていることがあげられる。「私はこの命題について、それだけで決定的な証明になるといったものを見出すことはできない。このように判断する場合には、われわれは一種の錯覚に悩まされることになりはしないかと思う。われわれは《歴史家の誤謬》(the historian's fallacy)と呼びうる誤りに陥りやすい。この場合、われわれ自身の歴史観や歴史の方法が、そうした考え方をまったく知らないし、またそれをほとんど理解することもできないような著作家に押しつけられているのである」(*ibid*., p. 126.　邦訳一六一頁)。後述するように、カッシーラーによれば、逆にマキャヴェリは歴史の事例を大胆に一般化することによって立論しようとする特徴があったのであり、この点は決して看過すべからざるマキャヴェリ思想のポイントになっているというのでなければならなかった。また、第二に、伝記的側面を重視するあまり、マキャヴェリの著述の動機ばかりを重視し、思想そのものの解明から意識的に遠ざかっている点についてカッシーラーはこう述べている。「ある著書の動機や、それが著された目的はその著書全体ではない。それらはただ副次的な原因にすぎず、それの体系的な意図を理解させるものではない。以前には、伝記的資料が相当不足していることが悩みの種であったが、今日では、おそらく正反対の事実で悩まされている。われわれはマキャヴェリの私信を読み、また彼の政治的経歴を詳細に調べ、さらに『君主論』のみでなく彼の他のあらゆる著作をも読んでいる。けれども、『君主論』の体系的意義とその歴史的影響とを判断するという決定的な点になると、われわれは困惑してしまうのである。現代の多くのマキャヴェリ研究家は、彼の生涯の詳細を明らかにすることに熱中するあまり、その全体の把握を見失いはじめている。彼らは木を見て森を見ない。著者の名声を救わんがために、彼らはその著作の重要性を軽視する」(*ibid.*, p. 129. 邦訳一六五頁)。

(35) カッシーラーのこのような態度が正しいかどうかについては、もちろん議論の余地があるというべきであろう。ここで彼は歴史主義的なマキャヴェリ研究に対して、終始厳しい批判を投げかけているが、まさかこの手の議論が何ひとつポジティヴな成果を挙げられなかったとまでは考えてはいなかったようにおもわれる。ただ、マキャヴェリの政治思想の意味するところを解明するというカッシーラー自身の課題からすれば、もっぱら状況証拠をもとにしてその思想的意図を解明したなどという議論は、やはり受け入れがたいというべきものになっているというほかなかったのであろう。なお、歴史主義そのものについては、カッシーラーは『近代の哲学と科学における認識問題』第四巻の第三部において集中的に論じているので、そちらを参照されたい。Vgl. EP, Bd. 4, S. 253-379. 邦訳二七七―四一五頁。

(36) *MS*, p. 117. 邦訳一五〇頁。

(37) カッシーラーのルネッサンス研究はその生涯にわたっている。ただし、この哲学者がルネッサンスの政治思想について本格的に語ることは、ほとんどなかった。『ルネッサンス哲学における個と宇宙』のような包括的な著作においてさえ、なるほど自由論のようなものは展開されているが、それはどちらかといえば政治思想というよりも認識理論の問題を検討しようとする文脈においてなされたものであった。つまり、ここでの議論は神話的象徴であるフォルトゥナ理解の変遷と自由意志の形成のプロセスを考察するところを皮切りとして、新しい人間性と人間の自律性の理念が新たな自然概念のもとでどのように生成していったかを問うところにとどまっていた。そして、マキャヴェリの名前も、本文においてわずか二回(訳注においてはわずか一回)、しかも他の議論の引き合いに出されてくる程度で、まったくといってよいほど取り上げられることはなかった。ほかの著述においても、マキャヴェリについては、カッシーラーの最初の著作『ライプニッツの体系の学的基礎』において、その名前が何回か登場する程度で、本格的な論考となると、やはり『国家の神話』を待つほかなかったのである。けだし、このことはカッシーラー自身がマキャヴェリという存在を思想的にどのように扱うべきなのかということをはっきりと決められるほどに、みずからの哲学的議論が整えられていなかったということの証左であるのかもしれない。

（38）*MS*, p. 134.　邦訳一七二頁。

（39）*Ibid.*, p. 131.　邦訳一六九頁。「声の風」とは、もともとスコラ哲学の父として名高いカンタベリーのアンセルムス Anselmus Cantuariensis (1033-1109) の言葉であり、普遍的なものが実在しうるか否かという神の存在論的証明の議論の文脈において用いられた言葉であった。

（40）Vgl Oswald Schwemmer, „Cassirers Bild der Renaissance", in *Kulturkritik nach Ernst Cassirer*, S. 255ff. Vgl. auch Heinz Paetzold, „Die symbolische Ordnung der Kultur. Ernst Cassirers Beitrag zu einer Theorie der Kulturentwicklung", in *Ernst Cassirers Werk und Wirkung*, S. 165f.

（41）Vgl. Poggi, a. a. O., S. 93.

（42）*MS*, p. 131.　邦訳一六八頁。

（43）Vgl. Rudolph, „Cassirers Machiavelli", S. 82f.　エンノ・ルードルフは、カッシーラーがマキャヴェリを『国家の神話』においてルネッサンス精神の典型とみなすことによって自身のルネッサンス観を修正していたと指摘している。ルードルフによれば、その変更はルネッサンス的なヒューマニズムを復活させるためのものであったという。

（44）*MS*, p. 134.　邦訳一七三頁。コンドティエリ（condottieri）とは、自前で軍隊を組織し、契約に基づいて武力を提供した傭兵部隊の隊長のこと。

（45）*Ibid.*, p. 135.　邦訳一七四頁。

（46）*Ibid.*, p. 135f.　邦訳一七四頁。

（47）*Ibid.*, p. 136.　邦訳一七六頁。

（48）*Ibid.*, p. 138.　邦訳一七八頁。ここでカッシーラーは、エルンスト・カントロヴィッツ Ernst Hartwig Kantrowicz (1895-1963) の議論を引きながら、マキャヴェリ以前にもすでに、ホーエンシュタウフェン家の神聖ローマ皇帝フリードリヒ二世 Friedrich II. von Hochenstaufen (1194-1256) が近代国家に匹敵する世俗国家を実現していたということに言及している。「世俗的な国家は、マキャヴェリの時代よりはるか以前から存在していた。政治生活がまったく世俗化してきたことを示す最初の事例の一つは、南イタリアに、フリードリヒ二世が建設した国家である。この国家は、マキャヴェリがその著者を書くよりも三〇〇年も以前に創設されたものであった。それは近代的意味における絶対君主制であり、教会のあらゆる影響から解放されていた。この国家の官吏は聖職者ではなく、一般の役人であった。キリスト教徒、ユダヤ人、サラセン人たちが、平等な立場で行政に参劃した。何人も単に宗教的な理由だけで排斥されはしなかった。フリードリヒ二世の宮廷では、様々の宗派、様々の国民や人種間に差別をおくことは、未知のものであった。至上の利害は、世俗の、《地上の》国家のそれであった。……フリードリヒ二世の法典は《近代官僚制の出生証明書》と呼ばれてきた。しかし、その政治行動においては近代的であったけれども、フリードリヒは、その思想においては決して近代的ではなかった。彼が自己について語り、その帝国の由来について語るときには、懐疑主義者とか異端者としてでなく、神秘主義者として語っている。彼はつねに神との直接的な人格的関係の事実の承認を求める。彼が教会のあらゆる影響や要求からまったく独立しえたのは、この神との人格的関係によるのである」(*ibid.*)。この現実に論理的弁証を与えるには、やはりマキャヴェリの登場を待たなければならなかったのである。

(49) *Ibid.*, p. 135f.　邦訳一七五頁。
(50) *Ibid.*, p. 137.　邦訳一七七頁。
(51) *Ibid.*　邦訳一七六頁。ロマ書第一三章第一節にある言葉。「すべての人間は上位にある権威に服従しなさい。神によらない権威はないからであり、存在している権威は神によって定められてしまっているからである」(『新約聖書　パウロ書簡』、青野太潮訳、岩波書店、一九九六年、四六頁)。
(52) *MS*, p. 137.　邦訳一七六頁。
(53) *Ibid.*, p. 147.　邦訳一九一頁。
(54) ニッコロ・マキャヴェリ『君主論』、池田廉訳、『世界の名著16』(中央公論社、一九六六年)所収、一〇五頁。
(55) *MS.*, p. 139.　邦訳一七九頁。
(56) *Ibid.*
(57) *Ibid.*, p. 140.　邦訳一八〇頁。
(58) *Ibid.*, p. 139.　邦訳一八〇頁。
(59) *Ibid.*, p. 140.　邦訳一八〇頁。
(60) マキャヴェリ『ディスコルシ』五〇頁以降の議論を参照。
(61) *MS*, p. 140.　邦訳一八〇頁。ルードルフはカッシーラーのこのような視点をカントロヴィッツによるものと指摘している。それによれば、カントロヴィッツは近代国家の「生理学」(Physiologie)を考察し、カッシーラーはその「病理学」(Pathologie)を検討しようとするものであったという。Vgl. Rudolph, „Cassirers Machiavelli", S. 85-88. このことはカントロヴィッツも自覚していたようであるが（エルンスト・カントロヴィッツ『王の二つの身体』、小松公訳、ちくま学芸文庫、二〇〇三年、一二—一三頁）、その主著『王の二つの身体』と『国家の神話』との思想的関係についての説明は別稿を要する。今後の課題にしたい。

(62) *MS*, p. 137.　邦訳一七六頁。

(63) *Ibid.*

(64) カッシーラーはこのような思想を知るための手がかりとして、『天上の階層秩序について』(*Περὶ τῆς οὐρανίας ἱεραρχίας*) と『教会の階層秩序について』(*Περὶ τῆς ἐκκλησιαστικῆς ἱεραρχίας*)（いわゆる「ディオニュシオス偽書」）をあげて、その特徴を説明している。カッシーラーによれば、このような発想は新プラトン主義の創始者プロティノスが提唱した流出説を前提にしていた。この学説によれば、世界を理解するために、さしあたってわれわれは世界の最初の本源にまでさかのぼって考えようとするのでなければならない。「この絶対的な一者が諸々の多様な事物に発展する。しかし、それは現代的な意味における進化の過程ではなく、むしろ退化の過程である。世界全体が、黄金の鎖——ホメロスがその『イーリアス』の有名な一節で語った、かの黄金の鎖 (aurea catena)——によって統一を保たれる。精神的なものも、物質的なものもあらゆるもの、首天使、天使、セラフィムやケルビムやその他あらゆる天使の群、人間、生命あるもの、物質ことごとくのものが、この黄金の鎖をなして神の脚下に結びあわされる。そこには二つの異なった階層秩序、つまり存在の階層秩序と価値の階層秩序とが存在する。しかし、それらは互いに対立しあうのではなく、完全な調和をなして互いに相応ずるのである。価値の位階は存在の位階に依存する。存在の階程が低いところのものは、価値の階程もまた低い。あらゆるものが最初の本源、つまり万有の源泉から遠ざかれば遠ざかるほど、それの完全性の度合いは、それだけ少ないものになるわけである」(*MS*, p. 132.　邦訳一七一頁)。また、このような議論の背後には、カッシーラーによれば、さらにアリストテレスの宇宙論が介在していたという。それによれば、「神は宇宙の《不動の動者》(unmoved mover) と述べられていた。神はみずからは動くことのない運動の究極的源泉である。神はその運動の力を、まず、自分のもっとも近くにあるもの、すなわち最高の天球に伝え、ここからこの力は様々の段階を経て、われわれ自身の世界へ、月下の世界なる地上へと下降して伝えられる。しかしここでは、もはや最初におけるのと同じ完全性は認められない。より高き世界、様々の天体の世界はエーテルすなわち第五実体 (quinta essentia) の不朽・不滅の実体から作られており、これらの天体の運動は永遠に止むことがない。われわれの世界では、あらゆるものが滅びやすく朽ちやすい。そしていずれの運動も束の間に静止してしまう」。こうして「低き世界」と「高き世界」は別々の運動法則からなるものとされるが、「同じ原則は政治的・社会的構造にも妥当する」ものとされるというわけだ。したがって、「宗教生活においては、頂点たる教皇から枢機卿、大司教、司教へと下降して下位の聖職者にいたる教会的階層秩序が見出される。国家においては、最高の権力は皇帝に集中され、これはその下位にあるもの、王、大公、およびその他すべての家臣に委任される。この封建制度は、まさに普遍的な階層的体系の表われであり、それに対応するものである。それは神によってうち建てられ、したがって永遠に変わることのない普遍的宇宙秩序の表現であり、象徴である」(*ibid.*, p. 134. 邦訳一七二頁)。

(65) *Ibid.*, p. 126. 邦訳一六二頁。

(66) *Ibid.*, p. 137. 邦訳一七七頁。

(67) カッシーラーによれば、マキャヴェリは歴史のうちに人間の普遍的な行動準則を見出しうると考えていたという。「彼(マキャヴェリ)は歴史的生の動態というよりも静態に興味を覚えた。……われわれの歴史叙述の方法は個性化的であるが、マキャヴェリのやり方は普遍化であった。つまり、われわれは歴史が繰り返されるものとは考えないが、彼はそれが絶えず繰り返されるものと考える」(*ibid.*, p. 126. 邦訳一六二頁)。したがって、マキャヴェリにとって、「あらゆる人間やあらゆる時代は同列に論じうるものであった。マキャヴェリはギリシアやローマの歴史から取り出された事例も、その当時の歴史から取り出された事例もまったく区別しない。彼はアレキサンダー大王とチェザーレ・ボルジア、ハンニバルとロドヴィコ・イル・モロとを同じ調子で論じている。(『君主論』において)ルネッサンスの《新たな君主権》を扱った同じ章で、彼はモーゼ、キュロス、ロムルス、テセウスについて論じている。こうした彼の方法上の欠陥は、マキャヴェリ自身と同時代の人々、つまりルネッサンスのすぐれた歴史家たちによってさえ指摘され、批判されたが、とくにグイッチャルディーニは、この点について非常に興味深い適切な批評を与えたのであった。」(*ibid.*, p. 127. 邦訳一六三頁)。

(68) *Ibid.*, p. 131f. 邦訳一六九―一七〇頁。ちなみに、ガリレイの言葉は『新科学対話』のもの。ガリレイとマキャヴェリをこのようなかたちで単純に結びつけることそれ自体には、相当な議論の余地が残されているといえるかもしれない。しかし、ここではカッシーラーが両者の業績の精神的なベクトルの類似性の強調にとどめているところに注目しておきたい。両者とも、ルネッサンスの精神的な方向性を如実に示しているという意味において、対比されるべき存在になっているのである。

(69) *MS*, p. 155. 邦訳二〇三頁。

(70) *Ibid.*, p. 156. 邦訳二〇三頁。

(71) *Ibid.*, p. 155. 邦訳二〇三頁。

（72）*Ibid.*, p. 156.　邦訳二〇四頁。
（73）*Ibid.*
（74）*Ibid.*
（75）*Ibid.*
（76）*IK*, S. 195.　邦訳二一二頁。
（77）*MS*, p. 157.　邦訳二〇五頁。
（78）ピコ・デッラ・ミランドラは人間の自由意志を強調するために運命について語る占星術を批判した。「ピコの『人間の尊厳』についての演説を支配していた思想は、この著作のうちになお十分その純粋なごりを残している。『地上には、人間以外に偉大なものはなく、人間のうちでは精神と霊魂以外に偉大なものはない。もしおまえがそこへ高まるならば、おまえは天を超えるだろう。もしおまえが身体に傾き、天を見上げるならば、おまえは自らが蠅であり、あるいは蠅以下のものであるのをみるであろう』。これらの文章のうちには、真正―プラトン的な動機が再び生き生きとはたらいている。ここで求められるのは一種の『超越』であり、しかもそれは——総じて空間形式を超出するゆえに——もはやいかなる空間的な尺度をも認めないものである。こうした思想が単純明快にあらわれるにつれて、それだけまたこの思想は、ヘレニズム―新プラトン主義的な世界観とキリスト教―中世的な世界観とのいずれもが基礎とする根本前提のひとつから背をむけることになる。というのも、プラトン的な彼岸（ἐπέκεινα）の動機を同時に空間的と精神的のいずれにも取り、両者の意義を不可分に織り合わせるということが、これらの世界観をまさに特徴づけるからである。……すでにこのピコの著作の冒頭部分には、およそ占星術なるものが純ヘレニズム期および古典ギリシア期の思想世界にとって異種のものであるという独特の指摘が含まれている。プラトンとアリストテレスは一度たりとも占星術に言及していないであろう。つまり彼らは、煩瑣な論駁を行うよりも、むしろこうした軽視的な沈黙によって占星術を断罪したのである」（*IK*, p. 134.　邦訳一四三―一四四頁）。
（79）*MS*, p. 158.　邦訳二〇六頁。
（80）ダンテ『神曲』（平川祐弘訳、河出書房新社、一九九二年）を参照。また、ルネッサンス期の運命の問題については、カッシーラー『ルネッサンス哲学における個と宇宙』の第三章に詳しい。なお、カッシーラーのこの論述はその盟友で在野の美術史家アビ・ヴァールブルクのルネッサンス研究に負うところが大きい。
（81）*MS*, p. 159.　邦訳二〇七―二〇八頁。

(82) *Ibid.*, p. 158.　邦訳二〇六―二〇七頁。もともとは『君主論』第二五章の冒頭の言葉。ただし、カッシーラー自身の引用がマキャヴェリの本文のニュアンスと少々異なるように思われたので、カッシーラーによる説明の方を採ることにした。

(83) *MS*, p. 158.　邦訳二〇六頁。

(84) そこでマキャヴェリは必要性（ネチェシエタ）の議論を展開しているが、カッシーラーはこの点にはほとんど言及していない。

(85) *Ibid.*

(86) マキャヴェリ『君主論』、一四七頁。

(87) *MS*, p. 161.　邦訳二一〇頁。

(88) Vgl. Rudolph, „Cassirers Machiavelli", S. 83.

(89) *MS*, p. 148.　邦訳一九二頁。

(90) *Ibid.*, p. 154.　邦訳二〇一頁。

(91) *Ibid.*　また、カッシーラーはプラトンのこのような考え方を次のように説明している。「プラトンの指摘するように、ロゴス、ノモス、タクシス――理性、法、秩序――という三対のものは、自然的世界とともに倫理的世界の基本原理である。美、真理、道徳を構成するのはこの三対のものであり、それは芸術、政治、科学、さらに哲学にもあらわれている。家のなかに規則性と秩序とが見出されるなら、それは善き美しい家であろう。それが人間の身体にあらわれるなら、それを健康とか強健とかと呼びうるし、それが霊魂のうちにあらわれるなら、それを節制（sōphrosynē）とか正義とかと名づけることができる。あらゆるもの――それが道具であれ、身体であれ、さらに霊魂であれ、生きものであれ――すべてのものの徳は、偶然によってではなく、それぞれに定められている正しい秩序、あるいは技術によらなければ生じてこない」（*ibid.*, p. 65.　邦訳七八―七九頁）。プラトンによれば、それをもっとも端的に表現しているのが幾何学であるが、「真の国制」を見出すには、この幾何学の発想をそのまま政治の世界に移してやるだけで十分であった。「プラトンは政治生活を独立した領域、存在の隔離された一部とは決して考えなかった。彼はそこにも全体を支配する同じ根本原理を見出す。政治的秩序は、全体としての宇宙のシンボル、しかもその特徴をもっともよく示すシンボルにすぎないのである」（*ibid.*, p. 65f.　邦訳七九頁）。この点についてはとくに、プラトン『ゴルギアス』、『プラトン全集』第九巻（加来彰俊訳、岩波書店、一九七四年）の第六二節（一八四―一八七頁）を参照されたい。

(92) *MS*, p. 154.　邦訳二〇一頁。

(93) *Ibid.*, p. 152.　邦訳一九九頁。

(94) *Ibid.*, p. 143. 邦訳一八六頁。
(95) *Ibid.*, p. 152. 邦訳一九九頁。
(96) *Ibid.*, p. 143. 邦訳一八六頁。
(97) *Ibid.*, p. 144. 邦訳一八六頁。
(98) *Ibid.*, p. 148. 邦訳一九二頁。カッシーラーによれば、「マキャヴェリは新たな君主権（principati nuovi）つまり近世の専制政治を、とくに好んだわけでは決してなかった。彼はそれのもつあらゆる欠陥や害悪を見逃さなかった。しかし、当時の生活の状況と条件のもとにおいては、こうした諸々の悪は、彼には避けがたいもののように思えたのである。マキャヴェリが新たな国家の支配者たちに勧めた方策の多くを、個人的には嫌悪したということは疑いない。こうした方策はまことに残酷な方便であり、あらゆるキリスト教的な行動準則にもとるのみならず、またあらゆる文明の行動準則にももとり、かくして如何なるひとも、人類にとってかくも有害な関係において国王たるよりも、むしろ隠遁した生活を送る方を選び、それを避けるのがよいであろう、と彼は多くの言葉を費して語っている」(*ibid.*)。また、カッシーラーは続けて「カエサルたるか無たるか（Aut Caesar aut nihil）――私的な、害なき、罪なき生活を送るか、それとも政治の闘争場裡に身を投じて、権力をめぐって闘い、残忍な過激な手段を用いてそれを維持するか、こうした二者択一には何ら優劣がない」(*ibid.*) と述べて、政治的であることと非政治的であることのあいだには基本的に倫理的な差はないと指摘している。
(99) このような見解のもと、カッシーラーは、マキャヴェリ自身の個人的な信条――「共和主義的な理想」に対する共鳴やイタリアの統一というナショナルな願望といったものがその政治的な分析や判断をリードしたと考えるには無理があると指摘している。あくまでも現実に根ざした「技術家」としての見地からすれば、目下の状況をいちじるしく逸脱したこのような個人的な趣向など、「実際的というよりは、はるかに《アカデミック》であり、行動的であるというよりも、はるかに思弁的なもの」(*ibid.*, p. 147. 邦訳一九〇頁）であるといわざるをえなかった。カッシーラーのこのような議論によると、たとえば『君主論』の最終章におけるイタリア解放の勧めのくだりを「マキャヴェリの政治思想の頂点であり、またその精髄である」とする主張は、誤りということになる。「近代の多くのマキャヴェリ研究家たちは『君主論』について、あたかもその書物全体がこの終章にたいする準備にほかならず、この章がマキャヴェリの政治思想の頂点であり、またその精髄であるかのように論じてきた。わたしには、こうした見解が誤りであり、そしてわたしの見るかぎりでは、この場合の立証の責任（onus probandi）は、こうした命題の主張者の側にあるように思われる。というのは、その著書を全体としてみた場合、最後の章との間には明白な相違――思想上の相違とともに文体上の相違が存在するからである。この著書そのものにおいては、マキャヴェリはまったく偏見のない精神で語っている。いずれのひとも彼の語るのを聞き、そしてその助言を思いのままに用いることができるであろう。それはイタリアにとって役立つとともに、またイタリアのもっとも危険な敵にとっても役立ちうる」(*MS*, p. 143.　邦訳一八五頁)。

(100) *Ibid.*, p. 153f.　邦訳二〇〇―二〇一頁。

(101) このような見解のもと、カッシーラーは、マキャヴェリの議論を純粋な倫理や道徳の領域から批判する場合、その要点を見失ってしまう危険性があると指摘している。「それは政治理論というもののもつ意義と課題について、彼（マキャヴェリ）が抱いた考えに基づいて書き記されたのであった。そうした理論というものは、記述したり分析したりするものであって、非難したり賞賛したりすることはできないのである」(*ibid.*, p. 144.　邦訳一八七頁)。

(102) *Ibid.*, p. 155.　邦訳二〇二頁。

(103) *Ibid.*, p. 152.　邦訳一九九頁。

(104) *Ibid.*, p. 153.　邦訳二〇〇頁。Vgl. Immanuel Kant, *Grundlegung zur Metaphysik der Sitten*, in *Immanuerl Kant Werkausgabe*, Bd. VII, Wilhelm Weischedel (Hrsg), Frankfurt am Main, 1989, S. 44.　イマヌエル・カント『人倫の形而上学の基礎づけ』、深作守文訳、『カント全集』第七巻所収、理想社、一九六五年、五四―五五頁。

(105) *MS*, p. 141.　邦訳一八二頁。

(106) ただし、愛国者として祖国と同胞の苦難に同情しつつも、政治学者としては冷徹な考察に終始したマキャヴェリは、実際に「古代人の生活を復興するという望み」(*ibid.*, p. 147.　邦訳一九一頁）については、過大の期待を抱いてはいなかった。共和主義者でありながらそう言い放つマキャヴェリについて、カッシーラーはこう述べている。「ローマの共和制はローマのヴィルトゥにもとづくものであったが、このヴィルトゥは一度かぎりで失われてしまった。古代の政治生活を甦らせようとする企ては、マキャヴェリには無用な夢想のようにみえたのである。……一五世紀のイタリアの生活のなかに、マキャヴェリはその共和主義的理想を力づける何物をも認めなかった。愛国者としては、彼はその同胞の市民に対して強い同情を覚えたが、しかし哲学者としては、非常に厳しく、判断を下したのであった。彼はほとんど軽蔑に近い感情をもった。ただ北欧においてのみ、彼は、なお自由を愛する精神と古代の徳との痕跡がいくらか残っているのを見出すことができた」(*ibid.*)。カッシーラーはマキャヴェリの戯曲『マンドラーゴラ』をこうした「同時代人の人々にたいする評価を、おそらく彼のどの政治的・歴史的著作よりも以上に明らかに示すものであろう」(*MS*, p. 148.　邦訳一九三頁）と述べている。また、「彼自身の世代や彼自身の国について、彼は何らの希望をも認めなかった。そしてこの『君主論』において、彼は人間の深い道徳的堕落についての同じ確信を、国家の支配者たちの精神に教えこもうと努めたのであった。これは彼の政治的叡知の不可欠の一部をなすものであった。人々を支配するための第一条件は、人間を理解することである。そしてわれわれは、人間の《性善》(original goodness) といった幻想にわずらわされているかぎりは、人間を理解しえないであろう。そうした考えは、きわめて人間的な慈悲深いものであるかもしれないが、しかし政治生活においては、それが馬鹿げたものであることがわかる」(*ibid.*, p. 148f.)。カッシーラーはこの点からもマキャヴェリの共和主義を理念にとどまるものとみなしていた。それは、このイタリア人の政治的判断の尺度にはなりえないものとされていたのである。

(107) *Ibid.*, p. 149.

(108) マキャヴェリによれば、その点、フィレンツェで神政政治をおこなったドミニコ会の修道士ジロラモ・サヴォナローラ Girolamo Savonarola (1452-1498) は武力をもちえないままに予言者たろうとしたがゆえに破滅してしまった実に惨めな失敗例であった。このことからもわかるように、ひとのうえに立とうとする支配者たるもの――それが聖者であれ、宗教的予言者であれ――は、精神的かつ物理的に人々を支配するためにもまず暴力手段を確保し、必要とあればためらうことなくその手段を行使するのでなければならないのであって、カッシーラーはマキャヴェリのかかる信念を揺るぎのないものと説明している。それによると、マキャヴェリの確信するところによれば、そもそも人間とは「すべて生来悪いもの」、すなわち「十分な機会さえあれば、何時もその心の生来の悪風を発揮せずにはいない」(*ibid.* 邦訳一九三頁) 性悪なものに過ぎず、その堕落した精神はひとり権力による「強制によって矯められねばならない」(*ibid.*) はずのものだったのだ。

(109) *Ibid.*, p. 141. 邦訳一八二頁。

(110) *Ibid.* カッシーラーはさらに続けてこう述べている。「彼（マキャヴェリ）は自分の個人的な経験から、つまりフィレンツェ共和国の書記官の経験から語り、また判断した。彼はきわめて熱烈な関心を抱いて《新たな君主権》の盛衰を学んだ。けれども一七世紀の絶対君主制や現代の独裁形態に較べるとき、一五〇〇年代イタリアの小専制政治が、いったい、何であっただろうか。マキャヴェリはチェザーレ・ボルジアがその敵対者を一掃するために用いた様々の方法を非常に賛嘆した。しかし、後のはるかに発達した政治的犯罪の技術に比較すれば、これらの方法は、ほんの児戯にひとしいようにみえる」(*ibid.*, p. 141. 邦訳一八二―一八三頁)。そしてそのうえで、彼は「マキャヴェリズムの発達」を妨げたもう一つの要因として、一七世紀から一八世紀にかけての自然法理論の存在を挙げている。「マキャヴェリズムがそのまったき成熟を遂げることを妨げた、なお一つの事情があった。それに続く世紀つまり一七世紀と一八世紀においては、彼の学説は、実際の政治生活では重要な役割を演じたが、理論的には、なお偉大な精神的・倫理的勢力が存在して、それが及ぼす影響を相殺された。この時期の政治思想家たちは、ホッブズを唯一の例外とするほかは、いずれも《自然法的国家理論》の一派であった。グロティウス、プーフェンドルフ、ルソー、ロックは、いずれも国家を目的自体としてではなく、一の手段とみなした。《全体主義的》国家観は、これらの思想家たちにとって未知のものであった。国家が侵すことのできない個人生活や個人的自由のある一定の領域がつねに残されていた。国家や主権者は一般に法より解放されたるもの（legibus solutus）であったが、しかしこのことは、彼らが法律上の強制から自由であることを意味するにとどまり、道徳的義務からも解放されていることを意味しなかった」（*ibid.*, p. 142. 邦訳一八三頁）のである。

(111) *Ibid.*, p. 145. 邦訳一八八頁。

(112) *Ibid.*, p. 161. 邦訳二一〇頁。

(113) この譬喩について、マキャヴェリそのひとはこう説明している。「君主は、野獣と人間とをたくみに使いわけることが必要である。このことについては、昔の著述家が、ひそかに君主に教えてくれている。たとえば、彼ら著述家は、アキレウスをはじめ多くの古代の君主たちが、半人半馬のケロインのもとに預けられて、この獣神のしつけを受けたことを書き記している。ここで、半人半獣の家庭教師にしたという話は、君主たるものはこうした両方の性質を使いわけることがぜひ必要であるということを言おうとしているのである。そのどちらか一方が欠けても、君位を長く維持しえないことを言ったのである」（マキャヴェリ『君主論』、一一三頁）。

(114) *MS*, p. 150. 邦訳一九五頁。

(115) *Ibid.*

(116) マキャヴェリ『君主論』、一一三頁。

(117) *MS*, p. 150f. 邦訳一九五―一九六頁。

(118) マキャヴェリ『君主論』の第一七章の議論を参考せよ。

(119) *MS*, p. 150. 邦訳一九五頁。

(120) この点については、『君主論』の第一八章により明確な説明がある。「君主は、ただ戦いに打ち勝ち、またひたすら国を維持してほしい。そうすれば、彼の手段はだれからもりっぱなものと考えられ、ほめられることであろう。大衆はつねに、外見いかんによって、また出来事の結果だけで評価してしまうものである。しかもこの世の中には大衆しかいないのであり、この大多数のものが腰を落ちつけている場所に、少数のものが割り込む余地はないのである」（マキャヴェリ『君主論』、一一五―一一六頁）。しかも「人間は、総じて実際に手にとって触れるよりも、目で見たことだけで判断してしまうものである。それは、見ることはだれにでもできるが、触れることは少数の者にしか許されていないことによる。すべての人が外見だけであなたを見てしまい、実際にあなたに触れているのは、ごくわずかの人である。しかもこのわずかな人は、自分たちを庇護している国の、威力になっている多数の国民の意見に対して、あえて反対をとなえはしないのである。しかも、人の行動については、とりわけ君主の行動については、喚問できるような裁判所はないから、ただ結果だけで見ることになる」(同上書一一五頁)。マキャヴェリにとって重要だったのは、あくまでも「外見」だったのである。

(121) 多少文脈は異なるが、ヴィリーンはカッシーラーが政治をイメージからなるものとして想定していたと指摘している。Cf. Verene, "Cassirers Political Philosophy", p. 39. また、クロイスも政治におけるイメージやシンボルの必要性について指摘している。Vgl. Krois, „Cassirer Aufklärung und Geschichte", S. 131.

(122) *MS.* p. 159f. 邦訳二〇八頁。プロテウスとは、ギリシア神話に登場する海の神。ポセイドンの従者で、予言と変身の能力を持つものとされていた。

(123) マキャヴェリその人が同時代の梟雄チェザーレ・ボルジアをその無慈悲さや不実、強欲のゆえにではなく、その失策のゆえに叱責していたように、カッシーラーの指摘するところによれば、政治の場において重視されるべきは、他者との関係においてどのようにふるまうのでなければならないのかということ以外の何ものでもないのであって、決してその主観的な動機などではなかった。カッシーラー自身このことについて、次のように言っている。「マキャヴェリがチェザーレのうちに何か非難するところを認めるとしても、それはチェザーレの性格ではない。その残酷さでも、その無慈悲さでも、その不実でも、強欲でもない。こうしたすべてのものにたいして、彼は非難の言葉を発しない。彼が責めるのは、その政治的経歴における唯一の重大な失策、すなわち、アレキサンデル六世の死後、彼がその不倶戴天の敵、ユリウス二世の教皇選出を許したという事実である。(原文改行)ナポレオン・ボナパルトによるアンギャン公の処刑後、タレランは『それは犯罪というより以上のことだ。それは失策である』(C'est plus qu'un crime, c'est une faute) と叫んだという話がある。この逸話が事実だとすれば、タレランはマキャヴェリの『君主論』の真正の弟子として語ったものといわなければならない。マキャヴェリの判断はすべて、政治的な判断であって、道徳的な判断ではない。彼が政治家にあるまじきこととして非難するのは、その人の犯した罪悪ではなくて、その失策である」(*ibid*., p. 146. 邦訳一八九—一九〇頁)。そしてそうである以上、およそ政治の「場」に身をおこうとするものは、内なる良心などという心情にばかりとらわれてしまうことがないよう厳に戒めようとするのでなければならないのだ。

(124) *Ibid.*, p. 272.　邦訳三六三頁。
(125) Vgl. Krois, „Cassirer Aufklärung und Geschichte", S. 132.
(126) *MS*, p. 160.　邦訳二〇九頁。
(127) *Ibid.*, p. 144.　邦訳一八七頁。
(128) Vgl. Paret, a. a. O., S. 37.
(129) 林、久野前掲書、一〇二頁。
(130) *MS*, p. 7.　邦訳一頁。
(131) *Ibid.*
(132) *Ibid.*
(133) *Ibid.*, p. 37.　邦訳四〇頁。
(134) *Ibid.*, p. 18.　邦訳一六頁。
(135) *Ibid.*, p. 24f.　邦訳二五頁。なお、カッシーラーによれば、神話的思惟は、その内容においてなるほど科学的思考とはおよそ相容れないものになっているものの、その「手続き」——「現実と折りあい、秩序づけられた宇宙に住み、そして事物や思想がそこではまだ一定の形態と構造をとっていない混沌状態を克服しようとする、人間本性の同一の願望を表現するもの」(*ibid.*, p. 18.　邦訳一六頁) になっているという意味においては、両者は非常に似通っているといえるはずのものであった。カッシーラーはさらにこう説明している。「《原始的》言語に対して妥当することは、同じく原始的思考にも妥当する。原始的思考の構造は、われわれには奇異に、また逆説的にみえるかもしれないが、それは決して一定の論理的構造を欠如するものではない。未開人といえども、その世界の中で生きていく以上は、必ずそれを理解しようとして不断に努めようとするものである。そしてこの目的のために、彼は思考のある一般的な形式、またはカテゴリーを発展させ、さらに使用しなければならない。たしかに、われわれはタイラーの《野蛮人哲学者》——それは純粋に思弁的なやり方で自己の結論に到達するものとされる——についての記述を認めることはできない。野蛮人は決して推理的な思想家ではないし、また弁証家でもない。けれども、われわれは未発達で潜在的な状態ながら、プラトンにいわせれば、弁証法の技術の本質をなし、それを特徴づけている、その同じ分析と綜合、識別と統一との能力を、彼のうちに見出すのである。宗教的および神話的思考のあるきわめて原始的な形式——例えばトーテム社会の宗教のような——を研究してみて驚かされるのは、原始的思考が、その環境の諸要素を識別し、分割し、秩序づけ、類別しようとする願望と必要とを、非常に痛感しているということである。……ここで問題なのは、分類の内容ではなくて、その形式であり、しかも、この形式はまったく論理的なのである。ここで見出されるのは、何らの秩序の欠乏ではなく、むしろ《分類本能》のある異常肥大、その過重と過多である」(*ibid*., p. 17f. 邦訳一五—一六頁)。このような見解からすれば、神話を「複雑な心理学的または哲学的説明をほとんど必要としないまったく単純な現象」として決めつけてしまうことは端的に誤りというほかなかった。とはいえ、カッシーラーはジェームズ・フレイザー James George Frazer (1854-1941) やエドワード・バーネット・タイラー Edward Burnett Tylor (1832-1917) のように神話的思惟を現代人の思惟形式と同一視してしまうことに対しても反対の立場をとっている。この哲学者によると、タイラーのような発想は神話的思惟のまったくの「知性化」でしかなく、「この論理においては、神話の《非合理的》要素、つまり、神話の起源をなし、それを立ちも倒れもさせる情緒的背景」(*ibid*., p. 16. 邦訳一三頁)が看過されてしまっているというのでなければならなかった。神話的思惟はその内容上はたしかに不合理ではあるが、形式のうえではあくまでも合理的なものに通じているというのでなければならなかったのである。

このことからもわかるように、カッシーラーによれば、神話は包括的な世界理解のいわば思想的プロトタイプをなしているがゆえに「他のあらゆる人間活動と密接な関係がある」ものになっているのであって、そうである以上、「文明における最古のもっとも偉大な力のひとつ」として位置付けられるのでなければならないものになっているのだ。他方、「神話は深く人間本性に根ざしており、それは基本的な、制御しえない本能——その本質や特性はなお規定されないままであるが——にもとづいている」(*ibid*., p. 34. 邦訳三六頁)という点では明らかに知性的というより情動的であり、「個体の桎梏から解放され、普遍的な生命の流れに身を沈め、自己自身であることを止めて、自然の全体に同化すること」(*ibid*., p. 43. 邦訳四九頁)を願う「人間の基本的な感情を表現するものになっているという点では「形象 (image) に転化された情動」(*ibid*., p. 45. 邦訳五一頁)になっているというのでなければならないものであった。

(136) *Ibid*., p. 49. 邦訳五七頁。カッシーラーはこう説明している。「神話は、この経験的事実から非常にかけ離れているというばかりでなく、それは、ある意味では、その経験的事実に甚だしく矛盾するものである。それはまったく空想的な世界を築き上げているようにみえる。にもかかわらず、神話でさえも、ある《客観的》な側面をもち、一定の客観的機能をもっているのである。言語的象徴が感覚的印象の客観化をもたらすように、神話的象徴は感情の客観化に導く。呪術的な祭儀や宗教的儀式においては、人間は深い個人的願望や激しい社会的衝動に促されて行動する。彼はこうした行動を、その動機を知らぬままにするのであって、その行動はまったく無意識的である。しかし、これらの祭儀が神話に転化されると、新しい要素が現れてくる。人間は、もはやある事柄をするというだけでは満足せず、これらの事柄が何を《意味する》かという問いを提起する。なぜか、どうなるのか、ということを尋ね、そうした事柄がどこからきて、どこへゆくのかを理解しようと努める。彼がこれらの問いに対して与える解答は、不適当で不合理なようにみえるかもしれない。しかし、ここで問題なのは、その解答というよりも、むしろ、問いそのものなのである。人間は、自己の行為を疑い始めるとともに、新たな決定的な一歩を踏み出し、ついには無意識的な本能的な生活からはるかにはなれたところにまでいたる新しい道に踏み入ったのである」(*ibid*., p. 47. 邦訳五四―五五頁)。

(137) もっとも、こうした論じ方は思想的な変わり目を強調するカッシーラーの時代観に関連するものになっていると指摘しうる。たとえば、カッシーラーは『認識問題』において古代と近代のはじまりを連続性のうえにではなく、はっきりとした断絶性のうえに説明しうるものと考えていた。Krois, „Cassirer: Aufklärung und Geschichte", S. 123.

(138) 本書の第二章の議論を参照。

(139) Krois, „Cassirer: Aufklärung und Geschichte", S. 126.

(140) Ebd., S. 127

(141) Ebd., S. 128.

(142) *MS*, p. 50. 邦訳五八頁。カッシーラーは神話を「もっとも深く根差した諸々の本能、様々の希望や恐怖を組織化する」ものとし、この組織化の力こそが人間にとっての最大の問題である「死の問題」に対処するにあたってきわめて有効であったと指摘している。「死は人間生命の消滅を意味するのではなく、それはただ生命の形式における変化である、と神話は教えた。一つの存在形式が単に他の形式ととりかえられるにすぎない。生死の間には、何ら明確な、截然とした境界は存在せず、それを分かつ境界線は不明瞭で漠然としている。このふたつの言葉が互いに取り換わることすらできるのである。『この世の生が実際には死であり、死が生に代わっているのではないかということを、誰が知っていよう』とエウリピデスは尋ねている。神話的思惟においては、死の神秘が《形象に変えられ》、そしてこの変形によって、死は甚だしく堪えがたい自然的事実たることをやめ、それは理解でき、堪えうるものとなるのである」(*ibid*., p. 50f. 邦訳五八―五九頁)。

(143) *Ibid*., p. 53. 邦訳六三頁。たとえば、タレス Thales (B.C.624-B.C.546?) やアナクシマンドロス Anaximandros (B.C.610?-B.C.546) のようなミレトス学派の思想家たちのように、神々にではなく自然のうちに万物の「根源」(arché) を追い求めることによって、彼らは事物の発展を「超自然力の気まぐれや出来心」(*ibid*., p. 54. 邦訳六五頁) からなるとする神話的発想を退け、規則正しく秩序立った一般法則の存在を主張することになった。とはいえ、もっとも、カッシーラーはこのような取り組みが神話的世界観そのものを払拭するものになったわけではないとしている。「結局、自然は神話的世界の周辺にすぎないのであって、その中心ではない。この中心――すなわち神話的な神概念――にたいして攻撃を加えることは、はるかに大胆な企てであり、はるかに大きな知的勇気を必要としていた」（*ibid.*, p. 55.　邦訳六五頁）。

(144) *Ibid.*, p. 56.　邦訳六七頁。ソフィストとソクラテスを並べて論ずることはいささか奇異な印象を受けるかもしれないが、カッシーラーによれば、この対立しあう両者こそ「ギリシア的思惟」の弁証法的な統一性――ヘラクレイトスのいう「対抗しあった緊張の調和」（*παλιντροπος ἁρμονίη*）（*ibid.*）を如実に示すものになっているのだという。周知のとおり、ソクラテスは、ソフィストたちが人間本性よりも実践的な「正しい技術的規則」の導出に熱中し、その「驚くべき融通性」を駆使することによってすべてを合理的に知悉しようとしていることに激しく反発し、個別的なものに対する無知を表明したうえで、ただひとつのこと、すなわち人間の自己認識へと至るロゴスについて語ろうとするものであった。とはいえ、両者は「人間が万物の尺度である」というプロタゴラス Protagoras (B.C.490-B.C.411) のマキシムを実践するという意味においては重要な一致をみていた。ソフィストにとって、神話的思惟は、もはや比喩的に解釈しうるものでしかなかったし、ソクラテスにとって、善と悪の問題という人間にとって「真に重大の唯一の問い」に対応できない時点で致命的な欠陥を抱えているというのでなければならないものでしかなかったのである。

(145) *Ibid.*, p. 63.　邦訳七六頁。周知のとおり、プラトンは人間の本性を個人の魂という「小文字」ではなく「人間の政治的および社会的生活の大文字で読む場合にのみ、明瞭となり理解できるようになる」（*ibid.*, p. 61.　邦訳七四頁）と考え、その議論をもっぱら国家論に集中させていく。それによって、神話的思惟を排除するためのパースペクティヴをいよいよ政治思想のコンテクストにおいて本格的に提示することになったわけだが、カッシーラーによると、プラトンのように観念論の哲学者として「経験的世界のあらゆる限界を踏み越えよう」とする一方でこの世界を「組織化し合理的に規律しようとする」思想的葛藤を抱えた人物にとっては、「地上の国家」（*ibid.*, p. 63.　邦訳七六頁）は、あまりに稚拙であるにもかかわらず見捨てるわけにはいかない存在であった。カッシーラーはプラトンのこうした傾向をこう説明している。「プラトンの思想における二つの傾向――その一つは経験的世界のあらゆる限界を踏み越えようとし、いま一つはこの世界に彼を導き返し、それを組織化し合理的に規律しようとする――の間の葛藤は、決して解決されることがない。彼の生涯を通じて、こうした二つの勢力のいずれかが、他を決定的に圧倒したような時期は見出せない。両者は相互に補いあい、闘いあいながら、つねに存在している。その『国家』を著わし、政治的改革者となった後でさえ、形而上学者や倫理思想家としてのプラトンは、この地上の国家に心から親しみを覚えることはないのである」

(*ibid*., p. 64.　邦訳七七頁)。

なお、「善のイデアの完璧な美しさ」を理解するということは、「天上の国家」へと神秘的な「脱我」(*ibid*., p. 64.　邦訳七八頁) することによってではなく、あくまでも「《天上の国家》から人間の地上の国家を顧み、その要求を実現し、その必要を慮ること」(*ibid*., p. 65.　邦訳七八頁) によって実現されるのでなければならない。カッシーラーはここにプラトンと後の新プラトン主義との相違を看取している。「神秘的合一 (unio mystica)、つまり人間の魂と神との完全な融合をもとめる彼の深い憧憬にもかかわらず、プラトンは、新プラトン学派のプロティノスやその他の思想家たちの意味における神秘主義者にはなりえなかった」(*ibid*., p. 64.　邦訳七八頁)。プラトンのいう「善のイデア」とは、幾何学、天文学、数学、弁証法によって論理的思惟を発展させることによってのみ到達しうるものになっているのであって、その意味では、国家とは、かかる論理的均衡――すべての学問を貫くこの「普遍的秩序の原理」を政治的秩序において実現するという使命を課せられた存在になっているというのでなければならなかったのだ。単に経験的な真理によって裏打ちされた最善国家を目指そうとするのではなく、こうして「善のイデア」という観念的な真理を基礎にもった理想国家を志向することによってはじめて、国家は神話的思惟を排除して正義を実現するためのものとしての使命を果たしうるようになるであろうし、伝統や因習よる支配や露骨な権力支配から脱却することができるようになるであろう。それこそ伝統と因習によって支配された国家観やソフィスト的な権力国家観をも打破するはずのものであった。プラトン的国家とは、つまるところ、権力国家の反対物だったのである。カッシーラーによると、その背後には、権力慾と正義の対立があった。「権力慾は、プラトンの言葉によれば、《貪欲》(pleonexia) つまり、《ますます多くを求める渇望》と記述された、あの根本的な悪徳の最適例である。このますます多くを求める熱望は、あらゆる限度を超え、あらゆる限度を破壊する。限度、正しい均衡、《幾何学的均衡》がプラトンによって公・私両生活の健全さの基準であると断言されている以上、権力慾が他のすべての衝動に優越しているならば、ついには堕落と破滅とに陥らざるをえないということが当然に生じてくる。《正義》と《権力への意志》とは、プラトンの道徳哲学および政治哲学の相反する両極なのである。正義は、その他の優れた高貴な魂の諸特質をすべてうちにふくんだ基本道徳であり、逆に権力慾は、基本的な欠陥をことごとくうちにもつものである。権力は決して目的自体ではありえない。究極的な満足、一致と調和とを導くものだけが、善なるものと呼ばれうるからである。いずれの思想家も、権力国家が実際に何であり、また何を意味するかについて、プラトンがその『ゴルギアス』において示したほど、かくも明瞭な洞察をもったことはなかったし、またいずれの著作家も、権力国家の真の本質と特性とについて、かくも明瞭で、印象的な、透徹した叙述を考えたことはなかったのである」(*ibid*., p. 74.　邦訳九〇頁)。

(146) プラトンはそのために神話的な神々を「善のイデア」によって代替し、神話作成の能力をもつ詩を政治や教育の世界から徹底的に排除しようとした。理想国家は詩人を追放するのであって、善のイデアに統制された神話のみ容認することになる。「詩を認めることは、神話を認めることを意味しているが、しかし神話を認めるならば、すべての哲学的努力は無効となり、プラトンの国家の基礎そのものを掘り崩すことにならざるをえない。理想国家から詩人たちを追放することによってのみ、哲学者の国家は破壊的な敵対勢力の侵入から守られうるであろう。プラトンは神話物語のすべてを禁止したわけではない。彼は若い子弟の教育において、それが必須のものであることを認めさえした。けれども、それは厳重に統制されなければならないのである。今後、それは、より高い基準、つまり《善のイデア》を基準にして評価されなければならない。このイデアが神性の本質であり、その核心そのものであるとするならば、神が悪の創始者であるという考えは不合理なものとなる。そうした考えが、詩歌でも散文でも、もはや語られたり、歌われたり、また聴かれたりすることがあってはならない。それは国家にとって不敬虔な、自家撞着した、さらに危険なものであると言明される」(*ibid.* p. 67. 邦訳八一頁)。カッシーラーは、国家のかたちをもっぱら合理的な「秩序、規則性、統一性、適法性という一般原理」のもとに描き出そうとするプラトンのこうした徹底した方法のうちに倫理的な法治国家理論の出発点を見出そうとしていたのである。

(147) *Ibid.* p. 74. 邦訳九一頁。カッシーラーはここで、ダイモンという神話的概念――ギリシアにおいては、古来「人間は善いダイモンか悪いダイモンかに所有されている」(*ibid.*) と信じられてきた――を逆手に取って、自分自身の意志と力によって「善きダイモン」を選択して「真の幸福を確保すること」(eudaimonia) を要求し、「自らの運命を受け取るのではなく、それを創造しなければならない」(*ibid.*) と説くプラトンの教説のうちに、神話的思惟を脱却するための方途が提示されているとし、その思想を好意的に評価しようとしていたのである。プラトン哲学を全体主義国家の思想的ルーツとする声もあったことを勘案するならば、このような評価は意外におもわれるかもしれないが、カッシーラーは『国家』をはじめとするその著述のうちに中世思想以上にラディカルな神話的思惟に対する敵対者の姿を見出しうるものと確信していた。

(148) 「政治の領域においては、プラトンは神話の公然たる敵対者となった」(*MS.* p. 71. 邦訳八六頁) が、『国家の神話』によると、この「公然たる敵対者」は、他方で形而上学者として「《天のかなたなる場所》や、洞窟における囚人、霊魂によるその未来の運命の選択、死後の審判などの神話」(*ibid.*) を議論の俎上に持ち出し、自然哲学者として「造物主とか最善の世界霊、世界の二重の創造などの思想」を主張した「人類史における最大の神話作家の一人」(*ibid.* p. 70f. 邦訳八六頁) でもあったという。カッシーラーはこうしたスタンスに対して、「その形而上学や自然哲学のなかに、かくもたやすく神話的概念や神話的用語をとり入れた同じ思想家が、政治理論を展開する場合に、まったく異なった口調で語るというようなことは、どのように説明すべきであろうか」(*ibid.*, p. 71.　邦訳八六頁）と問うているが、その論理的整合性については説明していない。

(149) このようなプラトンに対する高い評価は、この人物の言説のうちに全体主義の影を感じ取ろうとするむきが少なからずあったことを勘案するとそれじたいきわめて興味深い。ただし、以上の議論において、カッシーラーの文化哲学的見地は、必ずしもプラトンの主張に全面的に賛成しうるものにはなっていないというのでなければなるまい。カッシーラーとプラトンとの思想的関係については、稿を改めてさらに検討することにしたい。

(150)「中世哲学の創始者」(*ibid.*, p. 84.　邦訳一〇六頁）たるアウレリウス・アウグスティヌス Aurelius Augustinus (354-430) がプラトンの想起説のシェーマを受容しつつもその結論を拒絶したように、カッシーラーによると、中世という時代はギリシアの主知主義的なテーゼとキリスト教の主意主義的なテーゼとの緊張関係のもとに展開されるものになっていたという。その著作『真の宗教について』(*De vera religione*, 391) において、アウグスティヌスは「汝の外へ出てゆかず、汝のうちに立ち帰れ。真理は人間の内心にこそ宿る」(Noli foras ire, in te ipsum redi; in interiore homine habitat veritas) とギリシア的な想起説を自身の議論の前提としつつも、最終的に「汝がみずからの本性の移ろいやすきことを認めたならば、汝自身をもふみ越えよ。……理性の光そのものが点ぜられる彼方へむかえ」(si tuam naturam mutabilem inveneris, transcende et te ipsum …… illue tende, unde ipsum lumen rationis acenditur) (*MS*, p. 82.　邦訳一〇三頁）と人間に超越する存在としての神に拠ることの必然性を説いていた。カッシーラーはこうした関係を神学と弁証法の抗争とも呼んでいる。この哲学者によれば、「理論上からいえば、キリスト教思想は真の独創性を少しも要求しえないもの」であった。中世のキリスト教の「教父たちは、いずれも哲学者として発言しなかったし、また新たな哲学原理を導き入れることも意図しなかったが、しかし、キリスト教教義の信条そのものと教父たちの与えたその註釈とは、ギリシア思想による深い刻印を示している。ヘレニズムは、つねに変わることなく、中世哲学のもっとも強力な要素のひとつであった。しかし、ヘレニズムによるこの永続的な影響にもかかわらず、中世文化はギリシア文化から根本的に相違したものである。継受されたようにみえるこれらの要素さえ、中世的体系のうちに組み入れられる前に、その意味の深刻な変化を経験しなければならなかった。この変化は宗教的および倫理的生活の分野に現れるだけでなく、あらゆる論理的な思想においても、それに劣らず明らかである。たしかに、スコラ哲学の思想家たちは、別個の独立した認識論を展開しなかったし、この点でも、ギリシアの伝統にまったく依存しなければならなかった。この主題に関する彼らの思想は、一種の折衷主義――プラトン、アリストテレスおよびストア学派の諸思想を混淆したものにほかならないようにみえる。しかしここにおいてすら、それが単なる模倣だとか再構成だとかいうことはできない。まったく新しい特徴が添加されたわけではないけれども、万事は宗教的生活という新しい視覚において眺められ、そうした新たな中心に関係づけられるがゆえに、新しい形態をとることになったのである」(*ibid.*, p. 81f. 邦訳一〇二頁)。

人間の理性はそこで神という「永遠の光の源泉による照明」(*ibid.*, p. 83. 邦訳一〇四頁)の導きを必要とするものとされ、「ギリシア的な弁証法概念は、あらゆる啓示された真理に明らかに対立している」(*ibid.*, p. 85f. 邦訳一〇七頁)ものとして断罪されるようになった。われわれ人間は「真の教師」(magisterium)たる「神のうちに生き、動き、そして存在をもつ」(*ibid.*, p. 84. 邦訳一〇六頁)のであって、理性は信仰に従属するのでなければならないし、信仰の「権威が理性に優先することこそが、自然の秩序である」(*ibid.*, p. 94. 邦訳一一八頁)というのでなければならなかったのだ。それに対して、真理は問答によってのみ到達可能というのがギリシア的弁証法の発想であって、そうした超越なき真理という発想はキリスト教的な教理からすれば到底受け入れられるものではなかったのである。また、以上の議論からもわかるように、「神にいたる人間の魂の遍歴」もまた、魂の叡知界にいたるプラトン的プロセスとはまったく異なる。プラトンにおける造物主とは、創造者ではなく工匠、形態と秩序を付与するものであって、中世の神秘主義者たちには理解しがたいものであった。彼らはプラトンが「善のイデア」へと至るために使用するべき理性をも神と魂の神秘的合一の妨げるものとして激しく非難したのである。

(151) 神話に対するプラトンのきわめてラディカルな態度に比べれば、その影響を受けて展開されたはずの中世哲学の議論は、一見したところ、ふたたび神話的思惟の役割を重要視するところへと回帰してしまっているかのようにおもわれる。キリスト教の教えをその思索のベースとする中世の思想家たちにとって、真理という概念はもはやプラトンのように論理的思惟のもとで語られるべきものではなかった。モーゼの律法が「ひとりの立法者」の存在によるものであったように、ここでいう真理とはもっぱら立法者たる神を源泉としているのであって、神の誡命を成就しその意志に服従することによってのみ接近しうるものでしかなかったのである。中世のキリスト教の思想家たちにとって、「神とは一個の人格であり、そしてこれは一つの意志を意味している。論証や推論といった単なる論理的方法をもってしては、この意志を理解することはできない。神が自身を啓示し、われわれに語りかけ、みずからの誡命を知らしめねばならない。預言者たちは、それ以外の仕方による神との交わりをことごとく否定する。身体を動かせることや、儀式や祭儀によって、神的なものに触れることはできない。神を認識するただひとつの方法は、その誡命を成就することであり、神と交わるただ一つの方法は、祈禱や犠牲ではなく、神の意志に服従することにほかならない。エレミヤは述べている。『主は言われる、わたしがイスラエルの家に立てる契約はこれである。すなわちわたしは、わたしの律法を彼らのうちに置き、その心にしるす』」（*ibid.*, p. 80.　邦訳一〇一頁）。カッシーラーによれば、ギリシアのようにイデア的なものを「不変の非人格的な法則」（*ibid.*　邦訳一〇〇頁）とする発想は、これとはまったく正反対のものでしかなかったのだ。

(152) *Ibid.*, p. 103.　邦訳一三二頁。

(153) カッシーラーはこうして中世の思想的営みのうちに神話的思惟への親和性を看取しつつも、その国家理論がプラトンのそれにいくつかの非神話的なモティーフを付け加えるものになっていたということを看過してはいなかった。この哲学者によると、中世の国家理論は、プラトンの法治国家の理念を、国家を規定する法と正義を神に由来するものとしたうえで継承する一方、この理念を「すべての人間が同一の理性（その存在は神の似姿であるとされることによって正当化された）を賦与されているがゆえに自由である」（*ibid.*　邦訳一三三頁）とするストア学派の自然法的発想に結びつけようとしていた。ちなみに、ストア派における「人間の根本的平等の思想」を引き継ぐことによって、中世の自然法はギリシアのように魂の平等を認めない言説と一線を画することになる。古代ギリシアにおいては、倫理的な意味において「自然と一致して生きること」（ὁμολογουμένως τῇ φύσει ζῆν）（*ibid.*, p. 100.　邦訳一二九頁）が要求され、社会的格差も容認されていた。ところが、「《本性》に従うならば、且つまた事物の本源的秩序においては、万人が自由であり平等であるということこそ、中世神学と法学との一般的なマキシムであった」（*ibid.*, p. 103.　邦訳一三二頁）のである。また、そのうえで、国家や君主の権力をストア的なフマニタス（人間性）の理念にもとづいた正義の法に制縛されるものとして規定し、さらにはトマス・アクィナスのように正義の法に反する「暴君」に対する不服従を正当化して事実上の抵抗権のモティーフを示唆する言説をも生じることになったのだ。

(154) *Ibid.*, p. 115f.　邦訳一四七頁。

(155) *Ibid.*, p. 112.　邦訳一四三頁。カッシーラーによれば、こうした発想はすでにトマスの師にあたるアルベルトゥス・マグヌス Albertus Magnus（1193?-1280）によってすでに表明されていたものであり、その考え方を発展させたものであったという。トマスによれば、理性と啓示は同一の真理、すなわち神の真理のあらわれにほかならないのであって、両者は常に一致している。神は規則的かつ「諸々の媒介的な原因をとおしてはたらく」（*ibid.*, p. 113.　邦訳一四四頁）のであり、この媒介的諸原因を解明することが自然学の課題ということになる。逆にこの事実を否定するということは、つまるところ、神の栄光にそむくことを意味しているというのでなければならなかった。このような見地からすると、神の産物である以上、経験的事物はすべて神の完全性にあずかり、その固有の秩序と美をもつということになるのである。

(156) *Ibid.*, p. 115.　邦訳一四六―一四七頁。

(157) *Ibid.*

(158) Rudolph, „Cassirers Machiavelli", S. 89.

(159) *MS.*, p. 171.　邦訳二二五頁。

(160) *Ibid.*, p. 166.　邦訳二一七頁。合理的理性にもとづく「政治の公理」を見出すことは、カッシーラーによれば、一七世紀の思想家たちによってはそれほど困難な作業とはおもわれていなかった。「彼らの多くは、その問題がまさに提起されるまでもない自明のことと考えていた。人間の社会生活の基本原理を、わざわざ探し求めるには及ばない。それは久しく前に見出されており、それを重ねて主張し、重ねて定式化し、論理的な言語、つまり明晰かつ判明な観念の言語で、それを表現すれば十分なのである」(*ibid.*)。それゆえ、この作業は、彼らからすれば、「積極的というよりも、むしろ消極的」(*ibid.*) なものであるにすぎなかったという。

(161) *Ibid.*, p. 182.　邦訳二三七頁。カッシーラーはそこで社会契約説が果たした役割の大きさを強調し、自由な主体としての各人が契約という非神話的な概念装置のもとに政治的秩序を形成すると喝破することによって、神話的思惟を政治のコンテクストからロックアウトしてしまうところにまで到達したと述べている。かくしてモデルネの思想家たちは「神話と哲学との間には、何ら接触点はありえなかった。闇黒がさし昇る朝日に屈するように、哲学が始まるところに神話は止む」(*ibid.*) と断言することになったのだ。

(162) *Ibid.*, p. 176.　邦訳二三一頁。

(163) *Ibid.*

(164) カッシーラーはこの議論に引き続いてロマン主義者による神話的思惟の復権の動きについて手短に言及しているが、この動きをその非政治的性格ゆえに「政治学説史における神話に対する闘争」の大勢にはほとんど影響しないものと考えていた。それどころか、ロマン主義者といえども近代の人間像を脱却することはもはや不可能だったのであり、その主張は合理主義的思考の存在に決定的に依存しているという意味において、皮肉にもこの闘争における合理的思惟の勝利を確認するものになってしまっていたのである。

なお、カッシーラーはこれまでにもくりかえしロマン主義の思想について言及しているが、『国家の神話』ではその政治との距離と全体主義イデオロギーとの関係に論点をしぼるかたちで考察している。それによると、ロマン主義は神話的思惟の復権を告げるものであったとはいいがたかったし、全体主義国家のイデオロギー的基礎であったともいいがたい。それは、全体的に文化的であって非政治的であった。「最近の文献おいては、しばしば、ロマン主義は二〇世紀の神話の最初の、またもっとも有力な源泉であった、とする見解が見受けられる。多くの著作家たちによれば、ロマン主義が《全体主義国家》観を生み出し、また後のあらゆる型の侵略的帝国主義を準備したものとされている。しかし、このように評価する場合、それの重要な、実際、決定的な特徴を看過しているように思われる。ロマン主義の著作家たちの《全体主義的》思想は、その由来と意味とにおいては、文化的なものであり、政治的なものではなかった。彼らが憧れる世界は人間文化の世界であった。彼らが意図したのは、世界を《詩化》(poeticize) することで、政治化 (politicize) することではなかった」(*ibid.*, p. 183. 邦訳二三八―二三九頁) のである。また、ヘルダーがそうであったように、個性の重視、差異を感得しさまざまな形式に共感することをその歴史認識の本来の目的とする以上、ロマン主義者たちの多くは世界を調和のうちにある多様性としてとらえようとしていたのであって、かかる普遍主義的な志向は全体主義的態度とは明らかに異なるというのでなければならなかったのだ。

(165) *Ibid.*, p. 250. 邦訳三三六頁。Vgl. Georg. Wilhelm Friedrich Hegel, „Über die wissenschaftlichen Behandlungen des Naturrechts. Seine Stelle in der praktischen Philosophie und sein Verhältnis zu den positiven Rechtswissenschaft", in *Georg Wilhelm Friedrich Hegel Werke*, Bd. 2, Suhrkamp Verlag, 1970, S. 480-508.

(166) *MS*, p. 270. 邦訳三六〇頁。

(167) Rudolph, „Cassirers Machiavelli", S. 90.

(168) Krois, „Cassirer: Aufklärung und Geschichte", S. 125.

(169) Ebd.

(170) *MS*, p. 122. 邦訳一五六頁。

(171) *Ibid.* 邦訳一五七頁。Vgl. Friedrich II. von Preußen, *Der Antimachiavell*, in *Die Werke Friedrichs des Großen*, Bd.7, Gustav Berthold Votz (Hrsg), Berlin, 1912, S. 3. カッシーラーがここで引いている一文はフリードリヒのオリジナルの文章といささかニュアンスが異なるが、本文の内容により合致するものとして、『国家の神話』における引用の方を採ることにした。

(172) Friedrich II. von Preußen, a. a. O., S. 3.

(173) ただし、『国家の神話』によれば、マキャヴェリに対する啓蒙主義の態度は決して批判一辺倒ではなかった。「十八世紀の思想家、つまり啓蒙主義の哲学者たちはマキャヴェリの性格を（十七世紀の思想家たちよりは）より好意的にみるようになった。ある意味で、マキャヴェリは彼らの当然な盟友であるように思われた。ヴォルテールがカトリック教会にたいする攻撃を開始し、その有名な醜悪なるものの破壊（Écrasez l'infâme）を説いたとき、彼はマキャヴェリの事業を続けているものと信じこむことができた。マキャヴェリは、イタリアの悲惨な境遇がことごとくもっぱらカトリック教会に責任があると言明していたではないか。彼はその『ディスコルシ』においてこう述べていた。『われわれイタリア人は、ローマ教会とその僧侶どもに、彼らのおかげで何よりもまず不道徳な不信心なものになったという恩義を負うている。ところが、さらに大きな恩義、われわれの破滅の直接の原因となるものを彼らに負うているのである。すなわち、教会によってわが国は絶えず分裂させられたままである』。このような言葉は、フランスの哲学者たちをますます鼓舞するものであった。他面において、彼らはマキャヴェリの理論に決して同調することができなかった」（*ibid*., p. 121f.　邦訳一五六頁）。なお、フリードリヒ二世もまた、マキャヴェリの政治理論のすべてをことごとく否定していたわけではない。このプロイセンの王太子からすれば、マキャヴェリの言説は政治の道徳的な基礎付けを看過しているがゆえにそのすぐれた政治的分析も方向性を見失ってしまっているというのでなければならなかった。王権をも社会契約説に基づくものとしていた当時のフリードリヒの基本的な見地からすると、マキャヴェリの言説は一種のニヒリズムに陥ってしまっているというのでなければならなかったのだ。なお、フリードリヒ二世の政治思想については、屋敷二郎『規律と啓蒙——フリードリッヒ大王の啓蒙絶対主義——』（ミネルヴァ書房、一九九七年）を参照されたい。

(174) Krois, „Cassirer: Aufklärung und Geschichte", S. 123.
(175) Vgl. Mehring, a. a. O., S. 75ff.
(176) Krois, „Cassirer: Aufklärung und Geschichte", S. 122.
(177) *MS*, p. 160.　邦訳二〇九頁。
(178) *Ibid*., p. 178.　邦訳二三三頁。
(179) Vgl. Krois, „Cassirer: Aufklärung und Geschichte", S. 122f.
(180) *MS*, p. 178.　邦訳二三三頁。
(181) *Ibid*., p. 126.　邦訳一六一頁。
(182) Krois, „Cassirer: Aufklärung und Geschichte", 132.
(183) そう考えてみるならば、カッシーラーのこのような議論は、今もって多くのことを現代のわれわれに示唆しているということができよう。というのも、全体主義が政治思想に突きつけた強制的な画一化の暴力——もっと現代風にいえば同一性の暴力の克服という課題は、今もって何ひとつ解決されたとはいいがたい状況にあるからだ。周知のように、全体主義国家の崩壊はイデオロギー対立による東西両陣営の冷戦を生じ、冷戦の終焉は民族紛争の噴出とともに、いわゆる原理主義なるものの台頭をも招来してしまった。そしてその間、この政治的な画一化の暴力は、軟化の兆しをみせはじめるどころか、核兵器や民族浄化、さらにはテロルの恐怖をふりまきながら、逆にますます先鋭化する様相を呈してさえいるのである。このような状況を踏まえて考えてみるならば、かかる暴力に対抗するための言説は、それがたとえ半世紀以上前のものであったとしても、われわれにさらなる思索を迫るものとしての価値を今もって有しているといっても決して過言ではあるまい。カッシーラーが文化哲学のもとに導き出し、マキャヴェリの政治理論のうちに確認しようとしていた人間性というパースペクティヴは、今なお絶えることのない同一性の暴力やそれを吹聴する言説に対抗するためのヒントになっている。そればかりか、それはこうした強大な暴力に対抗するための言説が、皮肉にも「人間性に対する深い尊敬のゆえに、人間を軽蔑する」という陥穽に陥ってしまっていないかどうかをみきわめるための重要な指針を与える思想的なヒントをも提供するものになっているのだ。

(184) Rudolph, „Cassirers Machiavelli“, S. 90.
(185) Ebd.
(186) Enno Rudolph, „Cassirers Rezeption des Renaissancehumanismus“, in *Ernst Cassirers Werk und Wirkung. Kultur und Philosophie*, S. 116.

結論

〈啓蒙〉の「新たな始まり」

本書において、われわれはエルンスト・カッシーラーの思索の軌跡を主としてふたつの相のもとに考察してきた。第一部では、その哲学者としての相に注目し、新カント学派の哲学者として出発したこのユダヤ系ドイツ人が、シンボル形式の哲学という自家の哲学的パースペクティヴをもとにして独自の文化哲学を打ち立てていくなかで、文化創造のための政治というモティーフを打ち立てていく様子を確認してきた。また、第二部においては、その精神史家としての相に注目し、精神史研究の大家でもあったカッシーラーが、自身の直面した政治的危機に対してヨーロッパ精神史の言葉を用いて発言しようと試みる作業をとおして、このモティーフの内実を深化させようとする姿を三つの局面に分けて定点観測してきた。以上の考察からすれば、その政治思想的なモティーフは、このふたつの相のいわば相互作用のもとに成り立つものになっていたといえよう。ざっとふりかえってみても、第一次世界大戦下の『カントの生涯と学説』や『自由と形式』は、それじたい時局に対する自身の政治的態度を提示するとともに『シンボル形式の哲学』のパースペクティヴを準備するものになっていたし、逆にこの『シンボル形式の哲学』は、啓蒙主義の理念を読み替えるための足がかりになるとともにヴァイマール共和政擁護の論陣を張るに際しての論理的支柱になっていた。そして、かかる共和政擁護の精神が、文化哲学という全体主義イデオロギーに対抗するための哲学的なパースペクティヴを打ち立てる原動力になったかとおもうと、今度はその文化哲学のエッセンスを記した『文化科学の倫理』や『人間についてのエセー』のような哲学書が、『国家の神話』においてマキャヴェリの政治理論を肯定的に評価して文化創造のための政治というモティーフに具体的な内容を与えるきっかけになるとともに、啓蒙主義の理念を再構成するための方途を準備するものになっていたのである。雑多な素材をひとつの議論へとまとめあげ、いくつかの議論からひとつの政治的メッセージを紡ぎあげていくその様子は、まさに「ひとつの踏板が千本の糸を動かし、梭がとびかい、糸が目にも止まらぬ速さで流れだす[1]」かのような見事な仕事であるといえようが、最後に、これまでの議論をふりかえりながら、かかる「思想の名工」の仕事の思想的特徴とその現代的意義について、若干の整理をしておくことにしよう。

シンボル形式の哲学を中心とするカッシーラーの理論的取り組みは、全般的にみて、哲学や心理学など、さまざまな知的分野でいまだ揺籃期をむかえたばかりのシンボルという概念をいち早く用いて、モデルネの思惟形式に新しい地平をもたらそうとするところにその思想的特徴があった。人間精神の自発的な形態化作用をシンボル的機能と呼び、その産物たる人間的意味＝シンボル形式を間主観的な場において生成されるものとして描き出すことによって、この哲学者はシンボルの概念を合理と非合理をひとしく包含する世界理解のための出発点をなすものとして理解しようとしていた。しかも、その出発点を、「文化をとおしてはじめて成り立つのではなく、それどころか、すでに知覚のうちに組み込まれている」（シンボル的含蓄）(2)とすることによって、シンボル形式のパースペクティヴを体系的思考と歴史的思考とを接合するもの——超越論的に基礎づけられつつも歴史的に展開されていくべき歴史的アプリオリたるべきものとして規定していたのである(3)。このような発想のもと、カッシーラーは人間を「シンボルを操る動物」とし、人間の生の舞台たる文化をシンボル形式の体系からなるものとする作業をとおして、モデルネの世界理解のあり方をラディカルに革新しようとしていたわけだが、今日的ないい方をすれば、その試みは、単にモデルネの思惟形式に改良を加えたにすぎないというより、むしろポスト・モデルネのそれに可能なかぎり接近しようとするものになっているといっても決して過言ではないであろう(4)。各人のあいだに成り立つ「シンボルの多元性においてはすでに『単線的』な意味が瓦解している」(5)とする主張からもうかがい知られるように、シンボル形式の哲学は、事実上、「認識理論を根本において認識の解釈学にほかならない」(6)とし、現実における意味の豊かさや多様性に注目してそのありのままの姿を把握するための論理的枠組みを準備しようとしていた。つまり、クロイスのいうように、「カッシーラーは——デリダや他のポスト・モデルネのシンボル理論家たちと同じく——論理的同一性よりもシンボル的関係をより根本的なものとし、それに優先的地位を与えていた」(7)のであって、かかるスタンスのもとに「文化の文法」を画定するのともに、政治という人間的営みの性質を規定しようとしていたのである。

とはいうものの、カッシーラーの取り組みは、それじたいポスト・モデルネのそれと同一平面上にあるわけでは決してない。なるほどシンボル形式の哲学は、ライプニッツのモナド論やゲーテの形態学的思考のような思想的モティーフを積極的に摂取することによって、主体の背後にあって主体を動かそうとしているものの存在について語ろうとしていたし、文化を間主観的な場とするロジックをとおして主体の意図を超えたシンボル形式＝人間的な意味のダイナミクスについて指摘するところにまで踏み込んだ議論を展開しようとしていた。その意味では、カッシーラーの思想は、たしかにエクリチュールの問題性を提起したポスト・モデルネの哲学者ジャック・デリダ Jacques Derrida (1930-2004) の思想的見地に一脈通じるものをもっているし、実際に認識論を一種の「解釈学」とするところにまで踏み込むものになってはいたものの、その「解釈学を超越論的な問題として理解する」[8]ことによって、最終的にはカント的な構成主義の立場にぎりぎりのところで踏みとどまろうとするものになっていたのである。[9]新カント学派の汎論理主義的なカント解釈を受容するところからはじまった「オデュッセイの遍歴」は、その狭隘さを嫌ってしだいに新カント学派から離反するようにはなったものの、カント主義者としての自身の思想的ポジションまで変更してしまおうとしていたわけでは決してなかった。『シンボル形式の哲学』においてもなお、「認識が対象を規定する」とする『純粋理性批判』の根本命題を議論の前提としてそのまま踏襲していることからもわかるように、カッシーラーはむしろ批判哲学の徒としての基本的な立場を一生涯守り抜こうとしていたのであって、そのような立場にあるものからすれば、ポスト・モデルネのように人間の主体性をも際限なく相対化して解体してしまおうとする思想的試みなど、思いも寄らないことというほかなかったのだ。先述のとおり、カント批判哲学そのものの狭さをも指摘し、非合理的な神話的思惟の重要性を最大限に強調しつつも、この哲学者はモデルネの思想的な枠組みそれじたいを決して放棄しようとはしなかったし、そこから離れることの必要性を認めようともしなかった。このカント主義者にとって、モデルネを批判的に再検討するということは、モデルネの思想的な枠組みに「新たな始まり」をもたらして再活性化させることを意味していたのであって、あくまでも未完のプロジェクトとしてのモデルネの構築をさらにおしすすめようとするところにその要諦があるというのでなければならなかったのである。

カッシーラーのこのような哲学的スタンスは、角度をかえてみれば、何かひとつのものにふりきれてしまうことに対する嫌悪感と警戒感によって貫かれているといえよう。そのいずれの著述においてもくりかえし強調されているように、このユダヤ系ドイツ人哲学者からすれば、普遍か特殊かという二者択一――より具体的にいえば、合理か非合理か、体系か歴史か、あるいはモデルネかアンチ・モデルネかといったステレオタイプな二者択一を迫るかのような思考方法など、それじたいナンセンスであるというほかなかった。「内容なき思惟は空虚であり、概念なき直観は盲目である」[10]というカントのマキシムのとおり、「シンボルを操る動物」としての人間は、その日常生活のあらゆる局面において、現実の多種多様なあらわれ（内容＝特殊）のうちに「文化の文法」という名の一定の規則性（概念＝普遍）を直観しているのであって、そのいずれかを切り落してしまうというのは、端的にいって、現実をリアルな姿でみる眼を切り落としてしまうのにひとしいというのでなければならなかったのである。そして、ひとたびそのような状態に陥ってしまうならば、かかるアンバランスなパースペクティヴは、必ずや現実の世界を不当に切り詰めてやまない牽強付会の理念的暴力となってさまざまな害悪をもたらすことになるというのでなければなるまい。普遍にせよ特殊にせよ、そのいずれかを極端なまでに先鋭化し原理化してしまおうとするやり方に対しては、カッシーラーはそれが何であれ抗議の声をあげざるをえなかった。国家を普遍（自然法思想）と特殊（ロマン主義思想）の相互作用からなるものとし、ナショナリズム的言説をもそのような相互作用のうえに位置付けようとするこの哲学者からすれば、普遍にこだわって理想主義的な社会主義の実現を切望したコーヘンばかりでなく、その反対者としてナチスにコミットしたハイデガーもまた、いちじるしく平衡感覚を逸しているというほかなかったのである。そして、「一九一四年の理念」

という名の第一次世界大戦下の偏狭なショーヴィニズム、ヴァイマール憲法の理念を骨抜きにしてしまおうとするファナティックな民族主義、そして強制的画一化によって反対者の存在そのものを地上から完全に抹殺してしまおうとする全体主義イデオロギーなどは、そのもっとも極端かつ集団的なあらわれにすぎなかったのであって、内容以前の次元ですでに問題があるというのでなければならないものになっていたのだ。

多くの知識人が何らかの政治的イデオロギーへとコミットしていったこの時代にあって、カッシーラーは自分のことを「おそらく一度として真の良き哲学の『教師』ではなかった。――というのも、私には領域における規定どおりの条件や可能性や必然性への信念が欠けているからだ[11]」と述べているが、以上の議論からすれば、この言葉が戦略的な意図をもって語られたものであったということはもはや論を俟つまい。「真の良き哲学の『教師』」たりえなかった――というより、そうなる気などさらさらなかったというのが正確なところであろうが――この男は、その点では、誤解を恐れずにいえば、きわめてプラグマティックなイデアリストとでもいえそうな存在になっていたといえよう。実際、頑迷な論理主義的見解に対して、人間文化における神話的思惟の重要性と科学的思考の相対性を弁じたてたかとおもうと、フェルキッシュな風潮に対しては、ずいぶん芝居がかったやり方で理想主義的なイデーを高らかに謳いあげてみせるといった具合に、カッシーラーは普遍か特殊かという二者択一を迫る言説に対しては、意識的に水を差すかのような見解を提示してみせようとしていた。そして、このような二段構えの思考のもと、状況に応じて自身の見解を使い分けることによって、世界や人間について理解させるはずの言説が現実の世界や人間を無理に歪めてしまうことのないよう戒めるとともに、ここでもっとも必要とされているはずの思惟の平衡感覚を保ち続けることの重要性を説いていたのだ[12]。こうして特殊と普遍の双方に目配せしたパースペクティヴを確保するということは、このプラグマティックなイデアリストによれば、「知の全体をただ一人で体系化し組織化しようと望むことが哲学に許されていた壮大な建築物の構想の時代[13]」が過去のものになりつつある今日であればこそ、ますますその切実さを増しているというのでなければならないはずのものであった。のみならず、かかる思想的スタンスは、政治のコンテクストにおいてますます激化の一致をたどりつつあるイデオロギー対立のシェーマそのものを批判的に分析し再検討するための手がかりとして、決して欠かすことのできないものとされていたのである。

そう考えてみるならば、カッシーラーがその「オデュッセイの遍歴」において抱懐するに至った政治観とは、まさしくこのような二段構えの思考方法の産物であったといえよう。人間の生の舞台としての文化をシンボルという機能的な媒体のもとに規定しようとしていたこの哲学者は、そこにくりひろげられる政治の営みをもその機能的性質をもとに理解しようとしていた。そして、シンボル形式としての政治を、複数の人間からなる間主観的な場、さらには意味をめぐる駆け引きの場にほかならないものとして描き出すことによって、それこそ「嘲わず、悲しまず、怒りもせず、つとめて理解する」スタンスのもとに政治というものの一般的な性質を冷静に分析するところに重点をおいた議論を展開しようとしていたのである。ところが、全体主義国家の台頭をとおして、その政治が人間の文化的営みそのものの脅威になりうるということを思い知らされるや、今度は政治の暴走に歯止めをかけるための理念を準備することの必要性を説くところへと議論の重心をシフトしていく。人間が「シンボルを操る動物」である以上、カッシーラーによれば、政治とはあくまでも文化という名の人間の生活世界の枠組みのもとに語られるべきものであり、また、その枠組みを決して逸脱してはならないはずのものであった。ここでいう政治とは、つねに文化を創造しつづけるところにその特質をもつ人間がおのれの本性を十全に発揮するための空間を作り出して確保することを使命としているのであって、逆にいえば、そのよう空間の創出を不可能にさせるようなファクターを極力排除するのでなければならないものとされていたのだ。以上にみたように、カッシーラーはこの問題に理論的研究と精神史的研究の双方からそれぞれアプローチしていったわけだが、こうして現実の事象に対する透徹した観察眼とその理念的な性質と使命とをみきわめる洞察力とを組み合わせるなかから浮かび上がってきた文化創造のための政治というモティーフは、それこそプラグマティックなイデアリストカッシーラーの面目を躍如するものになっているといえよう。この哲学者が自身の知識を総結集して練り上げたかかるモティーフは、実にこのようなユニークな思想的見地をもってはじめて可能となったものだったのである。

　カッシーラーはこのような議論を展開することによって、モデルネの思惟形式に政治思想の側面からも「新たな始まり」をもたらそうとしていたわけだが、ここでさらに注目するべきは、この哲学者が以上の議論をもって、モデルネの精神を下支えしてきた啓蒙の理念に新たな息吹をあたえようとしているところにあるといえよう。『啓蒙主義の哲学』をはじめとする著述において再三にわたって注意しているように、カッシーラーにとって、〈啓蒙〉という言葉は、非合理的な固陋に対する人間の悟性的開化をドグマ的にうながすというステレオタイプ的な意味において理解されるべきものでは断じてなかった。それはむしろ、理性の明るい光によってすべてを知悉しうるとするそうした主知主義的な世界理解のパースペクティヴを転倒させたところ、すなわち、非合理的なものをも包含した世界の多様なあらわれをありのままの姿で把握するところから出発し、そこに内在する規則性や法則性を見出そうとする思想的試みとして語られるのでなければならないものとされていたのである。[14] そのような見地に立つことによって、カッシーラーはこの〈啓蒙〉という言葉を、これまでもっぱら排除の対象とされてきた非合理的なものをも文化形成のためのポジティヴなモメントをなすものとみなし、人間の漸次的な「自己解放のプロセス」としての文化の歩みを肯定的に理解し促進させようとする思想的態度をあらわすものとして規定しようとしていた。そして、そのような態度のもとでのみ、「シンボルを操る動物」としての人間はその普遍的な本性、すなわち人間性を明らかにするためのスタート地点に立つことができると考えていたのだ。とするならば、ここでいう〈啓蒙〉の理念とは、各人に単純に理性的であれと要求するものになっているというより、むしろ人間性の理念を開示するために活動的であれと要請するものになっているといえようし、その意味では、文化創造のための政治を志向するよう呼びかけるものになっているといってよい。「自己解放のプロセス」としての文化的営みを促進させるという命題のもと、〈啓蒙〉の理念はこうして倫理的かつ政治的に各人を拘束しようとするものになっていた。それはつまり、各人にこの営みにコミットすること、すなわち過去から引き継いださまざまな文化的遺産を不断に変革しつつも将来の世代へと引き渡すというこの課題に積極的に参画することを、文化のうえに生を営むものすべての負うべき責任として引き受けるよう要請するものになっていたのである。[15] カッシーラーの確信するところ、その歩みはもちろん一回きりの、あるいは何らかの特別な解放によって完成へともちこまれうるかのような類のものでは決してなかった。人間の認識のあり方を例にとりつつ、彼はこう述べている。

感性は悟性の判明な観念に次々に解消されてゆかねばならないのかもしれないが、他方、有限な精神のおかれた視点からすればやはり、つねにそれとは逆の結びつき方も成り立つ。つまりわれわれの「もっとも抽象的な」(abstraktesten) 思想でさえつねに想像力の添加物を含んでおり、われわれの立場でその添加物をさらに分解してゆくことはむろん可能ではあろうが、しかしその分析が最終的な限界にまで行き着くことは決してなく、むしろそれはどこまでも無限に進むことができようし、進まざるをえないのである。……(正千角形のようなものを考える際) われわれはここでは純粋に直観的な認識ではなく、「盲目の」(blinden)、ないしはシンボルによる認識をおこなっているのであり、この種の認識が台数や算術と同様、われわれのその他ほとんどすべての知をも支配しているのである。このようにして、普遍的記号法の構想というかたちで、言語が認識全体をのみこんでゆこうとすることによって、言語が同時にまさしくこの全体を制限もし、言語自身の被制約性のうちに引き入れてしまいもする様子がうかがわれる。けれども、この被制約性は決して単に消極的な性格しかもたないわけではなく、きわめて積極的なモメントをも秘めている。ちょうどどれほど曖昧で混乱した感性的表象にも、真の理性的な認識内容が含まれていて、ただそれが展開され「解きほぐされ」(virtuell) さえすればよいのと同様に、すべての感性的シンボルは純粋に精神的な意味の担い手なのであるが、ただむろんそこではその意味が、「潜勢的」(Auswicklung)、潜在的にしか与えられていないというだけなのである。「啓蒙」の真の理想とは、このような感性の外被を一挙にはぎとり、こうしたシンボルを一掃するというところにあるのではなく、それらをそれ自体としてますます深く理解してゆきながら、それとともにそれらを精神によって支配し、精神によってそこに浸透してゆくところにこそあるのである。(16)

もっとも、このような説明を俟たずとも、〈啓蒙〉の理念のもとに要請されていることは、実際には否応なく引き受けざるをえないものとして「今・ここ」を生きる一人ひとりの人間の前に突きつけられることになる。(17) 何となれば、その本性上、われわれ人間はどうしてもこの〈啓蒙〉の要請から逃れ出ることなどできないというほかないし、かといって、文化に最終解決なるものが存在しえない以上、〈啓蒙〉の要請を達成してしまうということ——完全に〈啓蒙〉され解放されてしまうということ——もまたありえないというのでなければならないからだ。各人はここで、おのれのシンボル的思考を駆使し主体的に自己形成をはかる作業をとおして、たえず文化という課題に参画するよう迫られているし、それによって人間の本性に対する責任を果たすのでなければならないところにつねに立たされている。しかも、その営みに間断なくむかいあうのでなければならないのであって、そのためにもその場その場で不断にみずからのあり方を反省するとともに、つねに自分自身を乗り越えて「新たな始まり」をもたらしうるよう努力せねばならないものになっているのである。そう考えてみるならば、カッシーラーのいう〈啓蒙〉の理念とは、人間をかかる責任へとむかいあうものとして陶冶しようとするものになっているというのでなければならないであろうし、ただ単に文化創造のための政治を志向するものになっているというよりも、むしろほかに選ぶところのないものとして受け入れるよう強く迫るとともに、その具体的な方策を講じるようくりかえし要求してやまないものになっているというのでなければならなくなってこよう。いうなれば、それはアドルノがのちに表明した「アウシュヴィッツ以後、詩を書くのは野蛮である」[18]という有名なマキシム――そこに込められたさまざまな含意についてはさておき、文字どおりに解するならば――のまさに正反対のテーゼを掲げようとするものになっていたといってよい。いかなる状況であれ詩作をつづけること、「自己解放のプロセス」としての文化をさらに発展させようと意識し行動することこそがわれわれ人間には求められているのであり、アドルノのいうように、そこにどれほど多くの深刻な問題が介在しているとしても、この事実だけは動かしがたいというほかないし、また、動かそうとしてはならないはずのものだったのだ。カッシーラーはそう主張することによって、その歩みをすすむように説く〈啓蒙〉の理念のうちにこそ、人間にとっての将来へのアクチュアルな姿勢が見出されうるとし、そこで必要とされる政治の姿を模索しようとしていた。そして、今日のような危機の恒常化した時代であればこそ、その姿をますます切実に追い求めようとするのでなければならないと考えていたのである。

このようにしてみるならば、二〇世紀の啓蒙主義者カッシーラーの〈啓蒙〉解釈は、かつて「啓蒙を進歩せしめることこそ、人間性の根源的本分である」とし、かかる「進歩」への妨害を「人間の本性に対する犯罪」[19]としていたカントの警告のアナロジーになっているといえようし、この警告により現代的かつ具体的な表現を与えようとするものになっているといえよう。のみならず、そのような解釈は、ポスト・モデルネの代表的な思想家のひとりであるミシェル・フーコー Michel Foucault（1926-1984）のように、「現代に対する関わり方、歴史的な存在の仕方、自己自身の自律的な主体としての構成という、三つのことがらを同時に問題化するようなタイプの〈哲学的な問い〉」を「〈啓蒙〉に根ざすもの」とし、さらに「私たちを啓蒙に結びつけている絆」を「教義の諸要素への忠誠というようなものではなく、むしろ一つの態度の絶えざる再活性化[20]」のうちに見出そうとする見解にも通じているといえる。カッシーラーの二〇世紀の啓蒙主義は、こうして〈啓蒙〉をめぐる議論においてもまた、モデルネとポスト・モデルネの中間に位置しているのであって、まさにこの点において独自の位置を確保するものになっているといっても決して過言ではあるまい。「人間の善への可能性に対する一八世紀的な全面的信頼[21]」が音を立てて崩れ去っていくまさにその現場に立ち会わざるをえなかったこのカント主義者にとって、〈啓蒙〉という過去から引き継いだ理念を、「今・ここ」においてどのようなかたちで更新し将来に引き継ぐのかという問いは、それこそこの人物の思想的なレーゾン・デートルをかけた切実な課題になっていた。そして、時代の流れに押し出されるかたちで作り上げられていったこの〈啓蒙〉解釈は、それじたいカッシーラーが「自己解放のプロセス」としての文化にもたらした思想的な「新たな始まり」にほかならないものになっていたのである。「オデュッセイの遍歴」はこうして〈啓蒙〉の行方を見定めようとする作業をとおして、自身の思想的な行方をも規定しようとしていたのであって、それこそ独自のアプローチのもとに政治的思惟の必要性を説くことによって、カッシーラーの思想的取り組み全体を政治思想の問題領域へと導いていくモメントになったのだ。

もちろん、カッシーラーの以上のような取り組みにも指摘されるべき問題点がないわけではない[22]。また、〈啓蒙〉の理念をはじめとするその思想的モティーフが現代の政治思想のコンテクストにおいて語られるようになるには、先述のとおり、さらに詳細にわたる緻密な検討が加えられるのでなければならないということはいうまでもない。しかしながら、以上のような〈啓蒙〉の「新たな始まり」から、カッシーラーの哲学的取り組みが、「二〇世紀哲学そのものの口火を切る[23]」という重要な役回りを演じるものになっているということ、また、政治的思惟のもっとも根幹にかかわる部分の議論を提供するものになっているということはもはや明らかであろう。新カント学派から出発して独自の哲学的体系を打ち立てるに至ったこの哲学者の「オデュッセイの遍歴」は、かつていわれていたように、ただ単にモデルネのパースペクティヴを墨守することに汲々とするかのような言説を打ち立てることに終始していたわけでは決してなかったし、ましてやリゴリスティックな啓蒙主義の擁護者としての立場を頑なに保持しつづけるかのような時代錯誤的なテーマに固執しようとしていたわけでも断じてなかった。そして、そこから紡ぎ出された思想の一つひとつもまた、アカデミックな装いをみせながらもドイツの政治的状況と密接に結びつくかたちで展開されていたのであって、現実の「真の問題と対峙しようとはしなかった」[24]などという一方的な非難がそのままあてはまるほど非政治的なものだったわけではなかったのだ。「嘲わず、悲しまず、呪いもせず、つとめて理解する」というモットーにこめられていたそのパトスは、時代の趨勢にあえて抵抗することを決して厭わなかったし、最後の最後まで〈啓蒙〉の理念を鍛錬するとともにその必要性を説いて止むことがなかった。その意味においては、社会学者ピェール・ブルデュー Pierre Bourdieu（1930-2002）のいうように、カッシーラーこそは、「今世紀（二〇世紀）最大の啓蒙思想の相続人」と呼ぶにふさわしい存在だったのであり、その思想を政治的なものと結びつけて論じようとした数少ない知識人のひとりだったのである。

だとするならば、カッシーラー哲学の思想的意味についてさらに突っ込んで検討するということは、それじたい政治思想のコンテクストにおける〈啓蒙〉の思想的可能性を「今・ここ」において問いなおすということにそのまま結びついているといえよう。現代のわれわれが今もってモデルネと呼ばれる知的枠組みに依拠する存在であり、文化のコンテクストにおいてその生を営む存在である以上、今から六〇余年前に亡くなったこの哲学者の教説は、いまだにそのアクチャリティーを失ってはいない。それどころか、共通価値の崩壊というポスト・モデルネ的なモティーフに管理権力（あるいは管理社会）のますますの強化というモデルネ的なモティーフが同時進行しつつある今日のような時代であればこそ、さらにいえば、そのような状況のもとで政治の営みのあり方が根本的に問い直されつつある今日のような時代であればこそ、各人に不断に活動的であれと説くカッシーラーの〈啓蒙〉の理念は、むしろ「現代のために呼びあげられた人間文化の自己証言[25]」として、きわめて切実な意味をもちうるといっても決して過言ではあるまい。また、この哲学者自身は理論的な関心にさそわれるかたちで〈啓蒙〉の理念の問い直しを企図し、そこからさらに人間性の開花という使命を現実のものとするために政治的なものへと眼を見開いていったわけだが、そこに宿されていた政治に対する一種の違和感のようなものこそ、かえって政治の自己目的化を防止し、そのあり方を既存の政治思想的な見地とはまったく違った地平から問い直すための重要な示唆を投げかけているといえるのではないだろうか。文化の形成という側面から〈啓蒙〉の行方を突き詰めて考えていくことによって、カッシーラーは政治のいわば臨界とその可能性をともに読み取ってみせようとしていた。そして、そのような取り組みをとおして、この危機の恒常化した時代にたちむかっていくための精神的武器を提供するとともに、文化というコンテクストにおいてみずからの生を引き受けざるをえないこの「シンボルを操る動物」たる人間が将来にむかって飛翔するための希望の灯をともしてみせようとしていたのだ。そう考えてみるならば、カッシーラーの「オデュッセイの遍歴」が現代のわれわれに与えている思想的メッセージとは、新たな発想を刺戟する豊かな源泉として、今もなお、というより今だからこそ、現代的たることをたしかめられうるというべきであろう。

〔註〕

（1）*PhdA*, S. XIII.　邦訳一七頁。もとはゲーテの戯曲『ファウスト』の一節（Johann Wolfgang von Goethe, *Faust* in *Goethes Werke*, Bd. 14, Sansyusya, 1975, S. 91）で、啓蒙主義の哲学の思想的特徴をひとことで表現する言葉として、カッシーラーがしばしば愛用していた言葉であった。

（2）Krois, „Cassirer: Aufklärung und Geschichte", S. 141.

（3）三木清もまた、カッシーラーの思想的影響のもとに著した『構想力の論理』の冒頭部分で、自身の思想的スタンスについてこう述べている。「ロゴス的なもののためにパトス的なものを見失ふことなく、しかしまたパトス的なもののためにロゴス的なものを忘れないといふ私の要求は、やがてヒューマニズムの主張をとるに至つた。いはば人間學からヒューマニズムへ進んだ」（三木清

『構想力の論理』、『三木清全集』第八巻所収、岩波書店、一九六七年、四頁)。

(4) ポスト・モデルネとの緊密性について、たとえば、クロイスはこう述べている。「カッシーラーが、ローティに四〇年先んじて、『再現前(Repräsentation)』とは単に世界の模写ではなくその『構成条件』であるとの原則を打ち立て『認識の模写理論』に論争を挑んだとき、むしろ、現代哲学がシンボル形式の哲学の水準の達しているかどうかが問わているのかもしれない」(Krois, „Problematik", S. 30)。このような主張が哲学的な次元ではたして妥当かどうかとなると必ずしも議論の余地がないわけではない。カッシーラーは人間のシンボル的思考の形而上学的な基礎を最後までつまびらかにしなかったが、クロイスのこのような主張はシンボル形式のパースペクティヴがかかえている構造的問題とともに問われるべき課題であろう。この点についての考察は別稿を期したい。

(5) Paetzold, „Die symbolische Ordnung der Kultur", S. 182.

(6) *ZM*, S. 165.

(7) Krois, „Cassirer: Aufklärung und Geschichte", S. 142.

(8) Ders, „Problematik", S. 30f.

(9) その背後には、カッシーラーにとって看過しえない政治的事情が控えていたといえる。当時の状況のもとで主体性を過度に相対化することは、カッシーラーが終生忌み嫌っていたショーヴィニズム的な言説に与することになり、ひいてはナチズムの民族共同体の神話にも加担することになりかねなかった。リプトンなどはこの点を強調して、シンボル形式の哲学の実存主義的な性格と自身のリベラリズム的信条のあいだに「リベラルな知識人が直面したジレンマ」を見出しうるものとしているが、以上にみたカッシーラーの哲学の基本的なスタンスを勘案するならば、この事態をただちにジレンマとよんでしまってよいものかどうかは検討を要する。Cf. Lipton, *op. cit.*, p.168.

(10) Kant, *Kritik der reinen Vernunft*, A76.　邦訳上巻一五三頁。

(11) Sandkühler, a. a. O., S. 16.

(12) カッシーラーの議論に密接するかたちでは、たとえば、カルヴィン・シュレイグがこうした政治的発想の可能性をより具体的に追求している。シュレイグはコミュニケーション的実践がプラトン的な想起(anamnesis)を通して真理を確定し、物語としての普遍概念を構築することを「横断性」(transversality)のメタファーによって説明しようとしていた。そして、そう考えることによって、コミュニケーションによって確定され、ときとともに変更されうる真理の可能性を探り、「非同一性内の同一性」や「不一致の中の一致」(Calvin O. Schrag, "Rationality between Modernity and Postmodernity" in *Life-World and Politics*, University of Notre Dame Press, 1989, p. 102) を認識するとともに、「モダンとポストモダンの文化の衝突の結果として生じた袋小路」(*ibid.*, p. 96) を克服しようとしていたのである。シュレイグによれば、このような新たな主体性の場こそが真のヒューマニズムの名に値するものになっているというのでなければならなかったのだ。シュレイグのこの議論は解釈学的実存主義的要素が色濃く、必ずしもカッシーラーの人間観に合致するものではないが、主体性を間主観的なものから想定したり歴史の物語性を重要視したりしているなどシンボル形式の哲学と見解を共にする場面もまた多い。Cf. Calvin O. Schrag, *Communicative Praxis and the Space of Subjectivity*, Indiana University Press, 1986.

(13) *EP*, Bd. 4, S. 12.　邦訳一二一―一二二頁。

(14) 第一章の四の議論を参照。その意味では、ここでいう〈啓蒙〉とは、普遍から特殊を導き出すのではなく、逆に特殊のうちに普遍を看取しようとする一種の思想的プロジェクトになっているといえようが、もっとも、それはただ単に現実の多種多様なあらわれを抽象的な法則世界の内側に回収して解消してしまおうとするものだったわけでは決してない。シンボル形式のパースペクティヴが全体としての文化の発展を個々の文化的事象の充実をとおしてのみ実現するものとみなしていたように、この啓蒙のプロジェクトは普遍と特殊を相互関係のもとに発展するものとすることによって、そのいずれかが極大化して他を圧迫するかのような発想をつとめて排除しようとしていた。そして、このようなかたちで現実のありのままの姿を直視しようとする視座を確立し、神話や人間の情動のような非合理的なものをも視野に収めたより包括的な見地のもとに世界を理解するものになっていたのである。カッシーラーの確信するところによれば、それはあくまでも普遍と特殊の二者択一を排除したところにのみ成り立ちうるのであって、そのような地点から人間の本性としての人間性の理念を看取しようとする思想的試みになっているというのでなければならなかったのだ。

(15) 第二部にみたように、カッシーラーはこの〈啓蒙〉の理念を精神史研究においても検証している。『自由と形式』においてドイツ精神を自由と形式からなる世界を終わりのない課題としてつねに引き受けようとする態度と規定し、「自然法の本質と生成について」において自然法を人間性の解放を目指すものとして描き出していることなどは、その好例であるといえよう。

(16) *PhsF*, Bd. 1, S. 67ff.　邦訳一二二―一二四頁。

(17) この点については、カッシーラーの示唆のもと、先にもあげたように、ヒューズもまた、「われわれはだれでも、多かれ少なかれ、啓蒙の子である」とし、「われわれの行為と知的探求のための手びきとしては、ひじょうな危険をおかす覚悟なくしては、この啓蒙思想の諸原理を放棄することはできない」(Hughes, *op. cit.*, p. 27.　邦訳二一頁）としている。

(18) Theodor W. Adorno, *Prismen*, in *Gesammelte Schriften*, Bd. 10-1, Suhrkamp Verlag, 1977, S. 30.　テオドール・W・アドルノ「文化批判と社会」、『プリズメン』(渡辺祐邦、三原弟平訳、ちくま学術文庫、一九九六年）所収、三六頁。なお、アドルノは人間精神の自由な営みであるはずの文化が「文化価値」化されて商品として流通させられ消費されるようになっている現状を批判し、そうした現状を貫く効率性こそが現代の野蛮たるアウシュヴィッツの呼び水になったとしている。したがって、アドルノによると、効率性のうえに立つ文化は野蛮と結びついているのであって、そうした状況を踏まえないまま「アウシュヴィッツ以後」に詩作、すなわちかつてのような文化活動をくりかえすことを野蛮といわざるをえなかったのである。アドルノはこうした状況をトータルに批判しようとしていたわけだが、その「文化批判」の精神はカッシーラーのいう〈啓蒙〉の精神に――かなりの部分で対立するし、相容れないものになっているといわざるをえないのかもしれないが――一脈通じる部分もあるようにもおもわれる。この点については今後の検討課題としたい。なお、このアドルノのマキシムについては、細見和之「アドルノとエンツェンスベルガー――〈アウシュヴィッツ〉以降の表現をめぐって」、(『表現の〈リミット〉』所収（藤野寛・斎藤純一編、ナカニシヤ出版、二〇〇五年））を参照されたい。

(19) Immanuel Kant, „Beantwortung der Frage: Was ist Aufklärung", in *Immanuel Kant Werkausgabe*, Bd. 11, Wilhelm Weischedel (Hrsg), Suhrkamp Verlag, 1977, S. 60.　イマヌエル・カント『啓蒙とは何か』、篠田英雄訳、一九七四年、一四頁。カントによれば、「一つの世代は、それにつぐ時代の認識（特に、かかる極めて切実な）を拡張し、この認識に含まれている誤謬を除き、また一般に啓蒙に関してかかる認識を進歩せしめる等のことを不可能にせざるを得ないような状態に、時代を陥れるような制度を協約したり宣誓することはできない」(ebd.) のであって、そうした行為は文字どおり「犯罪的行為」とみなされるのでなければならなかった。

(20) ミシェル・フーコー「啓蒙とはなにか」、石田英敬訳、『ルプレザンタネオン』第五号所収、一九九三年、九頁。

(21) Hughes, *op. cit.*, p. 27.　邦訳二一頁。

(22) これまでにない思想的境地を切り開こうとする試みの多くがそうであるように、カッシーラーのシンボル形式の哲学もまた全体としての論理の整合性や個々の議論における概念規定の厳格さという点からすると、いま一つあいまいで不明確なところが少なくない。その事例については枚挙に暇がないが、ここでひとつだけあげるとすると、『シンボル形式の哲学』の訳者である木田元の指摘にもあるように、そもそもシンボルという概念からして意味内容が定まっていないところがあるといってよい。実際に本書のそれぞれの議論におけるシンボル概念の位置付け、また、それらと本書の発展的要約たる『人間についてのエセー』における議論を比較してみればわかるように、シンボルという概念は、議論のたびごとに微妙な意味変化を蒙っているきらいがある。もっとも、こうした議論のずれは、カッシーラーの精神史研究にも微妙な影を落としているといえる。たとえば、以上の議論においても何度も登場したヘーゲル哲学に対する見方などはその最たるものであるといえよう。賞賛したかとおもうと批判してみたりと、カッシーラーのヘーゲル評価は――もちろんヘーゲル哲学じたいの弁証法的な性格を考えあわせるならば、それはそれできわめて誠実なヘーゲル理解であるともいえようが――その知的キャリアの変遷とともにかなり大きく揺れ動いている。この点の思想的問題性については、今後の検討課題としたい。

(23) Orth, Vorwort zu *Symbol, Technik, Sprache*, S. VII.　邦訳三頁。

(24) Ted V. McAllister, *Revolt against modernity: Leo Strauss, Eric Voegelin, and the search for a postliberal order*, University Press of Kansas, 1995, p. 71.

(25) Gerhardt, a. a. O., S. 223.

あとがき

本書は、二〇〇二年九月に同志社大学に提出した学位請求論文「エルンスト・カッシーラーの政治思想――『シンボル形式』の哲学と『啓蒙』の現在――」（二〇〇三年三月に博士学位認定）にさらに二つの論文を加えて成立したものである。なお、学位論文は先行する三つの論文からなっているので、体裁上、本書はつごう五つの先行論文をもとに構成されているということになる（それらの先行論文については、後述の初出一覧（xxiii頁）をご覧いただきたい）が、本書を作成するにあたってそれらの先行論文のすべてに大々的に加筆修正を施した。というより、ほぼ全編にわたって加筆修正などという表現では利かないほど大幅な改変をおこなっているので、学位論文を含めたこれまでの研究成果の全体をいったん解体したうえであらためて書き下ろしたといったほうがあるいは正確なのかもしれない。構成と内容の双方の面でかなりの補強をおこなった結果、全体の分量も先行論文をはるかに上回ることになった。また、本邦初のカッシーラー研究書であることを考慮して、カッシーラーの著作一覧を付け加えたのをはじめ、伝記的記録や一次文献の紹介もかねて引用や註釈の数量を意図的に増やしたため、結果として五〇〇頁を優に超える大部の書になってしまった。

こうしてあとがきを書くところまできてみると、学位論文の提出からとんでもない時間がたってしまったとおもうとともに、よくもここまでたどり着くことができたものだともおもう。私のそもそもの出発点はカント哲学であった。ポスト・モダン的な言説が流行するなか、カントについて知ることによって、学生時代の私は啓蒙の知にどれほどの可能性があるのかをみきわめたいと考えていた。そして、大学院進学ののち、それほど深い考えもなく、カントの流れをくむ思想家としてカッシーラーを研究の対象としたわけだが、今になってふりかえってみれば、それはあたかも装備も地図もないまま未踏峰を征服しようとするようなものであり、もっとありていにいえば、駆け出しの院生にはいささか分不相応な無謀な試みであったようにおもう。実際、学際的な知識によって彩られたカッシーラーの言説それじたいの難しさに加え、その政治的含意をくみ取ることの困難さ、さらには先行研究の極端な乏しさもあって、私はカッシーラーの思想の輪郭すらよくわからないまま修士論文を書く羽目に陥ってしまったし、正直にいうと、博士論文を作成した後も、しばらくは何か肝心のところがわかっていないのではないかというどこかモヤモヤした感覚を免れることができなかった。博士論文後すみやかに今までの成果を刊行するようすすめられたにもかかわらず、その前にさらに二つの論文に取り組むのでなければならなかった理由はまさにそこにあったわけだが、今でもカッシーラーという人物のいわゆる「オデュッセイの遍歴」の思想的な魅力をうまく伝えることができているかどうか、また、啓蒙の「行方」を問うという年来の研究テーマに首尾よく一定の照明を与えることができているのかどうかとなると、きわめて心もとない。ご叱責ならびにご批判をいただければ幸いである。

本書は私のはじめての著作であり、稚拙なところが多々あるのは自覚のうえだが、このようなかたちで今までの研究成果をまとめることができ、また、ともかくもカッシーラー研究をテーマとする本を世に問うことができて、少し肩の荷を降ろした気分である。ただ、内容の面でいえば、本書はカッシーラー哲学における政治思想的な一断面を、カッシーラーが残したテクストに注視することによって大雑把に提示しているにすぎない。本来であれば、カッシーラーのような研究範囲の広い人物の思想は、もっと当時の知的コンテクスト——さしずめヴァールブルク、パノフスキー、ジンメル、ディルタイ、フッサール、シェーラー、アインシュタインらのような人々との関連を逐一明らかにしたうえで立体的に論じられるべきであろうが、本書では、とてもそこまでは手がまわらなかった。そして、カッシーラーといえば少なからぬ人が連想するであろうハイデガーとのいわゆるダヴォス討論についても、ここでは本格的に取り上げることができなかった。というよりも、このダヴォス討論に関していえば、意図的に取り上げなかったというのがあるいは正確であるといえるのかもしれない。本書はあくまでもカッシーラーの政治思想を検討しようとするものであり、多岐に及ぶ議論を展開しているダヴォス討論を本格的に取り上げるとなると、テーマがぶれてしまうおそれがあったこと、また、この討論はいまだにその全容が明らかにされているとはいいがたく（公開されているのは一部分）、資料の考証が必要な段階であるということを考慮して、この「魔の山」における討論については言及することとそれじたいを極力控えることにした。昨年亡くなったカッシーラー研究家のジョン・マイケル・クロイスなどは世上のダヴォス討論理解に根本的な異議を唱えていたし、この問題については私にも考えるところがある。今後、稿を改めて検討したい。いずれにせよ、ダヴォス討論の問題を含めて、カッシーラー哲学の特徴を当時の知的コンテクストのうえに位置づけたうえで解明するというテーマはこれからの私の課題である。

なお、課題ということでいえば、本書の作成過程それじたいがさまざまな課題を次々と発掘していく歩みでもあったようにおもう。カッシーラーの著述を読みすすめ、その政治思想的な含意について考察し検討していくにつれて、たしかにさまざまなことを学んだが、その歩みは学んだこと以上にはるかに多くの疑問や問題を見つけ出すプロセスでもあった。その具体的な内容についてはすでに本文や註釈のなかでたびたび言及しているので、ここでその一つひとつをくりかえすことは差し控えるが、人間という存在をどう理解し特徴づけるべきかといったきわめて根源的な問いにはじまり、ヘーゲル、プラトン、ルソーのような歴史上の人物の思想を文化との関連でいかに把握しどう評価するべきなのか、あるいは、文化創造のための政治というモティーフのより具体的な姿をスケッチするには何をどうするべきなのかといった問いに至るまで、私が自身の研究をとおして背負い込むことになった宿題は数多い。これらの宿題はもちろん思想史のコンテクストから出たものではあるが、結論でもふれたとおり、私にはそれらのうちにこそ、全体主義以降の、さらにいえば、ポスト・モダン以降のわれわれ人間の自己認識や規範的なもののあり方を検討するうえで欠かすことのできない根本的な問題が提起されているようにおもわれてならない。このスケールの大きさこそがカッシーラー哲学の尽きることのない魅力であり、この人物の名前が今なお多くの人々のあいだで記憶されているゆえんなのであろう。その魅力に魅せられてしまった「オデュッセイの遍歴」ならぬ私の遍歴のなかでは、どうやらまだまだカッシーラー哲学との「内的対決」がつづくことになりそうである。

＊

本書が成るには、多くの方々からのさまざまなご指導とご協力をいただいた。ひとりで仕事をしているつもりでも、いついかなるときであれ、自分はいろいろな人とともにあったのだとおもう。その一人ひとりの方々に心から感謝の念をささげたい。

まず、学生時代から今日まで長きにわたってご指導いただいている富沢克先生に深く御礼を申し上げたい。先生からは、思想を学ぶことの大切さや面白さばかりでなく、学問の厳しさや論文を書くことの難しさ、そして何より研究者としてのあり方を教わった。のみならず、公私を問わずあらゆる局面で、ときにはかなり厳しく、また、ときにはとても暖かく、一五年にわたってかわることなくご指導をいただいた。先生から被った学恩なくしては、今の自分は存在しなかったし、本書もまた間違いなく成立しえなかったとおもう。どのような言辞をもってしても言い尽くせるものではないが、富沢先生には心から感謝の言葉を申し上げたい。また、脇圭平先生にも深く御礼を申し上げたい。院生時代、週にいちど北山にある先生のご自宅で個人的にドイツ語とドイツ思想のご指導を仰いだが、先生が「洋学塾」と呼んでおられたこの厳しい個人レッスンと心温まる叱咤激励があったからこそ、カッシーラーという稀代の難物の研究を曲がりなりにもつづけることができたのだとおもう。このレッスンそれじたいは緊張のあまりいつもあっという間に終わってしまったように感じたが、今になってふりかえってみれば、あれほど貴重で贅沢なひとときはほかになかった。深く感謝の誠をささげたい。そして、古賀敬太先生にも御礼申し上げたい。学生時代以来、研究をすすめるに際して、先生からはさまざまな資料を譲っていただいたばかりでなく、つねに有益なアドヴァイスをちょうだいした。また、私の就職のことや本書の刊行のことについてもはやくから気にかけてくださり、実際に風行社への紹介の労をとっていただいた。本書の刊行が先生のご厚意に報いることになっているかどうかいささか心もとないが、特に感謝の意をあらわしたい。

また、日本における数少ないカッシーラー研究者のひとりである喜屋武盛也氏には、私の拙い話にいつも真剣につきあってくださったばかりでなく、国際カッシーラー協会を紹介していただくなど、分野こそ異にすれ、それこそ有形無形のあらゆる面でお世話になった。そのご厚情には深く御礼申し上げたい。また、大学院時代の先輩にあたる長谷川一年氏と竹島博之氏にも感謝の念をささげたい。刺激的で優秀な先輩の背中を追うことができる位置にいたということは、お二人が他の大学に赴任して京都をあとにされた今にしておもえば、とてもしあわせなことだったのだとおもう。なお、このほかにも、御礼を申し上げるべき人は数多い。紙幅の関係上、残念ながらすべての人たちのお名前をあげることはできないが、これまでお世話になった方々には深く感謝申し上げたい。

ただ、本書を作成するにあたって直接お世話になった方々には、特に記して御礼申し上げておきたい。とりわけ大学院時代の先輩である齋藤恒氏には、お忙しいなか何度も原稿を通読していただいたばかりでなく、直接話し合いの場を設けてくださり、多数の貴重なアドヴァイスをいただいた。また、極東書店の羽田孝之氏には多忙をきわめるなか校正を手伝っていただいたし、昨年度の私のゼミ生である渡邊将弘氏にはすてきなカバーデザインを作っていただいた。なお、本書の出版にあたっては、同志社法学会から出版助成金を交付していただいた。これらの方々および同志社法学会には衷心より感謝の念をささげたい。

そして、採算の合いそうにないこんな分厚い本を出版する機会を与えてくださった風行社の犬塚満氏には何といって感謝していいのかわからない。昨年九月に古賀先生からはじめてご紹介いただいたとき、犬塚氏はふたつ返事で出版を快諾してくださったが、その後なかなか原稿を提出できなかったばかりか、生意気にもあれこれとわがままばかりいってたいへんなご迷惑をかけてしまった。にもかかわらず、私のいうことに逐一真剣に耳を傾けてくださったばかりでなく、ともにいいものを作りたいというおもいのもとに出版の作業に取り組んでいただけたことには、ただただ頭がさがるばかりである。心から深く御礼申し上げたい。

最後に、つれあいに感謝の言葉をささげたい。彼女とは学生時代からのつきあいだが、そのころから何かと心配ばかりかけてきたようにおもう。学位取得後も大学の非常勤講師と塾講師とで何とか食いつなぐばかりの不安定な生活がつづいたが、彼女はそれでも決して不平や不満を口にはしなかった。それどころか、生活に追われて研究が進まず苛立っていた私をつねに宥めすかし、叱責とも応援ともつかない言葉で励ましつづけてくれていたのである。今なお就職活動をつづける私の姿をみて、おそらくは心中穏やかでないと察するが、彼女とのこの生活がなければ本書は成り立たなかった。

二〇一一年　平成二三歳盛夏　洛南宇治

馬原潤二識

《人名索引》

本文中の主要な人名を五〇音順に示した。人名は姓名の順に標記した。ただし、名で呼ぶことが慣例となっている人物についてはその限りではない。別称、旧姓などは見出し語の括弧内に標記した。出現頁が３頁以上続く場合は、51-58 のように示した。

ア行

カ行

サ行

タ行

ナ行

ハ行

マ行

ヤ行

ラ行

《事項索引》

本文および註釈中の主要な事項および著述名を五〇音順に示した。ただし、著述名については各行の末尾にまとめた。事項の別表記については括弧内に示した。『　』は書名および紙誌名を、「　」は論文名をあらわす。著述名のサブタイトルは省略し、括弧内に著者名を記した。出現頁が３頁以上続く場合は、51-58 のように示した。

ア行

カ行

サ行

タ行

ナ行

ハ行

マ行

ヤ行

ラ行

ワ行

初出一覧

本書をまとめるにあたって、以下の論文を参考にした。

「エルンスト・カッシーラーと『啓蒙』の行方――『シンボル形式』の哲学から『シンボル形式』の政治へ――（一）」、『同志社法学』第274号所収、2000年。（緒論、第一章）

「エルンスト・カッシーラーと『啓蒙』の行方――『シンボル形式』の哲学から『シンボル形式』の政治へ――（二・完）」、『同志社法学』第275号所収、2001年。（第二章、結論）

「エルンスト・カッシーラーと自然法思想――『シンボル形式』の哲学における『政治的』転換点――」、『政治思想研究』第2号所収、2002年。（第五章）

「エルンスト・カッシーラーの初期政治思想――『シンボル形式』の哲学の政治思想的『出発点』――」、『同志社法学』第290号所収、2003年。（第四章）

「エルンスト・カッシーラーのマキャヴェリ論――『シンボル形式』の哲学の政治思想的『到達点』――」、『同志社法学』第315号所収、2006年。（第六章）

「カッシーラー哲学における〈文化〉と〈政治〉――『シンボル形式』の哲学の政治思想的可能性――」、『同志社法学』第333号所収、2009年。（第三章）

[カッシーラーの著述の略記号一覧]

BP „Der Begriff der Philosophie als philosophisches Problem“
「哲学的問題としての哲学の概念」

DI *Determinismus und Indeterminismus in der neueren Physik. Historische und systematische Studien zur Kausalproblem*
『現代物理学における決定論と非決定論——因果問題の歴史的体系的研究』

EM *An Essay on Man. An introduction to a philosophy of human culture*
『人間についてのエセー——人間文化の哲学への導き』

EP *Das Erkenntnisproblem in der Philosophie und Wissenschaft der neueren Zeit*
『近代の科学と哲学における認識問題』

FF *Freiheit und Form. Studien zur deutschen Geistesgeschichte*
『自由と形式——ドイツ精神史研究』

FT „Form und Technik“
「形式と技術」

IK *Individuum und Kosmos in der Philosophie der Renaissance*
『ルネッサンス哲学における個と宇宙』

IPC “Critical Idealism as a Philosophy of Culture”
「文化哲学としての批判的観念論」

IV *Die Idee der republikanischen Verfassung. Rede zur Verfassungsfeier am 11. August 1928*
『共和国憲法の理念——1928年8月11日の憲法記念祭のための講演』

JM “Judaism and the Modern Political Myth”
「ユダヤ教と現代の政治的神話」

KLL *Kants Leben und Lehre*
『カントの生涯と学説』

MS *The Myth of the State*

『国家の神話』

NHB „Naturalistische und humanistische Begründung der Kulturphilosophie“
「文化哲学の自然主義的基礎付けと人文主義的基礎付け」

PhdA *Die Philosophie der Aufklärung*
『啓蒙主義の哲学』

PhsF *Philosophie der symbolischen Formen*
『シンボル形式の哲学』

PJJR „Das Problem Jean-Jacques Rousseau“
「ジャン・ジャック・ルソー問題」

PP “Philosophy and Politics”
「哲学と政治」

SF *Substanzbegriff und Funktionsbegriff. Untersuchungen über die Grungfragen der Erkenntniskritik*
『実体概念と機能概念——認識批判の基本的諸問題の研究』

TM “The Technique of Our Modern Political Myth”
「われわれの現代の政治的神話の技術」

WSS „Wandlungen der Staatsgesinnung und der Staatsthorie in der deutschen Geistesgeschichte“
「ドイツ精神史における国家心情と国家理論の変遷」

WWN „Vom Wesen und Werden des Naturrechts“
「自然法の本質と生成について」

ZLK *Zur Logik der Kulturwissenschaften. Fünf Studien*
『文化科学の論理——五つの試論』

ZM *Zur Metaphysik der symbolischen Formen*
「シンボル形式の形而上学のために」

[カッシーラーの著述一覧]

ただし刊行されたものに限る。著作はイタリック体とし、論文、講演原稿および批評として出版されたものは、ドイツ語の場合„　　“を、英語、仏語及び瑞語の場合“　　”を付した。論文あるいは他の著作の一部として発表されたものについては、初出の雑誌名および著書名を付記した。正式の名称のない文章については、ハンブルク版全集 *Ernst Cassirer Gesammelte Werke Hamburger Ausgabe*（全26巻）の表示にしたがい、括弧内にその名称を付した。なお、同全集（ECW）の所収巻数も付した。

1902　*Leibniz' System in seinen wissenschaftlichen Grundlagen*（ECW1）
„Ernst Cassirer, Leibniz' System in seinen wissenschaftlichen Grunglagen, Marburg: Elwert 1902, XIV u. 548S“, in *Kantstudien* 7, S. 375f.（ECW9）

1904　„Adela Silberstein [Dr. Phil.], Leibnizens Apriorisums im Verhältnis zu seiner Metaphysik. Berlin Mayer & Müller, 1904. 1Bl. u. 75 S. 8^0. M1, 60” in *Deutsche Literaturzeitung* 25, Spalten 1804-1806（ECW24）
„Leibniz, Hauptschriften zur Grundlegung der Philosophie“ in *Leibniz: Philosophische Werke*, Bd. 1, Leipzig（ECW9）

1906　*Das Erkenntnisproblem in der Philosophie und Wissenschaft der neueren Zeit*, Bd. 1（ECW2）
『認識問題１――近代の哲学と科学における』、須田朗・宮武昭・村岡晋一訳、みすず書房、2010年。
Der kritische Idealismus und die Philosophie des »gesunden Menschenverstandes«（ECW9）
„Leibniz, Hauptschriften zur Grundlegung der Philosophie“ in *Leibniz: Philosophische Werke*, Bd. 2, Leipzig
„Rudolf Keussen, Bewusstsein und Erkenntnis bei Descartes (Abhandlungern zur Philosophie und ihrer Geschichte, hrsg, v.

Benno Erdmann, H. 22), Halle a. d. S.: Verlag von Max Niemeyer 1906, X u. 96S“ in *Deutsche Literaturzeitung* 29, Spalten 1809-1811 (ECW9)

1907 *Das Erkenntnisproblem in der Philosophie und Wissenschaft der neueren Zeit*, Bd. 2 (ECW3)

『認識問題2・1——近代の哲学と科学における』、須田朗・宮武昭・村岡晋一訳、みすず書房、2000年。

『認識問題2・2——近代の哲学と科学における』、須田朗・宮武昭・村岡晋一訳、みすず書房、2003年。

„Kant und die moderne Mathematik. Mit Bezug auf Bertrand Russells und Louis Couturats Werke über die Prinzipien der Mathematik“ in *Kant-Studien* 12, S. 1-49 (ECW9)

『カントと近代の數學』、下村寅太郎訳、岩波書店、1928年。

„Zur Frage nach der Methode der Erkenntniskritik. Eine Entgegnung“ in *Vierteljahrsschrift für wissenschaftliche Philosophie und Soziologie*, 31. Nr. 4, S. 441-465 (ECW9)

1909 „ »Persönliche« und »sachliche« Polemik. Ein Schlußwort“ in *Vierteljahrsschrift für wissenschaftliche Philosophie und Soziologie* 33, S. 181-184 (ECW9)

„Richard Hönigswald, Beiträge zur Erkenntnistheorie und Methodenlehre, Leipzig: Buchhandlung Gustav Fock 1906, VII u. 134S“ in *Kant-Studien* 14, S. 91-98 (ECW9)

1910 *Substanzbegriff und Funktionsbegriff. Untersuchungen über die Grungfragen der Erkenntniskritik* (ECW6)

『實體概念と關係概念』、馬場和光訳、大村書店、1926年(部分訳)。

『実体概念と関数概念　認識批判の基本的諸問題の研究』、山本義隆訳、みすず書房、1979年。

„Voraussetzungen und Ziele des Erkenntnis“ in *Deutsche Literaturzeitung* 31. Nr. 39, Spalten 2437-2445 (ECW9)

1911 „Aristoteles und Kant“ in *Kant-Studien* 16, S. 431-447 (ECW9)

1912 „Das Problem des Unendlichen und Renouviers »Gesetz der Zahl« “

in *Philosophische Abhandlungen. Hermann Cohen zum 70sten Geburtstag dargebracht* (*4. Juli 1912*), Berlin, S. 85-98 (ECW9)

„Hermann Cohen und die Erneuerung der Kantischen Philosophie" in *Kant-Studien* 17, S. 252-273 (ECW9)

1913 „Erkenntnistheorie nebst den Grenzfragen der Logik" in *Jahrbücher der Philosophie* 1, S. 1-59 (ECW9)

1914 „Die Grundprobleme der Kantischen Methodik und ihr Verhältnis zur nachkantischen Spekulation" in *Die Geisteswissenschaften* 1, Heft 29 (16. April), S. 784-787. u. Heft 30 (23. April), S. 812-815 (ECW9)

„Charles Renouvier, Essais de critique générale. Premier essai: Traité de logique générale et de logique formelle, 2Bde., Paris: Alcan 1912, 397u. 386S" in *Die Geisteswissenschaften* 1, Heft 23 (5. Marz), S. 634-635 (ECW9)

1915 „Neue Abhandlungen über den menschlichen Verstand" in *Leibniz: Philosophische Werke*, Bd. 3, Leipzig S. V-XXV (ECW9)

1916 *Freiheit und Form. Studien zur deutschen Geistesgeshichte* (ECW7)

『自由の理念と國家の理念』、三土興三訳、大村書店、1924年(第6章のみ)。

『自由と形式　ドイツ精神史研究』、中埜肇訳、ミネルヴァ書房、1972年。

1918 *Kants Leben und Lehre* (ECW8)

『カントの生涯と学説』、浜田義文・門脇卓爾・高橋昭二監修、みすず書房、1986年。

„Hermann Cohen. Worte gesprochen an seinem Grabe am 7. April 1918" in *Neue Jüdische Monatshefte* 2. Jg.(10/25 Mai) Hefte 15-16, S. 347-352 (ECW9)

„Zur Lehre Hermann Cohens († 4. April 1918)" in *Berliner Tageblatt und Handels-Zeitung*, 47. Jg, Nr. 184, Donnerstag, 11. April 1918, Abendausgabe, S. 2 (ECW9)

1920 *Das Erkenntnisproblem in der Philosophie und Wissenschaft der*

neueren Zeit, Bd. 3. Die nachkantischen Systeme（ECW4）

„Philosophische Probleme der Relativitätstheorie“ in *Die neue Rundschau*, 21, S. 1337-1357（ECW9）

„Hermann Cohen“ in *Korrespondenzblatt des Vereins zur Gründung und Erhaltung einer Akademie für die Wissenschaft des Judentums 1*, S. 1-10（ECW9）

„Zum Plan einer neuen Fichte-Ausgabe“ in *Almanach des Verlages Bruno Cassirer Berlin. Mit einem Verzeichnis aller bisher erschienenen Bücher und graphischen Werke*, Berlin, S. 35-38（ECW9）

1921　*Idee und Gestalt. Goethe-Schiller-Hölderlin-Kleist. Fünf Aufsätze*（ECW9）

『理念と形姿　ゲーテ・シラー・ヘルダーリン・クライスト』、中村啓・森淑仁・藤原五雄訳、三修社、1978年。

『カッシーラー　ゲーテ論集』、森淑仁訳、知泉書館、2006年（「ゲーテのパンドーラ」および「ゲーテと数理物理学」のみ）。

Zur Einstein'schen Relativitätstheorie. Erkenntnistheoretische Betrachtungen（ECW10）

「認識論より見たる相對性理論」、岡野留次郎訳、『哲學研究』（第８巻、1922年）所収。

『アインシュタインの相対性理論』、山本義隆訳、河出書房新社、1981年。

1922　*Die Begriffsform im mythischen Denken*（ECW16）

1923　*Philosophie der symbolischen Formen.* Erster Teil: Die Sprache（ECW11）

『言語　象徴形式の哲學』、矢田部達郎訳、培風館、1941年（抄訳）。

『象徴形式の哲学１　言語』、生松敬三・坂口フミ・塚本明子訳、竹内書店、1972年。

『シンボル形式の哲学』第一巻「言語」、生松敬三・木田元訳、岩波文庫、1989年。

「数概念の言語的発達」、永野芳郎訳、『桃山学院大学人間科学』（第

10巻、1996年）所収（第３章第３節のみ）

„Der Begriff der symbolischen Form im Aufbau der Geisteswissenschaften“ in *Vorträge der Bibliothek Warburg 1921-1922*, Leipzig, S. 11-39. (ECW16)

「精神諸科学の構築におけるシンボル形式の概念」、工藤恒明・山口貞明訳、『教養紀要』((埼玉工業大学）第７巻、1989年）所収。

„Die Kantischen Elemente in Wilhelm von Humboldts Sprachphilosophie“ in *Festschrift für Paul Hensel*. Greiz i.V.: Ohag, S. 105-127 (ECW16)

1924 „Eidos und Eidolon. Das Problem des Schönen und der Kunst in Platons Dialogen“ in *Vorträge der Bibliothek Warburg 1922-1923*, Nr. 2, S. 1-27 (ECW16)

„Zur »Philosophie der Mythologie«“ in *Festschrift für Paul Natorp, zum siebzigsten Geburtstage von Schülern und Freunden gewidmet*. Berlin/Leipzig, S. 23-54 (ECW16)

„Hermann Cohen und die Renaissance der Kantischen Philosophie“ in *Jüdisch-liberale Zeitung*, Nr. 11, 25. April, S. 3f. (ECW24)

(Grußadresse der Hamburgischen Universität zur Kant-Feier der Universität Königsberg April 1924) Gedrucht bei Hamburgischer Druckrei Lütcke & Wulff für die Königsberger Kant-Feier 1924 (ECW24)

„Kant und Goethe“ in *Allgemeine Zeitung* (Süddeutsches Tageblatt. Gro deutsche Rundschau), München, Jg. 127. Sonntagsausgabe, Nr. 145 (ECW16)

(Vorwort zur Festschrift für Paul Natorp) in *Festschrift für Paul Natorp, zum siebzigsten Geburtstage von Schülern und Freunden gewidmet*. Berlin/Leipzig, S. 5-8 (ECW16)

1925 *Philosophie der symbolischen Formen*, Zweiter Teil: Das mythische Denken (ECW12)

『神話　象徴形式の哲學』、矢田部達郎訳、培風館、1941年（抄訳）。

『シンボル形式の哲学』第二巻「神話的思考」、木田元訳、岩波文庫、

1991年。

„Paul Natorp. 24. Januar 1854 – 17. August 1924“ in *Kant-Studien* 30, S. 273-298（ECW16）

Sprache und Mythos. Ein Beitrag zum Problem der Götternamen（ECW16）

『言語と神話　神々の名称に関する一考察』、岡三郎・岡冨美子訳、国文社、1972年。

„Die Philosophie der Griechen von den Anfangen bis Platon“ in *Lehrbuch der Philosophie*, Bd. 1, Die Geschichte der Philosophie, Berlin, S. 7-139（ECW16）

1926　„Von Hermann Cohens geistigem Erbe“ in *Almanach des Verlages Bruno Cassirer 1926*, Berlin, S. 53-63（ECW16）

1927　*Individuum und Kosmos in der Philosophie der Renaissance*（ECW14）

『個と宇宙　ルネッサンス精神史』、薗田坦訳、名古屋大学出版会、1991年。

『個と宇宙　ルネッサンス哲学における』、末吉孝州訳、太陽出版、1999年。

„Erkenntnistheorie nebst den Grenzfragen der Logik und Denkpsychologie“ in *Jahrbücher der Philosophie* 3, S. 31-92（ECW17）

„Die Bedeutung des Sprachproblems für Entstehung der neueren Philosophie“ in *Festschrift für Carl Meinhof*, Hamburg, S. 507-514（ECW17）

„Das Symbolproblem und seine Stellung im System der Philosophie“ in *Zeitschrift für Ästhetik und allgemeine Kunstwissenschaft* 21, S. 295-312（ECW17）

「哲学の体系におけるシンボルの問題とその位置付け」、篠木芳夫訳、『シンボル・技術・言語』（法政大学出版局、1999年）所収。

1928　„Zur Theorie des Begriffs. Bemerkungen zu dem Aufsatz von Georg Heymans“ in *Kant-Studien* 33 , S. 129-136（ECW17）

„Vorrede zu: Hermann Cohen, Schriften zur Philosophie und Zeitgeschichte“ in *Hermann Cohen, Schriften zur Philosophie und Zeitgeschichte*, Bd. 1, Berlin, S.VII-XVI（ECW17）

1928/29 „Keplers Stellung in der europäischen Geistesgeschichte“ in *Verhandlungen des naturwissenschaftlichen Vereins in Hamburg*, 4. Folge, Bd. 4, Heft 3-4, S. 135-147（ECW17）

「ヨーロッパ精神史におけるケプラーの位置」、伊藤和行訳、『シンボルとスキエンティア——近代ヨーロッパの科学と哲学』（ありな書房、1995年）所収。

1929 *Philosophie der symbolischen Formen.* Dritter Teil: Phänomenologie der Erkenntnis（ECW13）

『認識　象徴形式の哲學』、矢田部達郎訳、培風館、1941年（抄訳）。

『シンボル形式の哲学』第三巻「認識の現象学」、木田元・村岡晋一訳、岩波文庫、上巻1994年、下巻1997年。

Die Idee der republikanischen Verfassung. Rede zur Verfassungsfeier am 11. August 1928（ECW17）

『共和国憲法の理念——1928年８月11日の憲法記念日の講演』、初宿正典訳、『人権宣言論争　イェリネック対ブトミー』（みすず書房、1995年）所収。

(Beiträge für die Encyclopedia Britannica) in *Encyclopaedia Britannica*, 14th Edition, London/New York. (“Neokantianism”, Bd. 16, pp. 215-216. “Rationalism”, Bd. 18, pp. 991-993. “Substance”, Bd. 21, pp. 500-502. “Transcendentalism”, Bd. 22, pp. 405-406. “Truth”, Bd. 22, pp. 522-524)（ECW17）

„Formen und Formwandlungen des philosophischen Wahrheitsbegriffs“ in *Hamburgische Universität. Reden gehalten bei der Feier des Rektorwechsels am 7. November 1929*, Hamburg, 1929, S. 17-36（ECW17）

「哲學的眞理概念の形式とその變遷」由良哲次訳、『哲學研究』（第173号、1930年）所収。

„Leibniz und Jungius“ in *Beiträge zur Jungius-Forschung.*

Festschrift der Hamburgischen Universität anläßlich ihres zehnjährigen Bestehens. Im Auftrage der Jun Kommission, Hamburg, S. 21-26（ECW17）

(Nachruf auf Aby Warburg) in *Hamburgische Universität. Reden gehalten bei der Feier des Rektorwechsels am 7. November 1929*, Hamburg, S. 48-56（ECW17）

「アビ・M・ヴァールブルク博士埋葬にあたっての辞」、檜枝陽一郎訳、『ヴァールブルク学派――文化科学の革新』(松枝到編、平凡社、1998年）所収。

„Die Idee der Religion bei Lessing und Mendelssohn“ in *Festgabe zum zehnjährigen Bestehen der Akademie für die Wissenschaft des Judentums*, Berlin, S. 22-41（ECW17）

„Die Philosophie Moses Mendelssohns“ in *Encyclopaedia Judaica*. Berlin, S. 40-60（ECW17）

„Kants Stellung in der deutschen Gesitesgeschichte. Vortrag von Professor Dr. Ernst Cassier, gehalten in Lübeck am 19. Oktober 1929 bei der Tagung der Hamburgischen Universitätsgesellschaft“ in *Jahresbericht 1929 für die Hamburgische Universitätsgesellschaft, Hamburger Studentenhilfe e V., Akademische Auslandsstelle*, Hamburg, S. 37f. (ECW17)

1930 „Form und Technik“ in *Kunst und Technik*, Berlin, S. 15-61（ECW17）

「形式と技術」、篠木芳夫訳、『シンボル・技術・言語』所収。

„»Geist« und »Leben« in der Philosophie der Gegenwart“ in *Die Neue Rundschau* 41, S. 244-264（ECW17）

「現代哲学における〈精神〉と〈生命〉」、金子晴勇訳、『聖学院大学総合研究所紀要』第39巻所収、2007年。

(Bericht über das Geschäftsjahr 1929/30, erstattet von dem Prorektor Prof. Dr. Ernst Cassirer) in *Hamburgische Universität. Reden gehalten bei der Feier des Rektorwechsels am 10. November 1930*, Hamburg, S. 7-34（ECW17）

1931　„Deutschland und Westeuropa im Spiegel der Geistesgeschichte“ in *Inter Nationes. Zeitschrift für die kulturellen Beziehungen Deutschlands zum Ausland*, Berlin/Leipzig. Jg. 1, Heft 3（Juli 1931）, pp. 57-59 und Heft 4（Oktober 1931）, S. 83-85（ECW17）

„Kant und das Problem der Metaphysik. Bemerkungen zu Martin Heideggers Kant-Interpretation“ in *Kant-Studien* 36: 1, S. 1-26（ECW17）

（Grußwort auf dem Vierten Kongreß für Ästhetik und Allgemeine Kunstwissenschaft. Hamburg, 7-9. Oktober 1930）in *Zeitschrift für Ästhetik und allgemeine Kunstwissenschaft* 25, S. 11-14（ECW24）

“Enlightenment“ in *Encyclopedia of the Social Sciences*, Bd. 5, New York, pp. 547-552（ECW17）

„Mythischer, ästhetischer und theoretischer Raum“ in *Zeitschrift für Ästhetik und allgemeine Kunstwissenschaft* 25, S. 21-36（ECW17）

「神話的空間、美的空間、理論的空間」、高野敏行訳、『シンボル・技術・言語』（法政大学出版局、1999年）所収。

„Das moderne Weltbild. Die Bedeutung der Antike für die Naturwissenschaft“ in *Berliner Tageblatt und Handels-Zeitung*, 60. Jg., Nr. 562, 28. November, Abendausgabe, S. 2f.（ECW17）

1932　*Die platonische Renaissance in England und die Schule von Cambridge*（ECW14）

『英国のプラトン・ルネッサンス』、三井礼子訳、工作舎、1993年。

Die Philosophie der Aufklärung（ECW15）

『啓蒙主義の哲学』、中野好之訳、紀伊國屋書店、1962年。

Goethe und die geschichtliche Welt. Drei Aufsätze（ECW18）

森淑仁訳、『カッシーラー　ゲーテ論集』所収。

『ゲーテと十八世紀』、友田孝興・栗花落和彦訳、文英堂書店、1990年（「ゲーテと歴史世界」および「ゲーテと十八世紀」のみ）。

„Das Problem Jean-Jacques Rousseau“ in *Archiv für Geschichte der Philosophie* 51, S. 177-213. u. S. 479-513（ECW18）

『ジャン＝ジャック・ルソー問題』、生松敬三訳、みすず書房、1974年。

„Die Antike und die Entstehung der exakten Wissenschaft" in *Die Antike* 8, Berlin, S. 276-300（ECW18）
「古代文化と精密科学の発生」、大庭健訳、『哲学と精密科学』（紀伊國屋書店、1978年）所収。
„Die Sprache und der Aufbau der Gegenstandswelt" in *Bericht über den XII. Kongreß der deutschen Gesellschaft für Psychologie in Hamburg am 12.-16. April 1931*, Jena: Georg Fischer, S. 134-145（ECW18）
「言語と対象世界の構築」、高野敏行訳、『シンボル・技術・言語』（法政大学出版局、1999年）所収。
„Goethes Idee der Bildung und Erziehung" in *Pädagogisches Zentralblatt* 12, S. 340-358（ECW18）
「ゲーテの形成（教養）の理念と教育の理念」、森淑仁訳、『カッシーラー　ゲーテ論集』所収。
„Psychologie und Philosophie" in *Bericht über den XII. Kongreß der Deutschen Gesellschaft für Psychologie in Hamburg am 12.-16. April 1931*, Georg Fischer, S. 73-76（ECW18）
「心理学と哲学」、高野敏行訳、『シンボル・技術・言語』（法政大学出版局、1999年）所収。
„Shaftesbury und die Renaissance des Platonismus in England" in *Vorträge der Bibliothek Warburg 1930-31: England und die Antike*, Leipzig und Berlin, S. 136-155（ECW18）
「シャフツベリと英国におけるプラトン主義ルネッサンス」、根占献一訳、『シンボルとスキエンティア』所収。
„Spinozas Stellung in der allgemeinen Geistesgeschichte" in *Der Morgen* 8. Nr. 5, Berlin, S. 325-348（ECW18）
「一般精神史におけるスピノザの位置」、加藤守通訳、『シンボルとスキエンティア』所収。
„Vom Wesen und Werden des Naturrechts" in *Zeitschrift für Rechtsphilosophie in Lehre und Praxis* 6. Nr. 1, S. 1-27（ECW18）
„Der Naturforscher Goethe" in *Hamburger Fremdenblatt.* 104. Jg.,

Nr. 79, 19. März, Abendausgabe, S. 23（ECW18）

「自然研究者ゲーテ」、森淑仁訳、『カッシーラー　ゲーテ論集』所収。

"Kant" in *Encyclopaedia of the Social Sciences*, Bd. 7, New York, pp. 538-542（ECW18）

„Lieber Bruno" in *Vom Beruf des Verlegers. Eine Festschrift zum sechzigsten Geburtstag von Bruno Cassirer. 12. Dezember 1932*, Privatdruck, S. 26-28（ECW18）

1933 „Henri Bergsons Ethik und Religionsphilosophie" in *Der Morgen* 9. Nr. 1, Berlin, S. 20-29. u. Nr. 2, S. 138-151（ECW18）

„Hermann Cohens Philosophie der Religion und ihr Verhältnis zum Judentum" in *Gemeindeblatt der Jüdischen Gemeinde zu Berlin* 4, S. 91-94（ECW18）

"Le langage et la construction du monde des objects" in *Journal de Psychologie normale et pathologique*, Nr. 1-4, 15 Janvier - 15 Avril, pp. 18-44（ECW18）

"L'unité dans l'œuvre de Jean-jacques Rousseau" in *Bulletin de la Société Française de Philosophie*. Bd. 32, pp. 45-85（ECW18）

"Leibniz" in *Encyclopaedia of the Social Sciences*, Bd. 9, New York, pp. 400-402（ECW18）

1934 „Bernhard Groethuysen, Philosophische Authropologie, 3 Teile, München/ Berlin 1928-1931（Handbuch d. Philosophie, Abt. 4（vielm. 3）, Beitrag A=Lfg. 21, 32, 33）" in *Kulturwissenschaftliche Bibliographie zum Nachleben der Antike*. Erster Band. *Die Erscheinungen des Jahres 1931*, London, p. 61（ECW18）

"John Henry Muirhead, The Platonic Tradition in Anglo-Saxon Philosophy. Studies in the History of Idealism in England and America, London 1931（Library of Philosophy）" in *Kulturwissenschaftliche Bibliographie zum Nachleben der Antike*. Erster Band. *Die Erscheinungen des Jahres 1931*, London, pp. 62-63（ECW18）

1935 „Schiller und Shaftesbury" in *Publications of the English Goethe*

Society. New Series. Bd. 11, S. 37-59（ECW18）

1936 „Inhalt und Umfang des Begriffs. Bemerkungen zu Konrad Marc-Wogau: Inhalt und Umfang der Begriffs“ in *Theoria*, H. 2, S. 207-232（ECW22）

1937 *Determinismus und Inderterminismus in der modernen Physik. Historische und systematische Studien zum Kausalproblem*（ECW19）

『現代物理学における決定論と非決定論』、山本義隆訳、学術書房、1994年。

„Descartes et l'idée de l'unité de la science“ in *Revue de la Synthèse*. 14. Nr. 1, Paris, pp. 7-28（ECW22）

「デカルト哲学における『学問の統一』の理念」、富松保文訳、『シンボルとスキエンティア』所収。

„Wahrheitsbegriff und Wahrheitsproblem bei Galilei“ in *Scientia*, Bologna, S. 121-130. u. S. 185-193（ECW22）

「ガリレイにおける真理概念と真理問題」、大庭健訳、『哲学と精密科学』（紀伊國屋書店、1978年）所収。

1938 „Über Bedeutung und Abfassungszeit von Descartes' »Recherche de la vértité par la lumière naturelle«. Eine kritische Betrachtung“ in *Theoria*, H. 4, S. 193-234（ECW22）

„Zur Logik des Symbolbegriffs“ in *Theoria*, H. 4, S. 145-175（ECW22）

„Abram Cornelius Benjamin, An Introduction to the Philosophy of Science, New York: Macmillan 1937, XII + 496S.“ in *Lychnos*. Upsala/Stockholm, S. 456-461（ECW22）

„Friedrich Dannenberg, Das Erbe Platons in England bis zur Bildung Lylys. Stufen einer Spiegelung, Berlin: Junker u. Dünnhaupt 1932（Neue Forschung. Bd. 13）, 246S.“ in *A Bibliography on the Survival of the Classics*. Second Volume. *The Publications of 1932-1933*, The Warburg Institute, S. 282（ECW22）

“Œuvres complètes de Malebranche” in *Theoria*, H. 4, pp. 297-300

(ECW22)

1939 *Descartes Lehre-Persönlichkeit-Wirkung* (ECW20)

「デカルトの真理概念」、大庭健訳、『哲学と精密科学』(紀伊國屋書店、1978年) 所収 (第1部「デカルト主義の基本的諸問題」のみ)。

『デカルト、コルネーユ、スウェーデン女王クリスティナ』、朝倉剛・羽賀賢二訳、工作舎、2000年 (第2部「デカルトとコルネーユ」および「デカルトとスウェーデン女王クリスティナ」のみ)。

Axel Hägerström. Eine Studie zur schwedischen Philosophie der Gegenwart (ECW21)

„Naturalistische und humanistische Begründung der Kulturphilosophie" in *Göteborgs Kungl. Vetenskaps- och Vitterhets-Samhälles Handlingar. Femte foljden.* Ser. A. Bd. 7. Nr. 3, S. 1-28 (ECW22)

「文化哲学の自然主義的基礎づけと人文主義的基礎づけ」、中村正雄訳、『人文科学の論理』(創文社、1975年) 所収。

Die Philosophie im XVII und XVIII Jahrhundert (ECW22)

„Was ist »Subjektivismus« ?" in *Theoria,* H. 5, S. 111-140 (ECW22)

„Tal till studenterna" in *Gotheborgske Spionen. Organ for Göteborgs hogskolas studentkar. No 2 Juni 1939,* Göteborg, S. 1 (ECW22)

1940 „Mathematische Mystik und mathematische Naturwissenschaft. Betrachtungen zur Entstehnungsgeschichte der exakten Wissenschaft" in *Lychnos.* Upsala/Stockholm, S. 248-265 (ECW22)

「数学的神秘主義と数学的自然科学——精密科学の成立史をめぐる考察」、大庭健訳、『哲学と精密科学』(紀伊國屋書店、1978年) 所収。

„Neuere Kantliteratur" in *Theoria,* H. 6, S. 87-100 (ECW22)

1941 *Thorilds Stellung in der Geistesgeschichte des achtzehnten Jahrhunderts* (ECW21)

„Logos, Dike, Kosmos in der Entwicklung der griechischen Philosophie" in *Göteborgs Högskolas Årsskrift* 47, S. 1-31 (ECW24)

„Thorild und Herder" in *Theoria,* H. 7, S. 75-92 (ECW24)

"Henry Bergsons etik och religionsfilosofi" in *Judisk Tidskrift* 14, pp. 13-18（ECW24）

„William Stern. Zur Wiederkehr seines Todestages" in *Acta Psychologica* 5, S. 1-15（ECW24）

1942 *Zur Logik der Kurturwissenschaften. Fünf Studien*（ECW24）

『人文科学の論理』、中村正雄訳、創文社、1975年。

"Galileo: a New Science and a New Spirit"in *The American Scholar* 12, pp. 5-19（ECW24）

「ガリレオ・ガリレイ――新たな科学と新たな科学的認識」、大庭健訳、『哲学と精密科学』（紀伊國屋書店、1978年）所収。

"Giovanni Pico della Mirandola. A Study in the History of Renaissance Ideas" in *Journal of the History of Ideas* 3, Nr. 2, pp. 123-144, 319-346（ECW24）

「ジョヴァンニ・ピーコ・デッラ・ミランドラ――ルネッサンス観念史の一研究」、佐藤三夫・伊藤博明訳、『シンボルとスキエンティア』所収。

"The Influence of Language upon the Development of Scientific Thought" in *The Journal of Philosophy* 39, Nr. 12, pp. 309-327（ECW24）

"Dear Edward Lasker" in *Chess for Fun and Chess for Blood*, New York, pp. 15-18（ECW24）

1943 "Newton and Leibniz" in *Philosophical Review* 52, pp. 366-391（ECW24）

「ニュートンとライプニッツ」、大庭健訳、『哲学と精密科学』（紀伊國屋書店、1978年）所収。

"Hermann Cohen, 1842-1918" in *Social Research* 10, Nr. 2, pp. 219-232（ECW24）

"Some Remarks on the Question of the Originality of the Renaissance" in *Journal of the History of Ideas* 4, pp. 49-56（ECW24）

「ルネッサンスの独創性の問題」、根占献一訳、『シンボルとスキエンティア』所収。

"The Place of Vesalius in the Culture of the Renaissance" in *Yale Journal of Biology and Medicine* 16, pp. 109-119（ECW24）
「ルネッサンス文化におけるヴェサリウスの位置」、伊藤和行訳、『シンボルとスキエンティア』所収。

1944 *An Essay on Man. An Introduction to a Philosophy of Human Culture*（ECW23）
『人間』、宮城音弥訳、岩波文庫、1997年。
"Judaism and the Modern Political Myths" in *Contemporary Jewish Record* 7, pp. 115-126（ECW24）
"The Concept of Group and the Theory of Perception"in *Philosophy and Phenomenological Research* 5, Nr. 1, pp. 1-35（ECW24）
"The Myth of the State" in *Fortune* 39, Nr. 6, Pp. 165-167, 198, 201-202, 204, 206（ECW24）
"Force and Freedom: Remarks on the English Edition of Jacob Burckhardt's »Reflections on History«" in *The American Scholar* 13, pp. 407-417（ECW24）

1945 „Thomas Manns Goethe-Bild. Eine Studie über »Lotte in Weimar«" in *Germanic Review* 20, Nr. 3, S. 166-194（ECW24）
「『ワイマルのロッテ』論」、塚越敏訳、『トーマス・マン全集』別巻（新潮社、1972年）所収。
「トーマス・マンのゲーテ像」、森淑仁訳、『カッシーラー　ゲーテ論集』所収。
"Structuralism in Modern Linguistics" in *Word. Journal of the Linguistic Circle of New York* 1, pp. 99-120（ECW24）
"Ficino's Place in Intellectual History" in *Journal of the History of Ideas* 6, pp. 483-501（ECW24）
「思想史におけるフィチーノの位置」、根占献一訳、『シンボルとスキエンティア』所収。
Rousseau Kant Goethe-Two Essays（ECW24）
『十八世紀の精神』、原好男訳、思索社、1989年。

『カッシーラー　ゲーテ論集』、森淑仁訳（「カントとゲーテ」のみ）。

1946　*The Myth of the State* (ECW25)

『国家：その神話』河原宏・淺沼和則・秋元律郎訳、理想社、1957年。

『國家の神話』、宮田光雄訳、創文社、1960年。

"Albert Schweitzer as Critic of Nineteenth-Century Ethics" in *The Albert Schweitzer Jubilee Book*, Cambridge, pp. 241-257（ECW24）

"Galileo's Platonism" in *Studies and Essays in the History of Science and Learning, offered in homage to George Sarton on the Occasion of his Sixtieth Birthday 31 August 1944*. New York, pp. 279-297（ECW24）

「ガリレオのプラトン主義」、伊藤和行訳、『シンボルとスキエンティア』所収。

1957　*Das Erkenntnisproblem in der Philosophie und Wissenschaft der neueren Zeit,* Bd. 4. Von Hegels Tod bis zur Gegenwart (ECW5)

「変態の観念と『観念論的形態学』」、菅野文彦訳、『西洋教育史研究：東京教育大学外国教育史研究室年報』（第19号、1990年）所収（第２部第２章のみ）。

『認識問題４　ヘーゲルの死から現代まで』、山本義隆・村岡晋一訳、みすず書房、1996年。

＊

カッシーラーは刊行された論述のほかにも大量の遺稿を残している。その大部分は、現在イェール大学のバイネッケ希覯本・手稿図書館 the Beinecke Rare Book and Manuscript Library at Yale University に収められており、それらを集大成した『エルンスト・カッシーラー遺稿集』(*Ernst Cassirer Nachgelassene Manuskripte und Texte*) が、カッシーラーの没後50周年（1995年4月）を契機に、ハンブルクのフェリックス・マイナー社から全18巻の予定で出版されている。2011年８月現在、そのうちすでに第１巻から第11巻および第18巻が刊行されている。各巻の内容（イタリック体は巻に付せられた表題）は以下のとおり。なお、未刊の巻の情報については、同社のホー

ムページ（http://www.meiner.de/index.php）に拠った。

Bd. 1. *Zur Metaphysik der symbolischen Formen*
Zur Metaphysik der symbolischen Formen（1928）
Über Basisphänomene（ca. 1940）
Symbolische Formen. Zu Band 4（ca. 1928）
Symbolbegriff: Metaphysik des Symbolischen（ca. 1928）
『象徴形式の形而上学　エルンスト・カッシーラー遺稿集　第一巻』、笠原賢介・森淑仁訳、法政大学出版局、2010年。

Bd. 2. *Ziele und Wege der Wirklichkeitserkenntnis*
Ziele und Wege der Wirklichkeitserkenntnis（1936/37）

Bd. 3. *Geschichte. Mythos*
Geschichte（1936/37）
Mythos（1940）

Bd. 4. *Symbolische Prägnanz, Ausdrucksphänomen und ‚Wiener Kreis'*
Praesentation und Repraesentation（1926）
Praegnanz, symbolische Ideation（1927）
Symbolproblem（Vortrag, Zürich, 1932/Utrecht, 1935）
Vom Einfluss der Sprache auf die naturwissenschaftliche Begriffsbildung（Vortrag, London, 1936）
Ausdrucksphänomen und ‚Wiener Kreis'（1935/36）
Grundprobleme der Sprachphilosophie（Vorlesungsmitschrift, Hambrug, SS. 1922, Nachschrift von Dr. Willi Meyne）
Der Begriff der Form als Problem der Philosophie（Vortrag, Berlin, 1924）
Über Sprache, Denken und Wahrnehmung（Vortrag, London, 1927）

Bd. 5. *Kulturphilosophie. Vorlesungen und Vorträge 1929-1941*
Grundprobleme der Kulturphilosophie（Vorlesung, Hamburg, SS, 1929）
Probleme der Kulturphilosophie（Vorlesung, Göteborg, WS, 1939/

40)

Zur Objektivität der Ausdrucksfunktion (1935/36)

Zur Erkenntnistheorie der Kulturwissenschaften (Göteborg, 1941)

Bd. 6. *Vorlesungen und Studien zur philosophischen Anthropologie*

Geschichte der philosophischen Anthropologie. Teil I. Die »Lehre vom Menschen« in der griechischen Philosophie (Vorlesung, Göteborg, WS, 1939/40)

Geschichte der philosophischen Anthropologie. Teil II. Renaissance und Mittelalter (Vorlesung, Göteborg, SS, 1940)

Seminar on Symbolism and Philosophy of Lauguage (Vorlesungen, New Haven, 1941/42)

An Essay on Man. A philosopical Anthropology (Vorlesungen, New Haven, 1942/43)

Bd. 7. *Mythos, Sprache und Kunst*

Begriffs- und Klassenbildung im mythischen und religiösen Denken (Manuskript)

Begriffs- und Klassenbildung im mythischen und religiösen Denken. (Vortrag, Hamburg, 1921)

Critical Idealism as a Philosophy of Culture (Vortrag London, 1936)

Symbolproblem (Vorlesung, 1941/42)

Language and Art (Vortrag, Bryn Mawr/New York, 1942/1942)

Language, Myth, Art (Letztes Sprach-Seminar, 1942)

The Educational Value of Art (1943)

Materialien zu "Language and Art"

Bd. 8. *Vorlesungen und Vorträge zu philosophischen Problemen der Wissenschaften 1907-1945*

Substanzbegriff und Funktionsbegriff (Vorlesung, Berlin, 1907)

Zur Beziehung zwischen Philosophie und exakter Wissenschaft (Antrittsvorlesung, Hamburg, 1919)

Die philosophischen Probleme der Relativitätstheorie (Vorlesung,

Hamburg, 1920/21)
Die Einheit der Wissenschaft (2 Vorträge, Berlin, 1931)
Gruppenbegriff und Wahrnehmungstheorie (1937)
The Concept of Group (1945)

Bd. 9. *Zu Philosophie und Politik*
Der deutsche Idealismus und das Staatsproblem (Vorlesung, Berlin, 1916)
Zum Begriff der Nation. Eine Erwiderung auf den Aufsatz von Bruno Bauch (1916)
Begriff und Problem der Demokratie (ca. 1920)
Ansprache des Rektors zur Reichsgründung der Hamburgischen Universität (1930)
Wandlungen der Staatsgesinnung und der Staatstheorie in der deutschen Geistesgeschichte (Vortrag, Hamburg, 1930)
Die staatliche und gesellschaftliche Wirklichkeit. 1. Die Methode der Sozialphilosophie
Die Idee des Rechts und ihre Entwicklung in der modernen Philosophie (1932)
Rechtsproblem - Beziehung zum Gottesproblem (1932)
Der Begriff der Philosophie als Problem der Philosophie (Antrittsvorlesung, Göteborg, 1935)
Philosophy and Politics (Vortrag, New London, 1944)
The Technique of our Modern Political Myths (Vorlesung, Princeton, 1945)
The Myth of the State, Teil III (New Haven, 1943/44)
Racen-Mythos. Paralipomena zu dem Buch 'The Myth of the State'.

Bd. 10. *Kleinere Schriften zu Goethe und zur Geistesgeschichte*
Philosophische Probleme und Tendenzen in der deutschen Geistesgeschichte (Vorlesung, Hamburg, WS, 1925/26)
Goethes Idee der Bildung und Erziehung (Vortrag, 1934)

Goethes Idee der inneren Form (Vortrag, Oxford, 1934)
Goethes Idee der inneren Form (Drei Vorträge, London, 1935)
Bemerkungen zum Faustfragment und zur Faustdichtung (Vortrag, New Haven, 1942)
Goethe und Kant. (Vortrag, New Haven, 1944)
Über Linné und die gewöhnliche Art, die Botanik zu behandeln (Aus Cassirers Goethe Notizen)

Bd. 11. *Goethe-Vorlesungen* (1940–1941)
Der junge Goethe Ⅰ (Vorlesungen, Göteborg, 1940)
Der junge Goethe Ⅱ (Vorlesungen, Göteborg, 1941)
Goethes geistige Leitung (Vorlesungen, Lund, 1941)
Der junge Goethe (Vorlesung, Göteborg, 1940)
Entwürfe zu den Goethe Vorlesungen (1940)
Brahm: Das deutsche Ritterdrama des 18. ten Jahrhunderts (1893)
Über Gellerts Lustspieltechnik (1893)

Bd. 12. *Schillers philosophische Weltansicht*
Schillers philosophische Weltansicht (Vorlesungen, Hamburg, 1920/21)
Schiller
Schillers Freiheitsidee

Bd. 13. *Zur Philosophie der Renaissance*
Galileis Stellung in der Europäischen Geistesgeschichte (Vortrag, Köln, 1932)
The Origin of the Modern Concept of Nature in the Philosophical and Scientific Thought of the Renaissance (Vorlesung, London, 1934)
Giovanni Pico della Mirandola. Eine Studie zur Ideengeschichte der Renaissance
Giovanni Pico della Mirandola (Vortrag, New Haven, 1942)

Bd. 14. *Zu Descartes, Leibniz, Spinoza*
Descartes' Discours (Vortrag, Wien im Rundfunk, 1937)

Spinoza's Concept of Nature (Vortrag, Oxford u. Glasgow, 1934/1935)

Leibniz Vorlesung (Vorlesung, Oxford, 1933)

Leibniz and Newton. A Comparative Study of Science and Metaphysics (Vorträge, London, 1936)

Bd. 15. *Courses and Lectures on Kant's Philosophy*

Kant's Moral Philosophy (Vorlesung, Oxford, 1934)

Introduction to Kant's Critical Philosophy (Vorlesung, Oxford, 1935)

The Fundamental Principles of Kantian Philosophy (Vortrag, University of Reading, 1934)

The Philosophy of Kant (Vortrag, New Haven, 1941/42)

Kant's Theory of Causality (Vortrag, New haven, 1941/42)

Seminar in Philosophy of Science. A historical and systematic study of problems

Bd. 16. *Lectures on Hegel*

The Moral Theory of Hegel (Vorlesungen, Oxford, 1934)

Hegel and the State (Vorlesung, New Haven, 1942/43)

Bd. 17. *Davoser Vorträge. Vorträge über Hermann Cohen*

Heidegger-Vorlesung (Davos, 1929)

Heidegger-Notizen (1929)

Mitschriften von Helene Weiss

Mitteilungen aus Cassirers Notizen über Heideggers KPM: ‚Metaphysik' u. ‚Erkenntnistheorie', Vernunft u. Zeit - Idee, Idealismus (Vernunft)- Freiheit = (Vernunft)

Hermann Cohens Philosophie in ihrem Verhältnis zum Judentum (Vortrag, 1931)

Hermann Cohens Philosophy of Religion (Vortrag, Oxford, 1935)

Hermann Cohen (Vortrag, Malmö, 1941)

Hermann Cohen und die Renaissance der Kantischen Philosophie (Artikel zum 22.4.1924 anläßlich des 200. Geburtstags von

Immanuel Kant)
Briefe Hermann und Martha Cohens an Ernst Cassirer, 53 Schreiben 1901-1924

Bd.18. *Briefe Ausgewählter wissenschaftlicher Briefwechsel*

また、『遺稿集』の刊行に先立って、アメリカのカッシーラー研究者ドナルド・フィリップ・ヴィリーンが、以上の遺稿のなかから、1935年から1945年までのカッシーラーの講演原稿と講義原稿の一部を集めて遺稿集 Ernst Cassirer, *Symbol, Myth, and Culture. Essays and Lectures of Ernst Cassirer 1935-1945,* Donald Phillip Verene (edit.), Yale University Press, 1979.(エルンスト・カッシーラー『象徴・神話・文化』(神野慧一郎・薗田坦・中才敏郎・米沢穂積訳、ミネルヴァ書房、1985年))を出版している。本書でも大いに参照したので、所収の講演原稿および講義原稿を以下にあげておきたい(「　」は邦訳の表題)。

The Concept of Philosophy as a Philosophical Problsem (1935)
「哲学的問題としての哲学の概念」(Der Begriff der Philosophie als Problem der Philosophie の英語訳)

Critical Idealism as a Philosophy of Culture (1936)
「文化の哲学としての批判的観念論」

Descartes, Leibniz, and Vico (1941/42)
「デカルト、ライプニッツ、ヴィコ」

Hegel's Theory of the State (1942)
「ヘーゲルの国家論」

The Philosophy of History (1942)
「歴史哲学」

Language and Art I (1942)
「言語と芸術(1)」

Language and Art II (1942)
「言語と芸術(2)」

The Educational Value of Art (1943)

「芸術を教育することの価値」

Philosophy and Politics (1944)

「哲学と政治」

Judaism and the Modern Political Myths (1945)

「ユダヤ教と現代の政治的神話」

The Technique of Our Modern Political Myths (1945)

「われわれの現代の政治的神話の技術」

Reflections on the Concept of Group and the Theory of Perception (1945)

「群の概念と知覚の理論についての考察」

［著者略歴］
馬原潤二（まはら じゅんじ）

1976年生。
2003年同志社大学大学院法学研究科政治学専攻博士課程（後期課程）修了、博士（政治学）。
現在、同志社大学法学部助教。
『はじめて学ぶ政治学——古典・名著への誘い』（共著：岡﨑晴輝・木村俊道編、ミネルヴァ書房、2008年）
『歴史・思想からみた現代政治』（共著：出原政雄編、法律文化社、2008年）
『「リベラル・ナショナリズム」の再検討』（共著：富沢克編、ミネルヴァ書房、2011年刊行予定）
「『ドイツ国民』をめぐる政治思想——『秩序』意識の形成とその問題点」（『同志社大学ヒューマン・セキュリティ研究センター年報』第5号所収、2008年）

エルンスト・カッシーラーの哲学と政治——文化の形成と〈啓蒙〉の行方

2011年10月7日　初版第1刷発行

著　者　馬　原　潤　二

発行者　犬　塚　　満

発行所　株式会社　風　行　社
〒101-0052 東京都千代田区神田小川町3－26－20
Tel. & Fax. 03-6672-4001
振替 00190-1-537252

印刷・製本　モリモト印刷

ISBN978-4-86258-064-1